JN494014

제 2 판

경영의사결정론

길 종 구

JUDGMENT IN MANAGERIAL DECISION MAKING

탑북스

제2판 머리말

"21세기, 제4차 산업혁명 시대"
"경쟁력의 화두는 창의적이고 융합적인 사고능력을 갖춘 인재의 계발"

오늘날 기하급수적으로 발전하는 과학기술은 제4차 산업혁명시대를 도래하게 하였고, 이데올로기와 지역 간 블록이 사라지면서 국경을 초월한 세계화는 확산되고 있다. 또한 급변하는 환경 속에서 소비자들의 요구는 매우 다양해지고 수준이 높아지고 있어 개인과 기업의 생존경쟁은 더욱 치열해지고 있는 현실이다.

이러한 21세기의 변화의 물결 속에서 '경쟁의 목적'은 단순히 생존을 위한 것이 아니라 계속해서 새로운 것을 창조해 내는 것이다. 그러므로 개인과 조직이 '미래를 창조'하기 위해서는 미래를 예측하고 환경변화를 직시하며 대응할 수 있는 창조적인 문제해결 능력을 길러야만 한다.

만약, 개인과 조직이 창조적이고 융합적인 사고를 기반으로 현실과 미래를 지배하는 수준 높은 리더십의 창조적 경영을 추구해 나가지 못한다면 과거 어느 때보다 더 많은 시련을 맞이하게 될 것이다.

톰 램버트(Tom Lambert)는 그의 저서 「*Key Management Solution*」에서 "미래를 예측하는 유일하고 정확한 방법은 미래를 만들어 내는 것이다. 그리고 계속해서 만들어 내는 것이다."고 말하고 있다.

그러므로 우리나라가 미래를 창조하는 능력을 통해 글로벌 경쟁력에서 우위를 점하기 위해서는 창의적 사고와 실행능력을 갖춘 인재양성을 위한 변화가 필요하다. 특히 교육방법과 사회 전반에 걸쳐 시스템을 획기적으로 바꾸는 노력과 인식의 전환이 필요하다. 제4차 산업혁명은 정치, 경제, 사회, 교육 등 분야별 상상을 초월한 변화를 가져다 줄 것이기 때문이다. 이로 인해 교육은 모든 산업과 영역의 기반임에도 불구하고 지식의 활용보다 전달하는데 초점을 맞추는데 집중한 과거의 교육방식은 더 이상 설 자리가 없을 것이다. 더구나 주입식교육에 길들여진 우리나라의 교육시스템은 더 큰 위기에 직면하게 되므로 환경변화에 부합한 교육 방식과 인프라를 구축해야만 한다.

"뇌력을 향상시키는 창의력 계발 교육의 필요성"

그러므로 본 교재는 창의력 계발을 통한 문제해결과 의사결정 능력을 향상시키는 방법을 터득하여 급변하는 환경에서 경쟁력을 갖추도록 돕기 위해 집필되었다. 독자들은 이 책을 통해 창조적 문제해결과 의사결정 관련 이론과 기법을 이해하고 사례연구 및 활용과제를 수행해 봄으로써 미래를 창조하고 경쟁력을 강화하는 계기를 갖게 될 것이다.

이러한 점에 주안하여 이 책은 다음과 같이 3부 13개장으로 구성하였다.

- 제1부 '문제해결 준비 단계'에서는 급변하는 환경 변화 속에서 생존 경쟁력을 갖기 위해 왜 창의적이고 융합적인 사고가 필요한지 그리고 창의력을 계발시키기 위해 기본적으로 알아야 할 개념 및 특징과 창의적인 문제해결을 위해 문제해결자가 갖추어야 할 기본자세에 대해 소개를 하였다.
  - 제1장 '환경변화와 경쟁 패러다임의 이해'는 인류문명의 발전과 함께 환경이 어떻게 변화하고 있는지, 제4차 산업혁명의 의미와 인간의 삶에 미치게 될 영향은 무엇인지, 그리고 21세기 우리가 갖추어야 경쟁력의 핵심 요소는 무엇인지에 대해서,
  - 제2장 '문제해결 및 의사결정의 기본개념'은 우리에게 당면한 문제의 종류와 유형 그리고 이러한 문제에 대응하는 의사결정자의 태도 및 의사결정의 원리와 특성을,
  - 제3장 '창조적 사고와 문제해결자의 자세'에서는 사고와 창의력의 기본개념과 창의적 사고기법의 유형 및 특징, 그리고 창의적으로 문제를 해결하기 위해 반드시 갖추어야 할 기본자세 등을 기술하였다.

■ 제2부 '창의적 문제해결 단계'에서는 문제를 합리적으로 해결하기 위해서는 다양한 각도로 사고를 유도해야 하므로 개인과 조직이 창의적으로 아이디어를 생성하는 '발산적 사고'와 '수렴적 사고' 기법을 문제해결 과정 단계별로 활용하는 방법을 총 6개장으로 소개하였다.

- 제4장 '문제의 진단 및 탐색'은 문제를 진단하는 의미와 문제의 발생 배경 그리고 문제를 둘러싼 환경을 분석하는 의미와 '문제탐색'의 활용 기법을,
- 제5장 '문제의 분석'에서는 문제 발생의 원인을 찾는 방법과 활용기법에 대해서,
- 제6장 '문제의 정의'에서는 앞서 탐색하고 분석한 문제를 토대로 해결해야 할 실제문제를 명확히 정의하고 활용하는 기법을 기술하였다.
- 제7장 '창의적 대안의 개발 Ⅰ'은 해결해야 할 문제의 대안을 찾는 방법으로 어떠한 요인에도 구애받지 않고 자유롭게 발상하는 자유연상법과 해결 실마리를 통해 아이디어를 확산하는 강제연상법을 이용한 창의적 대안 개발 방법을,
- 제8장 '창의적 대안의 개발 Ⅱ'에서는 다양한 연상과 유추를 통해 사고의 영역을 확대해 나가며 아이디어를 끌어내는 유추발상법과 기타 응용기법에 대해 기본 이론과 활용방법을 구체적으로 기술하였다.
- 제9장 '대안의 평가 및 최선안 선택'에서는 대안 중 활용 가능한 대안을 선택하기 위한 평가기준 수립 방법과 대안으로 채택 된 아이디어가 많을 경우 합리적이고 실천 가능한 대안으로 걸러내는 비교평가 방법과 압축된 대안 중 최선안을 선택하는 방법을 다루었다.

■ 제3부 '실행 및 평가 단계'는 4개장으로 구성했다. 최선안이라고 해서 반드시 결과도 최적의 상태로 도출되는 것은 아니기 때문에 최선안을 철저히 점검하여 계획을 체계적으로 수립하고 실행능력을 향상시키는 방법과 실행결과에 대한 객관적이고 구체적인 판단시스템으로 평가하는 방법에 대해 소개한다.

- 제10장 '최선안의 점검'에서는 실행을 성공적으로 추진하기 위해서 도출된 최적의 대안이 의사결정자가 추구하는 목표에 부합될지 실행 이 후 발생할 수 있는 변수와 내제된 문제를 면밀히 파악하는 기법과 방법에 대해서,
- 제11장 '실행계획 수립'은 최선안이 최적의 결과를 도출해 내도록 실행 계획을 수립하는 의미와 실행내용을 상세히 기록하고 점검하는 기법을 ,
- 제12장 '실행 및 실행결과 평가'에서는 실행의 중요성 및 실행결과에 대한 성과를 평가할 때 고려해야 할 사항과 실행결과 평가 방법에 대해서,
- 제13장 '실행능력 향상'에서는 최선안이 최적의 결과를 창출하기 위해 창의적인 조직을 구성하고 팀을 활성화 시키는 방법을 구체적으로 소개하고, 문제해결 및 실행계획과 결과 보고서 작성을 위한 프레임워크에 기반 한 사고 및 방법은 무엇인지를 기술하고 있다.

따라서 여기서 소개하는 일련의 개념과 활용기법들은 당면한 문제를 직시하고 창조적인 문제해결을 통한 합리적인 의사결정 능력 함양을 기대하는 독자를 위해 다음과 같은 특징을 가지고 있다.

- 문제해결과 의사결정에 대한 개념을 이해하고, 창의적인 문제해결 기법을 활용하는 방법 등을 사례와 함께 단계적으로 쉽게 정의하였으므로 기초 지식이 없이도 누구나 쉽게 활용이 가능하다.
- 특히 독자들에게 본서 전체 내용의 이해를 돕기 위해 매 단원마다 문제해결과정 프로세스에 대한 '플로차트'와 단원별 본문 서두에서 문제해결 단계에서 반드시 고려해야 할 내용과 중요한 활용 기법의 '프레임워크'를 제시 하였다.
- 현대사회의 문제는 매우 복잡하고 다양해 그 해결방법 또한 여러 가지 이므로 가급적 일상생활과 기업경영에서 널리 활용되도록 다양한 창의력 기법을 소개하였다.
- 이 책은 문제해결과 의사결정을 위한 전공서인 동시에 개인과 조직의 현장에서 활용이 가능하기 때문에 실용서이기도 하므로 창의력을 계발

하고 창조적인 문제해결 능력을 향상시키기를 원하는 사람 모두에게 매우 유용하게 활용할 수 있다.

- 그리고 대학의 학부과정에서 한 학기동안 이 책의 모든 내용을 다루기 어려우므로 문제해결 단계별 창의력 기법을 1~2개를 선별해 다루고 다른 기법들은 팀 과제를 통해 다루게 하는 것이 바람직하다. 창의력은 직접 문제해결과정에 참여해 방법을 터득하고 활용해 봄으로써 계발되기 때문이다.
- 창의적인 문제해결 능력을 향상시키려는 의지가 강한 독자는 제1장과 제3장의 문제해결자가 갖추어야 할 기본자세에 대해 반드시 인식하고, 제4장 이 후 부터는 자신이 활용하기 편한 문제해결 기법 1~2개를 완벽하게 숙지하고 활용 및 응용할 수 있도록 훈련을 한다.

필자가 2000년 이후 향후 다가올 환경 변화에 선제적으로 대응하기 위해서는 창의력 계발을 통한 문제해결능력을 향상시켜야 한다고 역설해왔다. 이제는 우리 사회 전반에 걸쳐 창의적이고 융합적인 사고 능력을 계발해야 된다는 필요성을 절실히 인식하게 되었지만, 당시 학문 간 경계를 넘어 융합적인 사고능력을 강화하는 교육의 필요성을 체감하고 창의력 계발 교재를 출간했을 때만 하더라도 그 의미가 제대로 받아들이지 않아 늘 아쉬움이 많았다.

아무쪼록 부족한 부분들이 많아 독자의 기대에 미치지 못한 점도 있겠지만, 창의력을 계발하여 미래를 대비하고 변화하는 시대에 유연히 대처할 경쟁력을 갖추는데 도움이 되는 것은 사실이다.

끝으로 기업 현장에서나 학교에서 한결같은 애정으로 지지해 주신 박상범교수님께 깊이 감사를 드린다. 또한 이 책의 출간을 위하여 도와주신 탑북스의 김광식 사장님, 이신정 주간님 그리고 편집부 여러분께도 고마운 마음을 전한다.

2018. 2. 15.
저 자 씀

머리말

"우리의 삶은 문제와 의사결정의 연속이다."

우리는 미래를 예측하기 어려울 만큼 급속도로 빠르게 변하는 21세기 지식정보사회에 살고 있다. 그리고 사회현상은 디지털혁명과 함께 창조적 발상을 통한 속도와의 경쟁을 요구하고 있어 당면한 불확실한 미래를 예측하고 복잡하고 다양한 문제를 창조적으로 해결하는 인재의 확보가 개인과 국가의 경쟁력이 되고 있다.

더구나 개인이나 조직, 기업이나 국가를 막론하고 인간이 존재하는 곳에는 항상 문제가 있고 그 문제 또한 발생시점과 유형 그리고 문제의 수준 및 특징은 매우 복잡하고 해결 또한 쉽지 않기 때문에 문제를 명확히 진단하고 대안을 찾는 능력이 절실히 요구되고 있는 것이다.

이러한 상황에서 이 책은 문제해결과 전략적인 의사결정 능력을 향상시키기 위해 집필되었다. 따라서 독자들은 이 책을 통해 문제해결과 의사결정 관련 이론과 기법을 이해하고 사례연구 및 활용과제를 수행해 봄으로써 다양하고 복잡한 현실의 문제를 해결해 나갈 수 있는 의미 있는 계기를 갖게 될 것이다.

이러한 점에 주안하여 이 책은 총 10개장으로 구성하였다.

먼저, 제1장, 2장, 3장에서는 문제해결 및 의사결정을 이해하기 위한 기본 개념과 문제와 의사결정의 유형 및 창조적 사고의 개념과 사고기법의 유형 등을 기술하였다. 단 제2장은 1장의 일부 내용을 보완한 것으로서 생략해도 이 책을 이해하는데 전혀 문제가 없다.

그리고 제4장, 5장, 6장은 문제해결과 의사결정의 첫 번째 단계인 문제의 진단 내용이다. 문제의 명확한 진단은 문제해결의 성패를 가름할 중요한 부분으로서 보다 구체적으로 문제의 진단을 정리했다. 즉, 제4장에서는 문제진단의 이해 및 문제를 탐색하는 방법과 활용기법을 제5장에서는 문제를 분석하고 논리적으로 체계화시키는 방법과 활용기법을 그리고 제6장에서는 앞서 탐색하고 분석한 문제를 토대로 해결해야 할 실제문제를 명확히 정의하고 활용하는 기법을 기술하였다.

제7장 창조적 대안의 개발에서는 문제해결에 필요한 대안개발의 창조적 사고기법으로 자유연상법, 강제연상법, 유추발상법 그리고 기타 응용기법에 대해 기본 이론과 활용방법을 구체적으로 기술하였다.

제8장에서는 도출된 대안 중 활용 가능한 대안을 선택하기 위한 평가기준 수립방법과 대안의 평가방법을 기술하고 있으며, 제9장에서는 걸러진 대안 중 가장 합리적이고 실천 가능한 최선안을 선택하는 의사결정의 마지막 과정에 대해 기술하고 있다.

그리고 제10장 선택안의 실행 및 평가에서는 목표상태와 현재상태를 '0'으로 만들어 문제를 해결하는 마지막 단계로 선택된 대안이 목표치에 도달하도록 실행하는 방법에 대해 기술하였다.

따라서 이 책에서 소개하는 일련의 개념과 활용기법들은 당면한 문제를 직시하고 창조적인 문제해결을 통한 합리적인 의사결정 능력 함양을 기대하는 독자를 위해 다음과 같은 특징을 가지고 있다.

- 문제해결과 의사결정에 대한 개념을 이해하고 기법을 활용하는 방법 등을 알기 쉽게 정의하여 기초 지식이 없이도 누구나 쉽게 접할 수 있고 별 어려움 없이 활용이 가능하다.
- 이 책에 소개한 기법과 내용은 일상생활과 기업경영에서 널리 활용되고 있는 창조적 사고기법을 위주로 구성하였으므로 이러한 기법을 습득함으로써 논리적이고 비판적인 사고능력의 함양과 자기주도적인 문제해결 능력 향상에 도움이 된다.
- 대학의 학부과정에서 한 학기동안 문제해결과 의사결정을 위한 다양한 창의력 기법을 습득하고 활용할 수 있도록 이론 강의와 문제해결 기법의 활용 및 팀워크 활동 등으로 구성하였다.

- 이 책은 당면한 문제를 해결하는 방법을 가르치는 지침서이자 활용서이기 때문에 전공에 관계없이 개인뿐만 아니라 기업에 근무하는 사람 모두에게 매우 유용하게 활용이 가능하다.
- 이 책에 소개한 기법들은 특정 영역(문제 진단, 대안개발, 대안선택, 실행 등)에 한정되기 보다 의사결정자가 문제의 성격과 종류에 따라 다양하게 활용(중복)이 가능하다.

끝으로 다소 부족한 부분들이 있어 독자의 기대에 미치지 못한 부분도 있겠지만 앞으로 그 부족한 내용들은 꾸준히 보완하도록 하겠다. 이 책의 출간을 위하여 도와주신 탑북스의 김광식 사장님, 이신정 주간님과 편집부 여러분께 감사드린다.

2015. 1. 5.
저 자 씀

차례

제1부 문제해결 준비 단계

제1장 환경변화와 경쟁 패러다임의 이해

제2장 문제해결과 의사결정의 기본 개념

제3장 창의적 사고와 문제해결자의 자세

제2부 창의적 문제해결 단계

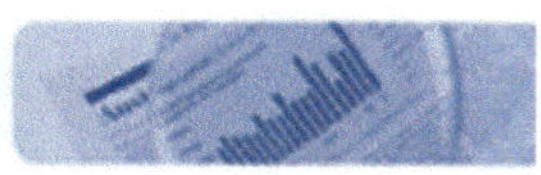

제4장 문제의 진단 및 탐색

제5장 문제의 분석

제6장 문제의 정의

제7장 창조적 대안의 개발 I

제8장 창조적 대안의 개발 II

제9장 대안의 평가 및 최선안 선택

제3부 실행 및 평가 단계

제10장 최선안의 점검

제11장 실행계획 수립

제12장 실행 및 실행결과 평가

제13장 실행능력 향상

기하급수적으로 발전하는 과학기술은 제4차 산업혁명시대를 도래하게 하였고, 이데올로기와 지역 간 블록이 사라지면서 국경을 초월한 세계화는 확산되고 있다. 또한 급변하는 환경 속에서 소비자들의 요구는 매우 다양해지고 수준이 높아지고 있어 개인과 기업의 생존경쟁은 더욱 치열해지고 있는 현실이다.

이러한 21세기의 변화의 물결 속에서 '경쟁의 목적'은 단순히 생존을 위한 것이 아니라 계속해서 새로운 것을 창조해 내는 것이다. 그러므로 개인과 조직이 '미래를 창조'하기 위해서는 미래를 예측하고 환경변화를 직시하며 대응할 수 있는 창조적인 문제해결 능력을 길러야만 한다.

그러므로 우리나라가 미래를 창조하는 능력을 통해 경쟁력에서 우위를 점하기 위해서는 먼저, 환경변화에 부합한 교육 방식으로의 전환과 인프라의 구축은 물론 개인과 조직의 구성원들은 창의적 사고 능력을 향상시키기 위한 노력을 해야만 하는 이유를 알아야 한다. 즉 급변하고 있는 글로벌 환경을 이해하고 미래를 예측하는 방법과 어떻게 대응해 나갈 것인가에 대해 생각해야 한다. 그리고 우리가 당면한 문제를 해결하기 위해 문제해결과 의사결정에 대한 기본 개념과 특징을 살펴보고 창의적으로 사고하는 방법과 그 의미를 파악할 필요가 있다. 또한 문제해결에 앞서 창의적으로 문제를 해결하기 위해 개인과 조직이 기본적으로 갖추어야 할 태도와 사고에 대해서 배워야 한다. 특히 같은 사물을 보고 다르게 생각하는 능력, 다양한 관점에서 해석하고 경계를 넘어 융합하는 사고력을 계발하기 위해서는 문제를 인식하고, 해결책을 찾고 최적의 대안을 선택하여 실행에 옮기는 방법을 익히고 활용하기 위한 기초 지식을 다져야 한다.

따라서 제1부 '문제해결 준비 단계'에서는 환경변화에 대한 이해와 대응방안 그리고 창의적인 문제해결과 의사결정을 위한 기초 지식에 대해 설명하고 있다. 제1장 '환경변화와 경쟁 패러다임의 이해'에서는 인류문명 발전사를 기초로 경쟁력의 수단과 제4차 산업혁명의 의미와 인류에 미칠 영향, 그리고 21세기 환경변화에 대응하기 위한 경쟁력 요소를 차례로 소개하고, 제2장 '문제해결과 의사결정의 기본 개념'에서는 문제해결과 의사결정의 기본 개념, 용어에 대한 정의와 특징, 그리고 문제와 의사결정의 유형과 창의적인 문제해결 기법에 대해 기술하고, 제3장 '창의적 사고와 문제해결자의 자세'에서는 사고와 창의력의 기본 개념과 창의적 사고의 특성 및 방법 그리고 문제해결에 들어가기 전 문제해결자가 반드시 갖추어야 할 기본적인 사고와 자세에 대해 소개한다.

제1부 문제해결 준비 단계

창의적 문제해결과 전략적 의사결정 과정 및 기법

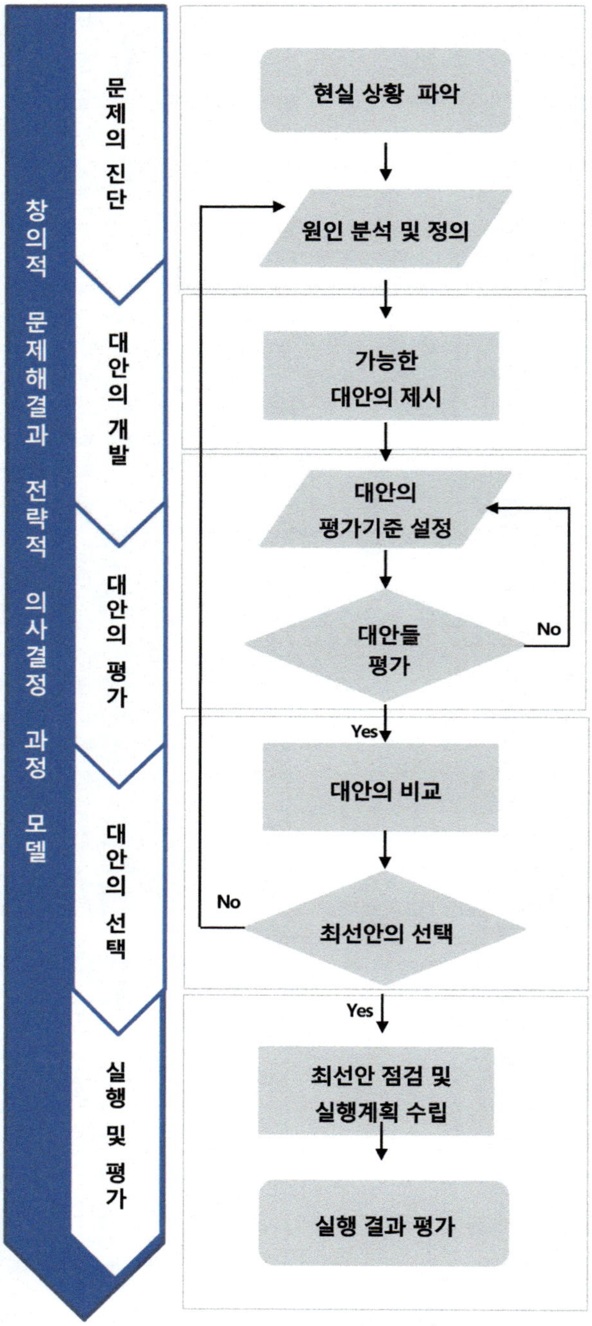

- **문제의 탐색기법**
  PEST모형/5 F's/레이더스크린/STP/SWOT/고객3불분석/KPI/3C(4C)/VRIO/7S 모형 등
- **문제의 원인 분석기법**
  Pareto/KT/5W1H/드릴다운/특성요인/인지기법/시스템다이어그램/Why-Why기법 등
- **문제의 정의기법**
  문제우선순위/Why-Method/가치나무/문제의 재정의/Duncker/목표지향법 등

- **대안 개발 자유연상법**
  브레인스토밍/브레인라이팅/수평적사고/인터뷰/CBS 등
- **대안 개발 강제연상법**
  체크리스트/스캠퍼/속성열거/결점열거(희망점열거)/형태분석/입출법/강제결합법 등
- **대안 개발 유추발상법**
  시네틱스법/NM법/고든법/페르미추정법 등
- **대안 개발 B/S & B/W 기타응용기법**
  역발상/만다라트/역설사고/겔러리기법 등

- **문제우선순위 및 민감도 분석 및 평가**
  심각성/투입시간 및 자원/투입인력 등
- **개별대안의 비교기법**
  하이라이팅/ALU&PMI/동인요소/장단점대조/2안비교/가중대조(그리드)/스티커투표/매트릭스(L, T, X형)기법/KJ기법/연과도법 등
- **최적안의 선택기법**
  비용편익분석/의사 결정모형(매트릭스-의사결정나무)/가정표면화기/2차원 그리드법 등

- **최선안 점검기법**
  What-If/목표 탐색/시나리오 분석/CATWOE/리스크 매트릭스/목표탐색/델파이/패널 동의/시뮬레이션/잠재적 문제분석/여섯 색깔 사고모자분석기법 등
- **실행계획 수립기법**
  간트 차트 /PERT&CPM/실행 체크 리스트/애로우다이어그램기법 등

- **실행결과 평가기법**
  정성적평가:고객만족도/성장/브랜드가치 등
  정량적평가: 재무제표/비율분석/BSC모형 등
- **실행능력 향상 및 피드백**
  창의적 팀 활동 및 대안의 실행 결과 개선
- **보고서 작성(프레임워크사고)**
  MECE/매트릭스/Logic Tree/ 피라미드법 등

❖ 창의적 사고 기법들은 반드시 해당 단계에만 적용되지 않으므로 의사결정 단계와 상황에 맞춰 적절히 활용

제1장 환경변화와 경쟁 패러다임의 이해

1. 인류문명의 발전과 환경변화
2. 제4차 산업혁명과 패러다임의 변화
3. 21세기 경쟁력의 핵심 요소

21세기에 있어서 '경쟁'이란 의미는 단순히 생존을 위한 것이 아니라, 개인과 조직의 미래를 창조적으로 지배하는 것이다. 이제 기술은 과거와 달리 기하급수적으로 발전해 기술의 미래를 예측하기 어렵고, 지역 간 블록은 사라지고 '신자유주의' 체제 아래 국경을 초월한 세계화는 확대되고 있다. 이러한 변화 속에서 소비자들의 요구는 매우 다양해지고 수준이 높아지면서 '경쟁'에서 살아남기 위해서는 환경변화를 직시하고 대응할 수 있는 능력을 길러야만 한다.

그러므로 개인은 개인대로 조직은 조직대로 현실과 미래를 예측하는 수준 높은 리더십으로 창조적 경영을 추구해 나가기 위해서는 과거 어느 때보다 더 많은 노력과 탐구 그리고 혁신적 사고를 기반으로 한 전략적 의사결정을 실천해 나가야 할 것이다.

톰 램버트(Tom Lambert)는 그의 저서 「*Key Management Solution*」에서 "미래를 예측하는 유일하고 정확한 방법은 미래를 만들어 내는 것이다. 그리고 계속해서 만들어 내는 것이다."고 말하고 있다. 과연 미래를 예측하는 정확한 방법으로 '미래의 창조'는 어떻게 가능할까? 라는 의문을 가져본다. 정보가 지식으로 대체되고 정보와 지식을 새롭게 가공하는 창의적이고 융합적 사고가 경쟁력이 되는 21세기에서 "변화하는 세계에서 승리가 곧 미래의 창조"라는 톰 램버트의 말에서도 시사하듯이 복잡하고 다양한 현상을 단순화 시키고, 명료화하고 이해해야 할 필요성을 우리는 창조적 사고에서 찾을 수 있다.

따라서 제1장에서는 인류문명의 발전과 함께 환경이 어떻게 변화하고 있는지, 미래사회를 견인할 제4차 산업혁명의 의미와 그것이 인간의 삶에 미치게 될 영향은 무엇인지, 그리고 21세기에 우리가 갖추어야 경쟁력의 핵심 요소는 무엇인지를 차례로 소개한다.

학습 목표

1. 환경변화와 생존의 수단을 이해한다.
2. 제4차 산업혁명의 개념과 핵심 기술을 이해한다.
3. 21세기 미래사회의 경쟁력은 무엇인지 이해한다.

1. 인류문명의 발전과 환경변화

21세기의 환경은 예측을 불허할 만큼 빠르고 다양하게 변하고 있다. 이러한 변화의 물결에서 생존과 발전을 추구하기 위해서는 인류문명의 발전과정을 통해 현재 도래한 제4차 산업혁명 시대를 직관하고 미래를 예측해 대비하는 것이다. 결국 미래의 경쟁력은 정보와 지식을 새롭게 가공하고 인류에 유익한 새로움을 창조하는 것이다. 따라서 [그림 1-1]에 나타난 바와 같이 창의적이고 융합적인 인재로 성장해 경쟁력을 갖기 위해서 어떠한 사고와 생활방식을 가져야 하는가에 대해 고민하고 있다.

그림 1-1 미래를 예측하는 창의적인 인간

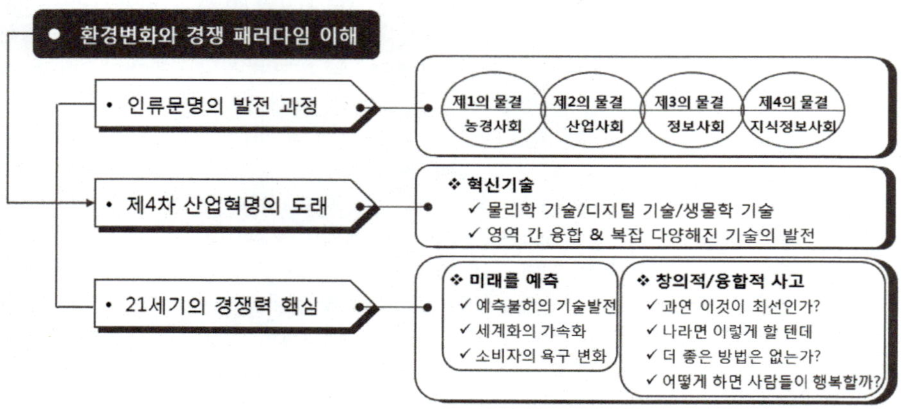

1) 인류문명의 발전과정

인류의 문명은 우주의 생성 역사에 비해 빠른 속도로 변화를 거듭해 왔으며, 변화된 시대에 따라 부의 축적방법이나 권력을 쟁취하는 수단, 즉 '경쟁력의 수단'은 그와 더불어 변화되었다.

힘(폭력)이 사회의 권력과 부를 주도하던 원시사회를 거쳐 농업사회로 접어들었고, 이러한 농업사회는 18세기 후반부터 19세기에 걸쳐 '농업혁명'(agricultural revolution)으로 발전되면서, 공업상의 혁명과 병행하여 토지제도와 농업기술상에 현저한 변화를 일으켰다. 물론 농업사회 전반에 걸쳐 부와 권력의 수단은 토지와 가축(노동력)이었다.

그 후 공업사회는 19세기 중엽 영국에서 시작된 '산업혁명'(Industrial Revolution)으로 기술상의 혁신과 이에 수반하여 일어난 사회, 경제 구조상의 변혁을 더욱 가속화시켜 20세기 말에 이르기까지 공업사회를 주도했다. 공업사회에서 경쟁력의 핵심 수단은 기술과 자본이었다. 공업사회는 앨빈 토플러의 예견과 함께 20세기 말을 거쳐 21세기에 들어서서 '제3의 물결'이라 불리는 '정보사회'도래를 현실화시켰고 이러한 정보사회의 발전은 1970년대 이후 급속히 발전된 컴퓨터와 정보통신혁명의 발전으로 그 속도는 더욱 빨라지면서 '제4의 물결'(창조적 지식 사회)의 도래를 앞당겼다.

미국의 사회학자 리스먼(David Riesmann)은 정보사회는 '탈공업사회'(post industrial society)로서 공업화가 일정한 수준에 도달했거나 공업화가 완료된 사회에서 일어난다고 했다. 때문에 정보사회는 공업사회의 다음 단계로 생각되고 있고 사회의 발전단계설을 근거로 한 문명사적 규정임을 알 수 있다. 그러나 초기정보사회는 공업화사회의 생존 수단을 어느 정도 수용하고 있다고 본다.

다시 말해서 공업화사회에서 기술과 자본 그리고 정보화 사회에서 생존 및 경쟁수단인 '정보'가 어느 정도 융화되면서 개인과 기업 그리고 국가의 경쟁력을 가늠하는 새로운 척도로 자리 잡게 되었다. 그러나 21세기에 들어서면서 정보사회는 지식・정보사회로 대체되면서 인류문명과 미래에 커다란 획을 긋는 '제4의 물결'을 형성하게 된다.

즉 지식・정보사회라고 할 때는 인류사회는 [그림 1-2]에 나타난 바와 같이 전(前)문명사회에서 농업혁명을 거쳐 농업사회로, 이어서 산업혁명을 거쳐 공업사회로, 다시 정보혁명을 거쳐 정보사회로 이는 다시 창조적 사고의 필요성과 함께 지식・정보사회로 이행하듯이 단계적으로 발전해 간다는 인식을 전제로 하고 있다.

그림 1-2 환경변화와 '경쟁과 생존의 수단'

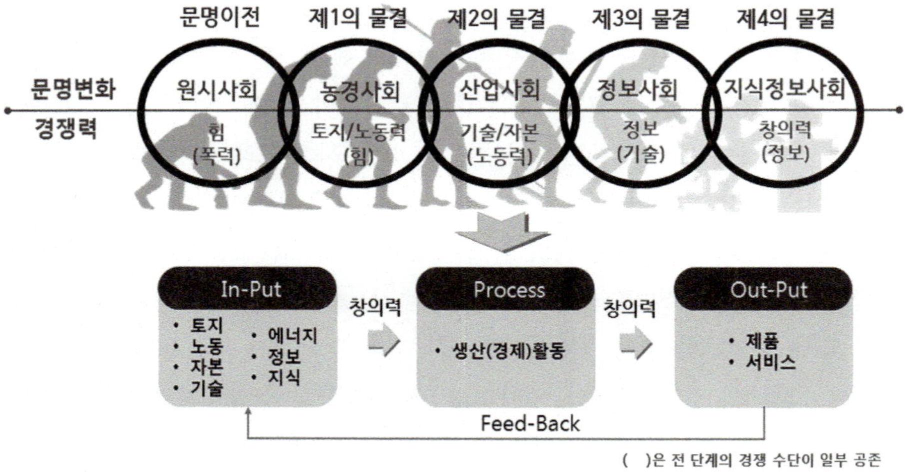

종합해 보면 피터 드러커(Perter Drucker)도 그의 저서 「자본주의 이후 사회의 지식경영자」에서도 말하고 있듯이 인류문명은 이제까지의 경쟁과 생존의 수단인 '사람의 손과 근육 에너지 및 그 대체물인 기계를 생산수단으로 공업이 만들어낸, 실체가 있는 물질중심의 문명'에서 '인간의 두뇌나 지적 창조력을 생산수단으로 정보산업이 만들어내는 무형의 정보와 창조적 지식이 주체가 되는 문명'으로 전환되어 간다고 생각되고 있다는 것이다.

이미 여러 나라에서는 이와 같은 지식・정보사회로의 전환이 현실 문제화 되어 왔다. 아직은 농업사회의 구조에서 벗어나지 못한 개발도상국과 탈공업사회를 추진하려는 중진국 그리고 이미 정보사회를 거쳐 제4의 물결을 받아들이고 있는 선진국까지 세계는 이렇게 다양한 물결의 흐름 속에서 변화를 추구하는 공존의 시대에 살고 있다.

2) 환경변화의 이해와 대응

이제 사람들은 톱니바퀴의 하나로서 소속되었던 획일적 조직에서 해방되고 육체노동과 단순노동은 창조적 노동으로 바뀌어, 블루칼라와 화이트칼라로 구별되던 직업구조도 '지식노동자'라는 새로운 '골드칼라'군이 등장하게 됨으로써 창조적 사고의 혁신을 통해 경쟁력을 향상시켜 삶의 보람을 발견할 것이다. 이런 의미에서 지식・정보사회는 창조적 사고를 기반으로 한 인재를 경쟁과 생존의 수단으로써 그 필요성을 더욱 부각시키고 있다.

결론적으로 창조적 인간은 사물의 변화 자체가 아니라 그 변화를 볼 수 있는 마음의 눈, 즉 '안목'을 가지고 있고 그 변화를 창조해 나가는 능력을 가지고 있다. '미래를 바라보는 눈을 갖는 것'은 개인과 기업의 입장에서 경쟁력을 향상시키는 중요한 수단이 된다. 앨빈 토플러가 예견한 것처럼 제3의 물결(정보사회) 이후 우리는 과거에는 상상하기 어려웠던 많은 변화를 체험하고 있고 21세기 이후 더욱 많은 변화를 느끼게 될 것이다. 미래의 세상을 예측하기 어렵다는 것은 우리에게 '미래에 대한 안목을 갖는 것' 그 자체가 얼마나 중요한지를 시사한다.

"미래에 아무리 과학이 발전하더라도 인간은 달에 발을 들여놓을 수 없다."고 호언장담하던 '라디오의 아버지'로 통하는 미국의 과학자 리 디포리스트(Lee de Forest, 1873~1961)박사의 말을 비웃기라도 하듯 불과 8년 후인 1969년 미국의 우주비행사 닐 암스트롱이 인류 역사상 처음으로 달을 밟았다. 마이크로소프트의 창업주 빌 게이츠는 1981년 "640kb이면 모든 사람에게 충분한 메모리 용량이다." 호언했지만 오늘날의 컴퓨터 메모리는 무려 수 천 배가 넘는 용량을 사용 중이며 '미래의 컴퓨터는 1.5t 이상은 될 것'이라던 예견도 물론 건물만한 초기 상업용 컴퓨터가 개발된 1940년대 후반의 현상을 이해한다면 가능한 이야기지만 정작 오늘날의 컴퓨터는 처리속도나 저장용량이 상상을 초월하며 크기 또한 초소형화가 이루어지고 있다. 슈퍼컴퓨터 엑사플로급(ExaFLOPS)은 현재보다 1,000배 빠른 속도(100경회 연산/초)로 단순히 데이터를 처리하는 속도를 앞당긴 기술뿐만 아니라 데이터를 '가치'로 연결하는 컴퓨터이다. 그리고 노트북 사용량만 보더라도 전 세계 10억 대 이상이며 인텔이 개발한 제품(Intel Computer Stick)은 길이 10cm, 무게는 42g에 불과하다.

물론 이러한 변화의 중심에는 과학과 기술의 발전이 있고 '제4차 산업혁명'이라 불리는 거대한 변화 속에서 기술의 발전 속도는 기하급수적으로 증가해 전문가들과 미래학자들은 2025년 이 후의 기술이 인간에게 미칠 영향을 예측하기란 쉬운 일이 아니라고 한다. 인류의 문명사 발전과정으로 볼 때 '제4의 물결'의 가장 큰 패러다임은 창의력이며 인간의 창조적 사고는 바로 21세기의 '제4차 산업혁명'을 이끄는 핵심 동력이다.

2. 제4차 산업혁명과 패러다임의 변화

1) 제4차 산업혁명의 의의

다보스포럼 회장인 클라우스 슈밥(Klaus Schwab)은 '제4차 산업혁명'(fourth industrial revolution; 4IR)을 '사이버 물리 시스템'(CPS; Cyber Physical Systems), '사물 인터넷'(IoT), '클라우드 컴퓨팅', '인공지능'(AI), '빅데이터', '3D/4D 프린팅', '생명공학' 등 실세계 모든 사물들의 지능화(intelligent)와 초연결(hyper-connection)을 지향한 것'이라 했다. 즉 제4차 산업혁명이란 핵심기술인 '디지털 혁명에 기반한 물리적 공간, 디지털적 공간 및 생물학적 공간의 경계가 희석되는 기술융합의 시대'로 다포스 포럼에서 정의했다.

그리고 이 용어는 2010년 독일이 '하이테크 전략 2020' 정책 중의 하나인 인더스트리 4.0(Industry 4.0)에서 제조업과 정보통신이 융합되는 단계의 의미로 앞서 사용했다. 이후 세계 경제 포럼(WEF : World Economic Forum)에서 언급(2016년)하면서 ICT 기술 기반의 새로운 산업 시대를 대표하는 용어가 되었다.

그러나 제4차 산업혁명을 대표하는 전문가에 따라 분류 시기와 관점이 다르다. 먼저, 클라우스 슈밥은 [그림 1-3]과 같이 혁명적 기술을 기준으로 분류해 현재를 '제4차 산업혁명'의 시기로 보는 반면, 와튼스쿨 교수인 제러미 레프킨(Jeremy Rifkin)은 그의 저서 「제3차 산업혁명」(*The Third Industrial Revolution*)에서 [그림 1-4]와 같이 현재 일어나는 변화들은 '제3차 산업혁명'인 정보화 혁명의 연장선으로 보며 클라우스 슈밥의 견해를 비판했다. 그는 에너지와 에너지 사용 기관을 기준으로 현재를 제3차 산업혁명의 시기라고 보고 있다. 그럼에도 불구하고 대부분의 사람들은 클라우스 슈밥의 견해를 따라 현재를 '제4차 산업혁명의 시대'로 받아들이고 있다.

따라서 독일(인더스트리 4.0)을 시작으로 미국(AMP 2.0; 산업 인터넷), 일본(제4차 산업혁명 선도전략; 로봇 신전략) 등의 주요 국가들은 제4차 산업혁명에 선제적으로 대응하기 위해 정부차원의 대응전략을 수립해 추진하고 있다. 이에 중국도 제조 2025를 목표로 제조업 혁신을 통한 제조 강국 정책을 내놓고 있다.

그림 1-3 제4차 산업혁명(클라우스 슈밥의 견해)

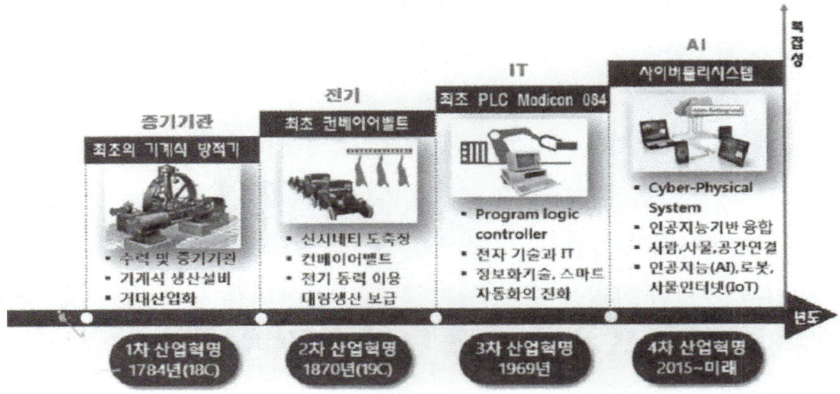

그림 1-4 제3차 산업혁명(제러미 레프킨의 견해)

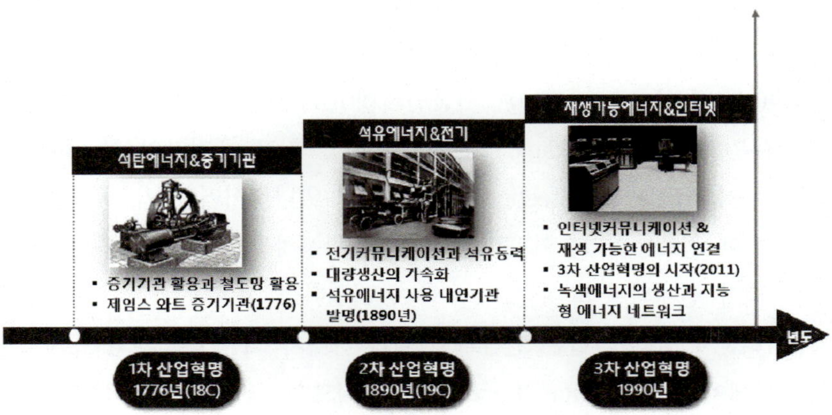

그리고 스위스 글로벌금융그룹(UBS)은 2016년 4차 산업혁명에 잘 대응할 것으로 생각되는 국가들의 순위를 노동시장의 유연성, 기술수준, 교육시스템, 사회간접자본, 법적 시스템 등 5개 요소를 가중평균하여 분석한 보고서를 내놓은 바 있다. 그리고 경제구조가 유연하고 사업상 비능률이나 불필요한 규제가 없는 국가일수록 제4차 산업혁명으로 경제적 이득을 창출한다고 보고 있다.

그러나 우리나라는 총 139개국 조사대상으로 주요 45개 국가 중 25위(노동시장 유연성

83위, 교육시스템 23위, 법적 시스템 62위 등)를 기록한 것으로 나타났고 제4차 산업혁명에 대한 대비 역시 아직 주요 선진국들에 비해서 미흡한 수준이다.

제4차 사업혁명은 정치, 경제, 사회, 교육 등 분야별 획기적인 변화를 가져다 줄 것이다. 특히 교육은 모든 산업과 영역의 기반임에도 불구하고 지식의 활용 보다 전달하는데 초점을 맞추는데 집중한 과거의 교육방식은 더 이상 설 자리가 없을 것이다. 더구나 주입식교육에 길들여진 우리나라의 교육시스템은 더 큰 위기에 직면하게 되므로 환경변화에 부합한 교육 방식과 인프라를 구축해야만 한다.

따라서 창의력 계발을 통한 자기 주도적 문제해결 능력을 키우는 교육과 학습에 집중하고 그에 맞는 교육 인프라를 구축해야만 한다.

2) 제4차 산업혁명의 혁신기술과 인류에 미칠 영향

(1) 제4차 산업혁명의 혁신기술

제4차 산업혁명은 정보통신기술(ICT)의 융합으로 이루어지는 차세대 산업혁명으로 클라우스 슈밥은 핵심기술로 무인운송수단, 3D/4D프린팅, 로봇공학과 같은 물리학기술(physical technology)과 사물인터넷(IoT) 또는 만물인터넷(internet of all thing)과 같은 디지털 기술(digital technology) 그리고 유전자의 활성화와 편집이 가능한 생물학기술(Biological technology)을 들고 있다. 이러한 기술의 공통적인 특징은 디지털화와 정보통신기술의 광범위한 힘을 활용하고, 과학적 약진과 신기술이 다채로운 분야에서 전개되며 그 한계의 예측이 어렵다는 점이다.

이러한 기술의 발달은 인간과 기계가 하나가 되는 타임지의 표지모델에서 보는 것처럼 레이 커즈와일(Ray Kurzweil)은 2045년은 인간이 불사신이 되는 해(2045 The Year Man Becomes Immortal)로 볼 만큼 기술의 발전은 인간의 삶을 획기적인 변화를 넘어 상상을 초월하는 제4차 산업혁명으로 인한 기술의 한계를 예측하기 어렵다.

클라우스 슈밥이 주장하는 제4차 산업혁명의 핵심기술을 요약하면 다음과 같다.[1)]

① 물리학 기술(physical technology)

물리학기술은 드론, 트럭, 항공기, 보트를 포함한 무인운송수단의 등장이다. 세계 각국에서는 이미 자율주행차가 운행하고 있고, 스위스는 EZ-10 무인버스가

1) 송경진 역(2016), 클라우스 슈밥의 제4차 산업혁명, 새로운 현재, pp.36-50. 참고.

일반 노선에 투입되어 운행 중이다. 그리고 3D 프린팅은 자동차, 항공우주, 의료산업에 한정되어 활용중이지만, 크기, 가격, 속도의 제약을 개선하면서 4D 프린팅 기술로 진화하며 일반인 사용화도 멀지 않았다. 이밖에도 정밀농업에서 간호까지 광범위한 업무를 처리 할 첨단 로봇공학과 더욱 가볍고 강하며 재생가능하고 적응성이 뛰어난 신소재 개발을 들 수 있다.

② 디지털 기술(digital technology)

상호 연결된 기술과 다양한 플랫폼을 기반으로 한 사람과 사물을 연결하는 사물인터넷(IoT) 또는 만물인터넷(internet of all things)과 같은 디지털기술이다. 플랫폼을 통한 비즈니스는 세탁, 쇼핑, 주차, 홈스테이 등 다양한 영역에서 새로운 서비스를 제공하고 있다. 세계에서 가장 큰 택시 기업인 우버는 자동차를 보유하지 않고 디지털 플랫폼을 활용한 사업을 세계적으로 전개해 나가고 있다.

③ 생물학기술(Biological technology)

생물학기술은 유전학의 혁신을 가져온다. 기술의 발달로 유전자 분석이 용이해지면서 최근 유전자 활성화 및 편집기술까지 가능해졌다. 윤리문제가 대두되기는 하지만 인간의 유전자 구성을 밝혀 심장질환이나 암과 같은 난치병을 극복하고 3D 프린터와 4D 프린터로 생체조직을 만들어 내는 바이오프린팅(bioprinting) 기술이 발전할 것이다.

(2) 제4차 산업혁명이 인류에 미칠 영향

제4차 산업혁명이 가져 올 미래 사회를 예측한다는 것은 쉬운 일이 아니다. 기술의 발전이 과거와 달리 기하급수적으로 수직 상승하고 그 속도도 가늠하기 어렵기 때문이다. 더구나 과거의 기술은 특정한 분야나 한정된 영역과 결합해서 인류에게 혜택을 주었지만, 앞으로의 기술은 모든 영역에서 융합되어 매우 복잡하고 다양해지기 때문이다.

그리고 인공지능(AI) 분야에서 구글(Gool), 마이크로소프트(Microsoft), 사물인터넷(IoT) 분야의 삼성(Samsung)과 시스코(CISCO), 클라우드와 빅데이터(Cloud & Big Data) 분야의 아마존(amazon)과 오라클(ORACLE), 자율주행(Automatic Driving) 분야의 퀄컴(Qualcomm)과 AMD 등은 제4차 산업혁명 시대를 선도적으로 주도하는 기술을 확보한 기업들이며 이러한 글로벌 기업들의 기술력은 정치, 경제, 사회, 문화 전반에 걸쳐 획기적인 변화를 가져오고 있다.

먼저, 가장 큰 변화는 경제 분야이다. 저성장, 고령화 사회, '경쟁력의 규칙'이 달라진다. 경제 분야에서 가장 큰 변화는 노동력의 이동이다. 신기술로 인해 향 후 20년 내에 사라질 직업 수가 무려 20억 개에 달한다. 그렇다고 일자리가 모두 사라지는 것이 아니라 새로운 일자리가 생겨난다. 예컨대, 20년 후에 새로 등장 할 대표적인 새로운 일자리는 인공장기조직개발자(바이오프린팅), 오감인식기술자(표정과 음성을 활용 행동분석), 기억대리인(인간의 일생을 DB화), 아바타개발자(홀로그램개발), 그리고 빅데이터와 IoT 관련 기술자 등 수 없이 많은 일자리가 생겨난다.

결국 산업구조 측면에서 보면, 기술과 산업의 융합을 통해 제조업의 서비스화, 서비스의 제품화를 통해 산업구조의 경계가 무너지고 새롭고 다양한 스마트 비즈니스 모델을 창출할 것으로 예상된다. 나아가 산업 간의 융·복합을 통해 더욱 다양한 사회·경제 차원의 혁신적인 변화를 가져올 것이다.

예를 들면, 카쉐어링업, 배달 및 쇼핑대행, 가사노동, 법무대리, 컨설팅 서비스 등 분야에서 활성화되고 있는 플랫폼기반의 온디맨드경제(On Demand Service) 등장과 공정의 자동화, 지능화를 통한 스마트공장의 확산, 그리고 3D프린팅의 보급으로 제조업이 디지털화하고 개인사업이 확대되는 등 새로운 비즈니스 모델이 활성화되면서 기존의 직업과 직종을 모두 대체하진 않지만 사람의 역할이 줄어들고 오히려 계약직 형태 고용구조로 변할 가능성이 크다.

그리고 앞으로는 3D 프린트의 대중화와 프린팅 기술의 발달로 아이디어만 있으면 직접 생산과 유통이 쉬워져 소규모 창업이 확대되고 소비자의 선택권이 다양화될 것이다. 대량생산에서 맞춤형 소량생산이 가능해지면서 개성과 취향을 중시하는 개인 소비문화가 확산되고 삶의 질 또한 높아질 것이다. 그리고 플랫폼 기반의 제조업의 서비스화의 확대로 P2P 거래도 확대되면서 소비자들은 다양한 혜택을 누리게 된다.

뿐만 아니라 인류의 삶의 방식에 커다란 변화와 영향 미치게 될 것이다. 무인자동차의 대중화로 차를 보유하는 사람이 거의 없어지고 운전하는 시간을 활용해 더 생산적인 일에 몰두하게 되고 인류는 바다위의 수직농장에서 재배한 식량을 공급받고, 시속 2,000km가 넘는 하이퍼루프(진공관열차, hyperloop), 음속비행(마하 2)을 하는 비행기로 지구촌이 일일 생활권에 접어든다. 아마존은 2017년 '아마존 고'(amazon go)를 통해 퓨터 비전, 머신 러닝, 딥러닝을 결합하여 세상에서 가장 발전된 쇼핑 기술을 소개하며 소비문화의 혁신을 가져왔다. 뿐만 아니라 3D, 4D 프린팅을 이용해 장기이식이 가능해 지며 이로 인해 인간의 수명은 몇 배 이상 늘어나면서 라이프스타일에 많은 변화를 가져올 것이다.

제4차 산업혁명의 변화를 주도하는 것은 역시 기술의 발달이다. 원천 기술이 사회 전반에 다양한 분야에 접목되면서 세상을 예측 불가능한 사회로 변화시키고 있기 때문이다. 그러므로 이로 인한 부작용도 적지 않다는 것을 인식해야 한다. 대량실업으로 인한 노동력의 위기나 인간의 효용가치 하락이 불러 올 인간성 말살위기는 소외계층을 더욱 양산해 우리 사회를 더욱 각박하게 만들 수 있다. 결국 이러한 문제점은 제4차 산업혁명을 주도(혜택)하는 권력(권한)이 편중되는 부익부빈익빈 현상의 심각성을 경계해야만 한다.

물론 제4차 산업혁명 시대의 기술의 발전이 인류에 미칠 영향 또한 매우 광범위하지만 클라우스 슈밥은 이 모든 분야의 관계에 미치는 가장 큰 영향력이 임파워먼트(empowerment, 권한부여)라는 하나의 힘에서 비롯된다고 보면서 정부와 국민, 기업가와 노동자(투자자, 소비자), 강대국과 약소국 등 모든 관계가 성공적이기 위해서는 상호협동적인 상호작용이 필요하다고 보았다.

3. 21세기 경쟁력의 핵심 요소

미래를 예견하고, 대비하는 자세는 바로 과거의 생활과 사고방식에서 탈피해 창의적이고 융합적인 사고로 문제를 다양한 각도에서 바라보고 사물을 다르게 디자인하는 능력을 키우는 것이다. 즉 21세기의 경쟁력은 미래를 예측하고 기존 질서에 대한 의구심을 갖고 새로운 시각과 아이디어로 문제를 해결하려는 창의성(creative)을 계발해야 한다. 그리고 이를 기반으로 다양한 개체를 연결하는 능력, 즉 정보기술(IT), 나노기술(NT), 생명공학기술(BT), 인지과학(CS) 등으로 확장되는 학문과 학문, 기존 산업과 학문 간의 결합을 통해 새로운 창조적 가치를 창출하는 융합기술(converging technology) 능력을 길러야 한다.

물론 창의적이고 융합적인 사고능력은 개인의 능력이지만 개개인의 창의력이 계발될 수 있는 사회적 환경 조성이 함께 마련되어야 한다. 창의적인 아이디어를 다양한 분야와 연계하고 융합하여 혁신적인 비즈니스 모델을 창출하기 위해서는 정치, 경제, 사회, 문화 등 전반에 걸쳐 창의와 융합이 활성화되도록 인프라를 구축하고 경계를 뛰어넘는 시각과 역량을 받아들이는 인식의 전환이 필요하다.

1) 미래를 예측하는 힘의 필요성

제4차 산업혁명 시대에 경쟁력을 갖춘 인재가 되기 위해서는 먼저, 미래를 예측하는 노력이 필요하다. 역사적인 안목을 갖고 인류 문명의 발전 과정 속에서 현재의 모습과 미래의 모습을 살펴보고 예측하는 능력은 자신이 무엇을 해야 할지, 어떻게 대비해야 할지 방향을 가르쳐 주기 때문이다. 즉 통찰력과 창의적 발상이 뛰어난 사람, 사물을 다양한 각도에서 바라보고 융합할 수 있는 사람, 인류가 당면한 다양한 문제에 관심을 갖고 있는 사람 등은 도래하는 사회의 환경변화를 예측하고 대비하기 위해 자기계발을 게을리 하지 않는다.

21세기, 미래사회의 변화중 대표적인 것은 예측할 수 없는 기술의 발전, 경계가 무너진 세계화, 그리고 소비자들의 욕구 수준의 변화를 들 수 있다.[2)]

(1) 기하급수적으로 발전하는 기술이다.

인류 역사상 지난 2,000년 동안의 기술 진보는 서서히 진행되어 왔다. 앞 서 소개한 인류문명의 발전에서 알 수 있듯이 증기기관이 발명된 19세기 산업사회까지만 해도 인류사에 획기적인 기술의 발전은 많았다. 특히 20세기 후반 컴퓨터와 인터넷의 보급은 그간의 기술을 한층 더 끌어 올리는 역할을 담당하면서 인류의 삶의 방식에 많은 변화를 가져다주었다. 그러나 과거의 기술은 발전 속도나 기술수준이 어느 정도 예견이 가능했기 때문에 미래를 예측하거나 변화에 대한 대비의 중요성은 매우 한정된 시간에 그쳤다. 그러나 제4차 산업혁명 시대의 기술은 발전 속도도 기술수준도 예측이 어렵다. 기술 혁신의 산물이라 할 수 있는 빅 데이터, 인공지능, 3D/4D 프린팅, 사물인터넷 등의 진화하는 기술은 사회와 세계경제의 변화를 주도하며 모든 영역에서 그 영향력을 발휘하게 될 것이다. "소프트웨어기술을 기반으로 생성되는 디지털연결성이 사회를 근본적으로 변화시킨다"며 새로운 기술문명의 시대를 예견한 클라우스 슈밥을 비롯한 많은 미래학자들은 향 후 20년을 기점으로 과학기술 영역의 경계가 사라지고 기술 수준이나 발전 속도는 예측하기 어려운 상황이 되면서 인간의 삶은 완전히 바뀌게 될 것으로 내다보고 있다.

---

2) 미래 사회의 변화에 대해 박영숙, 제롬 글렌(2016)은 「유엔미래보고서 2050」에서 '메가트랜드 2050'으로 세계화, 인구통계학적 변화, 기술의 가속을 소개하고 있다. 필자는 2003년 이 후 창의력 관련 연구와 강의에서 향 후 도래 할 환경변화의 핵심으로 기술의 발전, 가속화되는 세계화 그리고 소비자의 변화를 강조해 왔다.

(2) 지구촌의 경계가 무너진 세계화의 가속화를 들 수 있다.

세계화(globalization)란 양적 교류의 확대를 넘어서 활동의 범위가 인류의 공존과 평화, 경제적 복지, 문화의 혜택, 환경과의 조화 등의 국가 간 교류를 증대하여 전 지구적으로 확대되어 나가는 것이다. 세계화가 가속화된 배경에는 여러 가지가 있지만 그 중 가장 대표적인 요인은 네 가지이다. 즉 신자유주의 사상의 대두, 동서냉전의 종식과 사회주의 국가의 시장 개방, 세계무역기구(WTO) 체제의 출범, 그리고 통신기술과 IT산업의 발달이라는 관점에서 세계화의 배경을 설명할 수 있다.[3)]

- 복지 국가 추구에 따른 정부 실패를 극복하기 위해 1980년대 초 미국과 영국이 신자유주의적인 경제정책을 고수하면서 시장은 더욱 커지고 자유로워졌다.
- 1985년 고르바초프의 등장과 함께 시작된 소련사회의 대변혁으로 공산국가였던 소비에트 연방이 개혁・개방과 함께 붕괴되고, 1991년 독립국가연합(CIS)과 러시아연방으로 완전히 분리되면서 더 이상의 이데올로기에 따라 세계를 구분하는 것이 무의미해졌으며, 특히 이러한 현상은 러시아, 중국 등 사회주의 국가의 경제 개혁과 대외 개방에 기폭제 역할을 하게 되었다.
- 1995년 세계무역기구(WTO) 체제 구축은 종전의 GATT체제보다 훨씬 광범위하고 강력한 무역질서로서, 상품 교역에 대한 관세 장벽과 비관세 장벽 등 무역 장벽의 철폐 내지 완화를 가져오면서 세계화는 정점을 이루게 된다.
- 통신기술과 IT산업의 발달이 세계화를 가속화시키는데 결정적인 역할을 담당했다. 오늘날 과학 기술의 발달로 인간의 삶이 편리하고 풍요로워졌을 뿐만 아니라 교통, 수송, 정보 통신 기술 등의 발전도 급속도로 빨라지고 있다. 특히 1990년대 말 최첨단 정보 통신 기술의 발달은 국가 간 경계를 허무는데 일조를 했고, 나아가 인터넷과 최첨단 IT 기술은 시간과 공간이라는 제약요인을 극복하고 국가 간에 경계를 초월한 상품, 서비스, 자본 등의 이동을 촉진시키면서 세계를 하나의 공간 속에서 소통하고 교류하도록 만들었다.

(3) 소비자의 욕구는 다양해지고 수준은 한층 더 높아졌다.

과학기술의 발전은 인간의 삶을 매우 윤택하게 했을 뿐만 아니라 삶의 방식을 바꿔 놓는 계기가 되었다. 여기에 가속화된 세계화로 인해 모든 영역에서 자유롭게 교

---

3) 박상범, 길종구(2016) 전략경영 제2판, 탑북스, pp.377-378.

류가 이루어지면서 소비자들이 선택할 수 있는 기회는 더욱 많아지고 풍부해졌다. 더구나 소비자들은 공급자들이 제공하는 제품과 서비스에 대한 정보를 손쉽게 취득할 수 있게 되면서 현명한 의사결정을 할 수 있게 된 것이다. 예를 들어 교육서비스를 선택하는 과정에서도 오프라인 교육 경쟁력은 온라인 경쟁력에 비해 약화되고 있는 실정이다. 기술의 발전 속도로 변하는 사회 환경에 현재 교육 시스템이 따라가기 어렵고 지속적으로 변하는 환경에 적응은 평생 학습을 통해 가능하므로 온라인 교육 프로그램이 계속 진화하고 있다.

2) 창의적이고 융합적인 인재

"만능은 없다. 창의력은 누구에게나 잠재된 능력이다."

창조적 인재를 발굴하고 육성하는 것은 기업과 국가(정책, 교육, 환경 등)의 몫이지만 창의력 계발을 위한 의지와 노력은 개개인의 몫이다. 대부분의 사람들은 창의력이란 특별한 사람에게만 잠재된 능력이라 믿기 때문에 자신이 얼마나 많은 능력을 지니고 있는지에 대해 무관심할 수밖에 없다. 애초 '창의성'은 하늘에서 떨어지거나 특별한 사람이 타고나는 것이 아니다. 누구에게나 잠재되어 있는 능력이며 후천적으로 발휘되는 능력이라는 것을 간과해서는 안 된다.

다시 말해서 순수한 창의성은 없다. 얼마만큼 개인이 자신의 능력을 믿고 창의력 계발을 위한 노력을 하느냐 여부와 개개인이 창의력을 계발할 수 있도록 동기를 부여해주는 환경과 제도적 장치 등이 조화를 이룰 때 창조적 능력은 발휘된다.

모든 분야에 걸쳐 재능을 보이는 사람은 그리 흔치 않고 다방면에서 창의력을 발휘하는 사람도 거의 없다는 것이다. 창의력은 특정 분야에서 뛰어난 능력을 발휘하는 것으로서 영재성이 있거나 특출한 재능이 있는 사람이 모든 분야에서도 재능을 발휘할 것이란 오해를 갖지 말아야 한다. 인류 역사상 가장 위대한 과학자로 생각하는 아인슈타인조차도 만능은 아니었다. 수학적인 능력은 뛰어났지만 언어능력은 낮았다. 다른 사람과 의사소통을 수행하는데도 그는 장애가 많은 말더듬이였다. 물론 괴테처럼 수학과 과학 그리고 철학 등 다방면에 재능을 보인 사람도 있고 다빈치처럼 더 많은 분야에서 천재성을 발휘한 사람도 있지만 역사상 그러한 인물은 흔치 않다.

물론 창의적이고 융합적인 사고능력은 사람에 따라 다르게 나타나는 것은 사실이며 창조적 사고를 할 수 있는 힘을 가졌다고 해서 실제로 창조적 사고를 잘 한다는 보장은 없다. 창조적 사고의 성향은 인간의 내적 인지적 특성으로서의 창조적 사고 기능이 인간의 성취를 위해 작용하는 과정에서 개인에게 요구되는 정의적 또는 태도의 특성이기 때문이다.

그러나 사람마다 문제를 해결하는 방식과 능력은 다소 차이는 있지만 창의적인 사고능력을 향상시키기 위해서는 '자신감'을 가지고 자신이 가진 능력을 끌어내야 한다. 자신의 관심 영역에서 접하는 문제 상황에 대해 갖는 자기 신뢰감을 의미한다. 그러므로 실패에 대한 두려움 보다는 문제해결에 대한 강한 '자신감'을 보인다. 창의력이 결여된 사람은 특정한 문제 상황에서 접하는 문제에 대해 전문성을 가지고 있더라도 문제해결을 시도함에 있어서 내면에 가속 패달과 브레이크를 동시에 밟기 때문에 대안을 찾는 데 멈칫거리거나 주저하다가 적절한 시기를 놓치는 경향이 많다. 이는 결국 자신감이 없기 때문이다. 자신감은 문제 상황에서 제일 먼저 요구되는 태도이다. 진심에서 우러난 자기 확신은 위험을 감수하고 지적인 위험을 수용하며 모험을 받아들이는 능력을 향상시킨다. 매사 긍정적이고 자신의 문제해결 능력에 대한 강한 신뢰감을 보내야 한다. 이러한 사람은 일을 추진함에 있어서 성공의 신뢰가 보통사람 보다 크기 때문에 보다 신속하고 추진력있게 일을 추진해 나가는 힘이 있다.

그리고 어떠한 문제든 스스로 해결하려는 의지, 즉 '자발성'이 있어야 한다. '자발성'은 '자신감'과 더불어 창조적 인간에게 있어서 가장 중요한 성향이다. 아무리 지식이 풍부하고 교육 수준이 높거나 뛰어난 능력을 가졌다고 하더라도 자신의 두뇌에 학습된 기억을 활용하고 응용하려는 의지가 약하면 문제 상황에 적극적으로 대처하기 어렵다. 체제에서 요구하는 질서를 지나치게 따르려는 사람은 기존의 질서나 학습방법에 길들여지기 쉽고 독창적인 문제해결방법이나 다양한 사고를 갖는다는 것에 대한 의미를 놓치는 경우가 많다. 즉 타인의 요구나 강요에 의하지 않고 자신의 내적 동기에 의해 필요한 아이디어를 산출하려는 성향이나 태도는 바로 자발적 의지와 같아 창의적 인재가 갖추어야 할 중요한 성향이다.

물론 '자신감'과 '자발성은 창의적 인재가 되기 위해 필요조건이다. 그리고 창의력은 학습과 경험 그리고 연습을 통해 길러지고 향상되므로 창의적인 인간이 되기 위해서는 '호기심', '탐구심', '정직성', '개방성', '독창성' 그리고 '집중성' 등과 같은 창조적 사고 관련 성향(disposition)을 향상시켜야 한다.

따라서 창의적이고 융합적인 사고 능력을 갖춘 인재가 되기 위해서는 다음과 같은 변화의 노력이 필요하다.

(1) 1단계: '과연 이것이 최선인가?' 존재하는 것에 관심을 갖는다.

존재하는 것에 대한 관심(호기심)을 가져야 한다. 관심(호기심)은 항상 생동감 있게 주변의 사물에 대해 의문을 갖고 끊임없는 질문을 제기하는 성향이다. 호기심은 사고를 하는 첫 번째 과정에서 요구되는 문제 또는 과제를 형성하는 역할을 함과 동시에 문제해결의 과정에서 요구되는 지식이나 정보를 획득하는 역할을 한다. 창의적인 사람은 한 가지 분야에서 뿐만 아니라 다른 분야에도 전문가 못지않은 흥미와 관심을 나타낸다. 이러한 호기심은 창의적인 사람의 필수품이다. 우리는 존재하는 모든 것에 대해 관심을 갖게 될 때 비로소 더 많이 보게 되고 알게 된다. 만약, 알고 싶어 하는 마음 '관심'(호기심)과 '열정'이 없다면 존재에 대해 알 수도 없고 새로운 것을 발견하거나 창조해 낼 수도 없다. 누군가가 존재하는 것에 대해 알려고 했고 나아가 새로운 질서(표준)을 만들기 위해 노력을 했다. 그리고 많은 사람들이 그 질서에 따르게 됨으로써 편리한 삶을 살 수 있는 것이다. 모르는 것은 부끄러운 게 아니다. 다만 알려고 하지 않는 게 부끄러울 뿐이며, 알고도 행하지 않으면 수치스러운 것이라 생각한다. 우리는 관심을 가지면 세상을 알게 되며, 다양함을 배우게 되고 보다 편리한 질서(표준)를 만들어 많은 사람에게 편리함(유익함)을 제공하게 된다.

- 19세기 철학자이자 교육학자인 에드바르드 세긴 박사도 사고력을 키우고 창의력을 길러주는 방법의 하나로 정답을 바로 알려 주기보다 스스로 호기심을 갖고 찾도록 권한다. 호기심이 왕성한 사람은 새로운 경험에 대하여 만족할 줄 모르는 욕구를 갖는다. "왜?", "만약 무엇이?"라는 말들은 그들의 대화의 주요 소재이다. 호기심이 왕성한 사람은 기대하지 않은 미지의 알려지지 않은 것에 매혹당한다고 한다. 주변의 사물에 대해서 '왜 그럴까?' 또는 '무슨 일일까?' 하는 질문을 의식적으로 제기하고 어떤 사물이나 현상의 이면에 대해서도 궁금증을 가질 뿐만 아니라 학습태도와 대화에 있어서도 항상 질문을 많이 던지고 집중력이 뛰어나다.

(2) 2단계: '나라면 이렇게 할 텐데' 창의적 대안을 찾는다.

창의적 대안을 찾기 위해서는 '탐구심'이 있어야 한다. 탐구심이란 의문을 갖게 되는 대상에 대해 끊임없이 탐구하는 태도의 성향으로 인간은 본능적으로 탐구하는 존재이다. 앞서 소개한 강력한 호기심은 문제해결에 집중을 하게하고 사소한 것도 그냥 지나치지 않아 주의 깊게 관찰하고 탐구하는 특성을 가지고 있다. 특히 창의력이 뛰어난 사람일수록 사물과 현상에 대해 끊임없이 질문을 던지고 호기심을 가진다. 호기심을 가진 사물이나 현상에 대해서는 해결의 실마리를 찾을 때까지 그리고 대상에 대한 지향점이 있을 때, 탐구행위는 멈추질 않아야 한다. 일반적으로 의문을 갖게 되는 대상에 대해서는 깊은 관심을 가지고 탐구하려 한다. 탐구행위의 첫발은 진지한 관찰과 탐색으로부터 시작된다. '과연 이것이 최선인가?'라고 질문하지 않으면 보다 나은 최선을 찾을 수 없다. '더 좋은 방법은 없을까?'라고 관심을 확대한다. 제품, 서비스, 방법, 기능, 행동, 관계 등 우리를 둘러싸고 있는 존재하는 모든 것에 대해 질문함으로써 새로움을 발견하게 된다.

창의력을 활성화하는 습관이나 사고하는 방법을 모르거나 연습을 하지 않은 사람은 2단계에서 포기하는 경우가 많다. '관심'을 갖는 것에서 사고하는 것을 멈춘다면 우리는 기존의 질서(표준)에 따라 생각하거나 행동하는 수동적인 인간이 된다. 멈추지 말고 자유롭게 상상해야 한다. 창의력이 뛰어난 사람은 스스로 해결하려는 강한 의지와 문제해결에 자신감을 보이고 자유분방한 사고활동 속에서 독창적인 아이디어나 대안을 찾아낼 뿐만 아니라 자신의 아이디어에 대한 가치를 인정하고 다른 사람들의 문제해결과정도 신중하고 주의 깊게 받아들여 보다 정교하고 완벽하게 다듬으려는 태도를 갖게 된다. 따라서 자신의 사고를 통제하지 말고 자유롭게 발상해야 한다. 다소 황당하고 엉뚱한 생각도 여과 없이 발산하고 가급적 많은 양의 아이디어를 도출한다. 상식을 조금이라도 벗어난 상황에 접하거나 문제에 당면하게 되면 당황하지 않고 기존의 질서 속에서 그 답을 찾지 말고 '독창성'을 발휘하고자 한다면 '브레인스토밍' 기법만으로도 충분하다.

(3) 3단계: '더 좋은 방법은 없을까? 경계를 넘어 융합한다.

새로운 질서를 만들고 많은 사람에게 편리함을 제공하고 싶다면 사고를 멈추지 말아야 한다. 그리고 자기 주도적으로 문제를 해결하는 창의적인 능력은 대안을 찾는 과정과 대안을 수렴하는 과정에서 확산되기 때문이다. 최적의 대안이 되기 위해서는 기존의 질서(표준)보다 뛰어난 것(효과성과 효율성을 충족[4])이어야 하고 공익을 실현해야 한다.

2, 3단계에서는 아이디어를 발산하는 창의력 기법을 활용한다. 그 다음 도출된 대

4) 경영목표가 성공적으로 달성되었는지 여부를 판단하는 기준(지표)이다. 제10장 실행결과 평가에서 자세히 다룬다.

안을 실행 가능한 형태로 만들기 위해서는 수렴하는 과정이 필요하다. 사고의 영역을 지속적으로 확대해 경계 간 융합해 나가야 한다. 자신이 경험하고 배운 분야에서만 사고한다면 더 좋은 방법, 새로운 것을 창출하기 어렵다. 그러므로 더 좋은 아이디어의 탐색과 문제해결을 위한 협력을 추구하기 위해서는 '개방적 사고'를 가져야 한다. 폐쇄된 사고 시스템은 일정한 시기가 흐르면 고립상태가 되므로 개방적 사고 시스템을 통해 개인과 조직은 새로운 것을 걸러 내거나 받아들이는 진취적인 태도로 발전해 나가야 한다. 지나치게 보수적이고 소극적인 사람은 변화나 새로운 시도를 두려워한다. 고정관념에서 벗어나 새로운 것을 받아들이고 그것을 통해 진화하는 것이 쉽지 않지만 창의적인 사람은 다양한 경험을 통해 새로운 것을 즐기고 타인의 의견과 다른 영역을 수용하는 능력이 뛰어나다. 즉 이러한 '개방성'은 세상은 변화하고 있음을 받아들이고, 항상 자신을 변화의 선두에서 한 발 앞서 미래를 예견하는 능력도 갖게 하는 창의력의 중요한 성향이다. 사고의 확산과 경계를 허물고 연계하고 융합하는 일이 어렵다면 '스캠퍼'(SCAMPER)와 '유추발상법'을 활용한다. 스캠퍼 기법이 서툰 경우엔 '가감승제'(+, −, ×, ÷)의 법칙을 적용하면 된다.

★

☆ 해결하고자 하는 문제에 대한 몰입과 끝까지 포기하지 않는 근성(인내심)은 진행과정에 저항과 위험에 부딪혀도 포기하지 않고 시도를 계속해 나가게 한다. 에디슨이 전구를 발명하는 데 9,000번의 실패를 거듭했고, 축음기 밧데리를 개발하는데 50,000번의 실패를 했다. 실패를 거듭할 때마다 그의 조교가 '선생님, 어떻게 실패를 거듭하는 데도 연구를 멈추지 않습니까?'라고 물었을 때 에디슨은 "나는 실패한 적이 없다. 단지 50,000가지의 새로운 방법을 알아냈을 뿐이다."라고 말했듯이 창의력이 뛰어난 사람은 문제를 해결하는 능력을 발휘함에 있어서 강한 집중력과 인내심을 가지고 일을 추진하는 성향이 있다.

☆ 세계 11개국 발명특허품인 숙취해소용 천연차 '여명 808' 등을 제조해 판매하는 회사 그래미는 1999년 발명의 날 철탑산업 훈장을 받았고 관련 분야에서 세계 10대 발명전을 석권하는 개가를 올리기도 했다. 2008년 제43회 발명의 날에는 금탑산업훈장도 받을 만큼 화려한 이력을 갖기까지 '여명 808'이 탄생하는 데 제품 개발과정에서 무려 808번의 실험 끝에 만들어진 제품이다. 그래서 제품 이름에도 이용해 소비자에게 브랜드를 각인 시키는 효과까지 누린 것이다.

(4) 4단계: '어떻게 하면 사람들이 행복해 할까?' 점검하고 실행한다.

아무리 좋은 대안이라도 실행을 통해 많은 사람에게 '유익함'을 제공하지 못한다면 의미가 없다. 창의력이 풍부해도 주변을 배려하고 공유하는 '정직한 마음'이 결여된 사람은 아이디어 생성이나 대안을 제시함에 항상 망설인다. 자신의 이기심과 경제적 이익만 생각하기 때문에 자신이 관찰한 것과 생각한 것을 그대로 정직하게 받아들이고 꾸밈없이 표현하는 태도가 결여되고 왜곡되는 경우가 많다. 뿐만 아니라 항상 '정신적인 감옥'에 갇혀 자신의 사고를 고정관념과 기존의 틀에 묶어두려 하므로 사고과정에서 자유로운 발상보다 비판을 먼저 하게 되고, 솔직한 자신의 의견에 대한 두려움이나 불안감이 강하게 표출된다. 그러므로 '정직성'은 창의적 문제해결과정에서 항상 공익을 생각하는 창의력의 중요한 성향이다.

그리고 최적의 대안을 찾아 실행에 옮기기 위해서는 대안을 구조화해야 한다. 이때 매트릭스(matrix), 로직트리(logic tree), 시스템적 사고(system)만 잘 활용해도 대안을 누락시키지 않고 중복되지 않게 최적의 대안을 실행하는 프레임워크를 구축할 수 있다. 그리고 대안을 직접 실행해야 한다는 강박감이나 '어떻게 실행을 할까?'라고 어렵게 생각하지 말아야 한다. 아이디어와 스토리만 있다면 대안을 실행에 옮기도록 도와주는 시스템은 주변에 구축(정부, 기업, 벤처캐피탈, 연구소 등)되어 있기 때문이다.

새로운 표준을 창조하는 능력을 향상시키고 창의적인 문제해결 능력을 갖추기 위해서는 위의 4단계를 실천하고 몇 가지 창의력 기법만 습득하면 누구나 가능하다.

따라서 우리의 뇌를 활성화시키고 창의력을 계발하여 문제를 해결하는 능력을 향상시키고자 한다면 평소 자신의 행동과 방법을 다르게 하거나 변화를 통해 창의력을 향상시킬 수 있다. 그리고 매일 '사고'하는 습관을 통해 문제를 스스로 찾거나 없어도 무작위 또는 스스로 과제를 부여해 아이디어를 끌어내는 습관을 갖는 것이 문제해결 능력을 향상시킬 수 있다.[5]

★

☆ **진시황은 천하를 어떻게 통일하고 운영했나?**

BC 221년 진시황이 큰 세력을 형성하고 있던 7개 나라의 패권을 장악하고 통일하면서 최초의 황제가 될 수 있었던 것은 바로 새로운 질서(표준)을 창조했기 때문이다. 당시 중국은 연, 조, 위, 한, 제, 초, 진 등 7개 국가가 언어, 화폐, 규격 등 서로 다른 문화와 표준을 사용하고 있었기 때문에 통일을 하는 것도 쉽지 않을 일이지만 통일 후 이질된 문화와 관습으로 겪게 될 혼란을 수습하는 것도 중요한 과제였다. 그런데 진시황은 '분서갱유'를 단행하고 '소전체'를 만들어 문자와 언어를 통일했고, 도량형과 화폐 또한 표준화해 새로운 중국의 질서를 만들며 중국천하를 경영할 수 있었던 것이다.

5) 개인과 조직의 창의력을 향상시키기 위해서 본서 제13장 '창의적 팀 활동 및 실행능력 향상'을 참고한다.

3) 창의적 인재 육성을 위한 인프라 구축

21세기, 제4차 산업혁명시대의 기업과 국가경쟁력의 화두는 창의적이고 융합적인 사고능력을 갖춘 인재 계발에 있다. 오늘날 세계경제의 중심인 미국은 제2차 세계대전 후 독일을 비롯한 유럽 국가의 수많은 고급 인재들이 미국으로 유입되면서 미국의 경쟁력을 주도했다. 이후 미국은 인재의 소중함을 인식하고 우수한 인재를 받아들이고 교육을 시키는 제도개선과 인프라 구축을 통해 창의적인 인재를 양성 했다. 결국 미국의 경쟁력은 다양한 문화적 배경을 지닌 전 세계의 젊은 창조적 인재에서 나온다고 할 만큼 창의적 두뇌 파워가 강한 나라이다.

예컨대 미국은 2002년부터 "전미교육협회"와 "21세기역량파트너십"이 주도하여 21세기형 인재교육 프로그램을 개발하고 있다. 그리고 미국의 혁신 발상지인 실리콘벨리에 융합기술 기반의 미래학 전문 교육 기관인 싱귤래리티대학(Singularity University)을 설립해 빠르게 발전하는 기술을 사업화하려는 벤처 창업가를 육성하고 있다. 이 대학에서는 학문간 경계를 넘는 융합, 미래에 대한 통찰력, 기업가와 창업 정신을 함양하는데 교육에 중점에 두고 있다.

그러나 우리나라의 경우엔 고급인력 관련 국제지표에서 알 수 있듯이 두뇌유출(brain drain: 못 사는 나라에서 잘 사는 나라로의 고급인력이 빠져나가는 것으로 많은 개발도상국가에서 두뇌유출이 큰 사회문제로 대두)뿐만 아니라 해외고급숙련인력 유인지수도 최하위 수준에 머물러 인재난에 허덕이면서 국가경제에 심각한 타격을 주고 있다. 스위스국제경영개발연구원(IMD) 세계경쟁력연감(2013년)의 국가경쟁력평가에 따르면, 한국의 두뇌유출지수(0~10을 기준으로 0에 가까울수록 두뇌유출이 많아 국가경제 발전에 피해가 크다)가 노르웨이(1위, 8.04), 스위스(2위, 7.60), 스웨덴(3위, 7.51), 핀란드(4위, 7.28), 미국(5위, 7.11)에 훨씬 못 미치는 4.63으로 조사 대상 60개국 중 37위로 교육수준은 높으나 고급인력의 부재로 경제발전에 걸림돌이 되고 있다.

세계 많은 나라들은 자국의 인재유출을 막기 위해 치열한 노력을 하고 있다. 최근엔 독일 · 프랑스 등 유럽 국가에서 두뇌유출을 막기 위해 유럽연합이 블루카드(Blue Card)제 도입을 제안한 이유도 바로 이 때문이다. 미국의 신자유주의 경제학자 밀턴 프리드먼(Milton Friedman)은 "조세 부담이 좀 더 가벼운 나라로 젊고 유능한 인재의 두뇌가 유출되므로 정부의 규제와 개입을 없애야 한다"는 주장도 이와 무관하지 않다.

한편, 유엔미래보고서 2050에 따르면 "시험은 사라지지만 교육은 평생 계속 된다"

고 한다. 암기 위주의 주입식 교육은 미래 환경에 대응할 수 없다. 스스로 학습하고 스스로 문제를 해결해야 하는 자기주도적 창의적 인재가 절실하기 때문에 우리나라의 교육방식은 변화가 필요하다. 급변하는 제4차 산업혁명 시대에서는 대학에서 배우는 지식은 경쟁력으로 활용할 수 있는 기간이 불과 1~2년에 불과하기 때문에 수직적으로 상승하는 기술의 발달과 예측불허의 환경변화를 따라갈 수 없으므로 끊임없이 배워야만 생존과 성장이 가능하다. 즉 정부와 사회는 새로운 환경에 적응할 수 있도록 지속적으로 학습할 수 있는 방법을 가르쳐야 하고 개인은 배우려는 자세를 가지고 터득해야만 한다.

예컨대, 고급두뇌 경쟁력이 높은 핀란드의 경우엔 2020년까지 전통적인 수업과정을 대체하는 4C, 즉 소통 (communication), 창의성(creative), 비판적 사고(critical thinking), 협업(collaboration)을 교과과정에 포함시키겠다[6]고 한다.

일각에서는 '늙어가는 한국의 미래를 대비하라'는 각성의 소리와 함께 우수인력이 머무를 환경을 마련하라고 말한다. 글로벌시대의 개인과 기업 그리고 국가의 경쟁력을 향상시키기 위해서 최우선 과제로 삼아야 하는 것은 역시 창의력을 갖춘 인재를 발굴하고 육성하기 위한 환경을 마련해야 한다.

지구상에는 230여 개국이 경쟁과 협력을 이루며 생존하는 오늘날 우리나라는 국토가 세계육지면적의 0.07%이고 인구는 0.7%에 불과하지만 세계 11위 수출(2016년 수출 약 5,000억 달러 8위, 무역규모 9위)대국으로 60년 전 100위(1,900만 달러)에 비하면 무려 26,300배가량 늘어났다. 모든 분야에서 신기록을 양산한 한국의 정치 · 경제발전은 지구촌에서 유래를 찾아보기 어렵다. 그러나 우리나라의 국가경쟁력은 경제발전에 비하면 매우 낮게 평가되고 있다.

따라서 21세기, 제4차 산업혁명 시대의 급변하는 환경에서 생존하기 위해서는 국가경쟁력을 높이는 것이며 이를 위해서는 각 분야의 창조적인 전문가를 발굴하고 육성할 수 있는 사회 전반에 걸쳐 인프라를 구축하고 창의적이고 융합적인 사고를 발휘하는 인재를 양성하는 환경을 조성해만 한다.[7]

---

6) 박영숙, 제롬 글렌(2016), 유엔미래보고서 2050, 교보문고, pp.146-147.

7) 창의력을 계발하고 창조적인 인재를 육성하는 것은 바로 앙트레 프레너(entrepreneur)를 양성하는 것과도 일맥상통한다. 이 용어는 '수행하다', '시도하다', '모험하다' 등의 불어동사 entreprendre에서 유래했는데, 위험을 무릅쓰고 끊임없이 도전하여 창조적 파괴를 통해 새로운 가치를 만들어 내는 사람들을 의미한다. 즉 인류 문명과 국가의 발전 뒤에는 혁신적인 사고와 행동으로 새로운 가치를 창조하는 사람들, 기업가정신(앙트레프레너십, Entrepreneurship)을 실천하는 사람들이 존재했다. 전구를 발명해 전통적 생활양식을 파괴한 에디슨, 컨베이어 벨트를 활용해 자동차의 부품을 규격화하

★

☆ 개개인이 맡은 업무를 탁월하게 수행하는 것도 중요하지만 기업의 성취도를 높일 수 있도록 '창조적인 사고의 장'을 만들어 주는 것은 더욱 중요하다. 제안제도와 같은 형태를 이용할 수 있지만 이런 문화에 익숙하지 않은 조직원을 위해서는 더 적극적인 방식으로 창조적 사고기법을 교육시키고 훈련하여 참여를 유도하는 것이 창조적 기업경영을 추구하는 경영자의 태도이다.

☆ 레고사의 경우, 연구원과 디자이너들은 개발 목표량이나 개발해내야 할 대상도 정해놓지 않은 상태에서 자유로운 참여를 통해 커피를 마시며 토론을 벌이고 아이디어를 산출한다. 이러한 환경에서 산출된 아이디어로 만들어낸 새 제품들은 일 년에 2백여 종류에 이르며 각 제품들은 미주대륙에서 유럽에 이르기까지 거의 모두 품질보증은 물론 특허, 안전, 환경 마크를 인증 받았다.

☆ 아이디어 제조사로 불릴 만큼 매년 새로운 제품을 쏟아내는 글로벌 기업 3M의 혁신을 위한 노력은 최고경영자에서 사원에 이르기까지 전사적인 창의적 조직문화가 있었기 때문에 가능했다. 사원들은 자발적인 노력으로 혁신적인 아이디어를 발휘하고 고객의 필요와 요구에 맞는 제품을 개발하도록 경영자는 최대의 자유와 여건을 제공했다. 일을 하지 않는 사원 보다는 일을 해서 실수하는 사원을 선호할 만큼 사원들의 실수도 신제품 개발과정에서 흔히 있을 수 있는 일로 여기고 실수에 대한 책임을 묻기보다 개인이 발전적인 연구 개발을 계속할 수 있도록 관리해왔다. 이러한 노력은 결국 타 기업과의 큰 차별화를 통해 3M에 경쟁력을 가져다 준 것이다.

☆ 창의력기법을 문제에 직면했을 경우에만 활용한다는 생각은 버려야 한다. 인간은 존재하는 순간부터 문제에 직면하게 된다. 자신을 둘러싼 많은 문제가 있지만 스스로 인식하고 있지 않거나 무감각해 진 것이기 때문에 문제가 없는 것처럼 생각하고 살아간다. 예컨대 평소 아침에 일어나서 직장에 출근해야 하는 문제, 배고픔을 해결하는 문제, 사람을 만나는 문제 등 사소한 문제는 일상 다 잊고 살아간다. '출근'이라는 문제만 보더라도 어떻게 출근할 것인가? 걸어갈 것인가? 아니면 버스나 지하철을 이용할 것인가? 문제는 꼬리를 물고 나타나고 우리는 경험에 의해 대안을 내놓기 때문에 문제가 아닌 것처럼 생각하거나 기존의 방식에 따라 의사결정을 하게 되지만 만약 오늘은 다른 방법으로 출근을 해야지 하고 의문을 갖기 시작한다면 '새로운 출근방법 찾기'란 문제를 해결하기 위해 생각을 하고 아이디어를 찾을 것이다. 예를 들면, 버스를 타거나 어느 장소에 들어가면 우리는 습관적으로 자신이 편하게 느껴지는 자리를 찾아 앉게 된다. 그 자리가 자신의 지정석이 아님에도 불구하고 그 자리를 찾아 앉는다. 그러나 버스를 탈 때 만약 자리가 있어도 서있거나 평소 앉지 않았던 자리에 앉는다면 창밖으로 보이는 세상이 다르게 느껴진다는 것을 알게 된다. 같은 자리에서 볼 수 없었던 다양한 모습을 통해 뇌는 새로운 경험을 하게 되고 창의력이 활성화된다.

고 단순화 대량생산을 통해 인류의 삶에 영향을 끼친 포드 등이 바로 앙트레 프레너이며 이들이 있었기에 미국은 경제대국으로 성장할 수 있었다.

❑ 창의적이고 융합적인 사고 연습(1)

❖ 창조적 발상의 도출(지각의 메커니즘을 파악하라.)

스피노자(B. Spinoza)는 300년전 "인간은 사회적 동물이다"고 주장했다.
타인이 개인의 태도, 행동, 지각 등에 큰 영향을 준다고 했다. 자의든 타의든 개인은 필연적 집단 속에 묻히게 된다. 집단의 규율, 규범, 집단의 압력이나 기준에 의해 영향을 받으며 사회적 존재가 된다.

1) 지각이란?

사고는 표상의 심적 활용(조작)이다. 그것은 외부의 자극에 대한 심적 조작인 경우와, 물리적 대상으로부터 완전히 독립한 심적 조작을 포함한다. 외부의 자극에 의한 심적 조작은 감각의 처리, 인지, 즉 지각의 연장으로서의 마음의 작용이고, 후자의 물리적 대상으로부터 완전히 독립한 심적 조작은 외부의 자극과는 먼 표상의 조작이지만, 사고하는 '지각'의 패턴으로부터 상당한 영향을 받는다.

사고에 있어서는 '지각'의 메커니즘을 반드시 이해해야 한다.
외부 환경의 자극을 인간의 감각기관이 신경의 임펄스(흥분)로 변환하고, 뇌는 그들 자극을 정보로써 해석한다. 이것이 '지각'이다. 즉, 지각은 자극 그 자체를 포착하는 것이 아니라 외부의 지각을 해석하는 것이다. 우리가 알고 있는 '착각'은 '잘못된 지각'이 아니라 그처럼 지각되고 있다는 의미이다.
다시 말해서 지각은 '사고의 출발'이 되므로, 지각을 어떻게 하느냐에 따라 사고에 커다란 영향을 미치게 된다(지각의 함정 :본 교재 1장 <창의력 훈련1> 참고).

2) 지각의 요인

지각은 감각을 소재로 그것을 의미 있는 것으로 인식하는 작용이다. 그러나 감각의 대상을 있는 그대로 받아들이고 있지는 않다. 정보가 처음 접하는 것이든 경험에 의한 것이든 무관하게 지각자는 불과 2-3초 내에 정보를 해석해 버린다. 인간의 뇌는 지각의 자동 패턴화가 발달되어 있어 인지와 사고의 방향을 순간적으로 결정하는 능력이 있다. 그래서 때로는 위험하기도 하다.

① 경험과 학습: 인간의 지각은 대부분 경험과 학습에 의해 정보를 해석하고 판단하는 경향이 있다.

② 습관화된 정신 활동: 습관은 일시적인 것도 있고, 오랜 시간을 거쳐 생성된 것도 있다. 그러나 무의식적인 것이 대부분이다. 습관에 따라 사물을 바라보는 법이 달라진다.
 · **시폴라(Siipola)의 실험: 잠깐 동안 'pasrot'라는 무의미한 단어를 보여주고 실험 전에 미리 '동물'에 대한 질문을 할 것이라고 들은 사람은 'parrot(앵무새)'라고 하고, '여행'에 관한 질문을 받을 것이라 들은 사람은 'passport'라고 대답했다. 마찬가지 'sael'과 'dack'에 대해서도 전자는 'seal(물개)'과 'duck(오리)'으로 후자는 'sail(항해)'과 'deck(갑판)'로 대답한 사람이 많았다.**

③ 훈련: '깨달음'의 훈련은 지금까지 경험하지 못한 것이나 무관심했던 것에 대한 지각을 불러일으키고, 종교적 '세뇌'는 특정한 자극에 대한 반응을 촉진시킨다.

④ 주의와 집중: 외적 요인으로 '주의'는 지각을 경험의 세계에 대해 초점부와 주변부로 선별한다. 자극의 크기나 강도, 대비, 반복, 운동이 주의의 정도를 결정한다.

⑤ 욕구와 소망: 인간 개인의 욕구와 소망에 따라 사물을 바라보는 시각은 달라 지각에 영향을 미친다. 자동차를 구입하려는 사람에게 유난히 그 자동차가 더 많이 자주 보이는 것이다.

- **부르너와 굿맨(Buruner & Goodman)의 실험: 가난한 집의 아이가 부유한 집안의 아이보다 동전의 크기를 보다 크게 그리는 경향이 있다.**

⑥ 신체조건과 정신상태: 베토벤의 바이올린 소나타 '로망스'를 같이 들어도 승진이나 합격을 앞둔 사람에게는 '사랑의 곡'으로 들리나 퇴직자나 시험에 낙방한 사람에게는 '실연의 곡'으로 들린다.

⑦ 문화의 차이: 문화의 차이는 지각의 차이이기도 하다.

⑧ 게슈탈트의 법칙: 하나의 통합체제로서 지각하려고 한다.

- 근접요인: 가까운 것끼리 같은 것으로 본다.
- 유동요인: 닮은 형태와 형상을 같은 것으로 본다.
- 폐쇄요인: 60~70% 닫힌 영역은 하나로 통합하여 지각한다.
- 사람이 붐비고 시끄러운 지하철 안에서 친구의 이야기만 들을 수 있다.

⑨ 배경과 그림: 눈에 띄어 지각되는 부분과 배경으로서 지각되는 부분으로 분리된다.

[루비의 잔 실험]

[노파와 처녀]

- 1915년 시사만화가 힐(W.E.Hill)의 그림 : 고개 돌린 젊은 여자와 머리에 스카프를 두른 할머니의 얼굴로 젊은 여자의 턱이 할머니의 코로 보인다.

❑ 창의력 향상을 위한 우뇌 계발 방법(1)

1. 뇌 전환 훈련을 통한 좌뇌 활동 줄이기(outsmarting the left brain)

수용적인 정신 상태에 도달하도록 도와주는 훈련으로, 하나의 중심점을 갖는 대칭 도형인 만다라(mandala)를 응시하는 활동이다. 만다라의 중심을 응시하는 동안 좌뇌 활동은 멈추게 되고 공간적 기능을 맡는 우뇌가 활동할 준비를 하게 된다. 특히 기억하려는 내용을 이미지화하여 머릿속에 새기면 쉽게 잊어버리지 않는 특징이 있다. 단순하고 기계적인 기억은 잊어버리기 쉽기에 이러한 방법으로 기억저장을 유도한다. 좌· 우뇌를 같이 사용하면 독립적인 기능 외의 또 다른 결과를 얻을 수 있다. 또 양쪽 뇌를 사용하면 한쪽 뇌에 대한 부담이 가벼워져 피로하지도 않다. 즉 음악을 들으면서 글씨 쓰기, 공상을 하면서 시 쓰기, 이야기를 하면서 그림 그리기, 영화를 본 후 얘기하기 같은 것을 계속하면 좋은 뇌전환 훈련이 된다.

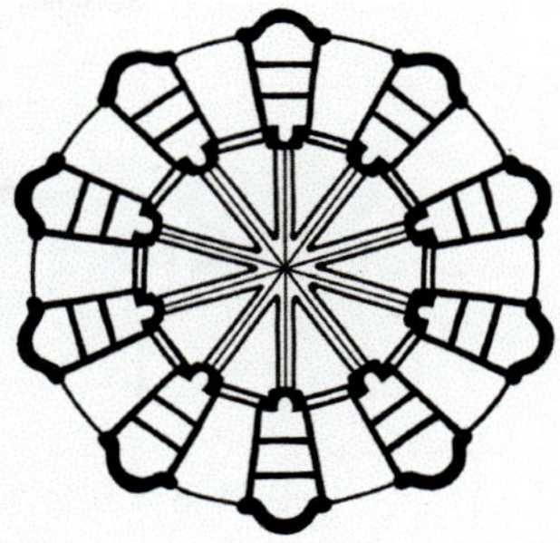

연습 1 만다라를 직접 그려 본다.

방법 1 : 만다라 그리기에 필요한 물건(CD 플레이어, A4 용지, 연필, 색연필, 지우개 등)을 준비한다.

방법 2 : 명상을 하기 위한 준비를 한다. 조용히 눈을 감고 호흡을 통해 몸과 마음을 이완시킨다. 이때 음악(또는 자연의 소리)을 조용히 튼다.

방법 3 : 호흡이 편안해 지면 행복한 순간과 아름다운 자연 속을 거니는 모습의 영상을 떠올린다.

방법 4 : 조용히 현실로 돌아와 눈을 뜨고 호흡을 차분히 한 다음 만다라를 그린다. 그리는 방향은 밖에서 안으로, 혹은 안에서 밖으로 그리되 그리면서 방향을 바꾸지 않는다.

방법 5 : 초보자는 단순하고 큰 만다라 문양을 선택하고 숙련이 되면 점차 복잡한 문양을 선택해 색을 칠 한다(어느 정도 익숙해지면 자신이 직접 제작하여 만다라의 의미를 부여할 수 있다.)

- 만다라: 고대 인도 범어에서 유래된 말이다. '만다'는 중심 또는 본질을 의미하는 접두어이고, '라'는 소유 또는 성취의 접미사이다. 만다라는 중심과 본질을 얻는 수행과정으로 마음속의 고요와 평온으로 내적인 조화와 깨달음을 얻는 과정으로 집중력과 자기계발을 통한 창의력 계발에 효과적이다. 일상에서 우리가 그리는 다양한 낙서나 도형 등도 만다라의 하나로 일상에서 쉽게 활용이 가능하다.

창의적 문제해결과 전략적 의사결정 과정 및 기법

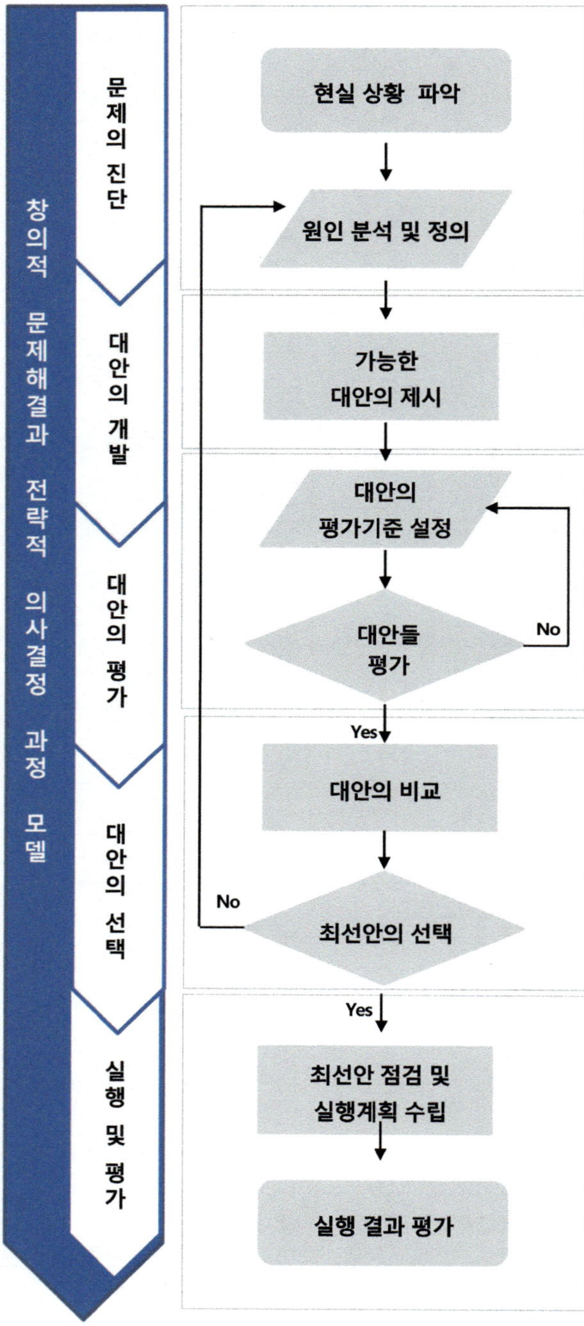

- **문제의 탐색기법**
  PEST모형/5 F's/레이더스크린/STP/SWOT/고객3불분석/KPI/3C(4C)/VRIO/7S 모형 등
- **문제의 원인 분석기법**
  Pareto/KT/5W1H/드릴다운/특성요인/인지기법/시스템다이어그램/Why-Why기법 등
- **문제의 정의기법**
  문제우선순위/Why-Method/가치나무/문제의 재정의/Duncker/목표지향법 등

- **대안 개발 자유연상법**
  브레인스토밍/브레인라이팅/수평적사고/인터뷰/CBS 등
- **대안 개발 강제연상법**
  체크리스트/스캠퍼/속성열거/결점열거(희망점열거)/형태분석/입출법/강제결합법 등
- **대안 개발 유추발상법**
  시네틱스법/NM법/고든법/페르미추정법 등
- **대안 개발 B/S & B/W 기타응용기법**
  역발상/만다라트/역설사고/겔러리기법 등

- **문제우선순위 및 민감도 분석 및 평가**
  심각성/투입시간 및 자원/투입인력 등
- **개별대안의 비교기법**
  하이라이팅/ALU&PMI/동인요소/장단점대조/2안비교/가중대조(그리드)/스티커투표/매트릭스(L, T, X형)기법/KJ기법/연과도법 등
- **최적안의 선택기법**
  비용편익분석/의사 결정모형(매트릭스-의사결정나무)/가정표면화기/2차원 그리드법 등

- **최선안 점검기법**
  What-If/목표 탐색/시나리오 분석/CATWOE/리스크 매트릭스/목표탐색/델파이/패널 동의/시뮬레이션/잠재적 문제분석/여섯 색깔 사고모자분석기법 등
- **실행계획 수립기법**
  간트 차트 /PERT&CPM/실행 체크 리스트/애로우다이어그램기법 등

- **실행결과 평가기법**
  정성적평가:고객만족도/성장/브랜드가치 등
  정량적평가: 재무제표/비율분석/BSC모형 등
- **실행능력 향상 및 피드백**
  창의적 팀 활동 및 대안의 실행 결과 개선
- **보고서 작성(프레임워크사고)**
  MECE/매트릭스/Logic Tree/ 피라미드법 등

❖ 창의적 사고 기법들은 반드시 해당 단계에만 적용되지 않으므로 의사결정 단계와 상황에 맞춰 적절히 활용

제2장 문제해결과 의사결정의 기본 개념

1. 문제해결과 의사결정의 본질
2. 문제와 의사결정의 유형 및 특징

인간의 삶은 '문제해결과 의사결정'의 연속이다. 그러므로 매일 반복되는 생활 속에서 단순한 문제이건, 복잡한 문제이건 당면하는 문제를 해결해야만 한다. 또한 해결해야 할 문제를 명확히 정의하고 해결방안을 찾는 모든 과정에서 창의적인 사고능력을 필요로 한다.

다시 말해서 우리가 당면한 '문제의 본질'은 '현상' 속에 존재하는 것으로서 의사결정자가 고민해야 하는 것이지만, 문제라고 해서 모두 해결해야만 하는 것은 아니다. 만약 그 문제를 해결하지 않았을 때 자신의 목표 달성에 장애가 된다면 그 문제는 반드시 해결해야만 하고 해답을 필요로 하는 '과제'인 것이다. 그리고 해답을 찾고 선택하는 일련의 창의적인 능력을 필요로 한다.

그러나 문제해결에 앞서 우리에게 당면한 문제가 무엇인지, 어떤 유형의 문제가 있고, 반드시 해결해야 할 문제는 무엇이며, 어떤 문제를 선택해야 할지, 또 어떻게 해결해야 할지 등 혼란스럽기만 하다.

그러므로 우리에게 당면한 문제를 인식하고 해결해야 할 문제를 명확히 정의하기 위해서는 문제와 의사결정에 대한 기본적인 이해가 필요하다.

따라서 2장 '문제해결과 의사결정의 기본 개념'에서는 우리에게 당면한 문제해결과 의사결정의 개념 및 특징, 종류와 유형 그리고 문제해결과 의사결정 과정에 있어서 문제에 대응하는 의사결정자의 태도 및 의사결정의 원리와 특성에 대해서 기술한다.

학습 목표

1. 현상, 문제, 그리고 과제의 개념 및 상호관계를 이해한다.
2. 문제해결과 의사결정의 개념과 중요성을 이해한다.
3. 문제해결을 위한 합리적인 의사결정과정과 단계별 역할을 이해한다.
4. 의사결정자가 문제해결과정에서 유의해야 할 점을 이해한다.

1. 문제해결과 의사결정의 본질

1) 문제해결과 의사결정의 개념

인간은 존재하는 순간부터 문제에 직면하게 된다. 그리고 성장하고 발전해 나가는 과정 속에서 다양한 사람과 조직 등과 인연을 맺게 되면서 점점 더 복잡하고 어려운 문제에 당면한다. 더구나 '인간은 인간 속에 있을 때만 인간'(인간은 사회적인 동물)이라는 말처럼 개인의 문제보다 사회 구성원(조직)으로서의 문제에 더 많이 놓이게 되고 자신과 조직에게 주어진 문제를 해결해야만 한다.

과학 철학자 칼 포퍼(Karl R. Popper: 1902~1994)는 "모든 삶은 문제해결의 연속과정이다. 모든 생물은 실력이 좋든 형편없든, 또 성공하든 못하든 간에 기술적 문제를 해결하는 발명가 겸 전문가들"[1]이라고 말했다. 이 말은 인간은 누구나 존재하는 순간 문제에 당면하게 되는 동시에 문제의 경중을 떠나 해결하기 위해 노력을 한다는 의미이다. 그러므로 문제는 우리 삶과 따로 떼어 놓고서 생각할 수 있는 것이 아니라 반드시 해결해야 할 '앞에 던져진 무언가'이다.

더구나 급변하는 환경 속에서 더욱 복잡하고 어려운 많은 문제와 직면하게 되면서 문제해결과 의사결정의 당사자인 우리(개인과 기업 그리고 정부)는 문제해결과 의사결정을 어떻게 신속하고 유연하게 수행하느냐 여부에 따라 목표의 성공적인 달성과 더불어 경쟁력을 확보하게 된다.

그러므로 합리적인 문제해결과 의사결정을 위해서는 우리에게 당면한 문제가 무엇인지, 어떤 문제를 해결해야 하는지, 해결해야 할 문제를 어떻게 정의할 것인지 등 문제의 본질에 대해 이해할 필요가 있다. 때문에 문제해결과 의사결정에 관련 된 용어를 좀 더 정확히 이해할 필요가 있다.

그래서 본 교재에서 그 용어를 〈표 2-1〉과 같이 간단히 정리하였고 용어의 관계를 보다 구체적으로 설명하였다. 물론 이러한 용어들이 학자들에 의해 명확히 구분되고 정의된 것은 아니나 개인과 조직 그리고 기업 등 당면한 문제를 해결해 나가는데 있어서 용어의 선택 및 의미에 대해 여러 관련 서적을 참고해 보면 비슷한 의미를 담고 있다.

---

1) 유정식(2011), 문제해결사, 지형, p.9.

2) 현상, 문제 그리고 과제

'문제의 본질'은 '현상'속에 존재하는 것으로서 의사결정자가 고민해야 하는 것(문제)이다. 그리고 그 고민거리 중에서 반드시 해답을 필요로 하는 것, 즉 선택해야 하는 것은 '과제'이다. 그러므로 문제해결에 있어서 문제의 본질을 이해하기 위해서는 [그림 2-1]과 같이 '현상', '문제', 그리고 '과제'의 의미를 정확히 파악할 필요가 있다.

그림 2-1 현상 · 문제 · 과제의 관계 및 선택

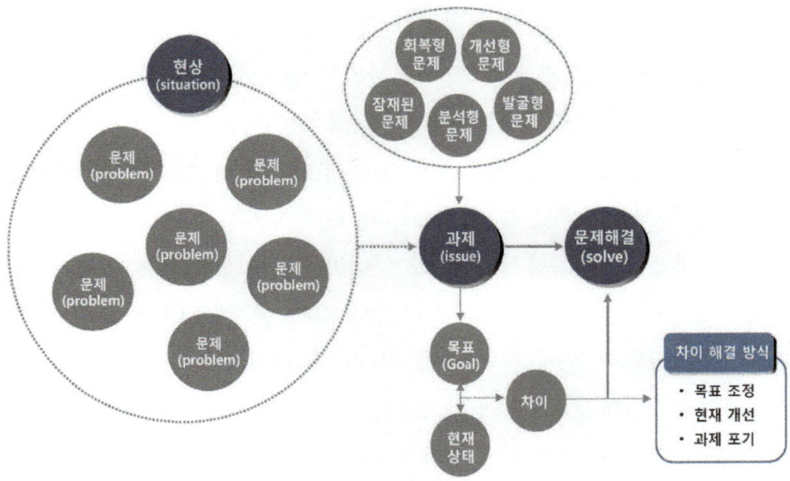

(1) 현상과 문제

'현상'(現狀, situation)에 대한 사전적 의미는 '나타나 보이는 현재의 상태 또는 지금의 형편'이지만 '의사결정론'에서 의미하는 현상은 쉽게 말해 의사결정자에게 현재 주어진 다양한 문제의 집합이다. 현상에 당면한 문제로는 '해결해야 할 문제'와 '해결하지 않아도 될 문제'가 있다. 해결하지 않아도 될 문제에 대해서는 고민할 필요가 없겠지만, '해결해야 할 문제' 역시 '반드시 해결해야 할 것'과 '그렇지 않은 것'이 있기 때문에 현재 당면한 문제라고 해서 모두 해결해야 하는 것은 아니다.

그리고 현상 속에 있는 문제(問題, problem: 어원은 그리스어로 'problema'이며, 의미는 '내 앞에 던져진 것')란 사전적 의미로 '해답을 필요로 하는 물음'이라는 뜻이다. 어떤 일이 벌어졌고 거기에 대해 '그것이 무엇일까?'하고 묻게 되는 일종의 '질문거리'를 말한다.

우리가 문제에 대해 질문을 하는 것 그 자체는 문제를 인식하는데 있어 의미가 있다. 그러나 문제에 당면한 의사결정자의 입장에서는 '문제를 정의'하는데 있어서 막연하게 느껴질 수 있다. 왜냐하면 '문제'는 절대적으로 존재하는 것이라기보다는 사람에 따라 상대적으로 다르게 인식될 수 있기 때문에 누군가에게는 좁은 의미로 그냥 고민거리에 불과하고 누군가에게는 반드시 해답을 필요로 하는 넓은 의미의 문제일 수 있다.

그러나 의사결정자는 '문제해결과정'에서 문제를 정의하는 데 있어서 넓은 의미의 문제로 구분해서 생각을 하고 실제 해결해야 할 대상인 '과제'로 생각한다. 그러므로 문제(problem)와 과제(issue 또는 task)는 다르며, 현상 속에 당면한 문제 중 반드시 해답이 필요한 것은 '과제'라 할 수 있다.

그리고 우리가 '과제'라고 인식하는 이유는 의사결정자가 '원하는 미래상과 현재와의 차이'를 발견했기 때문이다. 자신이 기대하는 바와 차이가 있다는 것을 인식하지 못하면 문제라고 판단하지 않아 반드시 해결해야 할 '과제'로 생각하지 않을 것이다.

결국 문제라는 것은 '목표(goal)와 현재 상태(initial state)와의 차이'라고 정의할 수 있다. 예를 들면 목표란 마땅히 있어야 할 상태(바람직한 모습)이며 현재의 상태란 실제의 모습, 성과를 의미한다. KT법을 개발한 케프너와 트레고(C. H. Kepner & B. B. Tregoe)역시 문제란 '현재의 성과가 기대하는 성과에 못 미치는 차이'라고 하였다. 그리고 '문제해결'(problem solving)은 목표상태에 도달하기 위해 최적의 방법을 찾아 장애물을 제거해 나가는 과정이다.

한편 적극적인 의사결정자에게 있어서 문제는 반드시 눈에 보이는 것만을 해결 대상으로 판단하지 않는다. 당장은 눈에 보이지는 않는 문제도 있다. 따라서 잠재된 문제를 찾아내거나 새로운 목표를 수립하는 노력도 중요하다. 개인과 조직에 영향을 미칠 수 있어 해결해야 할 문제를 발견하지 못하고 지나쳐 버리면 낭패를 볼 수 있기 때문이다.

(2) 문제와 과제

문제(problem)와 과제(issue, task)는 다르다. 앞서 현상과 문제의 차이에서 밝혔듯 '문제'라는 것은, '원하는 미래상과 현재와의 차이'라고 정의할 수 있다. 그렇기 때문에 우리는 일상에서 무수히 많은 문제와 직면하게 되지만 우리에게 주어진 모든 문제를 한 번에 해결할 수 없으며 모든 문제를 전부 해결할 필요도 없다. 왜냐하면 우리에게 주어진 한정된 상황(시간, 경제적 여건, 자원 등) 때문이다. 설령 문제를 해결해야 할 당사자에게 시간이 충분히 주어진다 하더라도 문제에 따라 해결해야 할 적절한 시기를 놓쳐버리게 된다면 문제를 해결한다 하더라도 의미가 없어지기 때문에 결국 그 문제를 해결한 것이라 볼 수 없다. 이와 같이 한정된 자원 때문에 결국 우리는 당면한 문제 중 우선순위를 정하고 선택된 문제를 먼저 해결하려고 한다. 우선순위를 정하는 것은 한정된 자원을 효율적으로 활용할 수 있도록 문제를 이해하고 분석하는 과정을 통해 이루어진다.

그리고 최우선적으로 반드시 해결해야만 하는 결정된 어떤 문제는 '과제'[2]이다. 의사결정자는 문제에서 선택된 과제가 가장 우선적으로 해결해야겠다고 합리적이라 판단했기 때문이다. 예를 들어, 애플이 스마트 폰을 개발하여 삼성과 LG의 시장점유율을 추월하는 '문제'가 발생했다. 삼성과 LG는 그러한 '문제'를 인식하고 결국 적기에 성능이 뛰어난 스마트 폰을 생산해야 한다고 결정하였고 적가의 우수한 스마트 폰 개발이라는 '과제'를 수행하기 위해 대안 개발에 착수했다. 결국 삼성은 의사결정 프로세스를 거쳐 소비자의 요구에 신속히 대응할 스마트 폰을 개발해 경쟁력 강화와 시장점유율 확보문제를 해결하였다. 그러므로 문제와 과제의 의미와 차이점을 이해하는 것은 의사결정자에게 매우 의미가 있다. 왜냐하면 의사결정자에게 문제란 고민해야 하고 걱정해야 하는 부정적이고 수동적인 것이 아니라 당면한 문제를 정확히 이해하고 해결해야 할 '과제'로 인식하고 행동하게 하는 능동적인 자세를 가져다주기 때문이다. 다시 말해서 과제는 문제를 이해하고 분석하고 그 원인을 규명하여 해결하려는 의지가 수반되어 있다.

(3) 현상, 문제 그리고 과제

의사결정과정에서 사고의 대상이 되는 '문제'라는 것은 의사결정자가 당면한 '현상'의 '문제'를 모르고 있는 것이 문제라고 한다. 이는 문제를 해결한다는 것은 결과를 예측할 수 없는 과정이며, 문제가 주어졌을 때 모든 문제를 또는 선택된 문제를 단시간에 단순한 방법으로 해결하기 어렵다는 의미이다. 만약 당면한 문제를 단순한 절차를 거쳐 쉽게 해결해 나간다면 진정한 의미의 문제라고 보기엔 무리가 있기 때문이다. 왜냐하면 의사결정자가 문제에 직면해서 해결해야 할 '과제'가 된다는 의미는 결과 값에 대한 불확실성과 많은 노력을 필요로 한다는 점 때문이다.

그러므로 문제를 이해하는 것은 문제해결을 위해 현상에 대한 정확한 파악이며, 무

---

2) 노구치 요시아키(2010), 전략적 의사결정을 위한 문제해결 툴킷, 새로운 제안. '과제는 나타난 문제를 해결하기 위한 대안 또는 해결하고자 하는 의사가 반영된 것'.

엇을 해결해야 할지 문제의 인식이 명확한 것이다. 만약, 문제를 인식하지 못한다면 해결해야 할 과제가 무엇인지 알 수 없다. 더구나 과제는 현상 속에 존재하는 해결해야 할 문제 중 목표와 현재의 상태의 차이가 가장 크고 의사결정자가 우선적으로 해결해야 한다고 결정한 것이다. 그러므로 현상에 대한 파악(문제의 탐색)이 이루어지고 문제의 인식을 통해 선택된 것이 과제이다.

3) 창의적 문제해결과 전략적 의사결정의 의의

인간의 삶은 '문제해결'과 '의사결정'의 연속이라 할 수 있다. 왜냐하면 매일 반복되는 생활 속에서 단순한 문제이건 복잡한 문제이건 당면하는 문제를 해결해야만하기 때문이다. 심지어 해결해야 할 일들이 있으면 그에 대해 어떻게 할 것인가를 생각하고 스스로 해결할 것인가, 누군가에게 해결을 부탁할 것인가를 결정하는 문제도 역시 의사결정을 한다. 이처럼 인간은 살아가는 동안 수많은 결정을 해야만 하는데, 의사결정자인 우리는 어떤 선택을 하느냐에 따라 결과에 대한 책임을 지게 되고 결과로 얻어지는 혜택을 누리게 된다.

그런데 '문제해결'과 '의사결정'이란 용어를 사용할 때도 구분 없이 사용하는 경우가 많다. 왜냐하면 문제를 해결하는 과정에 항상 의사결정 행위가 따르기 때문이다. 즉 '문제해결'은 목표 달성을 위해 원인이나 방법을 찾는 거쳐야 할 과정이면 '의사결정'은 원인이나 방법을 선택하는 것이다.

그렇다면 의사결정이란 무엇인가? 일반적 개념으로 '의사결정'(decision making)이란 "일정한 목표를 달성하기 위한 여러 가지 대체안(alternatives)으로부터 특정상황에 가장 유리한 하나의 행동방안(a course of action)을 선택하는 합리적인 과정"이라 정의할 수 있다. 이는 현시점에서 과거자료를 기초로 미래행동의 결과를 예측하는 행위로서 사실적 판단(factual judgement)에 입각한 예견적 행위(predictive act)의 특성[3)]을 갖게 된다.

따라서 의사결정은 조직행동과 인간행동의 모든 측면에 관련되는 것이며, 기업경영에서는 계획화, 조직화, 통제화와 같은 관리직능의 어느 부분에서나 의사결정에 의해서 일을 수행하게 되는 것이다. 특히 기업의 경영에서 경영활동이란 경영의 주체로서의 경영자 행동이며, 또 그것은 항상 인간행동인 의사결정에서 시작하게 되는 바, 경영

3) 김해천 외 2인(1979), 경영의사결정론, 박영사, p.14.

의 주체로서의 경영자론이 각별히 중요시되는 현대에는 그러한 경영자의 행동이 의사결정에 매우 중요하게 영향을 미치는 것이 사실이다.

따라서 의사결정은 "어떤 문제해결과 관련한 여러 가지 대안 중에서 한 가지 대안을 판단하여 선택 · 결정하는 행위"라고 할 수 있다. 그리고 '문제해결'(problem sloving)이란 "어떤 일을 할 때 해결해야 할 과제를 설정하고 그에 맞는 목표를 수립하고, 대안을 찾아 추진하는 방법을 수립해 실행하는 일"이다. 어떤 숙고의 과정을 거쳐 내리는 의사결정은 일과 행동에 대한 방향과 성과를 좌우 하는 요인이 된다. 반면에 어떤 행동이나 일을 하겠다고 속으로만 생각하고 실제로는 하지 않았다면 이것은 단지 하나의 의도에 지나지 않는다. 따라서 문제해결은 단순한 의도의 범위에서 벗어나 실제로 행동으로 옮기는 과정까지 포함한다. 그러므로 '의사결정'과 '문제해결'은 의미 자체를 두고 비교하기엔 어려움이 따른다. 즉 해결해야 할 문제를 선택하고 대안을 찾고 가장 합리적인 대안을 실행한다는 측면에서 같기 때문에 명확한 구분 없이 사용하고 있다. 그러나 둘 관계는 실행과정의 범위에 있어서 차이가 있다.

문제해결과 의사결정 활동은 개인이나 기업 그리고 정부에 이르기까지 모든 분야에서 일어난다. 그리고 두 활동에 차이가 있다고 규정하기보다 실행의 과정과 범위를 두고 볼 때 문제해결이 좀 더 넓은 의미를 가지고 있다고 판단하는 것이 옳다.

의사결정과 문제해결의 실행과정과 범위를 파악하기 위해서는 [그림 2-2]에 나타난 사이몬(Herbert. A. Simon)의 의사결정 프로세스를 보면 도움이 된다. 사이몬은 문제

그림 2-2 사이먼의 의사결정 프로세스

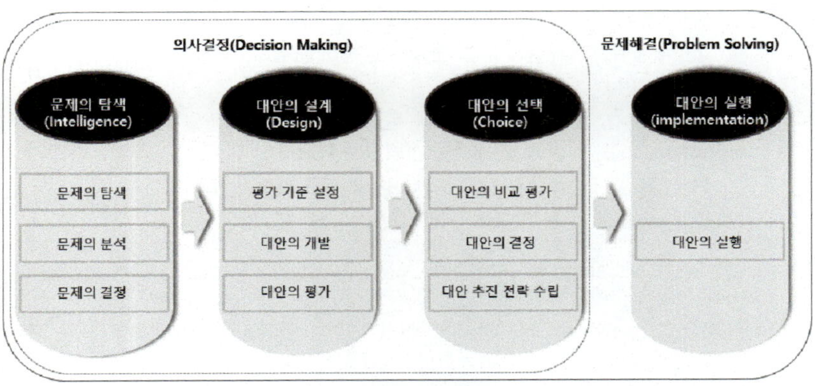

해결을 위한 의사결정 과정을 네 단계로 제시하였다. 먼저, 의사결정 문제를 찾아내는 탐색단계(intelligence), 두 번째는 문제를 해결하기 위한 대안을 개발하는 설계단계(design), 세 번째는 개발된 대안 중에서 최적의 대안을 선택하는 선택단계(choice) 그리고 마지막으로 선택한 대안을 추진하는 실행단계(implementation)로 나누었다.

사이몬은 의사결정 프로세스를 통해 문제의 탐색, 대안의 설계, 대안의 선택단계까지를 '의사결정과정'으로 보고, 문제의 탐색에서 대안의 실행에 이르는 전 단계를 '문제해결과정'으로 보았다. 문제해결을 위한 문제의 탐색, 대안의 개발, 대안의 선택 하나 하나를 선택하는 행위는 의사결정행위인 동시에 문제해결과정으로 보기 때문에 문제해결과 의사결정을 구분하기가 쉽지 않다. 그러나 문제해결에는 문제의 탐색에서 대안의 실행까지 모든 단계를 거쳐야 한다는 의미가 있다. 즉 문제해결을 위한 가장 합리적인 대안을 선택하기까지를 의사결정단계로 보는 것은 실행을 할 때 비로소 의사결정과정이 끝이 나기 때문이다.

앞서 소개한 현상, 문제, 과제 그리고 문제해결과 의사결정의 의미를 간단히 비교해 보면 〈표 2-1〉과 같다.

〈표 2-1〉 의사결정자의 입장에서 본 문제해결과 의사결정의 개념

용어구분	의 미	비 고
현상 (situation)	당면한 현재의 상태나 형편으로 다양한 문제의 집합	현상파악: 문제의 탐색 현상 > 문제 > 과제
문제 (problem)	현재상태와 목표상태(기대상태)와의 차이 (gap, 간격)	해답을 필요로 하는 물음
과제 (issue)	문제에 직면해서 우선적으로 해결해야 할 선택된 문제	해결하고자 하는 의사가 반영된 문제
인식 (recognition)	해결해야 할 문제를 정확히 분석하고 정의하는 것	문제의 분석과 정의
의사결정 (decision making)	문제해결을 위해 문제를 진단하고 대안의 설계 및 대안을 선택하는 행위	문제의 진단에서 대안의 선택까지 영역
문제해결 (problem solving)	현재상태와 목표상태(기대상태)와의 차이를 '0'으로 줄이는 것	의사결정 영역+ 대안의 실행 영역까지

- 현상(現狀, situation): 나타나 보이는 현재의 상태. 또는 지금의 형편(현상을 파악~, 현상에 집착하면~, 현상을 파악해서~등)을 의미
- 현상(現象, phenomenon): 사물이나 어떤 작용이 드러나는 바깥 모양새(지구온난화현상, 매출감소현상, 고객불만현상, 노화현상, 핵가족화현상 등)를 의미
- 본 교재에서 현상은 지구온난화현상, 매출감소현상 등과 같은 현상(現象, phenomenon)이 나타난 현재의 상태나 형편이란 의미에서 현상(現狀, situation)을 의미하므로 두 용어를 비슷한 의미로 이해하고 사용

2. 문제와 의사결정의 유형 및 특징

1) 문제의 유형과 특징

문제에도 유형이 있다. 문제의 유형은 문제의 특성이나, 문제의 발생시점 그리고 주어진 상황 등에 따라 다양한 형태로 나눌 수 있다. 의사결정자가 해결해야 할 문제의 대안을 찾을 때 문제가 어떤 유형이냐에 따라 우선순위를 결정하고 해결하는 과정과 대안이 달라진다. 문제의 유형별 특징을 간략히 정리하면 〈표 2-2〉와 같다.

〈표 2-2〉 문제의 유형별 특징

문제	종류	특징
발생시점에 따른 문제	발생형 문제	• 이미 결과로 나타난 과거의 문제
	설정형 문제	• 목표상태를 정하고 현재상태와 비교하는 문제
	잠재형 문제	• 드러나지는 않았지만 잠복해있는 문제
관점에 따른 문제	인지된 문제	• 결과로 눈에 보여 진 문제
	실제 문제	• 결과를 제공한 근본 문제
상황에 따른 문제	발견된 문제	• 기댓값과 현재값의 차이를 파악한 과거형 문제
	탐색된 문제	• 보다 나은 목표 달성을 위해 기회를 모색하는 문제
해결 구조에 따른 문제	정형화된 문제	• 표준화된 해결 구조를 가지고 있는 문제
	비정형화된 문제	• 불규칙적인 해결 구조를 가지고 있는 문제
해결 주체에 다른 문제	개인적 문제	• 개개인이 사적으로 해결해야 할 문제
	집단의 문제	• 조직이나 집단이 공동으로 해결해야 할 문제

(1) 발생시점에 따른 문제

발생시점에 따른 문제는 문제의 발생시점을 두고 ① 이미 일어난 발생형 문제(과거의 문제), ② 목표를 설정함으로써 발생하는 설정형 문제(현재의 문제), ③ 나타나지는 않지만 개인이나 조직 등에 잠재되어 있는 잠재형 문제(잠복형 문제, 미래의 문제) 등이 있다.

발생시점에 따라 다르게 나타나는 문제들의 해결방식은 다음과 같다. 먼저 발생형 문제의 경우, 발생한 문제의 리스트를 작성하고 우선순위를 정해서 해결한다. 그리고 설정형 문제는 희망상태와 현재의 상태와의 차이를 파악하고 그 간격을 좁혀 나가는 방법으로 해결을 한다. 마지막으로 잠복형의 문제는 당장 눈에 드러나지는 않지만 언제 발생할지 또는 가까운 시기에 예고 없이 발생할 수도 있기 때문에 일어날 수 있는 문제를 사전에 찾아 예방하는 것이 중요하다. 발생시점에 따른 문제에 있어서는 '현재의 문제'에 집중하는 것이 가장 바람직하다. 개인이나 조직의 입장에서 현재 당면한 문제의 가장 시급한 문제에 집중하면 더 큰 손실을 예방하거나 목표를 달성하기 수월해지기 때문이다.

(2) 인지된 문제와 실제문제

대부분의 사람들은 문제가 발생되면 무엇이 문제인지 무엇을 해결해야 하는지 생각하기보다 즉흥적으로 문제를 해결하려 한다. 본능과 직관에 따른 문제해결은 비합리적 감정으로 대응하기도 하고, 가치관에 따라 해결방법은 크게 달라지기도 한다. 뿐만 아니라 성급하게 문제를 정의하느라 '인지된 문제'만 생각할 뿐 '실제문제'에 집중하지 못하는 경우도 있다.

즉 문제를 바라보는 시각이 '바람직하지 못한 상태' 또는 '현재상태를 악화시킬 수 있는 위협'이라고만 생각하거나 의사결정자는 당면한 현실이 자신에게 원하지 않는 사건이나 곤경 등을 문제라고만 생각하기 때문에 문제해결을 '이전상태로 회복하고 재발을 방지하는 것'이라고만 생각한다. 예를 들어 '지붕이 새고 있다', '매출이 떨어지고 있다', '수돗물이 제대로 나오질 않는다', '기계가 작동하지 않는다' 등과 같이 보여 지는 것에만 집중해 문제를 좁은 의미에서 해결하려는 것이다.

그러나 '실제문제'를 정의하는 의사결정자는 현재상태와 목표를 명확히 인식하고 문제를 파악한다. 예를 들어 '지붕이 새고 있다'면 물이 새는 곳에 통을 두고 새는 비를 막거나 지붕을 통째로 들어낸 후 새로 지붕을 만들기보다, 물이 새는 원인이 무엇인지를 찾아서 해결하는 것과 같이 실제문제에 집중해 훨씬 더 근본적이고 효율적으로 문제를 해결해 나간다.

훌륭한 의사결정자는 문제를 접하게 되면 결과에만 집착해 서둘러 그 문제를 해결하려하지 않고 실제 해결해야 할 문제(과제)에 집중함으로써 문제의 발생원인을 찾아 해결하기 때문에 오히려 시간이나 비용면에서 더 경제적이다.

(3) 발견된 문제와 탐색된 문제

가장 보편적으로 의사결정과 문제해결은 두 가지 문제 상황에서 시작한다. 첫 번째 문제 상황은 의사결정자가 원하는 목표(바라는 바, 기대값)와 현재 상태(결과, 성과)간의 차이가 발생했기 때문에 의사결정자는 이러한 상황을 문제라고 정의하는 '문제발견 유형'이고 두 번째 문제 상황은 현재는 목표와 현재상태와의 차이는 없지만 보다 나은 목표를 달성하기 위해 새로운 기회를 모색하는 '기회탐색 유형'이다.

전자의 경우는 주로 현재 당면한 문제해결을 위해 과거 수립한 목표를 현재 달성했는지 여부를 판단하는 관점에서 '과거지향형 의사결정'을 하지만 후자의 경우엔 의사결정자가 기회를 탐색해 나가는 과정에서 문제해결에 적극적이기 때문에 '미래지향형 의사결정'을 하게 된다. 문제의 발생시점에 있어서도 전자는 이미 일어난 과거의 문제에 집착하는 것이고 후자는 목표를 설정함으로써 발생하는 현재의 문제나 잠재되어 있는 미래의 문제에 집중하는 것이다.

'발견된 문제'의 경우는 일상에서 자주 발생하는 문제이다. 예를 들어 의사결정자가 개인일 경우엔 학점을 낮게 받았을 경우, 소득이 감소한 경우와 조직이나 기업의 경우엔 판매가 부진한 경우, 생산성이 떨어지는 경우, 불량률이 증가하는 경우 등과 같다. 그리고 '탐색된 문제'의 경우는 의사결정자가 바라는 목표와 현재상태의 차이는 없지만 현재상황에 만족하지 않고 새로운 목표를 세우거나 도전을 하기 위해 기회를 모색하는 과정에서 발생한다. 의사결정자가 개인일 경우 취업이나 대학원 진학을 생각할 경우, 결혼, 창업 등을 고려하는 경우이며 조직과 기업의 입장에서 의사결정자는 고객의 만족을 보다 증대시키고자 할 때, 신제품개발로 신시장개척을 희망할 때 등과 같은 경우이다.

어떠한 문제를 주로 수행하고 있는가는 의사결정자가 추진하는 업무와 처한 상황에 따라 다르지만 전자의 문제를 해결하기 위한 의사결정을 많이 한다고 해서 의사결정자가 수동적인 의사결정을 내리고 있다고 보기는 어렵다. 발견된 문제를 탐색하고 해결해 나가는 과정은 향후 탐색된 문제, 즉 미래지향적 의사결정으로 나아가도록 도와주기 때문이다.

(4) 구조에 따른 문제 유형

문제해결 구조에 따라 먼저, 문제해결구조가 일상적으로 예측이 가능하고 반복적으로 수행하거나 표준화된 해결 구조를 가지고 있는 문제를 '정형화된 문제'라고 한다. 그리고 '비정형화된 문제'는 해결 방법이나 절차가 표준화되어 있지 않고 상황에 따라 다르게 나타나거나 새롭게 등장한 문제 또는 일상적으로 반복되지 않은 문제 등이 여기에 속한다.

정형화된 문제는 의사결정자가 일상에서 반복적으로 수행하는 업무들이 대부분 여기에 속해 목표가 분명하고 익숙한 것들이다. 매일, 매주, 매월 반복적으로 수행하는 재고관리나 매월 매출액과 신규고객의 가입 수 파악 등과 같이 문제관련 정보도 쉽게 파악되고 정의되는 문제이다.

그리고 비정형화된 문제는 일상에서 반복해서 발생되는 것이 아니기 때문에 정보는 모호하고 불안전하다. 뿐만 아니라 문제와 관련된 정보도 검증되지 않은 것이 많아 해결 방법도 까다롭다. 신시장을 개척하고 새로운 사업에 투자를 결정해야 하는 문제 등과 같이 새로운 문제의 구조가 여기에 속한다.

2) 의사결정의 유형과 특성

의사결정의 유형은 문제의 유형과 크게 다르지 않다. '문제해결과정'과 '의사결정과정' 모두 해결해야 할 문제를 선택하고 대안을 찾는 실행과정이므로 의사결정 유형 역시 [그림 2-3]과 같이 구조화 정도, 상황, 조직계층, 주체 그리고 접근 방법에 따라 구분된다.

그림 2-3 의사결정의 유형

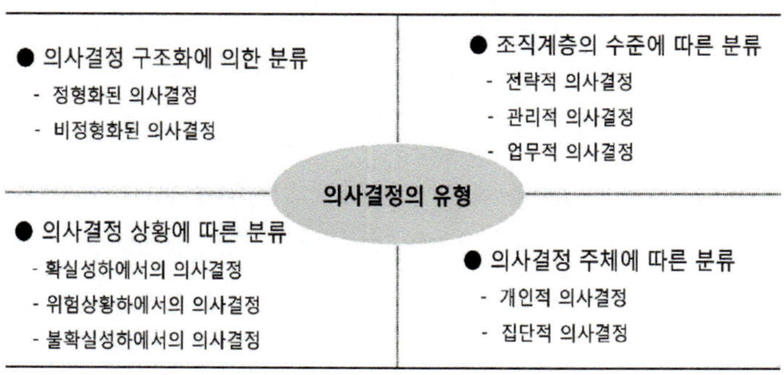

(1) 의사결정 구조화 정도에 의한 분류

사이몬(H. A. Simon)은 의사결정이 얼마만큼 구조화·체계화·정보화되어 있느냐 여부에 따라 정형적 의사결정(programmed decision)과 비정형적 의사결정(non programmed decision)으로 구분[4]하고 있다.

---

4) H.A. Simon(1960), The New Science of Management Decision, Harper & Row, p.6.

① 정형화된 의사결정

사전(事前)에 결정된 일정한 기준에 따라 일상적으로 반복해서 이루어지는 의사결정을 말한다. 즉 자주 되풀이 되며, 구조가 비교적 명확하게 되어 있는 형태의 의사결정으로서, 주어진 조건을 어떻게 처리하여 결정에 이를 것인가에 관한 표준적인 절차나 프로그램이 설정되어 있는 의사결정이다. 정형적 의사결정의 특징은 다음과 같다.

- 하위관리자들에 의해 이루어지며 대체로 단기적 성격을 띤다.
- 조직의 내적인 문제에 초점을 두고 있으며, 조직의 외생적 요인에 영향을 받지 않는 폐쇄적 시스템을 가정한다.
- 통상 알려진 문제들과 관련이 되어 있어 대안을 평가하는 기준이 분명하다.
- 보통 자발적이며 계획적인 의사결정으로서, 기존의 조직을 계속 유지·개선하는 결정이다.

② 비정형화된 의사결정

사전에 결정된 기준이 없는 비구조적인 의사결정으로서 정형적 의사결정과는 달리 프로그램화할 여지가 적고, 주로 경영자의 경험·판단·능력에 의해 영향을 받게 된다. 이러한 의사결정은 단발(單發)적이고 예상치 못한 새로운 것이어서, 그 성격이나 구조가 당연히 복잡하고 어려운 유형의 의사결정이다. 예를 들면 신제품개발에 관한 의사결정 등이 해당된다. 비정형적 의사결정의 특징을 살펴보면 다음과 같다.

- 최고경영자 수준에서 이루어지며, 장기적인 예측사항과 조직의 생존과 관련이 있다.
- 조직이 예상할 수 없는 혁신적이며 창조적인 문제, 즉 '예외문제'를 내포하고 있으므로 즉각적인 행동을 요구한다는 점에서 위기적인 의사결정의 한 예라고 할 수 있다.
- 비자발적이고 여유를 가지고 의사결정을 할 수가 없다. 따라서 최적해(最適解)에 도달할 수 없을지라도 위험을 최소화할 수 있는 의사결정이어야 한다.

(2) 의사결정 상황에 따른 분류

구텐베르그(E. Gutenberg)는 의사결정의 유형을 의사결정 상황의 확실성 정도의 여부에 따라 확실성(certainty)하에서의 의사결정, 위험(risk)하에서의 의사결정, 불확실성(uncertainty)하에서의 의사결정으로 분류[5]하고 있다.

① 확실성하에서의 의사결정

의사결정에 따른 각 대체안별로 상황의 발생결과를 확실하게 예측할 수 있는 상황하의 의사결정으로, 그 확률은 100%로서 불확실성이 없다. 여기서 확실성이란 의사결정에 필요한 정보를 충분히 활용하여 각 대체안의 발생결과를 확실하게 예측할 수 있는 경우를 의미한다.

② 위험하에서의 의사결정

의사결정에 따른 결과에 대하여 확실하게 예측할 수는 없고, 단지 일정한 확률을 가지고 예측할 수 있는 상황하의 의사결정으로서, 확실성하의 의사결정과 불확실성하의 의사결정의 중간에 위치한다. 위험하에서의 의사결정에서 주된 요소는 각 대체안에 관련된 확률을 정확히 결정하는 일이고, 이때의 확률은 가능한 한 객관적 확률로 나타내어 이를 기초로 의사결정을 하게 되는 것이다. 위험하에서의 의사결정은 비교적 완벽한 정보를 가지게 되므로 여러 가지 모델설계가 가능하며, 주로 하위조직에서 행하여지고 있다.

③ 불확실성하에서의 의사결정

불확실성이란 발생할 수 있는 결과를 추정할 수 있으나 그 발생확률을 알 수 없는 경우를 의미한다. 이러한 상황하에서 완전한 의사결정이란 있을 수 없고 의사결정자의 주관적 평가를 통해 얻는 주관적 확률이나 소위 게임이론이 유용한 방법으로 많이 이용된다. 여기서 주관적 확률이란 객관적 확률의 주관적 평가결과를 의미한다. 미래에 발생할 일에 대한 명확한 예측은 쉽지 않기 때문이다. 그리고 대부분의 의사결정 방법론들은 의사결정 문제에 내포된 값들이 확정적인 것으로 가정하고 적용된다. 불확실성하에서의 의사결정에는 '낙관적 기준', '비관적 기준', '후르비츠 기준' 등과 같은 방법이 제시되고 있다.

---

5) E. Gutenberg(1962), Unternehmungsfuehrung, Organization und Entscheidung, Wiesbaden, pp. 77-78.

(3) 조직계층의 수준에 따른 분류

앤소프(H.I. Ansoff)는 조직 내의 계층수준(직책과 권한)에 따라서 의사결정을 전략적 의사결정(strategic decisions), 관리적 의사결정(administrative decisions), 업무적 의사결정(operating decisions)으로 분류[6]하고 있다.

① 전략적 의사결정

주로 기업의 외부문제, 특히 제품 믹스의 선정과 관계되는 의사결정으로서, 여기에는 최고경영자의 책임인 전략적 의사결정의 문제와 구체적인 내용으로 기업목표의 변경, 기업의 성장계획, 다각화 계획, 제품시장지위(product market position) 및 신제품개발계획 등이 포함된다.

② 관리적 의사결정

관리적 의사결정은 전략적 의사결정을 구체화하기 위하여 변환과정의 효율을 최적화하는 것을 목적으로 하는 의사결정이다. 구체적으로는 조직구조의 변경, 정보의 흐름, 유통경로, 입지결정 등이 이에 속하며, 이 밖에도 필요한 자본·자재·설비의 조달과 획득, 인력관리와 개발에 관한 것들이 포함된다.

③ 업무적 의사결정

자원변환과정의 능률을 극대화하는 의사결정으로서 전략적 의사결정 및 관리적 의사결정을 구체화한다. 이러한 의사결정은 주로 기능부문 및 제품라인에의 자원배분, 일정계획, 업무의 감독 및 통제활동 등을 포함한다. 그리고 이와 관련되는 것으로서 가격결정, 생산일정, 마케팅전략, 재고수준, 연구개발 결정 등도 포함된다.

(4) 의사결정 주체에 따른 분류

의사결정 주체가 누구이냐에 따라 '개인의사결정'(individual decision making)과 '집단의사결정'(복수의사결정: group decision making)으로 구분할 수 있다.

① 개인의사결정

그 결과가 한 개인에게 귀속되는 의사결정 문제를 말하고, 오직 자신의 이해관계만을 중심으로 하는, 즉 개인의 식견, 직관과 인격에 근거한 의사결정을 말한

6) H.I. Ansoff(1965), Corporate Strategy: An Analytic Approach to Business Policy for Growth and Expansion, McGraw-Hill Book Co., p.165.

다. 이는 집단적 · 조직적 의사결정보다는 덜 질서정연하고 덜 시스템적인 과정을 밟는다. 따라서 합리성이 부족하거나 정보력 면에서 다소 취약한 의사결정을 할 수도 있으나 의사결정이 신속하고 의사결정자 의도에 맞는 결정을 할 수 있다는 장점 때문에 선호되는 경향도 있다.

② 집단의사결정

다수의 이해관계자가 참여하는 의사결정 문제를 말한다. 그렇기 때문에 의사결정 주체에 따른 구분방식은 의사결정에 참여한 사람의 수와 선택의 결과가 영향을 미치는 범위에 따른 기능적 분류이다. 기업규모의 확대와 업무의 전문화로 종업원 개인적 지식만으로는 기업이 요구하는 의사결정을 효율적으로 내릴 수가 없다. 따라서 집단의사결정이 개인의사결정보다 우월하다는 기본 가정 하에 그 중요성은 점증되고 있다. 조직체의 보다 중요한 의사결정은 경영자 개인에 의해서보다는 각종 위원회, 연구팀, 타스크포스(task force) 등의 집단에 의해 이루어지고 있다. 경영자의 업무시간 중 80%를 회의에 소비하고 있다는 주장이 이를 대변해주고 있다.

(5) 경영문제 해결 접근방법에 따른 분류

경영상 발생된 문제를 해결하는 방안으로 경영의 질적인 접근방법과 양적인 접근방법의 두 가지 접근방법이 있다. 질적인 측면이란 의사결정자의 인간적 측면, 즉 행위적 측면이 해당되며, 양적인 측면이란 경영문제의 계량적인 측면이 해당된다. 경영과학적 의사결정이란 경영의 양적인 측면에 관한 의사결정으로서, 경영관리와 관련된 문제해결에서 계량적인 접근방법을 통하여 과학적으로 해결하려고 하는 것이다. 행동과학적인 의사결정이란 경영의 질적인 측면에 관한 의사결정으로서, 문제해결에서 인간행동의 과학적인 규칙성을 모색하는 것이다. 따라서 조직의 행동과학적 측면에서의 개인과 집단의 가치세계를 분석하고, 그것을 중심으로 행동과학적 의사결정에 관한 자료를 수집하여야 한다.

3) 합리적인 의사결정과 오류

(1) 합리적인 의사결정

합리적인 의사결정은 '합리성', '가치관과 윤리', '감정과 성향'의 세 가지 평가 축의 통합[7]으로 이루어진다고 말하고 있다.

① 합리성: 이치에 맞고 보편적이며 다른 사람과 인식을 공유하기 쉽다

② 가치관과 윤리: 절대로 양보할 수 없는 원리원칙, 다른 사람과 공유하거나 또는 공유하지 않거나 둘 중 어느 한쪽이다.

③ 감정 및 성향: 사람과는 절대로 떨어질 수 없는 관계, 다른 사람이 납득할 가능성은 그다지 높지 않다.

그러나 합리적인 의사결정자는 의사결정 시 접근방법과 참여라는 두 가지 측면에서 '합리성'과 '민주성'이 최우선시 되어야 한다.

먼저, 의사결정에서 가장 중요한 판단기준으로서 합리성을 들 수 있는데 이를 내용상의 합리성과 절차적 합리성으로 구분할 수 있다. 전자는 내용적으로 문제해결이나 목표달성과 이를 위한 수단의 적합도를 의미한다. 인과관계의 적합도가 문제가 된다. 후자는 의사결정을 할 때 합리적인 추론의 과정을 의미하기도 한다. 추론의 과학성과 객관적인 방법 및 절차를 강조한다. 의사결정과 관련한 정보, 자원의 제약 그리고 불합리성은 합리성을 제약한다. 이상적으로는 합리성에 의해 의사결정이 이루어져야 하나 현실적으로는 제한적 합리성이 적용된다, 합리성과 관련하여 초합리성이 제시되고 있는데 이는 의사결정 과정에서 직관이나 창의와 같은 합리성 외적요인이 개입될 수 있다는 것이다.

그리고 의사결정의 민주성이란 의사결정자로서 개인보다는 집단을 강조하는 경우에 유용한 이념이다. 조직원들이 의사결정에 참여하는 것이 의사결정의 질에도 영향을 미치지만 조직원들의 사기나 근무의욕 나아가서는 자기실현욕구를 충족시켜주므로 매우 중요하다. 조직구성원이 의사결정에 참여하는 방법은 제도적인 면과 관리적인 면으로 구분할 수 있다. 제도적인 방법으로는 품의제, 제안제도, 위원회, 회의제와 노동조합에 의한 방법 등이 있으며, 관리적 방법으로는 민주적 리더십, 권한위임과 상담 등이 있다. 의사결정에의 참여와 관여의 보장은 민주적이기는 하지만 의사결정이 합의에 이르지 못하는 경우를 자아내기도 하고 의사결정을 지연시키는 등의 문제점으로도 나타난다.

따라서 합리성과 민주성 두 기준은 문제해결 과정에서 대안의 분석, 선택의 단계에 모두 적용될 수 있지만 특히 합리성은 분석, 민주성은 채택의 단계에서 더욱 필요한 기준이다.

---

7) 박종민 역(2011), 데이터로 사고하는 의사결정의 기술, 멘토르, pp.43-48.

첫째, 의사결정 과정에서 합리성과 민주성이 확보된 경우 최적안이 채택된다.

둘째, 합리성은 있으나 민주성이 없는 경우 분석적인 결과에 따라 독재적인 결정이 이루어지거나 타협에 의해 결정된다.

셋째, 합리성은 부족하나 민주성이 확보된 경우 시행착오나 점진적인 개선, 부분적 결정에 의한 의사결정 전략이 바람직하다.

넷째, 합리성과 민주성이 모두 확보되지 못한 경우 의사결정이 유보되거나 연기되고 예외적으로 엉터리 대안이 채택될 수는 있다.

(2) 의사결정의 오류와 편견

문제해결자들이 의사결정을 할 때, 의사결정을 단순화하기 위하여 그들만의 방법을 사용할 뿐만 아니라 경험에 근거한 법칙이나 휴리스틱(heuristic, 발견적 해결방법 또는 고정관념에 기초한 추론적 판단)을 사용한다. 경험에 근거한 법칙은 복잡하고 불확실하고 모호한 정보를 이해할 때 유용하다.

그러나 심리학자 대니얼 카너먼(Daniel Kahneman)은 "적절한 통계"를 무시한 채 전적으로 유사성에만 집중하여 잘못된 결론을 내리기 쉽다는 사실'[8]에 대해 다양한 사례를 통해 소개하고 있다. 즉 유사성을 단순화한 휴리스틱에 의존한 문제해결방식은 오류를 범하기 쉽다는 것이다.

따라서 문제해결자들이 의사결정을 내릴 때 일반적으로 휴리스틱에 지나치게 의존할 경우 예측 가능한 편향(시스템적 오류)이 판단에 영향을 미치게 되는 바, 객관적 근거나 자료에 의하지 않고 범하기 쉬운 오류나 편견(편향)은 다음과 같다.

① 자만적 편견(over-confidence bias)

'자기과신'은 가장 심각한 편향이다. 버즈만과 무어(Max H. Bazerman & Don A. Moore)는 그들의 공저 「*Judgement In Managerial Decision Making*」(2013)에서 '자기과신'(정확도과신, 자기과대평가, 우월감)은 다른 편향의 촉진제 구실을 하기 때문에 매우 해롭다고 설명하면서, "자신의 판단을 선불리 과신하지 않고 적절히 겸허한 자세를 취한다면, 자신의 의견을 재점검하여 오류를 바로잡기 쉬울 것이다."[9]고 덧붙였다. 의사결정자들은 실제 자신이 알고 있는 것 보다

8) 이진원 역(2012), 생각에 관한 생각, 김영사, PP.12-13. 참고.

9) 김정섭 역(2016), 판단과 결정, 경문사, pp.26-27.

더 많이 알고 있다고 생각하고 자기 자신과 자신의 행동에 대해 비현실적으로 긍정적이다. 뿐만 아니라 문제해결에 참여하는 구성원들도 함께 일하는 것보다 혼자 일할 때 훨씬 더 생산적이고 더 좋은 아이디어를 끌어낸다고 확신하는 경우에 팀 활동을 저해하기도 하며, 조직의 문제를 해결할 때 '집단사고'를 방해하는 요소가 되므로 '자기과신'에 대한 경계가 필요하다.

② 즉각적 만족(immediate gratification bias)

의사결정자가 즉각적인 보상을 원하면서도 즉각적인 손해를 피하려는 태도를 의미한다. 이러한 사람들은 미래에 대한 비전이나 가능성보다 당장 급료를 지급하거나 좋은 대우를 제공하는 기업을 선택한다. 이러한 편견은 먼저 우리 조직은 "창의적인 조직문화가 구축되어 있는가?" 질문해야 한다. 편견을 해소하기 위해서는 개인의 역할이 조직에 기여하는 바가 얼마나 크고 중요한지 인식시켜 나감으로써 개인이 조직을 신뢰할 수 있도록 해야 한다.

③ 닻 내리기(anchoring effect)

의사결정자가 출발점에서 얻은 첫 번째 정보에만 집착하고 그 후에 주어지는 정보들은 받아들이지 않는 태도는 보인다. 창의적인 사람은 인내와 끈기가 있어야 한다. 성급히 결론을 내리는 사람은 문제에 대한 원인이나 정의, 대안을 개발할 때도 더 좋은 방법은 없는지 계속해서 문제를 제기하고 해답을 찾아 나가는 노력을 기피하게 된다.

④ 선택적 지각 편견(selective perception bias)

의사결정자가 자신의 편견에 의존해 선별적으로 정보를 구성하고 해석하는 태도를 가지고 있다. 창의적인 문제해결자는 개방적인 사고로 편견 없이 다른 사람의 견해나 태도를 이해하고 다양한 의견을 받아들이고 수용할 수 있어야 한다. 더구나 제4차 산업혁명시대는 기술의 발전과 영향이 경계와 영역을 넘어 복합적으로 나타나기 때문에 자신이 보유한 지식과 영역을 넘어 융복합적인 사고 능력을 필요로 하고 있다.

⑤ 확증 편견(confirmation bias)

고정관념 편견, 과거의 선택과 부합하는 정보를 선호하고 과거의 판단과 반대되는 정보는 낮게 평가한다. 어떠한 결정이든 최고는 있을 수 없다. 만약 그 결정이 최고라면 '창조'는 무의미하기 때문이다. 사전에 형성된 고정관념에 부합한 정보를 액면 그대로 받아들이며 이 관점에서 어긋나는 정보에 대해서는 비판적이고 회의적인 경향이 있다. 그러한 편견은 조직 내의 실수나 실패를 용인하지 않기 때문에 구성원들이 새로운 시도를 두려워하고 도전보다 조직의 요구에 안주하는 수동적인 태도를 보이게 된다.

⑥ **프레이밍 편견(framing bias)**

의사결정자가 상황의 다른 부분은 배제한 채 특정한 부문만 강조하는 것이다. 다른 부분들을 경시하고 생략하면서 한편으로는 상황의 특정부분에만 주의를 기울이고 강조하는 것은 자신이 보고 있는 것을 왜곡하고 옳지 않은 관점을 만들어 가는 행동이다. 나무만을 보는 사람은 창의적인 사람이 될 수 없다. 문제를 해결 할 때 항상 숲을 보고 종합적으로 정보를 수집하고 세부적으로 체계화하는 전략적 사고가 문제해결의 기본이다.

⑦ **가용성 편견(availability bias)**

의사결정자가 가장 생생한 최근의 사건들만 기억하는 경우에 과거의 중요한 정보를 놓칠 수 있다. 우리가 흔히 말하는 '따끈따끈한 정보'는 최신 정보이지 문제해결에 중요한 정보가 아닐 수 있다. 최신의 정보를 검증과정 없이 맹신하거나 자신이 기억하는 정보만을 믿으려는 태도는 실제 중요한 정보를 간과하게 됨으로써 문제해결을 그르치게 한다.

⑧ **유사 편견(representation bias)**

그 결과는 어떨까? 객관적 태도를 갖고 상황을 회상해 내는 능력을 왜곡하여 그 결과로 판단과 가능성 판단에 문제가 생긴다. 의사결정자가 한 사건을 판단할 때 다른 사건들과 얼마나 유사한가에 근거하여 평가하는 것이다. 문제를 해결할 때 경험이나 지식을 활용하는 것은 당연하지만, 관리자들은 자신에게 닥친 상황이 다른 사건과 실제 유사하지 않음에도 애써 유사점을 찾고 동일하다고 판단할 경우 다른 대안이나 기회를 놓치게 된다.

⑨ **무작위 편견(randomness bias)**

의사결정자가 우연에 의한 사건에 어떤 의미를 의도적으로 부여하는 것을 말한다. 모든 사람들에게는 미리 예상할 수 없는 임의의 사건들이 많이 발생한다.

그러나 이런 우연은 체계적인 설명이 어려운 것이기 때문에 의사결정자들은 이에 어떤 원인을 무리하게 결부시키는 경향이 있다. 이러한 우연이 자주 발생하거나 그 우연이 목표달성에 영향을 미친다면 조직 내의 시스템에 문제가 있다는 것이다. 조직에서는 교육·훈련, 작업방식, 기계결함, 불량 원자재, 작업자의 실수 등과 같은 이상원인에 관심을 갖고 해결방안을 강구하지만 일상적으로 우연원인은 자연스럽게 발생하는 것들이어서 우선적으로 고려하지 않는다.

⑩ 매몰비용 오류(sunk costs error)

지나친 책임감이나 과욕으로 자신의 선택이 옳고 부정하고 싶지 않기 때문에 현재의 선택이 과거의 결정을 되돌릴 수 없다는 사실을 의사결정자가 인정하지 않으려는 오류이다. 이 오류는 미래에 발생할 사건들을 고려하기 보다는 과거에 들인 시간, 돈, 노력에 집착하기 때문에 생겨난다. 그들은 매몰비용을 무시하지 못하고 계속 집착함으로 인해 새로운 선택을 미루다 기회를 놓치게 된다.

⑪ 자기중심적 편견(self-serving bias)

성공을 자기의 명예로 삼고 실패의 요인을 외부에서 찾는 의사결정자들의 성향을 말한다. 특히 조직의 문제를 해결할 때, 리더가 팀 활동의 결과물이나 성과에 대한 보상을 공유하지 않고 독점하려는 경우 창조적인 조직문화가 정착되기 어렵다. 이와 마찬가지로 실패에 대한 책임 또한 리더는 팀 구성원과 공동의 책임을 지는 자세가 필요하다. 그리고 사람들은 동일한 정보에 대해서도 자신의 역할에 따라 다르게 지각하는 성향이 있고, 자기에게 유리한 정보를 접하면 객관적인 검증 없이 무작정 받아들이는 성향이 있다. 자기 스스로 편향적이라 생각하기보다 공정하고 합리적이라고 믿기 때문에 팀 활동 시 갈등을 유발하기도 한다.

⑫ 사후해석 편견(hindsight bias)

우리가 예측할 수 있는 것은 아무것도 없다. 문제를 해결하는 사람이 처한 상황은 모두 불확실하기 때문에 결과 역시 불확실성을 내포하고 있다. 즉 최적의 대안이라고 최상의 결과를 끌어낸다는 보장도 없다. 그럼에도 불구하고 스스로 결과를 정확히 예측하고 있었다고 주장하는 잘못으로, 실제로 당사자는 사건의 결과를 예측하지 못하고 있었던 것이 사실이다. 만약 최적의 대안이라 생각하고 실행을 서두르다 보면 대안을 실행했을 때 발생할 수 있는 잠재적 문제나 변수를 미리 검토하지 않게 됨으로써 최악의 결과를 얻게 될 수도 있다.

4) 의사결정자의 유형

문제가 발생했을 때 사람마다 반응하는 방식이 다르다. 의사결정자는 당면한 현재의 문제 또는 잠재된 문제 그리고 목표를 설정하고 해결해야 할 문제와 미래 발생할 수 있는 문제의 유형에 따라 대응하는 방식이 다르다. 아크호프(Ackoff) 의사결정자의 유형과 특성을 문제가 발생했을 때 어떻게 대응하는가에 따라 다섯 가지로 분류했다([그림 2-4] 참고).

그림 2-4 아크호프(Ackoff)의 의사결정자 유형

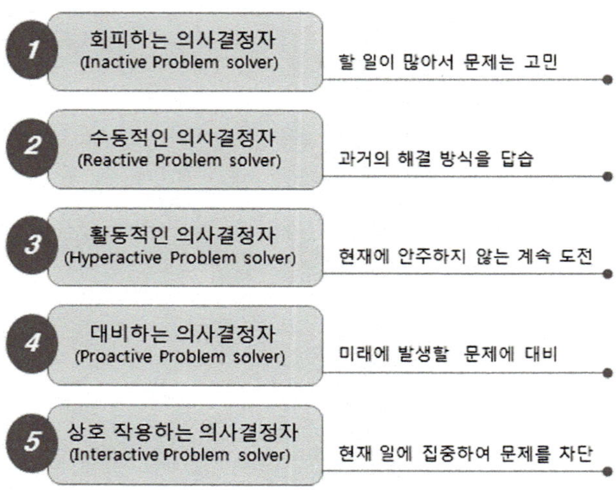

① 문제 회피형 의사결정자(inactive problem solver)

문제가 발생했을 때 그 문제를 해결하기 보다는 문제를 무시하고 피하려는 의사결정자이다. 이러한 유형의 의사결정자는 현안을 수행하는 데만 관심이 많고, 문제해결에는 노력이나 관심을 가지지 않는다. 그렇기 때문에 동기부여가 전혀 없는 특징을 보인다. 이런 의사결정자가 속한 조직은 현재 업무를 수행하는데 매우 바쁘고, 직원들의 문제해결 능력을 높이는 데 관심이 없다. 뿐만 아니라 외부환경에서 발생한 문제에는 더더욱 관심이 없고 문제는 생존의 적이라 생각한다.

② **수동형 의사결정자**(reactive problem solver)

문제에 대해 위협을 느끼고 해결하려고 하나 과거의 해결방식을 이용해서 문제를 해결하려는 수동적인 의사결정자이다. 이러한 유형의 의사결정자는 현재 상태가 흔들리는 것을 싫어하고, 문제를 해결하기 위해서 약간의 변화만 취하려고 하는 특징을 보인다. 이런 사람이 속한 조직의 의사결정자들은 제한된 능력만의 문제해결능력을 가지고 있고, 경영자는 그 정도면 충분하다고 생각할 뿐만 아니라 노력을 하지 않는다. '문제를 회피하는 의사결정자'(inactive problem solver)보다 문제에 대해서 많은 시간을 사용하나 절대적인 시간은 적게 들인다.

③ **활동형 의사결정자**(hyperactive problem solver)

개인과 조직에서 문제를 적극적으로 찾으려 하고 현재 상태에 만족하지 않고 계속 도전을 하면서 끊임없이 문제를 만들어 새로운 변화를 추구하려고 노력한다. 그리고 지속적으로 문제를 해결하려는 특징을 보인다. 이들 유형의 의사결정자들은 위기상황에서 뛰어난 능력을 보이며, 문제를 생존의 적으로 여긴다.

④ **대비형 의사결정자**(proactive problem solver)

미래에 발생할 수 있는 문제에 미리 대비하려는 의사결정자이다. 즉 앞으로의 일을 예측하고, 그에 대한 대응 방안을 만들기 위해 노력하는 의사결정자이다. 이 유형의 의사결정자는 미래상황을 예측해서 그에 따른 문제와 기회를 찾아내어서 다양한 대안을 만들고, 사전에 대비하려는 경향을 보인다. 이들 역시 앞의 의사결정자들처럼 문제를 적으로 여긴다.

⑤ **상호 작용형 의사결정자**(interactive problem solver)

미래문제를 예측해서 풀어내기 보다는 미래에 문제가 발생하지 않도록 현재의 문제에 집중하여 그 문제를 해결함으로써, 발생할 수 있는 문제를 사전에 차단하려는 의사결정자이다. 상호 작용하는 의사결정자는 앞의 네 종류의 의사결정자들과는 달리 문제를 단순한 적이 아닌 기회와 적으로 동시에 보는 시각을 가지고 있으며, 문제를 목표달성 과정에서 발생할 수 있는 일상적인 업무과정의 일환으로서 문제를 받아들이는 의사결정자이다. 이 의사결정자의 의사결정 방식은 참여적이고 전체적인 관점에서 접근하기 때문에 매우 유연한 문제해결 방식을 가지고 있다.

✩ 의사결정자의 특징

의사결정자가 어떤 상황에 접근할 때, 효과적인 문제해결자의 고유한 양식과 태도를 이용한다면 실질적인 문제점을 찾아내고 기발한 대안을 도출하는데 익숙해진다. 다음 자료는 창의적인 문제 해결을 위한 태도를 길러주는데 매우 유용한 참고 자료이다(〈표 2-3〉 참고).

〈표 2-3〉 효과적 비효과적 문제해결자의 특징

구분	효과적 문제 해결자	비효과적 문제 해결자
태도	• 문제가 풀릴 수 있다고 믿는다. (난 이걸 풀 수 있다.) • 문제를 풀 때 전향적이다. • 문제는 기회이자 적이다.	• 쉽게 포기한다.(난 이걸 풀 수 없다.) • 뒷짐 지고 해법이 떠오르길 바란다. • 문제는 적이다.
행동 양식	• 스스로에게 그리고 다른 사람에게 반문한다. • 문제를 반복하여 여러 번 읽어 본다. • 문제를 다시 기술한다. • 성급히 결론을 내리지 않는다. • 가상의 그림을 그려본다. • 그림을 그리고 공식을 적어본다.	• 해법을 찾는데 수동적이고 누군가 해결해 주기 바란다. • 문제를 다시 읽지 않는다. • 문제를 다시 기술할 수 없다. • 성급히 결론에 도달한다. • 해결책에 능동적으로 참여하지 않는다. • 그림을 그리거나 공식을 쓰지 않는다.
해결 절차	• 진척도를 계속 관리한다. • 문제를 여러 개의 하위 문제로 나눈다. • 처음 이해하기 시작한 부분에서 출발한다. • 틀을 만들 때처럼 몇 개의 주요 기초 개념을 사용한다. • 발견적 학습법을 이용한다. • 막히더라도 끝까지 인내한다. • 정량적인 공식과 묘사를 이용한다.	• 어디에서 출발해야 할지 모른다. • 문제를 나누어 생각하지 않는다. • 주요 개념을 규명하지 못한다. • 추측을 한다. • 특별한 형식을 사용하지 않는다. • 쉽게 포기한다. • 정량적인 식을 사용하거나 묘사하지 않는다.
정확성	• 여러 번 반복해서 확인한다. • 가정들을 검증한다.	• 확인하지 않는다. • 가정들을 검증하고자 하지 않는다.

출처: 김정현 역(2008), 창의적 문제해결 전략, Prentice Hall, pp.15-17.(H. Scott Fogler & Steven E. LeBlanc : Strategies for Creative Problem Solving, 2nd Edition, Prentice Hall, 2008.)

❑ 창의적이고 융합적인 사고 연습(2)

❖ 성공하는 사람의 7가지 습관

효과적인 문제 해결자들은 어려운 문제를 다룰 때 스스로의 마음가짐과 습관을 계속 발전시킨다. 그들은 항상 긍정적인 태도로 문제에 접근한다. 문제 해결에 있어서 매우 효과적인 사람들에 대한 Stephen Covey의 연구는 그들이 매우 유사한 습관들을 가졌다는 것을 나타낸다. 다음 [그림]은 코비박사의 성공하는 사람의 7가지 습관을 나타낸 것이다.
코비박사의 7가지 습관은 문제해결 능력을 향상시키는데 많은 도움을 줄 것이다.[10]

[그림] 성공하는 사람의 7가지 습관

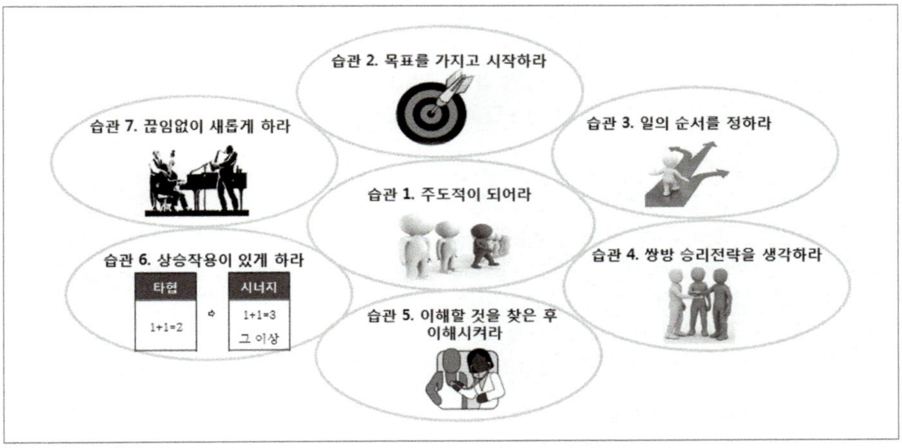

가. 습관 1. 주도적이 되어라

일단 시작하고 사건이 일어나게 하라. 인생 코스를 스스로 선택하라. 성공하는 사람들은 자신이 할 수 없는 일에 집착하거나 외부의 힘에 반응하는 대신, 할 수 있는 일에 집중하며 자신의 선택과 결과에 책임을 진다. 주도적인 사람은 이 책임을 인정한다. 자신의 가치관에 기초를 둔 스스로의 의식적 선택에 의해 행동한다.

결코 기분이나 분위기, 주변 상황에 좌우되거나 영향 받지 않는다. 반사적인 사람은 종종 물리적인 환경에 영향을 받는다. 즉 기분, 분위기, 조건, 주변 여건을 자신의 내적 가치보다 우선적으로 따르는 습관을 가진다. 반면 주도적인 사람은 심사숙고하여 선택하고 내면화된 가치 기준에 따라 행동한다.

- 주도성(Proactivity): '스스로의 삶에 대해 책임을 져야 한다'
- 책임감(responsibility): 어떻게 반응할지를 선택할 수 있는 능력(response - ability)

나. 습관 2. 목표를 가지고 시작하라

목표를 확립하고 시작하라. 자신이 어디로 향하고 있는지 자신이 취하는 모든 단계들이 올바른 방향으로 가고 있는지 알기 위해서는 전반적인 인생목표를 포함해 최종목표를 정해야 한다. 우선 이루고자 하는 것을 올바로 결정하고 나아가고자 하는 진행 방향과 목적하는 것을 어떻게 가장 잘 이룰지 개인적 임무 일람표를 만들고 확인 한다. 목적지를 정확히 이해하고 출발한다는 것이다. 현재 위

10) 김경섭 역(2004), 성공하는 사람들의 7가지 습관("The seven habits of highly effective people"), 김영사 요약.

치를 더 잘 파악하고 항상 올바른 방향으로 갈 수 있도록 어디로 가는지를 알아야 한다는 것이다.

다. 습관 3. 일의 순서를 정하라

자신의 목표를 지속적으로 검토하고 우선순위를 정해 중요한 것부터 먼저 해야 한다. 긴급함이 아니라 중요성을 기반으로 업무 우선순위를 정하고 습관 2에서 정한 목표 성취를 돕는 계획을 세워야 한다. 다가올 주를 위해 매일 매일 최우선순위를 정하고 그것을 수행할 시간을 설정해야 한다. 중요하지 않은 일은 하지 않아야 한다. 주의 깊게 사고하고 계획하여 가장 중요하고 영향력 있는 일에 집중해야 한다.

라. 습관 4. 쌍방승리 전략을 생각하라

항상 상호이익(Win-Win)을 모색해야 한다. 해결책과 협력에 관계된 모든 사람에게 도움을 주는 마음가짐을 가진다. '나도 이기고, 상대방도 이기는' 승-승의 패러다임은 모든 대인관계에서 서로의 이익을 추구하는 사고방식이다. 이 승-승의 해결 방안을 갖게 되면 모든 이해 당사자들이 결정에 대해 기분 좋게 느낄 뿐만 아니라 결정된 활동 계획에도 헌신하게 된다. 이 같은 사고는 인생을 경쟁이 아닌 협력의 장으로 보는 데서 나온다.

마. 습관 5. 이해할 것을 먼저 찾고 그 후에 이해시킨다.

가능한 상황에 대해 많이 파악하고 이해시키려 하기 전에 먼저 상대를 이해하려 한다. 상호존중하는 환경을 조성하고 문제를 효과적으로 해결하기 위해서는 타인의 말을 경청하고 열린 자세를 가져야 한다. "듣도, 듣고, 또 들어야 한다." 이로써 상대도 같은 태도를 보이도록 유도할 수 있다. 다른 사람의 시각에서 문제를 보고 이해하는 마음은 대인관계에서 가장 중요한 원칙이다. 이 원칙은 효과적인 커뮤니케이션의 지름길이다. 솔직함과 신뢰를 고무시키는 내적 성품에 바탕을 둔, 공감하며 경청을 할 수 있는 기술을 반드시 배워야 한다. 그래야만 마음과 마음 사이의 교감을 창출할 수 있을 것이다.

바. 습관 6. 상승작용이 있게 하라

각각의 합보다 전체가 커지는 시너지를 창출해야 한다. 혼자서 달성할 수 없는 목표를 이루기 위해 팀을 활용하고 팀원들의 최대성과를 이끌어내기 위해 유의미한 공헌과 최종목표를 장려한다. 자신과 같이 일하는 사람들의 다양성에 가치를 두고 개방적이고 솔직한 소통을 촉진함으로써 최선의 결론을 도출하도록 서로 도와야 한다. 시너지(synergy)의 가장 고차원적인 형태는 인간만이 가진 네 가지 천부능력(자아의식, 상상력, 양심, 독립의지)과 승-승을 하려는 동기, 그리고 공감적 경청기술을 가지고 우리가 일상생활에서 직면하는 가장 어려운 문제에 도전하는 것이다.

사. 습관 7. 끊임없이 새롭게 하라

심신(본성의 4가지 차원)을 단련한다. 장기적으로 성공하기 위해서는 지속적인 쇄신을 통해 몸과 마음, 영혼을 건강하게 유지해야 한다. 자기쇄신, 즉 재충전을 위해 톱날 가는 시간을 할애하는 것이다. 이것은 다른 습관들을 실천할 수 있게 해주기 때문에 다른 여섯 가지 습관들을 둘러싸고 있다. 습관 7은 개인적 생산능력이다. 우리가 가진 최대의 자산인 '자기 자신'을 유지하고 향상시키는 역할을 하며 이를 행하기 위해서는 반드시 주도적으로 되어야 한다. 톱날을 가는데 시간을 보내는 것, 즉 심신을 단련하는 내적 의지를 강화해야 한다. 개인적 생산능력은 이것이 제2의 천성, 즉 습관이 되어 자연스럽게 행할 수 있을 때까지 그리고 건전한 의미에서 중독이 될 때까지 노력해야 한다.

- 본성의 네 가지 차원
  - ✓ 신체적: 운동, 영양, 스트레스 관리
  - ✓ 영적: 가치명료화와 몰입, 학습과 명상
  - ✓ 정신적/지적: 독서, 상상, 계획수립, 저술
  - ✓ 사회적/감정적: 봉사, 공감, 시너지, 내적 안정

< 의사결정유형검사 >

※ 다음 문항을 읽고 자신과 가장 가깝다고 생각되는 것을 골라 번호에 O표 하세요

('전혀 그렇지 않다' 1,약간 그렇다' 2, '대체로 그렇다' 3, '아주 그렇다' - 4)

1	나는 중요한 결정을 할 때 한 단계 한 단계 체계적으로 한다.	1	2	3	4
2	나는 나 자신의 욕구에 따라 매우 독특하게 의사결정을 한다.	1	2	3	4
3	나는 얻을 수 있는 모든 정보를 수집한 후에 중요한 의사결정을 한다.	1	2	3	4
4	의사결정을 할 때 내 친구들이 나의 결정을 어떻게 생각할 것인가를 매우 중시한다.	1	2	3	4
5	나는 의사결정을 할 때, 이 의사결정과 관련된 결과까지 고려한다.	1	2	3	4
6	나는 다른 사람의 도움 없이 중요한 의사결정을 하기가 힘들다.	1	2	3	4
7	나는 어려운 문제에 부딪히면 재빨리 결정을 내린다.	1	2	3	4
8	어떤 의사결정을 할 때, 나 자신의 즉각적인 느낌이나 감정에 따른다.	1	2	3	4
9	나는 내가 하고 싶은 것보다 다른 사람이 어떻게 생각하느냐에 영향을 받아 의사결정을 한다.	1	2	3	4
10	어떤 의사결정을 할 때, 나는 시간을 갖고 주의 깊게 생각해 본다.	1	2	3	4
11	나는 문제의 본질에 대해 순간적으로 떠오르는 생각에 의해 결정한다.	1	2	3	4
12	나는 친한 친구에게 먼저 이야기하지 않고는 의사결정을 거의 하지 않는다.	1	2	3	4
13	나는 중대한 의사결정 문제가 예상될 때, 그것을 계획하고 생각할 시간을 충분히 갖는다.	1	2	3	4
14	나는 의사결정을 못한 채 뒤로 미루는 경우가 많다.	1	2	3	4
15	의사결정을 하기 전에 올바른 사실을 알고 있나 확인하기 위해 관련된 정보들을 다시 살펴본다.	1	2	3	4
16	나는 의사결정에 관해 실제로 생각하지는 않지만, 갑자기 생각이 떠오르면 무엇을 해야 할지 알게 된다.	1	2	3	4
17	어떤 중요한 일을 하기 전에 나는 신중하게 계획을 세운다.	1	2	3	4
18	의사결정을 할 때, 나는 다른 사람의 많은 격려와 지지를 필요로 한다.	1	2	3	4
19	나는 의사결정을 할 때 마음이 가장 끌리는 쪽으로 결정을 한다.	1	2	3	4
20	나의 인기를 떨어뜨릴 의사결정을 별로 하고 싶지 않다.	1	2	3	4
21	나는 의사결정을 할 때 예감 또는 육감을 중시한다.	1	2	3	4
22	나는 조급하게 결정을 내리지 않는데, 그 이유는 올바른 의사결정임을 확신하고 싶기 때문이다.	1	2	3	4
23	어떤 의사결정이 감정적으로 나에게 만족스러우면 나는 그 결정을 올바른 것으로 본다.	1	2	3	4
24	올바른 의사결정을 할 수 있는 능력에 대한 자신이 없기 때문에 주로 다른 사람의 의견에 따른다.	1	2	3	4
25	종종 내가 내린 각각의 의사결정을 일정한 목표를 향한 진보의 단계들로 본다.	1	2	3	4
26	내가 내리는 의사결정을 친구들이 지지해 주지 않으면 그 결정에 대해 확신을 갖지 못한다.	1	2	3	4
27	의사결정을 하기 전에 나는 그 결정을 함으로써 생기는 결과에 대해 가능한 한 많이 알고 싶어 한다.	1	2	3	4
28	나는 '이것이다.'라는 느낌에 의해 결정을 내릴 때가 종종 있다.	1	2	3	4
29	대개의 경우 나는 주위사람들이 바라보는 방향으로 의사결정을 한다.	1	2	3	4
30	여러 가지 정보를 수집하거나 검토하는 과정을 갖기보다 나에게 떠오르는 생각대로 결정을 내리는 경우가 자주 있다.	1	2	3	4

< 의사결정유형검사 채점표 >

구분	해당 번호 및 점수										총점
합리적 유형	1	3	5	10	13	15	17	22	25	27	
직관적 유형	2	7	8	11	16	19	21	23	28	30	
의존적 유형	4	6	9	12	14	18	20	24	26	29	

< 의사결정유형 >

	합리적 유형	직관적 유형	의존적 유형
특징	*의사결정과업에 대해서 논리적이고 체계적으로 접근 하는 것 *자신과 상황에 대해서 정확한 정보를 수집하고, 의사결정에 책임을 받아들임 *매우 신중하고 논리적으로 결정함	*의사결정에 있어서 개인 내적인 감정적 상태에 의존하는 것 *결정에 대한 책임은 받아들이지만, 미래에 대한 예견이나 정보수집활동은 거의 없음 *논리적이기보다는 환상이나 느낌을 더 중시하여 결정함	*타인의 영향을 많이 받으며, 순종적이고 수동적이며 사회적으로 승인 받고자 하는 욕구가 강하나 자신감이 부족한 사람에게 나타남 *결정에 대한 책임을 거부하며 그 책임을 다른 사람에게 전가함
장점	*의사결정이 신중하게 이루어짐 *심리적 독립과 성장에 도움을 줌 *잘못하거나 실패할 확률이 낮음	*빠른 의사 결정 *스스로 선택에 책임을 짐 *돌발 상황에 유리함	*의존자가 유능한 사람일 경우에는 성공가능성이 높음 *사소한 일의 의사결정에 적합함
단점	*의사결정에 시간이 많이 걸림 *지나치게 신중하여 기회를 놓치기도 함 *돌발 상황에서는 적용할 수 없음	*잘못하거나 실패할 확률이 상대적으로 높음 *일관성을 요구하거나 장기적인 일에는 부적당함	*의사결정을 내려야 할 때 정서적으로 불안을 느낌 *소신있게 일처리를 못함 *개인적인 독립이나 성숙에 도움이 안 됨 *실패했을 때 남의 탓을 하기 쉬움 *수동적인 삶이됨에 따라 성취의 기쁨을 느끼지 못함

□ 창의력 향상을 위한 우뇌 계발 방법(2)

2. 상상하기(guided imagery)와 과거회상하기(transitional objects)

상상하기: 환상이나 꿈에서처럼 마음속으로 상을 그려가도록 유도하는 활동이다. 자신이 어떤 사물이나 대상이 되어 보기도 하고 그 입장이 되어 생각할 수 있는 것들을 적어 보는 방법이다. 동화속의 주인공이나 등장하는 사람 또는 사물, 동물이 되기도 하며 다양한 관점과 입장에서 생각할 수 있는 것들을 마음껏 상상해 본다. 그리고 등산에서 각 코스별로 숲 속을

산책하거나, 원하는 좋은 장소를 선정하기, 고민거리에서 벗어나기, 동굴탐험하기, 과거로 연결된 계단 내려가기 등도 상상하기 훈련의 하나이다.

회상하기: 어린 시절에 덮고 잤던 이불, 장난감 등 어린 시절에 대한 회상을 촉진하는 물건, 혹은 당시에 맡았던 냄새 등을 되살림으로써 당시의 기분과 사건으로 돌아가, 어떤 영감을 얻도록 하는 활동이다. 코스별로 옛날에 살았던 집과 교실 회상, 어린 시절의 신발을 신고 산책하기, 성공이나 즐거웠던 시절로 돌아가기, 동굴벽화 관찰하기, 실패를 성공으로 바꾸기, 회상 촉진물 찾기 등의 내용이 있다.

연습 2 연상하기

우리는 이미 알고 있는 것을 통해 새로운 것을 만들어 내는 경우가 많다. 창의력도 이미 만들어진 것을 새롭게 더해지거나 없애거나 변형하여 전혀 새로운 것처럼 만들어져 소개된다. 지식과 경험이 없어 모르는 것이라면 생각이 떠오르지 않겠지만 이미 경험(정보, 지식, 행위 등)한 것이 생각이 나지 않는 경우가 많다. 연상하기를 통해 과거 속으로 사라진 기억을 하나 둘 무작위로 끌어내다 보면 새로운 아이디어가 떠오르는 경우가 많다.

[예] 제조회사가 신상품 콘셉트를 고민한다.

'불경기 → 가난했던 시절 → 먹을 것이 귀했다 → 도시락 반찬 → 점심시간 전에 밥을 먹는 친구가 있었다 → 석탄난로가 생각난다 → 난로위에 도시락을 올려놓았는데 자리싸움이 심했다 → (그래도)점심시간 도시락을 나눠먹는 정이 이었다 → (역시)마음이 순수하고 착했던 것 같다. → 착한상품으로 한다.

연습

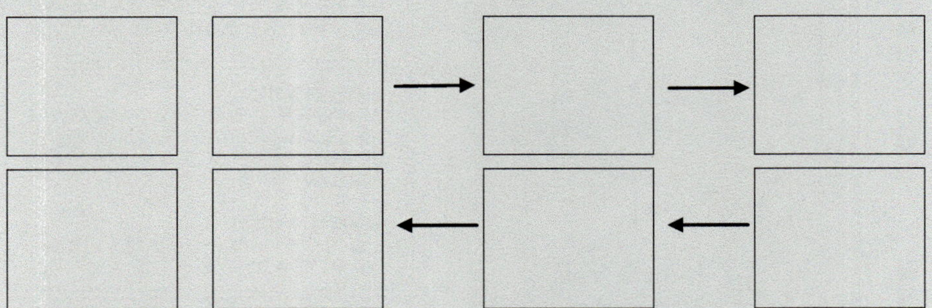

착한상품 : 가격이 저렴하고, 품질이 좋고, 만족도가 높은 제품

창의적 문제해결과 전략적 의사결정 과정 및 기법

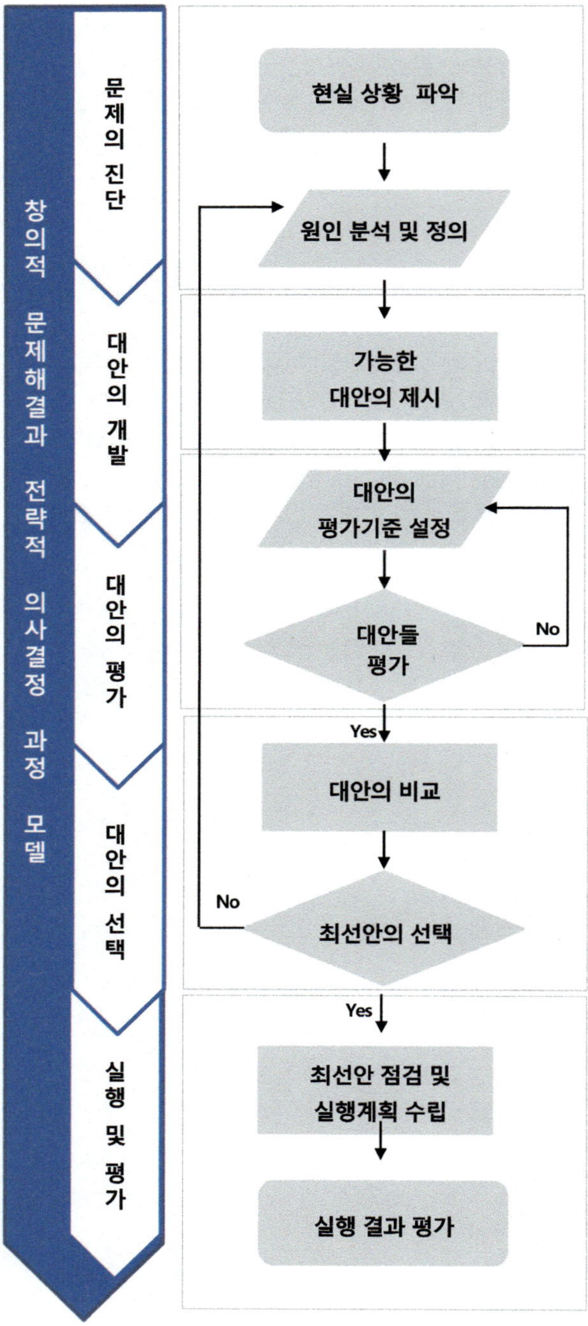

- **문제의 탐색기법**
  PEST모형/5 F's/레이더스크린/STP/SWOT/고객3불분석/KPI/3C(4C)/VRIO/7S 모형 등
- **문제의 원인 분석기법**
  Pareto/KT/5W1H/드릴다운/특성요인/인지기법/시스템다이어그램/Why-Why기법 등
- **문제의 정의기법**
  문제우선순위/Why-Method/가치나무/문제의 재정의/Duncker/목표지향법 등

- **대안 개발 자유연상법**
  브레인스토밍/브레인라이팅/수평적사고/인터뷰/CBS 등
- **대안 개발 강제연상법**
  체크리스트/스캠퍼/속성열거/결점열거(희망점열거)/형태분석/입출법/강제결합법 등
- **대안 개발 유추발상법**
  시네틱스법/NM법/고든법/페르미추정법 등
- **대안 개발 B/S & B/W 기타응용기법**
  역발상/만다라트/역설사고/겔러리기법 등

- **문제우선순위 및 민감도 분석 및 평가**
  심각성/투입시간 및 자원/투입인력 등
- **개별대안의 비교기법**
  하이라이팅/ALU&PMI/동인요소/장단점대조/2안비교/가중대조(그리드)/스티커투표/매트릭스(L, T, X형)기법/KJ기법/연과도법 등
- **최적안의 선택기법**
  비용편익분석/의사 결정모형(매트릭스-의사결정나무)/가정표면화기/2차원 그리드법 등

- **최선안 점검기법**
  What-If/목표 탐색/시나리오 분석/CATWOE/리스크 매트릭스/목표탐색/델파이/패널 동의/시뮬레이션/잠재적 문제분석/여섯 색깔 사고모자분석기법 등
- **실행계획 수립기법**
  간트 차트 /PERT&CPM/실행 체크 리스트/애로우다이어그램기법 등

- **실행결과 평가기법**
  정성적평가:고객만족도/성장/브랜드가치 등
  정량적평가: 재무제표/비율분석/BSC모형 등
- **실행능력 향상 및 피드백**
  창의적 팀 활동 및 대안의 실행 결과 개선
- **보고서 작성(프레임워크사고)**
  MECE/매트릭스/Logic Tree/ 피라미드법 등

❖ 창의적 사고 기법들은 반드시 해당 단계에만 적용되지 않으므로 의사결정 단계와 상황에 맞춰 적절히 활용

제3장 창의적 사고와 문제해결자의 자세

1. 창의력의 기본 개념
2. 창의력의 구성인자와 특성
3. 창조적 사고와 창의력 계발 기법
4. 창조적 문제해결자의 자세

로저 본 외흐(Roger von Oech, 'Creative Think' 설립자)는 "지식은 새로운 생각을 만드는 원료이지만 지식이 있다고 해서 모두 창조적인 사람이 되는 것은 아니며, 지식이 많아도 창조적이지 않은 사람은 이미 알고 있는 것에 대해 다시 생각해보지 않는다. 따라서 창조적 사고에는 새로운 생각을 떠올리려 노력하고 지식과 경험을 조작하는 태도가 필요하다"고 하였다.

물론 창의적 사고는 대부분 개인의 머리에서 나오는 것이지만, 창의적인 아이디어가 모두 유용한 가치를 만들어 내지는 않는다. 실패를 거듭하고 경험에서 얻어진 노하우가 축적됨으로써 창조적 가치를 만들어 내는 것이다.

그러므로 개개인의 독특한 생각과 다양한 능력이 창조적 산출물을 만들어 내려는 의지와 창의적 사고의 과정이 뒷받침되어 결과물을 실행에 옮김으로써 혁신을 주도할 수 있다. 창의력에 대한 기본적인 개념과 특성에 대한 이해는 이러한 개인의 능력과 창의성 계발을 도와준다. 뿐만 아니라 특히 이러한 태도와 사고는 과제나 사물에 대해 편견 없이 전체를 보고 관점을 점차 좁혀 나가는 전략적 사고와, 다양한 발상을 통해 문제를 해결하는 창의적 사고, 그리고 아이디어를 수렴하고 구조화하는 논리적 사고 능력을 향상시킴으로써 가능해진다.

결국, 문제를 해결하고자 하는 사람이 창의력과 개인의 능력이 어떻게 발현되는지 인식을 해야 하고, 문제를 대하는 태도와 사고의 전환이 전제되어야 한다. 즉 문제해결을 위해서는 문제를 해결하는 사람이 "문제에 대해 어떻게 바라볼 것인가?" 하는 '관점', '태도'와 관련이 있기 때문이다.

따라서 제3장 '창의적 사고와 문제해결자의 자세'에서는 문제해결을 위한 5단계 프로세스에 들어가기 전에 문제해결자가 반드시 갖추어야 할 태도와 사고방식에 대해 소개를 하고 있다. 먼저, 창의력에 대한 기본 개념과 특징 그리고 창의력을 계발하기 위한 요소 등에 대해 소개를 한다. 그리고 창의적 문제해결자의 사고 방법을 배우기 위해 '전략적 사고 프레임워크', '창의적 사고 프레임워크' 그리고 '논리적 사고 프레임워크'에 대해 차례로 그 의미와 활용 방법에 대해 기술한다.

학습 목표

1. 창의력의 어원과 의미를 이해한다.
2. 창의력의 형성과정과 창의력을 저해하는 요소를 이해한다.
3. 창의적 사고를 구성하는 '민감성', '유창성', '융통성', '독창성', '정교성'이 무엇인지 이해한다.
4. 창의적 사고의 메커니즘, '발산적 사고', '수렴적 사고', '통합적 사고'의 기본 특성을 이해한다.
5. 창의적 문제해결을 위해 전제되어야 하는 문제해결자가 갖추어야 할 프레임워크로서 '전략적 사고', '창의적 사고', '논리적 사고'에 대해 습득한다.

인간의 잠재능력은 측정이 불가능하다. 대부분의 사람들의 능력은 '빙산의 일각'처럼 자신이 지닌 뇌의 능력(잠재력)의 10%(관찰 가능한 능력)도 활용하지 못한다. 그러나 내면에 감춰진 90%의 능력 중 일부분만이라도 발휘가 된다면 더 많은 것을 생각하고 계획하고 생산해 낼 것이다. 더구나 보통 사람들은 자신이 활용하는 뇌의 능력의 10%도 창의적으로 사고하거나 행동하지 않기 때문에 자신의 능력을 개발하고 창의적 사고 활동을 유도하기 위해서는 창의력에 대한 이해가 필요하다.

1. 창의력의 기본 개념

창의력은 우리가 삶을 영위해 나감에 있어서 일상에서 부딪히는 다양한 문제와 현상에 대해서 생각하는 방법을 다양화해 봄으로써 새로운 아이디어를 얻을 수 있으며, 진부하고 변화되지 않은 정체된 생활에 활력을 불어넣을 수 있게 해주고, 그리고 뜻하지 않는 곳에서 문제해결이나 새로운 것을 얻게 해준다. 창의력은 결코 특별한 사람들만 향유하는 천부의 능력이 아니고, 특별한 발견이나 발명을 위해서 그리고 특정 학과나 연구가와 같은 한정된 곳에서만 필요한 것도 아니다. 창의력은 보통 사람들이 누구나 갖고 있는 능력이며, 누구든지 교육과 환경의 변화를 통해 자기 발전과 자기 행복을 위해서 계발되고 활용할 수 있는 평범한 사고혁신방법이다.

창의력이란 영어로 "creativity"에 해당한다. 창의력은 창의성, 창조성, 독창성, 창조력, 독창력 등과 같은 말이며, 확산적 사고, 발명, 직관, 모험적 사고, 창출, 탐구, 창안, 영재성 등과 혼동하여 쓰이기도 하고, 고등정신능력, 창의적 사고력 등으로 표현되기도 한다. 단지 활용하는 학문과 일상의 영역에 따라 조금씩 다르게 접근하고 있는 것만은 사실이다. 일반적으로 새로운 변화와 발전을 가능케 한다는 의미에서 '무엇인가 기발하고, 지금까지 없었던 새로운 것을 만들어 내거나 생각해 내는 능력'이라는 뜻으로 해석되고 있으며, 한편 창의력 계발을 저해하거나 일반인이 잘못 이해하고 있는 것의 하나로 보통사람들은 전혀 갖고 있지 않은 것으로 잘못 생각되기도 한다.

창의력에 대한 개념을 다양한 관계 문헌과 학자들의 견해를 종합해 체계화시켜 볼 때 다음과 같다. 창의력은 '기존하는 요소들로부터 적어도 자기 자신에게는 새롭고 유용한 결합을 이루어 내는 능력'이라고 할 수 있는데, 결국 창의력이란 무에서 유를 창조하는 기적 같은 것이 아니라 기존하는 요소, 즉 이미 자신의 두뇌 속에 간직된 지식이나 축적된 경험을 바탕으로 새롭고 유용한 결합을 이루어내는 것으로서, 다른 사람에게는 이미 익숙한 것이라 하더라도 자신에게 지금까지 경험하지 못했거나 활용되지 못했던 새롭고 유용한 것이라면 그것은 곧 창의적인 것이 된다는 뜻이 담겨 있다.

한편, 창의력의 출발점은 '남들이 보아왔던 것이나 보고 있는 것과는 다르게 보는 눈을 가지는 것'이라고도 할 수 있는데, 갤러거(Gallagher, 1975)는 지적인 개념으로서의 창의력을 '문제가 있거나 아이디어를 필요로 하는 곳에서 다양한 생각들을 구상해 내는 능력'이라고 정의하고 있으며, 다음과 같은 하위능력들이 상호작용하여 창의적 사고를 가능케 한다고 주장하고 있다.

- 주어진 사물이나 특성을 재빠르게 인지하는 능력
- 사물이나 아이디어를 분류하는 능력
- 관계를 인지하는 능력
- 대안적 결과를 생각해 내는 능력
- 목적의 특성을 나열하는 능력
- 논리적 해결책을 만들어 내는 능력

1) 창의력의 어원과 정의[1)]

(1) 창의력의 어원

창의력에 대한 어원은 고대 희랍신화에서 찾을 수 있다. 올림프스(Olympus)산의 주신이며 신들의 왕인 제우스(Zeus)신은 잘 알려진 엽색가로 하늘과 땅의 모든 아름다운 여성들을 유혹하고 즐기는데 많은 시간을 보냈다. 그러나 그 중에서도 그가 다른 여인들보다 특히 더 많은 관심과 시간을 보낸 여인이 있었는데 그 여인이 바로 '기억의 여신'(Mnemosyne: 니모신)이었다. 한 번은 제우스가 이 여신과 9일 밤낮을 계속하여 사랑을 나누게 되었고 그래서 9명의 뮤즈(Muse)여신들이 태어나게 되었다. 거기에는 '사랑 시'의 여신(Erato)이나 '비극'의 여신(Melpomene) 등이 포함되어 있다. 이들 뮤즈 여신들이 바로 '창의성'을 나타낸다. 결국 창의성의 9명의 여신들이 힘과 에너지의 상징인 제우스신과 기억의 여신 니모스(Mnemosyne) 사이에서 탄생되었

1) 김준, 길종구(20004), 창의력 계발과 창조적 경영, 삼영사, pp.29-50. 요약정리.

다는 희랍신화를 통해 창의력에 대한 어원과 그 의미의 단서를 찾아볼 수 있다.

창의력은 개개인이 습득한(기억한) 다양한 표상(지식, 정보 이미지 등)을 적극적이고 창조적으로 활용할 때 가능해진다는 것을 알 수 있다. 즉 창의력이 계발되고 발휘되기 위해서는 희랍신화에서 엿볼 수 있는 것처럼 바로 습득(기억)한 표상만으로는 창의력이 발휘될 수 없다는 것이다. 제우스의 힘과 에너지처럼 사고하는 인간 개개인의 자발적인 의지가 수반되어야 한다. 즉 지식과 개개인의 적극적이고 자발적인 열정이 있어야 비로소 완전한 창의력을 계발하는 인재가 될 수 있음을 시사한다.

(2) 창의력의 정의

창의력에 대한 연구의 역사는 오래되지 않았다. 창의력 연구에 획기적인 전환점을 맞게 된 것은 길포드(J. P. Guilford)에 의해서 이다. 그가 1950년 미국 심리학회에서 창의력의 중요성을 피력하기 시작한 것이 학문적 연구 및 활용의 계기가 되었고 최근까지도 많은 학자들에 의해 다양한 이론과 발전 기법들이 소개되고 있다. 그러나 학자들마다 창의력에 대한 관점을 조금씩 달리하기 때문에 합의된 정확한 정의를 내리기에는 다소 어려운 점이 따른다. 즉 창의력에 대한 정의가 다소 복잡하고 어려운 개념인 것은 분명하나 공통적으로 독창성, 탐구성, 통찰력, 발명, 독자성, 성취력 등의 내용을 담고 있다. 창의력에 대한 정의를 이해하기 위해서는 여러 학자들의 정의를 정리할 필요가 있다.

길포드는 "새롭고 신기한 것을 찾는 힘"이라고 했으며 테일러(O. W. Taylor)는 "생산적 사고와 창조적 사고를 표현하는 복잡한 심리적 과정으로 인내성과 성취, 변화, 개선을 구하는 태도, 그리고 아주 큰 소신이 낳게 하는 정열 같은 것"이라고 했다. 다중지능이론을 주장하는 가드너(H. Gardner)는 "창의력은 개성 있는 비범함"으로 정의했고, 골드만(Goldman)은 "창의성이란 우산과 같은 것이라서 우산 밑에 모든 것이 다 들어올 수도 있고 아무것도 없을 수 있다"는 말로 요약했다.

한편 올슨(Olsen)은 "어떤 개인의 독특성에서 나오는 그 사람 내부의 힘으로서 그 사람에게 가치가 있는 새로운 생각이나 참신한 통찰들을 산출하는 것"이라고 정의하고 있고, 우리나라의 대표적인 창의력 연구 학자의 한 사람인 김영채 교수는 그의 저서 「창의적 문제 해결」(1999)에서 창의력을 크게 세 가지로 나누어서 좀 더 구체적으로 체계화시켰다. ① 좁은 의미의 창의력은 길포드의 '발산적 사고'와 같은 것, ② 넓은 의미의 창의력은 새롭고 유용한 어떤 것을 생산해 내는 행동 또는 정신과정, ③ 과정으로서의 창의력은 기존의 정보, 지식, 즉 심상이나 개념들을 새롭게 조합(결합)시키는 것 등으로 상세하게 정의를 내리고 있다.

학자들의 다양한 정의에서 나타난 공통점을 종합하여 본서에서는 '창의력'을 "주어진 현상과 문제 속에서 사물이나 행위를 표상(지식, 정보, 이미지, 도형, 말, 글자, 숫자 등)을 활용해 독창적이고 논리적으로 새로운 각도에서 관찰하고 그 속에서 새로운 의미를 찾아내는 사고의 능력"이라 정의한다. 그리고 창의력에 대한 용어를 연구하는 학자들에 따라 창의성, 창의력, 창조성, 창조력 등 다양하게 표현하고 사용하고 있다는 점에서도 알 수 있듯이 독자의 혼란을 막기 위해 창의력에 대한 용어를 상호 교환적[2]으로 사용함을 밝힌다.

2) 창의력의 유형과 형성과정

(1) 창의력의 유형

창의력은 그 의미에 따라 보덴과 아이젠크의 견해로 크게 두 가지로 분류해 생각하기도 한다. 먼저, 개인과 역사적 측면에서 의미를 찾는 창의력과 보덴(M. A. Boden)이 구분한 아이디어 접근 유형에 따른 창의력을 다음과 같이 정리할 수 있다.

① P-창의성(Psychological Creativity)

'개인적으로 창의적'인 것으로 이해하기도 한다. 이는 개인의 마음속에서 이전에는 없었던 가치 있는 아이디어가 생겨날 때까지를 의미한다.

② H-창의성(Historical Creativity)

P-창의성과 대조적으로 어떤 가치 있는 아이디어가 P-창의적일 뿐만 아니라 인간 역사상 어느 누구도 그러한 것을 가져 본 적이 없는 것을 의미할 때를 말한다.

보덴(Boden)은 "'H-창의성'을 체계적으로 설명할 방법은 없다. 어떠한 이론도 어떤 아이디어가 역사상 유일한 H-창의적인 아이디어임을 설명하기는 어렵다. 또한 이러한 역사적 범주의 것을 심리학적으로 설명할 필요는 없다. 그러나 정의상으로 보면 모든 H-창의적 아이디어는 또한 P-창의적인 것이다. 그래서 P-창의성에 대한 심리학적인 설명은 H-창의적 아이디어를 포함하는 것이다."고 했다.

---

2) 국립국어연구원은 창의성을 '새로운 것을 생각해 내는 특성', 창의력을 '새로운 것을 생각해 내는 능력'으로 정의하고 있다.

반면 아이젠크(H. J. Eysenck)는 그의 저서 『*The measurement of creativity*』(1994)에서 신기성, 즉 새롭다는 것에는 두 가지의 상이한 의미가 있으며 이들을 서로 구분해서 사용할 필요가 있다고 지적하고 있다. 하나는 '개인적 신기성'(private novelty)이고, 다른 하나는 '공공적 신기성'(public novelty)이라고 한다. 즉 '개인적 신기성'은 내가 발견한 것이 내게 새롭고 신기한 것을 의미하고, 후자는 나뿐만 아니라 다른 모든 사람에게도 새로운 것을 말한다는 것이라고 했다.

① 기막힌 창의성(improbable creativity)

친근한 아이디어를 엉뚱한 결합방식으로 조합하여 가치 있는 어떤 것을 만들어 낼 때 일어난다.

② 불가능한 창의성(impossible creativity)

보다 깊은 유형의 창의력으로 새로운 아이디어는 원래 가용하던 개념적 공간의 밖에 있기 때문에 원래의 개념적 공간 내에는 생성할 수가 없고 이때 필요한 새로운 아이디어는 새로운 개념적 공간을 창조해야 비로소 가능해진다고 한다. 또한 새로운 개념적 공간(표상공간)은 이전에 가용했던 어떤 표상공간을 새로운 표상공간에 작도해 보고 변형해 봄으로써만 획득할 수 있다고 한다.

(2) 창의력의 형성과정

창의력에 대한 이해에서 '창의력의 형성과정', '창의적 행동을 발생시키는 요소', 즉 창의력은 어디에서 나오는지를 안다는 것은 매우 중요한 일이다. 일반적으로 창의력이란 당면한 문제들에 대한 대안적인 해결을 생각하고 친숙한 문제를 새로운 방식으로 사용할 것을 생각하며 색다른 개념을 만들어내는 능력을 말한다. 즉 새롭고 독창적인 아이디어를 생각해내는 능력이다.

이러한 개인의 창의적 행동이나 능력에 대해서는 사실상 예측이 불가능하다. 개인의 보여진 사실(성적, 프로필, 실적 등)만으로 개개인의 창의성을 가늠한다는 것은 현실적으로 어려운 일이기 때문이다. 물론 창의력을 알아 볼 수 있는 검사 방법 또한 확신을 갖기에는 나름대로 장애가 있다. 한편 알버트 사피로(Albert Shapiro)는 "창의력과 창의력이 높은 개인을 수십 년 동안 연구했지만, 미래에 높은 창의력을 발휘할 수 있는 사람을 가려낼 만한 프로필이나 검사방법은 나오지 않았다."고 설명하였다.

그리고 테레사 애머빌(Teresa Amabile, 1989)은 개인의 창의력의 일부 요소들은 유전적인 것과 경험과 학습에 의한 것 그리고 환경에 따라 달라진다고 말한다. 한편 개인의 창의적 행동에 대해서는 예측이 불가능하지만, '창의적 행동을 유발시키는 요소가 무엇인지', '창의력은 어떻게 형성되는지' 등에 대한 식별은 애머빌과 칙센트미하이 등과 같은 학자에 의해서 비교적 체계적으로 밝혀졌다.

① 테레사 애머빌의 창의력 구성요소

창의력의 발휘는 '전문지식', '합리적인 사고능력', '동기'라는 세 가지 요소를 가진다고 했다. [그림 3-1]에 나타낸 바와 같이 개인의 창의성은 앞서 밝힌 세 가지 구성요소의 함수관계로 형성된다고 하였다.

그림 3-1 테레사 애머빌의 창의력 구성요소

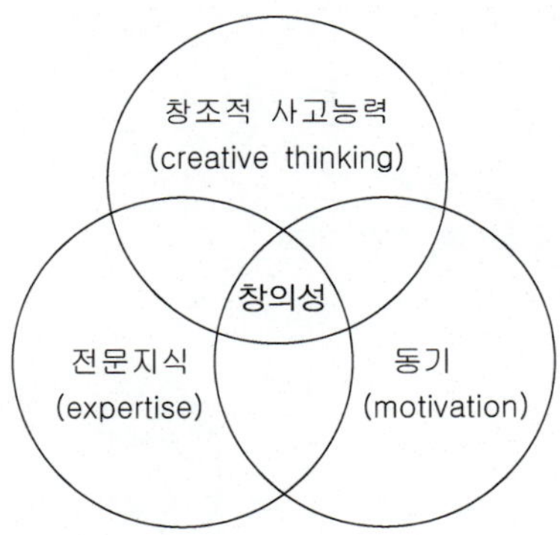

출처: Teresa M. Amabile(1998), *How to kill Creativity*, Harvard Business Review, September-October, pp.76-87.; 현대경제연구원 역(2003), 창의와 혁신의 핵심 전략(Harvard Business Essentials; Managing Creativity and Innovation), p.131 재인용.

- **전문지식(expertise):** 전문지식이란 기술이나 절차 그리고 지적인 지식을 의미한다. 창의력을 계발하는데 있어서 전문지식은 아이디어와 문제를 해결하는 방법을 찾고 더욱 발전시킬 수 있는 기본이 되기도 한다.
- **창조적 사고능력(creative thinking):** 문제에 접근하는 방식을 의미한다. 창조적 사고능력은 종종 인격과 업무방식의 함수로 나타나기도 한다. 이는 자신감에서 출발할 만큼 중요한 요인이다.

- **동기(motivation):** 동기는 내적 혹은 외적인 것으로서 개인에 따라 다르게 발생한다. 문제해결을 위한 개개인의 다른 열정과 보상(정신적, 물질적)이 그렇고 때로는 내적인 것보다 외적인 것이 더 많은 영향을 줄 수 있다. 때문에 동기는 욕구를 유발하는 요인으로 창의력 계발에도 큰 도움이 된다.

② 미하이 칙센트미하이의 창의력 형성과정

창의력의 형성과정에 대해 개인적인 요소를 중점적으로 다루던 초기의 연구는 설득력이 떨어진다는 비판이 있다. 이에 시카고대학 교수 미하이 칙센트미하이(Mihaly Csikszentmihalyi)는 창의력은 영역(domain), 분야(field), 개인(individual)의 세 가지 시스템이 상호 작용할 때 비로소 발휘된다고 새로운 주장을 했다. 일반적으로 창의력의 형성과정은 개인적인 요소뿐만 아니라 복합적인 사회와 문화 및 배경의 체계를 더욱 중요시해야 한다고 보고 [그림 3-2]와 같이 창의력 형성 체계 모델을 제시하였다.

그림 3-2 칙센트미하이의 창의력 형성 과정

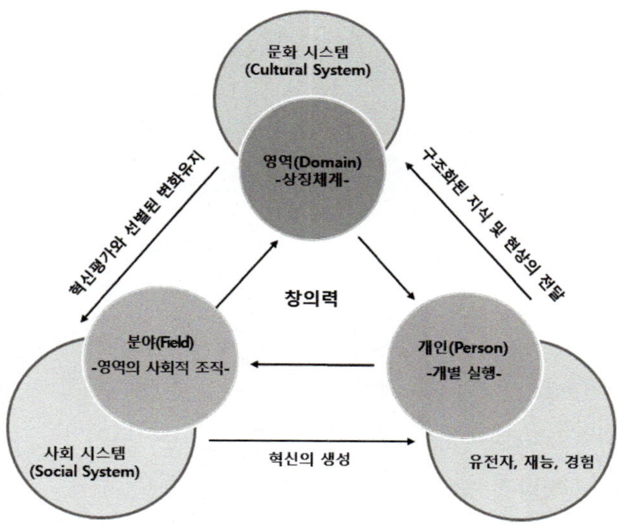

출처: M. Csikszentmihalyi(1999), Society, Culture, and Person: a system view of creativity. In R. J. Sternberg's the nature of creativity, New York, NY: University of Cambridge, p.329.

- **영역(domain: 상징적 규칙과 절차로 이루어진 영역)**: '영역'은 새롭게 선택된 창조적인 상징 및 지식의 축적물로, 이를 보전하여 다음 세대로 전달하는 것을 의미하는데, 이를 통해 새로운 학습자가 지식을 습득하고, 그 영역은 확대되고 심화될 수 있다. 예를 들면 경영학은 하나의 영역이며, 좀 더 세분화한다면 재무이론과 생산이론도 각각 하나의 영역으로 볼 수 있다. 다시 말해서, 영역이란 우리가 보통 문명이라고 부르는 특별한 공동체나 인류 전체가 공유하는 상징적 지식이다.
- **분야(field: 개인과 영역을 연결하는 하나의 매개체)**: 개인의 창의력을 평가하고 선택하여 영역으로 가는 길목에서 문지기 역할을 하는 사람들로 구성된 현장을 의미한다. 현장에서 하는 일은 새로운 아이디어나 창작물을 그 영역 속에 포함시킬 것인지 여부를 결정하는 것이다. 예를 들면 기술개발(특허)의 현장은 연구자, 기술자, 근로자, 관리자, 기술개발 및 아이디어를 관장하는 경영자와 특허청 및 정부기관들로 이루어진다. 이러한 현장에서 새로운 특허기술(아이디어)을 인정하고 보존하며 평가한다.
- **개인(individual: 영역 내에서 창의적인 변화를 야기 시키는 체계)**: 창의력은 개인이 경영학, 수학, 공학과 같은 주어진 영역의 상징을 사용해서 새로운 사고나 새로운 양식을 발전시키면, 적절한 현장이 그러한 새로움을 선택해서 관련 영역에 포함시킬 때 가능해진다. 문화로부터 유래된 정보의 변화를 발생시키는 이 체계는 선천적이며 후천적인 적극적인 사고와 두뇌와 인지, 그리고 표상의 활용을 통해 발생될 수 있다. 다음 세대는 그 새로움을 기존 영역의 일부로 만나게 될 것이며, 만일 그들이 창조적이라면 다시 그 영역을 변화시킬 것이다.

여러 학자들의 견해를 종합해 보면 창의력의 형성은 '어떤 능력과 성격을 가진 사람에 의해 이루어지는가'(인성), '어떤 것이 만들어지는가'(생산물), '어떤 과정을 거쳐서 만들어지는가'(생산과정), '어떤 조건에서 창의력이 이루어지는가'(환경조건)와 같은 4가지 관점에서 창의력이 계발된다고 볼 수 있다. 따라서 일련의 유기적 관계가 형성되는 창의과정을 거쳐 창의적인 산물이 나온다고 보아 창의력 계발의 모형을 [그림 3-3]과 같이 제안할 수 있다.

그림 3-3 창의력의 형성 과정

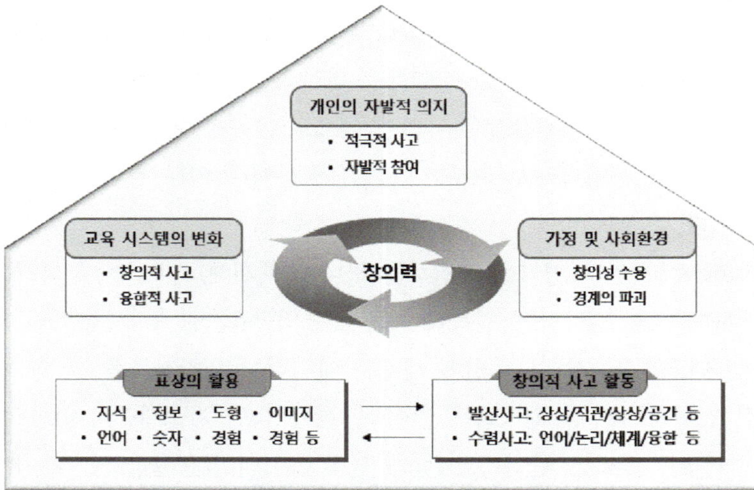

3) 창의적 사고의 효과와 저해 요인

(1) 창의적 사고의 효과

창조적 사고의 소유자나 스스로 변화를 꾀하는 사람은 현상을 바라보는 시각이 정체된 사람에 비해 다양한 아이디어를 생성해 내는 과정에서 늘 새로움을 추구한다. 자신이 경험했던 정보와 지식을 문제해결에 접목시킬 수 있고, 사물을 바라보는 시각도 다양하기 때문이다.

① 전이효과

창의력 계발과 창의적 사고를 통해 과거에 경험했던 정보와 지식이 현재 또는 미래의 다른 문제를 해결하고자 할 때 미치는 영향을 의미하는 '전이효과'(transfer effect)를 창출할 수 있기 때문이다.

리드(Reed, 1987)는 과거의 문제와 관련시켜 생각해 보면 현재의 어떤 문제는 이야기 맥락의 '내용소재차원'과 '해결차원' 두 가지의 차원에서 서로 관련되거나 다를 수 있다고 말한다. 그리고 퍼킨스(Perkins, 1987)에 의하면 훈련에 의해 학습된 사고전략 중 강력하고 의미 있는 사고전략은 다양한 학습상황에서 적용되고 전이되지만, 효과가 크지 않은 사고전략은 훈련 중 다루었던 교과학습 이외에 내용에까지 전이되지 않는다고 하였다. 만약 사고전략의 전이 가능성을 높이기 위해서는 여러 분야의 학습뿐만 아니라 일상적인 활동에 관한 다양한 과제를 통해 훈련함으로써 사고의 전략을 내면화시키고 전이시킬 수 있도록 해야 한다.

스텐버그(Sternberg, 1987)도 사고력 훈련학습은 광범위한 영역의 학습에까지 전이되지 않는다면 무의미한 학습일 뿐이라고 하면서, 사고력의 훈련을 통한 학습의 전이는 저절로 이루어지는 것이 아니라고 하였다. 그는 사고력 훈련의 학습이 전이의 가능성을 높이기 위해서는 실행 가능한 초인지적 전략의 습득에 초점을 두어야 하고, 다양한 학문 영역의 내용에서 제시되고 있는 학습의 원리를 포함한 훈련이 되어야 하며, 이러한 학습의 원리는 추상적인 것에서 탈피하여 구체적인 것으로 제시되어야 한다고 하였다. 또한, 그는 학습의 원리를 제시할 때 학문적인 것보다 실제적인 차원으로 제시되어야 하며, 사고력 훈련에 사용되는 교수방법은 다양한 매체를 활용하고 집단적 교수보다는 개별적 학습이 전이의 가능성을 높일 수 있다고 하였다.

창의력 향상을 위한 교육 및 학습방법은 단순한 기존 정보나 지식의 습득능력이 아니라 새로운 지식이나 정보를 생산하거나 생산하는데 기여하는 생산적 사고와 과정기술과 깊은 관련이 있는 고급 사고력의 배양에 중점을 둔다. 흔히 고급 사고력으로 분류되는 것은 창의력, 문제 해결력, 비판적 사고력, 합리적 의사결정력이다.

② 교육적 효과

디지털혁명으로 현재와 미래의 세계는 예측할 수 없을 만큼 많이 변화하고 있다. 이미 기존의 조직과 업무구조는 변화되었고, 지역 간의 경계가 허물어진 시장의 형성, 정보와 지식의 공유를 통한 새로운 기술, 그리고 지식으로의 접근이 용이해져 창조되지 않는 정보나 지식은 무의미해지고 있다. 그러므로 선진국에서는 교육과정에 창의력 교육을 의무화시켜 변화의 물결에 적응하는 인재를 양성하고 있고 이로 인해 개인은 새로운 적응방식을 스스로 계발하고 대처해 나갈 능력을 갖추게 된 것이다.

더구나 진부한 지식과 정보를 가진 사람은 퇴보할 수밖에 없는 현실에서 모든 것이 하루가 다르게 변화하고 있는 현대에는 낡은 정보와 지식 및 경험은 그 효용성이 절반 이하로 떨어지고 있다. 향후 변화는 더욱 빨라질 전망이다. 모든 것이 새로운 상황에서는 상식이나 기존의 교육방식은 통하지 않는다.

창조적 사고기법의 활용을 통한 교육적 효과를 정리하면 〈표 3-1〉과 같다.

〈표 3-1〉 창조적 사고기법의 교육적 효과

창조적사고기법		교육적 효과
발산적 사고	유창성	특정한 문제상황에서 가능한 한 많은 양의 아이디어를 산출해 내는 능력이 향상되며, 특히 일정 범주(category) 안에서 많은 아이디어를 산출하는 능력이 향상된다.
	독창성	고정관념이나 기존의 사고에서 탈피하여 독특하고 번뜩이며 참신한 아이디어나 해결책을 산출하는 능력이며, 유연한 사고에서 진전하여 개성이 강한 아이디어를 산출하는 능력이 향상된다.
	융통성	틀에 얽매이지 않고 고정적인 사고방식이나 시각 자체를 변환시켜 다양한 해결책을 찾아내는 능력, 즉 다양한 범주에서 아이디어를 찾는 능력이 향상된다.
	정교성	제안된 아이디어를 다듬어 발전시켜 표현하는 능력으로 주어진 문제를 세부적으로 검토하거나 문제에 포함된 의미를 명확하게 파악하고 문제에 결여된 부분을 찾아 보완하고 정교하게 다듬는 능력이 향상된다.
수렴적 사고	비판력	주어진 내용을 깊게 이해하고 대안에 대한 적정성을 객관적으로 판단하여 보다 나은 판단에 이르려는 일련의 사고과정으로서, 어떠한 사실이나 상황의 옳고 그름과 좋고 나쁨을 가려내는 능력이 향상된다.
	논리력	경험적 증거나 타당한 논의를 근거로 하며, 최대한 정확성을 기하며 사고의 전개에 있어 전후관계가 일치하도록 하는 일련의 사고능력이다. 즉 생각의 흐름이나 생각의 연결, 생각의 순서 앞뒤가 맞게 짜는 힘이 향상된다.
	분석력	언뜻 보기에는 하나처럼 통일되어 보이는 개념이나 사물을 그 속성이나 요소로 분해하여 이해하는 능력, 대상의 유사점과 차이점을 비교하고, 주어진 이야기의 이유, 결과, 방법 등으로 나누어 이해하는 능력이 향상된다.
	종합력	나열되거나 대립되어 있는 사물의 개념을 통일시켜 하나의 의미로 정립시키는 능력, 넓은 내용, 많은 내용을 짧은 말이나 한 마디의 말로 요약하는 능력이 향상된다.

(2) 창의력 계발을 저해하는 요인

창의력 계발에 영향을 미치는 요인으로 애머빌(1996)은 '지적능력', '지식', '사고스타일', '개인적 특성', '동기유발' 그리고 '환경요인' 등 여섯 가지를 들고 있다. 애머빌과 칙센트미하이의 창의력 형성과정을 토대로 개인, 교육, 그리고 환경으로 나누어 창의력 계발 저해 요인을 정리해보면 다음과 같다.

① 개인적인 요인

개인적 요인은 외적 환경으로부터 기인한 장애가 아니라 개인 내부의 심리적 장애를 의미한다. 이는 지각적 요인, 정서적 요인 그리고 지적표현의 요인으로 구분할 수 있다.

㉮ **지각적 요인:** 문제 상황에 대해 제한적으로 인지하거나 명확히 인지하지 못하는 경우, 친근한 자극을 무시하는 경우, 틀에 박힌 생각을 하는 경우, 기능적으로 근시안적이고, 오감을 이용하는데 실패하는 경우, 동떨어진 사물간의 관계 파악에 실패하는 경우 등이다.

㉯ **정서적 요인:** 문제에 압도되거나, 실패나 비판 또는 모험에 대해 두려워하며 성공하겠다는 마음에 조급해지고 모호함에 인내심이 부족하며 숙고하는 자세가 부족하고, 판단을 유보하는데 실패하는 경우이다.

㉰ **지적표현의 요인:** 문제해결에 필요한 적절한 언어의 사용이 결여되고 고정된 문제해결을 사용하며 정보의 부족이나 부적절한 정보를 사용하는 것을 의미한다. 이러한 사람은 창의력이 선택된 소수만의 능력이라고 믿고 자신이 창의력을 가지고 있다는 것을 의심하여 계발을 포기하는 경우가 여기에 해당된다.

대부분은 창의력이 운명적으로 결정된다는 믿음을 신봉하고, 창의적이라고 알려진 사람들에 대해서는 선택된 행운아라고 부러워한다. 이들은 창의적인 사람들의 창의력이 하루아침에 계발되었으며 저절로 쉽게 이루어졌다고 믿음으로써, 창의력을 계발해야 하는 자신의 책임을 회피한다.

- **습관과 관습:** 개인적인 습관과 사회적인 관습은 장기간 고착화되면 타성이 된다. 자신의 입장에서만 생각하는 습관과 자신의 지식과 경험에만 집착하는 경우 등의 개인은 기존의 질서나 환경에 순응하고 관습에 동질화하려는 태도를 보인다. 그러나 좋은 습관이나 관습은 개인과 사회를 풍성하게 하지만 나쁜 습관은 우리의 두뇌 안에 굳어진 사고의 통로를 형성하여 새로운 아이디어의 창출을 방해한다. 습관은 사물을 항상 고정된 관념에서 당연히 보는 태도를 기르도록 방임한다. 우리는 많은 일들을 과거부터 해왔기 때문에 하는 경우가 많다. 또한 새로운 일들의 경우도 과거부터 해오지 않았기 때문에 안하고 있을 뿐이다. 이러한 태도가 장기화되면 사고는 타성화되고 새로운 일과 사고에 대해 마음을 열지 못하는 저항력이 형성되는 것이다.

- **두려움과 수동적 태도:** 학교나 집단에서 개인의 아이디어 창출은 개인이 지닌 소극적인 태도 때문에 정체되는 경우가 많다. 그러나 환경 내에 존재하는 하나의 권위는 창조적인 사고의 큰 장애물이 되기도 한다. 물론 권위에 대한 소심한 사고방식이 창의력을 저해하는 장애물이지만, 새로운 아이디어나 문제를 제기할 때 권위에 대한 도전으로 개인의 발전을 차단하는 것이 더 큰 장애요인이다. 어떠한 권위나 명성도 처음에는 권위도 명성도 없었다는 것을 기억해야 한다. 창조적인 관점에서 자기 자신의 삶을 살고 표현할 필요가 있다. 개인적으로 낼 수 있는 도전적인 새로운 아이디어에 삶의 존재이유를 찾는 창의적인 분위기를 형성하여야 한다.

  ✓ 창조는 모방에서 시작된다는 것을 망각하고 모든 것은 이미 발견되었다는 것을 암시하는 역사적 관점에 관한 지나친 강조
  ✓ 전통적인 관습과 고정관념에 속박당하는 것
  ✓ 상호 의사소통을 배제하는 고립된 학습(Solitary Learning)과 조직풍토
  ✓ 스스로를 배제하거나, 자신감이 결여되어 확신이 없다고 판단하는 경우
  ✓ 권위에 의한 위협과 강제의 분위기와 자기표현을 통제하는 것
  ✓ 실패를 용납하지 않는 조직
  ✓ 선입견이나 신뢰할 수 없다는 생각

- **문제해결 방법의 결여:** 우리나라 사람들은 다른 나라 사람에 비해 우뇌가 발달되어 있지만, 스스로 문제를 해결하는 능력이 선진국에 비해 현격히 떨어진다. 항상 정제된 하나의 답안만을 요구하는 현실의 영향이 크기 때문이다. 이러한 요인으로는 다음과 같은 것이 있다.

  ✓ 문제의 본질과 의도를 파악하지 못함
  ✓ 문제 속에 가정하지 않은 것을 스스로 가정하는 경우
  ✓ 조금만 변형되어도 적응이 어려움
  ✓ 문제의 본질에 대한 특징 파악 능력이 떨어짐
  ✓ 원인과 결과에 대한 연결이 미흡해서 부분과 전체가 연계되지 못함
  ✓ 매뉴얼에 대한 의존도가 높고 지나치게 결과에 집착함

② 교육방식 및 학습방법

학교가 창의력을 망치고 있다는 비판은 전통적으로 강조해온 수렴적 사고를 강조하는 학교교육 방법과 입시위주의 교육에 관한 것이다. 이러한 교육은 단순 기억과 재생에 의존하는 단편적 지식과 기계적 사고방식만을 길러주는 것에 불과하기 때문이다.

또한, 학교교육이 창의력 발휘에 도움을 주지 못하는 요인으로 교사들이 창의력에 대한 기본 소양이 부족하다는 점이다. 일단 학교에 입학하면 일상의 대부분을 학교에서 보내게 된다. 학교에서 교사와 학생들의 상호작용은 학생들의 창의력 계발에 크게 영향을 미치게 된다. 그런데도, 대다수의 교사가 창의력과 교육이 별개의 것이라고 믿고 있다. 창의력을 계발하는 것은 교과외적인 것으로 느끼고 있는 것이다. 뿐만 아니라, 창의력이라는 것이 정규 교육과정을 진행하는데 방해가 되는 요소라고 느끼는 교사도 많다.

황농문 교수는 그의 저서 「몰입」에서 노벨물리학상을 수상한 유진 위그너를 배출한 '영재교육의 선구자'인 라즐로 로츠와 물리학자 리처드 파인만과 줄리안 스윙거와 같은 '노벨상 수상자들의 물리선생님, 베이더'를 소개하며 교육환경과 교사들의 노력이 얼마나 중요한지 잘 나타내고 있다. 라츠와 베이더(Bader)는 아이들의 재능을 믿고 배려하는 마음으로 특별한 과제를 통해 더 많은 훈련과 관심을 보여 아이들에게 문제의식을 일깨워 주었고, 이러한 교육의 영향으로 아이들의 창의력은 계발되고 세계적인 석학이 된 것이다.

★

☆ 홍콩의 학교들은 창의력을 향상시키기 위해 청소년들에게 다양한 경험과 체험활동을 현실화하고 있다. 즉 디자인 수업, 영화제작 수업, 그리고 각종 환경관련 행사 등을 통해 창의력을 증진시키는 프로그램이 필수과목으로 운영되고 있는 것이다. 이러한 창의력교육을 보다 구체화하기 위해 '프로젝트 주간(Project Week)'을 별도 마련하여 학생들과 교사간의 소통을 통한 장기적인 창의력 계발 노력을 하고 있다.

☆ 북유럽의 하버드로 불리는 덴마크의 카오스필로츠 교장 크리스터 리젤리우스는 창의력은 개개인의 노력에 의해 계발된다고 한다. 개인이 자신의 능력을 어떻게 계발하느냐에 따라 창의력도 향상될 수밖에 없다는 것이다. 그리고 "자아의 발견(self-discovery)이 창의력의 원천"이라고 강조한다. 결국 사람마다 IQ가 다르듯이 창의력도 개인마다 다르다는 리젤리우스 교장의 말은 창의력을 계발하는 것은 자신이 누구인지 알기 위한 노력에서 출발한다고 볼 수 있다.

선진국의 이러한 노력에 비해 우리나라의 교육 관련자들은 만약 모든 학생들이 창의력을 최대한 계발할 수 있는 교육을 받도록 하려면, 기존의 교육제도로서는 이를 도저히 감당할 수 없다고 생각하고 학생들의 창의력을 계발하려는 노력을 제도 자체가 포기한 것이나 다름없다고 말한다. 우리나라의 경우 정부의 교육목표는 창의적 사고를 권장하는 것이지만 실제 교육현장의 교육 목표는 상급학교 진학을 위한 성적 위주의 교육이란 상호간의 괴리에서 더욱 심각한 상황으로 내몰린다는 것이다.

③ 가정과 사회적인 환경 요인

가정적 요인은 부모의 자녀에 대한 지나치게 과열된 교육지도와 애정에서 비롯된다. 물론 자녀에게 무관심한 부모도 많이 있지만 우리나라의 대부분의 부모들은 아이들이 적성과 재능을 채 살리기도 전에 부모의 의지대로 사회가 요구하는 단편지식의 습득과 기계적인 사고영역의 산물인 성적과 서열위주의 교육에 편승하여 그에 부응하는 생활태도와 성장을 강요하고 있다. 이러한 유형의 부모는 대체로 자신의 자녀가 부모에게 순종적이기를 원하고, '말썽부리는 것'을 원치 않는다. 부모는 타인의 권리를 존중하고, 순종하고, 도덕적이며 근면한 사람으로 키우고 싶어 한다.

그래서 자녀가 남들과 다른 행동을 하면 자신이 바라는 대로 하지 않고 반항한다고 느끼기 쉽다. 말을 잘 듣는 자녀가 더 많은 칭찬을 받는 것은 당연하다. 형제가 어떤 행동을 했을 때 부모에게 칭찬을 듣거나 꾸중을 듣는 것을 보며, 자녀들은 부모의 기대를 무의식적으로 느끼게 되고, 자신이 엉뚱한 행동을 하고 있지는 않는가를 염려하게 될 것이다.

부모가 공교육이나 사교육에서 원하는 것은 자녀의 인성과 도덕적인 성장을 위한 교육이 아니다. 부모는 항상 결과물을 가지고 교육의 질적 수준과 관심정도를 평가한다. 그래서 부모는 자녀가 인성적으로 참교육을 받고 스스로 공부하는 방법을 학습해 오기 보다는 시험을 대비해 얼마만큼 진도가 이루어졌는지에 더 많은 관심이 있다.

유년기나 초등학교에서 참여하던 창의력 교육조차도 중학교 진학 후 경쟁에서 뒤처지지 않기 위한 과욕과 입시에 대한 부담감이 없어질 뿐 줄곧 자녀교육을 성적순위에 모든 기준을 맞추게 된다는 점이다. 이러한 과정은 고등학교와 대학교 진학 후에도 계속 되풀이 된다.

그리고 성적위주의 교육 프로그램에 내몰린 자녀들에겐 학교공부 외에 자기계발에 투자할 시간이 턱 없이 부족하고, 만약 그러한 환경을 구비하고 있더라도 그러한 자녀를 충분히 교육시킬 만한 인적 및 물적 자원 역시 턱없이 부족하다. 대부분의 학부모는 학생의 모든 것(학과공부가 대부분을 차지함)을 전문가(학원, 방문학습, 가정교사 그리고 참고서 등)에 과잉적으로 의존하려는 경향이 있다. 특히 뛰어난 재능을 지닌 자녀의 학부모도 자녀에게 전문적인 훈련을 시키려고 노력하고 있지만 문제는 부모들이 자녀가 특별한 재능을 가졌기 때문에 보통의 아이들이 해야 할 일과 훈련을 시키지 않고 있다. 가정에서 조차 가족의 구성원으로서 해야 할 의무에서 자유롭게 할 뿐만 아니라 가능한 자녀가 해야 할 모든 일을 부모가 대신하기도 하기 때문에 영재성을 지니고 있다 하더라도 성장과정을 통해 사회구성원으로서 살아가는데 부적격자로 결국 정상적인 삶을 살아가지 못하는 경우도 있다.

또한 문화적 요인으로서 현재 상태에 만족하며, 질문하는 태도가 결여되고, 경쟁이나 협동이 지나치게 강조되거나 논리와 합리성이 지나치게 강조되는 경우이다. 또한 자신의 판단에 대해 고집을 부리고 공상과 직관을 무시하며 유머가 부족한 점을 들 수 있다.

- **기대에의 편승:** 사람들은 유행이 오면 너도나도 거기에 쉽게 빠진다. 유행의 바람에 편승하는 것은 너무나도 쉬운 선택이다. 많은 사람의 선택이니 안전한 선택일 것이라는 막연한 생각을 갖기 때문이다. 그러나 이것은 창의적인 발상과는 거리가 멀다. 누구나 갖는 동질화된 선택이 창의적인 발상이 되기는 어려운 것이다. 그리고 자녀교육의 진정한 고민이 없는 상황에서 단지 다른 사람들이 하기 때문이라는 막연함은 더욱 큰 문제인 것이다.
- **사고의 편협('과 전문화'):** 다양한 아이디어로의 접근을 막는 것으로는 사고의 편협으로 좁은 시각을 갖는 '과 전문화'(Overspecialization)를 꼽을 수 있다. '과 전문화'란 자기가 전공한 또는 소속된다고 생각하는 분야에서만 문제의 해결책을 찾는 편협한 사고를 말한다. 과 전문화를 막기 위해서는 지적인 호기심을 가져야 한다. 다른 분야에서 어떠한 일들이 일어나고 있는지 예민한 촉각을 가지고 정보를 체계적으로 취득하는 것이 다양한 사고를 갖는데 도움이 된다.

- **사고의 성급함:** 시간적으로 너무 서두르는 것을 말한다. "급할수록 돌아가라"는 옛말이 있다. 성급히 판단하고 성급히 결과물을 원하고, 성급히 문제를 해결하려는 '빨리 빨리'병이 새로운 사고나 새로운 제품의 연구개발을 필요로 하는 창의적인 분야에서는 큰 장애물이 되고 있다. 창의적인 사고과정에서는 부화과정을 중요시한다. 시간적으로 너무 서두르게 되면 아이디어가 잠재의식 속에서 잉태하고 성장할 수 있는 기회를 뺏는 것이 된다.

이상의 창의력을 저해하는 여러 가지 요인에서 우리가 발견할 수 있는 것은 창의력을 계발시키지 못하거나 심지어 금기시하는 환경은 어떤 공통점을 갖고 있다는 것이다. 대체로 규범이나 원리, 절차를 강조하며, 조직적인 체계를 갖고 있다. 변화에 대처할 자신감이 없고 변화에 대한 두려움 때문에 안정지향성을 추구하는 것도 창의력의 계발을 억제한다. 가정과 학교, 사회 그 어느 곳에서도 철저하게 경직되고 질서와 규범을 강조하며, 전통과 인습을 무비판적으로 신봉하는 경향을 발견할 수 있다

★

☆ **창의적 사고를 방해하는 요인: 로저 본 외흐(Roger von Oech, 1990)**

① 정답을 강조하는 분위기: 우리들은 대체로 하나의 정답만 찾는 교육을 받았고, 무수히 많은 다른 가능성이 있다는 것을 배울 기회가 없었다.

② 논리성을 강조하는 분위기: 사고과정에서 처음부터 논리적으로 생각하도록 강요받았기 때문에 획기적인 아이디어를 산출할 수 있는 기회를 잃게 되었다.

③ 규칙 준수를 강요하는 분위기: 규칙은 중요하지만 때로는 생각이 제멋대로 뻗어나갈 수 있도록 내버려두어야 할 필요가 있다. 피카소(Pablo Picasso)가 모든 창의적 활동의 시작은 파괴의 행위라고 말했던 것은 이런 측면에서 의미심장하게 받아들여야 할 필요가 있다.

④ 비현실적인 것을 거부하는 분위기: 얼토당토않은 생각이 너무 일찍 무시되지만 않는다면 기발한 아이디어로 바뀔 수 있다는 것을 사람들은 종종 잊곤 한다.

⑤ 분명하지 못한 것을 거부하는 분위기: 어떤 생각이 애매모호하면 오히려 두뇌는 그것을 분석하기 위해 더 열심히 움직이고, 새로운 관련성을 찾아내고자 애쓰며, 이 과정을 통해 새로운 발견이 이루어질 수 있다는 것이 무시되기 때문이다.

⑥ 실수를 두려워하는 분위기: 실수는 더 나은 미래를 위한 발판이 될 수 있다. 그런데도 창의력이 가끔 실패를 동반한다는 이유만으로 미지의 세계로의 도약을 거부하는 것은 옳지 못하다.

⑦ 놀이를 거부하는 분위기: 사람들은 새로운 정보나 아이디어를 자유로운 분위기에서 조작하는 것을 놀이로 보기 때문에 거부한다. 그러나 일과 놀이가 일치할 때 인간은 자신의 능력을 가장 잘 발휘할 수 있다.

⑧ 자신의 분야가 아니라고 생각되면 포기하는 분위기: 자신의 전공 분야가 아니라는 이유로 새롭고 좋은 생각들이 종종 묻혀버린다. 위대한 발견 중 상당수가 생각지도 못한 우연에서 시작되었다는 것을 기억할 필요가 있다.

⑨ 바보 같은 행동을 거부하는 분위기: 창의적인 사람들의 행동은 엉뚱하고 어리석은 행동으로 보이기 쉽지만, 그것은 창의적인 사람들의 독특한 성격 특성에서 기인한다. 창의적인 사람들은

사회적 금기에 대한 두려움이 적고, 친밀한 인간관계를 맺지 못하고, 자기 과업에 몰두하며, 강한 자아를 가지고 있기 때문에 다른 사람들과 상호 작용할 기회가 적다. 그래서 다수의 사람들에게 엉뚱하게 보이는 일도 아무렇지 않게 할 수 있다. 그러나 창의적인 사람들은 그런 바보 같은 행동을 계속하다가 어떤 논리를 발견하게 된다.

⑩ 자신이 창의력의 소유자임을 부인하는 분위기: 과거에는 창의적인 사람이나 천재는 하늘이 낸다는 믿음이 있었고, 그와 관련된 많은 연구들이 있었다. 그러나 최근의 연구 결과에 의하면 인간은 누구나 선천적으로 창의력을 갖고 태어난다는 것을 알 수 있다. 그러나 창의력은 저절로 계발되는 것이 아니라 스스로 계발하기를 기다리며 자신의 내면에 그대로 있다. 스스로에게 질문하여 창의력을 계발하기 위해 기꺼이 노력하겠다는 의지를 표명하라는 것이다.

2. 창의력의 구성인자와 특성

1) 창의력 구성인자의 의미

창조적 사고력에 대한 구성인자와 특성은 크게 모든 문제와 현상에 있어서 새롭고 가치가 있는 창조적 사고의 힘이 되는 기본인자(기능)와 창조적 사고의 기능을 최종적으로 성취하기 위한 인간 개개인의 내재된 인지적 특성으로 구분된다. 이 두 가지의 주요 변수와 특성은 〈표 3-2〉에서와 같이 요약해 볼 수 있다. 이러한 두 가지의 창

〈표 3-2〉 창조적 사고의 구성인자와 특성의 비교

구 분		특 성
창조적 사고의 기능	민감성	• 주변의 환경에 대해 예민한 관심을 보이고 이를 통해 새로운 탐색 영역을 넓히는 능력
	유창성	• 아이디어를 가능한 한 많이 산출하는 능력
	융통성	• 고정적인 사고의 틀을 깨고 발상 자체의 전환
	독창성	• 기존의 것에서 탈피하여 참신하고 독특한 아이디어를 산출하는 능력
	정교성	• 다듬어지지 않는 기존의 아이디어를 보다 치밀한 것으로 발전시키는 능력
창조적 사고의 특성	자발성	• 문제 상황에서 아이디어를 자발적으로 산출하려는 성향이나 태도
	독자성	• 자신이 생각해낸 아이디어에 대한 가치를 인정하고 다른 사람들의 평가에 구애받지 않으려는 성향이나 태도
	집착성	• 문제가 해결될 때까지 끈질기게 물고 늘어지는 성향
	호기심	• 항상 생동감있게 주변의 사물에 대해 의문을 갖고 끊임없이 질문을 제기하는 성향

조적 사고의 기능과 창조적 사고의 특성은 창조적으로 아이디어를 발산하는데 기본이 되는 핵심적인 요소를 포함하고 있다. 또한 대부분의 창의력 계발 연구는 이러한 요소를 계발하기 위한 것들이다(〈표 3-1〉 참고).

2) 창의력 구성인자의 특성

토랜스(Torrance)는 길포드의 지력 구조(1967)를 기본으로 창의력은 네 가지 특성을 지니고 있다고 했다. 토랜스의 창의력 특성 요인은 유창성, 융통성, 독창성, 정교성 등이다. 또한 토랜스와 세프터(Torrance & H. T. Safter, 1984)는 여러 이론을 종합·분석하여 창의력의 속성에 대해 '새로움'과 '가치'의 유용성을 주장하였는데, 그들의 주장에 의하면 "창의력에는 새로움(Newness)이 포함되어 있어야 하고 창조적 아이디어는 유용한 것"이어야 하고 "이러한 속성들이 없이는 창조적 아이디어는 독창적일 뿐이다"고 하였다. 그러므로 창의력은 모든 문제와 현상에 있어서 새롭고 가치가 있어야 함을 시사한다. 토랜스가 주장한 창의력의 특성 요인을 중심으로 창의력의 구성인자를 정리하면 다음과 같다.

(1) 민감성(Sensitiveness: 관찰력)

창조적 사고의 정의적 요소인 민감성은 인지적 요소인 유창성, 융통성, 독창성, 그리고 정교성을 개발시키기 위한 배경이 된다. 민감해야 아이디어를 많이 생성해 내고 아이디어 또한 다양하고 독특하게 산출해 창조적 능력을 향상시킨다. 창조적 사고의 신장을 위한 초보 단계에서 민감성 훈련은 매우 중요하며, 특히 민감성을 기르기 위해서는 어릴수록 효과적이다. 다시 말해서 민감성은 창조적 사고의 향상에 있어서 창의력을 발휘하는 기초능력이기 때문이다.

민감성은 감각이 발달되어 관찰력이 뛰어나다는 것으로 남들이 그냥 지나치는 것을 예민한 감각으로 포착해 새로운 아이디어를 내는 것이다. 그중에서 가장 중요한 것은 바로 문제에 대한 민감성이다. 문제에 대한 민감성은 어떤 도구의 결점을 말하도록 하는 검사에 의해 조사되어지는 기능으로 처음에는 문제에 대한 감수성과 평가의 능력을 구별하고 있었지만, 최근의 연구에서는 양자가 동일한 기능에 속한다.

민감한 문제점에 대해 확인을 하고 제기하지 않으면 문제를 해결하려는 노력은 결코 시작되지 않을 것이다. 민감성은 문제 상황에 대한 '민감한 관찰', '관찰력'이라고 부르기도 한다.

(2) 유창성(Fluency: 사고의 양)

이 요인은 특정한 상황에서 주어진 자극에 대하여 제한된 시간 내에 얼마나 많은 양의 아이디어를 산출하고 반응을 보일 수 있는가 하는 능력을 의미한다. 산출된 아이디어와 반응의 질이 문제가 아니라 반응의 양이 중요하다. 가능한 많은 양의 아이디어를 산출해 내는 것이 중요함을 의미한다.

창조적 사고의 궁극적인 목적이 보다 독창적이며 질적으로 우수한 사고를 산출하는 데 있다 하더라도 창의력을 발휘하고 창조적 사고를 유도하는 첫 단계로 사고의 과정에서 우선은 사고의 한계를 설정하지 않고 아이디어를 가능한 한 많이 산출하는 단계를 거칠 필요가 있다. 초기의 아이디어에서 최선의 아이디어가 산출되거나 반응을 보이는 경우는 흔치않다. 보다 많은 아이디어를 산출하고자 하는 과정에서 보다 질 좋은 아이디어를 얻게 될 가능성은 그만큼 커질 것이기 때문이다.

이렇게 볼 때 유창성은 창조적 사고의 과정에서 비교적 초기단계에 요구되는 기능이라 볼 수 있고, 특정한 사물과 문제에 대해 최대한 자유롭게 아이디어를 떠올리는 습관과 특정한 문제 상황에서 가능한 해결방안으로 많은 아이디어를 제시해 보고, 또한 어떤 대상(언어, 도형)이나 현상들로부터 가능한 많은 것을 연상하는 것도 좋은 방법이 된다. 토랜스(Torrance)는 그가 개발한 창의성 검사(TTCT)에서 주어진 자극을 이용하여 가능한 아이디어를 많이 산출하는 능력을 통해 '유창성'을 평가한다.

예를 들면 일상생활 속에서 쉽게 접할 수 있는 다양한 물건들을 새롭게 사용할 수 있는 방법들을 주어진 시간 내에 가능한 많이 생각해 보는 연습을 한다면 유창성이 개발될 것이다.

결과적으로 사고의 유창성은 주어진 자극에 대해 제한된 시간 내에 얼마나 많은 양의 반응을 보일 수 있는가 하는 정도로서 반응의 질이 문제가 아닌 반응 량에 관한 요인이라고 정리될 수 있다.

그리고 유창성의 기능을 보기 위해 평가하는 것은 아이디어의 풍부함에 대한 양적인 측면이다. 즉 언어, 연상, 표현, 관념의 유창성인 요인이 있다.

- **언어의 유창성:** 주어진 문자를 종합하여 언어를 만든다든지 하는 능력을 말하는 것으로서, 창의력을 "알려지지 않은 참신한 아이디어나 그 복합체를 산출하는 능력 또는 특성"이라고 말한 드래브달(Drevdahl)은 과학과 예술에도 그 필요성을 인식시켰다.

- **연상의 유창성:** 동의어를 몇 개나 답할 수 있는가 하는 검사에 의해 측정되는 기능으로서 작문을 위해서 중요한 것으로 확인되고 있다.
- **표현의 유창성:** 문장을 만드는 검사 등에 의해서 조사되며, 이 득점은 타의 방법에 의한 창조성의 측정치와 높은 상관을 나타낸다고 한다.
- **관념의 유창성:** 예를 들면 단단하고, 희고, 먹는 것은 무엇인가 하는 질문에 답하도록 한다든지 이야기의 제목을 생각해 내도록 하는 검사에 의해 조사되는 것으로서 질보다는 양이 문제가 되는 것이다.

★

☆ **유창성의 예**

- 겨울과 관련된 2글자로 된 단어를 가능한 많이 나열해 보자.
- '성공'이라는 단어를 떠올리면 생각나는 단어를 나열해 보자.
- 'OOO'를 다른 용도로 사용할 수 있는 방법은 무엇인지 생각해 보자.
- 1,000원으로 행복해 질 수 있는 일을 적어보자.

(3) 융통성(Flexibility: 유연성, 사고의 폭)

융통성은 고정적인 사고방식이나 시각 자체를 변환시켜 다양한 해결책을 찾아내는 중요한 기능을 말한다. 이는 고정관념이나 사고에서 탈피하여 생성해 내는 아이디어가 담고 있는 범주 또는 종류의 수를 고정적인 사고방식이나 시각의 다양성을 통해 문제의 다양한 해결책을 찾아보는 능력을 의미한다. 즉 한 가지 문제 사태에 대하여 접근하는 방법이 얼마나 다양한가 하는 사고능력으로 사고의 횡적 능력을 말한다. 그리고 다각적으로 접근하여 아이디어의 범위와 종류를 더하고, 문제 사태에 대한 새로운 의미를 포착하여 그 해결책을 강구하는 것이다.

고정적인 사고의 틀을 깨고 발상 자체를 전환시켜 유연하고 융통성 있게 생각하는 것은 정답이 정해져 있지 않은 실생활 장면의 복합적 문제 상황에서 특히 요구되는 것으로, 유창한 사고뿐만 아니라 독창적인 사고의 관건이 된다. 예를 들어 어떤 결과로부터 거꾸로 생각하는 태도나 기존과는 다른 수단으로 표현하는 것 그리고 사물이나 현상의 속성별로 생각하기 등이다.

사고의 유연성 기능 평가는 낡고 오래된 사고를 버리고 새로운 생각을 채택하는 능력으로서 자의적 유연성과 적응적 유연성 등으로 나타난다.

- **자발적 유연성:** 모든 면에 있어서 자발적으로 행동하고, 사고할 때 좋은 결과가 나타날 수 있다는 것이다.
- **적응적 유연성:** 자기 스스로 환경에 적응하고 노력할 때 모든 것이 순조롭게 해결된다는 것이다.

☆ 융통성의 예

'타올'이라는 용도를 생각해 낼 경우 융통성의 효과를 파악하는 것은 생성해 낸 아이디어가 반복되지 않는 범주의 수를 의미한다. 즉 '얼굴을 닦는데', '몸을 닦는데', '바닥을 닦는데', '그릇을 닦는데' 등과 같이 '타올'의 용도에 대한 반응이 '닦는다'는 범주의 것이므로 융통성이 매우 낮다고 평가한다. 가급적 융통성은 같은 범주의 것이 아니어야 한다.

(4) 독창성(Originality)

독창성은 기존의 것에서 탈피하여 참신하고 독특한 아이디어를 산출하는 능력을 말한다. 모방에서 흔히 나타나는 기존 지식의 통합이나 재구성이 아니라 참신하고 독특한 아이디어를 통해 새롭고 흔히 볼 수 없는 반응으로 도출 및 산출하는 능력인 것이다.

창조적 사고의 바람직한 목표는 사고의 독창성을 추구하는데 있기 때문에 기존의 사고방식이나 다른 사람들의 문제해결 방식으로부터 벗어나서 자기만의 독특한 아이디어를 산출하고 문제해결 방안을 구안하려는 의식적인 노력에 의해 가능하다. 문제를 해결하고 세상을 살아가는 상황에서 다른 사람들이 이미 내놓았거나 살아가는 방식을 그대로 따른다면 인간의 정신 또는 물질세계의 변화 및 발전에 기여할 수 없을 것임은 물론 자신의 삶의 의미를 찾고 즐거움을 누릴 수 없을 것이다. 사고에서의 독창성이 요구되는 이유는 그것이 단기적으로는 문제해결의 상황에서 보다 더 효율적인 문제해결을 할 수 있게 하고 장기적으로는 인간의 삶을 보다 더 의미 있게 하고 질적으로 고양시켜 준다는 데 있다. 기존의 생각이나 사물의 가치를 부정하기 위한 것이 아니라 다른 각도에서 생각하는 습성이나 나아가 새로운 상황에 적용하여 생각해 보는 태도에서 비롯된다.

독창성의 기능 평가에 대한 의미를 정리하면 사고의 결과로 나타난 독창성으로서 기존지식의 통합이나 재구성이 아니라 새로운 반응의 도출로 요약되며, 독창적인 반응은 새로운 것이어야 함은 물론 총명하여야 하고, 흔히 볼 수 없는 것이어야 한다. 통계적으로 다수인의 회답과 상이한 회답을 하는 것, 그리고 다음과 같은 회답의 성질에 의해서 나타나는 기능이다.

- **비범성:** 언어연상 검사에서 정상이면 평범이고, 비정상적이면 비범인 것이다.
- **원격연합:** 두 개의 낱말을 주고서 그 관계를 나타내도록 했을 때 아주 멀리 떨어진 두 낱말을 나타내 주면 조사되어진다.
- **기묘성:** 이야기의 줄거리를 주고서 제목을 붙이게 하는 검사에 의해 답의 내용에 대하여 흡사한 정도를 채점하는 것을 말한다.

☆ 독창성의 예

다른 사람과 비교하여 자신이 산출해 낸 아이디어가 무엇이 다른지 비교해 보면 쉽게 판단할 수 있다. 즉 겨울과 관련된 2개의 글자로 된 단어를 가능한 많이 나열할 경우 아이디어의 수가 많을수록 '유창성'은 뛰어난 것이지만, '독창성'이 뛰어나가 위해서는 그 아이디어들 가운데 다른 사람이 생각해 내지 못한 아이디어가 몇 개 있는지? 다른 사람과 차별화가 되는 독특한 아이디어가 있는지? 등 이러한 아이디어가 많으면 많을수록 '독창성'은 높이 평가된다.

- 바퀴 없이 갈 수 있는 자동차 만들기
- 자판기 대신 음성으로 글자를 입력하고 수정하는 컴퓨터(이미 실행단계임)
- 기타 기존의 방식과 사물 그리고 생각을 부정하고 다르게 생각하는 것 등

(5) 정교성(Elaboration: 치밀성, 사고의 깊이)

정교성은 기존의 아이디어를 보다 정교하고 치밀하게 다듬어 발전시키고자 하는 능력으로서, 주어진 문제를 세분화하여 전개시키거나 문제에 포함된 의미를 명확히 파악하고, 결함을 보완할 수 있는 능력을 의미한다. 아이디어가 피상적인 것에 머물러 있다면 정교성은 떨어진다. 즉 독특한 발상이나 문제를 정교하게 분석하고 조합할 수 없으면 의미가 없다.

처음부터 완벽한 아이디어를 도출하기란 쉽지 않다. 비록 하찮게 생각되는 아이디어나 은연중에 떠오르는 아이디어라도 소홀히 생각해서는 창조적 사고로 발전될 수 없다. 모든 아이디어를 소중히 여기고 이를 발전시켜 훌륭한 아이디어가 되도록 정교하게 다듬는 활동은 창조적 사고의 최종적인 산출과 관련하여 중요한 태도임을 알아야 한다.

특히 스스로 주변에 있는 사물을 보고 분석하고 재결합 또는 조합해 보는 습관이나 사소한 아이디어라도 형성과정에서부터 세부적으로 상세히 표현하는 습관이 필요

하다. 정교성의 기능은 아이디어가 어떤 대상의 기능, 위치 그것에 대한 행동, 목표에 어느 정도로 명확하게 포착하고 있는가에 따라 관계되어지는 것을 알아보는 것을 치밀성과 어떤 문제를 주었을 때 답을 얻은 후 그것이 정답인지 재확인하는 것을 재정의성이 있다.

★

☆ 정교성의 예

동일한 어떤 도형을 그려놓고 그 도형들에게 무엇인가를 더 그려 넣어서 새로운 그림이 되도록 표현하는 아이디어가 많거나 자신이 산출한 아이디어가 특정 단어 하나를 선택해서 얼마만큼 다양하게 정교화시켜 나갈 수 있는가를 연습해 보면 '정교성'을 향상시킬 수 있다. 이야기, 문장, 그림 그리고 물건 등으로 정교화하는 능력을 통해 '정교성'이 향상된다.

(6) 그 밖의 구성인자

① 조직성(Organization = 재정의성)

복잡한 문제 사태를 보다 간결하게 하며, 새로운 의미를 부여하고 사물・사상 간의 구조적・기능적 관련성을 고려하여 서로 관련 지울 수 있는 능력을 말한다.

② 지각적 개방성(Perceptional Openness)

문제 사태에 대하여 민감하게 사실대로의 지각을 할 수 있는 능력을 말하는 것으로서 새로운 경험이나 생각을 기꺼이 수용하는 성향이다. 이른바 장독립적(場獨立的) 지각을 의미한다. 이러한 성향의 사람은 타인의 생각을 존중하고 타인의 입장을 생각한다. 뿐만 아니라 정해진 틀과 한계에서 벗어나 넓게 사고하고 적극적으로 행동하여 자신과 다른 사람에 대한 편견이 없어 대인관계도 좋다.

③ 성격적 요인(Personality Factor)

창조적 성격특성을 의미하는 것으로 비판에 대한 개방적 성격, 독립적 판단태도, 전통과 인습에 얽매이지 않는 사고, 현대의 지식에 대한 회의적 태도 등으로 이루어진다.

사고는 사고 자료가 없는 진공의 상태에서는 일어나지 않는다. 사고를 할 때는 사고할 내용이 요구되는 것이다. 이 사고의 내용은 대상에 대해 가지는 민감성의 정도에 의해 그 양과 질이 결정된다. 동일한 대상을 보고도 사람마다 서로 다른 생각을 갖는 것은 사람마다 각기 다른 인식체계를 가지고 있기 때문이지만, 인식체계가 동일하다면 그 차이는 민감성에 의해 결정되는 것이다. 변화, 상식적이지 않는 것, 오류, 대비 등이 있다.

이상에서 소개한 창조적인 사고에서 요구되는 기능은 전반적인 사고과정에서 요구되는 것과 크게 다르지 않으며 창조적 사고를 할 수 있게 해주는 능력적인 측면의 기초를 말한다. 다양한 성향 가운데 창의적인 사람이 가져야 할 성향 중의 하나는 자신의 능력과 존재에 대한 확신 또는 긍정적인 사고이다. 자신의 존재가치를 믿고 자신의 능력은 끊임없이 개발될 수 있다는 '자기확신'이 무엇보다 중요한 성향이다.

그리고 사고에서의 기능은 '~를 할 수 있는 힘'과 '그 힘의 숙달된 상태'를 포함하고 있다. 그러나 여기서 다루는 창조적 사고의 기능은 숙달된 상태가 아닌 힘에 한정한다. 이런 힘을 숙달시켜 창조적 사고를 가능하게 하는 노력은 창의력 교육의 영역이다.

☆ **창의력의 수준**

테일러(Taylor)가 100가지 이상의 정의를 모아서 분류한 결과를 보면 창의력에는 크게 다섯 가지 내용이 담겨 있다고 한다.

① **표현적 창의력(expressive creativity)**: 예술과 문학 중에 관련되며 아동들이 멋대로 그림을 그리듯이 독립적인 개성을 가지고 표현하는 창의력을 의미한다. 이 때 작품의 독창성과 질 또는 기능은 그다지 중요한 요인이 아니다.

② **발명적 창의력(inventive creativity)**: 과학, 기술 쪽에 주로 관련되고 발명가, 탐험가 및 발견자에서처럼 재료, 방법 및 기법 등에서 발휘되는 창의력을 의미한다.

③ **혁신적 창의력(innovative creativity)**: 조직, 경영 중에 관련되는 것이며, 수정을 통하여 향상을 도모하는 창의력으로 이해를 새롭게 하거나 개념화할 줄 아는 기능이 포함된다.

④ **생산적 창의력(productive creativity)**: 예술 또는 과학에 관련되며, 자유로운 유희를 억제하고 최종 작품을 마무리 해낼 수 있는 기법이 요구되는 창의력을 의미한다.

⑤ **발생적 창의력(emergentive creativity)**: 완전히 새로운 원리나 가정을 출현시키며 거기에서 새로운 학파가 형성될 수 있는 창의력을 말한다. 비록 '창의력'을 말할 때 '발생적 창의력' 수준을 의미하지만 이러한 창의력은 매우 드물고 대부분 발명적 창의력의 수준을 다룬다고 한다.

3. 창조적 사고와 창의적 문제해결 기법

1) 창조적 사고와 사고력

'인간은 생각하는 갈대'라는 파스칼의 그 유명한 말처럼 우리는 삶에 있어서 부딪히는 다양한 문제와 그 문제를 해결하기 위한 합리적인 방법을 구하기 위해 끊임없이 생각을 한다. 어떤 문제가 해결되지 않으면 우리의 생각은 더욱 깊어지고 그 방법을 찾기 위한 노력 또한 더욱 더 지속된다. 이렇게 문제 해결을 위한 끊임없는 생각, 이것을 이르러 '사고'라고 말한다.

(1) 사고와 사고력의 의미

우리가 흔히 사고하는 사람 또는 사고력이 뛰어난 사람을 키워야 된다고 할 때 사고의 의미는 문제에 직면해서 그것을 해결하려는 의도에서 가능한 한 풍부한 자료(표상)를 바탕으로 효율적이고도 독창적인 해결방안을 모색해 가는 체계적인 지적 활동이다. 물론 단순한 의미의 사고는 꿈, 느낌, 기억, 회상 등의 정신능력을 의미하기도 한다. '사고'(thinking)는 어떠한 표상을 조작하는 활동이며, 그러한 과정을 통해 의미를 만들어가며, 판단을 내리고 문제를 해결하는 정신적인 활동이다. 여기에서 '표상'이란 것은 사고의 도구로서 지식이나 정보를 의미하며, 이러한 표상은 우리가 받는 교육이나 환경 속에서 터득한 지식 그리고 그 문제를 해결하기 위해 수집하는 다양한 정보, 문자, 이미지, 아이디어 등으로 표현될 수 있다. 사고가 뛰어난 사람은 이러한 표상의 활용능력이 보통사람보다 월등히 높다. 표상의 활용능력이 뛰어난 사람을 우리는 '사고력'이 발달되어 있다고 말한다. 물론 사고라는 말은 매우 포괄적이며 애매모호한 의미를 가진다. 사고과정을 연구하는 학자들도 그들의 학문적 입장에 따라 사고를 다르게 정의하고 있기 때문에 사고를 학문적으로 정의하는 것은 쉬운 일이 아니다. 그러므로 그 측정방법이나 정확한 개념 그리고 사고력의 범주를 결정하기 위한 명시적 규범이나 조건을 제시하기에는 현실적으로 미흡한 점이 있다.

사고에 대한 여러 학자들의 견해를 정리해 보면 다음과 같다. 먼저 모어(More)는 효과적인 사고란 "창의적 사고와 비판적 사고를 모두 포괄해야 하며, 이들은 궁극적으로 합리적인 문제해결을 위해 불가결한 고등정신"이라고 말하고 있다. 또 루지에로

(Ruggiero)는 사고를 "철학의 영역에서 강조하는 형식논리에 기초한 비판적 사고와 심리적 영역에서 강조하는 새로운 아이디어를 창출해 내는 창의적 사고"로 크게 대별하고, 사고란 "이러한 고등정신 기능들이 상호 작용하여 효율적으로 문제를 해결해 나가기 위한 합목적적, 의식적 정신과정"이라고 주장하고 있다.

그리고 워샴과 스탁튼(Worsham & Stockton)은 사고란 "구체적인 실체로 정의될 수 없는 개별적이고 독특한 감각, 지각 조작과정으로, 비판적 사고와 창조적 사고의 두 측면을 포함하여 궁극적으로 문제해결에 귀결된다."로 보고 있다. 이러한 정의를 요약해 볼 때 '사고'의 의미는 문제의 합리적인 해결을 위한 인간의 정신 과정이며, 사고는 비판적 사고와 창조적 사고를 포함하고 있다는 공통점을 알 수 있다.

한편 문제를 해결하는 사람에게 필요한 사고역량으로 비판적 사고, 논리적 사고, 창조적 사고, 전략적 사고 등을 갖추어야 한다고 말한다. 이러한 사고의 형태를 명확히 구분해 정의하기는 어렵지만, 앞선 정의에 근거해 사고의 형태를 [그림 3-4]와 같이 나타낼 수 있다.

그림 3-4 창의적인 사고의 2 단계

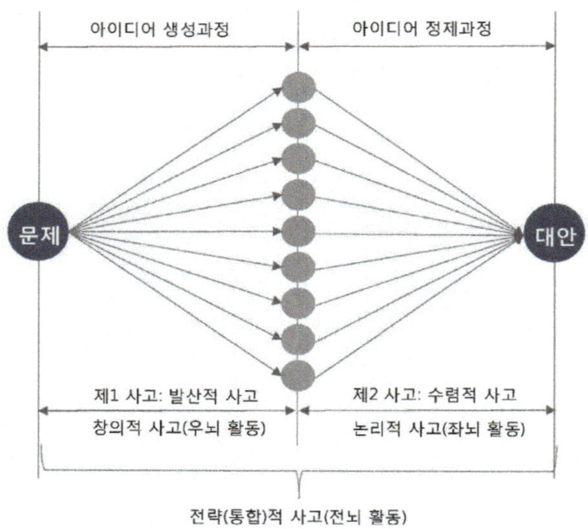

결국 '사고력'이 뛰어난 사람은 앞서 밝힌 바와 마찬가지로 다양하고 양질의 표상을 많이 습득하고 있어야 한다는 것을 알 수 있다. 다시 말해서 배경지식이 풍부한 사람은 비판적, 창조적 사고를 잘 할 수 있는 기회가 많이 주어진다. 우리가 표상을 많이 가지고 훌륭한 사고를 통한 '사고력'을 향상시키기 위해서는 지식이나 정보만으로 부족하다는 말이다. 다양한 분야의 독서를 통해 배경지식을 쌓아야 하며, 나아가 자료를 탐색하고 선별하여 재정리할 수 있는 능력도 함께 갖추어야 한다. 그리고 사물과 문제에 대한 끊임없는 문제의식과 다양한 시각에서 문제를 바라보는 호기심, 탐구심 등의 관심이 수반되어야 한다.

(2) 창조적사고의 메커니즘

창의적 사고란 사고를 발산적, 수렴적, 통합적(전략적)으로 하는 것임을 의미한다. 이는 사고가 주어진 표상의 조작활동이라고 볼 때, 문제해결을 위한 표상의 조작에 독창적이고 유연하고 정교한 그리고 민감성있는 능력을 의미한다. 그러나 '창의적 사고력', 즉 창의적 사고의 발휘는 환경의 작용에 의하여 고취될 수 있고 저하될 수도 있다는 가정을 두고 있다. 창의적 사고력의 감소나 개인의 능력이 저해받는 요인은 유전적으로 판단되는 것이 아니고 개인의 자질이 부족함도 아니니다. 그것은 환경적 요소들이 '창의력'을 제약하기 때문이다.

창의적 사고를 가진 사람들의 사고 메커니즘(think mechanism)은 [그림 3-4]에서 나타난 바와 마찬가지로 발산적 사고(divergent thinking)의 과정을 거쳐 많은 양의 정보와 아이디어를 생성해 내고 수렴적 사고(convergent thinking)를 통해 아이디어를 걸러 내고 분류하는 작업을 거쳐 우선순위를 결정해 분석, 평가해 나가는 절차를 충실히 따르는 것이다. 이와 같이 아이디어를 착상해 내려고 할 때 창조적 사고력을 가진 사람은 우선 확산적 사고의 개념과 향상기법을 통해 아이디어 생성능력을 키우고 다음 절차로서 집중적으로 사고에 대한 사고의 능력을 향상시키는 수렴적 사고로 실천해 나갈 수 있도록 노력해야 한다.

그러므로 창조적 사고는 발산적 사고와 수렴적 사고의 종합적 적용을 통해 발휘되어야 한다. 유명한 수학자 자크 하다마드(Jacques Hadamard)는 창의력 향상에 있어서 많은 가능한 아이디어의 결합(combination of idea)을 생각해 내는 방식이 중요하다고 하였다. 즉, 아이디어의 결합으로부터 유익한 결합을 발견하고 만약 우리가 무의식적 활동에 보다 탁월한 의식적 통제를 제공할 수 있다면, 그때 우리는 창조적 능력을 개선할 수 있을 것이라고 하였다.

드 보노(Edward de Bono, 1990)는 좌우 대뇌반구가 가지고 있는 상반되는 것 같아 보이는 기능들을 수직적 사고와 수평적 사고로 구분하였다. 수직적 사고(vertical thinking)는 흔히 논리적 사고 또는 전통적 사고라 부르는 것이며 우리에게 비교적 친근한 사고 유형이다. 이 유형의 사고는 정보와 자료를 가지고 논리적으로 그리고 계열적 형태를 따라 단계적으로 작업해서 해결에 이른다. 수직적 사고는 "맞느냐"에 관심을 가지며 해결이 맞으려면 각 단계가 정확해야 한다. 그리고 '예스' – '노우'에 따른 판단을 요구한다. 반면에 수평적 사고(측면적 사고, lateral thinking)는 유머, 통찰 및 사람들이 흔히 '창의성'이라 부르는 것과 관련되어 있다. 이 유형의 사고과정은 한 단계씩 순서대로 접근하는 방식을 포기하거나 단계적 통로를 별로 따르지 아니하며 기존의 방법과 원리에 계속하여 도전한다. 여기서는 판단을 유보하고 또 다른 여러 가지 아이디어들을 탐색하고 생성해 내며 문제를 해결하기 위하여 다양한 해결방안들을 실험해 본다.

그러므로 우리에게 중요한 것은 이들 두 가지의 사고유형을 자각하고 문제를 효과적으로 해결하기 위하여 이들을 어떻게 동시적으로 사용할 수 있는지를 아는 것에 강조점을 두어야 한다. 드 보노에 의하면 '수직적 사고'는 구멍을 판 뒤 동일한 구멍을 더 깊이 파는 것과 같고, '수평적 사고'는 그 밖의 다른 곳의 구멍을 파서 다양한 아이디어나 대안을 찾으려는 노력과 사고의 다양한 변화를 추구하는 것과 관련이 있다고 한다.

따라서 창의적인 문제해결을 위해서는 독특하고 엉뚱한 아이디어를 끌어내는 제1사고의 발산적 사고와 아이디어를 걸러 최적의 대안을 찾아내는 제2사고의 수렴적 사고 이 두 사고의 결합 및 활용하는 통합적 사고(전략적 사고)능력이 필요하다.

2) 창조적 사고 기법의 종류

어떤 문제나 발생된 상황에 대처해 합리적인 대안을 찾기를 원할 때, 발산적 사고(제1 사고)를 통해 수렴적 사고(제2 사고)로 진행되는 과정에서 아이디어나 대안이 정제되기까지의 과정은 [그림 3-4]와 같다. 따라서 문제해결을 위한 창의적인 사고는 두 단계의 사고 과정을 거쳐야 하고 대안이 최종 실행되기 위해서는 발산적 사고와 수렴적 사고를 통합하는 능력, 즉 전략적 사고(통합적 사고) 능력이 필요하다.

(1) 발산적사고 기법

우리는 창조적인 사고와 문제해결 방법으로 또는 아이디어를 창출해 내는 창의력 신장에는 대부분 발산적 사고기법을 활용한다. 발산적 사고는 '아이디어 생성'을 위해 가장 효과적이고 널리 이용되는 기법임에는 틀림이 없다. 아이디어를 창출해 내는 과정에서 가능한 많은 양의 정보와 아이디어를 얻어내는 과정이므로 확산기법이란 용어로 소개가 되기도 한다(〈표 3-3〉 참고).

〈표 3-3〉 발산적 시고기법의 분류

발산적 사고기법	종 류
자유연상법	브레인스토밍(BS)/ 카드 브레인스토밍/ 브레인라이팅/ 카드 브레인라이팅/ CBS법/ 그룹인터뷰/ 수평사고 등
강제연상법	행태분석/ 체크리스트/ 매트릭스/ 속성열거법/ 희망사항법/ 결점열거법/ TRIZ/ 초점법/ 카달로그/ 심층면접법 등
유추발상법	고든법/ 시네틱스법/ NM법/ 바이오닉스법/ 메카닉스 등

현재까지 소개되고 있는 다양한 발산적 사고기법(〈표 3-3〉 참고)에서 가장 광범위하게 활용되고 있는 것은 브레인스토밍(brainstorming)이다. 브레인스토밍 기법을 통해 다양한 응용기법들이 계발되어 활용되고 있다. 개인과 조직에서 필요한 기법은 다양한 기법을 모두 활용하면 좋지만 많은 시간과 노력을 요하기 때문에 브레인스토밍을 중심으로 드 보노(E. de Bono)에 의해 개발된 'CoRT 프로그램'과 '여섯 색깔 모자 사고기법'을 연습해서 실제 활용하는 것이 바람직하다고 본다. 때에 따라 여러 가지 기법을 다 적용하다 보면 혼란을 가중시킬 수 있기 때문에 사고의 목적이나 개인과 조직의 필요에 의해 적합한 몇 가지 기법을 충분히 익히고 습관화하여 문제해결을 위한 아이디어나 정보의 창출에 활용하는 것이 바람직하다.

(2) 수렴적사고 기법

수렴적 사고기법은 앞서 소개한 발산적 사고기법(확산사고기법)으로 얻어진 사실이나 아이디어를 활용할 수 있는 구체적인 아이디어로 수렴시키는 기법을 말한다. 즉 창의적 아이디어를 생성해 내는 것만으로는 합리적인 문제해결에 충분하지 않다. 여러 개의 대안 또는 아이디어 중에서 의사결정자가 선택해 실천할 수 있는 것은 한,

두개에 불과하기 때문이다. 발산적 사고기법에 의해 창출된 많은 정보나 질문, 자료 등을 현재의 상황에 비추어 볼 때 좀 더 효과적으로 실천할 수 있도록 자료를 걸러내고, 분류하고, 조직화하는, 즉 정제하는 사고가 필요하며 이를 수렴적 사고라 부른다. 또한 산출된 아이디어들을 심사하고 분류하고 평가하는 가운데 더 훌륭한 것으로 진화되며 보다 나은 아이디어가 계발될 수 있기 때문에 이 두 사고기법은 상호보완적으로 균형있게 활용되어야 한다.

수렴적 사고기법의 선택은 생성해 놓은 아이디어의 수에 따라 결정이 되어지며 그 분류는 〈표 3-4〉와 같다.

〈표 3-4〉 수렴적 사고기법의 분류

수렴적 사고기법	종 류
공간형 수렴법	KJ법/ 크로스법/ 7×7법/ OCU법/ SKS법/ 파레토그림/히스토그램 등
계열형 수렴법	PERT법/ 카드 PERT법/ 비즈니스 디자인법(BS)/ 특성 요인도/ 스토리법/ YM법/ FTA법/ PATTERN법 등

수렴적 사고는 이미 생성되어 있는 것, 즉 발산적 사고를 통해 얻어진 아이디어를 여러 가지 기법으로 분류하고, 분석해 봄으로써 가장 효과적이고 효율적인 대안을 끌어내는 것이 주 목적이다. 그리고 아이디어나 정보에 대한 평가는 한쪽 방향에 치우치지 않고 생산적 사고를 통해 해결하는 것이 바람직하다. 수렴적 사고를 활용할 때 주의해야 할 사항은 먼저 '긍정적인 판단'이다. 아이디어나 정보를 분석하고 평가해 나가는 과정에서 그것을 제거하는 것보다 더욱 개발해 가는 방향으로 다듬어 가는 것을 강조해야 한다.

이는 창조적 사고의 특성에서도 나타나지만 아무리 하찮은 아이디어도 재구성하고 더욱 좋은 아이디어로 계발해 종합화하는 것을 의미하는 것이다. 그리고 수렴도구와 전략을 목적에 부합되게 잘 활용하는 신중함을 잃지 말아야 한다. 이는 목표를 향한 행위, 즉 계획하고 논의하고 분석하는 과정에 있어서 일관성을 요구하는 것과도 맥락을 같이해야 함을 뜻한다.

수렴적 사고기법들의 용도는 개인이나 조직의 입장에서 사용 목적에 따라 다르게 적용된다. 발산적 사고를 통해 얻은 많은 아이디어 중에서 점차 선택의 폭을 좁혀 가야 하는 과정에 있어 얼마정도의 아이디어나 정보를 필요로 하느냐에 따라 적합한 기법을 선택하여 이용하게 된다.

주로 아이디어나 정보의 선택에 있어서 대안이 많은 경우에는 '히트 기법'을 통해 아이디어를 분류하고 이렇게 분류된 것들은 다시 '하이라이팅 기법'을 통해 몇 개의 범주로 분류를 하기도 한다. 이후 선택의 폭이 좁혀지면 '평가행렬표'를 통해 평가를 하고 'PCA 기법'을 통해 우선순위를 결정해 'ALU', 'PMI', 'P-P-C 대화기법' 등을 통해 분석을 하게 된다([그림 3-5] 참고).

그 방법이나 절차가 정해져 있는 것은 아니다. 반드시 이러한 절차를 따를 필요도 없다. 단지 발산적 사고에서 얻어진 아이디어의 수가 많기 때문에 일련의 절차를 통해 개인과 조직이 필요로 하는 대안으로 선택의 폭을 좁혀나가는 것이 필요하기 때문이다.

그림 3-5 수렴적 사고기법의 측정과 용도

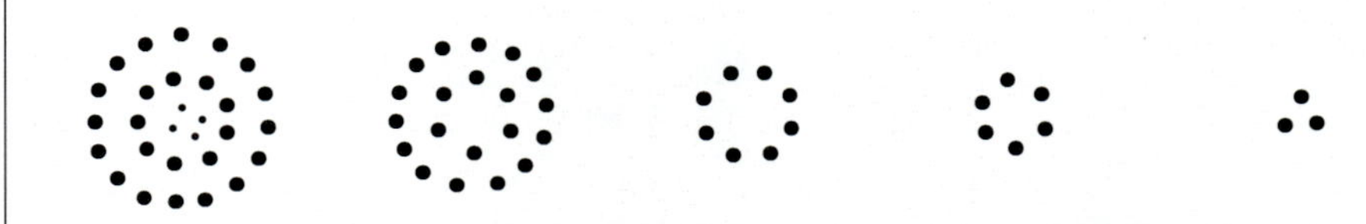

선택	축소	평가	우선순위	분석
히트기법	하이라이팅	평가행렬도구	PCA	ALU/PMI 등

(3) 행위계획을 위한 태도기법

행위계획을 위한 태도기법, 즉 행위계획태도기법은 문제해결을 위하여 발산적 사고와 수렴적 사고를 통하여 최선의 해결책을 수립하였다 하더라도 직접 적용을 하는 것이 아니라 창조적인 태도를 신장시키기 위하여 활용되는 기법을 의미한다. 결국 아이디어가 실행되기 위해서는 발산적 사고와 수렴적 사고를 종합적으로 활용하는 능력이 필요하므로 이 사고 기법을 통합적 사고 또는 전략적 사고(필자의 견해)라 할 수 있다. 이는 아무리 좋은 해결책이 수립되더라도 실제로 적용해 보거나 실천해 보지 않으면 아무런 쓸모가 없기 때문이기도 하며, 아이디어를 실현시키기 위해서는 실제 활동이나 적용에서 발생되는 위험과 문제점을 찾아내고 효과적으로 계획하고 관리할 줄 아는 능력과 적극적인 참여를 유도하기 위해서도 매우 중요하기 때문에 활용하는 기법이다.

이 기법의 주요 목적은 생성되고 분석된 아이디어들이 실제 수용되고 실행가능한지 잠재된 문제점은 없는지 사전에 발견하고자 하는 것이다('잠재적 문제분석법' 참조). 이러한 노력을 통해 아이디어들에 대한 저항이나 문제를 최소화하고 아이디어를 실현해 나가기 위해 해결책에 요구되는 행위나 행동을 구체적으로 나열하고 우선순위를 정해 시간계획과 활동내용을 플로우차트나 다이어그램으로 나타낸다('PERT기법', '연구계획 다이어그램' 참조). 그리고 실연을 통해 활용되는 기법으로는 롤 플레닝, 심리극과 같은 연극형태의 실연을 하는 태도기법이 있고, ST, 카운슬링, TA 등과 같은 교류형 태도기법 그리고 선이나 요가 등과 같은 명상형 태도기법이 이용되고 있다(〈표 3-5〉 참고).

〈표 3-5〉 행위계획태도 사고기법의 분류

행위계획태도기법	종 류
명상형	초월명상법(TM)/ 자율훈련/ 이미지 콘트롤(IC)법/ 선/ 요가 등
교류형	TA(교류분석)/ 인카운터 그룹/ ST(민감성 훈련)법 등
연극형	사이코 드라마/ 역할놀이/ 창의연극 등
점검형	잠재적문제분석법/What-if기법/시나리오분석법/리스크 매트릭스법 등
계획형	PERT&CPM기법/간트차트/연구계획다이아그램법/실행체트리스트법 등

4. 창조적 문제해결자의 자세

개인이나 조직이 처한 상황과 조건이 달라 문제해결을 위한 공식이나 절차가 정해진 것은 아니지만 다음에 제시하는 5단계 프로세스는 개인뿐만 아니라 조직의 문제를 해결할 때 일관된 과정을 통해 체계적으로 문제를 해결하도록 도와주기 때문에 유용하게 적용할 수 있다. 그러므로 단계별 의미를 정확히 이해하고 관련된 창의력 기법을 활용하면 개인과 조직이 원하는 해결책과 결과를 도출해 낼 수 있다.

이러한 단계는 의사결정자가 처한 상황과 문제의 유형에 따라 적용하는 기법이나 방법이 달라질 수 있다. 그러나 문제해결을 위해서는 문제를 해결하는 사람이 "문제에 대해 어떻게 바라볼 것인가?" 하는 '관점', '태도'와 관련이 있으므로 [그림 3-6]은 창조적인 문제해결자가 문제해결을 위해 반드시 갖추어야 할 태도와 사고의 프레임워크이다. 따라서 창의적인 문제 해결을 원한다면 5단계의 문제해결 프로세스를 거쳐야 하고 '창의적 사고', '논리적 사고', '전략적 사고'의 기본 프레임워크 구축이 반드시 전제되어야 한다.

그림 3-6 문제해결자가 갖추어야 할 사고 프레임워크

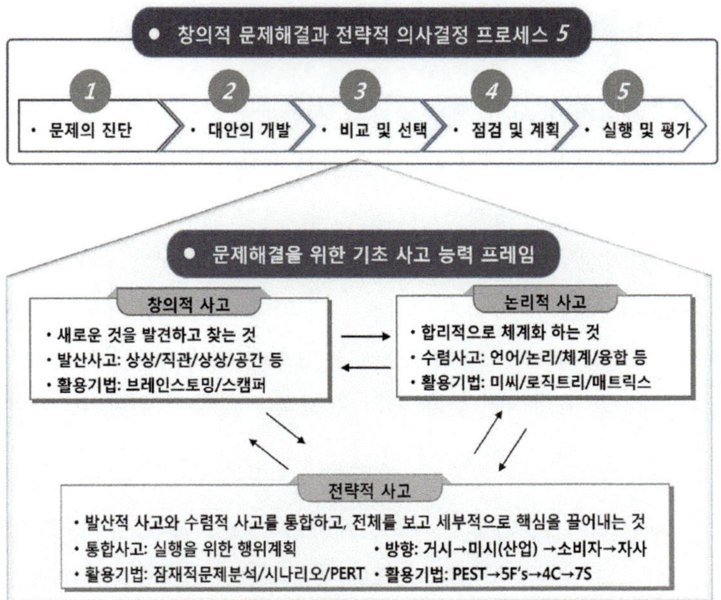

1) 창의적 사고의 프레임워크

(1) 창의적인 사고 계발 8가지 성향과 5가지 원칙

창의적인 문제해결을 위해 문제해결자가 첫 번째로 갖추어야 할 것은 '창의적 사고'이다. "만능은 없다. 창의력은 누구에게나 잠재된 능력이다." 애초 '창의성'은 하늘에서 떨어지거나 특별한 사람이 타고나는 것이 아니다. 누구에게나 잠재되어 있는 능력이며 후천적으로 발휘되는 능력이다. 얼마만큼 자신의 능력을 믿고 창의력 계발을 위한 노력을 하느냐 여부와 개개인이 창의력을 계발할 수 있도록 동기를 부여해주는 환경과 제도적 장치 등이 조화를 이룰 때 창조적 능력은 발휘된다.

물론 창의적이고 융합적인 사고능력은 사람에 따라 차이는 있다. 그러나 아무리 창조적 사고능력을 가졌다고 해서 실제로 창조적 사고를 하거나, 실행으로 옮겨지지는 않는다. 창조적 사고능력을 계발하고 실천하는 것은 개인에게 요구되는 자신감, 자기 신뢰, 적극적인 태도의 특성이기 때문이다.

그러나 사람마다 문제를 해결하는 방식과 능력은 다소 차이는 있지만 창의적인 사고 능력을 향상시키기 위해서는 8가지 기본 성향을 토대로 창의적 활동을 수행할 때 5가지 원칙을 반드시 지켜야 한다.

가. 창의적인 사고 계발 8가지 성향[3)]

창의력이 뛰어난 사람은 '자신감'과 '자발성' 성향이 강하다. 이 두 가지 성향은 창의적 인재가 되기 위해 필요조건이다. 그 밖에도 창의적 사고 능력을 향상시키기 위해서는 '호기심', '탐구심', '정직성', '개방성', '독창성' 그리고 '집중성' 등과 같은 성향(disposition)을 향상시켜야 한다. 창의력이 뛰어난 사람의 성향 8가지 성향은 〈표 3-1〉 창조적 사고의 구성인자 9가지 요소에 대해 구체적으로 설명되었으며, 제1장, 3, 2) '창의적이고 융합적인 인재'에서 경쟁력을 갖추기 위한 4단계의 설명에서도 언급된 바 있어 간략히 정리한다.

- **자신감:** '자신감'은 창의력 계발의 가장 기본적인 성향이며, 자신의 관심 영역에서 접하는 문제 상황에 대해 갖는 자기 신뢰감을 의미하고, 자신에 대한 신뢰감은 '자존감'과 비례한다.
- **자발성:** 어떠한 문제든 스스로 해결하려는 의지, 즉 자신의 두뇌에 학습된 기억을 활용하고 응용하려는 '자발성'이 있어야 한다.
- **호기심:** 자신의 영역과 다른 분야에도 전문가 못지않은 흥미가 존재하는 것에 대한 호기심은 항상 생동감 있게 주변의 사물에 대해 의문을 갖고 끊임없는 질문을 제기해야 한다.
- **탐구심:** 의문을 갖게 되는 대상에 대해 해결의 실마리를 찾을 때까지 끊임없이 탐구하는 태도를 길러야 한다.

---

3) 창의력이 뛰어난 사람의 성향 8가지는 〈표 3-1〉 창조적 사고의 구성인자 9가지 요소를 참고로 정리한 것이며, 제1장, 3, 2) '창의적이고 융합적인 인재'에서 경쟁력을 갖추기 위한 4단계의 설명에도 언급된 바 있다.

- **독창성**: 다소 황당하고 엉뚱한 생각도 여과 없이 발산하고, 상식을 조금이라도 벗어난 상황에 접하거나 문제에 당면하게 되면 당황하지 않고 가급적 많은 양의 아이디어를 도출하는 연습을 한다.
- **개방성**: 자신이 경험하고 배운 분야만을 고집하지 않고 사고의 영역을 지속적으로 확대해 경계 간 융합해 나가야 한다.
- **정직성**: 좋은 대안은 주변을 배려하고 공유하는 '정직한 마음'에서 비롯되고, 창조적 산물은 많은 사람에게 '유익함'을 제공한다.
- **집중성**: 해결하고자 하는 문제에 대한 몰입과 끝까지 포기하지 않는 근성으로 진행과정에 저항과 위험에 부딪혀도 포기하지 않고 강한 집중력과 인내심을 가지고 시도를 계속해 나간다.

나. 창의적인 사고 계발의 5가지 원칙

창의적 사고 능력을 향상시키기 위해서는 '자신감', '자발성', '호기심', '탐구심', '정직성', '개방성', '독창성' 그리고 '집중성' 등과 같은 성향(disposition)을 토대로 창의력 계발에 활용하는 다양한 기법을 적용하고 응용할 때 다음과 같은 원칙을 지켜야 한다.

다음에 제시하는 원칙은 브레인스토밍에서 강조하는 4가지 원칙과 문제해결 시 장애가 되는 요소, 그리고 창의력 계발을 위해 활용되는 기법(자유연상법, 강제연상법, 유추발상법)의 아이디어 도출 방식을 참고하여 정리한 것이다.

① 원칙 1: 편견을 갖지 말고, 비판(판단)하지 않는다.

아이디어를 발산하는 동안은 비판을 하지 않는다. 아이디어가 아무리 엉뚱하고 터무니없어도 아이디어를 자유롭게 생성할 수 있도록 분위기를 조성한다. 충분히 아이디어를 끌어낸 후 문제해결에 필요한 대안이 무엇인지 판단은 수렴적 사고에서 행하도록 유보한다. 편견이 없는 사람은 자신뿐만 아니라 타인의 실수를 허용한다. 새로운 아이디어를 생성하는 과정에서 실수에 대해 관대하지 않고 비판한다면 창의성은 기대하기 어렵다. 만약 자신이 야구선수라면, 타석에 들어설 때 목적을 '홈런'이나 '안타'가 아니라 타석에 들어서서 번트를 치든, 포볼로 나가든, 삼진 아웃이든 무엇이라도 하는 것이다. 억대의 연봉을 받는 3할 대의 프로야구 선수도 10번 중 7번은 실패를 한다. 특히 실수를 허용해야만 새로운 아이디어가 계속 발산이 된다. 만약 실수나 실패를 허용하지 않는다면 아이디어를 끌어 낼 때 마다 자신과 타인의 생각을 통제하게 되므로 창의적 사고는 기대하기 어렵다.

② 원칙 2: 아이디어는 많을수록 좋다.

원칙 1이 잘 지켜지면 많은 양의 아이디어가 생성될 수 있다. 그리고 팀 활동을 수행할 때도 아이디어를 많이 생성하도록 돕는 방법으로 서로 서로 격려하고 인내하는 것이다. 그러나 자칫 불필요한 충고는 자신감을 잃게 할 수 있으므로 상대의 입장에서 존중하고 인내하는 모습을 보여준다. 엉뚱한 아이디어가 다른 사람에게 가능한 한 많은 양의 아이디어를 내도록 유도한다. 질보다는 양이 우선이다.

③ 원칙 3: 창조는 모방에서 나온다.

다른 아이디어에 귀를 기울여 더 좋은 아이디어로 확산해 나간다. 창조는 모방에서 비롯되므로 다른 사람의 아이디어나 의견을 진지하게 경청하고 그 아이디어에 편승해서 보다 향상된 아이디어를 끌어낼 수 있어야 한다. 이러한 자세는 '개방성' 성향이 강한 사람으로 '원칙 1'을 잘 지키고 다른 사람의 입장에서 생각하는 것에 대한 거부감이 적다. 뿐만 아니라 다른 사람의 견해를 이해하고 존중하는 마음도 크다.

④ 원칙 4: 계속해서 질문을 던진다.

성급히 결론을 내리려 해서는 안 된다. 문제의 원인을 찾을 때, 해결해야 할 문제를 정의할 때, 문제해결에 필요한 아이디어를 도출할 때, 그리고 최선안으로 선택한 아이디어를 실행에 옮기고자 할 때 등 문제해결자가 성급히 판단해서 계속해서 새로운 대안을 찾으려는 노력을 멈추는 경우가 많다.

⑤ 원칙 5: 자신만의 창의력 기법을 활용한다.

일상에서 또는 당면한 문제를 해결하고자 할 때 "과연 이것이 최선인가?"라고 질문을 던지고 보다 나은 아이디어를 찾기 위해 몇 가지 창의력 기법을 능숙하게 다룰 줄 알아야 한다. 아이디어를 발산하기 위해서는 브레인스토밍(B/S)과 스캠퍼(SCAMPER)기법을 아이디어를 걸러내고 정제하기 위해서는 로직트리(logic tree)와 매트릭스(matrix)기법을 이들을 통합하기 위해서는 행위계획법과 PEST

분석 등을 활용한다. 그리고 일련의 문제해결 과정을 자신만의 아이디어 노트에 기록하는 습관을 갖는다. 자신이 평소 관심을 가졌던 문제의 아이디어가 새롭게 해결하고자 하는 문제의 대안이 되거나 실마리를 제공해 주기도 한다. 특히 '전략적 사고', '논리적 사고'는 아이디어를 걸러내고 구조화하는데 매우 유용하게 활용할 수 있다.

(2) 창의적 사고의 프레임워크 구축 방법

'창의적 사고의 프레임워크'를 구축하는 능력을 향상시키기 위해서는 다양한 창의력 기법의 활용방식을 통해 기법들의 사고 패턴을 이해하는 것이다. 즉 [그림 3-7]와 같이 '발산적 사고'는 기본적으로 세 가지 형태로 아이디어를 확산해 나가는데, 먼저, 어떠한 내부와 외부의 조건이나 상황에 구애받지 않고 자유롭게 사고하며 아이디어를 끌어내는 '자유연상법', 두 번째, 약간의 실마리를 토대로 문제해결의 대안을 확산시켜 나가는 '강제연상법', 그리고 자신의 경험과 그 경험의 영역을 넘어 융합하고 추측하는 '유추발상법'의 기본 사고방식이다.

그림 3-7 창의적 사고의 프레임워크

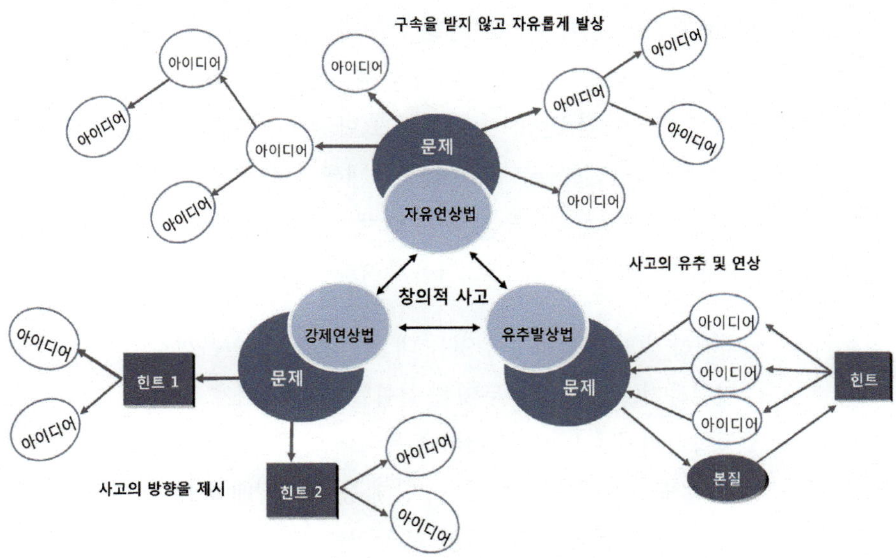

문제해결자는 일상에서 당면하는 현상과 문제에 대해 항상 [그림 3-7]과 같은 '창의적 사고 프레임워크'에 기반해 창의적인 사고 능력을 향상시켜 나가야 한다. 이러한 사고의 틀은 논리적인 사고의 프레임워크를 구축하고 활용할 때도 매우 유용하다.

가. 자유연상법 활용 창의적 사고

브레인스토밍은 문제해결 모든 단계에서 활용되는 유용한 창의력 기법이다. 사람들은 사고를 할 때 반드시 두 단계를 거치게 되는데 첫 번째 단계가 아이디어의 발산이다. 이때 가장 널리 활용하는 발산기법이 스스로 사고를 통제하지 않고 자유롭게 발상하도록 돕는 브레인스토밍이 자유연상법의 대표적인 창의력 기법이다.

브레인스토밍은 4가지 규칙만 준수하면 활용방법이 쉬워 어떠한 문제에도 적용이 가능하다. ① 아이디어에 대한 평가나 비판은 금물, ② 자유분방한 분위기의 조성, ③ 아이디어의 질보다 양을 추구, ④ 아이디어의 결합과 조합을 통해 개선한다는 4가지 규칙만 철저히 지키면 문제해결에 매우 효과적이다.

앞서 소개한 '창의적인 사고 계발의 5가지 원칙'과 제6장에서 소개하는 '자유연상법'을 참고하면 창의적인 사고를 향상시키는데 매우 유용하다.

나. 강제연상법 활용 창의적 사고

브레인스토밍을 통해 아이디어를 끌어내는데 어려움을 겪는다면 스캠퍼(SCAMPER)를 활용하면 도움이 된다. 아이디어를 좀 더 쉽게 끌어 내도록 실마리를 제공해주는 스캠퍼 역시 아이디어 발상 시 매우 중요한 창의력 기법으로 활용하고 있다. 브레인스토밍과 스캠퍼기법만을 잘 활용해도 문제해결의 절반은 성공했다고 말할 수 있다.

스캠퍼는 브레인스토밍을 개발한 알렉스 오스본(Alex F. Osborn)의 체크리스트를 재구성해서 만들어진 기법으로 다음과 같은 방식을 적용해 아이디어를 도출해 낸다.

- S 대체하기(Substitute): 무엇을 대신 사용할 수 있을까?
- C 결합하기(Combine): 무엇을 결합할 수 있을까?
- A 동화시키기(Adapt): 조건이나 목적에 맞게 조절할 수 있을까?
- M 수정하기(Modify): 색, 모양, 형태 등을 어떻게 바꿀 수 있을까?
- M 확대하기(Magnify): 첨가할 것은 없는가?
- M 축소하기 (Minify): 축소할 것은 없는가?
- P 다르게 활용하기(Put to other uses): 다른 용도로 사용할 수 없을까?

- E 제거하기 (Eliminate): 무엇을 삭제, 제거할 수 없을까?
- R 재배열하기 (Rearrange): 어떻게 형식, 모양, 위치를 바꿀 수 없을까?

스캠퍼를 처음 접하는 사람은 적용방법을 잘 몰라 어려움을 겪지만, 스캠퍼는 '가감승제'(+, -. ×, ÷)의 법칙을 내포하고 있어 '가감승제' 원리를 잘 활용하면 도움이 된다. 단 단순히 어떠한 사물을 더하고 빼는 연산법칙에서 벗어나 기능, 원리, 방법, 색상, 모양, 위치, 형식 등 다양한 요인들을 더하고 빼고 그리고 좀 더 확산시키거나 축소하는 곱하고 나누는 방식으로 편하게 접근해 활용하는 연습을 한다.

예컨대 스마트폰의 원리는 전화기에 인터넷 기능을 더한 것이다. 일체형 컴퓨터는 모니터와 하드웨어 본체를 합한 것이다. 그리고 사용자의 편의만을 고려해 불필요한 부분이나 기능을 빼고 작고, 저렴하고, 예쁜 디자인으로 만든 펑션 올(function-all)[4]제품으로 인텔의 클래스메이크, OLPC의 태블릿 PC XO 3 등이 있다.

다. 유추발상법 활용 창의적 사고

우리는 사고를 할 때 대부분 자신이 경험한 것이나 친근하게 알고 있는 어떤 것으로부터 자극을 받거나 아이디어를 끌어내는 경우가 많다. 그러므로 창의적인 사고를 하는 사람은 의도적으로 어떤 것에 비유하여 새로운 어떤 것과 연결시키는 유추발상을 적절히 활용한다. 유추발상법을 활용하기 위해서는 동일한 사물을 다양한 각도에서 해석하고 설명하는 다음과 같은 습관이 필요하다.

- 현재 고민하고 있는 것과 유사한 사례나 비슷한 것은 무엇인지,
- 다른 사람은 이러한 문제를 어떻게 생각하는지,
- 이것을 통해 생각나는 것이 무엇인지,
- 문제들 사이에 유사성과 차이점은 무엇인지,
- 특정한 상황에서 습득한 지식이나 경험을 다른 또는 현재 상황에 응용할 수 있는 방법은 무엇인지 등

---

4) 신흥시장의 저소득층과 소비자를 위해 간단하며 작고, 저렴하게 만든 물건이나 서비스가 선진시장 소비자에게도 사랑 받고 있는 현상을 의미한다. 가격을 낮게 유지하기 위해 더 작게 만들거나 한정 생산하고, 사용법을 모르는 소비자를 고려해 더 간단하고 사용하기 쉽게 제작하였다. 그리고 에너지 효율이 좋거나(전통적인 에너지를 아예 사용하지 않거나) 수리가 용이해 낭비를 줄이고 험하게 써도 튼튼하며 아름다운 디자인(디자인의 민주화는 세계적인 현상) 등이 특징이다.

이러한 사고의 유추는 문제 해결에 유용할 뿐만 아니라 의사결정 시 범하는 편향(오류)을 줄이는데 도움이 되기도 한다. 수평적 사고(lateral thinking) 방법을 개발한 드 보노(E. De. Bono)는 "사고는 하나의 기능이므로, 의도적으로 연습을 하면 향상이 이루어진다"고 믿고 CoRT(Cognitive Research Trust)프로그램을 개발하였다. CoRT 4 프로그램의 하나인 '징검다리' 방법은 기존의 아이디어에서 새로운 아이디어를 얻는 수단으로서 '디딤돌 역할'(Stepping Stone)을 한다.

로저 본 외흐도 상상력을 유발하기 위한 방법으로 아래의 두 단계를 제시했다.[5)]

- **1단계**: 그저 '만약에?'라고 질문을 던진다. 이때, 실제조건, 생각, 상황과 반대로 질문하기만 하면 그만이다.
- **2단계**: '만약에?'라는 질문에 답하라.
  - ✓ 만약 동물이 인간보다 더 똑똑해진다면?
  - ✓ 만약 정치가들을 추첨으로 선출할 수 있다면?
  - ✓ 만약 거울을 보면 당신이 복제된다면?
  - ✓ 만약 고속도로의 아스팔트가 속도에 따라 붉은색이나 파란색으로 변한다면?
  - ✓ 만약 한 손의 손가락이 일곱 개라면?
  - ✓ 만약 내가 ~이라면? 등과 같은 질문을 하고 답을 한다.

대교의 '눈높이 수학'은 공부를 하는 아이의 입장에서 학습을 할 때 고민과 요구하는 것을 발견하고 아이의 입장에서 문제를 만들고 방법을 제시함으로써 히트 상품이 되었다. 그리고 근거는 없지만 최근 고속도로 진출입로에 속도를 줄여 운전자의 주의를 유도하기 위해 아스팔트 바닥에 붉은 색으로 칠을 한 것도 이러한 발상에서 얻어진 결과일 수도 있다. 그리고 때로는 불편하거나 단점이 창조적인 아이디어를 산출하는 디딤돌이 될 수 있다는 점도 유의해야 한다.

2) 논리적 사고의 프레임워크

(1) 논리적 사고의 의미와 기본 구조

가. 논리적 사고의 의미와 중요성

문제해결에 있어서 논리적 사고는 객관적인 근거를 기반으로 사고를 좀 더 유연하게

5) 정주연 역(2002), 생각의 혁명! Creative Thinking, 에코리브르, pp.84-88.

확장시키는 것이 목적이다. 사물을 바라보는 관점에 따라 사람들의 사고나 행동양식은 다르게 나타나기 때문에 문제를 해결할 때, 사물이나 주제를 하나의 맥락으로 묶어서 그들 간에 이루어지는 관계의 본질을 목적에 맞게 구조화해 나가는 과정이 필요하다.

더구나 아이디어가 아무리 많아도 문제해결에 반드시 필요한 아이디어를 판단하는 능력과 아이디어를 활용할 수 있도록 구조화하는 능력이 부족하면 최적의 대안을 가지고 최적의 결과를 산출할 수 없게 된다.

예컨대, 문제의 발생원인이나 해결방안을 좀 더 넓고 멀리 큰 틀에서 내다보면서 점차 관점을 좁혀 세부적인 것으로 구조화해 나간다면 문제를 하나의 맥락으로 묶어서 그들 간에 이루어지는 관계의 본질을 좀 더 구체적이고 체계적으로 이해할 수 있게 된다.

그리고 문제해결 과정에서 인간이 사고하는 방식은 '발산적 사고'(제1의 사고)와 '수렴적 사고'(제2의 사고)를 거친다고 설명한 바 있듯이 '수렴적 사고' 능력은 논리, 분석, 계획, 이성적 판단, 구체화, 그리고 구조화 등과 같은 사고를 포함하고 있다. 특히 '논리적 사고'는 '제2의 사고'의 가장 대표적인 사고 형식이다.

그러므로 논리적 사고는 아이디어를 수렴하고 정보를 보다 구체화하는데 있어서 객관적인 설득력과 신뢰를 뒷받침해야 하므로 정보를 누락하거나 중복해서는 안 된다. 문제해결에 필요한 정보를 최대한 반영하고 체계적으로 구조화하기 위해서 미씨(MECE)의 원리를 활용하고 있다.

나. 미씨(MECE) 활용 논리적 사고의 원리

'MECE'(mutually exclusive & collectively exhaustive : 상호배제와 전체포괄 그리고 누락이나 중복이 없는 것을 의미하며 '미씨'라 읽는다)는 컨설팅 기업인 맥킨지 컨설팅 그룹(MCG)이 처음 이 용어를 사용했다. 이것은 논리적 사고의 프레임워크를 구축하는 중요한 원칙이며, 논리적으로서 서로 배타적이지 않고 가능한 세부적인 내용이 포함되도록 각각 요소의 합이 전체가 될 수 있는 요소의 집합을 의미한다.

[그림 3-8]과 같이 서로 배타적이지 않고 합이 전체가 될 수 있는 요소의 집합이 MECE의 특성이다. 해결하고자 하는 전체업무나 문제를 'T'라고 가정하면 'T=A+B+C'인 관계가 형성되는 것이 MECE이다. 이를 위해서는 분류를 하고자 할 때 반드시 2개의 특성을 동시에 지니고 있는 것을 기준으로 삼으면 안 된다. 이러한 MECE 사고방식 특성 때문에 로직트리는 세분화된 모든 요소를 인과관계에 따라 나무형태로 나열하고 묶어서(그룹핑) 논리적이고 합리적인 분석을 유도해 낼 수 있는 것이다.

그림 3-8 논리적 사고 MECE의 특성

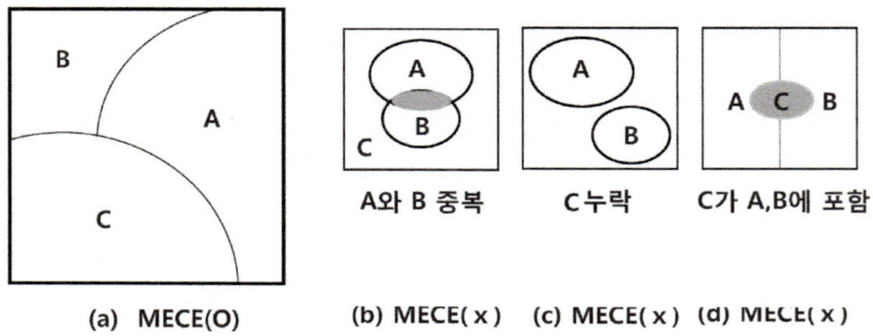

왜냐하면 사물을 생각할 때 확실히 전체를 포함하고 있는지, 미처 생각하지 못해 누락시킨 부분은 없는지, 그리고 중복되거나 불필요한 부분은 없는지를 보다 정확히 파악할 수 있기 때문이다.

그러므로 MECE의 원리를 이해하고 잘 활용한다면 기업 내에서 발생하는 문제의 원인 분석과 대안을 찾을 때 유용하게 활용할 수 있다.

예를 들어 〈표 3-6〉과 같은 기법과 요소를 활용한다면 문제해결 시 누락되는 부분을 막아주거나 중복되는 시간을 예방해주기 때문에 소요되는 시간을 줄일 수 있어서 업무의 생산성을 향상(보고서나 기획안 작성 시 MECE 프레임워크를 활용)시켜줄 뿐만 아니라 다양한 각도에서 논리적인 문제해결을 할 수 있도록 도와준다.

〈표 3-6〉 논리적 사고의 프레임워크 작성 시 논리축에 활용되는 요소

기법	요 소		활용범위
7'S 기법	• Shared Values(가치관) • Style(운영방식) • Strategy(전략)	• Staff(인적자원) • Skills(관리능력) • Structure(구조) • Systems(제도)	• 전략수립 및 • 내부환경분석
5M+1	• man(인력), • machine (기계) • money(자본)	• material(재료) • method(기술) • information(정보)	• 현장문제 개선
SWOT 분석	• strengths(강점) • opportunities(기회)	• weakness(약점) • threats(위협)	• 전략개발 및 분석

기법	요 소		활용범위
4P	• product(제품) • promotion(촉진)	• price(가격) • place(장소)	• 마케팅분석 • 환경분석
재무분석	• ROA	• ROS • EVA	• 결과평가
3C+1C	• customer(고객) • company(자사)	• competitor(경쟁사) • channel(유통)	• 환경분석
4C	• customer benefits(소비자 혜택) • cost to customer(소비자 기회비용) • convenience(편리성) • communication(커뮤니케이션)		• 마케팅 분석 • 소비자 분석

[그림 3-8] (a)의 경우는 MECE이다. 직장 내 직원들의 연령층을 파악했을 때 20, 30, 40대로 구분한다면 20대 A, 30대 B, 40대 C로서 MECE이다. 그러나 [그림 3-8] (b), (c), (d)의 경우는 MECE가 아니다. 먼저, (b)의 경우엔 ME(상호배제)도 아니고 CE(전체포괄)도 아니다.

직장 내 직원들의 취미나 다룰 수 있는 악기를 파악한다면 취미나 다룰 수 있는 악기가 한 가지 이상인 사람도 있고 여러 가지인 사람도 있어서 분류가 애매해진다. 만약 남자직원들 중 즐겨 시청하는 스포츠로 프로 야구 A와 프로축구 B로 구분을 했다면 서로 배타적이지도 않고 합이 전체가 되지도 않는다.

왜냐하면 A와 B를 모두 즐겨 시청하는 사람이 있고, 둘 다 시청하지 않는 사람이 있기 때문이다. (c)에서 직원들의 연고지를 서울 A와 부산 B로 분리했다고 할 경우, 이는 서울과 부산은 상호 배타적(중복이 되지 않음)이긴 하나 합이 전체가 되지 않는다. 왜냐하면 직원들의 연고지가 서울, 부산 외에 없다면 모르지만 전체는 서울, 부산 외에도 타 지역이 모두 포함되어야 하나 (c)에서는 그렇지 않기 때문에 ME이기는 하나 CE는 아닌 경우이다.

(d)에서 A, B, C는 CE(전체포괄)기는 하나 ME(상호배제)는 아니다. 예를 들면 직장 내의 여성의 기혼자, 자녀가 있는 사람, 없는 사람으로 나누었을 때, 전체가 여성이며 그 중 C는 기혼자이며 A는 자녀가 있는 여성, B는 자녀가 없는 여성으로 C는 A와 B의 중복이어서 A, B, C는 배타적이 아니다. 이렇게 일상에서 나타나는 현상과 사물을 MECE로 분류하는 훈련을 해보면 논리적으로 사고하고 문제를 분석하는 힘이 생긴다.

예를 들어 사람의 혈액형은 MECE이다. 혈액형은 A,B, O, AB형으로 분류되고 각각은 상호배제(ME)이며 전체를 포괄(CE)하기 때문이다.

(2) 논리적 사고의 프레임워크 구축 방법

미씨(MECE)의 원리를 기반으로 한 '논리적 사고'와 접목시킨 프레임워크 구축을 통해 '직선적 사고'의 습관에서 벗어나 '입체적 사고' 능력이 향상될 수 있다. 문제를 해결할 때, 큰 맥락에서 출발하여 다양한 논리적 축과 구조를 활용해 상호 연관성을 밝혀 나가도록 유도할 수 있기 때문이다. 문제를 해결하는 데 있어서 다루는 논리적 사고의 프레임워크는 [그림 3-9]와 같이 '로직트리 프레임워크', '매트릭스 프레임워크', '피라미드 프레임워크', 깔때기 프레임워크' 등 매우 다양하다. 이 가운데 가장 널리 다양하게 활용되는 프레임워크는 '로직트리 프레임워크'이다.

그리고 이러한 대부분의 프레임워크는 논리적 사고를 입체적으로 구조화하는 방법

그림 3-9 논리적 사고의 프레임워크

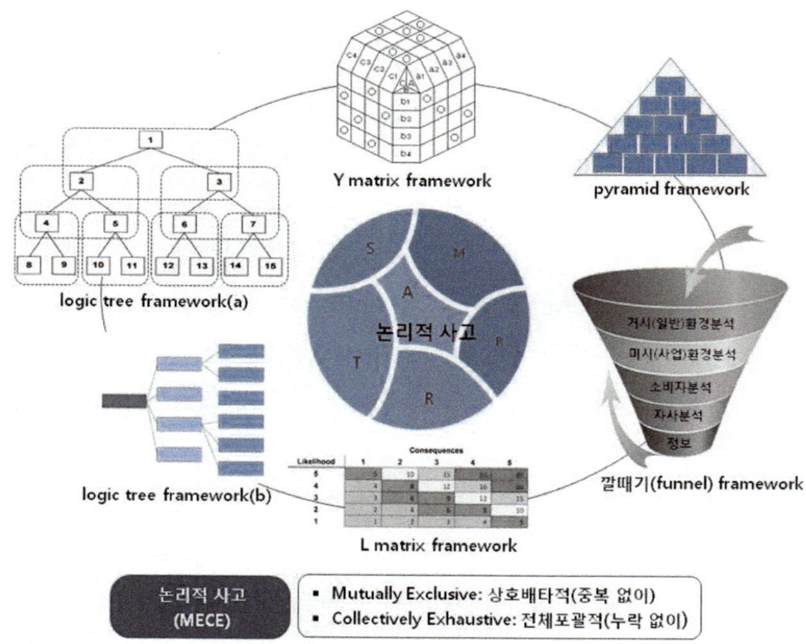

으로서 '시스템 사고'(systems thinking)[6]와 유사하다. '시스템적 사고'는 문제 또는 사건을 정의하고, 주요 인자들에 대한 동향을 분석한 다음, 시스템적으로 가시화하여 현상 및 원인을 파악하는 구조로 사고를 하기 때문이다.

따라서 [그림 3-9]의 다양한 프레임워크는 분석 대상이 되는 사물을 전체적인 관점에서 파악하고, 전체를 구성하는 하위요소들을 밝히고, 이들의 상호 연관 관계를 정립해 나가는 과정은 매우 유사하다. 그리고 무엇보다 문제 해결을 구조화함에 있어서 '빠짐없이 전체적으로 그리고 수준을 맞추어 중복됨이 없이' 문제를 분석하고 해결하는 미씨(MECE)의 속성을 가지고 있다.

가. '매트릭스 프레임워크'(matrix framework)

다양한 아이디어 중 필요한 아이디어를 선별할 때, 문제의 소재, 문제의 형태 등을 탐색하고 문제의 해결수단을 얻는데 매우 유용하며 아이디어나 활용, 책임, 기능 등에 존재하는 논리적 연관성을 [그림 3-9]의 Y형 매트릭스나 L형 매트릭스처럼 그래프에 대응관계를 표 또는 수치로 표시함으로써 문제의 소재나 문제해결의 발상을 얻기 위해 사용한다. 즉 문제가 되고 있는 항목 중 상호 연관성이 있는 요소를 찾아 다양한 매트릭스 형태에 배치하여 그 교차점에 해당하는 요소들이 어떠한 연관성이 있는지를 파악하기 위해서도 유용하게 활용된다. 매트릭스도법의 유형은 매트릭스 패턴에 의해 *L*형, *T*형, *Y*형, *X*형, *C*형 등으로 분류하고 있다. 이 가운데 매트릭스 유형을 선택할 때 가장 많이 사용되는 매트릭스는 *L*형과 *T*형이다.

나. '피라미드 프레임워크'(pyramid framework)

피라미드 프레임워크는 맥킨지에서도 로직 트리로 문제를 해결하고 피라미드 구조로 설득하라고 강조한다. 일반적으로 로직 트리는 [그림 3-9] 로직 트리 프레임워크(b)처럼 가로형태로 좌측에서 우측으로 또는 우측에서 좌측으로 논리구조를 전개해 나간다. 그러나 [그림 3-9]의 로직 트리 프레임워크(a)와 피라미드 프레임워크는 매우 유사한 형태를 보여주고 있다. 그리고 피라미드 프레임워크는 [그림 3-10]에서 보는 바와

---

6) 시스템(system): 시스템의 개념은 부분(parts)과 전체(unitary whole)가 결합하는 형식이다. 하나의 맥락에서 전체를 구성하는 부문의 유기적인 모임을 시스템이라 한다. 예를 들면 기업이란 상위시스템(system)은 다수의 사업부인 하위 시스템(sub-system)으로 구성되어 있으며, 사업부는 다시 하위의 기관은 재무, 인사, 마케팅, 생산조직의 하위 시스템(sub-sub-system)으로 이루어져 있다. 시스템적 사고는 오늘날 다각적으로 많은 학문분야에서 적용되고 있다. 철학, 자연과학, 공학에서 뿐만 아니라 사회과학에 있어서도 시스템적 접근이 널리 활용되고 있다.

같이 시스템 사고(systems thinking)와 유사한데 하위 요소를 묶는 과정에서 3가지 원칙이 있다.

그림 3-10 시스템 사고와 피라미드 프레임워크

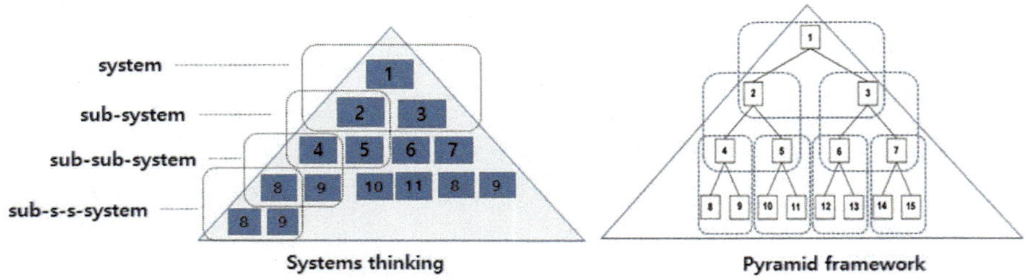

① 어떤 계층에 있는 항목이든 하위 그룹의 항목을 요약해야 하며 상하는 연관성(주종관계)이 있다. 피라미드 프레임워크에서 1과 2, 3은 주종관계이며, 2와 4, 5가 주종관계이다.

② 그룹 내에서는 항상 동일한 속성(종류)이어야 하며, 속성이 다른 항목이 들어오면 안 된다. 2, 3은 1을 설명하는 동일한 속성, 6, 7은 3을 설명하는 동일한 속성이다.

③ 그룹 내에 있는 것은 중복이나 누락이 있으면 안 된다. 1에서 15까지 인과관계에 의해 중복이나 누락이 없다. 만약 사무실을 개설해야 한다면 1은 사무실(준비해야 할 것)이며, 2, 3은 1을 위해 같은 속성, 즉 사무가구, 전자기기(동일한 속성으로 그룹핑 되어 1과 주종관계), 4, 5는 2와 주종관계로 의자, 책상(2의 하위 그룹으로 그룹핑)된다. 이러한 과정을 거쳐 누락과 중복이 없이 문제 해결을 구조화할 수 있다.[7)]

(3) '로직트리 프레임워크'(logic tree framework)

가. 로직트리 기법의 의미와 중요성

'로직트리 기법'(logic tree)이란 'MECE'의 사고방식에 따라 주요항목을 나무형태로 세분화하는 도구이다. 즉 주어진 문제 또는 과제에 대해 논리적 연관성이 있는 하부

7) 이호철(2010), 면접퍼즐, 논리력으로 풀어라, 비즈센, pp.45-50. 참고.

과제들을 나무모양으로 전개한 것을 말한다. 로직(논리)을 트리 모양으로 관련지어 상호의 인과관계와 중요성과 크기의 관계를 찾아내어 문제 해결에 장애가 되는 핵심요인을 파악하는 것이다. 로직트리는 문제를 본원적인 부분에서 해결해 보려는 기법이기 때문에 문제분석 외에도 체크리스트 또는 원인을 분석하거나 대안을 개발하는 도구로도 널리 활용되고 있다. 로직트리는 문제해결의 꽃이라고 할 만큼 다양한 장점을 지니고 있다.

① **논리적인 사고에 기반:** 대부분의 문제는 단편적인 해결방안으로 해결되지 않는 경우가 많기 때문에 근본적인 원인을 찾아야만 문제해결의 단서를 찾을 수 있다. 이러한 측면에서 로직트리는 문제에 대해 과제, 원인, 대안 등을 나무형태로 나열하고 논리적으로 분해해 근본적인 해결방식과 실마리를 제공한다.

② **폭 넓은 활용범위:** 문제의 분석 외에도 체크리스트, 문제의 원인 파악, 대안의 개발 등에 폭넓게 활용된다.

③ **문제파악이 용이:** 로직트리는 나무형태의 그림으로 표현되기 때문에 한 눈에 볼 수 있어서 문제의 원인과 대안을 찾기 쉽다.

④ **사고 확장의 기회를 제공:** 한눈에 파악할 수 있어서 지속적으로 논리적 사고를 유도하고 아이디어를 지속적으로 확장시켜나갈 수 있다.

⑤ **문제의 발생을 사전에 예방:** 로직트리는 논리적으로 분해하고 관계를 분석하는 과정에서 누락이나 중복을 미연에 확인하면서 원인이나 해결책을 구체적으로 찾아낼 수 있기 때문에 각 내용이나 인과관계를 분명히 할 수 있다.

나. 로직트리의 적용방법

로직트리의 적용방법은 '연역적 작성법'과 '귀납적 작성법'으로 나누어진다.[8)]

---

8) ① 연역적인 방법(演繹法, deduction, 삼단논법) : 보편적인 법칙으로부터 구체적인 결론을 이끌어 내는 문제해결 방법이다. 예를 들어, '소크라테스의 삼단논법'을 보면, 모든 인간은 죽는다(보편적인 법칙 : 대전제) →소 크라테스는 인간이다(개별사례 : 소전제) →따라서 소크라테스는 죽는다(구체적인 결론 : 추론). 즉 연역법은 정언적 삼단논법으로 전제를 바탕으로 결론을 내리기만하면 된다. ② 귀납적인 방법(歸納法, induction) : 구체적인 사실로부터 보편적인 결론을 이끌어 냄으로써 문제를 해결해 나가는 방법이다. 즉 개별사례의 공통적인 특징을 바탕으로 일반적인 결론을 유도하는 것이다. 예를 들어, 뉴튼은 죽었다(사례 1) →아인슈타인도 죽었다(사례 2) →그들은 모두 인간이었다(공통 특징) →따라서 모든 인간은 죽는다(보편적인 결론). 즉 귀납법은 더욱 단순하다. 복수의 사실에서 보

가) 연역적 방법의 로직트리 작성

연역적 방법은 분석범위의 방향이 어느 정도 명확하거나 작성경험이 풍부한 경우 사용된다. 작성하는 절차와 방법은 다음과 같다.

① 1단계-Initial Question 작성

분석의 대상과 범위를 명확히 하기 위해 주어와 술어의 형태로 Initial Question을 기술한다. 예를 들어 [그림 3-11]에 나타낸 것처럼 "사내교육 시스템의 문제는 무엇인가?"와 같이 정리한다.

② 2단계-분류의 기준 설정

분석목적에 따라 분류기준을 설정한다. 로직트리를 하는 목적이 무엇인지 파악한 후 분류기준을 정한다. 사내교육 시스템의 문제를 분석한다면 OJT, Off-JT, 기술교육, 직무교육 등과 같이 구분한다.

③ 3단계-논리축의 설정

'MECE 원칙'에 따라 논리축을 설정한다. 논리축은 〈표 3-6〉과 같이 기업에서 문제해결에 많이 활용하는데 만약 분석목적과 분류기준(TV가 분류기준이면 다음 논리축은 TV의 크기, 기술, 색상 등에 따라 설정)에 따라 선정결과가 달라지기 때문에 논리축을 명확히 설정해야 한다.

④ 4단계-하위요소 작성

논리축의 하위요소를 작성한다. 앞 단계에서 세워진 논리축에 대해 인과관계를 살피면서 하위요소가 적어도 2개 이상 만들어 지도록 한다.

⑤ 5단계-검증 및 완료

논리과정을 검증한다. 마지막 단계까지 논리축이 완성되었다면 분류한 내용들이 관련된 문제를 모두 포함하고 있는지, 동일 단계(level)간 'MECE'한지, 전후의 인과관계가 명확한지 등을 검증한 후 [그림 3-11]과 같이 연역적 방법의 로직트리를 완성한다.

편적인 원리를 이끌어 내는 방법이다.

그림 3-11 연역적 로직트리 예시

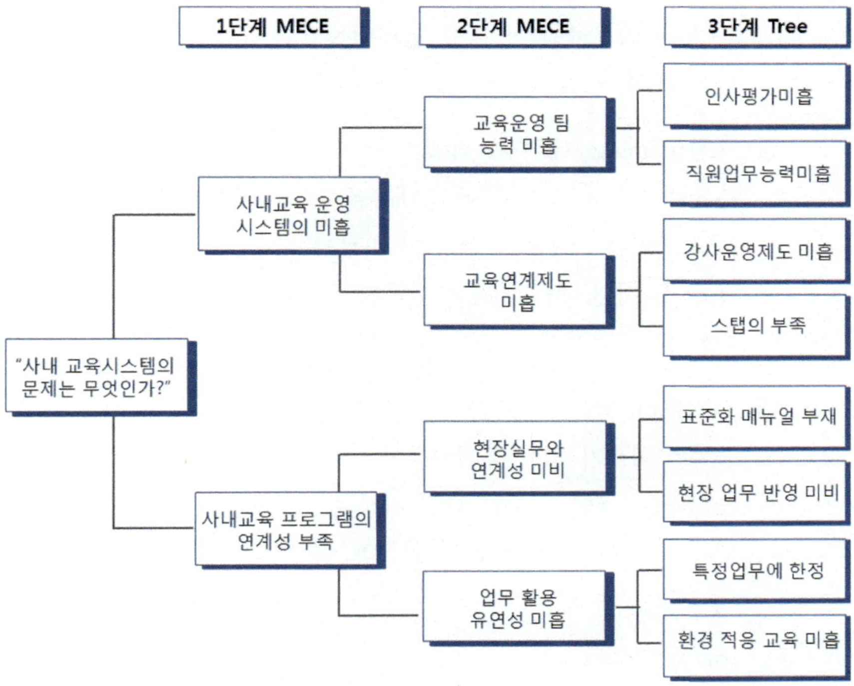

나) 귀납적 방법의 로직트리 작성

귀납적 방법의 로직트리는 문제의 분석범위나 방향성이 불분명하거나 로직트리작성 경험이 부족한 경우에 주로 활용한다. 귀납적 방법으로 로직트리를 작성하는 절차와 방법은 다음과 같다.

① 1단계-문제의 열거

브레인스토밍 기법을 활용해 문제를 열거한다. 가급적 측정이 가능한 문제를 열거하고 구체적으로 기술한다.

② 2단계-문제의 분류

1단계에서 열거된 문제를 정리한다. 이때 [그림 3-12]에서처럼 열거된 문제 중 관련이 없는 것(b, c, h, k)은 제거한다. 다음 단계에서 보다 구체적으로 문제를 분류하기 위함이다.

③ 관련성을 파악해 그룹핑(grouping)

남아있는 문제를 유사한 문제별 분류하고 중복 여부가 있는지 파악한다. 관련성은 먼저 소분류를 통해 유사한 내용끼리 그룹핑한다. 소분류된 문제는 다시 중분류와 대분류를 통해 그룹핑한다.

④ 이름(naming, 네이밍) 작업

분류한 그룹은 그룹별 어떤 내용을 담고 있는지 이름을 붙이는 작업을 한다. 네이밍 작업은 그룹을 분류할 때 바로 부여하는 것도 좋은 방법이다. 예를 들면 소분류 후 어떤 내용을 담고 있는지 이름을 부여하고 다시 중분류한 후 이름을 부여해 나가는 식이다.

⑤ 로직트리(logic tree) 완성

중복된 자료가 없는지 점검하고 최종 분류된 그룹을 토대로 논리축을 설정한다. 논리축은 [그림 3-12]와 같이 가장 큰 그룹(대분류)을 좌측에서 시작해 중분류 소분류로 차례로 로직트리를 완성해 나간다.

그림 3-12 귀납적 로직트리 예시

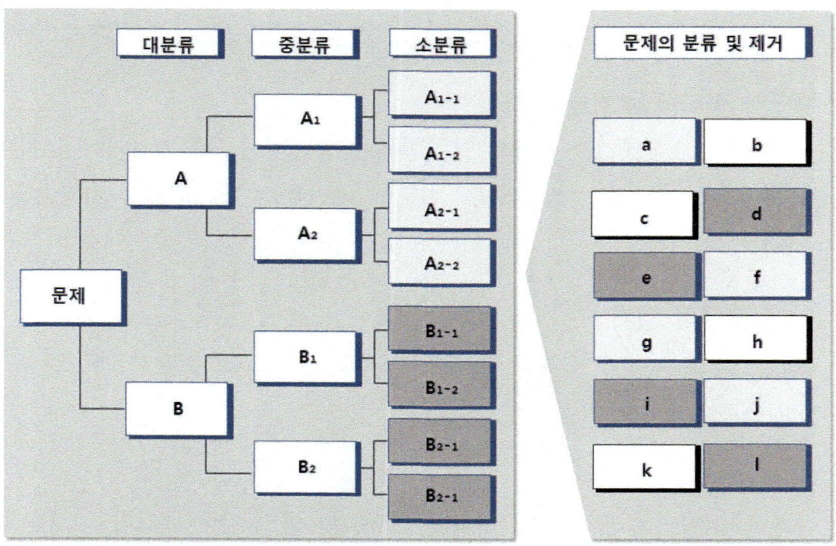

다. 로직트리 작성 시 주의사항

로직트리를 작성할 때는 다음과 같은 사항에 유의한다.[9]

① **의사결정자가 활용하고자 하는 목적을 명확히 한다.** 활용범위가 매우 넓어서 사용목적을 명확히 하지 않으면 문제해결 방향이 달라질 수 있다. 로직트리는 문제의 구조를 파악하거나 체크리스트, 원인의 규명, 해결안 도출 등 활용범위가 매우 다양하기 때문이다.

② **전체집합이 명확한지 검토한다.** 로직트리의 작성은 MECE의 원칙을 충족시키는 것을 전제로 하기 때문에 전체 집합이 명확하지 않으면 MECE의 원칙을 충족시킬 수 없으므로 정확한 용어를 사용해서 전체집합을 정의한다.

③ **분류된 가지의 아이디어들이 그룹핑이 잘 되었는지 파악한다.** 분류된 가지의 단계의 내용이 전후관계가 명확한지, MECE한지(유사한 내용끼리 그룹핑) 등을 살펴야 하며 왜곡된 가지가 있다면 조치를 취해야 한다. 단, 3차 단계 이후 부터는 반드시 MECE 규칙이 지켜지지 않아도 상관없다.

④ **분류의 단계를 명확히 판단한다.** 의사결정자는 문제해결에 필요한 정보를 얻기 위해 세부단계의 분류를 전략적으로 의미 있는 단계를 어디까지 할 것인지 판단해야 한다.

⑤ **논리축(프레임워크)[10]을 명확히 설정해야 한다.** 분류기준별 논리축을 어떻게 설정하느냐에 따라 분류된 가지별 아이디어(내용)의 왜곡이나 전후관계 확인에 도움이 되고 로직트리의 완성도가 높아져 목적에 부합한 분석을 할 수 있다. 논리축 설정에 활용되는 요소로는 〈표 3-6〉과 같이 문제해결 기법에 활용되는 다양한 도구의 내용을 참고하면 된다.

---

9) 박봉수(2008), 문제해결의 노하우, 피앤아이컨설팅, p.131 참고.

10) 논리적인 프레임워크는 세상을 나눠 바라보고 생각을 조작하는 방법을 가르쳐 준다. 우리가 문제를 분석할 때 실체를 지닌 사물이나 현상(정보, 지식 등)을 분해할 때 활용된다. 때문에 로직트리 기법에서 논리축(프레임워크)은 목적에 맞게 빠짐없이 전체적으로 수준에 적합한 분해(분류)를 가능하게 한다. 기업경영에서도 [그림 3-13]과 같이 문제를 진단하고 대안을 개발할 때에도 다양한 프레임워크를 사용하고 있다.

참고로 로직트리 작성 시 연역적인 방법은 문제해결방법으로 적절하지 않은 경우가 많다. 보편적인 법칙으로 제시한 조건이 '언제나 참'인 경우에만 유효하기 때문이다.

✩ 예를 들어 한국자동차의 경영자가 "직원들이 생산성이 떨어진다."는 문제를 해결하기 위해 연역적 방법을 적용해 해결하려고 한다고 가정할 경우 의사결정자는 '아마 이것 때문'이라며 일반적으로 생산성이 떨어지는 원인을 제시하게 된다. 만약 이때 의사결정자가 '중간간부가 되면 나태하다'(보편적인 법칙)고 가정하게 되면 〈표 3-7〉과 같은 논리가 구성되면서 오류가 발생한다.

〈표 3-7〉 연역적 방법의 오류 사례

연역법	논리 내용
보편적인 법칙	• 중간간부가 되면 나태하다
개별 사례	• 한국자동차는 중간간부가 업계 평균보다 40% 많다.
구체적인 결론	• 따라서 한국자동차의 직원들은 나태할 수밖에 없다.
해결 방안	• 직원들의 승진 방식을 개선하는 방법을 찾게된다.

라. 로직트리의 유형 및 활용사례

로직트리는 사용 목적에 따라 활용하되 전체가 빠짐없이 중복되는 일이 없게 하는 것(MECE)이 중요한데 로직트리는 크게 Why 트리, How 트리, What 트리 3종류로 나눈다. 이 밖에 이들 3가지 트리에서 파생된 것으로 주요 콘셉트를 구성하는 콘셉트 트리와 기본전략을 세분화한 전략 트리니즈(needs)에서 원츠(wants) 그리고 솔류션(solution)을 트리화한 솔루션 트리 등이 있다. 로직트리의 세부 종류와 특징을 정리하면 [그림 3-13]과 같다.

그림 3-13 로직트리의 종류와 특징

<table>
<tr><th>주요 도구 및 형태</th><th>내 용</th></tr>
<tr><td>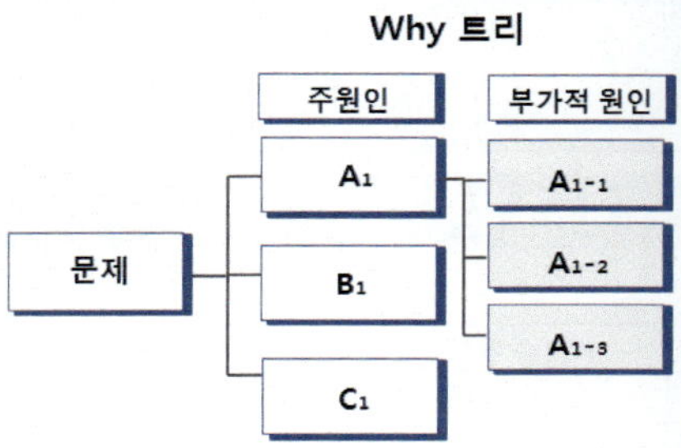
</td><td>Why tree는 문제의 원인이나 이유를 찾을 때 사용한다. 예를 들면 "고객의 불만이 급증하고 있다"는 문제에 대해 원인을 '고객의 욕구변화', "경쟁사의 서비스', '자사의 서비스' 등으로 세분화해 나가고, 계속 세분화해 나감으로써 구체적인 원인 규명이 가능해진다.
• ~가(이) 안 되는 이유는, ~가(이) 감소(확대)되는 이유는, ~의 불만 원인은 등</td></tr>
<tr><td>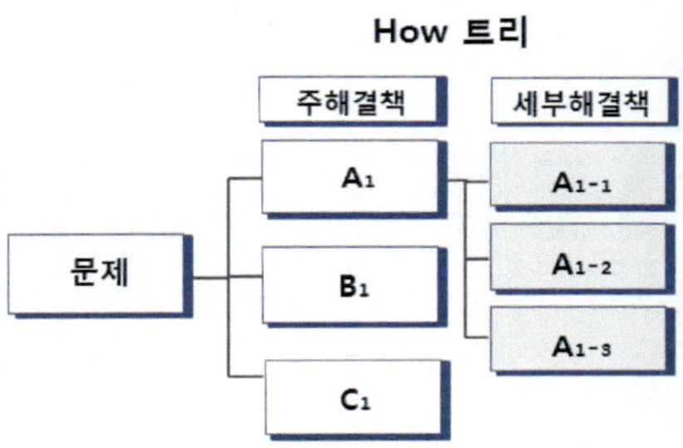
</td><td>How tree는 과제의 원인에 대한 해결책을 이끌어내기 위한 도구로, 경영에서는 활용범위가 매우 넓다. 예를 들어, "조직 내의 지식관리 시스템을 도입한다"는 과제가 주어질 때 과제해결 방법을 '지식창고 구축', '운영자 선정', '보상체계' 등으로 세분화해 나가는 것으로 4~5단계까지 세분화해 나간다.
• ~을(를)해결하기 위해서는, ~을(를) 향상시키기 위해서는, ~을(를) 개선하는 방법은 등</td></tr>
<tr><td>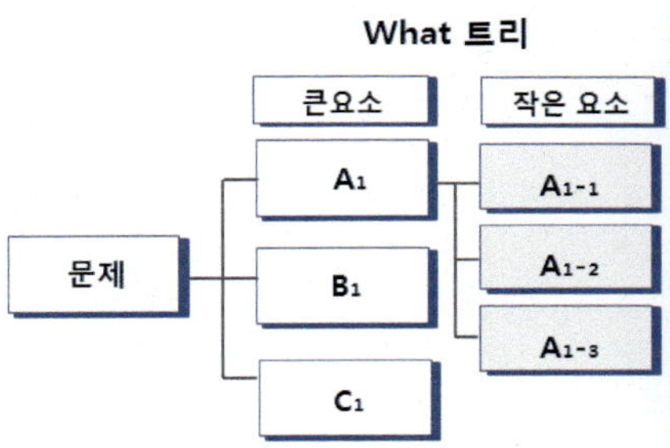
</td><td>What tree는 과제나 사물의 구성요소별로 구분하는 데 사용된다. 예를 들어 "신규 점포 오픈에 대비해야 할 일은 무엇인가?"라는 주제로 해야 할 일을 빠짐없이 중복되지 않게 '사무기기', '전자기기', '사무용품' 등으로 세분화하고 단계적으로 하위 속성을 그룹핑화해서 정리할 수 있도록 나누어 나가는 것이다.
• ~의 구성 요소는, ~의 항목은, ~의 체크리스트는 등</td></tr>
</table>

출처: 박봉수(2008), 문제해결의 노하우, 피앤아이컨설팅, pp.131-140.; 이호철(2010), 면접퍼즐, 논리력으로 풀어라, 비즈센, pp.26-44.; 이봉노 역(2010), 전략적 의사결정을 위한 문제해결 툴킷, 새로운 제안, pp.188-189. 참고.

★ 대부분 글을 쓰기 전에 자신이 무엇을 말하고자 하는지 명확하게 알고 있는 사람은 거의 없다. 자신의 생각이 무엇인지, 무슨 내용을 담아야 하는지, 어떻게 전개해야 하는지 등의 고민을 해결해 주는 틀이 '프레임워크 사고'이다. 앞서 소개한 미씨(MECE), 로직트리(logic tree), 매트릭스구조(matrix), 피라미드 구조(pyramid), 그리고 저자가 소개한 '깔때기 방식'(funnel method) 등은 모두 프레임워크 기반 사고

전개 방식이며, 근본적으로 의사결정자로부터 '누락'과 '중복'을 막아 창의적이고 논리적인 문제해결을 도와주는 것이다.

★ 예를 들어 A기업이 최근 M&A 이후 기업 간의 조직문화가 융화되지 않아 신규사업에 차질을 빚고 있어 경영진단을 받기로 했다. 기획팀 나사고 팀장이 글로벌컨설팅그룹을 선택한 이유를 [그림 3-14]와 같이 피라미드 구조를 활용한 프레임워크 사고방식으로 작성한 것이다.

[그림 3-14] 피라미드 활용 논리적 사고의 프레임워크

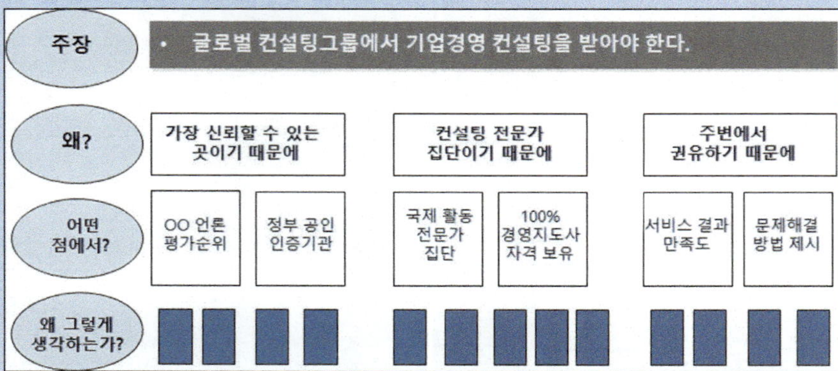

3) 전략적 사고의 프레임워크

(1) 전략적 사고의 의미와 특징

'전략적 사고의 프레임워크'는 먼저, '창의적 사고'와 '논리적 사고'를 통합해 사고하는 통합적 사고능력을 기반으로 한다. 특히 환경변화와 미래를 예측하며, 문제를 종합적인 관점에서 바라보고 필요한 정보를 수집하고 분석함에 있어서 전체에서 세부적인 것으로 구조화하고 탐색하는 능력을 필요로 한다.

여기에서 '전략'의 개념은 군사용어에서 비롯된 것이지만 이 용어가 본격적으로 기업경영의 문제해결과 의사결정에 활용되기 시작한 것은 이제 겨우 50년이 채 안 된다. 그렇지만 이제 전략은 기업경영의 중심에 서 있고 생존을 위한 핵심적인 사고의 틀로 자리매김을 하고 있다. 더구나 전략은 기업의 경계를 벗어나 개인의 삶과 다양한 분야에 그 영향력을 행사하고 있어 전략이 우리 삶에 미치는 의미와 영향은 매우 크다고 할 수 있다.[11]

11) 박상범, 길종구(2017), 전략경영 제2판, p.53.

그러므로 전략이 기업뿐만 아니라 개인과 국가 등 다방면에서 중요하고 유용하게 활용되고 있으며, 개인과 조직의 문제해결과 의사결정 과정에서 전략의 중요성을 이해하고 전략적 사고를 갖추도록 요구하는 것은 급변하는 대내·외 환경에서 기업이 생존할 수 있는 방법을 전략이 제공해 왔고 앞으로도 그러할 것이라 믿기 때문이다.

그러므로 과거의 환경변화를 이해하고 그에 맞추어 선택된 전략적 방법을 파악하는 것은 향후 전개될 예측불허의 시대를 슬기롭게 대처할 수 있는 방법을 찾기 위함이다. 더구나 21세기의 기업 환경은 매우 위협적이다. 세계화가 가속화되면서 자본시장의 자유화는 경쟁구도를 바꿔 놓았고, 탈규제화가 가속화되고 동시에 지역과 국가 간 경제 블럭이 무너졌으며, 특히 IT기술과 접목한 신기술의 발전과 위력은 매우 대단하다. 그럼에도 불구하고 시장과 경쟁에서 살아남는 기업들은 모두 탁월한 전략적 사고로 무장했기 때문이다.

따라서 '전략적 사고의 프레임워크'를 구축할 수 있는 인재가 되기 위해서는 먼저, 치열한 경영환경의 변화에서 기업이 생존하기 위한 '전략적 패러다임'의 변화를 정확히 이해하는 노력이 필요하며, 전략적 패러다임을 이해한다는 것은 바로 '전략적 사고'를 향상시키는 가장 유용한 방법이다.[12)]

(2) 전략적 사고의 프레임워크

전략적 사고의 기본은 어떠한 사물을 바라볼 때(해결해야 할 문제와 관련) 전체를 볼 수 있는 안목(숲을 보고 나무를 보는)을 갖추는 것이다. 여기서 전체를 본다는 의미는 두 가지 이다. 먼저, 문제해결을 위해 '창의적 사고'(우뇌)와 '논리적 사고'(좌뇌)의 능력을 결합하는 '통합적 사고'(전뇌) 능력을 향상시키는 것을 의미한다. 그리고 [그림 3-15]와 같이 문제해결자(의사결정자)가 해결하고자 하는 문제에 영향을 미칠 수 있는 요인과 문제해결 과정에 필요한 정보를 탐색하기 위해서는 자신을 중심으로 외부환경요인과 내부환경요인을 구조화하는 능력이다.

'통합적 사고'의 창의력 기법은 '발산적 사고기법'(창의적 사고)과 '수렴적 사고기법'(논리적 사고)를 결합한 대안을 실행에 옮기기 위해 활용하는 '잠재적 문제분석법', 'PERT/CPM법 등으로 제8장과 제9장에서 소개하고 있다. 본 장에서는 전체에서 심층

12) 본 서 제1장, 3, 1) '미래를 예측하는 힘의 필요성'에서 '① 기하급수적으로 발전하는 기술이다. ② 지구촌의 경계가 무너진 세계화의 가속화를 들 수 있다. ③ 소비자의 욕구는 다양해지고 수준은 한층 더 높아졌다.'를 다시 한번 검토하기 바란다.

적으로 정보를 탐색하고 전략적으로 구조화하는 방법에 대해 소개를 한다.

즉 문제의 발생배경과 문제해결에 필요한 정보의 탐색은 의사결정자가 통제하기 어려운 외부환경요인으로 '일반(거시)환경', '산업환경', '소비자환경' 요인을 문제해결자가 해결해야 할 문제와 어떻게 접목시켜 분석하는가에 대한 방법을 설명한다. 이러한 분석 과정은 문제해결에 중요한 정보를 제공하는 한편 이들 요소의 분석을 통해 파악한 외부의 기회와 위협이 내부의 환경요인과 어떻게 조화를 이룰 것인가에 대한 중요한 역할을 하기 때문이다.

그림 3-15 전략적 사고의 프레임워크

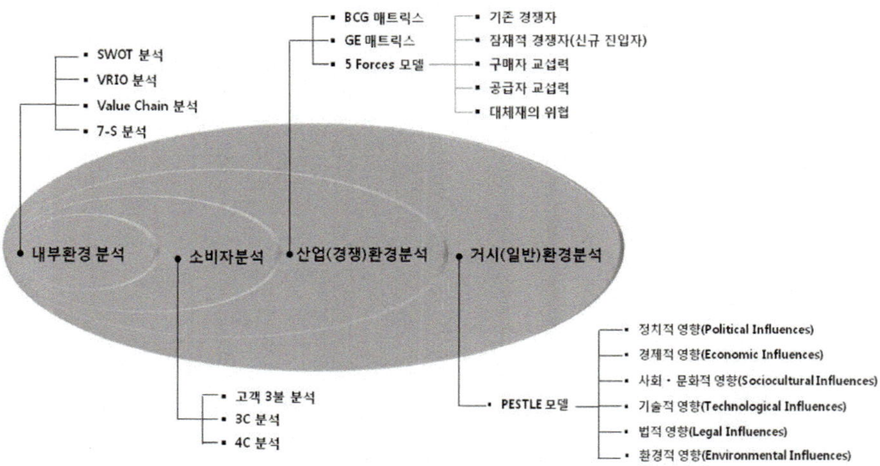

그러므로 이러한 전략적 사고는 문제해결을 위한 정보를 탐색할 때도 [그림 3-16]과 같이 '깔때기 방식 프레임워크'(funnel method framework) 형태로 내부에서 외부로 또는 외부에서 내부로 탐색을 진행한다. 예를 들면 세부적인 것에서 전체적인 것으로 전개할지, 전체적인 것에서 세부적인 것으로 좁혀 나갈지를 선택을 한다.

그러나 가급적 기업의 외부 정보원천을 대상으로 정보탐색을 진행한 후 내부적 정보원천을 대상으로 정보탐색을 펼쳐나가야 한다. 외부정보는 기업의 통제가 어려운 정치, 경제, 사회, 문화 등의 일반적(거시적)인 정보와 경쟁사 관련 산업환경 정보를 수집한 후 내부정보는 마케팅, 생산, 재무, 인사 등 다양한 부서에서 확보하고 있는 고객과 자사의 현재 상태(역량이나 장점, 단점 등)를 중심으로 축적된 보고서와 관련 자료 그리고 직원 등을 대상으로 수집해 나간다.

따라서 의사결정자가 현상을 파악하기 위해서는 거시환경(PEST 기법), 미시환경 또는 산업환경(5 Forces 기법)과 경쟁사(STP, 3C, 4C 기법), 고객(고객 3불 분석, 3C), 그리고 자사(SWOT분석, 7S 모형, VRIO 모형)에 대한 정보를 수집하여 문제를 발견하고 문제의 발생 배경을 관찰한다.

그림 3-16 전략적 사고 기반 정보수집 및 활용 프레임워크

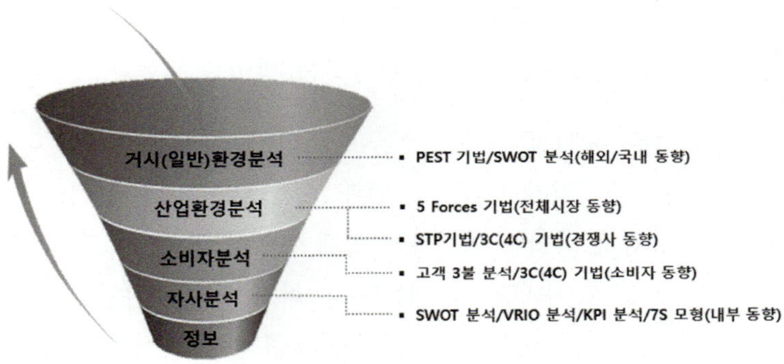

❖ 외부와 내부의 환경분석을 통해 문제와 관련된 정보를 수집하고 탐색하는 과정

① 거시(일반)환경의 기회와 위협

거시환경은 자신(조직)이 통제하기 가장 어려운 정치, 경제, 사회 · 문화, 기술, 법률 등 다양한 일반환경 요인들이다. 예들 들면, 산업규제와 같은 정치적인 판단, 환율변화와 글로벌 경기 등과 같은 경제동향 뿐만 아니라 기업은 소비자의 욕구를 충족시키기 위한 제품과 서비스를 지속적으로 개발하고 개선해 나가는 노력을 하기 때문에 시장(경쟁자)의 새로운 기술환경요인을 자신(조직)의 능력과 적합시켜 나갈 수 있어야 한다. 더구나 최근 기술이 첨단화되고 기술변화의 속도가 빨라지고 있기 때문에 생존을 위해 반드시 분석해야 하는 영역이다.

② 신규 또는 잠재경쟁사와의 관계

경쟁사에 대한 정보는 산업환경분석을 통해 구체적으로 얻을 수 있다. 이러한 정보는 단순히 시장점유율을 높이고, 경쟁사의 강점과 약점 등 지금 당장의 문제와 관련한 정보를 제공해주는 것이 아니라 잠재적 경쟁상대가 누구인가를 파악하게 하고, 경쟁사와 대응할지, 협력관계를 유지할지 등 관계설정, 그리고 신규 사업 창출 아이디어 발굴 등 다양한 정보를 얻게 된다.

③ 소비자와의 태도 및 변화

고객이 어디에 가치를 두고 있는지, 해결해야 할 문제와 어떤 연관이 있는지, 그리고 어떻게 대응할 지에 대한 정보를 파악하도록 도와준다. 소비자(고객)의 문제는 대부분 자신이 구매한 제품이나 서비스가 소비자가 지불하는 비용 대비 기대하는 가치가 창출되지 못했을 경우 발생하게 된다는 것을 알 수 있다. 그러므로 소비자의 가치 창출을 위해 소비자와 관련된 문제를 해결하는 방법, 즉 소비자의 요구변화에 대한 대응하는 방법을 찾는 정보를 얻을 수 있게 된다.

④ 내부(자사)의 역량

문제해결자가 보유한 자원과 조직구조에 대한 분석을 통해 외부환경 요인 분석을 통해 파악한 기회와 위협에 어떻게 대응할 것인가의 방향성과 문제해결을 성공적으로 수행할 수 있는지, 그리고 새로운 사업을 창조할 수 있는지 그리고 보유한 자원과 조직이 전략적인 조화를 통해 상승효과(synergy effect)가 창출되는지 등 다양한 상황에 대한 판단을 도와준다. 특히 내부에 가치 있고 희소한 자원을 보유하고 있어 문제해결 과정에서 최적의 대안을 도출했다 하더라도 조직구조가 최적안을 실행하는 능력이 떨어진다면 의미가 없기 때문이다. 따라서 내부의 역량은 최적안을 실행하는 능력을 갖추고 있는 조직구조와 적합한 형태이어야 한다.

따라서 '현상파악'을 통해 얻어진 결과물은 문제의 유형을 파악하도록 도와주며, 문제의 원인을 찾거나 해결해야 할 문제를 정의하는 정보로 활용하게 되고 나아가 대안을 개발하는데 방향을 제시하거나 최적안을 구조화하는데도 '전략적 사고의 프레임워크'는 유용하게 활용된다. 예를 들면 전략적 사고를 통해 파악하는 정보는 문제를 해결해야 할 당사자나 문제의 중요성을 판단하도록 도와주기 때문에 문제해결과 효율적으로 적합시켜 나가는 효과를 기대할 수 있다.

❑ 창의적이고 융합적인 사고 연습(3) 재미있는 착시현상(1)

- 착시(錯視)란? 시각 이미지가 사물의 실제와 다르게 보이는 것을 뜻한다.
- 주변의 다른 정보의 영향으로 시각 자극을 인지하는 과정에서 원래의 사물에 대한 시각적인 착각을 일으키는 것이 착시이다. 주요한 착시에는 세 가지 종류가 있다. 첫 번째는 사물의 이미지를 받아들이면서 착각을 일으키는 글자 그대로의 착시 현상이다. 두 번째는 명암, 기울기, 색상, 움직임 등의 특정한 자극의 과도한 수용으로 인해 일어나는 물리적 착시이다. 세 번째로는 뇌가 눈에서 받아들인 자극을 무의식적으로 추론하는 과정에서 발생하는 인지적인 착시이다.

1] 물리적 착시 :

- 물리적 착시현상은 격자 착시에서 잔상 효과에 의해 실제로는 존재하지 않는 점이 보이는 것과 같은 착시를 말한다. 이 외에도 같은 밝기의 회색을 배경에 따라 더 어둡거나 또는 더 밝은 것으로 인식하는 것도 물리적 착시의 일종이다.

[격자착시]

- 물리적 착시는 명암, 기울기, 색상, 움직임 등 눈에 주어지는 특정한 시각 자극이 과도하게 수용되어 일어나는 것이다. 몇몇 반복되는 이미지는 시각 정보 인지 과정의 초기 단계에서 생리학적인 불균형을 가져오게 되어 이러한 착시를 유발한다.
- 헤르만 에빙하우스가 고안한 격자 착시와 마흐 밴드는 명암에 의한 물리적 착시의 가장 좋은 예로 꼽힌다. 인간의 눈에 있는 간상세포는 망막에 넓게 분포하여 빛의 세기에 따라 반응하는 수용야(受容野, 영어: receptive field)를 이룬다. 하나의 간상세포가 자극에 반응하면 가로 방향으로 인접한 다른 간상세포에도 자극을 전달하여 인접 수용체의 반응을 억제하는 횡억제(橫抑制, 영어: Lateral inhibition)가 일어난다.
- 이러한 이유로 인해 명암 대비가 뚜렷한 시각 자극들을 동시에 받으면, 그 경계면에서 자극의 수용이 억제되어 착시가 발생한다. 격자 착시의 경우 교차점의 흰색 자극이 억제되어 검은 점이 나타나며, 마흐 밴드의 경우 경계면에서 그라디에이션이 일어나는 것처럼 보인다.

□ 창의적이고 융합적인 사고 연습(3) 재미있는 착시현상(2)

2] 인지적착시 :

- 인지적 착시 현상은 "무의식적 추론"에 의해 인지 과정에서 발생한다고 알려져 있다. 인지적 착시 현상에 대한 이러한 가설은 19세기의 생리학자이자 심리학자인 헤르만 폰 헬름홀츠에 의해 처음 제기되었다. 인지적 착시에는 다음과 같은 것들이 알려져 있다.
  - ✓ **애매모호한 이미지:** 애매모호한 이미지에 의한 착시는 두 가지 이상의 전혀 다른 이미지로 인식될 수 있는 이미지에 의한 착시이다. 오리-토끼 착시, 얼굴 꽃병 착시와 같은 전경-배경 착시가 유명하다.
  - ✓ **뒤틀림 착시:** 카페 벽 착시나 뮐러-라이어 착시와 같이 주변의 정보로 인해 사실과 다르게 인식한다.
  - ✓ **페러독스 착시:** 펜로즈 삼각형과 같이 실제로는 있을 수 없는 이미지를 자연스럽게 받아들인다. 마우리스 코르넬리스 에스허르는 페러독스 착시를 이용한 판화 작업으로 유명하다.
  - ✓ **환각:** 실제 존재하지 않은 것을 시각적으로 인지하는 것을 말한다.

[오리-토끼 착시]

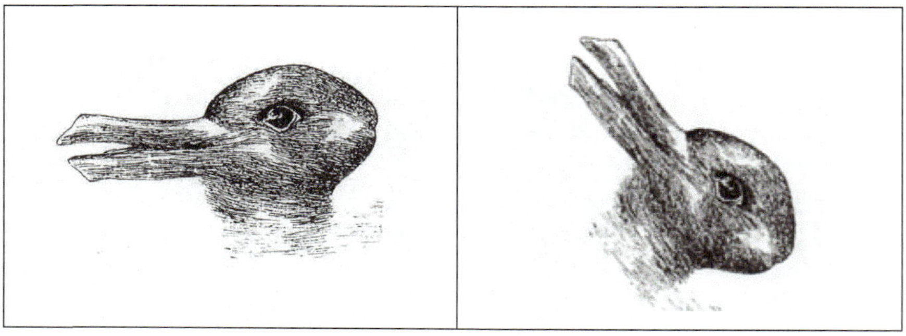

예 1] 정사각형이 정사각형처럼 보이는가?

예 2] 그림 속에는 정육면체가 모두 몇 개인가? 검은색 마름모 모양을 정육면체의 밑면으로 볼 것이냐 정육면체의 윗면으로 볼 것이냐에 따라 눈에 보이는 육면체의 개수는 8개일 수도 있고 6개 일 수도 있다.

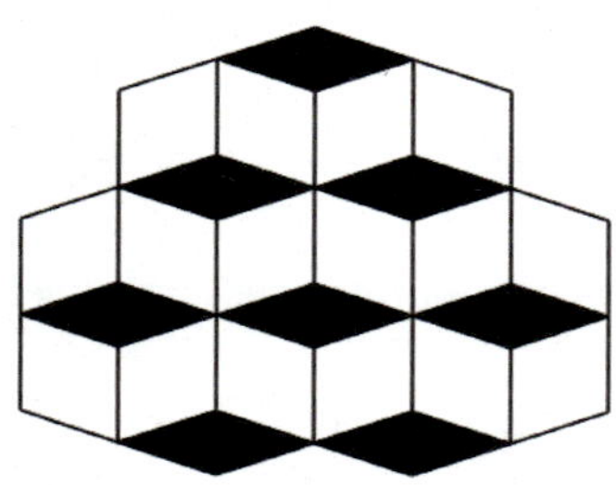

❑ 창의력 향상을 위한 우뇌 계발 방법(3)

3. 왼쪽 몸과 왼손으로 쓰기(other hand writing)

왼손을 사용하는 활동을 하면 우뇌가 활동하게 되어 무의식적인 생각이나 욕구 등을 도출하게 된다. 코스별로 자신에 대해 표현하기, 목표설정하기, 판단보류하기, 걱정에서 벗어나기, 원하는 생활 형태로의 변화, 불편한 관계에 있는 사람에 대한 묘사하기 등의 활동이 있다. 그리고 왼쪽 몸을 자주 사용한다. 일반적으로 오른손잡이는 좌뇌가 발달해 있고 왼손잡이는 우뇌가 발달해 있다. 이는 몸의 신경체계가 좌우로 엇갈려 있기 때문이다. 때문에 평소 잘 쓰지 않는 쪽의 몸을 움직이면 발달이 덜 된 뇌에 자극이 가게 하는 것이다. 가방을 왼쪽으로 들고, 전화를 왼손으로 받고, 컵을 들 때도 왼손으로 들면 우뇌에 큰 도움이 된다.

연습 3-1 신문이나 잡지를 거꾸로 읽는 연습

신문이나 잡지를 거꾸로 들고 읽어 본다. 내용을 정확히 이해하기 위해서 뇌가 집중력을 발휘하게 된다. 글과 그림이 섞여있어도 좋다. 읽은 내용을 요약해 보자

연습 3-2 사물을 거꾸로 놓고 그리기

주변에 있는 사물(컵, 주전자, 휴대전화, 시계 등) 중 활용이 가능한 물건을 거꾸로 세워놓고 천천히 그려본다. 바로 놓고 그릴 때 보다 사물에 대한 정확도(사물의 크기와 현태)가 높다는 것을 알게 된다. 그 이유는 사물을 바로 놓고 그릴 경우 우리는 사물을 바로 이해 하기 앞서 뇌에 저장된 정보를 먼저 인식하고 이용해 저장된 정보에 의존해 그리기 때문이다. 우리가 자신의 눈으로 보는 외부의 세계가 자신의 뇌 속에 보존되어있는 지식이나 상식이 그 모습을 왜곡시키고 있다는 것을 바로잡는 훈련이다.

방법 1) A4 용지를 반으로 접는다.
방법 2) 물체를 바로 놓고 그려본다.
방법 3) 용지를 뒤집고 물체를 뒤집어 놓고 그린다.
방법 4) 어느 것이 더 사실적인가? 두 그림을 비교해본다.

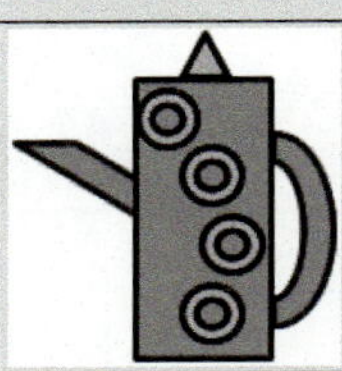		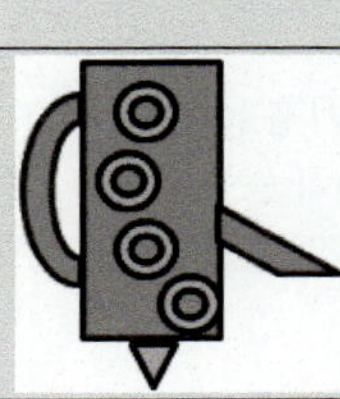	

뇌 기능의 연구는 좌 · 우뇌의 기능이 분화되어 각기 다른 기능을 수행하고 있음을 밝히고 있다. 이 같은 좌 · 우뇌의 기능과 정보처리과정에 대해서 뇌신경 심리학자가 주장하는 좌·우뇌의 기능 및 특성을 정리한 것을 살펴보면 <표 3-8>, <표 3-9>와 같다.

〈표 3-8〉 창의력 계발을 위한 좌뇌와 우뇌의 특징

좌뇌의 특징구분	우뇌의 특징
• 언어적: 낱말사용, 철자법 기억, 명명기술하고 정의내림 • 시간적: 시간을 재고 일의 순서를 정함 • 합리적: 사실적 근거를 둔 추론으로 결론 • 계열적: 도출정보의 계열적 처리 • 분석적: 단계적 · 조직적 사물파악 이성적 평가 • 직역적: 문자 그대로의 뜻만 해석 • 순차적: 생각을 서로 연결해 전개 • 수학적: 숫자나 부호는 해독 • 논리적: 수학의 정리나 훌륭한 논쟁 처럼 논리적인 순서에 따라 결론을 얻음 • 추상적: 하나의 실마리로 전체를 제시 • 신체의 우측을 제어 : 기억을 통한 운동의 언어적 표현	• 비언어적: 이미지를 통해 사실을 이해 단어와의 연관능력이 미미함 • 공간적: 위치와 공간적 관계처리, 부분이 전체를 이루는 것 알아냄 • 비합리적: 사실, 추론을 거치지 않고 판단 • 비계열적(동시적): 동시처리/전체파악전체 윤곽 통해 사물판단, 엉뚱한 결론 • 감정적: 사랑속삭임, 고백은 왼쪽 귀에 • 공상적: 추측력 강함, 이야기나 꿈을 만듦 • 직관적: 육감, 느낌, 시각적 영상으로 어떤 사실을 순간적으로 깨달음. • 예술적: 그리기, 색칠, 조각하기, 음악적 재능 • 성적: 의도적 · 기교적이지 않는 한 성 행위는 우뇌가 지배 • 은유적: 비유적 표현 이해 • 구체적: 현재 있는 그대로를 표현 • 신체의 좌측을 제어 : 공간적 운동

〈표 3-9〉 뇌의 발달에 따른 특성과 능력

구 분	좌 뇌	우 뇌
대표적 특성	• 언어적 특성 • 분석적/논리적 특성 • 이성적/인지적 특성 • 논리적 사고 특성	• 비언어적/시각적 특성 • 직관적/은유적 특성 • 공간적/예술적 특성 • 창조적 사고 특성
발달 능력	• 이름과 단어 기억 능력 • 체계적 방법으로 문제해결 능력 • 논리적 추리능력 • 감정조율과 현실적 사고 능력 • 분석과 추상적, 상징적 능력	• 얼굴 및 사물 기억 능력 • 언어보다 신체표현 능력 • 직관에 의한 문제해결 능력 • 공간과 시각 활용 능력 • 감정발산 및 표현 능력

인간의 행동은 뇌의 지시와 명령에 의해 이루어진다. 만약 뇌에 손상을 입거나 이상이 생기면 인간의 행동은 정상적인 생활에 많은 제약을 받게 된다. 그리고 기억, 판단, 동작 등에서 언어장애에 이르기까지 신체 각 부위의 기능에 걸친 많은 이상과 심지어 생명까지도 위험하게 된다. 인간이 우주에 존재하는 생물 중에서 유일하게 그들보다 우수한 것은 오직 '두뇌'뿐이다. 세계적인 역사학자 토인비 박사(Arnold Joseph Toynbee)는 그의 저서 「내일의 전망」에서 이렇게 말하고 있다. "인간은 이빨이나 손톱, 털, 기력, 속력 등에 있어서는 다른 생물보다 뒤떨어져 있다. 인간이 다른 생물보다 뛰어난 점은 오직 두뇌, 두뇌의 힘과 정신적인 면에 능력을 발휘할 수 있는 두뇌이다."

인류 문명의 발전을 만들어 낸 것은 오직 인간의 우수한 두뇌에 의한 것이다. 그러나 인간은 뇌를 사용하지 않거나 그 활용 및 계발 방법에 대해 기초적인 지식이 없어 자신의 '뇌력'을 충분히 발휘하지 못하고 있다. 수면 혹은 휴면상태에 있는 뇌를 갖고 있는 경우가 대부분이다. 인간이 자신의 뇌력을 향상시켜 잠재적 능력을 발휘한다면 그 효과나 능력의 결과는 상상을 초월할 정도로 커진다고 전문가들은 말하고 있다.

그러므로 인간은 잠재된 뇌의 능력을 끌어내고 창조적 사고력을 향상시키기 위해 다양한 창의력 기법들을 효과적으로 습득하고 활용한다. '인간의 두뇌는 유전적으로 타고나는 부분은 있으나 대부분의 능력은 후천적이 것이기 때문에 누구나 노력에 의해서 자신의 두뇌 능력을 무한대로 향상시킬 수 있다. 인류역사에 지대한 공헌을 한 아인슈타인, 에디슨, 뉴턴 등과 같은 천재들도 자신이 지닌 '뇌력(두뇌의 잠재능력)'의 15~30% 정도 밖에 활용하지 못했다고 한다. 심지어 보통 인간은 자신의 두뇌가 가진 능력의 5~10%도 활용하지 못하고 삶을 보낸다고 하니 뇌의 잠재능력은 얼마나 크고 인간의 노력 여하에 따라 계발 가능성은 무한함을 알 수 있다.

따라서 제2부에서는 창의력을 계발하고 창의적으로 문제를 해결하는 방법에 대해 문제의 진단에서 최적안의 실행까지 그 의미와 적용할 수 있는 창의력 기법과 활용방법에 대해 소개한다.

문제해결과 의사결정의 5단계 과정 중 최선안을 실행에 옮기 전까지의 문제해결 및 의사결정과정을 차례로 설명한다. 먼저, 문제를 진단하는 방법으로 제4장에서는 창의적 문제해결과정과 문제진단의 의미 그리고 문제탐색방법을, 제5장에서는 문제의 원인을 분석하는 방법을, 그리고 제6장에서는 해결해야 할 진짜 문제를 정의하는 방법에 대해 설명한다. 두 번째 단계로 문제의 해결 대안을 찾기 위한 방법으로 제7장에서는 자유연상법과 강제연상법을 설명하고, 제8장에서는 유추발상법과 기타 응용기법에 대해 소개를 한다. 이어 제9장은 도출된 대안에 대한 평가를 위해 다수의 아이디어를 비교 · 평가하는 방법과 압축된 대안 중 최선안을 선택하는 방법에 대해 소개를 한다.

제2부 창의적 문제해결 단계

창의적 문제해결과 전략적 의사결정 과정 및 기법

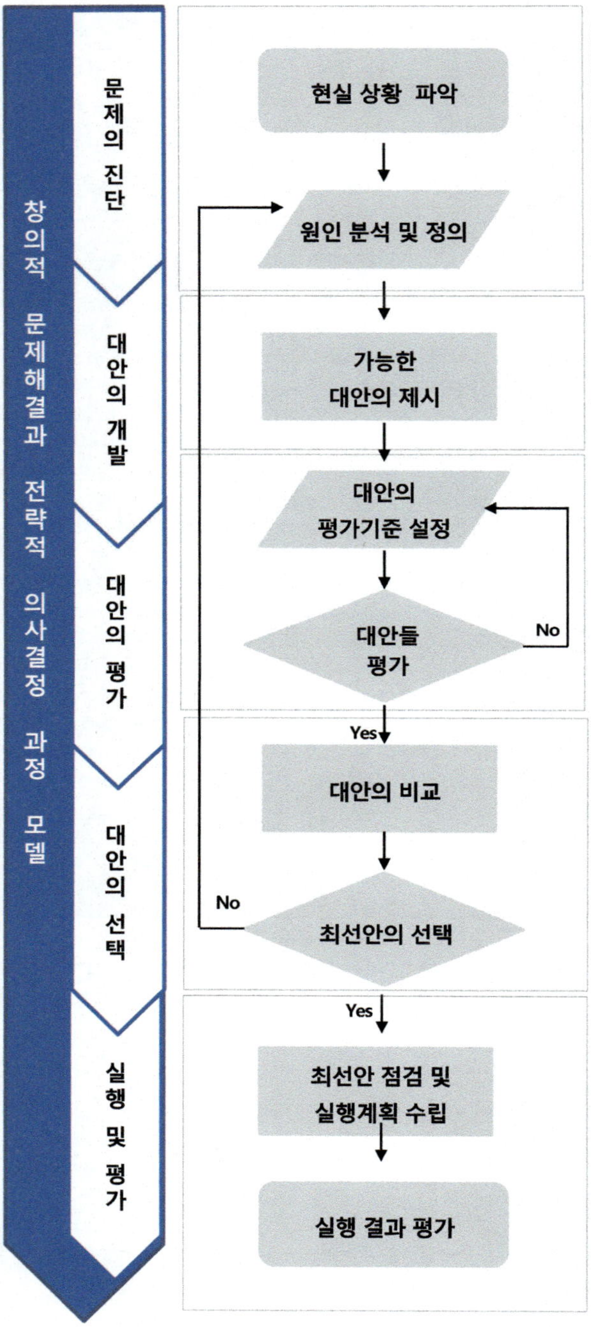

- **문제의 탐색기법**
  PEST모형/5 F's/레이더스크린/STP/SWOT/고객3불분석/KPI/3C(4C)/VRIO/7S 모형 등
- **문제의 원인 분석기법**
  Pareto/KT/5W1H/드릴다운/특성요인/인지기법/시스템다이어그램/Why-Why기법 등
- **문제의 정의기법**
  문제우선순위/Why-Method/가치나무/문제의 재정의/Duncker/목표지향법 등

- **대안 개발 자유연상법**
  브레인스토밍/브레인라이팅/수평적사고/인터뷰/CBS 등
- **대안 개발 강제연상법**
  체크리스트/스캠퍼/속성열거/결점열거(희망점열거)/형태분석/입출법/강제결합법 등
- **대안 개발 유추발상법**
  시네틱스법/NM법/고든법/페르미추정법 등
- **대안 개발 B/S & B/W 기타응용기법**
  역발상/만다라트/역설사고/겔러리기법 등

- **문제우선순위 및 민감도 분석 및 평가**
  심각성/투입시간 및 자원/투입인력 등
- **개별대안의 비교기법**
  하이라이팅/ALU&PMI/동인요소/장단점대조/2안비교/가중대조(그리드)/스티커투표/매트릭스(L, T, X형)기법/KJ기법/연과도법 등
- **최적안의 선택기법**
  비용편익분석/의사 결정모형(매트릭스-의사결정나무)/가정표면화기/2차원 그리드법 등

- **최선안 점검기법**
  What-If/목표 탐색/시나리오 분석/CATWOE/리스크 매트릭스/목표탐색/델파이/패널 동의/시뮬레이션/잠재적 문제분석/여섯 색깔 사고모자분석기법 등
- **실행계획 수립기법**
  간트 차트 /PERT&CPM/실행 체크 리스트/애로우다이어그램기법 등

- **실행결과 평가기법**
  정성적평가:고객만족도/성장/브랜드가치 등
  정량적평가: 재무제표/비율분석/BSC모형 등
- **실행능력 향상 및 피드백**
  창의적 팀 활동 및 대안의 실행 결과 개선
- **보고서 작성(프레임워크사고)**
  MECE/매트릭스/Logic Tree/ 피라미드법 등

❖ 창의적 사고 기법들은 반드시 해당 단계에만 적용되지 않으므로 의사결정 단계와 상황에 맞춰 적절히 활용

제4장 문제의 진단 및 탐색

1. 창의적 문제해결 과정
2. 문제 진단의 이해
3. 문제의 탐색기법

문제해결에 있어서 가장 어려운 점은 문제를 정확히 진단하는 것이다. '문제의 진단'은 실제 해결해야 할 문제가 무엇인지 명확히 이해하고 분석하고 정의하는 과정을 의미한다. 예를 들어 문제를 제대로 이해하지 못하면 엉뚱한 문제를 분석하게 되고 해결하지 않아도 될 문제를 정의하게 됨으로서 잘못 정의된 문제 때문에 대안을 찾는데 불필요한 낭비(시간과 비용 등)를 하게 된다.

아인슈타인(Albert Einstein)은 "문제를 단순하게 공식화하는 것은 해법보다 훨씬 더 원천적이며, 이것은 단순히 수학적 또는 실험적 기술일 뿐이다. 새로운 각도에서 이전의 문제에 대하여 새로운 질문과 가능성을 던지는 것은 창의적 상상을 요구하고 과학에서 진정한 진보를 나타낸다."고 할 만큼 문제를 정확히 인식하는 것이 문제해결에 있어서 가장 중요한 역할임을 강조하고 있다.

따라서 제4장에서는 창의적으로 문제를 해결하는 과정을 단계별로 방법과 특징을 간단히 소개한다. 그리고 의사결정자가 해결해야 할 문제를 인식하는 '문제의 진단'[1]을 효율적으로 진행하는 절차를 구체적으로 다룬다. 즉 문제해결의 첫 번째 단계인 문제를 둘러싸고 있는 현상을 파악하고 이해하는 방법과 문제의 원인을 분석하고 해결해야 할 문제를 명확히 정의하는 3단계의 단계별 의미와 역할에 대해 간략히 소개한다. 그리고 마지막으로 문제 진단의 첫 단계인 현상에 대한 파악을 위한 문제의 탐색 기법을 자세히 기술한다.

학습 목표

1. 창의적으로 문제를 해결하는 과정을 단계별로 방법과 특징을 이해한다.
2. 문제를 해결하기 위한 문제의 인식(문제의 진단)에 대한 의미와 방법을 이해한다.
3. 문제를 둘러싼 현상 파악을 위해 문제의 탐색방법과 기법에 대해 이해하고 활용해 본다.

---

1) 진단(診斷): 어떤 현상이나 문제를 자세히 판단함
탐색(探索): 감추어진 사실이나 현상 따위를 알아내기 위하여 더듬어 찾음
분석(分析): 복잡한 현상을 다양한 각도로 풀어서 논리적으로 해명함/개념이나 대상을, 그것을 구성하는 단순한 요소로 분해하는 일

1. 창의적 문제해결 과정

1) 창의적 문제해결 능력

문제해결 능력이란 어떤 모호하고, 어려운 난관을 인지하고 발생된 문제에 대해 가능한 해결방안을 생각하고, 그 방안을 평가하는 인지과정을 의미한다. 그리고 문제를 해결하는 전 과정에서 문제를 진단하고, 대안을 찾고, 선택하는 과정에서 '창조적 사고' 능력을 필요로 한다.

창조적 사고를 통한 문제해결은 일상적이고 평범한 해답을 구하는 것과는 다르며 '평범함'을 벗어난다는 것은 창의력과 창조적 사고를 통한 문제해결 방법에 대한 기초적인 방법을 터득하고 생활화함으로써 가능하다. 그리고 창의력은 누구나 가지고 있으며 창의력은 개인(individual), 분야(field), 영역(domain)의 세 가지 시스템이 상호 작용할 때 발휘될 수 있다.

길포드(Guilford, 1956)는 "문제해결과 창조적 사고, 즉 발산적 사고는 긴밀하게 연결되어 있으며 창조적 사고는 참신한 결과를 낳고, 문제해결은 새로운 상황에 대한 새로운 반응의 유발과 관련되어 있는데 이것은 하나의 참신한 결과이다. 그러므로 문제해결은 창조적 사고를 가진다고 말할 수 있다."며 문제해결 능력을 창조적 사고의 전제를 간주한 것으로 보고 있다.

길포드 외에도 창의력을 문제해결능력으로 보는 견해로는 월라스(C. Wallas, 1926)의 창조적 산출 단계설, 듀이(J. Dewey, 1910, 1938)의 문제해결의 단계설, 듀이의 문제해결 단계설에 기초한 오스본(Osborn, 1963)의 '창조적 문제해결 단계설' 등이 있다.

특히 오늘날 일반적으로 창조적 문제해결에 적용되고 있는 모델의 직접적인 배경을 제공한 사람은 발산적 사고의 대표적인 기법인 브레인스토밍을 창안한 오스본이다. 오스본은 창조적 문제해결의 과정을 크게 3단계, 즉 사실의 발견, 아이디어의 발견 그리고 해결책의 발견으로 설명하였고, 이 세 단계는 더욱 발전되어 오스본이 설립한 창의력 교육재단의 회장인 시드니 패너스(Sidney Parnes)와 함께 5단계 모형으로 확장・제시하였다. 두 사람이 제시한 5단계 모형은 창조적 문제해결을 위해 발산적 사고와 수렴적 사고의 과정을 통합하여 사실의 발견, 문제의 발견, 아이디어의 발견, 해결책의 발견 그리고 수용발견으로 세분화하였다.

오스본의 이러한 시도는 기존의 창조적 문제해결 과정을 발산적 과정으로만 이해하려는 이론에 반해, 창조적 문제해결 과정에 인간사고의 논리적, 분석적, 그리고 비판적 측면의 중요성을 인식하고 이러한 수렴적 사고과정이 발산적 사고과정과 함께 적절하게 통합될 수 있는 절차를 창조적 문제해결 과정에 반영시켰다는 것으로 중요한 의미가 있다.

2) 창의적 문제해결의 접근 모델

(1) 창의적 문제해결 모델

개인의 일상 활동뿐만 아니라 기업의 경영활동은 수많은 문제해결과 의사결정으로 이루어진다. 오늘날과 같은 급변하는 환경 속에서 올바른 의사결정은 기업의 존망을 좌우할 정도로 매우 중요하다. 그러나 올바른 의사결정은 문제해결을 위한 매 단계마다 극복해야 할 과제가 많기 때문에 보다 창조적인 사고의 도입이 필요하다.

그림 4-1 창조적 문제해결과 의사결정과정 상세 모델

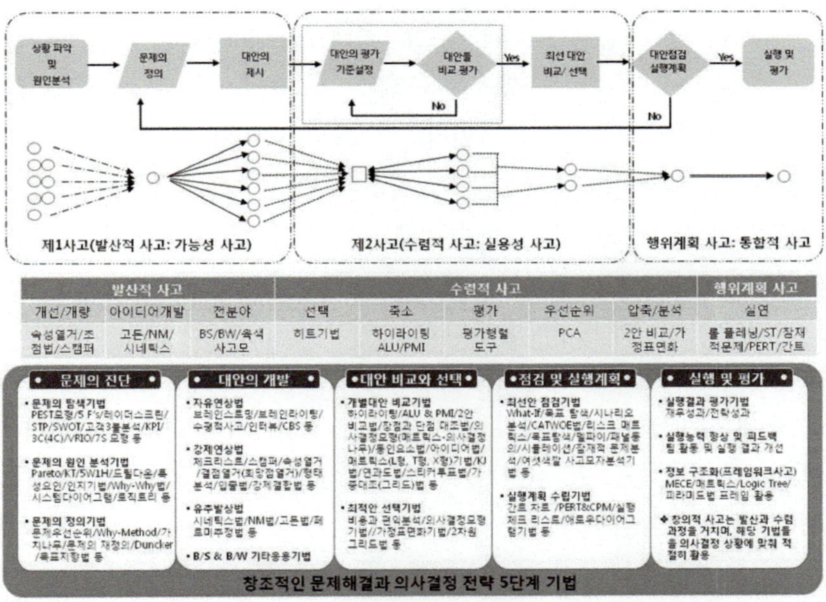

출처: 김준, 길종구(2004), 창의력개발과 창조적 경영, 삼영사, p.395. 수정.

아리스토텔레스(Aristoteles)는 "가능한 불가능은 불가능한 가능보다 낫다."고 말했다. 이 말은 실패에 대한 두려움이나 책임보다는 산재한 문제를 해결하기 위해 다양한 창의력을 발휘해 문제해결에 접근할 수 있는 환경을 마련해 주어야 한다는 의미이다.

문제해결에 대한 접근은 학자나 상황에 따라 그 방법이 거의 비슷하다. 그러나 문제해결 과정이 단계별 수립에 한정되어 있고 창조적 사고나 사고기법을 어떻게 활용하는지는 별개의 문제로 취급되어 있는 것이 대부분이다.

따라서 본서에서는 여러 학자들의 연구모형을 중심으로 구체적이고 새로운 표준화된 모델을 제시하였다. [그림 4-1]과 같이 상단의 8단계의 구체적인 문제해결과정을 중심으로 단계별 아이디어를 발산하고 수렴하는 사고의 방법을 보여주고 있으며, 하단에는 현장에서 가장 일반적으로 활용되고 있는 5단계의 문제해결과정으로 압축하였다. 이 모델은 언급한 바와 같이 각 과정(단계)별 창조적 사고기법을 어떻게 적용해 갈 것인지를 접목시켜 보여 줌으로써 문제해결 단계만을 언급한 기존 연구 모형과 달리 창의력 기법을 적용함에 있어서 다소 어려움을 극복하는 계기가 된다고 본다.

(2) 창의적 문제해결 및 의사결정의 단계와 역할

창의력 계발을 통해 창조적 사고를 확대시키기 위해서는 다양한 접근방법을 적용해야 하며 아울러 주변 환경도 자유스럽고 사고력을 신장할 수 있는 문화가 조성되어 있는 것이 유리하다. 아인슈타인의 "지식보다 더 중요한 것은 상상력이다"라는 말은 지식은 창의적으로 응용될 때 가장 강한 것이 된다는 것을 시사한다. 이러한 상상력이 합목적성을 창의적으로 부여할 때 우리는 이것을 아이디어라고 말하는데 이러한 아이디어를 창출하기 위해서는 창의력 기법을 활용할 수 있어야 한다.

그래서 아이디어 발상방법에 대하여 여러 가지 연구가 이루어졌고 그 결과, 제시된 많은 발상법들이 활용되고 있다. 창의력의 계발이 수학적 공식처럼 이루어지지 않는다는 것은 앞에서 말한 바와 같이 인간의 정신세계를 다루기 때문이다. 아이디어는 현상에서 발견되는 다양한 사물과 문제에 대한 관점을 그냥 존재하는 그대로 지나치는 것이 아니라 감수성을 가지고 지나쳐 버릴 것을 우연히 발견하는 재능을 말한다.

이러한 어려움 속에서 자신의 자발적 의지가 창의력으로 계발되고 창조적인 인간이 되기 위해서 교육과 환경을 적절히 조직하여 제공한다면 창의적 행동에 의미있는 영향을 줄 수 있으며 나아가 창의력은 더욱 발휘될 수 있다. 미하이 칙센트미하이 교수의 견해에서 "창의력이 무엇이냐를 알기 이전에 창의력이 어디에서 나오는지를 먼저 이해해야 한다고 한다. 창의력은 개인, 영역, 체계에서 비롯된다."에서 잘 나타나 있을 뿐만 아니라 말츠만(Maltzman, 1960)과 마이어(Maier) 등의 연구결과는 창의적 행동을 금지시키지 않을 때, 문제를 더욱 창의적으로 해결할 수 있다는 것을 보여 주고 있다.

① 창의적 문제해결을 위한 의사결정과정

문제해결을 위한 접근방법은 학자에 따라 대동소이하다. 그러나 창조적인 문제해결 능력을 향상시키기 위해서는 문제해결과 의사결정 과정의 단계별 주어진 과제를 명확히 이해하고 그 과제를 이해하고 해결하는데 도움이 되는 창의력 기법을 적용하고 활용하는 방법에 대해서 반복학습과 응용하는 능력을 길러야 한다.

문제를 해결하기 위한 의사결정 과정으로 본서에서는 [그림 4-1]의 프로세스를 토대로 다음 [그림 4-2]와 같이 5단계를 거치도록 구성하였다.

그림 4-2 창의적 문제해결과 의사결정 전략 5단계

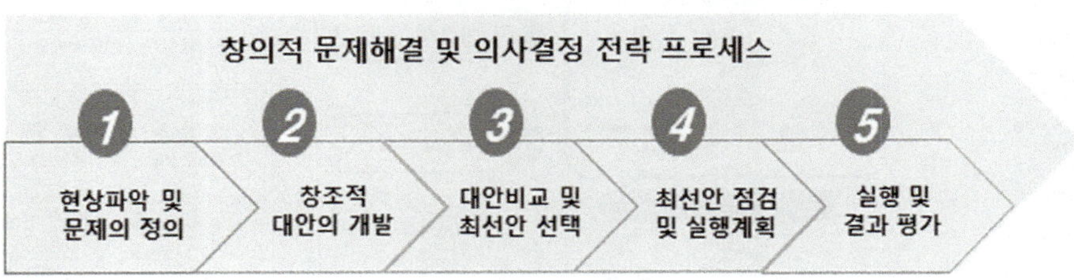

② 창의적 문제해결과 의사결정 단계별 역할

[그림 4-2]의 합리적 의사결정을 위한 창의적 사고의 문제해결 과정 모델은 스티븐 김(Steven H. Kim, 1990)의 "창의적 과정의 요소"(Components of the Creative Process) 문제해결 과정과 발산적 사고와 수렴적 사고의 종합적 활용을 강조한 오스본이 제시한 '5단계 창조적 문제해결 과정'을 참고로 재구성하여 기업이 문제해결에 있어서 합리적이고 창조적인 해결방안을 모색하도록 유도하기 위한 것이다.

[그림 4-3]은 개인과 조직이 창의력을 계발하고 당면한 문제를 창조적으로 해결하기 위한 종합적인 사고의 프레임워크를 보여주고 있다. 먼저, 창의적인 문제해결능력은 '창의적 사고'와 '논리적 사고'를 기반으로 한 '융합적 사고'의 활용능력에 있다. 그리고 이러한 능력이 계발되기 위해서는 개인, 관련분야, 사회환경 세 가지 요소가 유기적으로 작동될 때 가능하다. 이러한 시스템 속에서 문제를 해결 할 때 사람들은 2단계의 사고과정을 거쳐 개인이나 조직에 있어서 발생된 문제에 대한 5단계의 합리적인 해결방안을 선택한다. 따라서 의사결정 문제가 창의적으로 전개되기 위해서는 〈표 4-1〉에 소개하고 있는 단계별 세부방법에 대한 이해가 필요하다.

그림 4-3 창의력 계발과 창조적 문제해결 방법 프레임워크

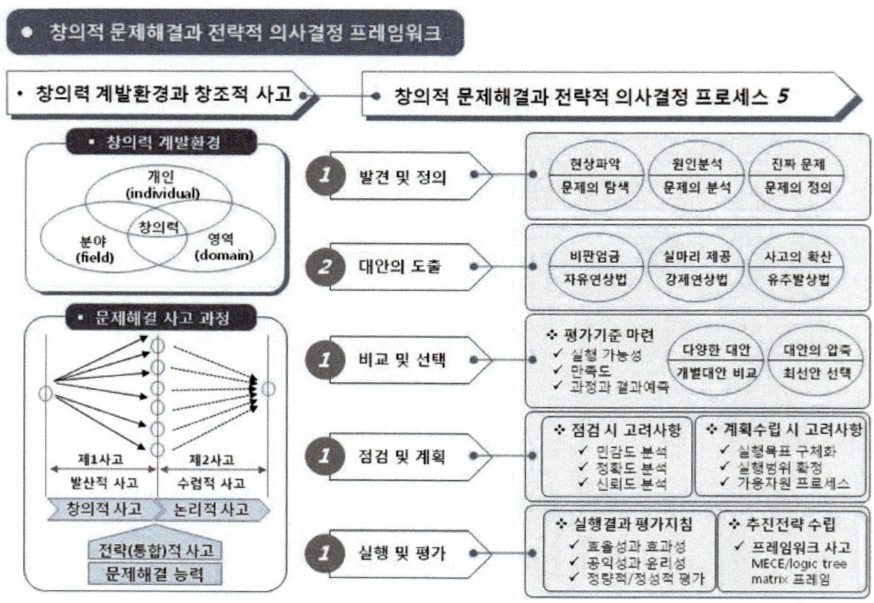

〈표 4-1〉 창의적 문제해결과 의사결정 단계와 역할

단계	구분		내용
1단계	현상파악 및 문제정의	⇨	■ 의사결정자는 원하는 것을 명확히 찾고 정의해야 한다. 즉 해결해야 할 문제는 어떤 것이 있는지 '탐색'하고 탐색된 문제 중 해결해야 할 문제에 대해 원인을 '분석'한 후 해결 할 과제가 무엇인지 명확히 '정의'하는 문제 인식 또는 진단단계 • 의사결정자가 원하는 것을 찾는 기회의 탐색과 원인을 분석하는 단계 • 무엇이 필요한지 질문에 대한 답을 구하기 위한 출발 단계 • 정확하고 구체적인 자료, 정보 수집을 구조화하는 단계 • 문제점(알고자, 하고자 하는 것)을 정확히 파악하고 구체적으로 정의하는 단계 • 새로운 아이이어 생성을 위한 준비 단계
2단계	창의적 대안의 제시	⇨	■ 원하는 것이 무엇인지(무엇을 해결해야 하는지)가 명확해 지면 문제를 해결하기 위해 대안을 개발해야 한다. 대안의 개발은 자유연상, 강제연상, 유추발상 등과 같은 방법을 이용해 많은 아이디어를 도출하는 단계 • 과제와 무관해도 비판없이 가능한 많은 아이디어를 발산하는 단계 • 아이디어의 질보다 양을 추구하는 단계 • 다른 사람의 아이디어에 편승해 더 좋은 아이디어를 끌어내는 단계 • 사고의 영역을 확대해 다른 의견과 정보를 수용하는 단계 • 선별된 아이디어의 재평가 및 업그레이드를 시키는 단계
3단계	대안비교 및 최선안 선택	⇨	■ 아이디어의 가치에 대한 평가는 아이디어의 개별적 가치를 평가한 후 압축된 아이디어를 상호 비교평가를 한다. 가치평가는 크게 효과성(수익성/비용 등)과 타당성(경제성/시장성/성공 가능성 등)을 평가준거로 삼고 객관적 평가기준이나 분석 자료가 충분치 않으면 전문가의 도움을 받는다. 평가 목적은 특정 대안이 최선안으로 선택할 수 있도록 가능성이 가장 높은 대안들로 범위를 좁히는 것이고 대안의 비교와 올바른 선택을 위해서는 '우선순위 결정', '민감도의 분석', '정확도와 신뢰도의 검증'이 전제가 되는 단계 • 가능성이 높은 아이디어의 선택과 가능성을 좁혀나가는 단계 • 비슷한 특성을 지닌 아이디어의 군을 묶는 단계 • 유망한 아이디어를 선택하고, 다듬고, 발전시켜 나가는 단계 • 선택된 아이디어의 정밀 비교 점검하는 단계 • 선택된 대안과 변수의 저항관계 검토 단계
4단계	최선안 점검 및 실행계획	⇨	■ 최선안으로 선택된 대안이라도 최적의 결과를 낸다는 보장이 없으므로 실행 후 문제점은 없는지, 결과에 영향을 미칠 변수는 없는지 철저히 검토한다. 검토가 끝나면 최적의 대안을 실행할 의사결정 책임자와 추진조직을 구성하고 구체적인 실행계획을 수립하는 단계 • 최선안의 실행 후 발생할 문제점과 변수를 철저히 검토하는 단계 • 실행 결과를 높이기 위해 의사결정 책임자를 선발하는 단계 • 실행 조직 팀을 구성하고 역할을 분배하는 단계 • 실행계획을 수립하고 점검하는 단계
5단계	실행 및 결과평가	⇨	■ 점검 및 구체적 계획이 수립되면 실행에 들어간다. 최적안을 전체에 도입 및 적용하기보다 부분 또는 시뮬레이션을 통해 예측되는 결과를 살핀 후 전사적으로 적용한다. 실행 결과를 평가한 후 보고서를 작성하는 단계 • 전체적인 실행보다 부분적인 실행을 통해 결과를 예측하는 단계 • 모의 시뮬레이션을 통한 위험요소 제거 및 충격 대비하는 단계 • 실행 이 후 개선점 탐색 및 피드백 단계 • 보고서를 구조화해 작성하고 검토하는 단계

2. 문제의 진단 이해

1) 문제의 인식이란

'문제인식'이란 의사결정자가 해결해야 할 문제를 정확히 진단하는 것이다. 문제를 정확히 인식하기 위해서는 먼저, '문제'가 무엇을 의미하고 어떤 유형의 문제가 있는지를 알아야 한다. 그러므로 문제의 진단 또는 문제의 인식은 먼저, 현상파악을 위해 문제를 둘러싸고 있는 환경을 분석하기 위해 '문제를 탐색'한다. 그리고 해결해야 할 문제의 원인을 찾기 위해 '문제의 분석' 과정을 거쳐 마지막으로 의사결정자가 진짜 해결해야 할 문제를 명확히 정의하는 '문제의 정의' 과정을 포함한다.

그리고 의사결정자가 접하는 문제의 유형은 발생시점, 인지와 실제문제, 발견과 기회탐색, 그리고 주체의 성격 등에 따라 구분할 수 있고 유형별로 더욱 세분화된다. 그러나 대부분의 문제는 의사결정자가 당면하는 두 가지 공통적인 특징을 갖게 된다.

(1) 현재 상태를 점검 · 개선하고자 할 때

현재 상태의 점검 · 개선은 대안을 실행한 결과가 계획한 목표를 달성하지 못했을 경우와 대안을 실행하는 과정에서 예상하지 못한 문제나 목표치에 도달하지 못할 경우(목표를 달성하지 못할 것이라고 판단)에 이루어진다. 현재 사업(핵심문제)에 대한 점검 및 개선을 필요로 하는 문제는 대부분 목표에 도달하기 위해 장애요소, 즉 발생 원인을 찾아 개선하기 위한 문제이므로 '문제의 분석기법'을 활용해 핵심원인을 찾고, 그 원인이 진짜 해결해야 할 문제인지 명확히 정의하기 위해 '문제의 정의기법'을 활용한다.

(2) 새로운 기회를 창출 · 모색하고자 할 때

의사결정자가 희망하는 사업에 대한 가능성을 발견하고자 할 때나 예상하지 않은 전혀 새로운 사업을 발견하고자 할 때이다. 즉 어떤 사업을 선택하는 것이 개인과 조직의 장기적인 목표달성에 바람직한지를 판단하기 위해 새로운 사업을 발굴하고 선택한 사업의 성공 가능성 여부를 파악한다. 대부분의 의사결정자(기업)는 현재 발견되지 않았으나 잠재된 문제를 탐색하거나 전체 사업(상황)을 분석해 현재 사업에 투자를 할지, 포기(철수)를 할지, 아니면 유지할지를 결정하는 것이다.[2] 이러한 결정은 '문제의 탐색 기법'을 활용해 조직의 외부 환경요인과 내부의 환경요인을 분석함으로써 새로운 기회를 창출한다. 먼저, 외부환경요인을 분석하기 위해 거시적인(일반적인) 환경요인을 분석(PEST기법 활용)하고 산업환경요인 분석을 통해 경쟁사 또는 잠재경쟁사에 대한 분석을 통해 현재시장이나 진출하고자하는 시장에 대한 매력도를 파악(5 Forces 모형)하는 것이다. 그리고 소비자의 니즈를 분석(3C, 4C 분석)해 적절하게 대처해 나갈 것인가를 탐색한다. 이러한 외부환경요인은 기업의 입장에서 볼 때 기회가 될 수도 있고 위협이 될 수 있으므로 조직 내부의 역량(SWOT분석, 7'S 모형, VRIO 모형 등)과 효율적으로 적합시켜 사업의 방향을 결정하게 된다.

따라서 문제라는 것은 바람직한 모습(마땅히 있어야 할 상태, 목표)과 현재 상태와의 차이인 만큼 바람직한 모습이 분명하지 않으면, 문제도 분명하지 않게 된다. 바람직한 모습(목표)을 정확히 이해하기 위해서는 먼저 현실상황을 정확히 파악하여 문제발생 원인이 무엇인지 파악하도록 해야 한다. 그리고 문제를 정확히 구체적으로 정의하여 문제해결의 통로를 찾아야 한다.

'문제의 진단 및 인식'은 다음과 같은 의미를 포함하고 있다.

- 문제의 주인은 누구인가를 이해한다.
- 문제의 발생 환경을 파악한다.
- 문제의 원인을 파악하는 실마리를 제공한다.
- 당면한 문제가 어떤 유형인가를 파악한다.
- 해결해야 할 문제의 우선순위를 이해한다.
- 문제의 정의를 명확히 한다.
- 무엇을 해결해야 할지 정확히 이해한다.

---

2) 기업이 수립하는 경영전략은 기업전략, 사업전략, 기능전략으로 구분한다. 기업전략은 '어떤 사업을 할지'를 판단하는 최상위의 의사결정 문제이다. 기업 전체의 관점에서 어떤 사업에 어느 정도 투자 또는 관리가 필요한지에 대한 '성장전략', '안정전략', '축소전략', '혼합전략'에 대한 의사결정을 한다. 사업전략은 기업이 현재 참여하고 있는 선택된 사업의 목표 달성을 위해 어떤 전략적 도구(원가우위/차별화/집중화)를 사용하여 경쟁우위를 지킬 것인가에 대한 의사결정 문제이다. 그리고 기능전략은 상위의 사업전략의 방향에 맞추어 업무를 수행하기 위해 인사, 재무, 마케팅 그리고 생산전략에 대한 의사결정 문제이다.

☆ **왜, 문제를 명확히 정의해야 하나?**

사자에게 쫓기는 두 마리의 토끼에게 주어진 문제는 사자로부터 살기 위해 도망을 가는 것이다. 즉 두 마리 토끼에게 주어진 문제는 '사자로부터 목숨을 부지하는 것'이다. 그러나 당면한 문제에 대해 명확히 진단을 하지 않는 다면 토끼는 사자로부터 생존할 수 있으나 사자를 피하려다 늑대나 여우에게 쫓겨야 하는 신세(주변 환경을 고려하지 않음)가 될 수 있다. 만약 사자의 위협으로부터만 벗어나면 생존이 가능할 경우, 문제는 다른 토끼보다 빨리 도망가는 것이므로 각자에게 주어진 문제의 명확한 정의는 달라진다. 왜냐하면, 사자는 두 마리의 토끼를 동시에 쫓지 않기 때문에 두 마리 토끼가 인식해야 할 문제는 상대 토끼보다 빨리 달리는 것이다. 그러나 현명한 문제해결은 자신을 둘러싼 환경을 분석하고 문제를 명확히 파악하여 생존할 수 있는 대안을 찾아야 한다. 이때, 토끼에게 탐색된 문제(현상)은 '사자로부터 달아나야 한다'는 것이지만 문제를 정확히 인식하면 문제 해결 방향이 달라져야 한다.

2) 문제의 진단 과정

문제의 진단(診斷: 어떤 현상이나 문제를 자세히 판단함)은 의사결정자가 당면한 현상을 파악하여 그 문제의 발생 원인을 분석하고 해결해야 할 문제가 무엇이지 명확히 정의하는 과정이다. 의사결정자가 수행하는 문제의 진단은 [그림 4-4]와 같이 '현상의 파악(문제의 탐색)', '문제의 원인분석', '문제의 정의'의 과정을 거친다.

그림 4-4 문제의 발견 및 정의(문제의 진단) 프로세스

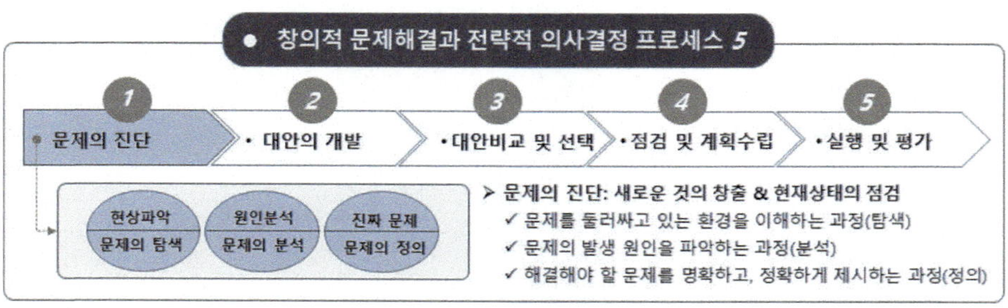

① 1단계-현상파악(문제의 탐색)

현재 주어진 문제를 정확히 인식하거나 문제를 둘러싼 외부와 내부환경을 분석(문제를 탐색)하여 관련된 정보를 이해하는 과정이다. 의사결정자에게 미래에 발생할 일들이 일상적으로 반복되는 일이나 확실한 상황에 대해서는 고민거리가 아니다. 그러나 미래는 모두 불확실한 상황이기 때문에 의사결정자가 미래의 상황을 모두 이해하고 있거나 알고 있는 정보조차도 불확실성을 내포하고 있으므로 문제해결에 필요한 유용한 정보를 취득하고 분석하는 일은 매우 중요하다. 따라서 문제의 탐색을 위한 현상파악은 의사결정자가 해결해야 할 문제를 발견하도록 도와줄 뿐만 아니라 불확실한 상황에 대처할 수 있는 방법을 제시해 주기도 한다.

② 2단계-원인 분석(문제의 분석)

문제를 유발한 원인을 찾는 과정이며, 표면상 나타난 문제의 원인보다 밖으로 나타나지 않은 진짜 원인을 분석한다. 문제의 원인을 분석한다는 것은 이미 의사결정자가 바라는 바가 무엇인지 알고 있다는 것이다. 현재상태를 개선하기 위해 목표달성에 영향을 미치는 원인을 찾아 해결하고자 하는 의도가 분명하다. 단, 이 단계에서는 다양한 원인을 찾아내는 것도 중요하지만 문제에 가장 많은 영향을 미치는 진짜 원인을 찾아 해결방안을 모색하는 것이 더 중요하다.

③ 3단계-문제의 정의(재정의)

문제를 유발한 핵심원인을 찾게 되면 그 원인을 해결하는 방법을 찾기 위해 그 원인이 진짜 해결해야 할 문제인가를 명확히 정의한다. 또는 해결할 문제를 결정했을 때, 그 문제가 진짜 문제인지 검토해야 한다. 예를 들어 의사결정자가 '산업재해로 인한 손실을 줄이는 방법'을 찾는다고 할 때, 문제를 해결하는 사람이 곧장 산재로 인한 손실을 줄이는 방법을 찾기보다 '무엇이 손실을 발생시키는가?' 질문을 하면, '산업재해율이 높기 때문이다.'는 답이 나오고, 다시 그것에 대한 질문으로 '어떻게 하면 산업재해율을 줄일 수 있나?' 질문과 답을 반복해 나가면 진짜 해결해야 할 문제에 다다르게 된다.

★

✩ 김한국은 2012년 대학 졸업 후 직장 생활을 하면서 꾸준히 저축을 해 왔다. 2016년 부동산 가격이 상승하면서 결혼 후 집을 마련하기 위한 자금을 마련하기 위한 방법을 찾던 중 적은 자본으로 시작할 수 있는 커피자판기사업 기회가 생겨 투자를 한 후 1년 간 기대할 만한 수익을 얻고 있었다. 그런데 2017년 하반기부터 자판기 매출이 하락하기 시작하면서 겨우 유지만 하고 있는 실정이다. 김한국은 해결해야 할 문제가 무엇인지, 당면한 문제를 해결하기 위해 어떤 의사결정을 해야 할지 고민에 빠졌다.

① **새로운 사업을 모색하고 문제:** 5 Forces 분석, 파래토 분석 등을 활용해 시장의 매력도를 파악하고 소비자가 비용 지출을 많이 하는 항목이나 요구사항을 파악할 수 있다.
② **매출하락의 원인을 분석하고 문제점을 개선하는 것이 문제:** 특성요인도, 인지기법, 5W1H, Pareto, 시스템 다이어그램 등을 활용해 다양한 원인을 산출하고 그 원인들의 공통된 항목으로 분류해 문제점을 개선해 나가는 것이다.
③ **매출하락에 영향을 미치는 환경요인을 탐색하는 것이 문제:** PEST, 5 Forces, STP, 3C, 4C, SWOT 분석 등을 활용해 기업에 영향을 미치는 정치, 경제, 기술 등의 외부환경요인을 파악해 대처 방법을 강구하고, 산업환경분석을 통해 시장의 진입장벽을 파악해 매력있는 사업을 발굴하며, 소비자에 대한 욕구 분석을 통해 새로운 시장이나 제품개발 방법을 찾는다.
④ **②의 원인만 해결하면 매출이 회복되는지 확신을 갖는 것이 문제:** 문제재정의, Duncker, 문제우선순위 기법 등을 활용해 목표 달성을 위해 해결해야 할 진짜 문제를 찾는다.
⑤ **자판기사업의 유지, 중단, 확대를 결정하는 것이 문제:** PEST, 5 Forces 분석 등을 활용해 환경변화에 대응할 수 있는 여력을 파악한다.
⑥ **현재 자신의 자판기 운영 및 관리 방식에 대해 파악하는 것 등이 문제:** 7S 모형, SWOT, VRIO 등을 활용해 현재사업을 유지 운영할 수 있는 내부적 능력에 대해 파악한다.

따라서 의사결정자에게 당면한 문제를 인식한다는 것은 매우 다양한 상황이이고 문제가 복잡할수록 해결방법도, 과정도 복잡할 수밖에 없다. 그러나 대부분의 의사결정자는 의사결정 상황이나 여건 등을 고려해 다음 내용을 참고하여 의사결정자가 판단을 한다.

- **해결해야 할 문제를 알고 있는 경우:** 3단계 '문제의 정의기법'을 활용해 확인된 문제가 의사결정자가 해결해야 할 진짜 문제인지를 명확히 정의한다.
- **해결해야 할 문제를 명확히 알고 있고 문제의 개선을 요하는 경우:** 2단계 '문제의 분석기법'을 활용해 문제발생 원인을 찾는다.
- **해결해야 할 문제의 발생 배경을 알고 싶은 경우:** 1단계 '문제의 탐색기법'을 활용해 문제를 유발하거나 문제가 처한 상황을 탐색한다.
- **해결해야 할 문제를 잘 모르고 있거나 미래 발생할 수 있는 문제에 대비할 경우:** 1단계 '문제의 탐색기법'을 활용해 의사결정자를 둘러싼 내부와 외부 환경요인을 분석해 관련 정보를 통해 발생할 수 있는 다양한 문제나 잠재된 문제(혹은 새로운 사업 아이디어)를 탐색한다.

(1) 현상의 파악(문제의 탐색)

'현상파악'은 '수익률이 떨어지고 있다', '고객 불만이 늘어나고 있다', '생산성이 하락하고 있다', '경쟁사의 시장 점유율이 확대되고 있다' 등과 같이 현재 주어진 문제를 정확히 탐색하거나 문제를 둘러싼 환경을 분석하는 과정이다. 만약 의사결정자가 '지금 우리에게 당면한 문제가 무엇인지 살펴보는 것', 즉 현상을 파악하고 문제의 탐색을 체계적으로 수행하지 않는다면 문제발생 상황을 정확히 진술하지 못하거나 자신이 추구하는 목표나 원하는 바를 제대로 파악하지 못하게 된다.

더구나 문제는 문제를 둘러싸고 있는 환경에 의해 영향을 받거나 발생하는 경우가 많기 때문에 문제해결을 위해 의사결정자가 반드시 파악해야 하는 것이 '환경요인'이다. 만약 의사결정자가 환경을 제대로 파악하고 있지 못하면, 무엇을 알아야 문제를 해결할지 막연한 태도로 일관하게 된다. 그러므로 의사결정자는 문제의 특성을 정확히 파악하고 문제탐색을 효율적으로 수행하기 위해 문제와 관련한 정보를 체계적으로 탐색하여야 한다. '정보탐색'(information search)은 의사결정자가 해결해야 할 문제를 찾는데 필요한 다양한 정보를 제공하기 때문이다.

정보를 탐색할 때는 제3장, [그림 3-16]과 같이 '깔때기' 형태로 내부에서 외부로 또는 외부에서 내부로 탐색을 진행한다. 예를 들면 세부적인 것에서 전체적인 것으로 전개할지, 전체적인 것에서 세부적인 것으로 좁혀 나갈지를 선택한다. 그러나 가급적 기업의 외부 정보원천을 대상으로 정보탐색을 진행한 후 내부적 정보원천을 대상으로 정보탐색을 펼쳐나가야 한다. 구체적인 분석방법은 제3장, 3) '전략적 사고의 프레임워크'에서 소개하고 있다. 이때 얻어진 결과물은 문제의 원인을 찾거나 해결해야 할 문제를 정의하는 정보로 활용하게 되고 나아가 대안을 개발하는 데 방향을 제시하거나 최적안을 구조화하는데도 유용하게 활용된다.

따라서 '현상파악'은 문제의 유형을 파악하도록 도와주며, 문제의 원인을 찾는 실마리를 제공해주고, 해결해야 할 문제를 올바로 정의하도록 돕는다. 그리고 문제를 해결해야 할 당사자나 문제의 중요성을 판단하도록 돕는다.

(2) 문제의 분석(원인의 분석)

'문제의 분석'은 확인된 문제, 즉 탐색된 문제의 원인을 정확히 파악하는 과정이다. 그리고 문제의 원인을 찾아야 무엇을 해결해야 할지 문제를 명확히 정의하고 대안을 찾게 된다. 그러나 대부분의 의사결정자들은 문제의 원인을 찾을 때 표면에 나타난 피상적인 원인에 집중하기 때문에 배후에 숨겨진 진정한 원인을 찾지 못한다. 그렇기 때문에 문제를 정확히 정의할 수 없고 대안을 찾아도 부분적인 해결책이 되거나 일시적인 방책에 그쳐 다시 문제가 불거지고 문제해결을 위해 원인을 새로 찾아야 하는 과정을 계속해서 반복하게 된다.

따라서 문제의 원인을 분석할 때는 다음과 같은 점에 유의하여야 한다.

- **첫째, 가설설정:** 문제의 원인을 찾기 위해서는 가설(hypothesis)을 설정해서 그에 대한 자료를 수집 분석하고 문제의 원인을 추론하는 방법을 이용해야 한다. 문제의 원인은 변화의 인지, 가설의 설정, 정보의 수집과 분석, 가설의 검정과 수정 등의 단계 과정을 거치면서 찾게 된다. 이처럼 가설을 적절하게 이용하면 많은 자료를 수집할 수 있고 문제의 원인을 체계적으로 분석할 수 있다.
- **둘째, 다양한 가설 수립:** 문제의 원인은 하나가 아닌 여러 개일 수 있다 생각하고, 가급적 많은 가설을 만들어야 한다. 가설이 많을수록 문제를 다양한 각도에서 분석할 수 있기 때문에 문제의 원인을 체계적으로 찾을 수 있다.
- **셋째, 간단한 가설 수립:** 가설은 복잡한 것보다 간단하게 많이 만드는 것이 좋다. 복잡한 가설은 문제의 원인을 찾기 어렵기 때문에 단순한 여러 개의 가설이 문제의 원인을 발견하기 쉽게 해 준다.
- **넷째, 창의력 기법 활용:** 가설을 설정할 때는 여러 종류의 문제해결 기법(KT 기법, 5W1H, 특성요인도, 단어게임 등 창의력 기법 활용)을 사용하는 것이 바람직하다. 문제해결 기법은 문제의 원인을 보다 체계적으로 분석할 수 있게 해 주기 때문에 다양한 문제해결 기법을 활용할 줄 알아야 한다.

(3) 문제의 정의(재정의)

의사결정자가 문제해결능력이 떨어지는 경우엔 눈에 보이는 부분에만 집중하기 때문에 목표상태를 줄이거나 현재상태를 높여 양자 간의 차이를 '0'으로 만드는 것에만 관심을 둔다. 문제해결능력이 뛰어난 의사결정자는 문제를 진단하는 과정에서 문제의 타당성과 제약요인(조건)이 무엇인지 파악하고 제약요인을 해소하기 위해 어떤 노력을 해야 할지 구체적인 방법을 찾게 된다.

물론 문제를 정의한 후 대안을 찾는 과정에서 제약요인을 줄여가는 방법도 있지만 가능한 문제를 진단하는 문제의 정의과정에서 제약조건을 충분히 제거하도록 해야 한다.

그러므로 본 교재의 제6장에서 다루는 기법 중의 하나인 '문제의 재정의'도 이러한 제약조건을 제거하는 방법의 하나이며 문제를 다른 각도에서 재정의함으로써 자연스럽게 제약조건이 제거된다. 이러한 노력은 문제를 보다 수월하게 정의하도록 도와준다.

따라서 해결해야 할 문제를 정의할 때는 문제해결의 우선순위를 결정하기 위해 크게 두 가지가 전제되어야 한다. 문제해결의 타당성과 제약요인을 파악하는 것이다.

① 문제의 타당성 분석

문제를 해결하기 위해서는 현재상태와 목표상태(기대상태)와의 차이를 가능한 '0'으로 만들어야 한다. 차이를 '0'으로 만드는 방법은 여러 가지가 있다. 현재상태를 끌어 올리거나 목표치를 하향 조정하는 경우가 있고 동시에 두 기준을 조정하여 현재상태를 높이고 목표상태를 낮추어 '0'으로 만드는 방법도 있다, 물론 의사결정자에 따라 문제 자체를 포기하거나 무시하는 경우도 하나의 해결방법이 된다.

그러나 어떤 방식이 가장 타당한지는 단순히 드러난 정보만으로 판단하기는 어렵다. 때문에 다양한 변수를 고려해 타당성을 파악한 후 간격(차이)을 줄이는 방법을 선택해야 한다.

목표를 수립한 시점과 성과가 발생한 시점에는 시차가 존재하기 때문에 목표를 다시 한번 검토해 볼 필요가 있다. 만약에 목표나 기대수준이 달성할 수 없는 수준이거나 명확하지 않으면 문제는 언제든지 발생할 수 있다.

그러므로 의사결정에 관련한 목표를 다시 한번 검토해서 목표가 잘못 설정되어 있다면 재검토 되어야 한다. 또한 기대수준이 달성하기가 힘들거나, 설사 달성했다 하더라도 그 효과가 적을 때는 기대수준을 조정하거나 재검토해야 한다. 아울러 의사결정에 관련한 목표나 기대수준을 재검토한 후 타당하다는 결론이 내려지면 정말 문제와 기회가 존재하는지, 존재한다면 얼마나 심각한지를 알 수 있을 것이다. 목표는 가급적 구체적으로 표현되고, 측정이 가능한지 여부를 검토하여야 한다.

② 문제의 가정과 제약조건 분석

문제의 타당성을 분석한 후 현재상태와 목표상태의 차이를 '0'으로 만드는 과정에서 제약요인을 검토한다. 양자 간의 차이를 '0'으로 만들기 위해 선택할 수 있는 방법은 현실적으로 모두 가능할 수도 있고 모두 불가능할 수도 있다. 그리고 일부만 가능할 수도 있다. 다시 말해서 의사결정자 입장에서 목표상태는 반드시 지켜야만 한다는 전제가 될 수 있기 때문에 이는 문제분석에 제약조건이 된다.

그러므로 문제를 분석할 때 문제와 관련한 가정[3]과 제약조건을 분석해야 한다. 의사결정이나 문제를 해결할 때 여러 종류의 가정과 제약조건 아래서 하게 된다. 이 같은 가정과 제약조건은 문제의 진단, 대안의 개발, 대안의 선택 등에 많은 영향을 준다. 그런데 이들 과정과 제약조건들은 실제로 존재하지 않을 수 있고, 존재한다 하더라도 잘못 설정될 수 있다. 그러므로 문제와 의사결정에 관련한 가정과 제약조건이 무엇이고, 이들이 타당한지를 분석해야 한다. 문제를 정의하는 과정에서 제약요인은 제6장 문제의 정의에서 소개하는 '문제우선순위시 교려사항'과 연계해 활용 한다.

가정과 제약조건을 분석할 때는 다음과 같은 세 가지로 분류하여 검토해 볼 수 있다.

- **첫째, 조직의 가정(假定):** 조직의 특성에 의해서 가정과 제약조건이 발생한다. 예를 들면 조직의 미션, 목표, 인력과 예산, 조직의 구조, 권한의 위임정도, 리더십 스타일 등이 조직의 중요한 제약조건이 된다.
- **둘째, 이해당사자:** 문제의 특성을 분석할 때 문제와 관련된 이해당사자(stakeholder)를 분석해야 한다. 전략적 의사결정 문제는 복잡한 특성을 지니고 있기 때문에 많은 이해당사자들이 관련되어 있을 가능성이 많다. 이해당사자들은 서로 다른 관점과 이해를 가지고 있기 때문에 동일한 문제를 서로 다르게 생각하고 받아들인다. 따라서 이해당사자들의 다른 요구를 찾아내서 충족시키지 못하면 의사결정은 실패할 가능성이 있다. 또한 이해당사자의 역할과 책임을 찾아내지 못하면 의사결정을 추진할 때 역할과 책임소재가 불분명하기 때문에 혼란에 빠질 가능성이 많다. 그러므로 문제를 분석할 때 문제와 관련한 이해당사자를 찾아내고, 이들이 요구와 이해를 분석해서 이들의 관점에서 문제를 분석해야 한다.

---

3) 가정(假定, supposition): 사실이 아니거나 아직은 사실인지 아닌지 분명하지 아니한 것을 임시로 사실인 것처럼 정하는 것이다. 그리고 논리학에서는 일정한 사실이나 결론의 증명에 앞서 어떤 조건을 임시로 설정하거나 그 조건이라는 뜻으로 가설(假說, hypothesis)이라고도 한다. 그렇기 때문에 해결해야 할 문제의 가정과 제약조건을 객관적으로 살피는 것은 주관의 개입이나 오류가 있을 수 있기 때문에 올바른 문제정의에 걸림돌이 되기 때문이다.

- **셋째, 의사결정자의 프레임(frame):** 사물을 인식하고, 이해하는 틀을 의미하는데, 사람의 마음, 인지스타일, 의사결정 스타일 등의 차이에 따라서 동일한 사건이나 사물을 서로 다르게 받아들이는 경향을 나타낸다. 예를 들면, 물이 반 컵이 있을 때 "물이 반절이나 남았다." "물이 반절 밖에 없다"라고 인식하는 것은 사람의 의사결정 프레임이 다르기 때문이다. 전략적 의사결정 문제는 문제의 구조가 복잡하기 때문에 사람마다 다르게 받아 드리고 이해할 가능성이 높다. 프레임에 따라서 문제의 심각한 정도가 달라질 수 있다. 따라서 의사결정 문제를 받아들이는 의사결정 프레임이 정확한 지를 분석할 필요가 있는데. 이를 위해서 주위 사람들의 다른 시각이 필요하고, 이를 받아들일 수 있는 지혜와 훈련이 요구된다.

그림 4-5 대안 개발 전 검토사항

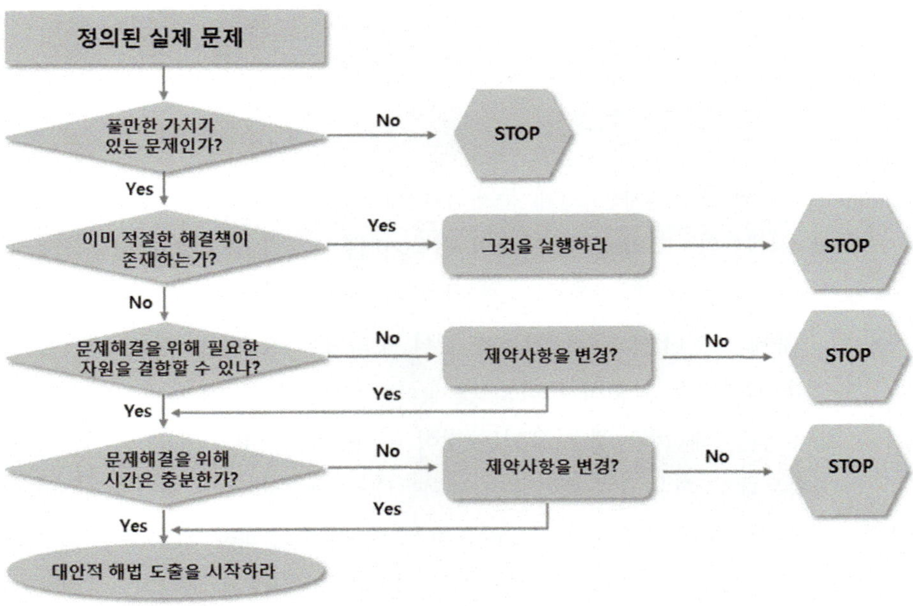

출처: H. Scott Fogel & Steven E. LeBlanc(2008), Strategies for Creative Problem Solving 2nd Edition, Prentice Hall.

따라서 '문제의 정의' 또는 '문제의 결정'은 문제를 탐색하고 문제의 원인을 분석한 후 문제들의 해결 여부를 결정하는 과정이다. 문제의 해결 여부는 문제 탐색과 원인의 분석을 토대로 결정한다. 그리고 문제의 정의를 내릴 때는 의사결정자의 입장에서 개인 또는 조직이 처한 상황과 제한된 자원문제를 충분히 고려해야 한다. 왜냐하면 한정된 자원으로 모든 문제를 다 해결할 수 없기 때문이다. 문제해결을 위한 예산과 투입되는 인력과 시간 등을 살펴 해결해야 할 문제의 우선순위를 정하는 것이 바람직하다.

그리고 의사결정자가 문제를 정의한 후 대안개발 전 검토사항으로 Michigan 대학교의 스캇 포겔(H. Scott Fogel) 교수와 Toledo 대학교의 르블란크(Steven E. LeBlanc) 교수는 해결해야 할 문제를 명확히 정의했다면 대안을 개발하기 전 다음과 같은 내용의 검토를 당부하고 있다.

문제정의 후 의사결정자가 질문해야 할 몇 가지 사항(사용할 수 있는 자원의 종류, 사람들을 얼마동안 투입할 수 있는지, 얼마나 빨리 해결해야 하는지 등)을 토대로 [그림 4-5]와 같은 모델을 제시했다.

3) 문제의 진단기법

문제의 진단절차는 크게 문제의 이해(탐색)를 거쳐, 문제의 분석, 문제의 정의 순으로 진행된다. 그리고 각 단계별 활용기법은 [그림 4-6]과 같다. 각 단계별 주요기법 및 활용방법 등에 대해서는 제4장과 제5장, 그리고 제6장에서 차례로 소개한다.

'문제의 진단'에 대한 이해에 앞서 주의해야 할 점은 먼저, 본서에서 소개하는 다양한 기법들은 단순히 하나의 문제(의사결정과정 중 문제의 탐색, 문제의 정의, 대안 개발, 평가 등)를 해결하는데 사용되는 것이 아니라는 점이다. 문제의 진단기법은 대안을 개발하는데도 활용되고 대안을 선택하는데도 상황에 따라 활용되고 있다.

예를 들면 제5장에서 '문제의 분석'을 위해 소개한 'KT 기법'은 '문제의 탐색'과 '원인 분석' 그리고 최선안으로 선택된 대안을 실행에 옮기기 전 대안을 실행했을 때 발생할 수 있는 '잠재된 문제를 정의'하는 등 다양한 분야에서 활용되고 있다.

그리고 [그림 4-6]에 소개된 기법들의 명칭과 활용방법이 유사한 경우가 많다. 그 이유는 기존의 기법을 토대로 의사결정자가 처한 상황이나 시대 및 문제 여건에 따라 주어진 문제를 해결하는데 있어서 필요에 의해 응용을 하거나 변형하였기 때문이다. '문제의 정의'에 활용되는 '가치나무기법'은 문제의 정의, 대안의 비교에 활용되기도 하며, 이 기법은 논리성을 갖는 대표적인 '나무 기법'(Tree Diagram)의 하나이며 이를 변형시킨 'Logic Tree', 'Fault Tree', 'Event Tree', 그리고 '의사결정나무'(Decision Tree) 등의 유사한 기법들도 소개되고 있다.

그림 4-6 문제의 진단기법

단계	기법
1 문제의 탐색	KPI 분석기법, 7S 모형기법, PEST 모형기법, BH기법, 자아확신기법, 5 Forces 기법, SWOP분석기법/STP 분석기법, 고객 3불 분석기법, 3C(4C) 분석기법 등
2 문제의 원인 분석	파레토기법, KT 기법, 5W1H 기법, Why-Why 기법, 시스템 다이어그램, 인과관계 다이어그램, Do-Nothing 기법, 인지기법, 단어게임, Logic Tree 기법 등
3 문제의 정의	문제우선순위 분석기법, Why-Method 기법, SMARTA 기법, 문제의 재정의(진술-재진술) 기법, Duncker 기법, 목표지향법 등

따라서 본서에서 문제해결과 의사결정 과정에서 소개하고 있는 많은 기법들은 반드시 그 단계에서만 사용해야만 하는 것이 아니라 의사결정자가 필요에 의해 중복해서 활용하거나 다른 문제해결 단계에서 활용해도 된다.

3. 문제의 탐색기법

'문제의 탐색'에 활용되는 기법은 주로 의사결정자가 문제를 정확히 인식하고 정의하는데 도움을 주기 위해 '현재상황의 탐색'을 위해 활용되는 기법이다. 현재상황의 탐색 방식은 거시환경요인에서 미시환경요인 그리고 산업 환경요인에서 내부 환경요인으로 정보나 관련 자료를 의사결정자는 주어진 여건에 따라 범위를 선정하고 활용기법을 선택해 탐색해 나간다.

[그림 4-7]은 '문제의 진단'과 '문제의 탐색'에 대한 프레임워크이다.

그림 4-7 문제의 진단과 문제의 탐색 프로세스

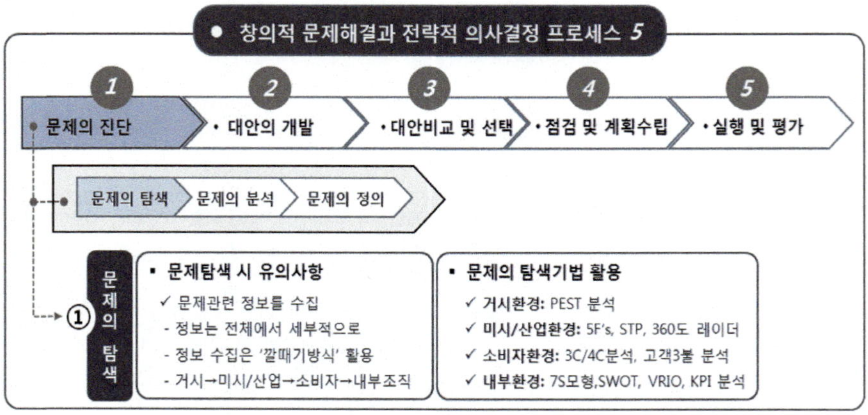

문제를 탐색(이해)하는데 가장 많이 활용되는 기법으로는 PEST 분석기법, 5 Forces 기법, 고객 3불 분석기법, 360도 레이더 스크린 기법, BH 기법(Business Hierarchy)[4], 이해관계자 분석기법, 벤치마킹분석기법, 3C 분석(4C 분석[5])기법, STP기법[6], KPI 분석기법, 7-S 모형기법, 자아확신기법, SWOT 분석기법 등이 있다. 이 중 문제의 탐색(상황파악)을 위한 기법으로 많이 활용하는 기법의 특징과 적용분야를 설명하면 〈표 4-2〉와 같다.

---

4) 사회계층: P. A. 소로킨이 사회계급과 구별하기 위해 만든 용어. 개인이나 집단은 부나 재산보유의 많고 적음에 의해, 또는 직업이나 교육으로의 접근가능성 및 기회획득의 크고 작음에 의해서 서열이 정해진다. 이 서열을 정한 자리를 개인이나 집단의 사회적 지위라고 한다. 사람들의 이러한 사회적 지위의 히에라르키(hierarchy)가 사회계층이며 사람들의 사회적 지위의 분화를 계층분화라고 한다.

5) 4C 전략 : 기존의 마케팅 분석방법의 효과를 높이기 위해 기존의 생산자 위주에서 소비자 위주의 사고방식으로 패러다임이 바뀌면서 시도한 전략이다. 소비자(consumer), 비용(cost), 편의성(convenience), 의사소통(communication) 4C 믹스를 말한다.

6) STP 전략 : 마케팅에 관한 계획을 수립할 때 고려해야 할 변수가 많지만 목표시장을 결정하고 그 시장에서의 요구사항을 정확히 찾아내고, 그 요구내용을 기업이 제공하기 위해 시장세분화(segmentation, S), 목표시장의 선택(targeting, T), 위치화(positioning, P)를 체계적으로 활용하는 것이다.

〈표 4-2〉 문제의 탐색(이해)기법과 특징

문제 탐색 기법	특 징	적용분야
PEST 모형기법	사회·문화, 기술, 경제, 정치 및 법적 환경 등 다양한 환경영역에서 가져다주는 문제와 기회를 탐색하는 기법	외부환경 탐색, 거시환경탐색, 산업환경 탐색 등
5 Forces 기법	기업경쟁력 강화를 위해 필요한 산업환경요인을 탐색한다. 신규참여자, 고객, 대체제, 공급업자, 경쟁업자 등 5가지 경쟁요인을 분석하는 기법	경쟁사분석, 외부환경 탐색, 이해관계자 분석, 기술장벽 탐색, 고객욕구 분석 등
3C 분석 (4C 분석)기법	개인과 기업을 둘러싼 고객, 경쟁사, 자사의 경쟁력 등 환경요인을 탐색하여 자사의 잠재력과 경쟁력을 탐색하는 기법	고객욕구 탐색, 경쟁사 탐색, 자사의 강점과 약점 탐색, 시장개척 등
고객 3불 분석기법	고객의 3불(불편함, 불균형, 불일치)을 찾아내어 새로운 문제와 기회를 탐색하고 고객의 욕구를 분석하는 기법	고객분석, 고객의 불만 탐색, 고객욕구 개발 등
STP 분석기법	목표시장을 세부시장으로 세분화하고 세분화된 시장의 매력도를 분석하고, 표적시장을 선정한 다음 제품의 위치를 결정하는 기법	목표시장세분화, 시장세분화, 고객선정, 표적시장 선정
360도 레이더스크린기법	360도 레이더를 활용하여 경쟁사의 위치를 입체적으로 파악해 문제점과 기회를 찾는 기법	경쟁사분석, 포털사이트의 경쟁사 및 통신사의 경쟁분석 등
KPI Analysis	개인, 조직, 사업부 차원에서 관리해야 할 핵심성과지표를 탐색해 내고, 목표와 현재 결과의 값을 비교해 숨어있는 문제와 새로운 기회를 찾는 기법	내부환경 탐색, 핵심성과지표, 잠재된 문제발견, 기회의 탐색 등
BH(비즈니스 히에라르키)기법	(Business Hierarchy)란 조직을 진단할 때 사용하는 조직계층을 정리하는 축을 말하는 것으로, 조직 상위에서부터 하위까지의 개념을 미션(이념), 비전(목표), 전략, 계획, 관리, 업무의 6단계 축을 활용하여 조직의 문제점을 탐색하고 장애요인을 찾아내는 기법	조직의 구조, 의사소통, 내부환경 및 문제점 분석 등
7S 모형 기법	조직전략, 조직개발, 조직구조, 공유된 가치, 리더십 등의 요소들을 평가하여 기업의 경쟁력을 평가하는 기법	문제와 기회의 탐색, 내부환경 및 조직의 역량분석
SMARTA 기법[7]	조직 내 해결해야 할 문제가 많을 경우 우선적으로 해결해야 할 중요한 문제를 결정할 때 활용하는 기법	문제와 기회의 탐색, 문제의 우선순위 탐색, 조직 내 복합적인 문제를 선별 등
SWOT 분석기법	기업 외부환경분석을 통해 기회와 위협요소들을 파악하고, 요소들과 기업내부 강점·약점을 고려해 효율적이고 효과적인 경영전략을 수립하는 기법.	내부환경 탐색, 외부환경 탐색, 시장탐색 등

1) PEST 모형 기법

(1) 개념과 용도

PEST 모형 기법은 개인과 조직이 외부환경요인을 분석할 때 넓은 의미의 일반 환경요소 분석 시 사용된다. 분석은 [그림 4-8]과 같이 6가지 요소를 모두 분석하는 방식에서 비롯된 기법이다. 즉 각 요소의 앞 글자를 따서 'PESTLE 모델'을 활용하기도 하지만 간략하게 정치적 영향, 경제적 영향, 사회적 영향, 기술적 영향 요소 4가지를 묶어서 'PEST(STEP) 모델'을 일반적으로 많이 활용한다.

그림 4-8 PEST 모형 기법

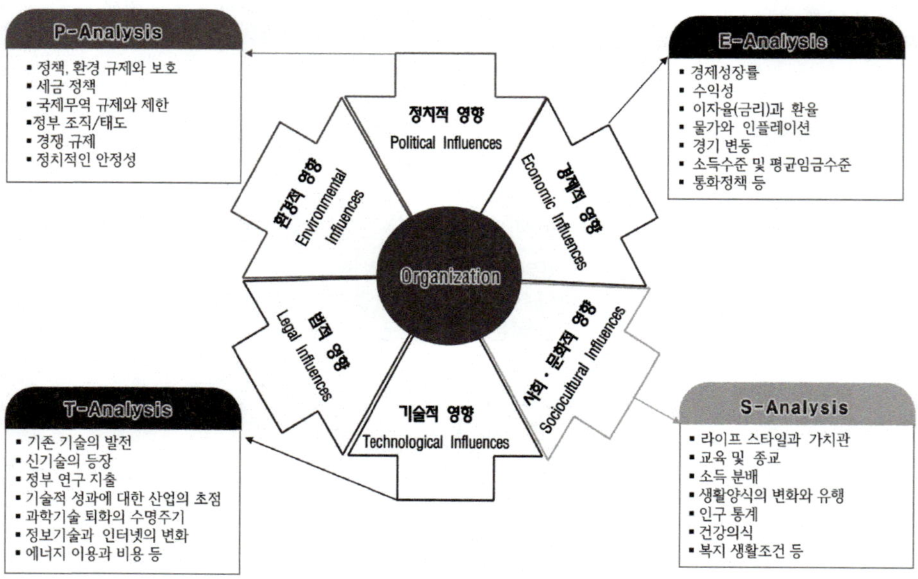

7) SMARTA 기법은 6개 항목을 평가하여 가장 높은 평가 결과의 문제를 최우선 해결해야 할 문제로 선정한다. 해결해야 할 문제가 여러 개인 경우 압축하기 위해 문제의 탐색에 활용되기도 하고 대안이 여러 개인 경우 최적안을 선택하거나 최적안을 실행하기 전 점검하기 위해서도 활용이 가능하다. 평가 항목은 다음과 같다. 문제의 구체성(Specific), 성과의 측정 가능성(Measurable), 목표 달성 가능성(Attainable), 결과와 성과도출의 가능성(Result-oriented), 일정 기간 내 실천 가능성(Time-bound), 책임자의 권한 초과여부(Authority-bound) 등의 관점에서 문제를 평가한다.

'PEST 모형 기법'은 마이클 포터의 산업구조분석 모델(5 Forces 기법)과 연계해 활용하면 유용하다. 즉 해당 기업이 속한 산업 또는 시장을 둘러싼 산업 환경에 영향을 미칠 수 있는 주요요인들을 도출하고, 의사결정자가 통제하기 어려운 일반 환경(PEST)을 분석함으로써 전략적 의사결정을 위한 정보로 활용하는데 그 목적이 있다. 뿐만 아니라 SWOT 분석을 할 때 외부환경요인에 대한 기회와 위협요인을 찾을 때 'PEST 모형 기법'에서 다루는 4가지 요인(정치, 경제, 사회 · 문화, 기술)을 참고해서 활용한다.

그러므로 이 기법은 일반적인 측면에서 거시경제(해외동향과 국제동향)를 돌아보는 한편, 개인의 문제해결과 회사에 영향을 미칠만한 모든 요소를 자세히 살피는데 도움을 주므로 외부환경 탐색, 거시환경 탐색, 산업환경 탐색 등에 유용하다.

모든 개인과 조직은 사회의 일부분으로 존재하기 때문에 대중여론이나 사회적인 힘, 정부의 규제적인 힘, 정치적인 힘에 영향을 받고 있으며 그러한 외부환경 요인들이 기업 활동에 어떤 영향을 미치는지 항상 살펴야 한다.

(2) 적용방법[8)]

① 정치적 영향(political influences)

정치적 환경 또는 정책 · 규제환경(political · regulatory)은 주로 법적 규제와 관련된 영향을 의미한다. 자동차산업이나 제약산업처럼 정부의 법적인 규제가 많은 산업의 경우 정부정책의 변화에 예의 주시해야 하며, 특히 해외진출을 고려하는 기업이라면 정치적 안정, 자본주의 진행 정도 등에 주의해야 한다. 정부규제는 신규 진입자를 제어하는 강력한 수단이 되기도 하지만, 이를 위반할 경우에는 법적 제재가 뒤따른다.

★

☆ 국내에서는 2011년 '골목상권' '동반성장'논란과 함께 등장했던 중소기업 적합업종 지정 제도가 대표적인 예이다. 시장경제의 기본인 기업 간 경쟁이 악화하고 소비자 후생도 낮아진다는 측면과 경제민주화의 대표적 산물로 '동반성장문화' 정착에 기여한다는 입장이 맞선 가운데 당시 82개 업종이 다음 〈표〉와 같이 지정된 바 있다.

---

8) 박상범, 길종구(2017), 전략경영 제2판, 탑북스, pp.188-195. 참고.

〈표〉 중소기업 적합업종 지정 품목 현황(2014.5.1. 기준)

구분	품목 업종	수
1차 지정	• 순대, 떡(제조), 장류(고추장등), 재생타이어, 세탁비누 등	16개
2차 지정	• 햄버거식빵, LED조명, 김, 김치, 어묵, 유사가공품 등	25개
3차 지정	• 냉각탑, 아연분말, 기타 플라스틱 용기, 도시락, 부동액, DVR 등	38개
4차 지정	• 유기계면활성제, 배전반 등	3개
5차 지정	• 자동판매기 운영업, 자전거 소매업, 서적, 잡지류, 제과점업 등	16개
6차 지정	• 기타 식사용 조리식품, 자동차 전문 수리업 등	2개

출처 : 동반성장위원회

② 경제적 영향(economic influences)

거시경제환경은 경제성장률, 인플레이션, 환율, 이자율, 평균임금수준 등과 같이 산업과 기업에 즉각적인 영향을 미친다. 2007년 미국발 금융위기는 전 세계의 기업 생태계에 영향을 미쳤다. 미국, 유럽의 금융자본은 넘치는 유동성에 따른 신규 투자처로서 이머징 마켓(한국 등 신흥시장)을 활용해 상당한 금융수익을 발생시켜 왔으나 금융위기로 투자되었던 달러화가 급속도로 회수되면서 한국은 환율급등, 주가하락이라는 이중고를 맞게 되었다. 그리고 환율의 변동은 경제적 특성상 다른 나라에 비하여 무역의존도가 높은 한국 경제전반에 큰 영향을 준다.

★

☆ 현대자동차는 환율이 10원 하락하면 약 2000억 원(현대차 1200억 원, 기아차 800억 원)의 매출 하락이 불가피하다. 반면 수입 원재료를 쓰는 식품업계(오리온, 삼양사, 대한제당 등)는 각종 식품용 재료인 곡물 수입가가 떨어지기 때문에 환율 하락을 긍정적으로 바라본다. 예를 들어 CJ제일제당은 환율이 10원 내릴 때마다 1년에 약 30억 원의 이익을 볼 수 있다. 그리고 업종 특성상 외화 부채가 많은 편인 항공사들의 경우, 환율이 하락하면 갚아야 하는 이자 부담이 그만큼 줄어든다. 그러므로 대한항공은 환율이 10원 하락하면 장부상으로 735억원의 평가이익이 생기고 아시아나항공은 장부상 가치가 약 87억 원씩 변동한다.[9)]

☆ 미래에 사람들은 상호 간에 소유한 물질을 공유함으로써 생산적 경제를 누리는 비즈니스 모델이 개발되고 있다. 재화나 공간, 경험과 재능을 다수의 개인이 협업을 통해 다른 사람에게 빌려주고 나눠 쓰는 온라인 기반 개방형 비즈니스 모델 '공유경제'(Sharing Economy)가 바로 그것이다. 이는 2000년 자동차를 공유하는 개념의 서비스에서 널리 확산되어 가고 있다. 집카(Zipcar), 우버(Uber), 사이드카(Sidecar), 리프트(Lyft), 그리고 구글 벤처스가 지원하는 릴레이라이즈(RelayRides)

9) 조선일보 Biz, 2012.10.25./2014.5.30. 자료 인용, 매경이코노미(2014.5.28.~6.3) 자료에 의하면 환율전문가가 생각하는 한국경제가 감내할 수 있는 수준의 환율은 985원대라고 본다.

등 카세어링 서비스를 제공하는 기업은 전 세계에서 운영되고 있다. 이 중 공유 경제의 대표적 사례라 불리는 우버는 2010년 샌프란시스코에서 검은색 자동차로 자동차 공유서비스를 시작한 이래 현재 25개국에서 서비스를 제공하고 있다. '집카'의 경우 개인 소유 자동차 한 대가 공유되면 15대를 대체할 수 있다고 발표한바 있고, 27개국에서 170만 대의 자동차 공유회원을 거느리고 있으며, 2013년에 글로벌 렌터카 기업 에이비스에 5억 달러에 인수되었다. 이 밖에도 숙박 공유 서비스 에어비앤비(Airbnb), 주택, 자동차, 개를 빌려주는 렌딩클럽(Lending Club), 가입자 70만 명을 두고 자신의 집 와이파이 네트워크를 다른 가입자들과 공유하는 서비스를 제공하는 폰(Fon) 등을 비롯해 옷, 반려동물 등에 이르기까지 공유경제는 활발하게 진행되고 있다. 공유경제는 대부분의 경제 활동이 '개인 대 개인 간 거래'(Peer to Peer · P2P)로 이루어지고 있고, 2014년 기준 미국인의 약 40퍼센트가 이미 '공유경제'에 참여하고 있을 만큼 우리 경제생활에 깊숙이 뿌리 내리고 있다.

③ 사회 · 문화적 영향(sociocultural influences)

사회 · 문화환경은 소비자의 라이프스타일과 새로운 트렌드 등을 의미한다. 특히 우리나라는 미디어가 주도하는 트렌드에 대한 민감도가 높고 트렌드 수명이 짧기 때문에 사회 · 문화환경의 변화를 재빨리 감지하고 대응하는 것이 중요하다.

★

☆ 100% 국산 쌀과 영양이 풍부한 국산 현미로 만든 웅진식품의 아침햇살은 세계최초의 쌀음료로 1999년 출시 이후 국내 쌀음료 시장 1위로를 지키는 음료업계의 스테디셀러 제품이다. 쌀음료 제조방법은 한국과 미국, 중국, 일본 4개국에서 6건의 특허를 받았다. 출시 이후 현재까지 16년간 아침햇살의 매출 누적 액은 8천600억 원에 이르며 아침햇살 제조에 사용된 쌀은 총 3만5천400톤(밥공기로 환산하면 1억2천만 공기)이다. 특히 아침햇살은 쌀이 주식인 베트남에서 식사 대용식 프리미엄 음료로 각광받고 있으며 전체 베트남 수출액('자연은', '초록매실', 어린이 음료 '초롱이' 등) 중 50% 이상을 차지하고 있다. 쌀음료가 생소한 베트남 소비자를 위해 광범위한 시음행사와 한국산 프리미엄 제품의 이미지를 살리기 위해 별도의 영문 브랜드 없이 국내와 같은 한글 레이블 제품을 베트남에 유통시키고 있다.[10)]

④ 기술적 영향(technological influences)

기술환경에 대한 분석은 산업을 지배하는 기술의 급격한 발전 가능성, 신제품이나 혁신적 제품의 등장 여부, 대체기술의 개발 가능성 등에 대한 분석을 주로 한다. 기술혁신은 시장의 패러다임을 순식간에 바꾸어 놓을 뿐만 아니라 기존의 제품군을 멸종시키기도 한다.

---

10) 아이뉴스 24, 2015.7.31.; 헤럴드경제, '웅진식품, '아침햇살' · '자연은 알로에'로 수출 기지개", 2015.04.07.; 박상범, 길종구(2017), 앞의 책, p.192. 재인용.

★

☆ LNG(액화천연가스)선 건조의 절대 강자인 대우조선해양이 세계시장을 석권한 원동력은 기존 기술을 뛰어 넘는 혁신과 시장선점에 있다. 1990년대 초까지만 해도 LNG선은 둥근 공을 실은 것처럼 생긴 모스형이 주류였고, 유럽의 일부 조선소와 일본, 한국의 현대중공업이 이 선형을 건조했다. 그러나 대우조선은 1992년 모스형 대신 멤브레인형(비독립탱크형)을 건조했다. 멤브레인형은 유지비(운송비)가 낮아 운송 선사들이 선호하고 이제는 대세가 되었지만 경쟁적인 생산성 향상으로 건조비용도 낮아졌다. 특히 LNG-RV(해상에 정박한 재 LNG를 공급함으로써 수백만평에 달하는 LNG 터미널과 대규모 육상저장 기지가 필요 없음)은 세계 최초 건조했고, 쇄빙기능을 가진 LNG선을 비롯해 세계 조선소 중 가장 많은 LNG선을 건조하고 있다.[11)]

(3) 활용방법

(주)한국전자는 디스플레이시장에서 지난 10년간 아시아에서의 브랜드 가치 1위를 고수해 왔고 성장은 멈추질 않았다. 그러나 환경변화에 따른 위협을 느낀 한국전자는 새로운 도약과 더욱 안정적인 성장궤도를 유지하고자 남미와 아프리카 등 신흥국가 진출에 대한 투자 및 확대 전략을 모색하게 되었다. 이러한 상황에서 한국전자가 신흥국 진출을 위한 성공적인 전략수립을 위해 고려해야 할 외부환경 요인이 무엇인지 〈표 4-3〉과 같이 PEST 모형을 활용해 분석하기로 하였다.

〈표 4-3〉 거시환경 분석표(PEST Analysis)

분석요소	기회요인	기회 및 위협 공통요인	위협요인
정치적 영향 (Political)	• • • •	• • • •	• • • •
경제적 영향 (Economic)	• • • •	• • • •	• • • •
사회 · 문화적 영향 (Sociocultural)	• • • •	• • • •	• • • •
기술적 영향 (Technological)	• • • •	• • • •	• • • •

외부환경 분석 시 요인별 고려할 항목은 예를 들어 아래와 같다.

11) 세계일보, 2014.6.4.; 박상범, 김종구(2017), 앞의 책, p.193. 재인용.

- **정치적 환경요인:** 외국기업에 대한 혜택, 일자리 창출을 위한 정부계획, 우대정책 분야, 세제 및 법률 등
- **경제적 환경요인:** 글로벌 경쟁, FTA의 체결, 외국기업의 진출 러시, 경기불황 등
- **사회 · 문화 환경요인:** 종교, 가치관, 고정관념, 관습, 전통, 금기사항 등
- **기술 환경요인:** 생명공학의 발전, 의학분야 사회적 관심확대, 미래 유망산업 7T 투자, 인공지능(AI), 무인자동차 기술 발전 등
- **국제관계 환경요인:** 북한의 핵실험, 주변국과의 관계 정도, 자유무역 활성화, 미국의 보호무역주의 등
- **기타 환경요인:** 정보환경, 문화적 환경요인, 사회인식의 변화 등

2) 5 Forces 분석

(1) 개념과 용도

'5 Forces 분석'(5F 분석)은 마이클 포터(Michael E. Porter) 교수가 주장한 '5가지 경쟁요인'의 관점에서 바라본 분석방법이다. 산업을 구성하고 있는 다양한 경쟁요인의 변화와 영향을 분석해서 산업구조의 특성과 매력도를 분석하여 경쟁전략을 수립하는 것이다. 특히 '5F 분석'은 고객협상력의 원천 분석, 대체기술과 신상품의 위협 분석, 신규진입 경쟁사 분석, 고객의 구매욕구 분석 등에 활용된다.

5가지 경쟁요인은 [그림 4-9]에 잘 나타나 있다.

그림 4-9 5 Forces 분석의 프레임

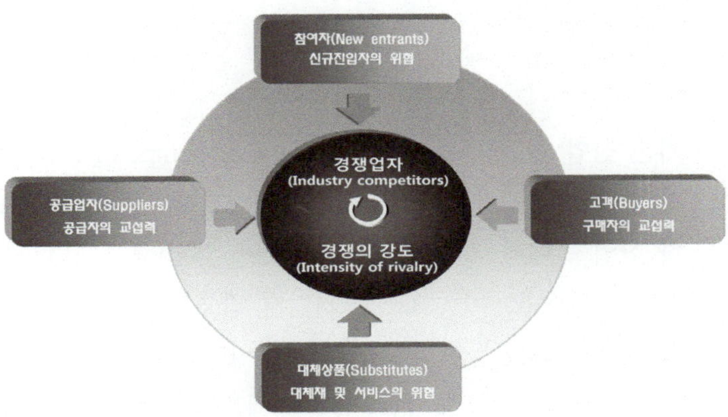

(2) 적용방법

'5 Forces 분석'의 적용 절차는 산업 내에 있는 경쟁사를 중심으로 고객, 공급자, 대체재, 신규 참여자 등 5가지 경쟁세력을 찾아 나간다. 5단계의 세부 주요변수는 〈표 4-4〉에 잘 나타나 있다. 그리고 적용단계의 각 요소별 특징을 살펴보면 다음과 같다.

〈표 4-4〉 5 Forces Model 분석 요소

분석요소	세부 주요 변수	
산업 내 경쟁 강도	• 산업집중도(성장률) • 제품 차별화 • 기업의 전략적 관심 • 퇴출장벽이 높은 경우	• 경쟁기업의 동질성과 이질성 • 초과설비 및 과잉생산 단계 • 비용구조 • 산업자체의 성장이 느린경우
신규 참여자 위협	• 규모의 경제 • 자본 소요량 • 절대적 비용우위 • 자사 제품의 차별화	• 브랜드 자산 • 유통채널 확보 유무 • 정부의 업계 정책 및 규제 • 보복 가능성
구매자(고객) 교섭력	• 구매자의 가격 민감도 · 가격, 총판매액/제품 차별화/브랜드 가치 /구매자이익. 품질, 성능이 미치는 영향력	• 상대적 교섭 능력 · 상대적 크기/정보수집능력/소비자 전환 비용/ 수직적 통합 가능성/대체재
공급자 교섭력	• 공급력 차별화 • 대체재 공급 • 업계 전체 매출과 관련된 비용 • 가격이나 차별화에 미치는 공급량 영향	• 공급자 전환비용 • 공급자 합병 • 공급자 주문량의 중대성 • 후방통합과 전방통합
대체재 위협	• 대체재로의 이동 용이성	• 대체재의 유용성

출처: 필립코틀러(2011), 필립 코틀러 전략 3.0, 청림출판,; 최승호(2011), 차별화된 전략 수립을 위한 전략기획 에센스, 새로운 제안. 참고.

① 기존 산업 내 경쟁자 분석(intensity of competitive rivalry)

산업 내의 경쟁자 및 경쟁업자의 적대관계, 즉 경쟁 강도를 분석한다. 즉 동일한 산업 안에서 기존 기업들과의 경쟁이 얼마나 치열한지 기존 기업 간의 경쟁강도에 영향을 주는 요소는 기업의 집중도, 시장의 성장, 전략적 이해관계, 제품 차별성, 생산능력, 브랜드 파워, 원가구성력 등이 있다. 산업의 성장률이 낮고, 고정비의 비중이 높으며, 철수장벽이 높을 때 산업의 경쟁은 치열해 지고 산업 내 경쟁강도에서 '가격경쟁여부'가 경쟁강도를 결정하는 중요 변수이다.

② 신규 참여자 위협분석(threat of new entrants)

해당 시장의 신규 진입 예정자에 대한 분석을 한다. 해당 산업에 신규 참여자의 위협은 초기투자, 대체비용, 정부의 규제, 기술장벽 등을 검토하여 파악한다. 신규 참여자 위협도 분석은 '진입장벽의 높낮이'가 경쟁강도를 판단하는 중요 기준이다. 예를 들어 영화상영 사업에 진출하기 위해 영화관을 새로 지으려면 초기에 막대한 자본을 투자해야 하기 때문에 진입장벽이 높아 기존 업체의 입장에서는 진입위협이 약하다고 판단한다.

새로운 진입자의 위협이 높을 때, 현재 사업자들은 가격을 낮추거나 새로운 투자를 단념하도록 투자를 늘린다. 산업 내에서의 진입위협은 '진입장벽의 높이'에 따라, 그리고 현재 사업가들의 반응(reaction)에 따라 달라진다.

진입장벽이 낮을수록 신규 진입자의 위협도가 높아져 해당 산업의 매력도가 낮아지며, 반대로 진입장벽이 높을수록 잠재 경쟁자의 진입 위협도가 낮아져 산업의 매력도는 높아진다. 진입장벽의 높낮이를 결정하는 주요 요소는 규모의 경제(제공자 입장에서 규모의 경제, 수요측면에서 규모의 혜택), 절대적 비용우위, 브랜드 자산, 소비자 전환비용, 자본소요량, 유통채널의 접근성, 정부의 규제 및 정책, 기존사업자의 보복 가능성 등이다.

③ 구매자(고객) 교섭력 분석(bargaining power of buyers)

구매자 파워의 핵심변수는 구매자 교섭력이다. 구매자의 교섭력이 높을수록 해당 산업의 수익률은 낮아져 산업매력도는 하락한다. 구매자의 교섭능력 파악을 위해 제품의 차별성이나 브랜드파워, 구매자 수, 구매자의 구매량, 구매자로서의 대체비용 등을 분석한다. 즉 공급에 비해 수요의 환경을 파악하는 것이다. 강력한 구매자들은 가격을 낮추거나, 더 나은 서비스와 품질을 요구하는 것 등을 통해 그들 스스로 힘을 가지게 된다. 즉 구매자들은 산업 내 참여하고 있는 기업들에 비해 교섭력이 높아지면 더 큰 힘을 갖는다. 특히 가격에 민감한 경우, 가격인하의 압력을 행사할 수 있다.

구매자의 교섭력이 상승하는 경우에는 다음과 같은 것들이 있다.

- ✓ 구매자 수가 적고, 각 구매자의 개별 업체에 대한 구매량이 큰 경우
- ✓ 산업 내의 제품들이 표준화되어 있거나 차이가 없는 경우
- ✓ 구매자들이 후방통합의 여지가 있는 경우 또는 직접 제품생산을 시도할 가능성이 높은 경우

경제의 기본 원리상 공급량이 수요량을 초과하면 시장은 공급자 중심이 아닌 소비자 중심으로 자연스럽게 재편되고 해당 산업에서 구매자의 선택 폭이 넓어지면(대체재들이 많을 경우) 구매자 교섭력이 높아진다.

④ **공급자의 교섭력(bargaining power of suppliers)**

공급자의 교섭력은 공급자와의 관계에 따른 기업의 경쟁력 정도를 나타내는 것이다. 교섭력에 영향을 주는 요소는 공급자의 수, 공급규모, 대체품의 여부, 제품차별성, 공급업체의 교체비용, 공급자의 전방 통합가능성 등이다. 원자재나 부품을 공급하는 공급자의 교섭능력은 공급품의 차별성이나 대체비용, 공급업자의 상위 집중도, 공급업자로서의 판매량의 중요성 등을 판단한다.

예를 들면 공급제품이 차별화되어 있고, 구매자에게 차지하는 비중이 크며, 공급자 교체 시 비용이 발생할 때 공급자는 큰 교섭력을 가지게 된다.

⑤ **대체재의 위협분석(threat of substitute products)**

해당산업에서 생산하고 제공하는 상품과 서비스를 대체할 수 있는 위협이 있는지 여부를 분석한다. '대체재'란 다른 형식 또는 방식으로 유사한 욕구(needs)를 충족시키며, 유사한 기능을 하는 제품을 의미한다. 해당산업의 대체재가 많을수록 산업매력도는 하락하고(대체재의 위협이 높을수록 산업 수익성은 하락한다) 대체재가 적을수록 산업매력도는 높아진다. 그리고 대체품은 관련 제품과 서비스의 가격상한에도 영향을 미칠 수 있다(산업의 잠재적 수익을 제한).

대체재 위협의 상승조건은 대체재 존재가 해당산업에 영향을 미치는 변수는 대체품의 가격 효능, 대체품에 대한 구매자의 성향, 교체비용 등으로 크게 2가지로 정리하면 '대체재로의 이동 용이성', '대체재 유용성'이다. 이는 대체로 산업내의 제품들 보다 대체재들이 가격측면에서 더 매력적인 조건(가격 대비 성능이 좋을 때)일 때, 그리고 대체재에 대한 구매자들의 전환비용이 낮은 경우 대체재의 위협이 높아진다. 또한 관련이 없어 보이는 요소들로 인해 기업의 수익성이 영향을 받을 수 있으므로 기업은 다른 산업의 변화에도 관심을 둔다.

상기 5가지 요인이 가지고 있는 힘의 원천을 분석한 후 각 요인들이 기업에게 주는 기회와 위협을 찾아낸다. 그리고 그 기회와 위협에 의해 발생할 수 있는 문제와 기회를 찾아낸다.

★

✩ **신규 진입자의 위협(기존 사업자의 보복 가능성) 사례:** IT업계나 제약업계와 같은 기술집약적 산업군에 속하는 기업들은 신규 진입자 견제에 '법적제소'를 주요 보복전략으로 활용한다. 특히 애플의 경우 2006년에 Creative Technology가 제소한 아이팟 관련 소송에 1억불을 내고 합의하게 된 것을 계기로 애플은 특허 출원에 관심을 보이는 것도 이 때문이다. 실제 사용하지 않을 기술도 방어용으로 사용하기 위해 출원을 하거나 특허청이 등록 안해 주더라도 출원하면 동일 아이디어로 다른 회사가 특허 받는 것을 막을 수 있으므로 등록 안 될 것 같은 기술도 특허 출원하는 애플의 보복 전략은 매우 강력하다.

✩ **대체재의 위협(소비자의 대체재로의 이동) 사례:** 오프라인의 서점과 아마존, Yes 24, 알라딘 등과 같은 온라인 서점 등은 대체재역할을 한다. 해당산업의 대체재가 많을수록 산업매력도는 하락하고(대체재의 위협이 높을수록 산업 수익성은 하락한다) 대체재가 적을수록 산업매력도는 높아진다. 그리고 대체품은 관련 제품과 서비스의 가격 상한에도 영향을 미칠 수 있다(산업의 잠재적 수익을 제한). 그리고 국내에도 고속철도가 개통되면서 국내 항공 산업이 타격을 받게 되었다. 서울과 부산, 대구, 포항 등 노선 중 대구는 폐쇄되고 포항과 울산의 경우도 노선이 축소되는 등 항공 서비스의 대체재로서 KTX가 강력한 위협이 된 것이다. 기존에는 자가운전, 버스 등과 같은 대체재가 존재했지만 전혀 위협이 되질 못했으나 KTX의 경우엔 유용성과 가격 경쟁력 모든 면에서 만족도가 높기 때문에 위협이 되고 있다.

(3) 활용사례

국내 시중은행의 하나인 K은행은 글로벌 경기 불황, 고령화, 모바일 뱅킹 확산 등으로 인한 수익률이 하락하고 있어 2017년 신규 사업으로 시작한 신용카드사업 분야의 매출과 시장점유율이 기대에 미치지 못하고 있다. 경영진은 향후 환경 변화는 더욱 심해질 것으로 예상하고 2018년 중장기 경영계획의 방향을 모색하기 위해 신용카드사업에 대한 사업진행 여부를 판단하기 위해 PEST 분석을 통해 정리한 국내·외 경기 및 법률 등 동향을 토대로 신용카드사업의 경쟁 매력도를 조사하기 위해 5 Forces 기법을 활용하기로 하였다.

현재 국내신용카드 사업은 대형 시중은행을 중심으로 하는 은행계 카드회사를 중심으로 재편이 이루어지고 있고, 백화점이나 글로벌 회사들의 대응도 공격적으로 활발히 전개되고 있다. 더구나 이러한 과도한 경쟁상황에서 정부의 각종 법규제도 이루어지고 있는 실정이다.

K은행은 5 Forces 기법을 활용해 K은행을 중심으로 경쟁사를 분석한 후 차례로 고객, 협력사 및 대체재, 진입예정자 등에 대한 분석을 한 결과를 [그림 4-10]과 같이 정리하였다.

그림 4-10 K은행의 5 Forces 분석의 프레임 전략

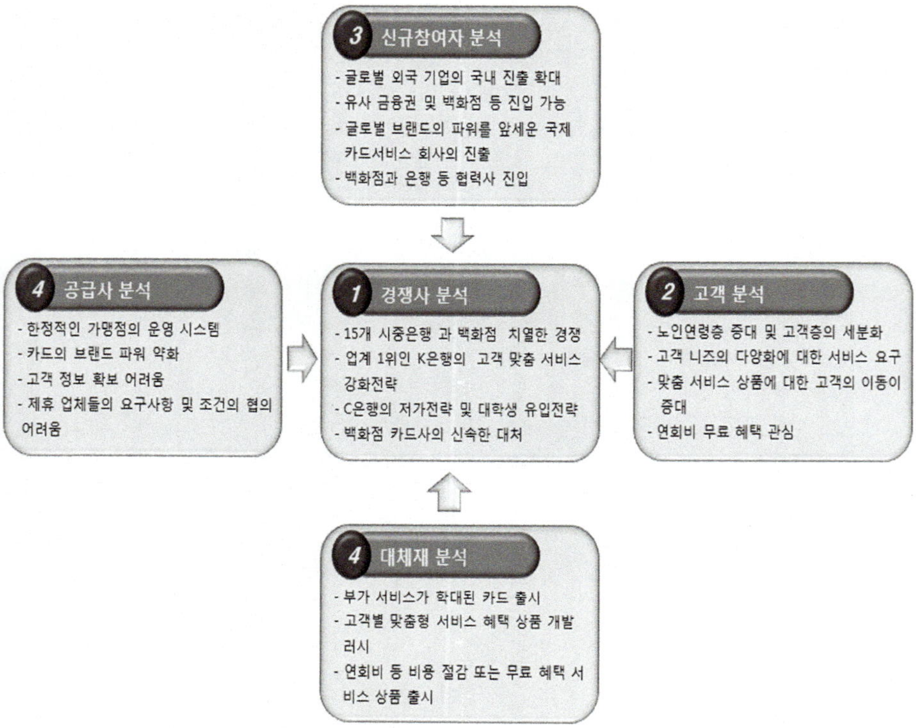

3) 360도 레이더스크린 기법

(1) 개념 및 적용방법

'360도 레이더스크린 기법(360 radar screen analysis)'은 [그림 4-11]과 같이 360도 레이더를 활용하여 기존의 경쟁사, 잠재적 경쟁사를 입체적으로 파악하여 경쟁사들이 가져다주는 문제점과 기회를 찾는 기법이다. 이 기법은 기업이나 조직의 경쟁사 분석, 포털 사이트의 경쟁사 분석, 통신사의 경쟁사 분석 등에 유용하다.

적용하는 방법은 비교적 간단하나 비교대상에 대한 객관적인 분석이 이루어지지 않을 경우 정보가 왜곡될 수 있다. 적용방법은 다음과 같다.

① 1단계: 경쟁기준의 설정

경쟁기준을 설정한다. 경쟁기준은 목표고객, 제품과 서비스 등 해당 조직에 맞는 기준을 설정한다.

② 2단계: 경쟁사의 탐색

경쟁기준에 따라 경쟁정도를 고려하여 경쟁사를 탐색한다. 경쟁기준에 탐색한 정보(경쟁사 및 대상)를 360도 레이더망에 나타낸다. 이때 주의할 것은 경쟁사에 대한 객관적인 탐색활동이 이루어져야 한다는 점이다.

③ 3단계: 경쟁관계의 분석

레이더망에 위치한 경쟁사와 자사의 위치를 분석하고 어느 경쟁사가 가장 위협적인지 아니면 경쟁대상이 아닌지를 판단한다. 레이더 상에서 자사와 거리가 가까운 경쟁사가 경쟁강도가 가장 높다. 또는 거리(경쟁강도)와 관계없이 자사가 목표로 하는 위치에 있는 경쟁사를 경쟁강도가 높은 대상으로 두고 전략을 세우는 경우도 있다. 이때 경쟁관계가 높은 경쟁사가 자사에 미칠 영향을 파악하고 경쟁사의 강점과 약점이 무엇인지 벤치마킹할 수 있어야 한다.

(2) 활용 사례

고등학교 졸업생 수가 매년 감소하고 사이버대학의 공격적 마케팅 등으로 대학입학과 관련한 교육환경이 변하면서 한국대학의 고민은 커졌다. 학생 수의 감소는 상대적으로 경쟁력이 약한 대학들이 학생유치에 어려움이 따르기 때문이다. 그러므로 각 한국대학은 대학 경쟁력 강화를 통한 학생유치에 총력을 기울이기 위한 다양한 전략을 마련해야 한다. 그러기 위해서 한국대학은 1차적으로 자신의 대학이 어느 정도 경쟁력을 가지고 있는지, 경쟁대학은 어느 대학이며 경쟁강도가 높은 대학들의 강점과 약점은 무엇인지 분석을 하고자 360도 레이더스크린을 [그림 4-11]과 같이 그렸다.

그림 4-11 360도 레이더스크린(한국대학교의 경쟁력)

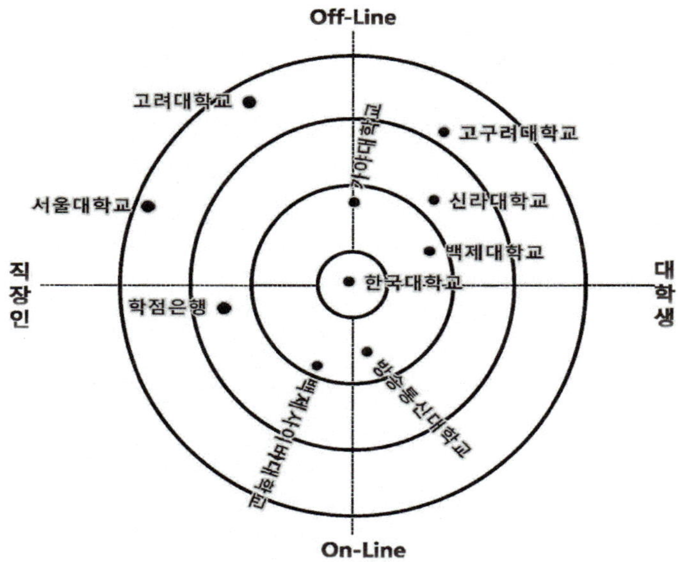

4) SWOT 분석 기법

(1) 개념과 용도

'SWOT 분석'은 1960년대 스탠퍼드대학의 알버트 험프리에 의해 고안된 기법으로서 경쟁사와의 비교를 통해 기업내부의 자원을 '강점(strengths)'과 '약점(weakness)'으로 분류하고, 사업의 외부환경을 '기회(opportunities)'와 '위협(threats)' 요인으로 구분하며 네 단어의 앞 글자를 따서 SWOT 분석이라 한다. 이 기법은 경영전략 수립 시 우선적으로 고려해야 할 사항들이 무엇인지 파악하기 위해 [그림 4-12]와 같이 기업의 외부환경 분석을 통하여 기회와 위협이 되는 요소들이 무엇인지 파악하고, 그러한 요소들과 기업내부 여건인 강점·약점을 고려함으로써 효율적이고 효과적인 경영전략을 수립하는 분석기법이다.

SWOT 분석은 기업이 갖고 있는 강점과 약점을 파악하고 외부환경의 기회요인과 위협요인에 대응하여 약점은 보완하고 강점은 최대한 육성함으로써 경쟁에서 승리하고 격변하는 환경에서 살아남는 방법을 제시해주는 분석방법이다.

SWOT 분석 결과 의사결정자가 가장 희망하는 전략은 외부환경의 기회요소와 내부의 강점이 일치하는 상황이다. 그러나 외부환경이 위협적인 상황으로 변해가는 상황에서 내부의 약점이 위협에 적절히 대응하지 못하는 경우는 최악의 상황으로 이를 극복하기 위한 대응책을 마련하거나 철수(포기)해야 한다.

그림 4-12 SWOT 분석 모형

(2) 적용방법

SWOT 분석은 크게 3단계를 거쳐 적용한다. 먼저 내부 환경요인과 외부 환경요인을 추출하고 두 번째는 각 요인별 분석내용을 교차하여 전략적 매트릭스를 정리한 다음 마지막으로 실행 가능한 전략을 선택하는 것이다.

① 1단계 : 환경요인 추출

SWOT 분석표에 외부의 기회와 위협 그리고 내부의 강점과 약점을 각각 분석한 자료를 정리한다.

㉮ **외부 환경요인 분석 :** 외부환경 요인은 거시환경 요인(PEST 모형기법)과 미시환경 요인 분석(5Force 모형기법)을 참고로 한다. 환경 요인을 파악했다면 '기회'와 '위협'이 되는 요소를 찾는다. 기회는 경쟁사와 시장에서 경쟁을 했을 때 경쟁우위에 설 수 있는 환경요인을 의미한다. 그리고 위협은 대비를 하지

않으면 경쟁에서 우위를 상실할 수 있는 요인으로서 반드시 파악해야 한다. 외부의 정보 중 좋은 쪽으로 작용하는 것은 기회의 요인으로 작성하고, 나쁜 쪽으로 작용하는 것은 위험요인으로 분류한다. 그리고 정보와 변화가 기업에 미치는 영향을 점차 구체화하고 인과관계가 있는 경우 화살표로 연결해 표시한다.

㈏ **내부 환경요인 분석** : 내부환경 요인은 반드시 경쟁사와 비교해서 평가해야 한다. 기업의 '강점'과 '약점'을 기업의 내부만을 보고 평가하지 말고 경쟁사와 비교하여 자사의 유형, 무형, 인적 자원 그리고 핵심역량의 강점과 약점을 객관적으로 평가해야 한다. 내부환경을 분석할 때 가장 많이 활용되는 것은 마이클 포터의 '가치사슬'(value chain)[12]이다. 왜냐하면 가치사슬 분석을 통해 가치사슬의 기능(능력)을 분석할 수 있고 어떤 기능이 강하고 약한지를 명확히 평가할 수 있기 때문이다.

★

✰ 제4차 산업혁명의 핵심 기술이라 할 수 있는 3D 프린팅 시장에 국내 기업들의 관심이 커졌으나 이미 시장은 포화상태라 할 만큼 커졌고, 기술 또한 미국을 중심으로 발전해 와 전망이 어두웠다. 그러나 최근 3D 프린팅 공정에 관한 원천특허가 하나 둘 만료되면서 시장의 신규 진입자들에게 새로운 기회를 제공하고 있다. 그리고 우리 정부도 전통제조업과 정보통신기술(ICT)을 융합한 '스마트 공장'과 같은 새로운 방식의 제조업을 목표로 '제조업 혁신3.0 전략'을 발표하면서 3D 프린팅 기술 개발을 본격 추진 중이다. 그러나 우리나라는 2014년 기준 3D 프린팅 특허 출원량은 미국, 일본, 독일, 네덜란드, 스위스에 이어 세계 6위 수준으로 특허 수에서도 일본의 11%에 불과한 실정이다. 더구나 출원된 특허 대부분이 국내에 집중돼 있고 해외시장 진출을 목표로 한 외국출원도 22건에 불과해 3D 프린팅 기술의 특허경쟁력은 매우 낮다.[13]

② 2단계 : TOWS 매트릭스 작성

SWOT 분석을 통해 4가지 요소를 추출한 후 각각의 요소를 교차하여 전략적 매트릭스를 만든다. 즉, SW요인과 OT요인을 교차해서 생기는 4가지 기본 전략 'TOWS 전략 매트릭스'를 완성한다. 두 번째 단계의 목적은 사업의 성패를 가

12) '가치 사슬'(value chain : VC)은 마이클 포터(M. E. Porter, 1985)가 자신의 저서 「경쟁우위(*Competitive Advantage*)」에서 처음으로 소개한 개념이다. 기업의 전반적인 생산활동을 주활동부문(primary activities)과 지원활동부문(support activities)으로 나누어서 구매 및 재고관리(원자재)부터 시작하여 물류, 생산, 판매, 그리고 서비스에 이르기까지 프로세스를 설명하는 프레임워크이며, 각각의 부문에서 비용이 얼마나 소요되고 소비자들에게 얼마나 부가가치를 창출해 내는지를 정교하게 분석하는 기법이다.

13) 전자신문, "제조업 혁신, 3D 프린팅 소멸특허에서 길을 찾다", 2015.3.11. 참고.

능하는 최대의 기회와 최대의 기회를 명확히 파악하기 위함이다. 그러므로 의사결정자는 이러한 분석기법을 이용하여 표준적인 네 개의 전략을 도출하고 그 중 하나의 전략을 선택해 실행하면 된다. 〈표 4-5〉와 같이 외부환경(위협과 기회)과 내부환경(강점과 약점)에 대한 분석을 토대로 4개의 전략방안을 모색할 수 있다.

〈표 4-5〉 전략형성을 위한 TOWS 전략 매트릭스

내부요인 / 외부요인		내부강점(S) 자원과 능력의 강점 가치사슬상의 강점	내부약점(W) 자원과 능력의 약점 가치사슬상의 약점
외부기회(O)	PEST 분석과 5 Forces 분석을 통해 파악된 기회요인	SO전략(최대의 기회) (Maxi-Maxi)	WO전략 (Mini-Maxi)
		조직내의 강점과 외부의 기회를 이용하는 가장 성공할 수 있는 전략, 확대전략	외부기회의 강점을 활용하여 내부의 약점을 극복하기 위한 개발전략, 우회전략
외부위협(T)	PEST 분석과 5 Forces 분석을 통해 파악된 위협요인	ST전략 (Maxi-Mini)	WT전략(최대의 위협) (Mini-Mini)
		내부의 강점으로 외부의 위협을 극복하고 대처하는 전략, 안정적 성장전략	약점을 최소화하여 위협을 극복하는 전략 삭감전략 · 청산 · 합작투자 전략

㉮ **WT전략(내부약점 · 외부위협) :** 기업의 입장에서는 최대의 위협으로서 위협과 약점을 최소화하기 위한 전략을 구사해야 한다. 이러한 상황에서는 기업이 경쟁우위를 상실하고 시장에서 퇴출될 수 있기 때문에 시장의 위협요소에 충분히 대비를 해야 한다. 예를 들면, 상황에 따라서는 컨틴전시플랜(Contingency plan : 비상경영계획)을 준비하거나 합작투자나 회사를 축소하거나 경우에 따라서는 청산까지 해야 한다.

㉯ **WO전략(내부약점 · 외부기회) :** 약점을 최소화하는 대신에 기회를 극대화하려는 전략을 말한다. 그러므로 약점분야를 보완하여 강점으로 전환하기 위해서는 외부로부터 유리한 기술이나 인적 자원을 도입하는 우회전략을 활용할 수도 있다. 자사의 약점 때문에 시장에서의 기회를 살리지 못하는 일이 없도록 하기 위함이다.

㉰ **ST전략(내부강점 · 외부위협):** 조직내부의 강점으로 외부환경 속에 있는 위협에 대응하기 위해 전략을 구사한다. 기업이 지닌 핵심역량을 기반으로 차

별화를 추진하는 등의 위협을 최소화해야 한다. 이 전략의 목적은 내부의 강점을 극대화하고, 반면 외부의 위협을 최소화하는 전략이다.

㉣ **SO전략(내부강점 · 외부기회):** 외부의 기회를 이용하기 위해 내부강점을 사용할 수 있을 때 가장 바람직한 전략이다. 기업의 입장에서는 시장에서 경쟁우위를 확고히 할 수 있는 최대의 기회가 된다. 때문에 외부의 기회를 이용하기 위해 내부강점을 적극적으로 발휘할 수 있도록 전략을 구시해야 한다. 실제 매트릭스상의 모든 위치에서 이러한 위치로 옮기는 것이 거의 모든 의사결정자의 목표이다.

③ 3단계: 전략의 선택

마지막으로 실행이 가능한 전략을 선택하는 단계이다. [그림 4-13]과 같이 TOWS 전략 매트릭스에서 각각의 실현 가능성 및 위험 등을 고려해 실행할 전략을 선택하고 복수선택이나 모두 선택하지 않을 수도 있다.

★

✰ 기술의 발전 속도가 수직적으로 상승하는 제4차 산업혁명 시대에 기업들은 IT와 접목한 제품개발에 집중하고 있다. 관련 분야 기술이 취약하거나 자원이 부족한 중소기업의 입장에서는 이러한 환경 변화가 위기일 수밖에 없다. 그러나 강소기업 히든챔피언으로 불리는 경쟁력이 강한 기업들은 이러한 위기 속에서도 자원과 역량을 한 가지 제품에만 집중해 경쟁력을 발휘하며 발전해 가고 있다. 예컨대, 연 매출 1조가 넘는 파버카스텔(Faber-Castell, 독일, 1884)은 240년간 연필에 집중해 디지털화 되는 시대에서도 연간 20억 개 이상의 연필을 만들고 있고, 발뮤다(BALMUDA, 2002, 미국)는 다른 기업들이 사양산업으로 관심을 두지 않은 선풍기에 집중해 '그린팬시리즈' 등 히트 상품을 출시하며 전 세계 고객을 사로잡고 있다.

그림 4-13 SWOT 분석 3단계

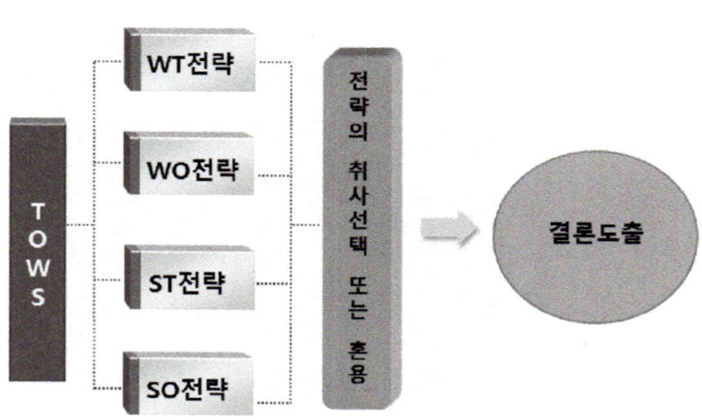

(3) 활용사례[14]

K은행은 앞서 '5 Forces 분석'에서 얻은 자료를 토대로 K은행의 내부환경과 외부환경을 'SWOT 분석 기법'을 활용해 작성한 결과 [그림 4-14]와 같다. 1차적으로 사내분석을 위해 K은행 신용카드사업부의 강점은 제2금융권 은행사업을 기반으로 한 채권회수 능력과 고객대상 영업능력이 뛰어나고 신규 사업 진출을 계기로 연회비 무료란 파격적 마케팅 전략을 구사한 점이다. 반면 제2 금융권으로서 브랜드는 널리 알려져 있으나 신용카드 사업에 대한 고객 인식이 전반적으로 낮아 유통경로 확보의 어려움과 낮은 브랜드 가치, 그리고 다양한 서비스를 제공하고 있지 못하다는 점이 약점으로 분석되고 있다. 그리고 2차적으로 사외분석으로 기회와 위협요인을 분석한 자료에 의하면 다행히 주 5일 근무 경제정책으로 소비자들의 대외 활동이 늘면서 신용카드 사용율이 증가하면서 신용카드 브랜드 판단에 대한 거부감도 줄어들고 있다는 점이 기회로 작용하고 있다. 그러나 신용카드 발급 남발로 연체자가 늘면서 정부의 카드 발급에 대한 규제가 강화되고 있고, 글로벌 카드사와 국내 유통업계의 진출로 경쟁이 치열해 진 것이 위협요소로 작용되고 있다.

그림 4-14 K은행의 SWOT 분석 모형

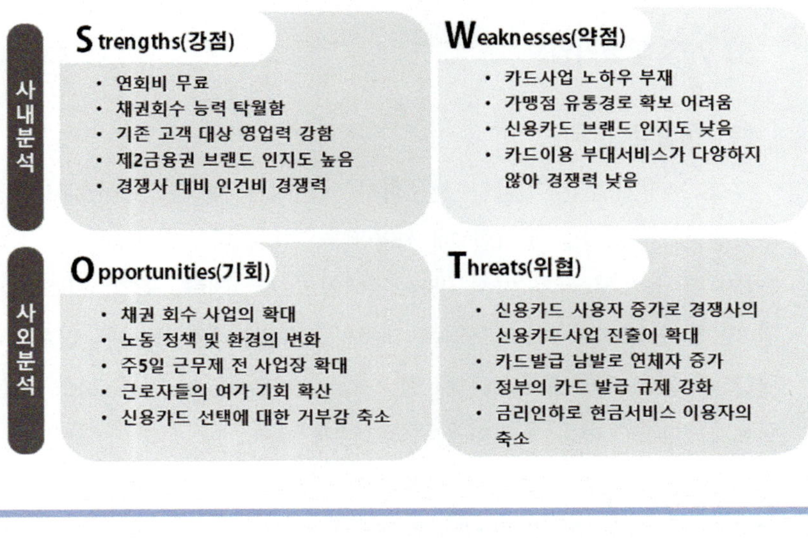

14) HR Institute(이봉노역), Skills for Dealing with Issues(전략적 의사결정을 위한 문제해결 툴킷), 새로운 제안, 2010.

다음 단계는 사내요인과 사외요인을 각각 교차시켜 4가지 전략방안을 마련한 결과를 [그림 4-15]에 차례로 작성한 후 K은행은 향 후 신용카드 사업 진행여부를 판단하게 된다.

그림 4-15 K은행의 SWOT 분석을 통한 4가지 전략방안 매트릭스

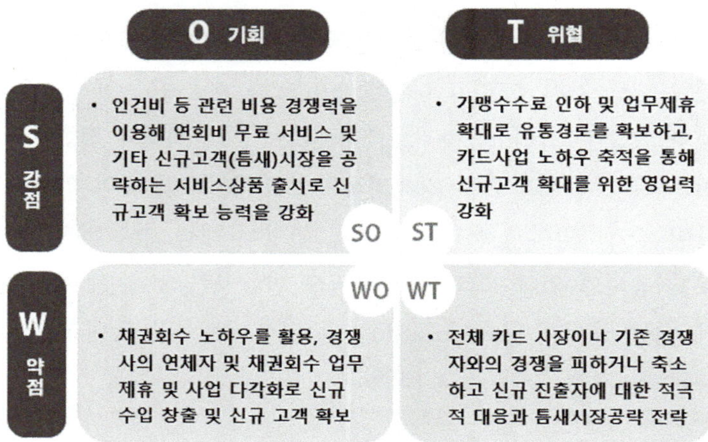

5) 7-S 모형기법

(1) 개념과 용도

'7-S 모형기법'은 컨설팅 전문회사 맥킨지가 제창한 도구로서 조직전략, 조직개발, 조직진단 등 조직을 분석할 때 사용되는 기법이다. '7-S 모형'은 [그림 4-16]과 같이 7가지 단어의 첫 글자 따서 만든 프레임워크로 전략, 구조, 시스템, 기술, 스타일, 직원 및 공유 값이다. 7-S 모형은 대부분 조직의 내부 상황에 변화를 평가하고 모니터링할 수 있는 도구로서 조직이 잘 수행하기 위해, 이 일곱 요소 정렬 및 상호 보강할 필요가 있다는 이론에 기반을 두고 있다.

이 모형은 기업과 조직의 전략, 개발을 위한 내부환경 분석에 유용하다. 특히, 조직구조(구조조정), 조직개발(새로운 프로세스의 정렬), 조직의 인수 합병, 새로운 시스템, 실적개선, 리더십의 변화, 경영전략분석 등에 활용된다.

그림 4-16 7-S 모형

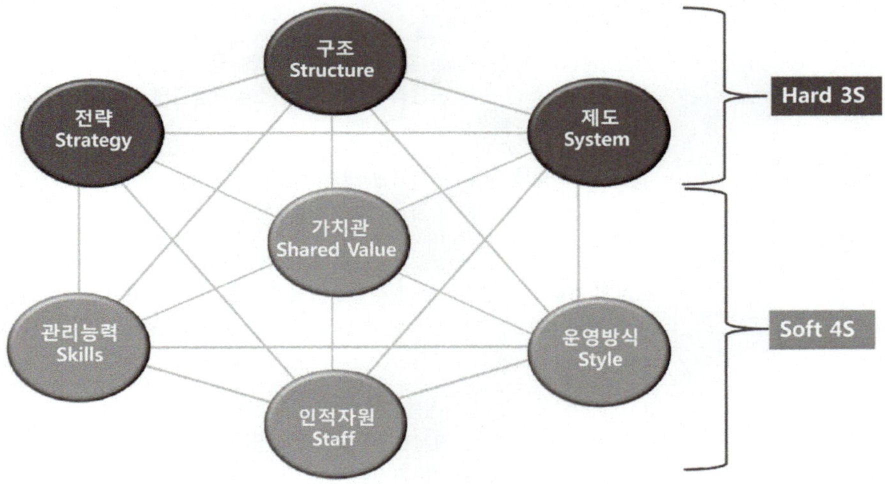

즉 의사결정자는 현재의 상황과 제안된 미래의 상황을 분석하고 그들 사이의 격차와 불일치를 식별하는 데 도움 7-S 모델을 사용할 수 있다. 그리고 의사결정자가 문제가 해결되고 목표에 도달하면 조직이 효율적으로 잘 작동하는지 확인하기 위해 7-S 모형의 요소를 조정하기도 한다. 각 요소별 특징은 〈표 4-6〉과 같다.

(2) 적용방법

[그림 4-16]의 7-S 모형을 효율적으로 운영하기 위해서는 〈표 4-6〉 7-S 모형의 특징을 참고로 7-S 체크리스트 질문으로 상황을 이해하는 것이 도움이 된다. 7-S 모형을 적용할 때 가장 중요한 것은 '가치관'(shared values)이다. 왜냐하면 가치관이 '기업의 설립 및 존속의 목적'과 '기업이 고객의 만족을 어떻게 충족할 것인가', 그리고 '기업이 사회에 어떻게 공헌할 것인가' 등과 같이 기업운영에 원동력이 되는 가장 기본적인 가치에 대해 탐색하는 요소이기 때문이다.

각 요소별 체크리스트는 다음과 같다.

〈표 4-6〉 7-S 모형의 특징

7-S 요소	특 징
Shared Values (가치관)	경영이념이나 행동규범과 같이 조직에서 널리 공유되고 있으며, 중요한 행동원칙으로서 사용되는 핵심 또는 근본적인 가치이며 조직구성원의 주의를 집중시키고, 보다 넓은 목적의식을 갖도록 하는 의미이다.
Strategy (전략)	경쟁우위 확보를 위한 구체적인 방법으로서 기업 또는 사업 단위가 그 자원을 어디에 집중할 것이며, 어디에서 경쟁하는가, 경쟁우위를 지속하기에는 어떤 행동의 조정이 필요한가를 서술하는 것이다.
Structure (구조)	회사의 조직구조나 형태로서 수행과업을 전문화, 세분화하고 그에 따른 권한의 분할방식. 활동의 부문화와 부문간 관계 등과 같이 조직내 활동들과 구성원들이 조정·통합되는 메카니즘이다.
Systems (제도)	회사의 운영규칙이나 시스템으로서 조직관리를 위해 사용되는 공식적인 프로세스와 절차를 의미한다. 경영관리시스템, 성과측정 및 보상 시스템, 기획, 예산편성, 자원할당 시스템, 정보시스템 및 배분시스템 등을 포함한다.
Staff (인적자원)	기업내 조직원들과 그들의 배경, 역량. 리쿠르팅, 선택 및 사회화를 위한 조직의 접근방법. 사람 계발, 훈련, 사회화, 통합하는 방법과 조직구성원들의 경력관리 방법이다.
Skills (관리능력)	조직내에서 인적자원이 보유하고 있는 능력과 그 존재가 구별될 수 있는 특이한 역량을 의미하고 경영관행, 시스템, 기술 등과 같은 기법을 말한다.
Style (운영방식)	최고경영자의 리더십 스타일과 조직의 전체적인 운영관리 스타일. 스타일은 조직 구성원들이 따르는 규범과 그들 상호간, 또는 고객들과 일하고 상호교제하는데 영향을 주는 방법적 요소 또는 문화적 풍토를 의미한다.

① 가치관(shared values)

조직에서 널리 공유되고 있으며, 중요한 원칙으로 사용되는 핵심 또는 근본적인 가치를 말한다. 이러한 가치들은 그것들이 주의를 집중하고 보다 넓은 목적의식을 제공하기 때문에 큰 의미를 가지며 다음과 같은 질문을 던진다.

- ✓ 조직원들은 회사의 존재이유에 대하여 공유된 이해를 갖고 있는가?
- ✓ 조직원들은 회사를 위한 비전에 대하여 공유된 이해를 갖고 있는가?
- ✓ 최고의, 최소의 최고경영자 지원은 어떤 유형(단기 및 장기, 내부 및 외부 등)의 문제들에 대하여 행하여지고 있는가?
- ✓ 조직원들은 회사가 구별되는 방법(품질에 집중, 사람을 강조 등)들을 어떻게 설명하는가?

② 전략(strategy)

기업의 경쟁전략이 성취될 방식들로 강점과 약점을 분석한다. 조직의 전략은 무엇인지?, 어떻게 우리의 목표를 달성하고자 하는지 다음과 같은 질문을 한다.

- ✓ 우리가 어떻게 경쟁압력을 처리하는가?
- ✓ 지속적 경쟁우위를 위한 회사의 원천(생산 코스트, 품질, 서비스, 기술적 리더십 등)은 무엇인가?
- ✓ 회사의 전략적 우선순위(신시장 침투, 신제품 개발, 리드타임 단축, 고객서비스 개선 등)는 무엇인가?

③ 조직구조(structure)

과업이 전문화되고 분할되고 권한이 분할되는 방식 등과 같이 기업의 조직형태와 관리능력의 측면에서 조직구조의 강점과 약점을 분석하기 위해 다음과 같은 질문을 한다.

- ✓ 기본적 조직구조 형태는 무엇인가?
- ✓ 조직은 어떻게 집중화되고 분권화되는가?
- ✓ 조직 하부단위의 상대적 지위와 힘은 무엇인가?

④ 제도(systems)

조직관리를 효율적으로 운영하기 위해 사용되는 공식적인 프로세스와 절차들로 기업 시스템의 강점과 약점을 분석하기 위해 다음과 같은 질문을 한다.

- ✓ 조직은 사업운영에 필요한 시스템(고객만족을 모니터링하는 시스템이 있는가?)을 갖고 있는가?
- ✓ 최고경영자가 회사를 운영하는데 필요한 경영시스템은 무엇인가?
- ✓ 그들이 가장 큰 관심을 갖고 있는 것은 무엇인가?

⑤ 인적 자원(staff)

기업 내의 조직원들의 역량, 리쿠르팅, 선택 및 계발, 훈련 등의 강점과 약점을 분석하기 위해 다음과 같은 질문을 한다.

- ✓ 조직은 사람들을 어떻게 리쿠르팅하고 계발(공식적 훈련, 멘터링, 스트레치 업무 할당 등)하는가?
- ✓ 경영팀의 인구통계학적 특징(배경, 교육, 나이, 성, 국적, 경력 등)은 무엇인가?

- ✓ 조직에서 가장 강력한 리더들은 어디(기능파트, 생산파트, 연구파트, 영업파트 등)에서 발견되는가? 가장 약한 리더들은 어디에서 발견되는가?

⑥ 관리능력(skills)

기업 내에 존재하는 특이한 역량과 기술 및 자원들에 대한 관리능력을 분석하기 위해 다음과 같은 질문을 한다.

- ✓ 회사가 구별되게 잘하는(좋은 성과를 가져오는) 비즈니스 활동은 무엇인가?
- ✓ 조직이 개발해야 할 필요가 있는 새로운 능력은 무엇이며, 장래 경쟁을 위하여 배울 필요가 없는 것은 어느 것인가?

⑦ 운영방식(style)

최고경영자의 경영방식과 리더십 그리고 의사결정 스타일 및 조직원들의 관심 등 운영방식의 강점과 약점을 파악하기 위해 다음과 같은 질문을 한다.

- ✓ 최고경영자들은 어떻게(참여적인가 위로부터의 지시적인가) 의사결정을 하는가?
- ✓ 매니저들은 자신들의 시간(현업에서의, 고객들과의 연구실에서의 비공식 미팅에 또는 비공식 대화에 사용하는가?)을 어떻게 사용하는가?

(3) 활용사례[15)]

한국화장품은 경영진은 최근 바이오관련 제품에 대한 소비자들의 관심이 높아지자 기존의 조직에서 바이오 관련 사업부를 신설할 계획이었으나 관련 분야 기술 및 운영 노하우가 적어 바이오 연구 전문 업체인 글로벌바이오사를 인수·합병하여 사업을 확대해 나가기로 결정하였다. 그러나 새로 인수·합병하는 조직과 기존 조직 간의 경영방침, 관리방식, 그리고 기업문화와 풍토가 달라 단기간에 기존조직에 융화시키기 어렵다는 사실에 고민을 하게 되었다. 더구나 M&A로 확보한 기업이 이후 표면화되지 않았던 여러 가지 문제도 발생할 수 있다는 우려도 있어 단기간에 새로운 조직과의 융화를 위해 M&A 기업에 대한 내부 분석 자료를 수집해 7-S 모형기법에 적용 활용하기로 하였다.

① 가치관의 분석

글로벌바이오사의 조직원들은 최고경영자가 추구하는 경영이념과 비전을 정확

15) 김상수·김영천(2011), 창의적 문제해결과 의사결정, 도서출판 청람, p.72 참고.

히 파악하고 있지 못하고 있고 기업이 추구하는 목표와 가치 그리고 문화 등에 대한 공유도 제대로 되고 있지 않아 기업 내 직원들의 참여와 이해도가 매우 낮은 것으로 분석되었다.

② 전략의 분석

글로벌바이오사의 전략은 대학과 기업 고객을 대상으로 경영 콘텐츠를 개발하고 있는 자사의 전략영역은 너무 협소한 것으로 분석되었다. 해당영역에는 강점이 있으나 전체적으로 시장이 작기 때문에 충분한 성장을 기대하기 힘든 것으로 예상되었다.

③ 조직구조의 분석

회사의 조직구조는 연구 인력과 영업 인력으로 양분되어 있고 연구 인력의 규모가 상대적으로 커 조직구조가 균형을 이루지 못하고 있다. 또한 조직의 힘이 연구 조직에 집중되어 직원 상호간에 소통이 잘되지 않고 있으며 의사결정에 따른 책임과 권한이 편중되어 갈등이 빈번한 것으로 평가되었다.

④ 제도의 분석

제도적인 측면을 분석한 결과 최고경영자가 조직을 운영함에 있어서 영업 조직의 사기나 목표관리에 대한 보상을 체계화하는 시스템을 구축할 필요가 있다고 분석되었다. 더구나 자금의 흐름에 대한 관리시스템도 체계적이지 못해 관련 업무를 수행할 수 있도록 필요인력과 인프라 구축 시스템도 필요하다는 것을 알 수 있었다.

⑤ 인적 자원의 분석

인적 자원에 대한 교육 및 훈련은 주로 연구 인력에 치중되어 있음에도 불구하고 연구 인력은 연봉과 학력 그리고 연령대가 높아 인력관리에 어려움을 겪고 있어 조직 리더의 리더십이 약하다. 그러나 영업 인력 연령대가 비교적 젊고 업적에 대한 목표가 뚜렷해 관리 및 통제가 리더에 의해 잘되고 있다고 분석되었다.

⑥ 관리능력의 분석

관리능력 면에서는 연구 인력의 규모가 크기 때문에 조직원 대부분 현재 기술

환경 변화에 대체적으로 부합하고 있다. 그리고 바이오 분야 기술 및 노하우도 구축되어 있어 긍정적으로 분석되나 연구 인력의 연령대가 높아 새로운 기술을 IT산업과 연계하거나 타 업종과 융합하는 기술이 부족해 취약 분야에 대한 관리가 필요하다.

⑦ 운영방식의 분석

글로벌바이오사는 최고경영자가 연구원 출신으로 관련 분야에만 집중하고 있어 영업 인력에 대한 교육 및 보상에 대해 체계적인 관리가 되지 않아 의사결정을 번복하는 경우가 많다. 뿐만 아니라 운영방식을 분석해 보면 최고경영자가 혼자 많은 일을 해결해야 하기 때문에 업무부담이 많고, 부하직원들에게 독단적이라는 평을 듣기도 한다는 점이 분석되었다.

❑ 창의적이고 융합적인 사고 연습(4)

❖ IQ를 신뢰하지마라.

최근까지 우리는 인간의 지능을 평가할 때 보통 IQ(Intelligence Quotient : 지능지수)를 말한다. IQ검사는 원래 열등한 사람을 선별하기 위해 만들어진 도구이지만 점점 변질되어 1905년 이래 100년 가까이 정상적인 사람의 능력을 평가하고 판단하는 척도로 절대적인 영향력을 행사해 왔다. IQ는 일부 한정된 인간의 뇌의 능력을 평가할 수밖에 없는 구조로 되어있음에도 불구하고 과거 100년 넘게 IQ검사는 인간의 지능과 능력을 평가하는 하나의 바로미터로 군림해 왔다.

그러나 1960년대 이후부터 다양한 지능이론이 소개되면서 기존의 IQ검사는 인간의 지능을 평가하고 인간이 지닌 창의력이나 실천적 지식을 평가하는 데 많은 한계점을 드러내고 있다. 물론 IQ검사는 분석적, 언어적 그리고 수리적 능력 등을 평가하는 데는 신뢰성이 있지만 개개인의 창조성이나 실천적 지식의 측면을 측정하는 데는 한계가 있다고 보는 학자가 많다.

결국, 지능은 여러 종류의 복합적인 것으로 보고 대부분의 사람들은 한 두 가지 종류의 지능에서 남보다 창의적인 영재가 될 수 있는 잠재적인 능력을 가지고 있다고 전제하고, '나는 얼마나 창의적인가?'라는 질문보다 '나는 어떻게 창의적인가?'라는 질문에 초점을 두고 있다고 계명대 김영채 명예교수는 「창의적 문제해결: 창의력의 이론, 개발과 수업」(1999)에서 밝힌 바 있다.

한편 테일러(Taylor)는 [그림]에서처럼 거의 모든 사람이 한 두 영역에서 영재성과 평균 이상의 재능을 가지고 있다고 밝혔다. 다이엔(Diane)의 경우 생산적 사고나 예측 영역에서는 매우 낮게 평가되었지만, 학구적, 계획(설계) 분야에서 매우 우수하고 커뮤니케이션과 기획포착 영역에서는 평균이상임을 보여준다.

[그림] 테일러의 재능 토템기둥(Taylor's talent totem poles)

구분	학구적	생산적 사고	커뮤니케이션	예측	의사 결정	계획 (설계)	실천	인간 관계	기회 포착	평가
Ann										↑ 영재성
Diane										
Steve										
Randy										평균
Kathy										
Todd										
Linda										낮음

❑ 창의적이고 융합적인 사고 연습(4)

❖ 자신감을 키워주는 뇌의 활성화 훈련

❖ 정상적인 밤잠

영국 수면협회(BSS : British Sleep Society)의 회장인 크리스 이치코프스키(Chris Idzikowski) 박사는 잠이 얼마만큼 필요하냐고 묻는 것은 숨을 얼마만큼 쉬어야 하는지 묻는 것과 같다고 주장한다. 잠이 얼마만큼 필요한가는 깨어있는 동안 무엇을 하고 있었는가에 달려 있다. 그리고 그것은 대개 우리의 조절능력을 넘어서는 것이다. (하룻밤에 6시간을 채 못자는 이들은 그 보다 오래 자는 사람들에 견주어 평균 수명이 짧다. 또한 잠은 면역체계가 최적의 상태로 기능하는 데 중요한 역할을 한다. 수면장애가 질병에 자유롭지 못하다는 뜻이다.) 잠은 자연적이지만 언제 잠을 자는가는 습관의 문제다. 결국 신체의 자연적인 기능 중 대부분이 습관에 의해 조절되고 있기 때문이다. '정상인처럼' 자지 않는 것에 대해 스트레스를 받기 보다는 타고난 수면 방식에 따라 사는 것이 건강에 유리하다.

■ **낮잠 이용하기**

낮잠은 나름의 장·단점을 가지고 있다. 오후의 짧은 잠이 에너지 수준을 회복시키고, 정신을 예리하게 하며, 한낮의 피로와 관련된 많은 문제를 없애준다. 낮잠은 가볍게 원기를 회복하려는 것이지 잠을 대신하려는 것이 아니다. 30분 보다 길어지면 해롭다. 반드시 명심해야 할 단점은 낮에 잠을 자게 되면 밤에 잠을 잘 수 없을 만큼 몸이 피곤해지지 않을 수도 있게 된다는 점이다. 하지만 현명하게 이용한다면, 즉 일터에서 무리 없이 활기차게 일을 할 수 있고 밤잠에도 탈이 없다면 낮잠은 분명 유용하다. 실제로 많은 수면 연구가들은 낮잠을 잘 활용하면 일주기 리듬이 강화되고 기분이 좋아지며 집중력이 향상된다고 한다. 집중력은 깨어난 지 대략 8시간 정도가 되면 자연스레 내리막이 된다. 이때를 전후로 10~15분쯤 눈을 붙인다면 밤잠을 위태롭게 할 일은 없다. 그러나 다른 시각, 특히 깨어난 지 10~12시간 정도에 자는 낮잠은 밤잠을 방해한다. 밤에 정기적으로 잠을 못 이루어 그 다음날 낮잠을 자야겠다는 생각이 든다면, 좋지 않은 수면습관을 개선해야 할 필요가 있다. 정상적인 일상으로 되돌아가기 위해서는 낮이면 깨어있는 상태로 지내야 한다. 정상적인 수면상태를 회복하는 데는 10주 정도 걸린다.

- 출처: Sheila Lavery(1997), How to Achieve Restorative Sleep Naturally.

■ **신의 선물 "사고(思考)"**

마크 트웨인이 말했다.

"아담이 사과를 탐낸 것은 그 사과가 먹고 싶었기 때문이 아니라 단지 그것이 금지되었기 때문이다. 잘못은 하나님이 뱀을 금지하지 않은 데 있다. 만약 금지하였다면, 아담은 틀림없이 뱀을 먹고 말았을 것이다."

아담이 금지된 사과를 먹은 덕분에 우리 인류는 영원한 생명을 잃게 되었다. 만약 뱀이 금지되어 있었다면, 아담은 뱀을 먹었을 것이고, 따라서 뱀의 꾐에 빠져 사과를 먹는 일은 없었을 것임에 틀림없다. 하나님의 잘못이 없었다면 우리들은 영원한 생명을 얻을 수 있었을 것이라는 것이 마크 트웨인의 아이러니이다.

실수였든 고의였든 어찌되었건, 하나님은 사탄의 심부름꾼인 뱀을 없애지 않았다. 사탄이나 뱀을 내쫓는 것도 또한 그들의 유혹에 넘어가는 것도, 우리들 인간의 선택에 맡기고 말았다.

하나님은 영원한 생명의 대가로 '선택하는 권리', 결국 '생각하는 특권'을 인간에게 부여하는 것이다. 상황에 그저 순응하며 살아가는 대신에 도전하여 새로운 전개를 선택하고 창조하는 용기는 영원한 생명에 필적할만한 것으로서, 신에게 부여받았다는 것을 우리들은 잊어서는 안 된다고 생각한다.

❑ 창의력 향상을 위한 우뇌 계발 방법(4)

4. 식스센스와 감각자극하기(sensory stimulation)

새로운 감각으로 주변 세계를 느낌으로써 즐거움을 갖게 되어 우뇌 활동을 자극하는 활동이다. 코스별로 시각, 청각, 미각, 후각, 촉각 전반에 걸쳐 활동하게 한 다음, 한 감각씩 집중적으로 활동하게 한다. 전경원 교수는 보통 사람들이 생활 속에서 자연스럽게 창의성을 계발하는 데 도움이 되는 창의력 계발 시리즈에서 '오감+지성'의 700여 가지의 실천적 방안을 통해 창의력을 향상 시키는 방법을 소개하고 있다.

- ✓ **몰입:** 사소한 일이라도 집중한다.
- ✓ **호기심:** 어린아이처럼 호기심 어린 눈으로 세상을 바라본다.
- ✓ **새로운 활동:** 매일 오감과 지성이 새로운 활동을 시도한다.
- ✓ **새로운 경험 기록:** 매일 새롭게 경험한 것을 기록한다.
- ✓ **효율적인 시간활용:** 창의적인 일을 할 때 외부로부터 방해받지 말고 집중적으로 시간을 활용한다.
- ✓ **휴식:** 창의성을 위해 적절한 휴식을 취한다.

전경원 교수는 "행복을 느끼기 위해서는 우리의 뇌가 행복이라는 정서를 감지해야 하고 이 전에 경험하지 않았던 창의적인 일을 찾아가는 실천하는 삶 속에서 얻어진다고 한다. 이러한 행복은 저절로 찾아오는 것이 아니며, 다리품도 팔고, 시간도 할애해야 하고 어느 정도 노력을 들여서 창의적인 활동들을 해보아야 진정 창의성이 찾아온다."고 말한다.

창의력에 전문적인 지식이 없어도, 자신감이 없어도, 새로운 것에 도전하는 것이 두려워도, 그리고 변화가 귀찮게 생각되어도 누구나 쉽게 생활 속에서 창의력을 계발을 통해 작은 행복을 얻겠다면 식스 센스를 모두 사용하여 뇌의 활성화를 자극한다. 요한 스트라우스의 왈츠, 푸른 강 위에 떠있는 오리, 부드러운 푸딩 한 스푼, 막 끓인 원두 커피 향, 푹신한 양탄자를 생각해 보면, 이를 통해 느끼게 되는 감각들이 바로 오감이다. 뇌는 외부로부터 오는 감각자극을 받아들여 반응하는 과정에서 발달하기 때문에, 오감을 자주 사용하면 뇌가 활발해진다.

연습 4 식스센스자극하기

1) 미각자극하기 :

. 다양한 요리를 해 본다.(우리나라음식+서양음식: 불고기버거, 김치피자 등)

예)

. 평소 싫어하는 음식을 먹어본다.(매운 음식은 뇌를 자극해 아이디어를 발휘하게 한다)

예)

. 기존에 있는 음식들을 조합해 본다.(김치라면, 치즈라면, 볶짜면 등)

예)

2) 시각자극하기 :

. 책장과 서점에서 관계없는 분야 책을 읽어 본다.(다양한 분야에 대한 지식과 관점)

. 주변의 사물을 정밀 관찰해본다.

. 옷장 속에 묵혀있는 옷을 코디해서 입어본다.

예)

3) 청각자극하기 :

. 자신의 숨소리와 맥박소리를 들어본다.

. 라디오에서 흘러나오는 진행자의 말에 수긍한다.

. 가끔 자연의 소리를 듣기위해 산에 간다.

예)

4) 촉각자극하기 :

. 증권거래소에서 주가 변동표를 본다.

. 인천공항에 가서 사람들의 움직임을 지켜본다.

. 물구나무서서 세상을 거꾸로 본다.

예)

5) 후각자극하기 :

. 연극이나 오페라를 보고 어떤 냄새가 나는지 생각한다.

. 음식물 쓰레기의 썩은 냄새를 맡아본다.

. 집안에 있는 향수의 냄새만 맡고 상표를 분류한다.

예)

6) 생각자극하기 :

. 신조어를 만든다.

. 자신을 나타내는 상징로고나 단어를 만든다.

. 자신이 대통령 선거에 출말할 경우 공략을 생각해 본다.

예)

출처: 전경원교수의 '오감과 지성으로 창의성 키우기(창지사)'의 아이디어를 참고.

창의적 문제해결과 전략적 의사결정 과정 및 기법

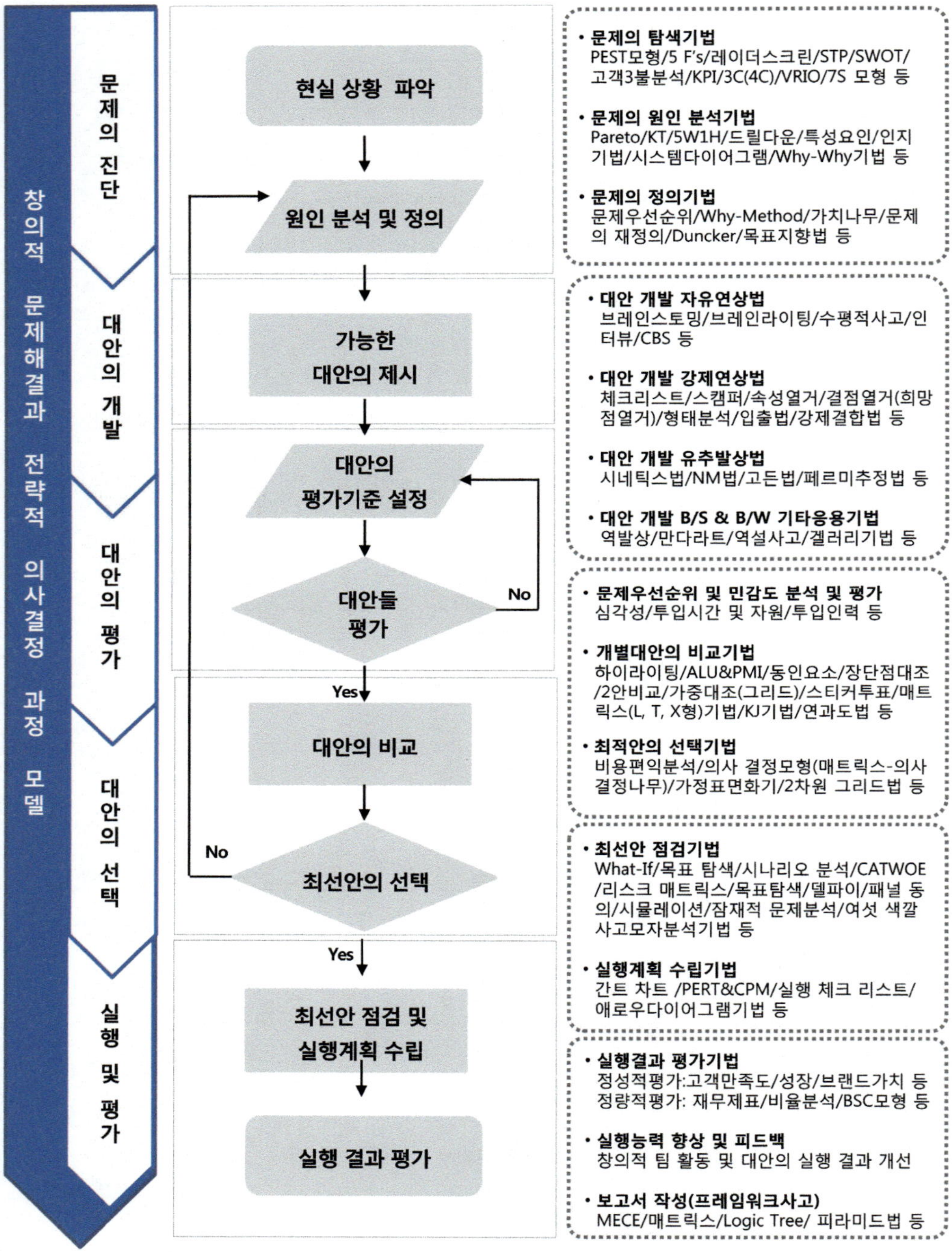

❖ 창의적 사고 기법들은 반드시 해당 단계에만 적용되지 않으므로 의사결정 단계와 상황에 맞춰 적절히 활용

제5장 문제의 분석

1. 문제의 분석 이해
2. 문제의 분석 기법

문제를 정확히 진단하는 과정의 두 번째 단계는 '문제의 분석' 과정이다. 문제의 분석이란 문제를 보다 작고 다룰 수 있는 이슈들로 세분화하고 어느 부분에 해결해야 할 중요한 문제가 있는지를 파악하는 과정이다.

즉, '문제분석기법'은 문제의 본질이 무엇인지 파악하고 결과에 의한 문제의 원인을 발견하는 역할 및 문제의 타당성 및 제약조건 등을 폭 넓게 분석하는 역할을 한다. 특히 문제를 분석할 때 논리적 사고의 틀(프레임워크)을 구축하는 'MECE'를 적용하면 문제의 원인을 분석하는데 매우 유용하다.

그리고 문제의 증상을 명확히 파악하기 위해 다양한 해결기법을 활용한다. 왜냐하면 목표상태와 현재상태와의 차이가 어느 정도인지 파악하기 위해서 문제가 가지고 있는 여러 가지 원인을 분석해 봄으로써 목표상태와 간격을 '0'으로 만드는데 어떤 요인이 장애가 되는가를 찾아내어야 하기 때문이다.

따라서 제5장 '문제의 분석'에서는 문제 분석의 의미와 유의사항을 파악하며, 문제분석에 주로 활용하는 기법(KT기법, 인지기법, 시스템다이어그램, 인과관계 다이어그램, Why-Why 기법, 육하원칙질문 기법 등)를 자세히 설명한 후 각 기법의 개념과 적용방법 및 활용사례 등을 차례로 기술한다.

학습 목표

1. 문제의 분석의미와 문제분석 시 유의해야 할 사항을 이해한다.
2. 문제분석에 활용되는 다양한 종류의 기법을 이해한다.
3. KT기법, 인지기법, 시스템다이어그램, 인과관계 다이어그램, Why-Why 기법, 육하원칙질문 기법 등 각 기법의 특징 및 활용방법을 이해하고 적용해 본다.

1. 문제의 원인 분석 이해

1) 문제 분석의 의미와 유의사항

의사결정자가 해결해야 할 문제를 명확히 정의하기 어려울 때는 문제의 다양한 원인을 찾는 '문제의 분석'이 도움이 된다. 문제의 원인을 찾아야 원인을 해결하기 위해 무엇을 해야 할지 판단하게 되고 해결해야 할 문제를 정확히 정의하고 대안을 찾을 수 있기 때문이다. 그러나 대부분의 의사결정자들은 문제의 원인을 찾을 때 표면에 나타난 피상적인 원인에 집중하기 때문에 배후에 숨겨진 진정한 원인을 찾지 못한다. 그렇기 때문에 문제를 정확히 정의할 수 없고 대안을 찾아도 부분적인 해결책이 되거나 일시적인 방책에 그쳐 다시 문제가 불거지고 문제해결을 위해 원인을 새로 찾아야 하는 과정을 계속해서 반복하게 된다.

그러므로 '문제의 분석'은 문제의 감춰진 원인을 찾는데 집중하도록 한다. 다소 시간과 비용이 들더라도 숨겨진 원인을 찾고 진짜 문제를 정의하도록 한다. 의사결정자가 문제의 원인을 분석하지 않고 막연히 문제를 정의하거나 성급히 원인을 찾아 문제를 정의하는 것은 여러모로 도움이 되지 않는다.

따라서 문제를 명확히 해결하고 목표달성에 가장 영향을 많이 미치는 장애요소(원인)를 찾기 위해서는 [그림 5-1] '문제의 분석 프레임워크'에 나타난 바와 같이 문제를 성급히 정의하지 말아야 하고, 최대한 문제와 관련된 정보를 많이 확보해서 분석해야 하며, 문제 발생 소지가 될 수 있는 것을 다양한 각도에서 찾아야 한다. 문제 분석 시 유의해야 할 점에 대해서 아래의 예시를 통해 구체적으로 살펴보면 다음과 같다.

예를 들어 우리나라는 선진국에 비해 철도사고가 많은 편이다. 2014년 국토교통부 자료에 의하면 2014년 상반기(1월~5월)까지 철도사고는 89건(인명피해 82명)에 달한다. 국토면적에 비해 철도연장 길이가 길어서 철도왕국으로 불리는 일본(약, 27,000 km)은 우리나라 철도연장 길이의 8배가 넘지만, 철도사고 건수는 우리나라의 절반에 해당한다. 따라서 철도사고 발생률을 낮추기 위한 원인을 분석한다고 가정할 경우 유의해야 할 점이 세 가지가 있다.

그림 5-1 문제의 분석을 위한 프로세스

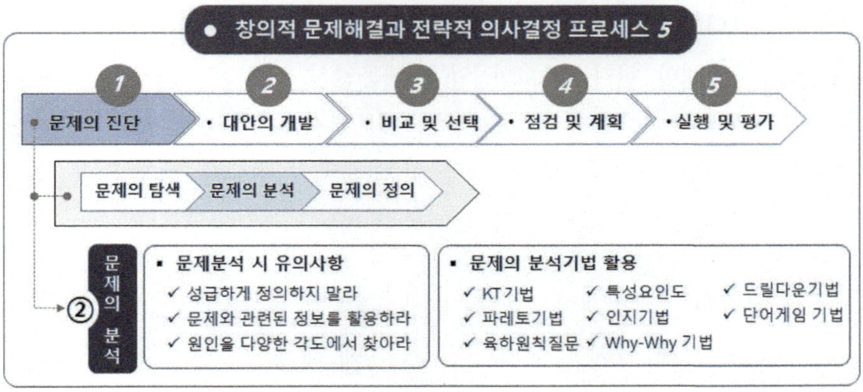

① 문제를 성급히 정의하지 말라.

우리나라 국토교통부의 문제는 '철도사고 발생률을 낮추기'이지만 만약 이 주제를 문제로 정의한다면 올바른 대안을 찾기 어려울 것이다. 의사결정자는 먼저 '철도사고가 증가하는 원인'을 찾은 다음 사고율을 높이는 주요원인을 해결해야 할 문제로 정의해야 최적의 대안을 도출해 낼 수 있기 때문이다.

② 문제와 관련된 정보와 자료를 활용하라.

문제의 원인을 찾는데 의사결정자가 보유한 정보나 자료 그리고 외부에서 활용할 수 있는 자료를 일목요연하게 정리해 활용해야 한다. 자료를 수집하고 정리하는 과정에서 문제발생 원인과 관련된 중요한 정보를 얻을 수 있기 때문이다. 예를 들면 철도사고율, 철도부품 불량률, 건널목 신호기 작동오류, 선로의 장애로 인한 공사, 외부인의 주의 위반 등과 같은 통계자료에서 문제발생의 원인을 찾게 된다.

③ 문제의 원인을 다양한 각도에서 찾아라.

만약 의사결정자가 문제에 대한 원인을 찾는 과정에서 사고를 확장하지 않고 자신의 업무영역이나 관심분야에서만 찾는 경우와 원인의 원인을 꼬리를 물고 분석하지 않는다면 문제해결에 영향을 미치는 진짜 원인을 놓칠 수 있다. 만약 철도사고율 증가 원인으로 크게 직원들의 부주의나 열차나 철도부품 결함과 같은 내적요인과 건널목, 선로의 장애물, 외부인의 위반 및 기타 원인의 외적원인으로 구분된다. 이렇게 다양한 원인을 분석했다고 해서 문제의 원인을 모두 찾은 것은 아니다. 예를 들어 직원 부주의는 왜 일어나는지에 대해 지속적으로 의문을 갖고 분석해야 한다. 과로한 업무 때문인지, 열악한 근무환경 때문인지, 안전교육이 제대로 이루어지지 않고 있기 때문인지, 아니면 직원들의 안이한 태도 때문인지 등에 대해 계속해서 원인을 찾고 문제의 범위를 계속 넓혀 나가면서 원인을 찾아야 진정 해결해야 할 문제를 정의할 수 있게 된다.

따라서 문제발생의 원인은 의사결정자가 반드시 해결해야 할 문제이므로 드러난 원인을 성급히 문제의 원인이라고 단정해 해결해야 할 문제라 정의해서도 안 되며 구조화된 도구(피라미드나 로직트리 또는 매트릭스 등)를 활용하여 문제발생의 원인을 깊이 있게 분석하지 않는다면 문제해결과 의사결정에 큰 오류를 범하게 된다. 그러므로 해결해야 할 문제의 발생의 원인을 찾기 위해서 다양한 창의력 기법을 활용한다.

2) 문제의 원인 분석기법의 활용

'문제의 분석'이란 문제발생을 유발한 원인을 찾기 위해 문제를 보다 작게 다룰 수 있는 이슈들로 세분화하고 어떤 원인을 해결해야만 문제를 해결할 수 있는지, 해결해야 할 중요한 원인이 무엇인지를 파악하는 과정이다. 문제의 원인을 분석하는 방법은 제4장에서 소개한 문제의 탐색기법과 복합적으로 활용되기도 한다. 문제의 탐색기법은 주로 현상파악과 환경분석 등에 활용되고 문제의 분석기법은 주로 주어진 결과 또는 문제의 잠재된 원인을 찾아내는 데 활용된다.

문제의 증상을 명확히 파악하기 위해 다양한 해결기법을 활용하는 것은 목표상태와 현재상태와의 차이가 어느 정도인지 파악하기 위해서 문제가 가지고 있는 여러 가지 원인을 분석해 봄으로써 목표상태와 간격을 '0'으로 만드는데 어떤 요인이 장애가 되는가를 찾아낼 수 있기 때문이다.

이때 활용하는 '문제의 분석기법' 종류에는 KT기법, 인과관계 다이어그램 기법, 드릴다운기법, 인지기법(appreciation analysis), 시스템 다이어그램(system diagram), 문제범위 확대기법, 육하원칙 질문기법, 단어게임(word game)기법 등이 있다. 문제분석을 위해 자주 활용되는 기법의 종류별 특징은 〈표 5-1〉과 같다.

〈표 5-1〉 문제의 분석 기법 특징 및 적용분야

분석 기법	특 징	적용분야
KT 기법	문제와 관련된 사실과 사실이 아닌 것을 분류해서 문제를 분석하고 원인을 찾아내는 기법	고객 불만원인, 생산성 하락 원인, 불량원인 등 원인의 세분화 등
파레토기법	문제가 될 수 있는 이슈를 찾고, 수집된 자료의 특성을 유형별로 묶고 분석해서 빈도가 높은 문제를 평가하는 기법	고객불만 원인, 소비패턴 등 객관적 자료, 분류, 주요원인 진단 등
육하원칙 질문기법	5W 1H의 관점에서 문제의 특성에 관한 다양한 질문을 만들고 답을 하면서 문제를 분석	고객불만원인, 생산성 하락 원인, 경영혁신 실패 원인 분석 등
드릴다운 기법	문제를 여러 하위요소의 작은 문제로 세분화하면서 문제를 분석하는 기법	매출부진원인, 신경영기법 도입실패 원인 분석 등
특성요인도	문제의 근원을 찾아내는 과정을 물고기 뼈처럼 문제를 세분화하면서 문제의 원인과 결과를 찾는 기법	경영전반의 관리/개선, 잠재원인 변수 발굴, 생산성 향성 방안, 신제품 실패 원인 분석 등
인지기법	문제와 관련된 간단한 사실로부터 질문을 통해서 문제를 이해하는 기법	매출감소원인, 경쟁사 대응방식 등의 정보수집, 원인 진단 등
시스템 다이어그램	문제를 구성하는 요소와 구성요소간의 상호관계 및 작용을 그림으로 분석하는 기법	시장구조, 조직문화, 경영혁신 등의 변화관계 분석 및 인과관계 분석 등
Why-Why 기법	문제의 원인들을 심층적 질문을 이어가면서 체계적으로 분류하고 파악하는 기법	시스템 개선, 잠재원인 변수 발굴, 신제품 실패원인, 고객불만원인 분석 등
Logic Tree 기법	과제에 대하여 논리적 연관성이 있는 하부과제들을 나무모양으로 전개해 원인이나 해결책을 찾는 기법	매출하락원인, 현행 시스템 개선, 시장점유율, 경영관리 전반 문제점 파악 및 해결안 도출 등
단어게임	자유연상법을 이용 문제를 기술한 단어를 변화시켜 가면서 문제의 본질을 이해하는 기법	매출 및 판매부진 원인, 경영실적 실패 원인 분석 등

2. 문제의 분석 기법

1) KT 기법

(1) 개념 및 특징

KT 기법(Kepner-Tregoe matrix: 케프너 트리거 매트릭스)이란 미국의 국방문제를 다루는 Think Tank 회사인 랜드코퍼래이션에 근무하던 케프너(C. H. Kepner)와 트리거(V. B. Tregoe)가 1958년 공동으로 개발한 혁신적인 사고기법으로, 이 기법을 고안한 두 사람(케프너, 트리거) 성의 머리글자를 따서 KT기법이라고 한다. 당시 미국과 구소련의 우주개발전쟁에서 미국이 구소련에 비해 뒤쳐진 적이 있었는데 케프너와 트리거가 그 원인을 분석하던 중 발견한 것으로 근본원인이 다른 기술적인 결함이 아니라 사람의 사고 프로세스의 차이에 있음을 발견하게 되었다.

이를 토대로 탁월하고 우수하게 일처리를 하는 사람들의 사고과정을 상황분석(SA, situation analysis), 문제분석(PA, problem analysis), 결정분석(DA, decision analysis), 잠재적 문제분석(PPA, potential problem analysis)으로 4단계의 사고프로세스를 체계화한 것이다. 이 기법과 동일하게 쓰이고 있는 것으로 'must-want matrix'가 있다. 트리거는 인류가 등장한 이래 다음의 4가지 기본적인 사고의 패턴은 본질적으로 변하지 않았다고 보고 이 패턴은 어떤 상황에서도 보편적으로 적용이 가능하다고 한다.

KT 사고과정의 기본이 되는 합리적인 4대 사고과정은 다음과 같다.

i. 무엇이 발생하고 있는가? (What → SA)
ii. 왜 발생했는가? (Why → PA)
iii. 어떻게 하면 좋겠는가? (How → DA)
iv. 앞으로 무엇이 걱정되는가? (If → PPA)

이를 토대로 트리거가 주장한 4가지 단계별 특징을 요약하면 다음과 같다.

① **상황평가**(situation appraisal: SA)

'무엇'(what)을 명확히 하는 단계, 즉 주변에서 '현재 무슨 일이 일어나고 있는가?'에 대해 파악을 하기 위한 상황평가를 한다. 그리고 수많은 상황 중 '과제는 무엇인가?', 어떠한 것에 우선순위를 두고 진행해야 하는지 등 관리 가능한 요소로 세분하고 상황의 관리 및 유지가 가능하도록 결정하는 단계이다. 예를 들어 '기업 내의 인사관리 시스템이 구식이어서 조직원 관리업무를 감당하기 어려운 지경'이다. 즉, '인사관리 시스템의 개선이 중요'하다는 것과 같이 상황을 평가한다.

② **문제분석**(problem analysis: PA)

일의 진행에 있어서 '왜 그렇게 되었는가?' 또는 '진짜 원인이 무엇인가?'와 같이 '왜'(why), 원인을 명확히 파악(규명)하는 단계(PA)이다. 즉 'SA'의 예에서 출퇴근 관리 시스템이 출근과 퇴근 시간에 제대로 작동하지 않는 경우가 있다.

③ **의사결정 분석**(decision analysis: DA)

'어떻게'(how)를 명확히 하는 사고로 수많은 의견과 대안 중 '어떤 조치를 취하여 만 하는가?', '최적안은 무엇인가?' 등과 같이 선택을 결정하는 의사결정분석단계(DA)이다. '조직의 요구에 합당한 가장 최선의 출퇴근 관리 시스템의 해결책은 무엇인가?'를 분석하고 결정한다.

④ **잠재적 문제(기회) 분석**(potential problem or opportunity analysis: PPA)

'혹시'(if) 어떤 일을 계획하고 진행하는 데 있어 '앞으로 어떠한 일이 일어날 것이며 그때 어떻게 대처하면 좋은가?', '실행 시 모르는 여러 가지 리스크가 무엇인지 예측하여 어떻게 대응할 것인가?', '앞으로 어떻게 전개될 것인가?' 등과 같이 잠재적 문제를 분석하고 파악하는 단계(PPA)이다. 즉 새로운 인사관리 시스템의 도입과 이행에 따른 예상위험을 결정한다.

(2) 적용 방법 및 효과

KT기법은 경영에 필요한 문제해결 및 의사결정 프로그램으로 미국의 AT&T, 듀퐁, GM, IBM 등이 기업현장에 도입하여 큰 성과를 올렸고, 국내에 1980년대 후반 처음으로 도입되어 대부분의 대기업에서 활용하였다. 특히, 삼성은 고이병철 회장의 계열사 사장단과의 회의에서 KT 기법을 활용하여 항상 '문답식'("이야기 해 봐라", "왜 그런가?", "어떻게 할 것인가?", "그것만 하면 다 되는가?") 대화를 통해 회의를 진행했다. 이렇게 고 이병철 회장의 경영철학에서도 잘 나타나있다. 삼성은 일찍 1986년 KT기법을 삼성의 경영상황에 맞게 수정, 보완해서, "합리적 사고방식"(EMTP)이라는 교육과정을 만들었다.

이 기법은 직면하고 있는 문제의 명확화, 문제의 정리와 목표를 달성하는 우선순위의 설정, 문제해결에 필요한 관련정보의 수집 그리고 낭비 없는 효율적인 결론의 도출 등에 필요하며, 특히 고객의 불만원인 분석, 생산성 저하원인 분석, 제품불량품의 원인 분석 등 목표와 실제 결과 간의 차이가 많은 문제발견(problem detection)유형의 문제를 분석하는 데 유용하다. 트리거가 주장한 4가지 단계별 특징을 토대로 한 의사결정 프로세스는 [그림 5-2]와 같다. 이러한 과정을 통해 조직에서 얻게 되는 효과는 먼저, 보다 정확한 의사결정을 행할 수 있고, 문제해결이나 의사결정에 있어서 시간과 비용의 낭비를 줄일 수 있다. 뿐만 아니라 정보의 수집, 이용방법, 공유 등을 개선할 수 있고 나아가 조직 전체의 사고 효율을 높일 수 있다.

그림 5-2 KT 기법의 합리적 사고와 의사결정 과정

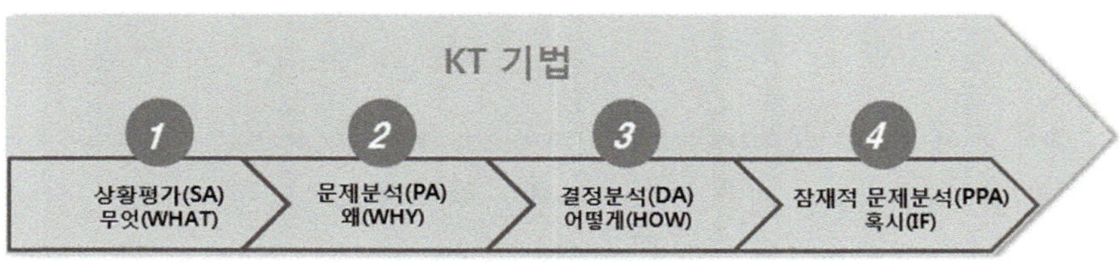

그리고 KT 기법의 4단계 의사결정 과정을 보다 세분화하면 각 단계별 내용은 다음과 같이 정리할 수 있다.

① 상황평가 단계(SA)

합리적인 사고과정의 첫 번째 단계이다. 조직이 지닌 문제의 본질을 명확히 함으로써 최선의 해결책을 모색하려는 단계이다. 어떤 일이 일어나고 있는지 '무엇'(What)을 명확하게 하고자 던지는 효과적인 질문은 〈표 5-2〉와 같다.

〈표 5-2〉 상황평가(SA)를 위한 효과적인 질문

프로세스	질 문
1. 관심사의 열거	• 처리(분석/검토/대응)하지 않으면 안 될 상황은 무엇인가? • 직면하고 있는 문제점(과제)은 무엇인가?
2. 관심사의 명확화 세분화	• 열거된 관심사를 좀 더 명확하게 표현하면 무슨 내용인가? • 그 관심사를 분해하면 어떻게 되는가? • 관심사에 관련된 정보를 처리하면 어떻게 되는가?
3. 과제화	• 원인규명을 할 필요가 있는가? • 최적의 대안을 선택해야 하는 상황인가? • 업무나 프로젝트의 전개에 있어서 잠재된 문제는 없는가? • 상황을 재 파악해야 할 사항인가?
4. 우선순위의 결정	• 중요도(S) : 어떤 중대한 영향을 미치고 있는가? • 긴급도(U) : 시급히 처리할 필요가 있는가? • 확대경향(G) : 처리하지 않으면 얼마나 확대되겠는가?
5. 관심사의 재검토	• 과제별로 어떤 프로세스를 사용할 것인가?
6. 피드백	• 각 과제의 실시결과는 확인되었는가? • 누가 언제까지 누구에게 진척상황을 보고할 것인가? • 그밖에 이 분석 결과가 활용될 곳은 어디인가?

② 문제분석 단계(PA)

합리적인 사고과정의 두 번째 단계는 원인과 결과의 사고 패턴으로 현재의 상황을 초래한 근본원인을 밝히는 '왜'(why)를 명확히 하는 사고과정이다. 이 과정은 '인과관계다이어그램'과 마찬가지로 문제의 원인을 분석하는 과정에 활용된다. 이 단계에서는 모든 문제에는 반드시 원인이 있다고 보고 문제의 근본적인 원인을 찾기 위해 활용하는 사고의 과정과 효과적인 질문 내용을 〈표 5-3〉과 같이 제시하고 있다.

〈표 5-3〉 문제분석(PA)을 위한 효과적인 질문

<table>
<tr><th>프로세스</th><th colspan="3">질 문</th></tr>
<tr><td>1. 문제의 과제화</td><td colspan="3">• 무엇에 어떤 문제가 일어나고 있는가?
• 구체적으로 어떤 현상인가?</td></tr>
<tr><td rowspan="5">2. 정보의 분석</td><td>구분</td><td>발생사실(Is)</td><td>비교사실(Is Not)</td></tr>
<tr><td>무엇이 (What)</td><td>• 문제를 일으키고 있는 대상은 무엇인가?
• 어떤 현상인가?</td><td>• 문제가 일어나고 있지 않는 대상은?
• 일어나고 있지 않은 현상은?</td></tr>
<tr><td>어디서 (Where)</td><td>• 어느 장소(지역)에서 발생하고 있는가?
• 대상의 어느 부분에 발생하고 있는가?</td><td>• 발생하고 있지 않은 장소(지역)은?
• 발생하고 있지 않은 부분은?</td></tr>
<tr><td>언제 (When)</td><td>• 언제발생(발견)하였는가?
• 어떤 조건(상황)에서 발생하였는가?</td><td>• 발생하지 않은 때는 언제인가?
• 발생하지 않을 조건(상황)은?</td></tr>
<tr><td>어느 정도 (Amount)</td><td>• 발생수량(수/%)은?
• 어떠한 경향으로 발생하고 있는가?</td><td>• 발생하고 있지 않은 수량(수/%)은?
• 발생하고 있지 않은 경향은?</td></tr>
<tr><td>3. 차이점과 변화의 발견</td><td colspan="3">• 비교사실과 대비해서 발생 사실만이 가지고 있는 특징은 무엇인가?
• 비교사실과 대비해서 발생 사실에만 고유한 것은 무엇인가?
• 차이점과 관련해 볼 때 어떤 변화가 일어났는가?
• 그것은 언제 일어났는가?</td></tr>
<tr><td>4. 원인의 상정 및 검증</td><td colspan="3">• 이러한 변화로부터 생각할 수 있는 원인은 무엇인가?
• 차이점과 변화의 조합에 의해 생각되는 원인은 무엇인가?
• 경험에 비추어서 생각할 수 있는 원인은 무엇인가?
• 상기 상정된 원인의 검증을 위해 2. '정보 분석'의 4가지를 충분히 검토하였나?</td></tr>
<tr><td>5. 대책수립 및 피드백</td><td colspan="3">• 원인이 발견되면 문제해결을 위한 대책(응급/발본/적응대책)을 수립하였나?
• 문제의 원인을 제거하는 개선책이 문제를 적절하게 해결하였는가?</td></tr>
</table>

③ 의사결정 분석단계(DA)

합리적 사고과정의 세 번째 단계로 SA나 PA를 바탕으로 중요한 과제에 대해 대안을 창출하고 선택하는 사고의 패턴으로 '어떻게'(how)를 명확히 하는 과정이다. 의사 결정분석 과정 및 효과적인 질문은 〈표 5-4〉와 같다.

〈표 5-4〉 의사결정분석(DA)을 위한 효과적인 질문

프로세스	질 문
1. 결정사항의 과제화	• 무엇을 결정하고자 하는가? • 결정 사항은 무엇인가? • 이 결정을 하지 않으면 안 되는 배경은 무엇인가?
2. 결정할 목표의 작성 (설정/분류/확정)	• 이 결정에서 얻고자 하는 바는 무엇인가? • 제약조건에는 어떠한 것들이 있는가? • 절대목표(Must)와 희망목표(Want)는 정확히 분류되었는가? • 희망목표의 가중치는 합리적으로 설정되었는가?
3. 대안의 작성 및 평가	• 제시된 대안 외에 더 좋은 대안은 없는가? • 각 대안의 정보는 충분히 조사되었는가? • 희망목표의 각 항목에 따라 각 안을 평가하면 어떻게 되겠는가?
4. 마이너스 요인 검토	• 만약 이것을 실행했을 때, 예상되는 잠재적 문제는 어떤 것이 있는가? • 마이너스 요인의 발생 가능성과 심각성은 어느 정도인가?
5. 최종안의 결정	• 마이너스 요인의 검토 결과, 어떤 안을 최종 결정할 것인가?
6. 마이너스요인 대책	• 최종안의 마이너스 요인에 대한 대책은 준비되었는가? • 잠재적인 문제 분석(PPA)까지 실시해야 할 사항인가?
7. 피드백	• 결정의 결과는 확인 되었는가? • 누가, 언제까지 진척사항을 보고할 것인가? • 그 밖에 이 분석의 결과가 활용될 곳은 어디인가?

④ 잠재적 문제분석 단계(PPA)

PPA는 합리적 사고과정의 마지막 단계이다. 여기서는 개선책으로 마련된 최선안의 실행에 앞서 성공적인 수행을 위해 실행 후 발생할 수 있는 문제의 원인을 사전에 포착하고 미리 대책을 마련하여 그 영향을 최소화하기 위한 사고과정이다. '혹시'(if)를 명확히 하는 단계로서 의사결정과정과 과정별 효과적인 질문 내용은 〈표 5-5〉와 같다.

〈표 5-5〉 잠재적 문제 분석(PPA)를 위한 효과적인 질문

프로세스	질 문
1. 잠재문제의 과제화 및 계획의 작성	• 무엇을 언제까지 하고자 하는가? • 무엇을 언제까지 어떻게 달성하려고 하는가? • 어떤 계획을 가지고 있는가?
2. 중대영역의 설정	• 어느 부분이 위험한가? • 위험이 있는 영역은 어디인가? • 오히려 기회가 되는 영역은 없는가?
3. 잠재문제의 상정과 평가	• 중대영역에서 어떤 문제가 발생할 수 있는가? • 만약 문제가 발생한다면 어떤 영향이 있는가? • 발생확률은 어느 정도인가? • 영향은 어느 정도인가?
4. 원인의 상정	• 왜 그러한 일이 발생하는가?
5. 예방대책	• 문제가 발생하지 않도록 하기 위해 어떻게 하는 것이 좋은가?
6. 발생 시 대책	• 만일 문제 발생 시 어떻게 대처하는 것이 좋은가? • 문제 발생으로 인한 영향을 최소화하는 대책은 있는가?
7. 최종 실시 계획 작성	• 예방대책과 발생 시 대책을 실시계획 내에 어떻게 설정할 것인가?
8. 피드백	• 계획 실시 후 누가, 언제까지 보고할 것인가?

(3) 활용 사례

닛산은 1차 오일쇼크 직후 중간관리층을 대상으로 KT 기법을 도입했으나 실패하였다. 그러나 1981년에 설립한 닛산 자동차의 설계, 개발 부문인 테크니컬 센터는 1985년 엔고의 불황 속에서 KT 기법을 조직 전체에 도입하여 정착시켰다. 지속적인 연수와 매년 성공사례 발표를 개최하는 등 KT 기법 확산을 위해 노력했다.

닛산 자동차는 클레임 처리에 있어서 'Is/ Is Not' 분석을 통해 문제의 원인을 찾아냈다. 다양한 클레임에 대한 대책 마련을 위해서는 클레임 내용을 정확히 분석해야 했기 때문에 자동차 개발 담당에 있어서 이 작업은 매우 의미 있고 중요했다. 뿐만 아니라 신차개발 전 과정에서 KT 기법을 구사하였다. 설계, 디자인, 상품계획 세 부문에 의해 구성되는 '조형결착회'라 불리는 합동회의 체제가 최종적인 디자인 설계를 결정하는데 활용하였다.[1)]

다음 사례는 D 자동차 회사의 생산관리본부가 자동차 생산공장의 현장 기술자들의

---

1) 다카타 가요야키(2000), 문제해결과 의사결정의 세계표준 KT 기법, 한국능률협회. 참고.

생산성이 낮아지고 있어 KT 기법의 두 번째 단계인 '문제분석 단계'(PA)를 참고로 생산성이 하락하고 있는 원인을 분석한 자료이다. KT 기법의 4단계 프로세스 중 'PA' 를 중심으로 한 진행방법은 [그림 5-3]과 같고 단계별 내용은 다음과 같다.

그림 5-3 KT 기법의 적용절차(약식)

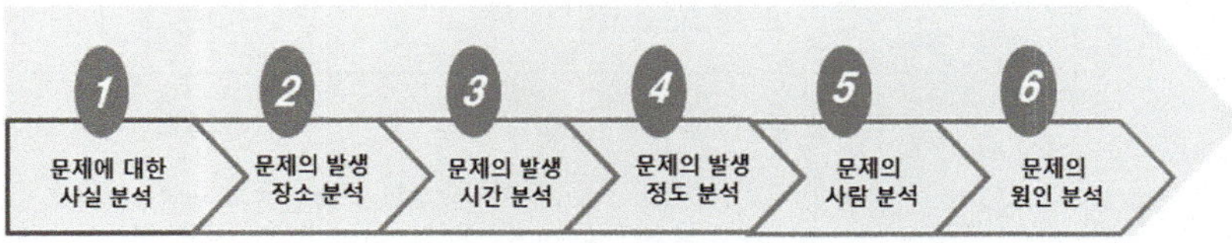

① 1단계-문제에 대한 사실의 분석(what)

문제와 관련한 사실(what is)과 사실이 아닌 것(what is not)을 찾아서 분류한다.

② 2단계-문제의 발생장소 분석(where)

문제가 발생한 장소(where is)와 발생하지 않는 장소(where is not)를 찾아서 분류한다.

③ 3단계-문제의 발생시간 분석(when)

문제가 발생한 시간(when is)과 발생하지 않는 시간(when is not)을 찾아서 분류한다.

④ 4단계-문제의 발생정도 분석(to what extent)

문제가 발생한 정도(to what extent)와 발생하지 않는 정도(what extent is not)를 찾아서 분류한다.

⑤ 5단계-문제에 관련된 사람 분석(who)

문제에 관련한 사람(who)과 관련되지 않는 사람(who is not)을 찾아서 분류한다.

⑥ 6단계-문제의 원인 분석

이를 통해서 문제의 원인이 될 수 있는 것을 찾아내고, 이에 대한 조사를 실시한다.

이러한 활동을 통해 해결해야 할 문제에 집중함으로써 조직원의 사고과정의 일원화가 이루어지고 더불어 논의를 위한 공통인식을 갖게 된다. 그리고 해결해야 할 문제의 요점을 정확하게 이해함으로써 합목적적 정보의 수집을 통해 본질적 목표의 확인이 가능하도록 문제를 알기 쉽게 〈표 5-6〉과 같이 정리하게 된다.

〈표 5-6〉 D 자동차의 생산성 분석

문제의 분석	Is	Is Not
1단계(what) 사실의 분석	완성차 출고 시간이 늦어짐 정시 퇴근이 많아짐	출 결근에는 변화가 없음 근무태도에는 변화가 없음
2단계(where) 발생장소 분석	조립라인에서만 발생	다른 부서는 변화가 없음
3단계(when) 발생시간 분석	2017년 7월 이후	2017년 7월 이전
4단계(To what extent) 발생정도 분석	다른 공정에 대비 약 30% 낮아짐	다른 분야의 변화 없음
5단계(who) 사람 분석	1년 이내의 미숙련공	2년 이상의 숙련공 변화 없음
6단계 원인분석	2017년 3월에 도입한 신규시스템으로 인해 미숙련공의 작동 미숙 확인	

KT 기법의 효율적 활용을 위해 새로 정리한 KT 7대 원칙은 〈표 5-7〉과 같다.

〈표 5-7〉 NEW KT의 7대 원칙

원리	기본적 의미	또 다른 견해
1. 독자적 차이의 원리	1. 애당초에 어떤 문제이든지 천상천하에 유일무이한 것으로 본다	1. 바퀴가 필요한가 필요하지 않은가를 우선 알아내라. 처음부터 무조건 바퀴를 달기 위하여 무작정 모방하지 말라
2. 목적전개의 원칙	2. 목적에 중심을 두고 확장한다	2. 손 댈 필요 없는 문제에 손을 대지 말라
3. 앞의 앞을 보는 원칙	3. 어떤 일이든지 지금 우리가 전혀 새롭게 시작한다면 어떤 결과를 내야 할 것인가에 최대한 가깝게 접근하도록 한다	3. 우선 앞의 앞을 내다보고 그때에 있어야 할 바람직한 그리고 마땅한 모습을 먼저 설계하라
4. 시스템의 원칙	4. 가장 중요한 해결안 요인들을 상세히 도출한다	4. 목적, 투입, 산출, 프로세스, 구조, 사람, 장비, 니즈, 연구의 요구조건
5. 제한적 정보수집의 원칙	5. 자료를 수집하기 전에 목적을 명확히 한다	5. 지금 이 시점에서 앞으로 전진 하는데 필요한 자료만을 수집한다
6. 참여 기획 설계의 원리 (다수참가의 원칙)	6. 영향 받는 모든 사람들을 동참하게 한다	6. 사람들은 사안(事案)의 모든 국면에서 동참하기를 원한다
7. 지속적 개선의 원칙	7. 오늘의 해결안을 설계할 때 차기 변혁일정을 잡아넣는다	7. 차기 변혁을 언제 할 것인가를 안다

2) 파레토기법

(1) 개념과 용도

'파레토도'(Pareto diagram) 또는 '파레토기법'은 도수분포표를 활용해 일종으로 문제가 되고 있는 정보(불량품이나 결점, 클레임, 사고 등)를 그 현상이나 원인별로 분류하여 크기의 순서대로 막대그래프로 나타낸 그림을 말한다. 파레토도는 문제의 원인이 어디에 기인하는지를 쉽게 확인할 수 있게 하며 그 비율은 얼마이며 어떤 문제부터 개선하면 좋은가에 대한 이해를 돕는데 아주 유용한 도구이다.

이탈리아 경제학자 알프레도 파레토(Alfred Pareta)의 이름을 딴 파레토도는 쥬란(J. Juran)에 의하여 처음으로 품질관리 분야에 적용되었다. 파레토가 주장한 원리[2]에 착안하여 쥬란도 품질관리에 있어서도 문제를 발생시키는 원인이 많아도 대부분의 문제는 소수의 원인에 집중하여 발생된다는 것을 발견하였다.

쥬란(J. Juran)은 파레토도를 많은 분야에 적용될 수 있는 포괄적인 개념으로 인식하고 그래프에서 표시되는 형태를 필수적인 소수와 유용한 다수로 구분하여 품질관리에 이용하였으며, 이는 고객관리와 재고관리(ABC 재고관리) 그리고 주요 관심분야를 찾는데도 매우 유용하다.

파레토도의 용도와 특성은 다음과 같다.

① 주변에 산재한 많은 문제 중 어떤 문제부터 해결할 것인가, 문제의 중요도를 크기 순서대로 한눈에 파악할 수 있다.
② 해결해야 할 중점항목을 확인할 수 있기 때문에 개선해야 할 항목을 쉽게 결정할 수 있다.
③ 문제를 항목별로 분류해서 크기 순서대로 시각적으로 도식화하였다.
④ 빈도수나 백분위 등과 같이 비교적 간단한 방식으로 계산하기 때문에 현장에 적용하기가 매우 용이하다.

(2) 적용방법

파레토기법은 중요한 문제를 우선적으로 해결하려는 목적을 가지고 있기 때문에

---

2) 중요한 것의 80%가 상위 20%에 속한다. 예를 들어 백화점의 매출이 100억이면 매출의 80%(80억)가 구매자가 1,000명일 경우 상위 20%(200명)가 소비하는 것이다.

가급적 객관적 정보가 충분히 수집될 때 유용하다. 생산제품의 결함을 분석하고, 고객 서비스에 대한 만족도와 불만족의 원인을 조사하고 시장에서 고객의 요구 등의 문제를 이해하는데 도움이 된다.

파레토기법을 활용하여 중요한 문제를 정의하는데 여섯 단계를 거친다. 보다 구체적인 적용 방법은 (3) '활용사례'를 참고한다.

① 문제가 될 수 있는 정보를 수집한다.
② 수집된 정보를 문제의 유형에 따라 분류를 한다.
③ 데이터를 요약하고 가장 큰 것에서 가장 작은 순으로 범주의 순서를 서열화한다.
④ 각 항목에 대한 백분율과 누적 퍼센트를 계산한다.
⑤ 빈도수가 높거나 중요도가 높은 문제를 우선적으로 분석한다.
⑥ 항목별로 크기순서로 파레토도를 그린다.

(3) 활용사례

새로운 사업(창업)에 진출하기 위한 아이템을 찾기 위해 가구당 지출되는 비용을 〈표 5-8〉과 같이 조사하였다. 우선 생활비로 지출되는 요소들을 수집해 목록을 작성하고 각 항목별 응답 수를 파악하여 기록하였다. 그리고 가장 높은 항목에 응답한 항목부터 차례로 다시 정리하고 각 항목별 백분위를 산정한 후 누적백분위를 계산하였다. 누적 퍼센트의 척도는 같은 높이에서 전체 빈도와 같이 일치해야 한다.

파레토기법의 적용순서에 따라 정리해 보면 다음과 같다.

① 1단계-정보의 수집

해결하고자 하는 문제와 관련된 정보를 수집한다. 해결하고자 하는 문제가 '가구당 지출비용 항목'에 관한 것이므로 식비, 건강보험료, 의류 구입비, 병원비, 건강보조식품 구입비, 도서구입비 등과 같이 필요한 정보를 정리한다.

② 2단계-문제유형의 분류

문제의 유형을 분류할 때는 정보의 분류항목을 결정해야 한다. 예시문제와 같이 분류할 항목이 명확히 정해지는 경우는 관계없지만 조사항목에 대한 분류가 필요한 경우가 있기 때문에 반드시 항목에 대한 자료는 층별분류가 되어야 한다. ①에서 얻어진 정보를 '가구당 지출비용 항목'에 부합한 것인지 확인하고 항목별 응답 수(빈도수)를 파악하여 정리한다.

- A. 주택임대료(30명), B. 식비(50명), C. 건강보험(16명), D. 자동차보험(70명), E. 의류구입비(14명), F. 문화 활동비(10명), G. 도서구입비(4명), H. 기타잡비(6명)

③ 3단계-정보의 서열화

항목별 분류한 정보를 응답 수(빈도수)가 큰 항목부터 작은 항목까지 차례로 서열화한다. 예를 들어, D. 자동차 보험료(70명), B. 식비(50명), A. 주택임대료(30명) 등 순으로 정리한다.

④ 4단계-항목별 응답백분율과 누적백분율 계산

③에서 서열화한 정보를 〈표 5-8〉과 같이 항목별로 백분율과 누적백분율을 계산해서 나타낸다.

〈표 5-8〉 파레토도 측정요소 목록 (서열화)

항 목	응답 수	백분율(%)	누적백분율(%)
D. 자동차 보험	70	35.0	35.0
B. 식비	50	25.0	60.0
A. 주택임대료	30	15.0	75.0
C. 건강보험	16	8.0	83.0
E. 의류 구입비	14	7.0	90.0
F. 문화 활동비	10	5.0	95.0
H. 기타잡비	6	2.0	98.0
G. 도서구입비	4	2.0	100.0
합계	240명	100%	100%

⑤ 5단계-파레토도 작성

파레토도는 문제가 될 수 있는 자료와 정보를 나타낸 후 유형별로 나누어서 [그림 5-4]와 같이 왼쪽에서 오른쪽으로 하강하는 순서대로 데이터의 분류를 그린다. 분석한 〈표 5-8〉의 자료를 토대로 [그림 5-4]와 같이 파레토도를 그린다. 파레토도를 그릴 때 주의할 점은 빈도수, 항목, 누적백분위가 정확히 표기되고 항목은 서열화시켜 좌측에서 차례로 그려나간다. 그리고 데이터의 누적 퍼센트(%)를 꺾은 선 그래프로 그린 후 주요요인과 부가적 요인을 파레토도상에 정리한다. 파레토도는 히스토그램과 다르다. 파레토도의 수평척도는 범위인 반면에 히스토그램의 척도는 수치적이다. 파레토도를 누적함수 개념으로 표시하는데, 이는 [그림 5-4]에서처럼 꺾은선 그래프로 나타낸다. 이 그래프는 왼쪽에서 오른쪽으로 합쳐진 자료의 합을 나타내며 두 가지 척도가 사용되는데, 세로축은 빈도나 금액이고 가로축은 퍼센트이다.

그림 5-4 완성된 누적 파레토도

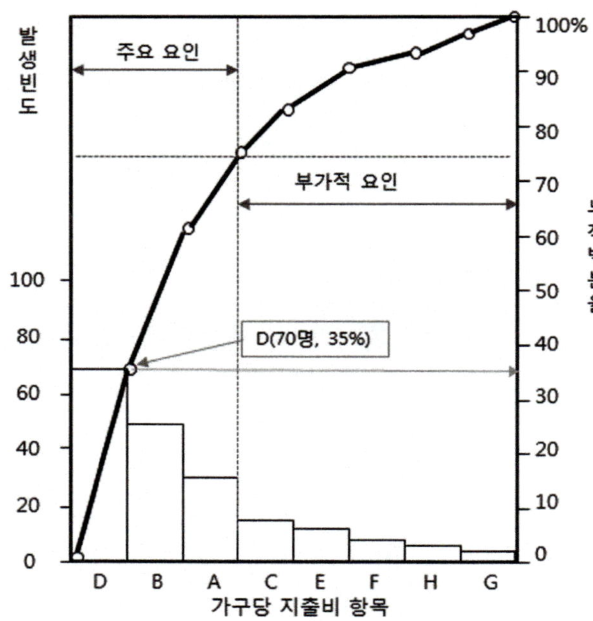

⑥ 6단계-결과의 해석

앞 단계에서 분석한 자료와 파레토도를 토대로 아래와 같이 결과를 기록한다.

[결과 해석] : 가구당 지출비용 항목에 대해 조사한 결과 〈표 5-10〉과 같이 나타났고, 분석정보를 토대로 [그림 5-4]와 같이 파레토도를 완성했다. 파레토도에 나타난 바와 같이 가구당 지출비용이 가장 많은 항목은 자동차보험(35%), 식비(25%), 주택임대료(15%)순이다. 이 세 항목이 전체 지출항목의 주요인으로 분석된 바, 문제해결을 위한 정보의 활용 시 우선순위에 반영해야 한다.

기업에서 파레토기법을 활용할 때 주로 사용하는 가로축과 세로축의 항목은 〈표 5-9〉와 같다.

〈표 5-9〉 파레토도 작성 시 분류항목(기업의 현장 및 업무개선)

구 분	주요 활용 요소
세로축 (빈도)	• 금액 : 지출비용, 손실비, 판매비, 인건비, 경비 등 • 품질 : 불량수, 결함수, 반품수, 고장수 등 • 시간 : 가동시간, 고장시간, 작업시간 등 • 사기 : 결근률, 지각률, 출근률, 참가률, 제안건수 등 • 안전 : 사고율(건수), 재해건수, 고장건수, 천인율 등
가로축 (항목)	• 점검내용 : 불량항목, 공정라인, 지출내용, 불만요인, 만족요인 등 • 기계설비 : 기계별, 로봇별, 공구별 등 • 작업자별 : 고용형태별, 팀별, 공정별, 성별, 직급별, 연령별 등 • 작업방법 : 크기, 압력, 속도, 온도 등 • 시간구분 : 일별, 주별, 월별, 분기별, 연별, 계절별 등

★ [예제] 한국자동차는 신형 K모델 출시를 앞두고 경쟁사 차종과 비교해 문제가 되었던 차의 도색품질을 향상시키기 위해 최근 5일간 생산된 자동차의 품질검사를 한 결과 100대가 도색불량으로 판정이 났다. 품질검사를 통해 얻어진 불량정보는 아래 〈표 5-10〉과 같다. 아래의 정보를 이용하여 파레토도를 완성한 후 결과를 해석하라.

〈표 5-10〉 K모델의 도색 품질검사 내용

불량 항목	이중색	부풀림	긁힘	갈라짐	이물질	광택	기포현상	기타	합계
불량수	6	5	24	8	2	38	12	5	100

3) 육하원칙 질문기법

(1) 개념 및 특징

현상에 대한 파악과 문제점에 대한 인식이 까다로운 경우가 종종 발생한다. 현상파악이 제대로 이루어지지 않는다는 것은 나아가 문제점 인식 자체가 어렵다는 것이다. 현상을 파악하고 문제점을 인식하는데 있어서는 '발산적 사고'와 '수렴적 사고'가 도움이 된다. 의사결정자가 자신이 해결해야 할 현재상황은 새로운 도전과 기회일 수도 있기 때문이다. 즉 신규 사업을 시작하기 위한 의사결정 과정일 수도 있고, 새로운 제품을 생산하기 위한 의사결정 과정일 수도 있기 때문에 단순히 현재 자신이 추진하고 있는 상황에 대한 파악만을 위한 의사결정 과정이 아닌 것이다. 결과적으로 새로운 도전과 기회 그리고 계획에는 '발산적 사고'를 통한 광범위하고 일반적인 것에서 관심영역을 축소해 나가는 정제과정이 전개될 수밖에 없다. 즉 많은 자료와 아이디어를 나열한 뒤 다시 관심영역을 좁혀 나가는 과정에는 '수렴적 사고'가 필요하기 때문이다.

보다 상세하고 구체적으로 현재 상황을 파악하기 위한 방법은 의사결정자가 관심 갖는 영역과 관련된 자료를 하나도 빠트리지 않고 수집하는 것만이 유일한 방법이다. 그러나 이러한 과정은 쉽지 않다. 그래서 가급적 모든 자료를 수집하여 원하는 것으로 좁혀나가기 위해서는 '6하원칙 질문기법'(5W&1H)을 많이 활용한다. 이 기법은 'who', 'what', 'where', 'when', 'why', 그리고 'how'의 관점에서 문제의 특성에 관한 다양 한 질문을 만들어서 그에 대한 답을 하면서 문제를 분석하는 기법이다.

'6하원칙 질문기법'은 다양한 정보를 최대한 많이 수집하고 이들 정보 가운데 의사결정자가 필요로 하는 중요한 단서를 찾아내어 선택된 것이 관심영역과 다음 단계의 실마리를 제공하는 중요한 역할을 한다.

특히 문제와 관련된 모든 관점을 고려하여 그 해결방법을 모색하자는 것으로서 공정이나 제품의 개선을 위한 아이디어를 얻고자 하는 경우, 고객의 불만원인 분석, 생산성 저하의 원인분석, 경영혁신의 실패원인 분석 또는 혹시 있을지도 모르는 간과한 안건이나 원인을 발견하려 할 때 사용된다. 뿐만 아니라 이러한 과정에서 얻는 뜻하지 않은 정보가 새로운 사업과 새로운 도전의 기회를 주기도 한다.

(2) 적용방법

'6하원칙 질문기법'은 의사결정자가 자신이 필요로 하는 정보를 충분히 가지고 있는지 확신이 서지 않을 경우에도 유용한 방법이 된다. '6하원칙 질문기법'의 활용은 [그림 5-5]에 나타난 것처럼 '누가?', '무엇을?', '언제?', '어디서?', '왜?' 그리고

그림 5-5 6하원칙 질문기법의 적용절차

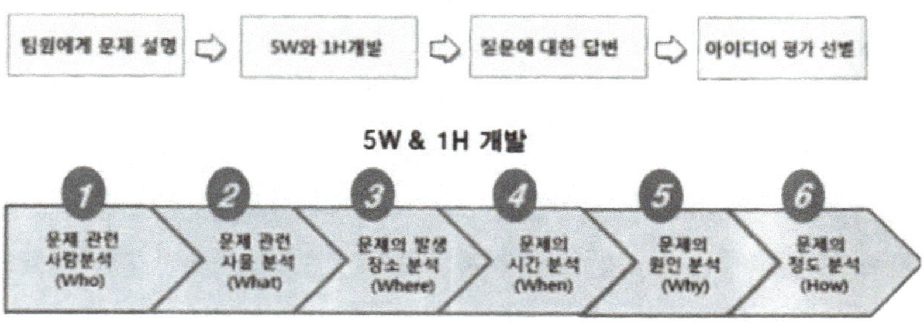

'어떻게?'를 사용하여 질문해 나간다. 그리고 수집된 정보를 면밀히 검토하여 필요성이 많은 것을 표시하고 정보와 정보 사이에 밀접한 관계가 있는 것을 같은 범주로 묶어준다면 관심사항을 정리해 나갈 수 있다.

'6하원칙 질문기법'의 진행방법을 구체적으로 정리하면 다음과 같다.

첫 번째, 팀원에게 문제를 설명한다. 문제를 해결하기 위한 팀원에게 해결하고자 하는 문제에 대해 충분히 설명을 한다.

두 번째, 문제에 대한 '5W와 1H'에 대한 질문을 아래 6단계와 같이 개발한다. 팀원들은 다양한 아이디어를 통해 문제에 관련된 질문을 만들어 간다. 그리고 개발된 질문들에 대해 답변을 찾아낸다. '5W와 1H'에 한 질문을 만들어 가는 과정에서 '브레인스토밍'을 통한 아이디어 산출방법을 활용하기도 한다.

① **1단계(Who)**

문제와 관련한 사람에 대한 다양한 질문을 만들고, 이에 대한 답을 한다.

② **2단계(What)**

문제에 관련한 대상 및 사물에 대한 다양한 질문을 만들고, 이에 대한 답을 한다.

③ **3단계(Where)**

문제에 관련한 장소에 대한 다양한 질문을 만들고, 이에 대한 답을 한다.

④ **4단계(When)**

문제에 관련한 시간에 대한 다양한 질문을 만들고, 이에 대한 답을 한다.

⑤ **5단계(Why)**

문제에 관련한 원인의 다양한 질문을 만들고, 이에 대한 답을 한다.

⑥ **6단계(How)**

문제에 관련한 '얼마나', '어떻게'에 대한 다양한 질문을 만들고, 이에 대한 답을 한다.

세 번째, 6단계의 답변을 통해 얻어진 아이디어를 평가하고 선별하여 문제를 분석한다.

그리고 전 단계에서 수집된 정보를 토대로 문제를 분석한다. 단, 위 단계의 '6하원칙 질문기법'(5W & 1H)의 활용 시 질문원칙은 〈표 5-11〉을 참고로 '내가 알고 있는 정보', '나에게 필요한 정보', 그리고 '나에게 반드시 필요한 정보'가 무엇인지 고려해야 한다.

(3) 활용사례

'6하질문 원칙기법'(5W & 1H)을 활용해 품질문제나 마케팅 전략의 수립 등 다양한 문제를 분석할 수 있다. 만약 마케팅 전략의 수립과정과 SWOT분석 단계 전에 '5W & 1H'를 활용해 문제를 찾아내고자 할 때 다음과 같이 활용한다. 예를 들어 '왜(why), 우리 기업이 새로운 사업에 진출해야 하는지?', '어느 지역(where)에서, 어느 업종으로 사업을 해야 하는지?', '무슨 상품(what)을 가지고 시장을 공략할 것인지?', '누가(who), 고객이며, 경쟁상대인지?', '어떻게(how), 고객의 욕구를 만족시키고 경쟁사를 이길 것인지?'와 같이 문제에 대한 질문과 답을 유도해 나갈 수 있다.

그리고 품질분임조 활동에서 분임조별 주제가 선정되고 목표가 정해지면 주제해결을 위한 세부활동계획을 수립하여 추진하게 된다. 이때 활동계획을 수립하는 방법으로 역시 '5W & 1H '를 활용한다. 활동계획은 6하원칙에 의거 세밀하게 작성되므로 일정기간에 소기의 성과를 얻게 된다.

① Who(누가) : 담당자를 결정한다. 팀원 전원이 검토하고 전원이 이해하고 전원이 추진한다.

② What(무엇을) : 문제와 관련 조사분석 대상을 선정한다.

③ When(언제까지) : 문제에 대한 답변을 해결하고 기한을 명확하게 정한다. 활동 항목별 일정과 계획서를 작성한다.

④ How(어떻게) : 어떠한 방식으로 조사를 할 것인가 결정한다. 자료수집은 구체적으로 숫자화, 표준화, 통계적인 방법의 조사분석 방법에 대해 답한다.

⑤ Where(어디서) : 현장과 같은 자료수집할 곳을 찾는다.

⑥ Why(왜) : 활동목적을 분명하게 한다.

★ 경부고속도로의 출퇴근 시간대 상습정체구간인 일부 나들목에 일부 얌체 운전자들의 끼어들기로 정체가 더욱 심화되고 있어 법규를 지키는 운전자들의 불만이 커지는 등 문제가 되고 있다. 도로공사는 경철청의 협조를 얻어 이러한 문제를 해결하기 위해 '5W & 1H 기법'을 활용하여 아래 〈표 5-11〉에 기록한다.

〈표 5-11〉 6하원칙 질문의 예시

질문원칙	내가 알고 있는 정보는?	나에게 필요한 정보는?	나에게 반드시 필요한 정보는?
누가 (Who?)			
무엇을? (What?)			
언제? (When?)			
어디서? (Where?)			
왜? (Why?)			
어떻게? (How?)			
속성	① 알고 있는 정보 : 의사결정자가 알고 있거나 가용한 정보 ② 필요한 정보 : 현재 상황을 이해하는데 있어 반드시 알아야 할 정보 ③ 꼭 필요한 정보 : 알면 현재 상황을 더욱 구체화하고 자세히 이해할 수 있는 정보		

4) 드릴다운 기법

(1) 개념과 특징

'드릴다운 기법'(drill down analysis)은 문제를 여러 작은 문제로 세분화하면서 문제를 분석하는 기법이다. 이 기법은 로직트리 기법(logic tree)[3]과 유사한 기법으로 여러 세부문제로 나누고, 나누어진 문제를 세부화하는 드릴다운 과정이 핵심이며, 브레인스토밍과 같은 기법을 병행하면 다양한 측면에서 문제를 분석할 수 있다. 이 기법은 복잡한 전략적 문제의 원인을 분석할 때 유용하며 혁신의 실패분석, 매출부진의 원인분석, 정보시스템의 실패분석, 그리고 지식경영의 성공요인 분석 등에 활용하는 기법이다.[4]

3) 본서 제3장에서 소개하고 있는 로직트리 기법은 논리적·효과적인 분석을 위해 MECE(mutually exclusive and collectively exhaustive)의 사고방식에 따라 Tree 형태로 분해 하는 것으로 논리적 사고의 촉진과 폭넓은 아이디어를 창출할 수 있는 기법이다. MECE란 중복되지 않고 상호배타적이며 합이 전체가 될 수 있는 요소의 집합을 의미한다.

4) 김석희(2008), 문제해결능력 학습방안(상), 공직자 논단, 9월호, pp.136-145.

(2) 적용방법 및 활용사례

D대학의 학생식당의 관리자는 학생들로부터 음식의 질이 나빠졌다는 불평을 많이 들었다. 따라서 학생관리 책임자는 〈표 5-12〉의 드릴다운 기법을 참고로 문제의 원인을 분석하기로 하였다.

〈표 5-12〉 드릴다운 기법 및 적용 절차

적용절차	내 용
1. 문제의 정의	의사결정을 하고자 하는 문제를 큰 종이의 왼쪽에 적는다.
2. 문제의 하위 요소 및 원인의 정의	문제를 구성하고 있는 하위요소 혹은 가능한 원인들을 찾아서 바로 오른쪽에 적는다.
3. 문제의 하위요소의 분석	문제의 하위요소 혹은 가능한 원인들과 관련된 사실, 대안, 조사할 항목들을 오른쪽에 적는다.
4. 문제의 분석범위 확대	문제의 구조를 분석하고 문제에 대한 이해를 넓혀가면서, 그에 대한 새로운 정보를 찾고 문제를 분석한다.

① 1단계-문제의 정의

먼저 문제의 결과인 "음식 맛이 나쁨"을 맨 왼쪽에 기입하였다.

② 2단계-문제의 원인 정의

"음식 맛이 나쁨"에 관해서 "재료가 나쁨", "요리사 솜씨가 나쁨", "고객의 입맛이 변했음"의 요인이 가능한 원인으로 분석하였다.

③ 3단계-하위요소의 분석

세 가지 원인에 대해서 사실, 대안, 조사가 필요한 항목들을 오른쪽에 적었다.

④ 4단계-문제의 분석범위 확대

이처럼 문제를 드릴다운 하면서 문제의 원인을 심도 있게 분석할 수 있다.

이상 '드릴다운 기법'의 4단계 과정을 거쳐 문제의 원인을 분석한 결과는 [그림 5-6]과 같다.

그림 5-6 드릴다운 기법의 예시

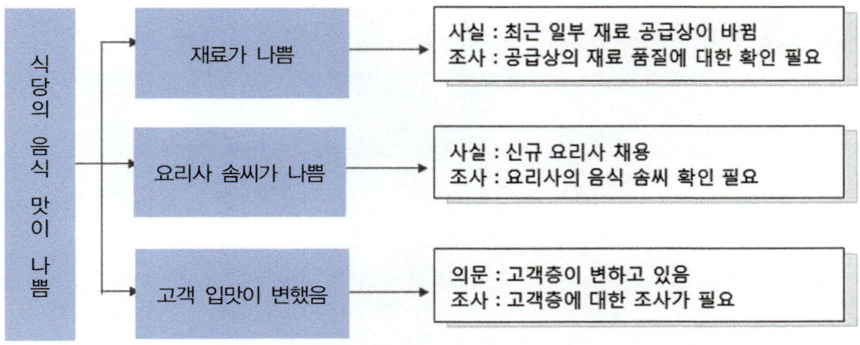

5) 인과관계 다이어그램 기법

(1) 개념 및 특징

'인과관계 다이어그램 기법'(cause effect diagram)은 모든 분야에 걸쳐 사용빈도가 매우 높고 접근성이 뛰어난 기법이다. 이 기법은 문제의 원인과 결과 사이의 관계를 쉽게 볼 수 있도록 고안된 것으로 부호와 화살표로 구성된 그림구조의 모양이 물고기 뼈와 같이 생겼다고 해서 '생선뼈 그림'(fishbone diagram)이라고도 하며, '특성요인도'(cause and effect), '이시가와 그림'(ishikawa diagram)'이라고도 한다.5)

이 기법은 문제를 보다 세분화하여 중요한 원인과 세부적인 요인 모두를 묘사할 수 있는 훌륭한 수단으로 여겨지고 있고 특히 품질관리 분야에서 불량과 문제해결을 위한 기법으로 널리 활용되고 있다. 문제점에 대한 해법을 찾기 위해서는 브레인스토밍을 활용하는 것이 효과적이다.

[그림 5-7]은 오른쪽의 결과(effect)와 왼쪽에 있는 원인(cause)들이 나타나 있는 특성요인도이다. [그림 5-7]에서의 결과는 개선이 요구되는 품질특성이다. 원인으로는 작업방식, 재료, 사람 그리고 환경과 관련된 중요한 원인들로 분류되었다. 이 원인들은 더욱 세분화하여 분석할 수 있다. 예를 들어 작업방식에 있어서는 훈련, 지식, 능

5) 1960년대 가와사키 조선소(Kawsaki Shipyards)에서 복잡한 문제의 원인을 쉽게 파악 할 목적으로 품질관리 프로세스를 개척한 '이시가와 가오루'(Kaoru Ishikawa)에 의해 제안 되었다. 이 기법의 개발 시점은 1940년대 또는 1950년대 등으로 명확하지는 않다.

력, 육체적 특성 등과 같이 나누어 살펴볼 수 있다.

그림 5-7 특성요인도

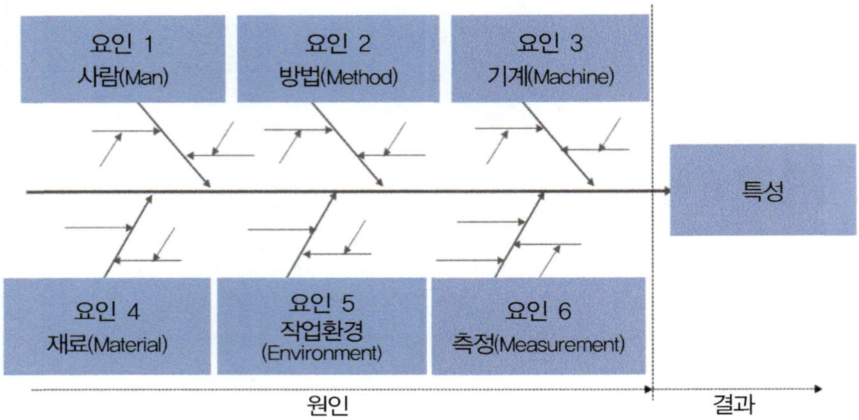

- 결과 : 일을 한 결과 (제품의 품질, 생산원가, 생산량, 소비자 불만, 매출 하락 등)
- 원인 : 특성(일의 결과)에 대해서 영향을 준 요인 (제조 현장에서는 4M+ 치공구, 운반, 측정 등 사용)

(2) 적용방법

특성요인도는 조사, 제조, 마케팅, 생산, 사무실운영 등 폭넓은 분야에서 유용하게 쓰인다. 이의 가장 큰 장점은 브레인스토밍을 통해 전원이 참여하고 공헌할 기회를 제공하는 것으로 다음과 같은 경우에 도움이 된다.

① 제품이나 서비스의 품질개선, 자원의 효율적 사용, 비용의 감소를 위한 현황의 해석 및 개선[6)]

② 제품이나 서비스의 품질을 약화시키는 요인과 고객불만을 야기시키는 원인의 제거 및 관리

③ 작업 및 업무의 표준화 구축

④ 조직원의 교육이나 훈련의 주제 선정 등

6) 생산현장 뿐만 아니라 제품과 서비스의 품질관리의 효율화를 위해 사용되는 QC 7가지 도구(seven basic tools of quality) 중의 하나이다. 특성요인도, 체크시트, 파레토그림, 히스토그램, 관리도, 산점도, 층별 등

특성요인도를 적용하는 절차는 다음과 같다.

특성요인도를 구성하는 첫 번째 단계는 해결에 필요한 주요 문제, 즉 결과나 문제를 정의하는 것이다. 이것을 오른쪽 편에 위치시키고 두 번째는 중요한 원인이 정의되고 그림에 표시된다. 세 번째는 브레인스토밍을 통해 세부적인 원인 모두를 받아들여 기술하는 것이다. 브레인스토밍은 특성요인에도 가장 적합한 아이디어를 생성하는 기술이며 창조적 사고능력을 발휘하게 하는 것이다. 마지막으로 앞의 문제의 원인을 종합적으로 분석한다.

특성요인도는 다음 사항에 주의하여 실시하면 더 정확하고 유용한 결과를 얻을 수 있다.

① 팀 구성원 모두를 참여시키도록 한다. 각자가 차례로 한 가지 아이디어를 제출하게 함으로써 더 나은 결과를 얻을 수 있다.
② 아이디어의 질보다는 양이 장려되어야 한다. 한 사람의 아이디어는 다른 사람의 아이디어를 유발하는 연쇄반응이 일어나게 한다. 가끔 하찮은 아이디어가 훌륭한 해답을 유발하는 경우가 있다.
③ 아이디어에 대한 비판은 허용되지 않는다. 모든 아이디어는 특성요인도에 기재되며 그 평가는 나중에 나타난다.
④ 특성요인도는 누구나 볼 수 있도록 게시해야 하며 이로써 전원 참여를 유도한다.
⑤ 불평하는 시간이 아니라 문제해결 지향적인 분위기를 만들어야 한다. 문제가 왜 일어났는가가 중요한 것이 아니라 문제를 해결하는데 중점을 두어야 하며 육하원칙을 사용해서 질문해야 한다.

(3) 활용사례

D전자에서 지난해 출시한 스마트폰이 최근 매출이 급격히 감소하고 있다. '매출감소'라는 결과를 초래한 원인을 찾기 위해 브레인스토밍을 적용한 '특성요인도'를 활용하기로 하였다.

① 1단계–문제를 정의

종이에 박스를 그린 다음, 문제진술을 문제의 결과 또는 효과를 기술하는 몇 가지 핵심단어로 요약한다. 예를 들어 기업의 '매출이 지속적으로 감소'한다고 하

자. 이때 기업은 매출이 감소하는 결과에 대해 원인을 찾고자 인과도표를 작성하는 첫 단계는 문제를 명확히 정의하는 것이다. 그 방법은 [그림 5-8]과 같다.

그림 5-8 특성요인도 작성 1단계

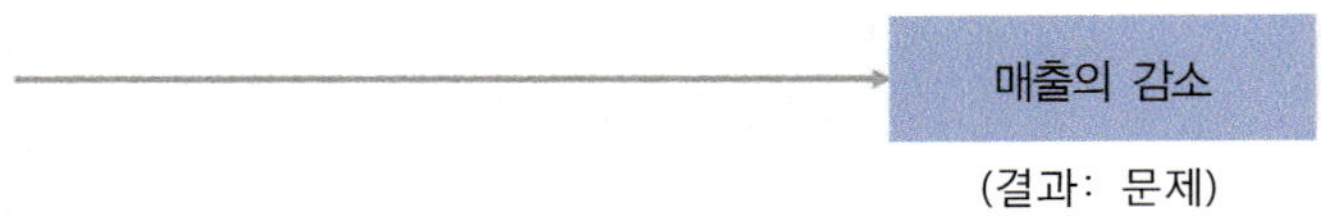

② 2단계-문제의 원인들의 주요 범주를 정의

두 번째 단계는 결과를 초래한 문제의 원인들의 주요 범주(1차 원인: primary cause)를 면밀히 조사하여야 한다. 가장 일반적으로 사용되는 범주는 4M (machine, method, material, man)이다. 그러나 이러한 범주는 기업이나 의사결정자 개인의 현 상황에 맞게 조정된다. 왜냐하면 문제해결 필요성이 다르기 때문이다. 그러나 일반적으로 제조업과 서비스분야에서 1차 원인 유형은 〈표 5-13〉과 같고 작성방법은 [그림 5-9]와 같다.

그림 5-9 특성요인도 작성 2단계

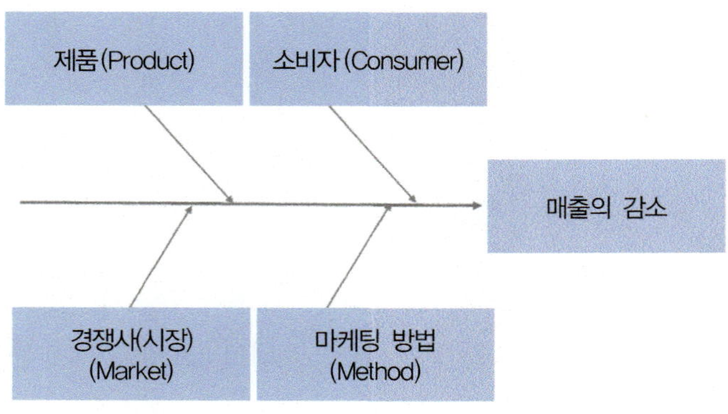

〈표 5-13〉 특성요인도 1차 원인 유형

분야	명칭	1차원인	
제조업	5M+1M	• man(인력), • machine (기계) • method(기술)	• money(자본) • material(재료) • measurement(측정)
	5M+α	• information(정보)	• environment(환경)
서비스업	4P	• product(제품) • promotion(촉진)	• price(가격) • place(장소)
	4P+4P	• people(사람) • process(공정)	• product(제품) • physical evidence(물적 증거)
	3C	• customer(고객) • company(자사)	• competitor(경쟁사)
	4C	• customer(소비자) • cost(비용)	• convenience(편리성) • communication(의사소통)

만약 주요범주를 명확히 정의하기 어렵다면 단계 3에서 브레인스토밍을 통해 먼저 세부원인이 되는 아이디어를 충분히 산출한 후 유사한 공통특성을 지닌 아이디어를 묶어서 범주를 정리해도 된다. 브레인스토밍을 통해 나온 아이디어(원인)들을 유사성이나 연관성에 따라 재분류할 때는 '친화도법'(affinity diagram) 또는 'KJ method'[7]을 활용하면 유용하다.

③ 단계 3- 가능한 원인을 브레인스토밍

결과의 원인이 되는 1차 범주(원인)를 설정했다면 각각의 범주에 대한 세부 원인(2차 원인: Secondary Cause)을 찾아내기 위해 가능한 한 많은 아이디어를 창출한다. 이때 브레인스토밍을 활용하여 각 범주별 아이디어를 생성하도록 한다. 물론 각 범주에 얽매여 아이디어를 찾아 낼 필요는 없다. 전체의 흐름에서 아이디어를 생성해 내면서 각 부분별 범주에 접목을 시키는 방법을 활용하여도 좋다. 물론 브레인스토밍을 능숙하게 사용하는 사람은 범주별 아이디어를 생성해 시간을 단축하기도 한다. 예를 들어 [그림 5-10]에서와 같이 제품이라는 범주 아래에 '진부한 디자인'이라고 적어 넣는다.

7) 친화도법 : 'Affinity Diagram' 또는 'KJ Method', '친화도' 모두 같은 기법이다. 'Affinity Diagram'은 기업이 품질관리를 위한 도구로 활용하는 QC 7가지 도구 중 하나로 아이디어와 데이터를 정리하는 데 쓰이는 비즈니스 툴이다. 그리고 'KJ Method'의 보다 정확한 정보와 관계는 본 교재 9장 2.7)을 참고하기 바란다.

그림 5-10 특성요인도 작성 3단계

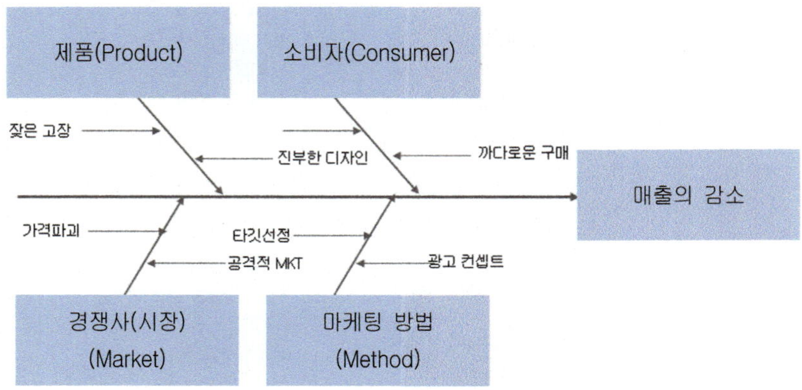

④ **단계 4-새로운 추가단서와 생성된 아이디어의 다양한 활용방법을 모색**

원인이 되는 범주의 세부요인에서 때로는 한 가지 원인이 다른 원인에서 나올 수 있다. 예를 들면 '경쟁사'의 '공격적 마케팅'에서 '다양한 이벤트'와 같이 추가적인 요인을 연결해 낼 수 있다. 그리고 가능한 원인을 파악하는 동안 '신제품을 만든다'와 같이 곧바로 단순한 해결책을 구하는 일을 피한다. 기존의 방법에 의존하지 말고 가능한 많은 아이디어, 즉 문제의 원인을 해결할 수 있는 방법을 찾아보고 그 모든 가능한 원인들을 검토하는 것이 유리하다. 주의할 것은 파레토 분석과 같은 도구를 사용하여 우선순위를 찾기 전에 생성된 아이디어가 다른 용도로 또는 다른 문제의 해결방법으로 활용될 수는 없는지 혹은 아이디어를 상호 연결하여 문제를 해결할 수는 없는지도 면밀히 검토해야 한다.

⑤ **단계 5-정확한 정보수집과 아이디어에 편승**

가능한 자발적으로 문제의 해결을 유도하고 이 단계에까지 이르면 보다 많은 정보를 수집해서 그 정보를 디딤돌 삼아 편승하여 더 좋은 아이디어나 문제점을 찾아낼 수 있도록 한다. 창조적인 문제해결은 생성된 아이디어를 보다 정교하게 다듬고 종합하여 계발하는 것이 중요하다.

⑥ **단계 6-가장 유력한 제약요인을 파악**

종적으로 정교하게 다듬어진 아이디어와 원인들 중 가장 유력한 원인, 즉 제약요인이 되는 것을 찾아 물고를 틀 수 있도록 범위를 좁혀 나가는 것이 바람직하다. 이때 원인 중 가장 중요하고 시급히 해결해야 할 제약요인을 파레토 분석과 같은 도구를 사용하여 선별해낸다.

특성요인도의 적용단계에서 2단계와 3단계의 순서를 바꾸어서 진행하기도 한다. 특성요인도를 자주 활용하는 제조현장이나 조직에서는 2단계의 주요 범주 유형(〈표 5-13〉)이 어느 정도 나타나 있으나 그 외의 문제를 다루거나 특성요인도를 많이 접하지 않은 개인이나 조직의 경우엔 3단계를 먼저 실시하고 공통범주로 묶어 주요범주를 정리하여도 된다. 상황에 따라 결과에 대한 주요범주를 구분하는 것이 쉬운 일은 아니므로 3단계에서 결과에 대한 원인을 브레인스토밍을 통해 가능한 많은 원인을 도출한 후 관련있는 것을 묶어 주요범주로 정리한 후 4단계로 넘어가도 관계없다.

6) 인지기법

(1) 인지기법의 개념과 특징

'인지기법'(appreciation analysis)은 문제와 관련한 간단한 사실로부터 출발해서 이와 관련한 질문을 해 나가면서 문제를 이해하는 기법이다. 이 기법은 군대에서 상황분석을 할 때 널리 사용하는 기법으로서, 모든 문제는 다른 문제와 연계되어 있다는 가정하에 끊임없이 질문을 통해서 새로운 사실, 원인, 결과 등을 찾아내는 기법이다.

이 기법은 새로운 문제나 불확실성이 높은 문제를 분석할 때 유용하다.

예를 들면, '매출 감소에 대한 원인 분석', '경쟁제품에 대한 대응방안', '정보시스템의 실패원인 분석', ' 해외시장의 정치적 변화에 대한 대응방안' 등과 같은 분야에 활용된다.

(2) 적용방법

[그림 5-11]과 같이 모든 문제는 다른 문제와 연계되어 있다고 보고 문제의 원인을 끝까지 추적해 나간다.

그림 5-11 인지기법의 적용절차

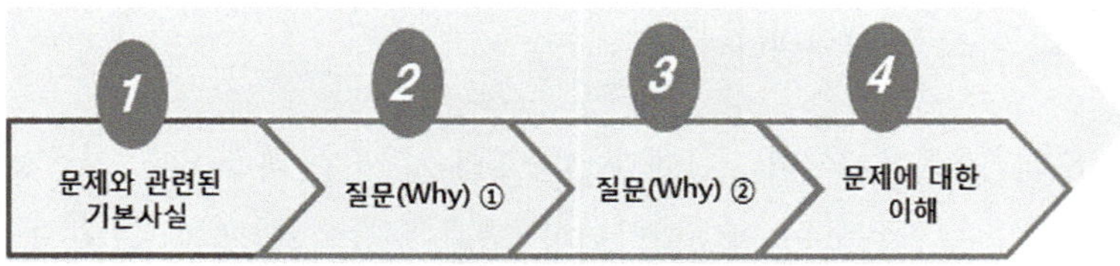

① 문제에 관한 하나의 기본적 사실에서 출발한다.

② 기본적 사실과 관련한 정보를 수집하여 그 사실로부터 "so what"(그래서) 또는 "why"(왜)라는 질문을 하면서 새로운 사실을 찾아내고 정보를 수집한다.

③ "so what"(그래서) 또는 "why"(왜)라는 질문을 통해 추가로 얻어진 정보나 새로운 사실에 대해서 다시 "so what"(그래서) 또는 "why"(왜)라는 질문을 계속 하면서 새로운 사실이나 정보를 수집해 나간다.

④ 이와 같은 과정을 통해서 수집된 문제에 대한 정보, 사실, 원인 대안 등을 찾아가면서 문제에 대한 이해를 높여간다.

(3) 인지기법의 활용사례

한국대학 경영학과에 재학 중인 김한국은 지난 학기 장학생 대상에서 탈락하였다. 장학생이 되지 못해 새 학기 등록 및 학업계획에 차질이 생겼다. 그래서 장학생이 되지 못했다는 사실과 문제의 원인을 파악하기 위해 인지기법을 활용하였다.

- 첫째, 문제와 관련한 하나의 기본적 사실에서 출발하기 위하여 지난 학기 "장학생이 되지 못했다"라는 사실에서 출발한다.
- 둘째, "왜"(why?), "장학생 대상에서 탈락하였다."라고 질문을 하면서 계속해서 문제의 원인을 추적해 나간다.
- 셋째, "성적이 떨어졌다." "왜"(why?) "공부시간이 부족했다." 다시 "왜"(Why?)라는 질문을 하고 "아르바이트를 했다"는 원인이 나오고 다시 "왜"라는 질문을 던진다.
- 넷째, "다음 학기 등록금이 인상되었다." 그래서 학자금 마련을 위해 아르바이트를 하고 공부시간이 부족하다 보니 시험성적이 떨어져 장학금을 받지 못했다는 이유를 찾아냈다.

이와 관련한 문제의 원인들이 [그림 5-12]와 같이 계속해서 꼬리를 물고 정보가 수집되었다.

그림 5-12 인지기법의 활용 사례

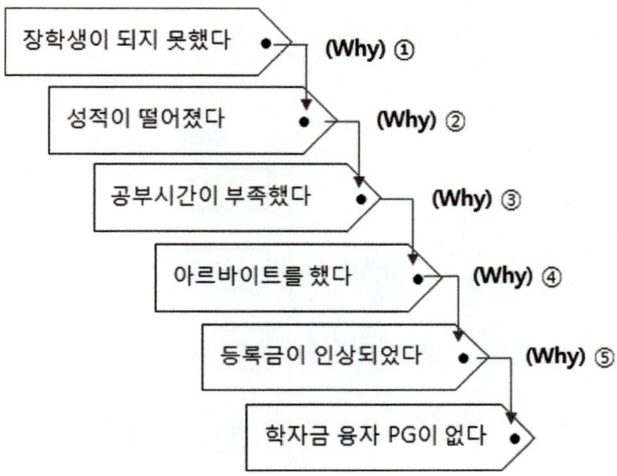

7) Why-Why 기법

(1) 개념과 특징

'Why-Why 기법(5Why기법)'은 문제가 발생했을 때 그 문제에 대한 피상적인 원인보다 이면에 있는 진짜 원인을 찾음으로써 문제의 원인들을 체계적으로 분류하고 파악하는 방법이다. 'Why'라는 질문을 다섯 번 또는 그 이상 던지면서 원인을 찾아나가는 방식은 '인지기법'과 해결방식이 유사하고 문제에 대한 원인을 요인별로 분류해서 한 쪽 방향으로 배열하는 방식은 전통적으로 의사결정나무(decision tree)와도 유사하며 '인과관계 다이어그램 기법'을 변형시킨 기법으로 잘 알려져 있다. 이 기법은 도요타 자동차(Toyota)에서 어떤 문제에 대한 피상적인 원인 보다 근본적인 원인을 찾아야 한다는 원인추구의 철학에서 시작되었다. [그림 5-12]와 같이 'MECE' 원리를 활용해 문제의 원인을 왼쪽에서 오른쪽으로 생각을 확산시켜 나가면서 문제의 원인들을 체계적이고 세부적으로 분류하고 있다.

'Why-Why 기법'은 [그림 5-13]에도 잘 나타나 있듯이 '인과관계 다이어그램 기법' 보다 훨씬 더 체계적인 분석이 가능할 수 있다. [그림 5-10]의 그림과 비교를 해 보면 동일한 문제의 원인을 찾는 과정에서 사고의 흐름을 보다 체계적이고 합리적으로 유도해 나가고 있음을 발견하게 된다.

그림 5-13 Why-Why 기법 및 사례

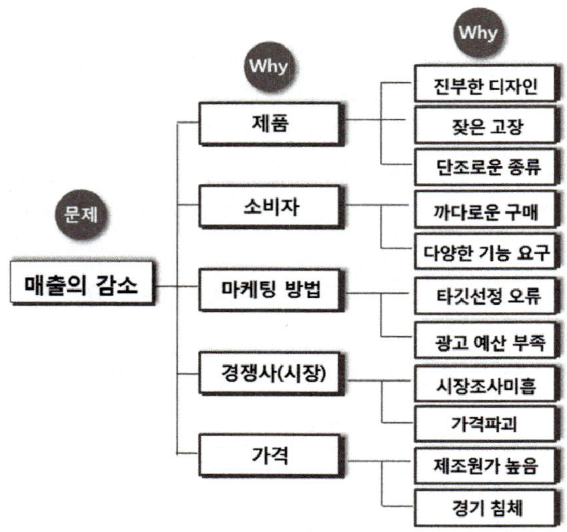

(2) 적용방법

'Why-Why 기법'의 적용방법은 비교적 간단하다. 의사결정에 참여한 사람들이 문제를 해결해 나가는 과정에서 가능한 한 가지 요인에만 초점을 맞추지 말고 가능한 다양한 원인을 탐색하고 그 원인을 문제 전체와 관련지어 원인을 체계화 해 나가기 위해 세 단계를 거친다.

① 1단계-문제의 정의

해결해야 할 문제를 왼쪽 박스(box)에 정리한다.

② 2단계-1차 원인 산출

문제와 관련 있는 원인들에 대해 계속해서 '왜'(why)라는 질문을 던지면서 산출된 원인들을 정의된 문제의 오른쪽에 정리해 나간다.

③ 단계 3-세부원인 산출

2단계의 원인에 대한 세부원인을 산출해 다시 오른쪽으로 정리를 한다. 그리고 충분할 만큼 아이디어가 나올 때 까지 계속 '왜'(why)라는 질문을 하면서 원인을 찾아 오른쪽에 정리를 한다.

5Why 기법을 적용할 때 세부적인 진행사항에 있어서는 몇 가지 주의를 해야 한다.

㉠ 5Why 기법이라고 해서 반드시 'Why'를 5번해야 하는 것은 아니다. 연속적으로 Why를 질문을 하는 것은 심층적으로 문제의 원인을 찾기 위함이기 때문에 성급히 결론을 내리는 것을 막기 위함이다. 그러므로 다시 발생하지 않을 때 까지 why를 반복한다.

㉡ 'Why'에 대한 물음에 대하여 답은 비교적 간결하게 한다. 문장을 간단히 서술하지 못해서 복잡하거나 길어지면 명확한 원인을 도출해 내기가 힘들 수 있기 때문이다. 만약 문장이 복잡하거나 길어지면 문장을 나누어서 정리하고 각각 질문을 던지는 것도 방법이다. 그리고 대답을 단어나 구로 표현하는 것도 방법이다.

㉢ 질문에 대한 답변 시 주관적인 생각이 반영되지 않도록 주의한다. 서술의 문장이 주관적인 생각(~ 나쁘다, ~좋다 등)으로 단정적인 것은 바람직하지 않다. 주관적인 서술은 문제의 원인을 찾을 때 객관성을 잃어 성급히 결론을 지어 문제해결을 그르칠 수 있기 때문이다.

㉣ 'Why'에 대한 답변이 'why'를 완전히 해결했는지 확인한다. 'why'에 대한 답변이 여러 가지인 경우가 많기 때문에 [그림 5-13]에서처럼 여러가지 답변에 대해 원인을 계속 찾아서 체크해 나간다. 예를 들어 '왜 제품때문인가?' 라는 질문에 "디자인이 진부하기 때문에", "고장이 잦기 때문에", "종류가 단조롭기 때문에" 등과 같이 답변이 나왔다면, '왜 디자인이 진부한가?'로 다시 질문을 하고 "중고기계를 구입했기 때문에"로 답하고 "출시된 지 오래되어서" 등으로 계속 질문에 답변을 해 나간다.

㉤ 이 밖에도 더 이상 원인을 찾을 수 없는 경우 역으로 전개된 문제원인을 확인해 보거나 결론을 막연하거나 추상적으로 내리지 않도록 유의한다. 그리고 인과관계도표와 마찬가지로 2단계 why와 3단계 why가 섞이거나 분류가 어려울

때는 〈표 5-13〉과 같은 분류표를 참고하거나 최종단계를 거쳐 수정해 나간다.

이러한 과정을 참고로 '인과관계 다이어그램 기법'의 활용사례를 참고로 문제를 분석해 보면 [그림 5-13]과 같이 '매출 감소'의 원인을 체계적으로 정리할 수 있다.

(3) 활용사례

한국제약의 최근 3분기의 매출이 지속적으로 감소하고 있다. 따라서 지역별 영업사원의 분기 매출액이 지속적으로 감소하는 문제에 대해 원인을 찾고자 5Why 기법을 활용해 근본적인 원인을 찾아 대책을 마련하고자 하였다.

한국제약의 영업사원 1인당 매출이 감소하는 원인을 아래와 같이 '왜'(Why)라는 질문을 반복함으로써 매출액이 감소하고 있는 문제의 진정한 원인을 찾을 수 있다.

① 1단계-문제의 정의

한국제약 영업사원의 분기별 매출액이 왜 지속적으로 감소하고 있는가?

② 2단계-1차 원인의 도출

거래처의 이탈, 제품의 경쟁력 약화, 영업사원의 영업능력 저하 등

③ 3단계-재정의 및 2차 원인의 도출

- 거래처가 왜 이탈하였는가?
- 제품의 경쟁력이 왜 약화되었는가?
- 영업사원의 영업력이 저하되는 이유는 무엇인가?

④ 4단계-2차원인의 도출 및 재정의

②, ③의 방법을 계속해 나간다. [그림 5-13]과 같이 계속해서 세부 원인을 찾아낼 때 까지 '왜'(Why)를 반복해 나간다.

따라서 이 방법은 문제를 정의하는 'Why-Method(Why-Because)' 기법과 유사하다. 왜냐하면 'Why-Method(Why-Because)'의 '압축기법'은 문제의 기본적인 원인을 찾을 때 사용하고, '확장기법'은 문제의 범위를 넓혀갈 때 사용하기 때문이다. 'Why-Why(5Why) 기법' 역시 문제의 원인을 다양하게 확대해 개선점을 찾아나가는 데 유용하나 문제의 기본 원인만 집중해서 찾을 수 있기 때문에 용어의 차이 정도 밖에 되지 않는다. 그러므로 두 기법 모두 의사결정자가 상황에 따라 문제의 분석과 문제의 정의에 활용이 가능하다.

8) 시스템 다이어그램 기법

(1) 개념과 특징

'시스템 다이어그램'(system diagram)은 요소 사이의 관계를 분석하는데 도움이 된다. 두 요소간에 어떻게 상호작용하는지를 분석해서 문제를 이해하는데 도움을 주는 기법이다. 그리고 이 기법은 요소간의 관계를 정량화하여 복잡한 시스템 작업을 이해하는데 많은 도움을 준다. 즉 복잡한 문제를 하위 구성요소로 세분화하여 관계를 분석해 나가고 시간의 흐름에 따라 변화하는 문제나 인과관계가 복잡한 문제를 분석하는 데 매우 유용한 도구이다. 예를 들어 정부규제에 다른 영향분석, 조직문화의 진화 과정 분석, 경쟁사의 전략에 따른 시장구조의 변화 분석, 그리고 경영혁신 활동의 변화 과정 분석 등에 많이 활용하고 있다.

(2) 적용방법

이 기법을 적용하는 방법은 요소 사이의 관계에 따라 다르다. [그림 5-14]는 두 요소간의 상호관계가 어떻게 전개되는지를 보여준다.

[그림 5-14]의 (1)에서 "S"(same, +)는 요소가 같은 방식으로 이동을 표현(품질이 향상됨으로써 고객이 만족할 것이다)한다. 그리고 화살표는 관계의 방향을 보여 준다. 반면 (2)에서 "O"(opposite, -)는 두 요소간의 관계가 반대방식으로 작동하고 있음을 나타낸다. 만약 가격(price)이 인상되면 고객이 제품에 대해 느끼는 좋은 가치에 대한 인식은 감소할 수밖에 없다.

그림 5-14 두 요소간의 상호관계

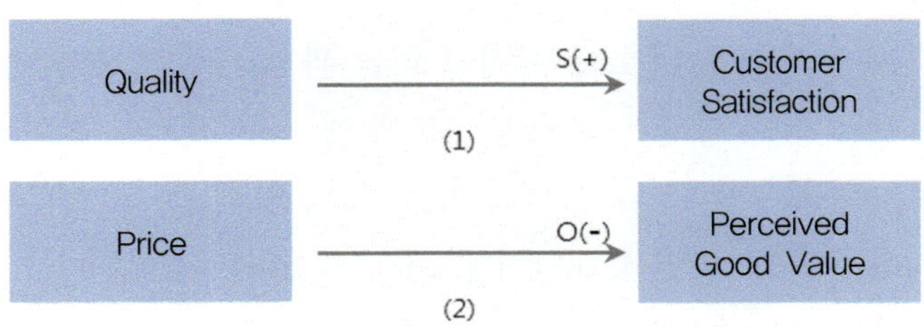

두 번째, [그림 5-15]는 시장에서 소비자의 수요가 감소할 때 기업이 품질을 향상시키려는 "균형루프"의 예를 보여준다. 그림에 나타난 상황에서는 수요가 감소하고 있기 때문에 품질을 개선하는 것은 고객 만족도의 향상으로 이어지고 이는 곧 소비자가 제품을 찾는 기회가 증가하여 기업에서 생산하는 제품에 대한 수요의 증가로 연결된다. 결국 기업은 고객의 수요를 충족시키기 위해 품질개선에 노력한다. 그림에서 루프의 가운데 그려진 작은 원형 화살표는 복잡한 다이어그램에서 요소 간 실행되는 방식을 보여준다.

그림 5-15 복잡한 요소 간의 균형루프 관계

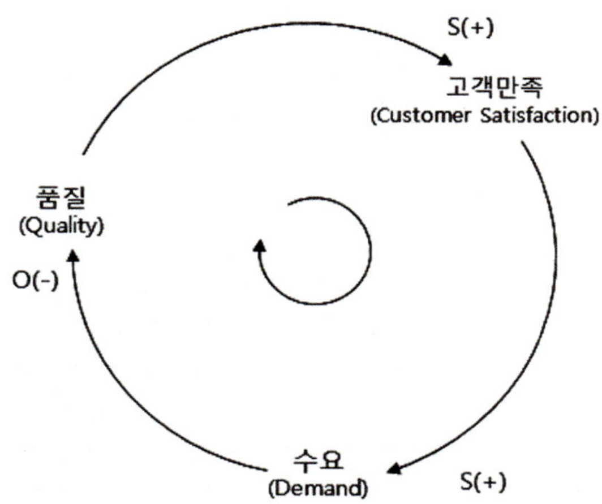

세 번째, [그림 5-16]에서 처럼 피드백이 변화의 영향을 증가시킬 때, "강화루프"(→)를 사용한다. 예를 들면 대학이 우수한 학생들을 유치하기 위해 교육환경(장학금, 최신 교육시설 등)에 더 많은 투자를 하는 과정을 보여 준다. 대학의 재단이 대학에 투자를 늘릴 경우 학생과 교수 및 교직원에 대한 혜택이 늘어난다. 장학제도가 확대되고 우수한 교수진과 최신 교육설비 등 다양한 혜택이 늘어나면 우수한 교수와 학생들이 지원을 하게 되면서 대학의 수준과 경쟁력은 높아진다.

그러나 경쟁(경쟁대학, 기업 등)과 시장포화 등과 같은 "외부요인"(⇢)이 발생하면 결국 대학(기업)의 경쟁력을 제한할 수 있다. 앞의 "강화루프"에서는 소비자가 만족하면서 수요가 증가했다. 그러나 실제수요가 경제나 외부요인에 의해 영향을 받을 가능성이 높기 때문에 외부요인을 고려한 요소간의 이해가 필요하다. 즉 외부요인의 영향을 받으면 대학의 경쟁력은 다시 떨어지게 되고 다시 투자를 늘려서 소비자(고객)에게 혜택이 많이 돌아가도록 하는 순환과정이 형성된다.

그림 5-16 피드백 영향 증가에 따른 요소 간의 강화루프 관계

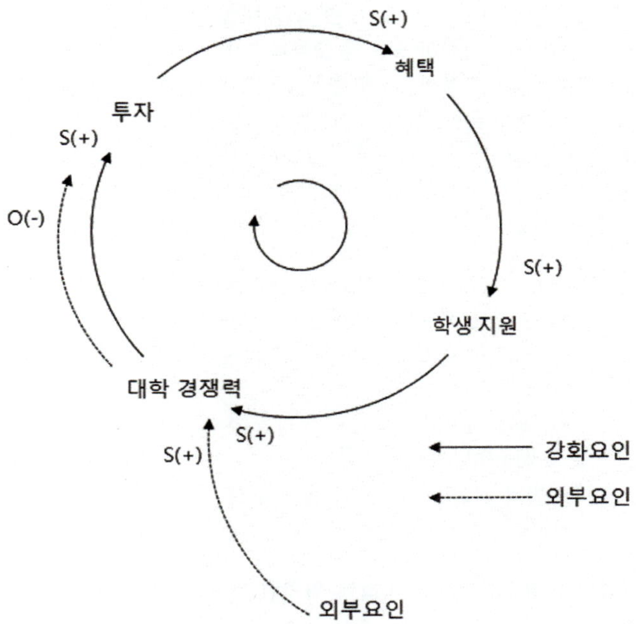

❑ 창의적이고 융합적인 사고 연습(5)[8)]

❖ 정신적 감옥에서 탈출하기(머리의 한쪽을 회초리로 치기)

★ "발견은 남들과 같은 것을 보고 다르게 생각하는 것이다."-로저 본 외흐(Roger von Oech)

★ '정신적인 감옥'에서 벗어나야 한다.

우리는 일상에서 좀 더 '다르게 생각'하지 않는다. 주변의 일 대부분이 창조적이지 않고 모든 일이 반복되는 일상에서 '습관'의 지배를 받는 것에 익숙해져 있어서이다.

더구나 우리는 창조적이 되도록 교육을 받지 못했다. 정제된 사고와 모범답안에 따라 그들(교사, 부모, 교육, 정책, 사회 환경 등)이 요구하는 것을 충실히 따르려 했기 때문이다.

그리고 중요한 이유는 현재의 상태에 생각을 묶어두고 '똑같은 것을 여러 번' 생각하려는 태도를 가지고 있다. 대부분 일상적인 일에서는 반복되는 일을 처리할 때 ''학습효과'가 발휘되지만 창의력과 창조적 사고에는 전혀 도움이 되지 않는다.

독자들은 '정신적 감옥'에서 벗어나 창조적 사고의 생활화를 습관화하도록 하라.

★ 평소 우리 자신의 태도가 다르게 생각하는 것을 방해할 수도 있다. 이러한 태도를 로저 본 외흐는 '정신적 감옥'이라 불렀다. 우리가 다르게 생각하지 않는 이유는

① 우리가 하는 일 대부분이 창조적일 필요가 없기 때문이며, 모든 일상은 습관의 지배를 받고 있다.

② 교육 체계 대부분이 교사의 생각을 추측하는 방식으로, 창조적이 되도록 교육받지 못했기 때문이다.

③ 대부분의 사람들은 현재의 상태에 생각을 묶어두고 '똑 같은 것을 여러번' 생각하려는 태도를 지니고 있다.

★ 정신적 감옥: 사고의 과정에 위험한 10가지 정신적 감옥

- **정확한 답**
- **그것은 논리적이지 않다**
- **규칙을 준수하라**
- **실용적이 되라**
- **놀이는 하찮은 것이다**
- **그것은 내분야가 아니다**
- **중의성을 피하라**
- **바보 같은 짓은 하지 마라**
- **실수는 나쁜 것이다**
- **나는 창조적이지 않다.**

-Roger von Oech, 〈A Whack on the Side of the head〉 중에서

자신을 '정신적 감옥'에 가두는 가장 큰 이유는 자신에 대한 존중감이 없기 때문이다. 그 곳에서 벗어나기 위해서는 '자기 존중감', 즉 '자기애(自己愛)'를 높여야 한다. 자신을 사랑한다면 자신이 하는 생각과 행동 그로 인해 발생되는 결과에 대한 것 모두 받아들이고, 실패에 대한 두려움을 떨쳐 버릴 수 있다. 실패를 받아들이고 실패를 통해 배운다는 생각을 한다는 것은 자신을 더욱 성장하게 한다는 것을 잊지 말아야 한다. 결국 실패에 대한 두려움을 제거하고 새로운 것에 도전을 보다 적극적으로 할 때 사고의 폭은 넓어 질 수 있기 때문이다.

---

8) 정주연 역(2002), 생각의 혁명 Creative Thinking, 에코리브르, pp.11-27, pp.131-152. 참고.

❑ 창의적이고 융합적인 사고 연습(5)

❖ 정신적 감옥에서 탈출하기(머리의 한쪽을 회초리로 치기)

✓ **때로는 '한 대의 회초리'가 '똑 같은 것을 여러 번' 생각하는 태도를 고쳐줄 수 있다.**

- ▶ 회사에서 해고당하거나 월급이 동결되는 것
- ▶ 거울을 통해 손목시계를 관찰할 때
- ▶ 내가 한 번도 생각해보지 않은 질문들
  - ✓ 낙타가 사막의 배라면, 왜 배는 '바다의 낙타'일 수 없을 까?
  - ✓ 오렌지색의 과일을 '오렌지'라고 하는데. 왜 바나나를 '노랑'이라고 하지 않고, 사과를 '빨강'이라고 부르지 않을까?
- ▶ 고교시절 '별 볼일 없던 친구'가 백만장자가 되었다는 사실을 알았을 때

[연습] 이 그림은 무엇일까?

[연습] 다음 로마 숫자 7이 있다. 선 하나를 그어서 8로 만들어 보라.

Ⅶ ⇨ Ⅷ

[문제 1] 다음 로마 숫자 9가 있다. 선 하나를 그어서 6이 되게 하라(두 가지 방법 이상).

Ⅸ ⇨ ?　　　　Ⅸ ⇨ ?

❖ 중의성을 피하라: 정답이 하나만 있다고 생각하지 마라

중의성은 상상력에 강력한 자극이 될 수 있다. 다르게 생각하는 법은 사물들을 중의적으로 보는 것이다.

[연습] '8의 반은 무엇인가?'라는 질문에 대해 생각을 해보자. 그러나 자신이 이 문제를 중의적이라고 가정하면 다양한 결과를 도출해 낼 것이다. 일반적으로 수리적 관점에서 절반인 1/2로만 생각하지 말라는 것이다.

답은 '반'이라는 단어를 어떻게 해석하는가에 따라 달라진다.

8 ━ 0　　8 ━ 3 E　　∞ ━ M　　8 ━ 4　　eighty ━ eig or hty

❑ 창의적이고 융합적인 사고 연습(5)

문제2 다음 중 알파벳 여섯 개(six letters)를 지워서 아는 단어를 만들어 보라. 단, 순서를 바꾸어서는 안 된다.

BSAINXLEATNTEARS

❖ 문제를 해결하는 창조적 분해

- 어떤 물체의 움직임을 이해하는 데는 물체를 분석하고 부분별 상호작용을 관찰해야 한다. 문제를 세분화하면 조건, 작업, 목표가 파악하기 쉬워 진다. 그러나 세분화하는 데는 논리적인 분석이 뒤 따라야 한다.
- 복잡한 문제를 '창조적으로 분해'해서 해결을 해 본다. 창조적 분할은, 프린스턴 대학의 심리학 교수인 조지 밀러(George Miller)가 개발했다. 큰 문제를 풀기보다도 두 개의 작은 문제를 해결하는 것이 쉽다고 생각하는 간단한 원리에서 만들어진 방법이다.

문제3 도형 다섯 개가 있다. 이들 중 나머지 넷과 다른 것 하나를 골라라.

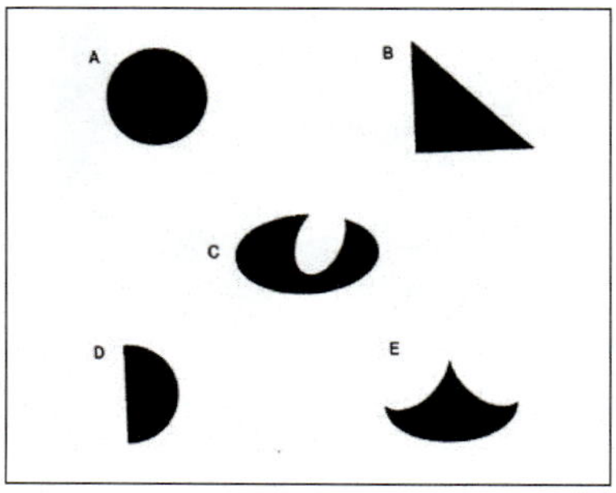

문제4 좁은 공간을 활용하는 분해법

아래의 'L'자형 공간을 똑 같은 모양 4개의 공간으로 나누어라.

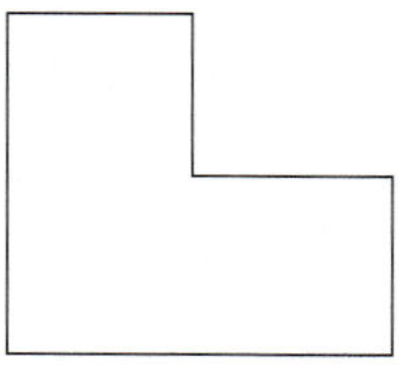

❑ 창의적이고 융합적인 사고 연습(5)

[문제 1]의 답

문제 속에 제시하지 않은 '가정(함정)'을 스스로 만들지 마라. 고정관념과 습관에 생각을 묶어두지 마라. 스스로 함정을 파서 생각 실타래를 더욱 꼬이게 만드는 나쁜 습관은 버려야 한다. 물론 '함정'을 의도적으로 파 보는 것은 괜찮으나 그곳에 빠지지 말기를 바란다. 반복되는 일상의 습관에 길들여져 변화를 두려워하거나 피하지 말아야 한다.

▶ 문제 속에 실마리가 있다. '6'이라는 숫자가 실마리를 제공한다.

▶ 문제를 스스로 가정하지 마라. '선'하나가 반드시 직선일 필요가 없다.

▶ 실마리는 '직선'이 아닌 '선'에 있다. 중의성을 피하라.

IX ⇨ IX6 = 6 **IX ⇨ SIX = 6**

[문제 2]의 실마리는 '여섯 개(six letters)'에 있다.

BASINXLEATNTAERS ; **BANANA**

[문제 3] 관점에 따라 모두가 정답

- B 선택 : 그림 B만이 모두 직선으로 이루어진 도형
- C 선택 : 그림 C만이 비대칭도형이기 때문에 그림 C
- A 선택 : 그림 A만이 모서리가 없다.
- D 선택 : 그림 D만이 직선과 곡선 모두로 이루어진 것
- E 선택 : 그림 E만이 유클리드공간에 유클리드적삼각형을 투사한 것 같은 그림

[문제 4]의 답

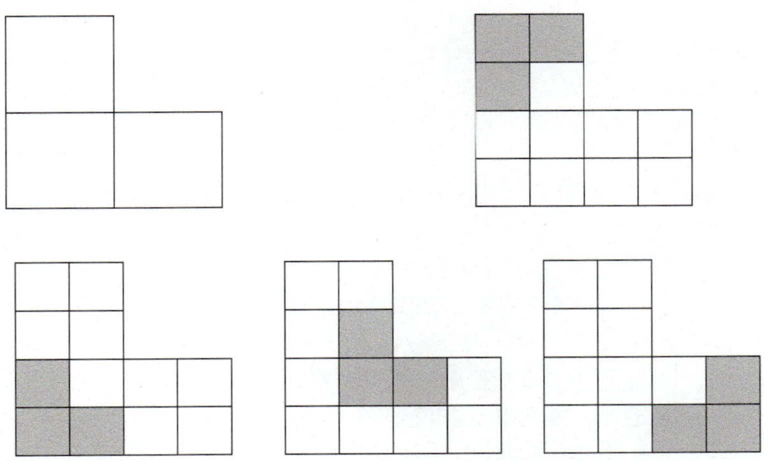

❑ 창의력 향상을 위한 우뇌 계발 방법(5)

5. 수면과 꿈에 대한 활동(dreams)

꿈은 우뇌 활동의 산물로서 무의식이 표현되는 것이다. 그리고 꿈은 창의력을 발휘하게 하는 풍부한 아이디어의 원천이다. 꿈은 대부분의 사람이 꾼다. 하지만 숙면과 심리정도에 따라 기억을 하고, 하지 못하고의 차이일 뿐이다. 수면 심리학자들은 인간이 매일 반 대략 5~6번 정도의 꿈을 꾸지만 대게 잊어버리는 경우가 많다고 말한다.

이러한 꿈은 자신이 깨어있는 동안 할 수 없는 일들을 가능하게 하거나 자신이 평소 간절히 바라는 일들이 펼쳐지기도 한다. 그리고 상상할 수 없는 일들이 벌어지기도 한다. 꿈을 통해 전달되는 뜻을 알아내어 현실에서 당면한 상황에 적용토록 한다.

세노이족의 '꿈을 다루는 기법'도 활용하게 되는데, 이 기법은 상상 속에서 하게 되며 자신의 꿈에서 나타난 적과 싸워 이기도록 함으로써 공포에서 벗어나고 승리감과 즐거움을 느끼게 하여 긍정적인 성취를 위한 기초를 마련해 주게 된다. 세노이 기법 적용, 꿈의 연출자와의 대화, 꿈의 등장인물과의 대화, 꿈을 계획하기 등의 활동이 있다.

과학의 진로와 서구문명의 변화를 시키는 데 일조한 꿈에 관련된 이야기가 있다. 1619년 초겨울 독일의 한 젊은 귀족이 잠에서 깨어나 꿈의 일기를 썼고 그 일기는 새로운 사고체계를 세우는 계기가 된다. 현대의 과학적 체계는 바로 '데카르트'의 '꿈의 일기'에 기초하고 있다. 이 밖에도 물리학자 닐스보어도 꿈을 통해 '원자모델'의 기초에 영감을 얻었다고 한다. 이밖에도 꿈에서 영감을 얻어 훌륭한 결과물을 얻은 사람의 예는 많았다.

또한 잠으로 뇌를 지킨다. 하루 종일 지쳤던 뇌를 수면으로 쉬게 해줌으로써 스트레스를 풀어주고 그 다음날의 뇌 활동에 필요한 에너지를 축적시킨다.

연습 5 꿈

예] 눈을 감고 어젯밤 자신의 꿈 이야기를 기억해본다. 만약 어젯밤 꿈이 기억이 나지 않는다면 가장 최근의 꿈을 기억해서 기억에 남는 꿈을 적어본다. 자신의 꿈을 연상하여 다시 정리한다.

방법 1 : 수면에 들기 전 '꿈 다이어리'를 머리맡에 두고 5~10분간 편안한 자세로 호흡에 들어간다.

방법 2 : 하루의 일과를 조용히 정리하며 자신이 바라는 일을 생각한다.

방법 3 : 수면 도중 깨어나면 누워있지 말고 자신의 꿈을 기록하고 아침에 깨어나면 꿈을 기록한다.

방법 4 : 꿈을 기록한 후 자신과 어떤 관계가 있는 지 꿈 속에 등장한 사람은 누구인지 자신과 어떤 관계가 있는지를 정리한다.

방법 5 : 마지막으로 자신이 해결해야 할 일과 관계가 있는지를 검토한 후 꿈과 연계하여 아이디어를 연상한다.

어떤 꿈을 꾸었는가? :
꿈과 연상하기 :

창의적 문제해결과 전략적 의사결정 과정 및 기법

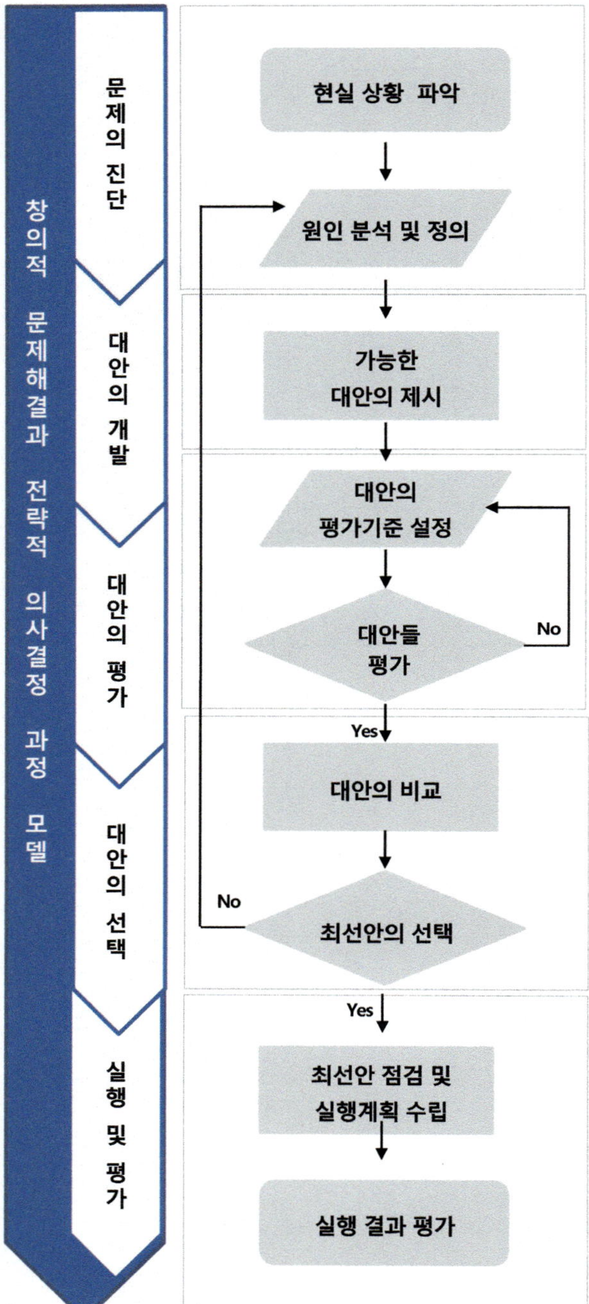

- **문제의 탐색기법**
  PEST모형/5 F's/레이더스크린/STP/SWOT/고객3불분석/KPI/3C(4C)/VRIO/7S 모형 등
- **문제의 원인 분석기법**
  Pareto/KT/5W1H/드릴다운/특성요인/인지기법/시스템다이어그램/Why-Why기법 등
- **문제의 정의기법**
  문제우선순위/Why-Method/가치나무/문제의 재정의/Duncker/목표지향법 등

- **대안 개발 자유연상법**
  브레인스토밍/브레인라이팅/수평적사고/인터뷰/CBS 등
- **대안 개발 강제연상법**
  체크리스트/스캠퍼/속성열거/결점열거(희망점열거)/형태분석/입출법/강제결합법 등
- **대안 개발 유추발상법**
  시네틱스법/NM법/고든법/페르미추정법 등
- **대안 개발 B/S & B/W 기타응용기법**
  역발상/만다라트/역설사고/겔러리기법 등

- **문제우선순위 및 민감도 분석 및 평가**
  심각성/투입시간 및 자원/투입인력 등
- **개별대안의 비교기법**
  하이라이팅/ALU&PMI/동인요소/장단점대조/2안비교/가중대조(그리드)/스티커투표/매트릭스(L, T, X형)기법/KJ기법/연과도법 등
- **최적안의 선택기법**
  비용편익분석/의사 결정모형(매트릭스-의사결정나무)/가정표면화기/2차원 그리드법 등

- **최선안 점검기법**
  What-If/목표 탐색/시나리오 분석/CATWOE/리스크 매트릭스/목표탐색/델파이/패널 동의/시뮬레이션/잠재적 문제분석/여섯 색깔 사고모자분석기법 등
- **실행계획 수립기법**
  간트 차트 /PERT&CPM/실행 체크 리스트/애로우다이어그램기법 등

- **실행결과 평가기법**
  정성적평가:고객만족도/성장/브랜드가치 등
  정량적평가: 재무제표/비율분석/BSC모형 등
- **실행능력 향상 및 피드백**
  창의적 팀 활동 및 대안의 실행 결과 개선
- **보고서 작성(프레임워크사고)**
  MECE/매트릭스/Logic Tree/ 피라미드법 등

❖ 창의적 사고 기법들은 반드시 해당 단계에만 적용되지 않으므로 의사결정 단계와 상황에 맞춰 적절히 활용

제6장 문제의 정의

1. 문제의 정의 이해
2. 문제의 정의 기법

문제해결에 있어서 유능한 의사결정자와 무능한 의사결정자의 차이는 문제를 정확히 인식하고 문제와 관련한 제약요건을 파악한 후 문제를 명확히 정의하는 능력이 있느냐 여부로 판단한다. 왜냐하면 "문제가 무엇이지 정확히 정의한다는 것은 이미 그 문제를 어떻게 해결해야 할지 방법을 알고 있다."는 말과도 같기 때문이다.

그러므로 의사결정자가 단순히 눈에 보여 지는 문제를 가지고 해결하려는 것이 아니라 해결해야 할 실제 문제에 집중하기 위해 명확하게 문제를 정의하는 방법을 터득해야 한다. 즉 문제의 주체가 누구인지 해결해야 할 우선순위와 문제의 유형 등을 정확히 파악하고 문제를 정의하는 노력은 앞서 소개한 문제탐색과 문제분석과 함께 문제해결의 첫 걸음이기 때문이다.

따라서 제6장에서는 문제정의가 어떤 의미인지를 간단히 소개하고 문제 정의에 활용되는 기법의 종류 및 특징을 소개한다. 그리고 각 기법들의 개념과 적용절차 그리고 활용방법에 대해 구체적으로 기술한다.

학습 목표

1. 문제의 정의가 문제해결에 있어서 어떤 의미인지를 이해한다.
2. 문제를 정의하는데 사용되는 기법들의 종류와 특징을 이해한다.
3. 문제우선순위기법, *Why-Method* 기법, 가치나무기법, 분제의 재정의 기법, *Dunker* 기법 등의 적용절차와 활용방법을 이해하고 실제 적용해 본다.

1. 문제의 정의 이해

1) 문제 정의의 의미와 중요성

"문제가 무엇인지 정확히 안다는 것은 거기서 빠져나올 방법을 알고 문제를 해결했다는 뜻이다."라고 미국의 철학자이자 교육학자인 존 듀이(John Dewey : 1859~1952)는 말했다. 이는 의사결정자에게 당면한 문제가 무엇인지 자신의 현재상태와 목표상태를 명확히 기술하는 '문제의 정의'가 문제해결에 있어서 중요한 단계임을 나타내는 말이다.[1]

한편 문제의 정의는 문제를 진단하는 과정에서 마지막으로 거치는 절차이지만 문제 해결을 위한 첫 출발이기도 하다. 왜냐하면 문제가 명확히 정의되지 않은 상태에서 대안을 찾는 것이 의미가 없기 때문이다.

그러므로 문제를 정의할 때는 [그림 6-1]에서 보는 바와 같이 문제의 심각성, 인력, 시간, 비용 등의 가용자원 투입 및 경제성을 우선적으로 파악한 후 의사결정 상황에 적합한 문제정의 기법을 활용해야 한다.

그림 6-1 문제의 정의를 위한 프로세스

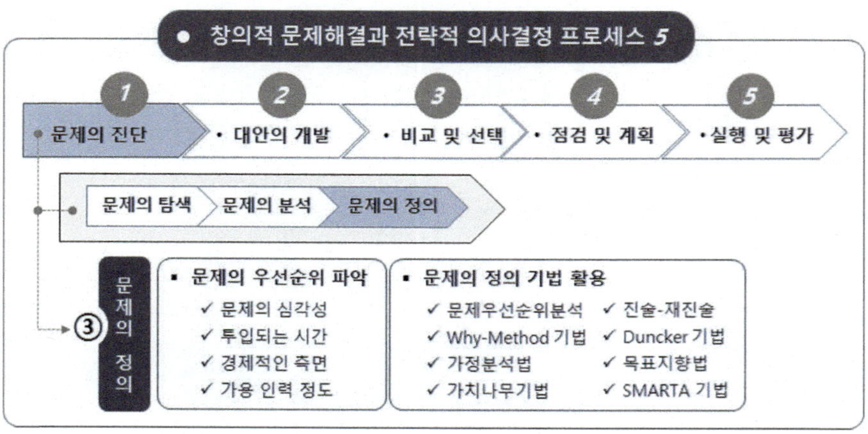

1) 유정식(2011), 문제해결사, 지형, p.86.

그리고 실질적인 문제에 집중할 수 있도록 도와주는 방법이 '문제에 대한 정확한 정의'이므로 다음 소개하는 기법들은 문제의 본질을 파악하는데 아주 유용한 기법들이다.

문제를 정의하는 능력을 향상시키기 위해 활용할 수 있는 다양한 기법으로는 문제 우선순위 분석 기법, Why-Method 기법, Duncker기법, 진술-재진술 기법, 목표지향법, 가치나무기법, SMARTA 기법 등이 있다. 보편적으로 많이 활용하는 기법의 특징과 적용분야는 다음 〈표 6-1〉과 같다

〈표 6-1〉 문제 정의 기법의 종류와 특징

문제 정의 기법	특 징	적용분야
문제 우선순위 분석	의사결정자에게 당면한 문제의 중요도와 긴급한 정도를 고려하여 우선적으로 해결되어야 할 문제들을 선정	경쟁력 강화 방안, 새로운 사업의 기획/매출 향상방안 등
Why-Method 기법	초기에 정의된 문제를 Why라는 형태로 질문하고, 그에 대한 답을 하면서 문제를 이해하고 영역을 넓혀가면서 재정의하면서 다양한 측면에서 문제에 접근하는 기법	직원 사기 향상 방안, 자원 배분문제, 신제품의 실패원인 분석, 기업경쟁력 강화 방안 등
가정분석법	의사결정 문제에 관해 숨어있는 가정을 찾아내고, 그 가정의 타당성 여부를 분석하는 기법	인사조직 시스템의 개선, 신기술 개발 및 기업의 인수합병을 위한 가정과 타당성 분석 등
문제의 재정의 기법 (진술-재진술)	해결하고자 하는 문제를 다양한 각도에서 진술-재진술 함으로써 문제를 정확히 찾아내는 기법	생산성 저하 해결방안, 판매실적 저하 개선 방안, 경쟁력 원인 분석 등
Duncker기법	현재상태·희망상태 진술을 만족하는 해결책을 얻도록 도와주기 위해 현재상태(문제진술)에서 희망상태(수용할만할 문제 해결책)로 진행하는 두 개의 경로를 통해 문제를 정의하는 기법	생산성 저하 해결방안, 판매실적 저하 개선 방안, 경쟁력 원인 분석 등
SMARTA 기법[2]	SMARTA 5가지 기준을 두고 조건을 모두 충족한 주제를 문제로 선택하는 기법이며, 하나의 조건이라도 부적합 판정이 나면 탈락시키고 주제가 복수일 경우 재토의 과정을 거쳐 판단하는 기법	초기 낭비제거, 고객과 시장문제 해결, 구조적 문제해결, 프로세스 개선 등
목표지향법	목표선정과정을 구조화하고, 목표들 간의 우선순위를 결정하는 기법	기업의 목표선정문제, 한정된 자원의 배분문제, 매립지 선정문제 등
KJ(친화도법)[3]	추측이나 개인의 의견과 같이 불확실하고 정리되지 않은 정보를 브레인스토밍과 같은 방법을 통해 언어데이터의 형태로 수집하고 수집된 데이터를 상호 간의 관계(친화성)에 따라 그룹화한 뒤 문제를 정의하는 기법	장차 일어날 수 있는 문제, 알려지지 않은 문제, 그리고 경험을 하지 못한 문제 등

〈표 6-1〉에 소개된 대부분의 기법은 해결해야 할 문제를 명확히 규명하고 정의하는 데 유용하므로 의사결정자는 문제를 정의할 때 진술과정에서 몇 가지 유의사항을 지켜야만 한다.

① 문제의 진술(재정의)은 가능한 구체적으로 한다.
② 문제를 진술할 때 문제의 발생 원인이 포함되지 않도록 한다.
③ 문제 진술에 해결방안이나 결론이 포함되지 않도록 하고 암시도 하지 말아야 한다.
④ 문제에 대한 진술(재정의)을 더 이상 세분화할 수 없을 때까지 범위를 좁혀 나가야 한다.
⑤ 문제에 대한 진술은 가급적 일관성이 있어야 한다.

2) 문제 정의 시 고려사항

(1) 문제의 우선순위 파악

앞서 설명했듯이 개인과 조직 특히 기업의 의사결정자가 해결해야 할 문제는 너무 많다. 해결해야 할 문제가 1~2개일 경우 문제의 정의가 내려지면 다음 단 계에서 대안을 찾기 위한 노력이 진행되지만 대부분 당면한 문제가 많기 때문에 "어떤 문제를 먼저 해결해야 하는가?"를 고민하게 된다. 매출을 향상시켜야 하고, 신제품을 개발해야 하고, 우수한 인력을 확충해야 하며 고객서비스를 향상시키는 등 다양한 문제가 존재하기 때문에 어떤 문제를 먼저 해결하느냐는 의사결정자에게 또 다른 문제인 것이다.

문제해결의 우선순위를 정하는 것이 쉬운 일인 것 같지만 실상 의사결정자의 입장에서는 내부의 자원과 역량뿐만 아니라 대외적 환경도 고려해 문제를 해결해야 하므로 살펴봐야 한다. 물론 당면한 문제를 한꺼번에 모두 해결해 나간다면 좋겠지만 문

---

2) S(Specific: 구체적이고, 명확하고 정확한 목표제시), M(Measurable: 성과측정의 가능성), A(Attainable: 목표 달성 가능성), R(Result-oriented: 결과 및 성과 도출 가능성), T(Time-bound: 정해진 시간 내 〈제한성〉에 실천 가능성제한성), A(Authority-bound: 스폰서의 권한을 초과하지 않음).

3) KJ(친화도)법은 파레토도기법과 마찬가지로 문제의 원인 또는 개선점을 브레인스토밍을 활용해 도출한 뒤 주요원인이나 개선점을 정의하는데 활용되기도 하므로 '문제의 정의'에 언급했다. 특히 친화도법은 친화성을 밝혀가는 과정에서 최종 정의된 대안 실행 시 발생할 수 있는 잠재적 문제점을 찾는데도 유용하다. 본서에서는 다양한 원인을 해결대안으로 보고 그 원인(대안)을 연관된 것으로 묶어 가장 중요한 원인(대안)을 선택하는 방법으로 활용하기 위해서 제9장 '대안의 평가 및 최선안 선택' 기법으로 소개한다.

제해결에 투입될 자원과 역량 그리고 시간 등 한계가 있기 때문에 가급적 한번에 하나씩 해결해 나가는 것이 좋다.

그리고 의사결정자가 문제해결의 우선순위 기준을 적용할 때 반드시 고려할 점은 효율성과 효과성이다. 왜냐하면 결과가 아무리 좋아도 투입된 자원을 활용하여 산출된 결과물에 대한 효율성에 문제가 제기된다면 의미가 없기 때문이다. 예를 들어 신제품 개발을 우선적으로 해결해야 할 문제로 정하고 대안 마련에 들어 간 후 결과물이 도출되었다 하더라도 경쟁사가 이미 자사보다 더 우수한 성능의 제품을 시장에 출시했다면 결국 효율성은 떨어지고 마는 것이다.

그러므로 의사결정자는 해결해야 할 문제의 우선순위 기준으로 문제의 심각성, 투입시간, 비용 그리고 인력 등을 고려해야 한다.

(2) 문제우선순위의 기준

① 문제의 심각성 여부를 꼼꼼히 분석한다.

문제의 심각성은 다른 기준에 비해 비교적 까다로운 기준이다. 투입시간(긴급성과 소요기간), 경제적 측면 그리고 인력의 배분 등의 조건은 측정도 비교적 용이하고 기준을 세우는 것도 복잡하지 않기 때문이다. 따라서 '심각성'은 문제를 해결하지 못하고 방치했을 때 나타나는 현상을 의미한다. 그래서 문제를 해결하지 않고 다른 문제를 해결했을 때 그 문제가 더욱 심각해지는지 여부를 고려한다. 고객의 사소한 불만을 그대로 방치해 발생한 피해를 수습하기 위해 천문학적 피해 보상비용을 지불한 도요타 자동차의 예에서도 알 수 있듯이 '문제의 심각성'은 우선순위 고려 시 중요한 기준이 된다. 문제의 심각성은 '투입시간'과 연관성이 높다. 목표달성에 장애요인이 되는지 조직에 당장 영향을 미치는 문제인지 등 긴급성과 연계되는 부분이 있다. 물론 긴급성은 단지 시간의 개념으로 문제의 우선순위에 접근한 것이다.

② 투입되는 시간을 고려한다.

시간을 고려할 때는 두 가지 측면에서 접근을 한다. 먼저 '긴급성'이다. 즉 해결해야 할 문제가 얼마만큼 시간을 다투어 해결해야 할 문제인지 판단해야 한다. 긴급성은 말 그대로 일초를 다투어 빨리 해결해야 하는 것을 의미하기 때문에 의사결정자의 입장에서는 지금 당장 문제를 해결하지 않으면 기회를 상실하게 된다는 점에 유의한다. 그리고 문제해결을 위해 소요되는 시간이 얼마나 장기적인가를 고려한다. 대부분의 의사결정자들은 문제해결에 투입되는 시간이, 즉 기간이 긴 문제보다는 단기적인 문제를 해결하는 것을 선택한다. 왜냐하면 장기적인 문제의 경우엔 시간의 소요나 결과에 대한 불확실성 여부가 크기 때문에 단기적인 문제를 고려한다.

③ 경제적인 측면을 기준으로 고려한다.

경제적인 측면 역시 두 가지 방향에서 접근해야 한다. 순수하게 문제해결에 투입되는 비용이 어느 정도인가를 고려하는 것이고 또 하나는 투자대비 수익성이 어느 정도인지를 고려하는 것이다. 물론 투입비용이 높은 문제보다는 적은 문제가 우선순위에 해당된다고 할 수 있지만 반드시 그러한 것은 아니기 때문에 수익성을 고려하게 된다. 즉 우선순위에서 투입된 비용이 문제해결을 통해 얻게 되는 이익을 비교해서 결정한다. 그러나 주어진 문제만으로 투입대비 수익을 파악하는 것이 쉽지 않다. 그리고 투입 대비 수익성 파악은 대안을 개발하는 단계에 많이 활용된다. 문제 해결에 필요한 대안으로 어떤 대안을 선택할지 의사결정을 내릴 때 주어진 대안 중 각 대안을 실행할 때 투입되는 비용 대비 수익이 어느 정도인지를 판단해 수익이 높은 대안을 선택하는 과정이다. 그렇기 때문에 경제적인 측면을 고려할 때 수익을 개략적으로 파악하거나 아니면 단순히 투입비용을 고려해 우선순위에 반영한다.

④ 투입되는 인력의 배분도 고려한다.

현재 가용할 수 있는 인력과 문제해결에 투입될 인력이 충분하가를 고려해야 한다. "문제를 해결할 수 있을까?" 보다는 문제해결에 "어느 정도 인력이 투입되는가?"를 고려해 우선순위에 반영한다. 이 밖에도 문제유형에 따라 문제발견 유형의 문제부터 해결을 한다. 기회탐색유형 문제보다 당장 목표와 성과간의 차이가 발생한 해결이 시급한 문제발견 유형의 문제를 해결한다. 단, 문제우선순위 결정 시 주의할 점은 상기에 소개한 기준을 적용할 때 복잡한 기준이나 의문을 갖지 말아야 한다. 예를 들어 우선순위기준을 고려할 때, 인력의 배분 시 얼마만큼의 인력이 투입되어야 하는지가 고려대상이지 "과연 지금 투입되는 인력으로 이 문제를 해결할 수 있을지?", "현실적으로 문제해결이 가능한지?" 등 문제를 정의하는데 필요하지 않은 질문은 고려하지 말아야 한다. 이러한 의

문은 문제해결을 위한 대안개발 단계에서 어떤 대안을 선택할 것인가를 결정할 때 대안의 우선순위 결정에 필요한 질문이기 때문이다.

(3) 문제우선순위의 결정

문제의 우선순위를 결정할 때는 앞서 소개한 기준 중 의사결정자의 상황에 맞는 요건을 선택해서 비교하면 된다. 예를 들어 '투입시간'에 대한 조건반영 시, 긴급도와 소요기간을 모두 반영할 수 있고 필요한 항목만 선택해서 평가에 반영할 수도 있다. 그리고 해결해야 할 문제와 기준은 판단과 결정이 용이하도록 〈표 6-2〉와 같이 간단하고 가장 많이 활용되는 매트릭스표를 사용한다.

〈표 6-2〉 문제우선순위 결정 매트릭스

항목	심각성	긴급도	투입비용	소요인력	점수
문제 A	■	■	■	○	33점
문제 B	■	◐	○	◐	23점
문제 C	◉	■	■	◉	34점
문제 D	◉	◉	◐	×	20점
:	:	:	:	:	:
기호표시	■	◉	◐	○	×
평가점수	10점	7점	5점	3점	1점

기호와 점수는 의사결정자가 임의로 선정한 후 반영한다. 때에 따라서는 항목별 가중치를 부여해 점수에 반영하기도 한다. 〈표 6-2〉에서 가장 우선 해결해야 할 문제는 문제 A이다. 문제별 점수의 합계는 문제 C가 가장 높지만 최고점을 받은 평가 수가 A가 3개로 가장 많기 때문에 우선적으로 해결해야 한다. 만약 최고점 평가 숫자가 같을 경우엔 긴급도의 점수가 높은 문제를 선택한다. 그 다음의 순위는 의사결정자의 내부 상황에 맞추어 선택한다.

2. 문제의 정의 기법

1) 문제 우선순위 분석기법

(1) 개념 및 특징

'문제 우선순위 분석기법'(problem priority analysis)은 의사결정자에게 당면한 문제 중 중요도와 긴급한 정도를 기준으로 우선적으로 해결되어야 할 중요한 문제들을 선정하는 기법이다. 이 기법은 [그림 6-2]와 같이 일상적으로 발생하는 많은 문제들을 해결할 때 어떤 문제를 우선적으로 해결해야 하는지에 대한 판단을 해야 할 때 많이 사용된다. 당면한 문제가 모두 선택되어 해결해야 하는 것은 아니기 때문에 가장 시급히 해결해야 할 문제의 우선순위를 객관적으로 결정하는 방법이다.

활용되는 분야로는 경쟁력강화 방안, 새로운 사업의 기획, 매출 향상방안 등이 있다.

그림 6-2 문제우선순위 결정

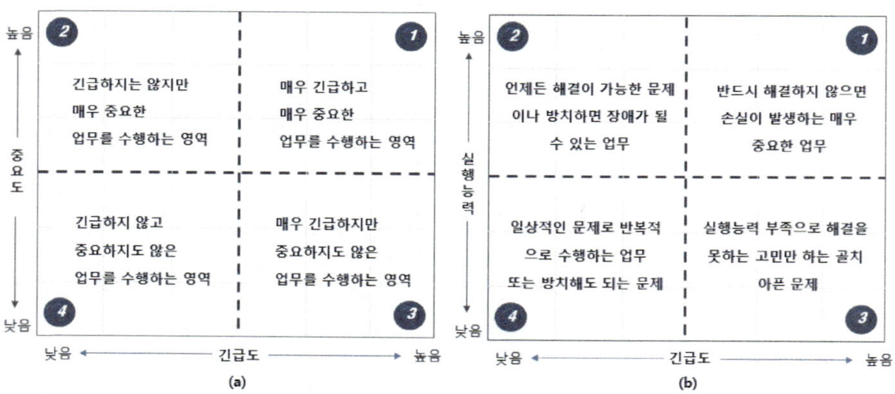

(2) 적용절차 및 활용사례

'문제 우선순위 분석기법'의 적용절차는 먼저 해결해야 할 문제가 어떤 것인지 판단하기 위해 문제와 기회를 나열한다. 그리고 문제의 중요도에 따라서 문제와 기회를 분류해야 한다. 마지막으로 문제의 중요도와 긴급정도가 가장 높은 과제를 우선적으로 선정한다.

사례를 참고로 적용하는 방법을 소개하면 다음과 같다.

★

✰ 한국자동차에 타이어를 납품하는 K 타이어사의 김한국 대표는 한국자동차의 더욱 엄격해진 품질기준과 가격인하 압박, 경쟁사들의 신제품 개발, 그리고 수입 브랜드의 공략 등 점점 더 치열해 질 것으로 예상되는 내년도의 사업계획을 수립하면서 직원들과 함께 기업경쟁력을 강화시키기 위한 방안을 구상하고 있다. 김한국 대표는 기업경쟁력 강화 방안을 위해 해결해야 할 문제들은 어떤 것이 있고 당면한 문제 중 가장 시급히 해결해야 할 것이 무엇인지 찾기 위해 문제 '우선순위 분석 기법'을 사용하기로 하였다.

① 1단계-문제의 나열

K 타이어사는 내년도 경쟁력 강화를 위해 해결해야 할 문제들을 모두 정리해 보았다. 그 결과 원가절감, 정보시스템 구축, 공급라인 다양화, 신성장동력 개발, 신제품 개발, 판매부진 문제해결, 낭비요소의 절감, 연구개발 투자 확대, 사내교육의 강화 등과 같은 문제가 도출되었다.

② 2단계-진단 매트릭스의 작성 및 문제의 긴급도와 중요도 판단

정리한 문제들을 '문제 우선순위 기법'을 적용할 수 있는 진단 매트릭스를 그린 후 매트릭스 위에 긴급도와 중요도에 따라 분류한 후 [그림 6-3]과 같이 매트릭

그림 6-3 K 타이어사의 문제 우선순위 분석 기법 적용 매트릭스

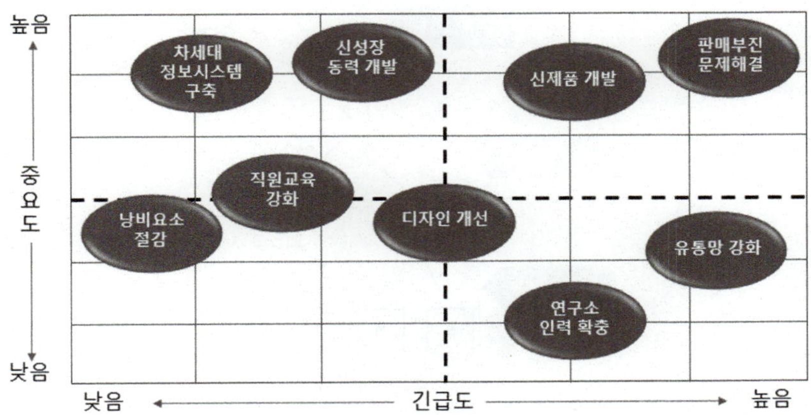

스의 적절한 위치에 표현한다.

③ 3단계-우선순위 과제 판단 및 선정

2단계를 통해 분석한 결과 K 타이어사가 시급하면서도 중요하게 해결해야 할 핵심문제들은 '원가절감'과 '신제품 개발'로 선정되었다.

2) 가치나무기법

(1) 개념 및 특징

'가치나무기법'(value tree analysis)은 의사결정자가 문제를 진단하는 과정에서 '문제의 분석' 또는 '문제의 정의'에 주로 사용한다. 뿐만 아니라 주어진 상황에 따라 대안을 선택해야 할 경우에도 사용한다. '가치나무기법'은 활용범위가 넓어 다양하게 응용해서 활용할 수 있다. 이 기법을 활용하는 분야는 기업의 경영을 혁신하거나 인수합병 문제 해결 그리고 정보시스템의 개발 등이다.

일반적으로 '가지나무기법'은 활용 방식에 있어서 [그림 6-4]에서 보는 바와 같이 최상위의 상자([1])에서 다음 단계로 전개되는 과정에서 나열되는 요소 [2], [3]은 [1]의 목적을 달성하는 수단이 되거나 요건이 되도록 그룹핑(grouping)된다. 그리고 [2]의

그림 6-4 가치나무기법 top-down Grouping 방식

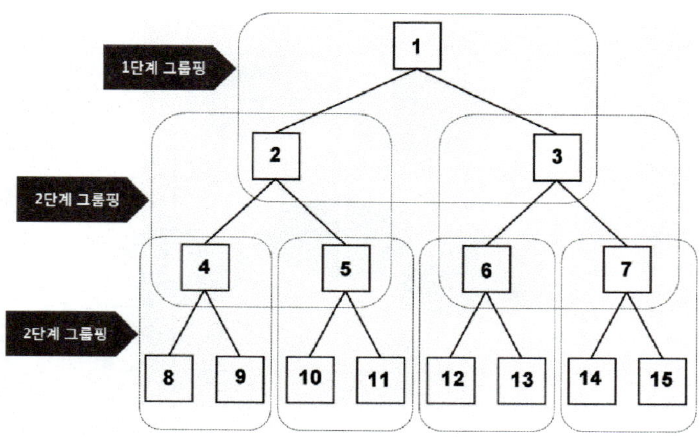

하위 수단은 [4], [5] 또는 하나 이상의 요소로 그룹핑되고, [3]은 [6], [7] 등과 같은 관련 있는 요소로 그룹핑된다. 이러한 방법은 로직트리(logic tree)기법과도 유사하므로 이러한 과정이 다음 단계로 계속 확산되면서 top-down방식으로 문제의 본질적인 원인을 찾는데 유용하다.

그리고 본장에서 소개하는 '가치나무기법'의 방식은 [그림 6-5]에서처럼 최상위 단계에서 의사결정자가 추구하는바, 즉 총 만족도를 작성하고, 총 만족도를 구성하고 있는 속성을 하위 단계에서 찾고 다음 단계에서 각 속성에 관련 된 목표를 탐색한 후 다음 단계에서 관련된 측정수단을 찾아나가는 방식으로 가치나무의 그림과 표를 작성하는 방식이다.

이러한 과정을 통해 의사결정자의 편견과 오류를 방지하고 추구하는 바를 중복이나 누락을 막아 합리적인 방법을 찾는데 도움이 된다. 작성 방향은 [그림 6-4], [그림 6-5]와 같이 최상위에 총 만족도를 두고 하위 단계로 속성, 목표, 측정수단의 순서로

그림 6-5 가치나무기법 top-down 방식

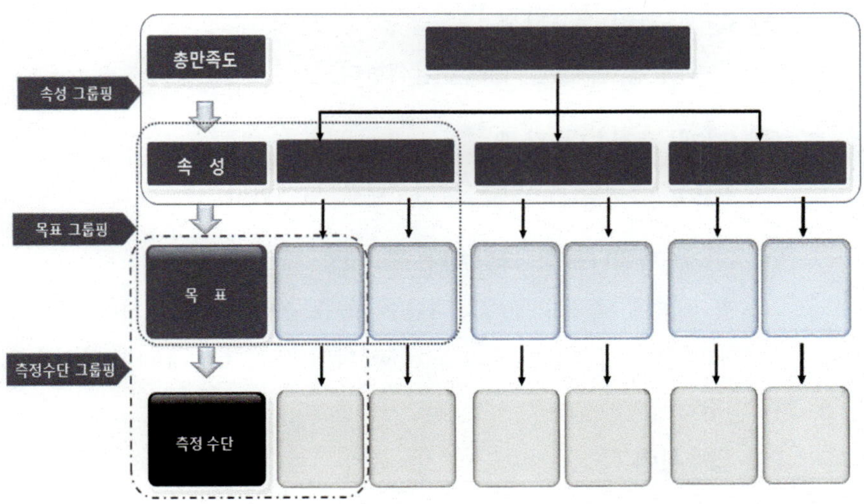

접근하는 top-down방식을 선택할 수 있고, [그림 6-6]과 같이 bottom-up방식으로 측정수단, 목표, 속성, 총 만족도의 순으로 접근하며 작성할 수도 있다.

그러나 일반적으로 '가치나무기법'은 [그림 6-5]와 같은 방향으로 전개해 나가는 top-down방식으로 간단히 표현한다. 최상위의 총만족도에 대한 속성이 다음 하위단계에서 그룹핑(grouping)되고, 속성단계의 하위단계인 목표는 상위의 속성의 각각 요소와 그룹핑된다.

(2) 적용절차

'가치나무기법'의 적용절차는 아래와 같이 5단계로 구분할 수 있다.

① 1단계-총 만족도의 작성

의사결정자가 추구하는 목표, 즉 총 만족도를 작성한다.

② 2단계-속성의 탐색

의사결정자의 최종목표인 총 만족도를 구성하고 있는 속성을 탐색한다.

③ 3단계-관련 목표탐색

각 속성에 관련한 목표를 탐색한다.

④ 4단계-측정수단 탐색

목표를 측정할 수 있는 측정수단을 탐색한다.

⑤ 4단계-가치나무의 그림이나 표 작성

맨 위쪽에 측정수단, 그 다음에 목표, 다음에 속성, 마지막에 총 만족도 순위 가치나무 도표나 표를 top-down방식 또는 bottom-up방식으로 작성한다.

(3) 활용사례

'가치나무기법'을 활용하는 방법을 사례를 통해 소개한다.

★

☆ 스마트 폰을 생산하는 (주)글로벌전자는 최근 경쟁사들의 공격적인 마케팅과 소비자들의 요구사항이 많아지면서 새로 출시한 A모델의 매출이 급감하고 경쟁력이 하락하고 있다. 마케팅전략팀은 과제를 '시장점유율 증대'로 정하고 그 과제가 실제 해결해야 할 문제인지 판단하기 위해 bottom-up방식의 '가치나무법'을 활용해 검증하기로 했다.

▶ 1단계: 의사결정 총만족도를 '시장점유율 증대'로 정하고 '가치나무법에 의한 단계별 항목을 bottom-up방식으로 간략히 메모 또는 작성한다.

▶ 2단계: [그림 6-6]과 같이 의사결정자의 총만족도('시장점유율 향상')를 평가할 수 있는 측정수단을 찾아 정리한다.

▶ 3단계: 조사된 여덟 가지 측정수단에 상응하는 목표를 각각 작성한다.

▶ 4단계: 3단계의 목표를 선정한 속성은 다음과 같이 작성하였다.

✓ 우수한 품질, 소비자 불만제로(제품)
✓ 우수한 디자인, 다양한 프로모션(경쟁사)
✓ 저렴한 가격, 구매품질 향상(원가)
✓ 만족도 향상, 브랜드 충성도(소비자)

▶ 5단계: 1단계에서 4단계 과정을 bottom-up방식으로 완성한다.

그림 6-6 가치나무기법 bottom-up 방식 사례

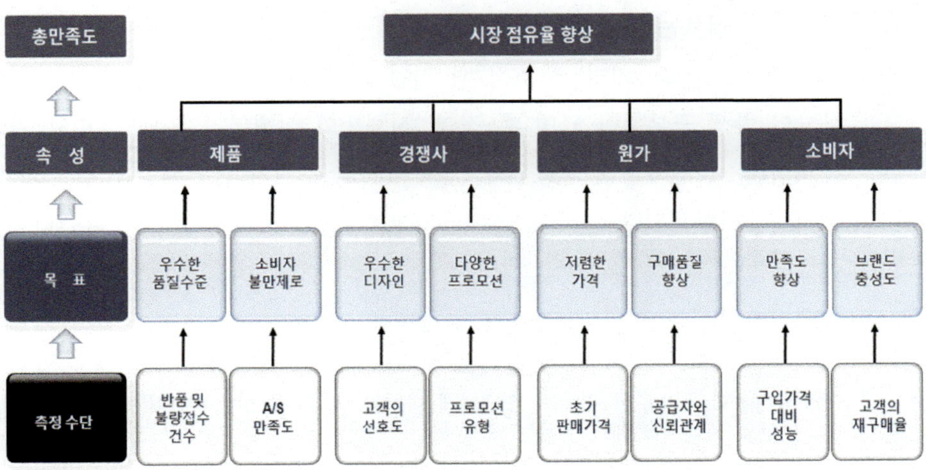

3) Why-Because Analysis

(1) 개념 및 특징

'Why-Because 기법'은 'Why-Method' 또는 ''Why-Answer 기법'으로 불린다. 이 기법은 먼저, 초기에 정의된 문제를 'Why'라는 질문형태로 질문하고, 그 질문에 대한 원인(Because)을 응답하는 과정을 계속 반복해 문제를 압축해 나가는 방법이 있다. 그리고 초기에 정의된 문제를 'Why'라는 질문형태로 질문하고, 그 질문에 대해 원인(Because)을 응답하면 응답한 내용을 토대로 '재정의'한 질문(Why)을 한 후 재정의된 질문에 대한 원인(Because)을 응답하는 과정을 계속 반복해 나가는 방법이 있다. 두 방법은 응답한 내용을 토대로 문제를 이해하고 재정의하는 확장된 방법이다.

이와 유사한 방법으로는 '문제분석기법'으로 활용되는 '인지기법'과 'Why-Why 기법'[4] 또는 'The Five Why-Method(5 Why's)'와도 유사한 기법이다. '5 Why's 기법'도 처음 정의된 문제를 5번 'Why-Why-Why-Why-Why'를 반복해 질문하여 답을 찾아 간다.

'Why-Because 기법'은 '압축 및 확장 기법'(squeeze and stretch)과도 유사하다. '압축 및 확장 기법'(squeeze and stretch) 역시 문제를 좀 더 분석하여 살펴보는 것을 도와주는 기법이기 때문이다. 먼저, '압축기법'(squeeze)은 문제의 기본적인 구성요소를 발견하는 것을 도와주고, '확장기법'(stretch)은 문제의 범위를 넓혀가는 것에 대해서 살펴보는 것을 도와준다.

'Why-Because 기법'은 조직 내 직원의 사기향상, 자원의 효율적인 배분, 사건 및 사고의 발생 근본원인 규명 후 정의, 신제품의 실패원인 분석, 그리고 기업경쟁력 강화 방안을 마련하는데 활용된다. 공통적으로 문제의 근본원인을 발굴하여 대안을 얻는데 까지 활용된다.

---

4) 'Why-Why 기법'의 경우는 '인과간계 다이어그램'의 방법에 약간의 변화를 준 기법으로 문제의 원인을 분석 하는데 사용하는 체계적인 방법이며 왼쪽에서 오른쪽으로 트리를 그리듯이 완성해 나간다. 하나에서 출발해서 가지를 완성해 나갈 때 마다 "왜?"라는 질문을 하고 그에 대한 답을 해 가면서 확장을 해 나간다. 많은 가치 있는 응답을 제공하면서 하나의 문제에 초점을 맞추기보다 문제를 넘어 관련된 더 많은 원인들을 찾아보는 것을 도와준다. 제5장 '문제의 분석'에 자세하게 소개되어 있다. 도요타 자동차의 창업자인 Sakichi Toyoda에 의해 처음 개발된 기법이다. 도요타는 이 방법을 자동차 제조에 필요한 문제해결에 활용하였다.

(2) 적용방법

'Why-Because 기법'의 적용방법을 '압축 및 확장 기법'(Squeeze and Stretch)을 비교해서 소개하면 [그림 6-7]과 같다.

그림 6-7 Why-Because Analysis(Why-Method) 적용 절차(압축 및 확장)

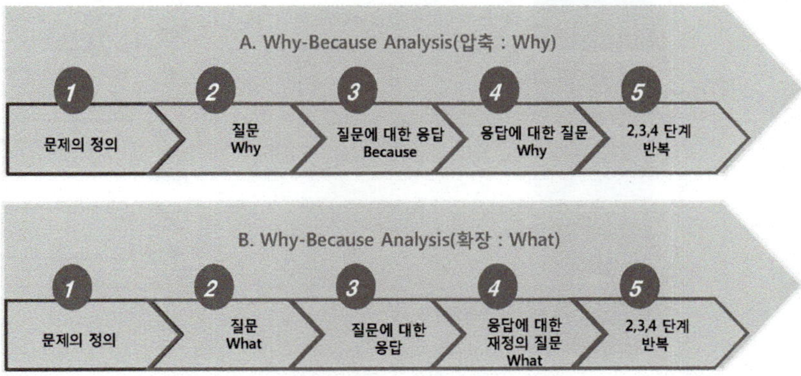

① Why-Because Analysis(압축기법)

예를 들어 산업재해가 자주 발생하는 한국화학의 K공장장은 산업재해로 인한 근로자의 안전 및 사후 처리비용과 생산차질 등을 해결하기 위한 방법을 찾고 있다. 특히 산업재해 중 인재는 사전예방이 가능함에도 불구하고 근로자들의 사고가 줄지 않아 [그림 6-7] A의 'Why-Method'를 활용해 근로자들의 사고를 줄이는 문제에 집중해 [그림 6-8]과 같이 근본 원인 및 해결하고자 하는 문제를 재정의하였다.

그림 6-8 Why-Method Analysis (압축: 5 Why) 사례

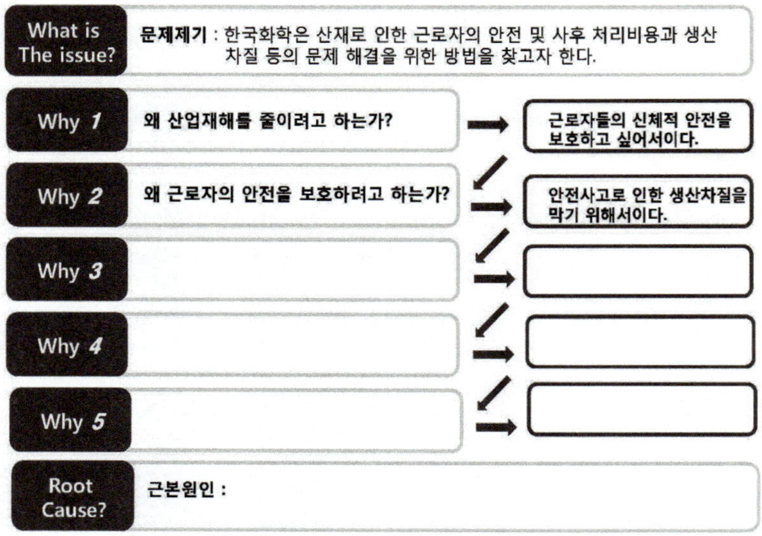

㉮ **1단계-문제의 정의**

의사결정자는 산재로 인해 발생하는 손실을 줄이고자 한다.

㉯ **2단계-정의된 문제에 대한 질문(질문 : Why)**

질문(Why): 왜 산업재해를 줄이려고 하는가?

㉰ **3단계-질문에 대한 응답(Because)**

응답(Because): 근로자들의 신체적 안전을 보호하고 싶어서

㉱ **4단계-2, 3단계의 반복**

질문(Why): 왜 근로자들의 안전을 보호하려고 하는가?

응답(Because): 안전사고로 인한 생산차질을 막기 위해서

질문(Why): 왜 생산차질을 막고 싶어 하는가?

응답(Because): 사후 처리비용을 줄이고 싶어서

질문(Why): 왜 사후처리비용을 줄이려고 하는가?

응답(Because): 원가상승으로 가격경쟁력을 줄어들기 때문이야.

㉤ 5단계-재정의(더 이상 답을 할 수 없는 경우)

'원가상승으로 인한 가격경쟁력을 높이는 방법은?', '원가상승 요인은', '근로자들의 작업을 정상적으로 수행하도록 돕는 방법은?' 등과 같이 재정의하고 대안을 찾거나 원인을 분석한다.

② Why-Because Analysis(확장 기법)

[그림 6-7] B의 '확장기법'(stretch)을 활용해 문제의 범위에 대해서 살펴보면 문제와 관련되어 있는 사실들이 무엇인지를 볼 수 있도록 한다. 문제를 정의함에 있어서 "무엇을"(What)으로 시작하는 질문을 연쇄적으로 해나가는 기법이다. 앞의 사례를 참고로 '확장기법'(stretch)을 적용하면 [그림 6-9]와 같고 구체적인 내용은 다음과 같다.

그림 6-9 Why-Method Analysis (확장: What) 사례

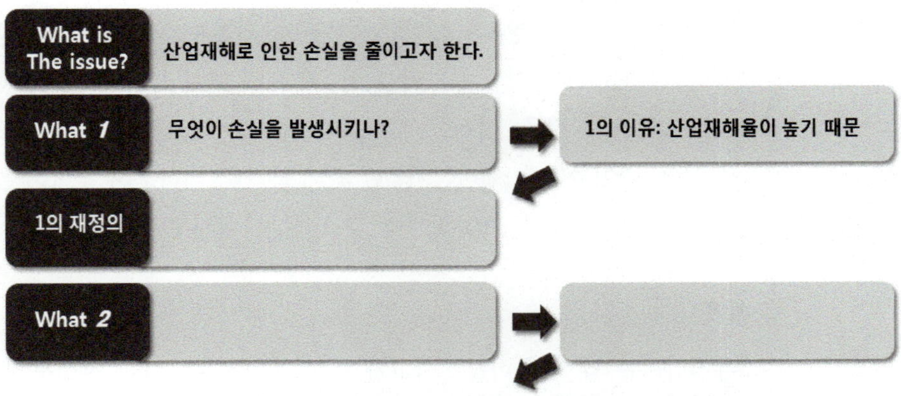

▪ 근본원인(Root Cause) : 근로자들의 안전교육을 활성화 하는 방법은?(문제 재정의)

㉮ 1단계-문제의 정의

의사결정자는 산재로 인해 발생하는 손실을 줄이고자 한다.

㉯ 2단계-정의된 문제에 대한 질문(질문 : What)

질문(What) : 무엇이 손실을 발생시키나?

㉰ **3단계-질문에 대한 응답(Because) 및 재정의**

응답(Because) : 산업재해율이 높기 때문이다.

재정의: 어떻게 하면 산업재해율을 감소시킬 수 있나?

㉱ **4단계-2, 3단계의 반복**

질문(What): 무엇이 산업재해율을 높이나?

응답(Because): 근로자들이 안전사고를 많이 발생시키기 때문이다.

재정의: 어떻게 하면 안전사고를 줄일 수 있나?

질문(What): 무엇이 안전사고를 확대시키는가?

응답(Because): 근로자들의 안전의식이 낮기 때문에

재정의: 어떻게 하면 안전의식을 높일 수 있는가?

㉲ **5단계-재정의(더 이상 답을 할 수 없는 경우)**

'안전교육을 강화하는 방법은?', '안전교육을 활성화하는 방법은' 등과 같이 재정의하고 대안을 찾거나 원인을 분석한다.

- 재정의: 우리 공장은 어떻게 근로자들이 작업을 정상적으로 수행하도록 도울 수 있는가?(근로자들의 정상적인 작업수행을 도와주는 방법으로 다시 재정의하고 질문을 구성하였다) 결국, 이러한 과정을 통해 초기에 정의한 '왜 근로자들의 안전사고가 줄어들기를 원하는가?'란 문제를 재정의하면서 근로자들의 안전사고 예방이 생산차질과 기업경쟁력 등 더욱 확대되고 있음을 알게 된다.

(3) 활용사례

최근 우리나라는 대형 화학물질사고가 자주 발생하고 있다. 화학물질 유출로 인한 주민들의 불안감이 고조된 가운데 공업도시인 W시는 대형 화학물질사고 발생 때 '유해화학물질 유출사고 위기대응 매뉴얼'에 따라 유독물, 화재, 폭발 등 7개 분야의 안전사고예방 종합대책을 수립해 사고에 대비하고 있다고 밝혔다. 그러나 근본적으로 공장 근로자들의 안전사고를 줄이는 방법을 찾는 것이 우선이다. 그러므로 W시는 각 공장에 화학물질사고 위험을 줄이는 방법을 직접 강구하도록 지시했다. H 기업은 'Why-Because Analysis'(확장기법)을 활용해 사고를 줄이는 방법을 〈표 6-3〉과 같이 작성했다.

〈표 6-3〉 화학물질 유출사고를 줄이는'Why-Because Analysis'

문제정의	1. 시와 기업은 왜 유독물질 사고 예방을 지시하였는가?
질문	왜 회사는 사고를 줄이기를 원하는가?
대답	유독물질로부터 근로자와 주민을 보호하기 위해서이다.
재정의	어떻게 하면 유독물질 유출사고를 막을 수 있는가?
문제정의	2. 유독물질로부터 주민과 근로자를 보호할 수 있는 방법을 질문
질문	왜 근로자를 유독물질로부터 보호를 해야 하는가?
대답	근로자와 주민의 안전을 지키기 위해서이다.
재정의	어떻게 하면 사고로부터 근로자와 주민을 보호할 수 있는가?
문제정의	3. 화학물질 유출사고를 줄이는 방법은 무엇인가?
질문	
대답	
재정의	

4) Duncker 기법

(1) 개념 및 특징

'Duncker 기법'은 현재상태와 희망상태의 진술을 만족하는 해결책을 얻도록 도와주는 기법이다. Duncker 도표의 고유한 특징은 현재상태(문제진술)에서 희망상태(수용할만한 문제해결책)로 진행하는 두 개의 주요 경로(일반해법)를 포함한다. 'Duncker 도표'는 [그림 6-10]과 같이 작성한다. 그림의 왼쪽 일반 해결책은 현재상태에서 희망상태를 이루기 위하여 어떻게 이동할 것인지를 보여준다. 그리고 그림의 오른쪽 일반 해결책은 어떻게 희망상태를 이루지 않아도 괜찮은지를 보여준다. 그리고 각 경로에 두 개의 단계가 포함된다. 가능한 각 경로를 위해, 처음에 기능적 해결책을 정하고 나서 특정해결책을 정한다.

'기능적 해결책'은 현재상태로부터 희망상태를 달성할 수 있을지 없을지의 방향으로 진행하기 위하여 할 수 있는 것을 말해준다. 여러 가지의 기능적 해결책을 도출한 후, 각각의 기능적 해결책을 위한 특정해결책을 도출한다. '특정해결책'은 기능적 해결책을 어떻게 실행할 것인가를 말해준다.

보다 구체적인 적용 방법은 아래에 소개한다.

(2) 현재상태와 희망상태 정의

현재상태와 희망상태를 정의하는 것은 'Duncker 기법'을 효율적으로 수행하는 데 있어서 매우 중요하다. 이는 의사결정자가 어디에 위치하는지 현재상태를 기술하고 어떤 방향으로 나아가고 싶은지 희망상태를 기술하여 실제문제를 파악하는 하나의 수단이다. 이러한 상태의 정의는 현재상태에서 희망상태(목표)가 충족될 때 까지 지속적으로 개선해 나간다. 그러나 희망상태는 현재상태에 존재하지 않는 문제에 대한 해법을 포함해서는 안 된다.

그리고 희망상태를 진술할 때는 '최고', '최소', '최저가', '합리적인 시간', '가장 효과적인' 등과 같은 모호한 단어를 가급적 쓰지 말고 가능한 정량적인 기술이 되도록 한다. 예를 들어, "초등학생을 위한 무료급식을 최소비용으로 합리적인 시간 안에 실시되어야 한다." 보다는 "초등학교의 무료급식을 100억 원보다 적은 비용으로 2018년 3월1일까지 실시되어야 한다."가 좋다.

그림 6-10 Duncker 기법 도표 작성

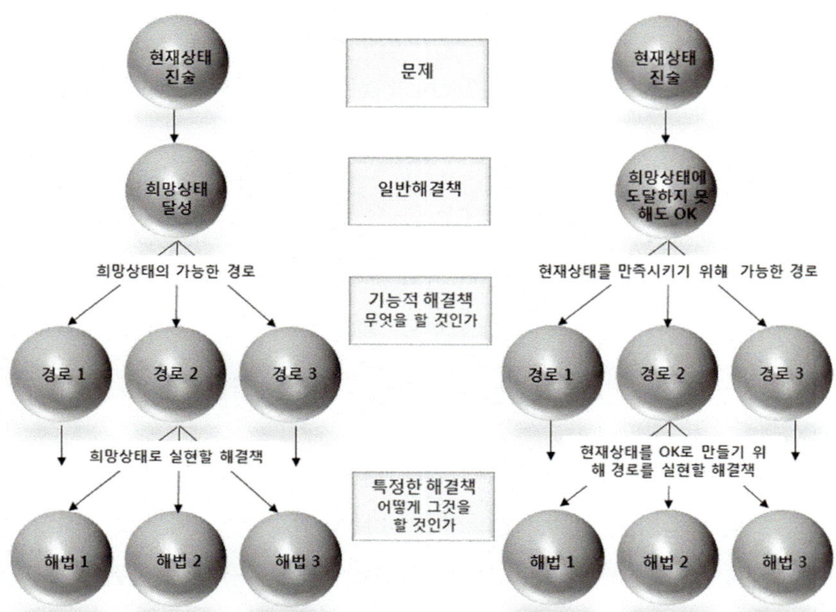

(3) 적용 방법

'Duncker 기법'은 구체적으로 진술, 일반 해결책, 기능적 해결책, 특정한 해결책 4개의 구조를 중심으로 7단계를 거쳐 작성한다. 구체적인 작성절차는 다음과 같다.

① 1단계-문제의 진술

핵심원인을 맨 위에 작성한다.

② 2단계-상태별 문제의 정의

핵심원인으로 문제를 재정의해서 '기대상태(희망상태)'와 '현재상태'를 정한다.

③ 3단계-일반 해결책 기술

좌측에 '기대상태'를 기술하고 우측에 '현재상태'를 기술한다.

④ 4단계-기능적 해결책 기술

각 상태(현재상태와 희망상태)에 이르기 위해 '무엇을 해야 할까'를 생각하여 '경로'란에 적는다.

⑤ 5단계-특정한 해결책 기술

경로를 가능하게 하려면 '어떻게 해야 할까'를 생각하여 '해법'란에 적는다.

⑥ 6단계-문제의 재정의

문제해결 5단계까지 완성되면 가장 바람직한 경로의 해결책을 선정해서 문제를 재정의하고 실행방법을 찾는다.

(4) 해결사례[5)]

'Duncker 기법'을 명확히 이해하는 데 도움을 주는 다음 상황을 고려해 보면 "만약 자신이 현재의 회사에서 현재의 일자리가 만족스럽지 않다(현재상태-해결되어야 할 문제)"고 가정하고 새로운 일자리(희망상태)를 위하여 회사를 떠나고자 한다. [그림 6-10]의 왼쪽은 다른 회사의 일자리를 찾기 위한 경로이다.

도표의 왼쪽에서 가능한 기능적 해결책은 다른 형태의 일자리를 위한 재훈련과 다른 회사에서 같은 형태의 일자리를 포함할 것이다. 다른 회사에서 같은 형태의 일자리를 얻기 위한 특정해결책에는 어떤 회사에 일자리가 있는지 알아보기. 구직사이트 찾기, 그리고 이력서 업그레이드하기 등이 있을 것이다.

---

5) 김정현 역(2008), 창의적 문제해결전략(Strategies for Creative Problem Solving), Prentice Hall, pp.62-63. 참고.

도표의 오른쪽은 당신의 현재 일자리에 머무는 것을 OK로 만들기 위한 대안을 다룬다(즉, 현재의 일자리를 떠나지 않고 희망상태를 이루지 못해도 괜찮음). 'Duncker 도표'는 오른쪽에서 하나의 가능한 기능적 해결책은 높은 일자리 만족도를 이룩하는 것과 관련이 있을 것이다. 특정 해결책(즉, 높은 일자리 만족도를 가짐)은 의사결정, 칭찬, 또는 임금인상 등에서 높은 참여도를 포함할 수 있다.

지금까지의 절차를 Duncker 도표로 나타내면 [그림 6-11]과 같다.

'Duncker 도표'로 문제를 표현하는 것은 그것을 실현하기 위한 올바른 방법 또는 완전히 잘못된 방법이 없는 것처럼 하나의 창의적 행동이다. 'Duncker 도표'를 완성한 후, 새로운 문제진술을 작성해야 한다. 마지막으로 받아들일 만한 해결책을 달성하기 위해 현재상태와 희망상태를 수정하여 절충된 해법을 제시할 수도 있다.

그림 6-11 Duncker 기법을 활용한 문재의 재정의 사례

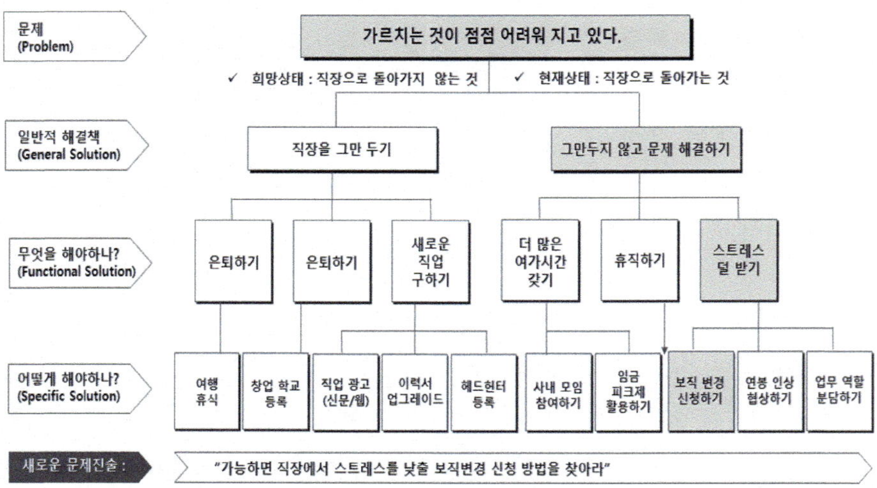

5) 진술-재진술 기법

(1) 개념 및 특징

'진술-재진술 기법(restatement)'은 문제재정의 기법(challenge statement)이라고 불린다. '재진술기법'은 Duncker 기법과 함께 문제를 명확히 정의하기 위해 매우 유용

하게 쓰이고 있다. 이 기법은 해결하고자 하는 문제를 다양한 각도와 혁신적인 방법으로 진술, 재진술함으로써 문제를 정확히 찾아내는 기법이다. 현재상태·희망상태 작성법과 유사한 이 기법은 문제진술을 다시 표현할 것을 요구한다. 이 기법으로 불명확한 문제의 상황을 볼 수 있고 해결할 문제에 관한 하나의 진술을 작성하게 된다. 특히 기업 내의 생산성 저하를 해결하는 방법의 모색, 판매실적 저하를 해결하는 방법의 모색, 경쟁력의 원인분석, 기타 다양한 문제해결에 널리 활용된다.

'진술-재진술기법'의 4가지 목표는 다음과 같다.

- '실제' 문제를 정하라(진술한 문제와 대조).
- 실제의 제약조건이나 경계를 결정하라.
- 의미 있는 목표를 파악하라(주어졌거나 추론한 목표와 대조).
- 입력물, 출력물, 기타 미지의 것들 간의 관계를 파악하라.

(2) 적용방법

'진술-재진술 기법'은 문제를 다양한 각도에서 분석해 보면 문제를 정확히 찾아낼 수 있기 때문에 다음 4단계의 탐색을 활용한다. 아래의 다양한 탐색과정을 거치면 문제의 재정의를 보다 정교하고 명확하게 할 수 있다. 그러나 문제의 재진술을 위해 4단계 탐색을 모두 거쳐야 하는 것은 아니다. 의사결정자가 필요에 따라 선택해서 활용해도 된다.

① 탐색 1-단어와 구절의 강조

문제의 핵심인 문장을 진술한 후 문장 속의 단어나 구절을 분해해 각각 다르게 질문을 던지거나 변화시켜 가면서 강조한다. 단순히 단어의 순서를 바꾸기보다 새로운 개념을 넣어본다.

② 탐색 2-특성을 강조

문제의 대상이 되는 것의 특성을 고려해서 재정의 한다. 문제 진술문의 특정용어 대신에 이들 용어를 대신하는 명시적인 정의, 명확한 정의를 갖는 단어를 선택하고 단어가 나타나는 각 위치의 표현을 바꾸어본다.

③ 탐색 3-반대문장 작성

진술된 문장에서 문제의 영역을 확대 또는 축소(대치)해서 재정의 한다. 예컨대 긍정적인 용어를 부정적인 용어로 변경하거나 부정적인 용어를 긍정적인 용어로 변경하는 방식으로 반대의 진술을 만든다. 그리고 "모든"을 "약간"으로, "항상"을 "가끔" 등과 같이 축소 또는 대치시켜 반대 단어나 문장으로 표현한다.

④ 탐색 4-수식 만들기

문제의 영역 또는 정의를 수식으로 만들 수 있다면 활용한다. 예를 들면 단어를 그래프 또는 수식의 형태로 표현하거나 그래프나 수식은 단어로 표현한다.

★

✰ 편의점과 마트에 도시락을 납품하는 (주)한국식품은 최근 '혼밥족'이 늘어나면서 편의점의 도시락 매출이 증가하자 기존의 공급물량보다 3배 이상 주문이 늘었다. 그런데 편의점으로부터 신선도가 떨어진다는 불만이 늘어나면서 매출이 점점 감소하고 있다. (주)한국식품은 제품 특성상 납품(적기공급)이 중요한데 직원 채용에 어려움을 겪어 제품 생산이 불규칙적이기 때문에 신선도를 유지하는 도시락을 공급하는데 어려움이 있다. 문제 해결을 위해 '진술-재진술 기법'의 '단어와 구절의 강조' 탐색기법을 활용하기로 하였다.

▶ **문제의 진술:** "편의점에 신선도가 떨어지는 도시락이 공급된다."

▷ "**편의점**에 신선도가 떨어지는 도시락이 공급된다."
- ✓ 다른 거래처에는 신선한 도시락이 공급되고 있나?
- ✓ 왜 다른 거래처에는 신선한 도시락이 공급되는가?
- ✓ 탐색 과정에서 무엇을 발견할 수 있는가?

▷ "편의점에 **신선도가 떨어지는** 도시락이 공급된다."
- ✓ 편의점 입고 시 신선도를 유지할 수 있는 방법은 무엇인가?
- ✓ 신선도를 높이기 위해 작업 일정을 조정할 수는 없는가?

▷ "편의점에 신선도가 떨어지는 **도시락이 공급된다.**"
- ✓ 편의점에 도시락 납품 시간을 조정할 수는 없는가?
- ✓ 다른 거래처와 납품 시간을 바꿀 수는 없는가?

▶ **문제의 재진술:** "신선도를 높이는 방법을 찾아라." 신선도에 영향을 미치는 요인 중 하나가 도시락 용기에 있다는 것을 발견하고 기존의 도시락 용기보다 신선도 유지 시간이 긴 새로운 용기를 개발해 편의점 불만을 해소하고 도시락 용기를 타 식품업체에 납품해서 부가적인 수입원을 창출한다.

(3) 활용사례

문제를 정의할 때마다 의사결정자는 문제 진술이 폭 넓은 형태에 도달하도록 일반화해야 한다.[6] 진술-재진술 기법을 활용하여 다음 사례를 정의해 본다.

B광역시는 출퇴근 시간 교통 혼잡을 예방하고 교통체증으로 인한 경제적 손실비용을 절감하기 위해 한국대학교 경영대학에 교통 혼잡을 막는 방법으로 "대중교통을 이용하는 통근자 수를 증가시켜라"는 과제를 의뢰하였다.

한국대학교 경영대학 연구팀은 B시의 연구 과제를 검토해 본 결과 초기에 연구과제의 정의가 잘못 된 것으로 판단하고 '진술-재진술기법'에 의한 문제 진술문을 수정하고 문제를 〈표 6-4〉와 같이 재 정의했다.

〈표 6-4〉 진술-재진술 기법 활용

초기 문제 진술문 : "대중교통을 이용하는 통근자의 수를 증가시켜라."	
탐색 1. 단어와 어절의 변경	·문제 진술문에서 강조하는 단어와 어절을 변화시켜라. ① 대중교통을 이용하는 통근자의 수를 **증가**시켜라. - 가능한 솔루션경로 1 : 대중교통의 이용요금을 인하하여 대중교통수단 이용 통근자 수 증가(월간 정기권을 할인가격으로 판매) ② 대중교통을 이용하는 **통근자의 수**를 증가시켜라. - 가능한 솔루션경로 2 : 대중교통의 장점(비용절감, 안전성 등)을 홍보 ③ **대중교통**을 이용하는 통근자의 수를 증가시켜라. - 가능한 솔루션경로 3 : 고속도로의 버스전용차선을 지정
탐색 2. 키워드의 대치	·키워드를 이에 대한 명시적인 정의로 대치하라. ① **매일 집에서 직장으로 열차/버스**를 이용하여 **출퇴근하는 사람**의 수를 증가시켜라. - 가능한 솔루션경로 4 : 고용주에게 대중교통을 이용하는 직원에게 보상하도록 장려한다. - 가능한 솔루션경로 5 : 통근하면서 시간에 업무를 보고자 하는 사람들을 위해 기차/버스에 사무공간(책상, 컴퓨터 등)을 제공한다.
탐색 3. 용어의 대체	·긍정적인 용어를 부정적인 용어로 변경하거나 부정적인 용어를 긍정적인 용어로 변경하라. ① 이용하는 통근자의 수를 **감소**시켜라. - 가능한 솔루션경로 6 : 대중교통을 이용하지 않는 이유를 조사하고(예, 고비용, 편안하지 않음, 편리하지 않음) 부정적인 요인을 제거하거나 영향을 최소화한다.

6) "어떻게 우리 회사가 큰 이익을 남길 수 있을까?"라고 자문하기 보다는 "어떻게 우리 회사가 대부분의 돈을 잃어버리는가?"로 물어 보라. 주요활동이나 장비들이 비효율적으로 작동되면 큰 손실을 줄 것이고, 주의 깊게 관찰하고 조절해야 하는 것들을 파악할 수 있을 것이다. 이러한 기법은 의사결정자가 시스템의 민감성을 발견하도록 도와주고 문제를 지배하는 변수에 집중할 수 있게 한다.(H. Scott Fogler & Steven E. LeBlanc : *Strategies for Creative Problem Solving*, 2008.), 김정현 역(2008), 창의적 문제해결 전략, Prentice Hall, p.65.

탐색 4. 논거의 대체 영역 확대	· 문제진술문에서 설득 또는 암시적인 단어를 그런 단어의 사용이 함축하고 있는 논거로 대체하라. 단어는 그래프 또는 수식형태로 표현하고, 그래프나 수식은 단어로 표현하라. - 초기 문제진술문 '대중교통을 이용하는 통근자의 수를 증가시켜라.'는 개인교통을 이용하는 사람의 수가 감소될 것이기 때문에 대중교통을 이용하는 통근자 수의 증가는 이익이 된다는 것을 가정하고 있다. 즉, 이것이 문제진술문에 숨어 있는 논거이다. - 이 상황을 다음과 같은 수식으로 표현된다. 대중교통 통근자 + 개인교통 통근자 = 일정(합계) 그러므로 한 범주에 속하는 사람들의 수가 증가하면 다른 범주에 속하는 사람의 수는 감소한다. - 가능한 솔루션경로 7 : 위의 논거는 잘못된 것일 수 있다. 예를 들어, 매일 새로운 통근자가 생길 수 있으므로 통근자의 수의 합은 증가한다. 대신에 재택근무자의 수를 증가시키는 방법으로 전체 통근자의 수(대중교통 및 개인교통을 이용하는 통근자)를 감소시키기 위한 노력을 해야 할 것이다.

다음은 진술-재진술기법의 활용사례이다.

아스피린 코팅 : 반대 진술 만들기[7)]

많은 사람에게 아스피린 정제약을 삼키는 것은 역겨운 맛의 경험이다. 몇 년 전, 한 아스피린 제조회사는 이것에 대하여 무엇인가를 하기로 결정했다. 경영자는 직원들에게 이런 인식된 문제를 해결할 지시사항을 전달했다.
"아스피린 정제에 좋은 맛의 코딩법을 찾아라." 과거의 정제에 분사하는 코딩법이 사용되었으나 별로 성공적이지 못했다. 코팅이 불균일했고 만족스럽지 않은 제품이 되었다.

이 문제에 진술-재진술기법을 정의해 보면 다음 〈표 6-5〉와 같다.

〈표 6-5〉 진술-재진술 사례

• 초기 문제 진술문 : 아스피린 정제에 좋은 맛의 코팅법을 찾아라.	
탐색 1 단어와 어절의 변경	진술의 다른 부분을 강조하라. 1. 정제약 **위에** 코팅을 **입혀라.**
탐색 3. 반대의 진술	반대의 진술을 만들어라 2. 정제로부터 코팅을 **제거하라.**
결과	이 아이디어는 정제약 코팅에 대한 새로운 기술을 이끌어 냈다. 정제약을 회전판 위에서 흐르는 액체 속에 담근다. 유체(기체와 액체)와 정제약에 작용하는 원심력은 서로를 분리시키고 정제약 주위에 코팅을 한 층 더 정교하게 해주었다.

7) 위의 책, p.66.

☆ 문제의 정의가 잘못 된 사례

사례] 1960년 대 중반 정원용품을 제조하는 회사에서 설계회의가 열렸다. 담당자들은 잔디깍기 기계의 시장경쟁이 치열해 짐에 따라 자사의 잔디깍기 기계의 시장점유율이 감소되고 있다고 보고를 받았다. 이 문제를 해결해야 한다.

가. 문제해결 접근방식 : 제품중심 문제진술
1) 이 분야에서 가장 인기 있는 새로운 잔디깍기 기계를 설계하라.
(Design a new lawnmower that will be the most popular in the field)
2) 잔디깍기 기계로 생각을 제한함
3) 아이디어 산출
- 안전특성 추가(보호대, 자동정지스위치 등), 칼날의 수 증가, 접이식 기계 등
4) 문제해결 실패

나. 기능중심 문제진술
1) 잔디를 관리하는 가장 효과적인 수단을 설계하라.
(Design an effective means of maintaining lawns).
2) 잔디의 관리에 초점
3) 아이디어 산출 :
잔디를 2인치 이상 자라지 않게 하는 화학약품 개발을 포함한 다양한 아이디어
4) 문제해결 : 칼날 대신 노끈을 장착한 잔디깍기 기계 설계
잔디깍기 기계와 요요

☆ 방향이 잘못된 탐색의 위험사례

문제진술이 부정확하면 잘못된 방향으로 솔루션을 탐색하게 됨
(문제를 제품중심으로 하여 발상의 범위를 제한하는 것과는 다름).

1) 문제 : 우주선캡슐 재진입
우주프로그램 초창기 우주선이 대기권으로 재진입시 고온 때문에 견딜 수 있는 재료가 없어서 고민이었다. 문제를 해결하기 위해 다음과 같이 문제를 정의했다.
2) 문제진술문 : 재진입시의 초고온을 견딜 수 있는 재료를 개발하라.
(Develop a material that is able to withstand the extremely high temperatures of reentry).
3) 문제해결 실패: 문제의 진술이 잘못되었기 때문임
4) 수정 문제진술문 : 대기권 재진입시 우주인을 보호하라(열에 강한 재료의 개발 대신)
5) 문제의 해결

❑ 창의적이고 융합적인 사고 연습(6)

❖ 질문의 틀과 올바른 판단을 가로막는 장애물

문제 1 두 개의 주전자

아래 그림과 같은 2개의 주전자가 있다. 이 주전자에 물을 부으려고 한다. 두 주전자의 뚜껑을 열고 위에서 물을 붇는다면 A주전자와 B주전자 중 어느 주전자에 더 많은 물을 채울 수 있을까? 단, 두 주전자의 바닥 면적과 높이는 같다.(제한시간 1분)

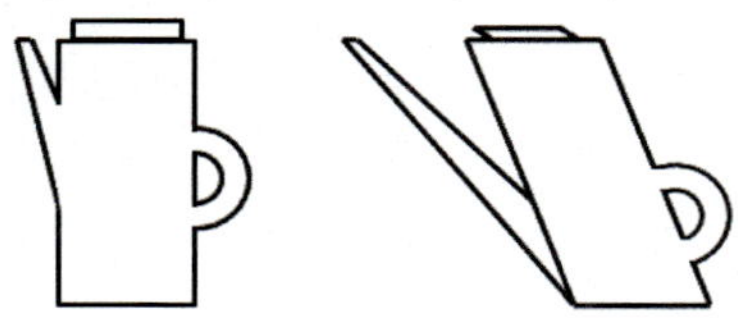

문제 2 표면전체를 검은색으로 칠한 정육면체

아래 그림은 표면 전체를 검정색 페인트로 칠한 것이다. 이 정육면체를 그림과 같이 가로, 세로 선을 그어서 27개의 작은 정육면체로 나누려고 한다. 이때 다음 조건에 해당하는 정육면체가 몇 개 나로수 있을까?(제한시간 7분)

(1) 3면이 검게 칠해진 것의 수는? (개)
(2) 2면이 검게 칠해진 것의 수는? (개)
(3) 1면이 검게 칠해진 것의 수는? (개)
(4) 전혀 페인트가 칠해지지 않은 것의 수는? (개)

출처: 산하 기획실(1994), 거꾸로 보는 논리 거울, 도서출판 산하, pp.39-40.

❖ 질문의 틀과 올바른 판단을 가로막는 장애물

[문제 1의 답]

B주전자 : A주전자는 물을 다 채우기도 전에 쓰러져 버린다. 일반적인 사람들은 주전자의 크기에 먼저 신경을 쓰게 되어있다. 결국 본질이 보이지 않아 사고를 경직시키고 만다. 문제의 그림에서 현실에서 이러한 주전자를 상상할 수 있는지? 머리 속에서 주전자의 모습을 떠올려야 한다.

[문제 2의 답]

(1) 3면(8개) (2) 2면(12개) (3) 1면(6개) (4)무색(1개)

3차원의 공간 세계를 상상할 수 있는 능력과 훈련이다. 상상속에서 공간을 계통적으로 나누고 정리하는 연습을 통해 창의력을 향상시킨다. 27개로 나누는 것은 그림과 같이 선을 긋는 것이다. 이 그림에서 보듯이 구석 부분 8개가 3면이고, 각 면의 중앙(화살표)6개가 1면, 가장 중심의 무색은 단 1개, 그리고 나머지가 2면이 검게 칠해진 것이다.

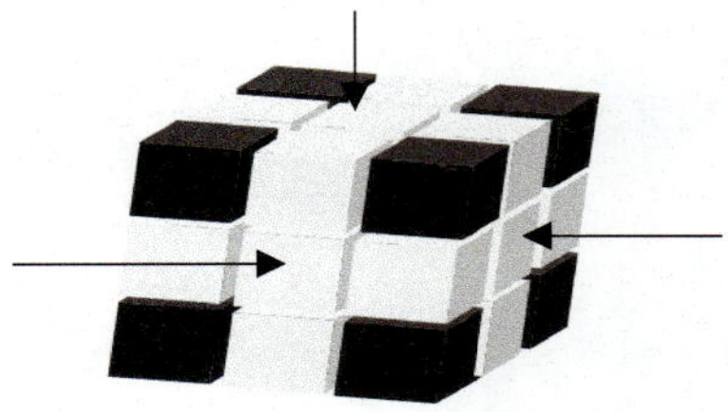

❑ 창의력 향상을 위한 우뇌 계발 방법(6)

6. 상상과 환상하기(fantasy)

공상은 선입견의 장벽을 무너뜨리고 현재의 행동이나 미래의 행동 결과를 보여줌으로써 올바른 계획수립을 돕는다. 공상을 통해 과거의 실패를 성공으로 변화시킴으로써 얻어진 좋은 기분을 건설적으로 다루게 한다. 또한 떠오른 아이디어에 대해 좌뇌의 분석적 판단에 맡기는 과정도 거치게 된다. 코스별로 영상 활동, 미래의 삶, 미지의 세계 여행, 소설 쓰기, 과거 수정, 우주여행에 대한 공상 활동을 한다. 특히 이미지 업으로 향상시킨다. 자신이 원하는 미래의 성공한 모습 장면을 머릿속에 지속적으로 그려봄으로써 자신의 능력을 최대한 신장시킬 수 있다. 어떤 사건이나 그림, 과거나 미래를 머릿속에 그려 보는 것은 곧 창조력, 창의력과 직결되며 이는 곧 능력향상의 열쇠이다.

연습 6 상상하기

사람들이 대화하는 모습을 상상해 본다. 어떤 대화를 하는 지 그 사람들의 모습과 입모양만을 보고 상상을 해 본다.

방법 1) 공공장소나 공원의 벤치에 앉아 주변에 있는 연인이나 대화하는 사람들의 동작과 상황을 본다.

방법 2) 어떤 대화를 나누는지 상상해 본다.

위 방법이 어렵다면 집에서 텔레비전을 소리는 들리지 않게 틀어놓고 동작과 입모양만 보고 어떤 말을 하고 있는지 상상해 본다.

창의적 문제해결과 전략적 의사결정 과정 및 기법

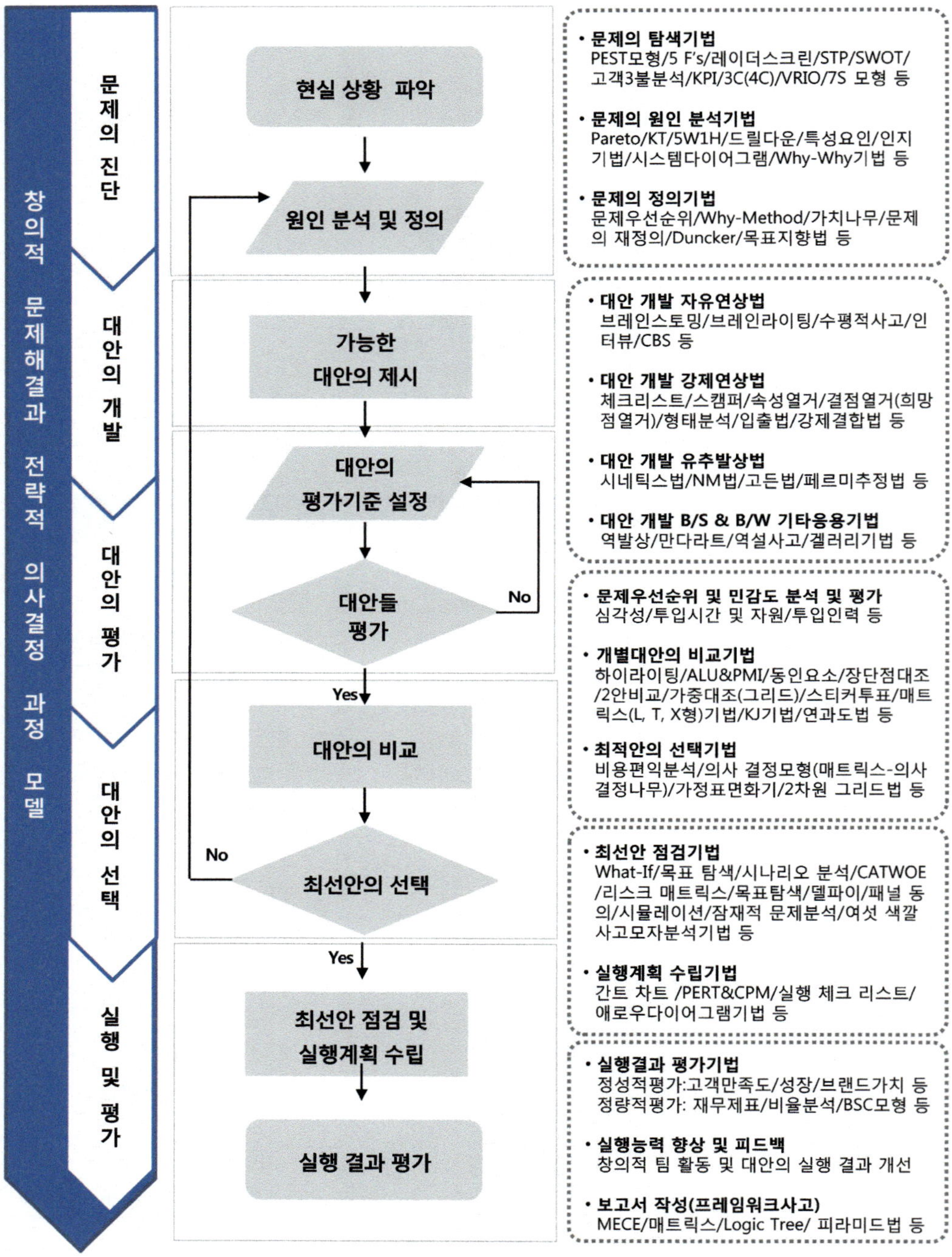

❖ 창의적 사고 기법들은 반드시 해당 단계에만 적용되지 않으므로 의사결정 단계와 상황에 맞춰 적절히 활용

제7장 창조적 대안의 개발 I

1. 창조적 대안개발의 이해
2. 자유연상법
3. 강제연상법

문제를 합리적으로 해결하기 위해서는 다양한 각도로 사고를 유도해야 한다. 사고를 유도하는 과정은 먼저 아이디어를 생성하는 '발산적 사고(사고의 1단계)'를 거쳐 생성된 아이디어 중 가장 효과적인 대안을 찾아가는 '수렴적 사고(사고의 2단계)'를 거치게 된다. 그러나 평소 주입식교육에 길들여진 우리에게 수렴적 사고보다 발산적 사고가 더 어렵다. 결국 아이디어를 발산하는 과정에서 무의식적으로 비판을 하는 행위 때문에 아이디어 발산이 제약을 받는다.

발산적 사고는 문제 해결 과정 중 실제 대안을 찾는 중요한 역할을 담당하기 때문에 이 단계에 서는 아이디어를 최대한 많이 생성할 수 있게 가급적 제시된 아이디어의 좋고 나쁨을 평가하지 않고 아이디어 발산에만 집중한다. 아이디어를 발산하는 기법은 매우 다양하다. 이러한 기법을 특성별로 분류하면 크게 자유연상법, 강제연상법, 유추발상법 등으로 나누어진다.

따라서 제7장 '창조적 대안의 개발 I'에서는 대안을 찾기 위해 익혀야 할 다양한 기법 중 사고의 제약을 받지않고 발상하는 '자유연상법'과 해결 실마리를 통해 아이디어를 확산하는 '강제연상법'을 중심으로 소개를 한다. 개인과 조직내에서 대안을 찾을 때 가장 많이 사용되는 기법을 위주로 활용방법에 대해 기술했다.

학습 목표

1. 대안개발의 의미와 중요성을 이해한다.
2. 대안개발에 활용되는 창조적 기법의 종류와 특징을 이해한다.
3. 자유연상법의 의미를 파악하고 브레인스토밍의 원리와 규칙을 이해한 후 일상에 적용해 본다.
4. 강제연상법의 의미를 이해하고 스캠퍼를 이용해 일상의 문제를 해결해 본다.

1. 창조적 대안개발의 이해

1) 대안개발의 의미와 중요성

문제가 발생하는 데에는 일반적으로 원인이 다 있다. 그리고 문제를 유발하는 원인은 하나일 수도 있고 여러 개일 수도 있다. 만약 문제의 원인이 여러 개라면 우선적으로 해결해야 할 문제를 정의한 후 대안개발에 들어간다. 따라서 제6장 '문제의 정의'에서 해결해야 할 문제가 정의되면 발산적 사고기법을 활용해 다양하고 풍부한 아이디어(대안)를 생성해 내는 '대안의 개발' 단계를 거치게 된다.

그러나 대안개발 기법을 이용하여 아이디어(대안)를 생성하기 앞서 반드시 제거되어야 할 점이 있다. 개인이나 조직에서 문제를 해결할 때 자유분방한 분위기에서 자유롭게 아이디어를 발산해야 하지만 그렇지 못한 경우가 많다. 개인과 조직의 자유로운 발상을 제약하는 것은 내부에 산재한 규칙, 절차, 습관, 관념 등으로서 이러한 환경요인이 자유로운 발상을 억압하거나 통제하기 때문이다. 그리고 이러한 것들이 창의력을 제약하기 때문에 문제해결을 위한 선택의 폭이 좁아질 수밖에 없다.

따라서 이러한 요인들은 대안을 개발하는 과정에서는 반드시 제거되어야 한다. 그리고 이러한 제약은 문제해결을 위한 의사결정 전 과정에 영향을 미치는 부분이기 때문에 문제해결을 위해서는 개선되어야 할 점이다([그림 7-1] 참고). 그리고 이러한 제약요인을 극복했다면 대안개발 시 다음과 같은 점을 고려한다.

① 가능한 한 많은 양의 아이디어를 내도록 유도한다. 질보다는 양이 우선이다.
② 아이디어를 판단하지 않는다. 판단은 수렴적 사고에서 행하도록 판단을 유보한다.
③ 아이디어를 발산하는 동안은 비판을 하지 않는다. 아이디어가 아무리 엉뚱하고 터무니없어도 아이디어를 자유롭게 생성할 수 있도록 분위기를 조성한다.
④ 다른 아이디어에 귀를 기울여 더 좋은 아이디어로 확산해 나간다.

그림 7-1 창조적인 대안개발을 위한 프로세스

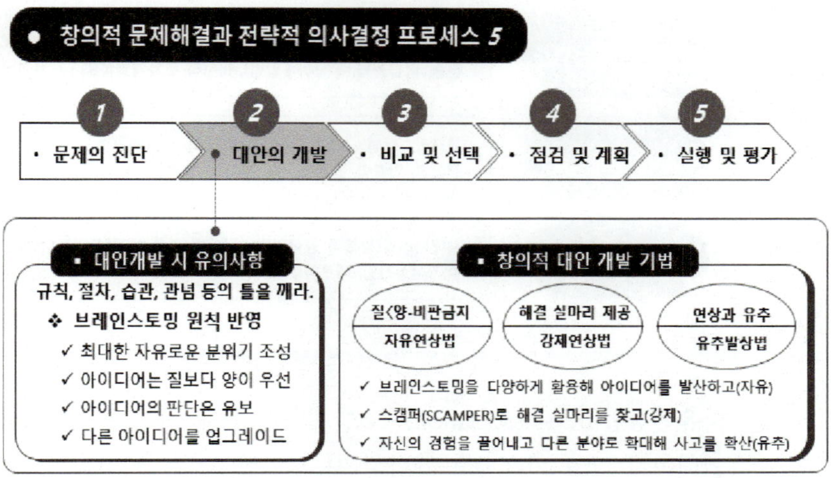

특히 이 가운데 '판단유보'는 문제해결을 위한 대안을 찾는데 매우 중요한 역할을 담당하므로 주의를 기울여야 한다. 아이디어 발산 시 새로운 생각이나 아이디어에 대해 본능적으로 판단을 하기 때문에 사실 판단을 보류하기란 쉽지는 않지만 이후에 소개 하는 대안의 개발기법들을 활용하는 연습을 통해 충분히 극복할 수 있다. 그리고 비판하는 버릇과 최초에 발견한 대안이 그럴듯한 경우에는 쉽게 그 대안을 선택해 버리는 습관도 고칠 수 있다.

2) 대안개발 기법의 종류와 특징

대안을 개발하기 위해 활용하는 창의력 기법은 매우 많다. 각 기법마다 적용 방법과 특징은 차이가 있지만 대안을 개발하는데 활용되는 방법을 크게 [그림 7-2]와 같이 '자유연상법', '강제연상법', '유추발상법' 등으로 구분할 수 있다.

그림 7-2 창조적 대안개발 기법의 종류

① 자유연상법	브레인스토밍법(B/S), 브레인라이팅법(B/W), 수평적 사고기법(CoRT 프로그램: Po 진술, 디딤돌법, 무작위투입법), 정성적 조사기법(CBS : 투사기법, 인터뷰방식) 등
② 강제연상법	체크리스트법, 스캠퍼기법(SCAMPER), 속성열거법, 결점열거법, 희망열거법, 강제결합법, 입출법, 초점법, 형태분석법, 엽기법, 카달로그법 등
③ 유추발상법	시네틱스법(창조적 공학기법), 고든법(리틀 브레인 스토밍법), NM법, 등가변환론법,가설설정법, 페르미추정기법 등

① **자유연상법**(free association): 대안개발을 위해 참가한 사람들이 일정한 형식에 얽매이지 않고 자유롭고 개방된 사고로 발상하는 기법

② **강제연상법**(regular association): 참가자들이 자유연상을 통해 문제해결을 위한 아이디어 발상을 돕기 위해 어느 정도 조건이나 정보를 제공함으로써 발상을 유도하는 기법

③ **유출발상법**(analogical association): 대상 사이의 유사점을 파악해 나가는 과정에서 문제를 해결하는 유추(analogy)와 서로 다른 사고영역이 어떠한 유사점에 의해 연계되는 표현을 통해 문제를 해결하는 은유(metaphor)를 활용하는 기법

2. 자유연상법

자유연상법은 어떤 대상과 관련하여 마음에 떠오르는 생각, 감정, 기억들을 수정하지 않고 이야기하도록 하는 방법으로 정신분석학파의 창시자이자 대가인 지그문트 프로이트(Sigmund Freud, 1856~1939)가 정신분석에서 사용한 기법이다. 자유연상법은 [그림 7-3]과 같이 아이디어를 발산하는데 있어서 특별한 규칙이나 절차에 얽매이지 않고 참가자들이 자유롭게 자신의 의견을 표출하는 방법이다.

그림 7-3 자유연상법의 원리

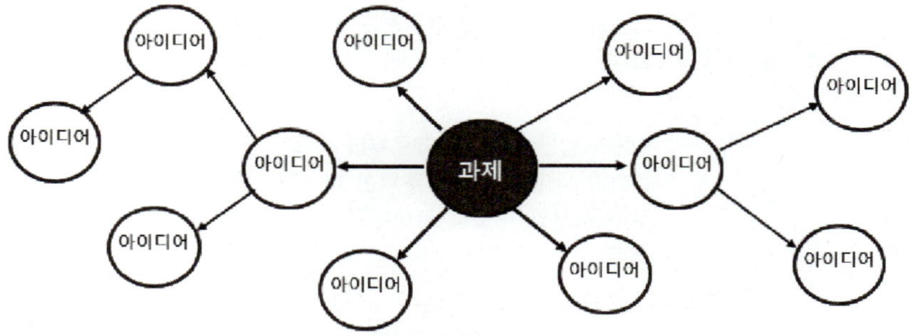

자유연상(자유로운 사고)

프로이트 역시 이 같은 방법을 통해 독특한 자유연상법으로 전개시켜 나갔으며, 환자가 합리적, 조직적, 뜻이 담화를 의식적으로 만들어 내지 않고 황당하고, 논리적이지 않고 우스꽝스러워도 자신의 의식에 떠오르는 모든 것을 이야기하도록 하는 방법을 활용했다. 어니스트 존슨(Ernest Jones, 1879-1958)이 프로이트의 자유연상법을 그의 과학적 생애 가운데 가장 위대한 행적 중의 하나라고 할 만큼 문제해결에 탁월한 기법이다.

그러므로 의사결정자(참가자)는 가급적 많은 아이디어를 산출하도록 참가자의 아이디어를 비판해서도 안 되고 자신의 아이디어도 논리적 사고에 얽매여 비판하지 않도록 유의한다.

자유연상법은 〈표 7-1〉에 나타난 바와 같이 다양한 방법이 있다. 그 가운데 브레인스토밍은 개인과 집단 그리고 다양한 분야에서 가장 폭넓게 활용되는 발산적 사고 기법이다.

따라서 자유연상법에서는 브레인스토밍의 개념과 2가지 원리 및 4가지 규칙을 잘 이해하고, 브레인스토밍을 진행하는 방법과 절차를 익힌 후 유용하게 활용하는 방법을 터득할 경우 아이디어 발산(창조적 대안개발) 능력이 향상된다.

왜냐하면 브레인스토밍은 문제의 진단뿐만 아니라 대안의 평가 등 문제해결 전 단계에 폭 넓게 활용되고 있기 때문이며 창의적 문제해결을 위해 반드시 이해하고 활용해야 하는 기법이다. 또한 좀 더 숙달된 아이디어의 발산 기법을 활용하고 싶다면 브레인스토밍을 보완해 개발된 브레인라이팅의 기초개념과 그 기법의 활용방법에 대해 이해하는 것이 도움이 된다.

〈표 7-1〉 자유연상법의 특징과 적용분야

자유연상기법	특 징	적용분야
브레인스토밍법	거침없이 자유롭게 생각하도록 격려함으로써 좀 더 다양하고 우수한 아이디어를 얻는 기법	문제의 진단 및 개발, 신제품기능개선, 고객서비스개선, 조직원 사기진작, 광고문안 등
브레인라이팅법	B/S의 집단사고의 문제로부터 창의성을 보호하고, 개별적으로는 취약한 아이디어들을 모아 질서와 구조를 부여하기 위해 설계된 기법	정책개발, 신제품기능개선, 고객서비스개선, 조직원 사기진작, 광고문안 등
수평적사고기법	다른 어떤 아이디어 또는 다양한 방법이 있는지 모색해 나가는 변화지향적 기법으로 결과 보다 과정을 중요시 여기는 기법	제품기능개선, 고객서비스개선, 조직원 사기진작, 광고문안 등
TRIZ 기법	수평적 사고의 한 형태로 해결하고자 하는 문제와 모순점을 정의하여 이를 극복함으로써 혁신적 해결안을 찾는 문제해결 기법(창의적 문제해결 이론)	경영혁신, 조직의 시너지 창출, 제품개발 및 공정모순 파악, 신제품개발 아이디어 등
정성적조사기법	소비자의 마음 안으로 들어가 그들을 이해하고 탐색하고 진단하는 조사 방법이며, 소비자를 하나의 행동개체인 인간으로서 있는 그대로 바라보며 대안을 찾는 기업	소비자의 구매, 선호도 등 마케팅 지향적인 문제 해결 등

1) 브레인스토밍(BS)

(1) 개념과 특징

'브레인스토밍'(Brainstorming, BS : 두뇌 폭풍, 갑작스런 정신착란 등)은 알렉스 오스본(Alex F. Osborn: 1888~1966)이 BBDO(Batten Barton Durstine and Osborn)광고회사의 부사장으로 있던 1938년에 개발하였다. 「Webster 사전」에는 브레인스톰이란 "발작적 정신착란, 영감, 엉뚱한 생각"으로 정의되어 있고, "한 집단이 그 구성원들에 의해 자발적으로 제공되는 모든 아이디어들을 축적함으로서 특수한 문제의 해결점을 찾으려고 시도하는 기술을 사용하는 것"이라고 설명되어 있다.

처음에는 광고회사와 같이 아이디어를 양산해야 하는 곳에서 '조직적인 아이디어의 창출 기법'으로 사용했으나, 그 이후 산업계와 교육계에서도 널리 사용되었다. 또한 브레인스토밍은 많은 사람에 의해 응용·개발되어지고, 현존하는 창의력 진작을 위한 사고기법 가운데 가장 광범위하게 이용되고 있다. 브레인스토밍(Brainstorming)

은 미국에서 'Brainwashing'이라고 불리기도 한다. Brain+Storming(두뇌+폭풍: 창의적 사고로 가는 기법), 즉 '두뇌에 폭풍을 일으켜서 문제를 해결하는 것'을 뜻한다. 이것은 일상적인 사고기법이 아니라 자유롭게 생각하도록 격려함으로써 좀더 다양하고 우수한 아이디어를 얻는 방법이다.

좀 더 구체적으로 브레인스토밍의 정의를 살펴보면 다음과 같다. '어떤 구체적인 문제를 해결함에 있어서 그 해결방안을 생각할 때 판단이나 비판을 일단 중단하고 아이디어의 질을 고려하기보다 머릿속에 떠오른 창의적인 아이디어를 얻는 방법'이다. 그리고 이 아이디어들을 결합시키거나 개선하도록 자유연상을 요구할 때 보다 더 좋은 아이디어를 산출할 수 있다는 것이다. 따라서 이 기법은 새로운 아이디어를 끌어내는 데 쓰이는 기법으로서 창의성 개발에 유효하다고 간주된다.

(2) 브레인스토밍기법의 원리와 규칙

브레인스토밍기법은 특정한 계획이나 정해진 문제뿐만 아니라 자연스럽게 필요에 의해서 사용이 가능하고, 주어진 어떤 문제를 창의적으로 해결하기 위하여 계획된 모임에서 이 기법의 사용을 미리 계획하여 사용할 수 있다. 어떤 특정 문제나 주제에 관한 아이디어를 창출해 내기 위한 방법으로 주로 집단토의에서 사용할 수 있는 기법이지만 개인이 혼자서 사용할 수도 있다. 매우 간단하게 사용하는 경우라 하더라도 브레인스토밍의 2가지 기본원리와 4가지 규칙은 철저하게 따라야 한다.

① 규칙 1: 아이디어에 대한 비판이나 평가는 금물이다.

아이디어들은 자유롭게 발표되어야 하며 이 단계에서는 그 누구에게도 방해를 받거나 비판의 대상이 되어서는 안 된다. 즉 비평이 배제된다. 아이디어의 질은 중요하지 않고 모든 아이디어들은 좋든 나쁘든 간에 수용되고 평가는 보류된다. 즉 아이디어를 떠올리는 단계에서는 떠오르는 아이디어 자체에만 집중하고 일체의 평가를 잠시 보류하여 아이디어의 양에만 관심을 둔 것이다. 그동안 학교교육 속에서 비판하거나 평가하는 능력이 높이 평가되어 왔기 때문에, 성인의 경우에 있어서 이런 비판적인 성향을 없에는 것이 쉬운 일이 아니다. 따라서 브레인스토밍을 실천할 때는 누군가의 아이디어를 듣고 긍정적인 평가나 부정적인 평가 등의 암시를 나타내는 이미지, 표정 등도 철저히 배제되어야 한다. 때문에 언어적인 평가는 물론 비언어적인 평가도 하지 않기 위해 충분한 훈련을 해야 한다. 오스본이 제시한 연구결과에서도 판단보류를 적용한 집단은 그렇지 않은 집단보다 90% 이상 좋은 아이디어가 산출되었다고 했다.[1] 따라서 지도자들은 소집단별로 자유사고를 발표할 때 자유로운 표현을 할 수 있도록 비평하거나 평가하지 않는 환경을 조성하는 것이 매우 중요하다. 그러므로 가능한 친숙한 주제를 정하고 '판단보류'를 강조하는 것은 회의의 질을 높이기 위해 좋은 방법이 된다.

② 규칙 2: 자유분방한 분위기의 조성이 필요하다.

브레인스토밍은 자유연상법으로서 다양한 개인이 자발적으로 아이디어를 만들어 내는 것을 의미한다. 그리고 개인이 주어진 문제에 대해 정보가 없거나 지식이 없어도 무방하다는 것을 말한다. 그래서 엉뚱하고 기발한 아이디어의 상상을 허용하고 다른 관점의 문제상황에 짜 맞추어진 아이디어의 생성도 용납한다. 이상하거나 색다른 아이디어의 출현은 또 다른 아이디어를 이끌어 낼 수가 있다고 기본적으로 가정하고 있기 때문에 아이디어를 도출하는 분위기를 억압해서는 안 된다. 더구나 이러한 자유분방함은 두뇌활동을 더욱 흥분시키는 촉매제 역할을 하므로 아무리 하찮은 아이디어라도 자신의 감정과 논리에 얽매이지 말고 자유스럽게 제안할 수 있도록 규제하고 있다.

③ 규칙 3: 아이디어는 질보다 양을 추구한다.

아이디어의 수가 많으면 많을수록 유용한 아이디어가 나올 가능성이 크다. 그러므로 어떤 평가도 내리지 않고 생각할 수 있는 아이디어는 모두 떠올려 보는 것이 중요 하다. 스트리트(W. R. Street)는 1974년 그의 연구에서 '브레인스토밍은 다양하고 많은 아이디어를 도출하는데 주안점을 두고 참가자로 하여금 독창적인 사고를 자극하는 것을 특징으로 하며, 다른 어떤 방법보다 문제해결을 위한 새로운 아이디어의 도출에 탁월 한 기법'이라고 했다. 즉 처음부터 좋은 아이디어를 찾는 데 집착하지 말고 무조건 많은 아이디어를 내 놓으면 그 속에는 반드시 좋은 아이디어가 있기 마련이다.

④ 규칙 4: 아이디어의 결합과 조합을 통해 개선한다.

제안된 각각의 아이디어는 이미 그 아이디어를 제안한 사람의 전유물이 아니라

---

1) Alex F. Osborn(1993), Applied Imagination , NY: Creative Education Foundation Press, p.129.

참가자 모두 공유할 수 있도록 사용되어야 한다. 즉 타인의 아이디어에 착안하여 더욱 발전된 자신만의 아이디어를 생각해 내는 것이다. 이런 활동을 통해 어떤 사람이 생각해 낸 아이디어에 다른 사람이 편승하여 더 좋은 아이디어를 만들 수 있기 때문에 하나의 아이디어는 자신만의 것이 아니라 참여자 전원의 아이디어라고 인식한다. 물론 아이디어가 비슷한 경우도 있고 똑같은 아이디어가 생성될 수도 있다. 그러나 뜻밖의 아이디어를 통해 자극이 되어 새로운 아이디어가 생성되기도 하고 이를 통해 보다 나은 아이디어가 창조됨을 알아야 한다. 브레인스토밍은 오랜 기간 브레인스토밍 기법을 사용하면서 규칙을 한꺼번에 습득하는 것보다 한 번에 한 가지 규칙을 연습하는 것이 효과적이라고 한다. 규칙이나 원리를 학습하는 순서가 일정하게 정해진 바는 없으나 토랜스(Torrance, 1979)는 평가의 보류 → 자유분방 → 많은 양의 아이디어 → 결합과 히치하이크 순으로 연습하는 것이 효과적이라고 말하였다.

이상 설명한 브레인스토밍의 4가지 규칙은 다음 2가지 원리에 기인한다.

① 판단을 유보한다.
② 양이 질을 낳는다.

오스본은 창조적 문제해결은 일상의 문제해결과는 다르다고 주장한다. 브레인스토밍 활동시간의 중간부분에서 가장 많은 아이디어가 생성되고 있고 후반부부터는 점차적으로 독창적이고 혁신적인 아이디어가 창출된다. 때문에 오스본은 아이디어에 대한 판단을 나중까지 유보하고 참가자들로 하여금 가능한 많은 아이디어를 생성해 창조적인 대안을 도출해 내도록 강조하고 있다. 이는 아이디어가 많을수록 그 속에서 적어도 독창적인 아이디어가 포함되어 있을 것이라는 가설에 근거한 것이다. 나아가 팀 구성원들은 상호작용을 통해 다른 사람의 아이디어를 공유하고 개선하는 과정에서 새로운 아이디어 생성의 디딤돌로 사용하는 기회를 갖게 된다.

(3) 적용 방법과 절차

브레인스토밍을 실천하기 위한 세부절차는 준비단계에서부터 회의를 마치고 보고하기까지 [그림 7-4]와 같은 절차가 필요하고 각 단계별 세부 주의사항은 다음과 같다.

그림 7-4 브레인스토밍 회의의 계획과 적용절차

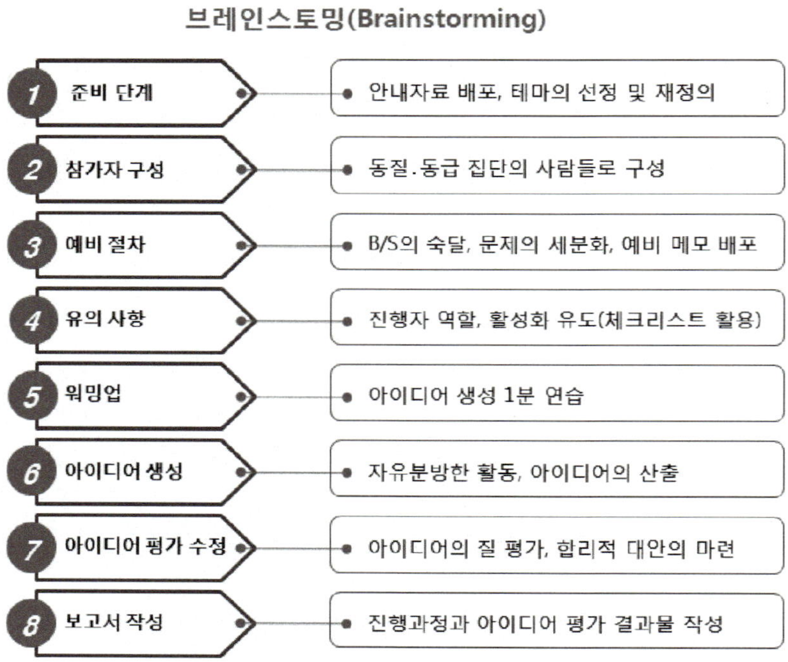

① 준비단계

㉮ **안내자료:** 사전에 브레인스토밍을 계획하는 경우는 참가 예정자들에게 적어도 1주일 전까지 '회의'에 대한 전체적인 안내와 '창의력 연습문제'가 포함되어 있는 〈표 7-2〉과 같은 '안내자료'를 보내준다. 그리고 회의장소로 적합한 곳은 참가자들에게 익숙하지 않은 장소면 좋다. 또한 가능하다면 주위환경이 아름답고 편안하고, 멀리 떨어진 장소이면 더 좋다. 여건이 허락하지 않는다면 평소 회의에 사용되던 방을 배제하고 다른 방을 선택해 회의장 내의 공간 활용에도 각별히 신경을 쓰는 것이 좋다. 테이블의 위치는 원형이나 U형 배치로 앉도록 하고 실내 환경을 맑고 쾌적하게 유지하는 것도 매우 중요하다.

〈표 7-2〉 브레인스토밍 회의록

Brainstorming			년 월 일
사 회 자		기 록 자	
참 가 자			
활동주제			
아이디어	내 용(주의: 발표자의 이름은 기재하지 말 것)		
해 결 책			

㈏ **테마의 선정과 재정의:** 브레인스토밍 기법은 창의적 문제해결의 어떤 단계에서도 사용할 수 있다. 아이디어의 생성을 위해 테마(주제)는 사전에 참가자에게 제공하는 것이 좋다. 다양한 창의력 기법에 활용되는 BS의 '문제진술'방식을 예를 들어 보면 다음과 같다.

- **문제를 확인해 내려고 할 때:** '우리의 문제점은 무엇인가?', '현재 발생한 문제에 대하여 우리가 알고 있는 것은 무엇인가?', '시장의 변화나 경쟁사는 어떻게 돌아가고 있는가?' 등
- **문제를 진술하고자 할 때:** '이슈가 무엇인가?', '무엇이 문제인가?', '장애요인은 무엇인가?' 등
- **문제를 분석할 때:** '발생한 문제의 원인이 무엇인가?', '사태가 왜 개선되지 않는가?' 등
- **문제의 해결대안을 생각할 때:** '어떤 전략을 사용해야 할까?', '다른 해결책은 무엇일까?' 등
- **의사 결정할 때:** '어떤 대안이 가장 그럴듯한가?' '각 대안의 위험부담은 어떤가?' 등
- **제안자가 문제를 의뢰한 경우:** 먼저 제안자가 문제를 설명하고 문제를 공식적으로 진술한다.

다음으로 브레인스토밍 멤버들은 문제를 재정의하고, 재정의된 문제진술 가운데서 하나 또는 몇 개를 선정하여 해결 아이디어를 브레인스토밍한다. 채택한 재정의가 몇 개인 경우라도 브레인스토밍은 하나씩만 가지고 한다.

② 참가자의 구성

브레인스토밍은 인원 제한 없이 할 수 있다. 혼자서도 이용할 수 있으므로 인원에 제약은 받지 않는다. 그러나 일반적으로 참가자의 구성은 1명의 진행자와 기록인(서기) 1명~2명과 약 5~10명의 참가자로 구성하는 것이 이상적이다. 물론 경험이 적으면 15명 정도까지 해도 무방하다. 그리고 참가자 중 5명은 핵심적 멤버로 구성하는 것이 효과적이며 브레인스토밍 되어야 할 문제에 대하여 정확한 정보를 제공할 수 있는 사람이 포함되는 것이 좋다. 참가자의 구성은 가급적 동질 · 동급 집단의 사람들로 구성되는 것이 더 효과적이다. 만일 윗사람이 그 자리에 참석할 경우 참가자들은 심리적으로 위축되거나 부담을 느끼게 되어 자유분방한 사고를 산출해 내는데 방해를 받을 수 있기 때문이다.

③ 예비절차

본 회의에 들어가기 전에 필요한 예비절차로는 다음과 같다.

㉮ 진행자가 브레인스토밍기법에 숙달하고 있어야 하며 해결해야 할 문제가 무엇인가를 충분히 알고 있어야 한다.

㉯ 광범위한 문제는 몇 개의 하위문제로 분할해야 한다.

㉰ 진행자는 참가자들에게 회의가 개최되기 전 적어도 2일전에는 '예비 메모'를 주어야 한다. 이 메모는 두 가지의 목적을 갖는데 그 하나는 참가자들에게 문제에 관한 방향을 제시해 주는 것이고 다른 하나는 문제를 생각하는 기간을 줌으로써 연상작용을 높이는 시간을 제공하는 것 등이다.

이때 '강제연상법'에서 활용되는 'SCAMPER 기법'이나 대안비교 평가에서도 활용되는 'PMI 기법'을 적용하기도 한다.

④ 유의사항

진행자는 회의 진행시에 참가자들의 아이디어 산출이 저조할 때 적당한 질문을 하여 회의가 활기를 띄도록 질문목록을 준비해야 한다. 그러나 가치판단을 요하는 문제와 같은 것은 배제된다. 진행자는 오스본의 체크리스트를 활용해 참가자의 아이디어를 유도하는 방법으로 활용한다.

| 예를 들면 '다른 용법을 찾아보시오'.
| 응용하면?(이것 외에 다른 것은?)
| 수정하면?(의미, 색, 동작, 음향, 향기, 맛, 형태 등을 바꾸면?)
| 확대하면?(더 붙일 수 있는 것은? 다른 요소를 더하면?)
| 대치하면?(대신할 사람은? 대신할 물건은? 다른 장소는?)
| 재배열하면?(계획을 바꾸면? 속도를 바꾸면?)
| 결합하면?(혼합시키거나 섞으면? 용도를 합하면? 아이디어를 결합하면?)
| 거꾸로 하면?(반대는? 뒤집으면?)

⑤ 워밍업 연습

회의에서 다루려는 문제를 참가자에게 제시하기 전에 진행자는 브레인스토밍의 규칙을 설명해야 한다. 그리고 분위기를 부드럽게 하고 마음이 편안해지도록 진행하기 위해서 워밍업(warm-up)을 위한 연습문제(주제를 하나 정한 후 아이디어 생성을 위한 1분 기법)를 브레인스토밍 해보는 것이 좋다.

⑥ 아이디어 생성단계

진행자는 주제에 관하여 설명하고 자유로운 분위기 속에서 참가자들로 하여금 가능한 한 많은 아이디어들을 생성하도록 진행을 유도하고 기록이 늦어져서 진행에 차질이 생기지 않도록 기록자 2명이 의견을 번갈아 가면서 기록하게 한다. 기록자는 참가자들이 산출한 아이디어를 기록할 때 보통 칠판이나 큰 종이에 기록 하는 것이 좋다. 왜냐하면 참가자들이 아이디어의 내용을 보면서 재검토 또는 다른 아이디어를 개선하는데 도움이 되기 때문이다. 그리고 시계를 준비하여 자유분방한 분위기에서 시간을 맞추어 빠른 템포로 다음과 같은 점에 유의하여 진행시킨다.

㉮ 진행자의 문제에 대한 설명과 참가자들의 질문으로 시작된다.
㉯ 진행자는 네 가지의 기본원칙을 환기시킨다.
㉰ 진행자는 참가자 중에 누구든지 기본원칙에서 벗어나는 태도를 보이거나 발언을 하면 주의를 환기시킨다.
㉱ 진행자는 참가자들에게 아이디어 제시를 요청하고 참가자들이 거수에 의하여

한 사람이 1회에 하나씩 아이디어를 발표케 한다.

㉤ 진행자는 제출된 아이디어로부터 직접 유도되어 나오는 연쇄적인 아이디어를 권장하고 발표에 우선권을 준다. 즉 연쇄적인 아이디어를 가진 참가자는 손뼉을 쳐서 진행자에게 알리게 하고 진행자는 우선적으로 그 사람을 지명한다.

㉥ 서기가 산출된 아이디어를 〈표 7-2〉에 기록하되 발표자의 이름은 적지 않는다.

㉦ 시간은 30분 정도가 적당하고 20분 정도 연장할 수 있다.

㉧ 진행자는 "조금만 더 아이디어를 냅시다", "10개만 더 아이디어를 냅시다", "10 개를 돌파합시다." 또는 "각자 1개씩 아이디어를 더 냅시다." 등의 말로 참가자를 독려한다. 만약 시간에 제약을 받게 되면 참가자들이 피로감을 느껴 회의의 원만한 진행과 동기유발이 제약을 받을 수 있으므로 휴식 후 다시 시작해도 된다. 예컨대, 진행자는 참가자들이 피로를 느끼기 전에 회의를 종결한다.

⑦ 아이디어 평가와 수정 단계

평가의 목적은 아이디어의 질을 평가하여 구체적인 대안을 마련하기 위한 것이다. 앞 단계에서 생성해 낸 아이디어들을 심사하고 분류하고 평가하여 하나 또는 몇 개의 아이디어를 선택한다. 전 단계에서 평가단계로 넘어가기 전에 휴식시간을 이용해 생성된 아이디어를 두 집단으로 나누어 아이디어 리스트를 교환하면서 '평가'를 할 수도 있다. 그리고 아이디어가 많은 경우, 초기의 아이디어들을 다듬고 개발시킴으로써 더 나은 아이디어로 발전시켜 나갈 수 있다. 아이디어에 대한 평가는 브레인스토밍 활동과정에서 하기도 하고, 제9장 '대안의 비교 및 최선안의 선택'에서 소개하는 대안을 비교 평가하는 기법을 브레인스토밍 활동과정에 적용해서 할 수도 있다.

평가는 일반적으로 문제에 대해서 직접적인 책임을 진 사람들에 의해서 최종평가가 이루어진다. 이것은 아이디어들을 낸 집단일 수도 있고 그렇지 않을 경우도 있다. 좀 더 정확한 평가를 보장하기 위해서는 아이디어를 개선하고 결합한다. 그러나 이 '평가' 단계에서 필요한 것이 '수렴적 사고기법'이다. 수렴적 사고기법 가운데 어떤 방법을 선택하는지는 생성된 아이디어 수에 따라 얼마만큼의 아이디어를 요구하느냐에 따라 다른 기법을 적용한다. 또한 참가자들이 각 평가의 기준, 즉 준거를 잘 알아야 한다.

개발단계에서 일반적으로 각각의 아이디어는 평가기준에 따라서 좋다고 생각하면 3 점, 보통이면 2점, 나쁘다고 생각되면 1점을 준다. 척도는 조직에 따라 정한 5점 척도나 7점 척도를 사용할 수도 있다. 그리고 평가결과에 따라 즉시 사용할 것인지, 보류할 것인지, 또는 수정할 것인지를 결정한다. 경우에 따라서는 이미 만들어진 준거를 제시해 긍정적으로 아이디어를 결합하는 것이 중요하다. 생성된 아이디어보다 더 나은 것을 찾아내는 긍정적 판단이 강조되어야 한다. 평가과정은 다음과 같은 〈표 7-3〉을 만들어 사용하면 편리하다.

일반적으로 평가의 기준은 크게 효과와 실행 가능성을 본다. 전자는 주어진 문제(테마)에 대해서 아이디어들을 적용했을 때 얼마만큼의 효과를 기대할 수 있는지를 평가 하는 것이다.

〈표 7-3〉 브레인스토밍 아이디어 평가표

아이디어	평가기준						판단 여부			
	효과의 평가			실행가능성의 평가			즉시 사용	보류	폐기	수정
	비용	시간	유용성	구체성	법적 사회적 인정	소요인력 또는 노력				
1.										
2.										
3.										
. .										
주의 사항	평가기준은 3점-5점 척도가 일반적임.:최상(5), 상(4), 중(3), 중하(2), 하(1)									

예를 들면, 얼마나 더 좋아지고, 개선되고, 비용이 절감되고, 만족감을 주는지 등의 의미를 부여한다. 그리고 후자인 경우는 생성된 아이디어가 현장에서의 실행가능성을 평가한다. 테마에 대해서 영향을 미치는 요소들은 주로 아이디어의 구체성을 본다.

먼저, 아이디어가 구체적이지 못하면 그만큼 실행가능성이 떨어지기 때문에 주의해야 한다. 그리고 아이디어가 채택되었을 경우 법적·사회적·경제적 제한을 받는지 여부도 평가의 기준이 된다. 아이디어 평가과정에서 선발되지 못한 아이디어들, 특히 사용하고 싶으나 어떤 특정한 기준에서 평가결과가 아주 좋지 않은 아이디어들을 따로 옮겨 적는다. 이때 각 아이디어 사이에는 수정 또는 보완책을 적을 수 있도록 충분한 여백을 준다.

그리고 이들 각 아이디어를 유용한 아이디어로 바꿀 수 있는 모든 가능한 방법을 생각한다. 물론, 이 과정에서도 브레인스토밍기법이 활용될 수 있다. 이상 아이디어의 산출이 다 끝나면 가능성이 있다고 생각되는 수정된 아이디어에 ※표를 하고 다시 아이디어 평가과정에 따라 평가하고 판단한다.

평가는 불필요한 아이디어를 탈락시키기 위한 과정이 아니다. [그림 7-5]와 같이 다양한 아이디어를 어떻게 향상, 발전시킬 수 있는지를 염두하고 실시한다.

그림 7-5 아이디어의 선정 및 수정

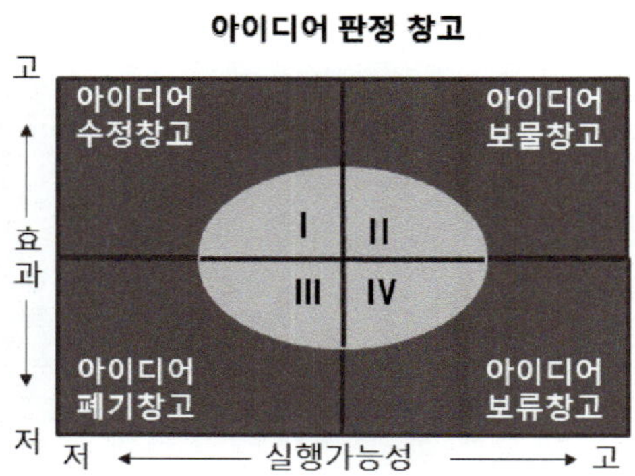

예를 들어, 〈표 7-3〉(아이디어의 평가는 〈표 6-2〉, [그림 6-2] '문제우선순위 결정 매트릭스'를 활용해도 도움이 됨)에서 높은 점수를 받은 아이디어를 비롯해 평가 점수별로 [그림 7-5]에 표시한 후 시각적으로 판단이 용이하게 만든다. 그리고 보물창고에 위치한 아이디어는 즉시 활용하고 단계별로 아이디어를 수정 보완하여 활용 가능한가를 판단하여 활용범위를 넓혀 간다. 그리고 폐기창고에 있는 아이디어라고 무조건 폐기하기보다는 개선의 여지가 있는지를 살펴보거나 아이디어가 다른 문제해결에 도움이 되는지 등 면밀히 체크한 후에 폐기한다.

⑧ 보고서 작성

준비단계를 거쳐 수정 및 평가 단계에 이르기까지 모든 진행과정과 아이디어의 결과물에 대한 평가를 작성한다. 예를 들면 브레인스토밍 연습의 결과는 어떠했는가?,

과정은 어떻게 진행되었는가?, 제시된 아이디어의 다양성과 결과물에 대해 만족했는가?, 여러분은 스스로 그 모든 것들을 생각해 낼 수 있었는가?, 창의적인 아이디어를 갖기 위해 그 문제분야에서 전문가이어야 할 필요가 있는가?, 당신과 당신 팀원들이 지쳤었는가?, 대화식 브레인스토밍 회의 중에 문제를 발견하거나 약간의 단점을 경험했는가?, 팀원들이 내성적이거나 거만하다면 어떻게 하겠는가?, 이런저런 이유로 브레인스토밍에 꼭 필요한 팀원들 사이에 공공연한 갈등이 있다면 어떻게 하겠는가? 등과 같이 구체적인 내용이다.

(4) 브레인스토밍의 효과와 문제점

① 브레인스토밍의 효과

브레인스토밍에 대한 효과는 자유로운 연상훈련을 시킴으로써 창조적 아이디어를 발산하는 능력이 향상되고 독창성을 개발할 수 있다. 또한 아이디어들을 서로 창의적으로 조합시킬 수 있는 기회도 갖게 된다. 단순한 아이디어들도 후반기로 가면서 참가자들에 의해 개선되고, 걸러지고 다듬어지면서 훌륭한 아이디어로 탈바꿈하게 된다. 오스본은 아이디어 산출량의 브레인스토밍 회의 전반부와 후반부를 연구하여 판단을 유보한 후반부에 산출된 아이디어의 양이 질을 수반한다고 하였다.[2] 그리고 자신과 타인에 대한 감정을 조절할 수 있는 효과도 있다. 판단을 유보함으로써 자신의 감정을 자연스럽게 통제하거나 유보하게 된다. 자율적인 감정조절로 타인에 대한 감정도 배려하게 된다.

② 브레인스토밍의 문제점

참가자들이 통일성에 대한 압력을 받을 수 있다. 특히 '집단극화'(group polarization) 현상이 발생해 다양한 의견이 수렴되기 보다는 의견이 극단적인 방향으로 흘러버릴 수 있다. 또한 참가자들이 관리자와 상사로부터 위협을 감지하게 되면 회의에 소극적으로 참여하게 되므로 회의의 중단을 초래할 수도 있다. 그리고 적극적이고 자기표현을 좋아하는 참가자들은 자신의 아이디어를 거리낌 없이 발표하고 적극적인 태도로 회의에 참가하지만, 자기주장이나 표현이 부족한 소극적인 참가자는 참여를 꺼리기 때문에 적극적인 일부 사람들에 의해 회의가 주도될 수 있다.

---

2) Alex F. Osborn(1993), Applied Imagination, NY: Creative Education Foundation Press, p.132.

2) 브레인라이팅(BW)

(1) 개념 및 특징

브레인라이팅(Brainwriting)은 독일 프랑크푸르트의 바텔연구소(Battelle Institute)의 호스트 게쉬카와 그의 동료들에 의해 창안된 집단발상기법으로 각 참가자들의 아이디어를 기록하기 위해 비언어적 접근방법을 사용하는 아이디어창출 기법이다. 당시 독일에서 1973년부터 1980년 사이에 브레인라이팅의 인지도가 3배 이상 향상되었고 이 기법은 초기에 635기법(6-3-5 Brainwriting, 1970, 최초의 기법)으로 불리었다. 즉 6명의 참가자가 각자 3개씩의 아이디어를 5분 안에 생각해 내는 것이다.

이 방법은 브레인스토밍처럼 참가자들이 문제를 해결하거나 현재 상황들을 개선하기 위해 아이디어를 생각해 내는 방법이다. 단, BW은 카드나 종이쪽지를 사용하여 아이디어를 기록하고, 한데 모아서 다른 사람 것과 교환하여 검토하는 과정을 거치면서 부수적으로 관련된 아이디어나 개선된 아이디어가 나오게 하는 방법이다. 특히 각자 침묵 속에서 진행하기 때문에 개인사고의 특징을 최고도로 살릴 수 있는 집단발상법이며 아이디어를 병렬적·동시적으로 연결하도록 설계되었다.

따라서 구성원들이 자신의 생각을 솔직하고 자신 있게 표현하기 어려운 경우 브레인라이팅은 매우 유용하다. 즉 브레인스토밍과도 같은 방법이지만 말을 하지 않고 자신의 아이디어를 종이에 쓴 다음 교환하는 것이다.

그리고 브레인라이팅은 브레인스토밍의 문제점을 극복해주는 방법이다. 브레인스토밍을 진행하다 보면 소극적인 참가자는 자신의 의견 발표를 꺼리기 때문에 회의는 항상 적극적인 참가자를 중심으로 진행된다. 따라서 소극적인 참가자는 소외감을 느끼거나 그로 인해 참여도가 점차 낮아진다. 또한 규칙을 철저히 지키면서 회의가 진행되도록 진행자가 유도하고 있지만 사람에 따라 아이디어를 생성하는 속도나 감정에 따라 차이가 있어 그것을 일일이 조율하기가 쉽지 않다는 것도 문제점이다.

그러므로 브레인라이팅은 소극적인 참가자도 부담 없이 참가해서 사용할 수 있다. 그리고 다른 참가자 앞에서 엉뚱한 아이디어를 제안하게 될 때 느끼는 거북함도 줄일 수 있다.

브레인라이팅의 특징을 요약하면 다음과 같다.

① 브레인스토밍의 단점을 보완한 기법이다.

② 기본적으로 브레인스토밍과 같은 방법을 추구한다.
③ 말을 하지 않고 자신의 아이디어를 종이에 쓴 다음 서로 교환하는 병렬적이고 동시적인 방법으로 설계한다.
④ 아이디어 발상은 written brainstorming이라고도 한다.

(2) 브레인라이팅의 사용방법

브레인라이팅은 광고 슬로건 같은 어떤 콘셉트(concept)를 발견하는데 매우 유용하다. 이 기법은 참가자들의 성향이 좀 내성적이어서 타인의 면전에서 자신의 생각을 제대로 표현하지 못하는 경우에 사용할 수 있다. 또는 회의에 참가한 사람의 수가 상당히 많은 경우나 많은 아이디어들을 빠르게 생성해 내고 싶을 때도 유용한 창의적 사고기법이다. 이 기법은 다른 사람의 아이디어에 쉽게 편승할 수 있는 구조를 제공해 주고, 내성적인 사람의 의견도 들을 수 있으며, 그리고 아이디어 생성 흐름이 끊어지지 않고 계속 이어갈 수 있는 장점이 있다.

① 소집단 구성

대집단을 몇 개의 소집단으로 나눈다. 집단의 크기는 상관이 없지만 4~5명 정도의 소집단으로 나누는 것이 좋다. 소집단은 조그마한 원탁에 둘러앉아 진행한다.

② 진행절차

㉠ 각 멤버에게 3~4개의 줄이 그어져 있는 브레인라이팅 용지를 한 장씩 배포한다(〈표 7-4〉 참고). 회의장 가운데 있는 테이블에는 용지를 추가로 마련해 놓는다. 원칙적으로 6사람이 한 팀을 만든다. 조용한 회의실을 준비하여 책상을 원형으로 배치한다. 그리고 진행자는 참가자에게 테마를 설명하고 질문을 받는다.
㉡ 브레인라이팅의 원리를 숙지하게 한다.
㉢ 우선 5분간 각 참가자는 진술난에 제일 먼저 해결해야 할 문제를 진술한다. 그리고 1의 A, B, C난에 테마에 관한 자기 나름대로의 아이디어를 쓴다. 즉 브레인라이팅 용지를 사용하는 방법은 제일 윗줄에는 문제 진술을 적고 각 줄에 3개의 아이디어를 적는다.
㉣ 첫째 줄에 3개의 아이디어를 적었으면 그 용지를 테이블 위에 가져다 놓는

다. 그리고 5분이 지나면 자기의 시트를 왼쪽 옆의 참가자에게 전달하도록 한다.

ⓜ 이제 두 번째 줄에 3개의 아이디어를 더 적어 넣는다. 즉 각 참가자는 오른쪽 옆의 참가자에게서 돌아온 시트의 1A난에 쓰여 있는 아이디어를 발전시킨 아이디어를 생각해 2A난에 써 넣는다(발전 아이디어가 생각나지 않을 때는 독자적인 아이디어를 쓴다. 그것은 새로운 아이디어일 수도 있고 다른 사람의 것에 자극받은 것일 수도 있다. 이전의 아이디어들을 조합하거나 또는 거기에 무엇을 추가시켜 새로운 아이디어를 만들 수도 있다.).

〈표 7-4〉 브레인라이팅 용지의 예

Brain Writing			
▪ 우리의 주변에서 꼭 해결하고 싶은 일 중에서 가장 우선적으로 해결하고 싶은 문제를 진술하고 BW를 하여 해결책을 마련하세요. ▪ 문제 진술:			
순서	아이디어 A	아이디어 B	아이디어 C
1			
2			
3			
4			
. .			

ⓑ 참가자들이 아이디어가 떨어질 때까지 1B난→2B난, 1C난→2C난도 마찬가지로 같은 방법으로 한다. 즉, ⓒ, ⓓ, ⓜ의 단계를 반복한다. 가로의 아이디어 A, B, C에는 각자의 아이디어를 적고 세로의 1, 2, 3 …는 집단 구성원의 수만큼 칸을 만들고 집단구성원이 아이디어를 적는다(구성원이 10명이면 10줄까지 기록이 가능하다. 그러나 6명 정도가 적합하다.).

ⓢ 이렇게 하여 2회째 5분이 지나면 전회와 같이 각자의 시트를 각각 왼쪽 옆의 참가자에게 전달하고 위와 같은 순서를 반복한다.

ⓞ 아이디어를 평가하는 단계를 시작하기 전에 기록자는 제시된 모든 아이디어들을 모으고 편집하여 참가자들이 이용할 수 있게 해야 한다. 참가자들이 아이디어를 평가하는 기준을 숙지해야 한다. 평가기준과 방식은 브레인스토밍과 동일하다.

㉧ 이 같은 과정이 끝나면(108개의 아이디어가 도출) 각자가 가지고 있는 시트의 내용을 각 참가자에게 평가시키고 좋은 아이디어를 각각 다섯 개 정도씩 뽑아서 그 아이디어를 전원이 평가하거나 브레인스토밍과 같이 나중에 시트내용을 평가해도 좋고, 대안비교 기법을 적용해도 된다. 브레인라이팅 활용결과에 대해 최선의 대안을 만들고 실천하기 위해서는 상호간에 발표를 해보고 분명하게 말하는 연습과 정보 교환을 통해 점검하는 것이 바람직하다.

(3) 적용방법 및 활용사례

이 기법의 진행은 상당히 빠르게 전개되며 재미있고 매우 자극적일 수 있으며 또한 짧은 시간에 수백 개의 아이디어를 생성해 낼 수가 있다. 또한 누구나 편안한 마음으로 참여할 수 있다. 왜냐하면 많은 사람들 면전에서 엉뚱하고 어리석어 보이는 아이디어를 말로 하기보다는 용지 위에 적는 것이 훨씬 더 쉽고 편안하기 때문이다. 브레인라이팅은 가능한 한 많은 아이디어를 생성하기 위해 사용한다. 특히 다음과 같은 상황에서 브레인라이팅은 효과적이다.

① 해결해야 할 문제의 근본원인을 찾으려 할 때,
② 문제에 대한 해결책을 찾을 때,
③ 가능성 있는 아이디어 또는 더욱 발전된 아이디어를 수집하려 할 때,
④ 참가자가 각자 서로의 아이디어를 수정 및 개선하도록 할 때,
⑤ 쟁점이 되는 주제에 관련된 아이디어를 창출하도록 하고 아이디어를 낸 사람의 익명성을 유지하려 할 때,
⑥ 지배적인 참가자에 의해 사람들 간의 마찰이나 위협이 생기는 것을 피하려 할 때 등

3) 수평적 사고 기법

(1) 수평적 사고의 의의와 이론적 배경

① 수평적 사고의 의의

수평적 사고(lateral thinking)라는 용어는 드 보노(E. De. Bono)가 1967년에 만들어 낸 말로서, 수평적 사고라는 용어는 경험의 패턴들이라고 할 수 있는 ‘개념’(concept)

과 '인식'(perception)을 변화시킨다는 의미로 정의된 단어이다. 논리적인 사고가 상징적인 언어(하나의 특정한 세계)의 행태에 근거하는 것처럼, 수평적 사고도 패턴 시스템(또 다른 특정한 세계)의 행태에 근거하고 있다는 사실정도로만 이해하면 된다.

드 보노는 인간의 사고는 두 가지 단계를 거쳐 이루어진다고 말한다. 하나는 '지각(perception)의 단계'이고 또 하나는 '처리(processing)의 단계'이다. 전자의 지각의 단계는 지금의 문제가 어떤 것이라고 받아들이고 이해하는 단계이다. 즉 문제를 어떻게 이해하느냐에 따라 그 문제의 처리는 완전히 달라질 수 있다. 반면 처리의 단계는 문제를 받아들여 정보나 아이디어(표상)를 조합해 결과물을 내 놓기까지의 과정을 의미한다.

그러나 대부분의 사람들은 지각의 단계를 거치지 않고 곧 바로 처리단계로 간다. 이는 인간의 마음이 측면적 사고를 하지 못하는 본성 때문이라고 드 보노는 말한다. 사람의 마음은 어떤 문제에 부딪히면 과거의 습관대로 쉽게 이해를 해 버리거나 단정해 버리기 때문에 문제에 대한 해결책을 찾을 때 오류를 범하는 경우가 많다. 즉 합리적인 사고를 하지 못하는 것은 분석보다는 지각에 오류가 있는 경우가 많다. 결국 우리는 이러한 오류를 연습을 통해 의도적으로 극복해야 한다.

드 보노의 프로그램에서는 이런 점 때문에 학교교육에서 무시되고 있는 지각적 기능 등을 증진시키는 데 중점을 두고 있다. 또한 드 보노는 사고의 유형을 두 가지로 구분한다. 하나는 '수직적 사고'(horizontal thinking) 그리고 다른 하나는 '수평적 사고'(lateral thinking)이다. 수직적 사고는 옳고 그름을 판단하는 선택적 사고이며, 수평적 사고는 다양한 방법을 모색해 나가는 변화 지향적 사고방식이다. 주로 이는 문제에 대한 대안을 찾기 위해 표상을 다양하게 끌어내는 발산적 사고의 개념과도 같다.

② 이론적 배경

드 보노는 이러한 '수평적 사고'를 '창조적 사고'나 '발산적 사고'라는 용어보다 훨씬 즐겨 사용하였다. 창조적 사고나 수평적 사고는 새로운 것을 만들어 낸다는 점에서 같은 의미를 가지지만 수평적 사고는 결과보다는 과정을 중요시 여긴다. 어떤 것을 보는 방식이 지각을 변화시키는 것이며, 그리하여 새로운 지각을 생성해 내는 것을 의미한다.

드 보노의 'CoRT 프로그램'과 '여섯 색깔 사고 모자 기법'은 이러한 수평적 사고의 중요성에서 창안된 사고혁신의 획기적인 방법이다. 그리고 드 보노의 창조적 사고기법의 아이디어는 다음과 같은 장면을 통해서 영감을 얻었다고 한다.

"사고를 어렵게 하는 최대의 어려움은 혼동이다. 우리는 한꺼번에 너무 많은 것들을 하려고 한다. 정서, 정보, 논리, 희망과 창의성들이 모두 다 우리 내부에 뒤엉켜 있다. 이는 흡사 여러 개의 공을 가지고 하는 마술과도 같다."고 드 보노(E. De Bono, 1985)는 말한다. 결국 이러한 상황 속에 있는 여러 사람이 모여서 한 가지 결론에 도달한다는 것은 극히 예외적인 경우를 제외하고는 인간의 본성상 결코 쉬운 일이 아니다.

그러므로 드 보노는 논쟁과 갈등 속에서 실타래처럼 얽혀 버린 문제들을 신속하고 효과적으로 의사결정에 도달할 수 있는 '생각의 원리'로 'CoRT프로그램과 여섯 색깔 사고 모자 기법'을 제시하였다. '여섯 색깔 사고 모자 기법'은 본 교재 제10장 '최선안의 점검'에서 자세히 다루기로 하고 본 장에서는 'CoRT 프로그램'에 관련된 내용을 소개한다.

(2) CoRT 프로그램의 의의

드 보노(De Bono, 1985)는 "사고는 하나의 기능이므로, 의도적으로 연습을 하면 향상이 이루어진다"고 믿고 CoRT(Cognitive Research Trust)프로그램을 개발하였다. CoRT 프로그램은 미국에서는 이미 보편화되어 있고, 일부 국가에서도 의무적으로 다루어지고 있을 만큼 널리 이용되고 있다. 이 프로그램에는 6개의 단원이 있고 각 단원에는 10개의 레슨들이 포함되어 있다. 이들 중 6개의 단원에서 소개하는 PMI, CAF, C&S, AGO, APC, OPV 등은 특히 사고의 폭을 넓혀 주는 것을 목적으로 〈표 7-5〉와 같이 세부적으로 설명하고 있다.

〈표 7-5〉 드 보노의 CoRT 프로그램

구분	프로그램	내 용(적용범위)
CoRT1	Breadth	'사고의 폭'을 넓히려고 할 때
CoRT2	Organization	'사고의 구조나 조직화', 초점을 잃지 않고 효과적인 체계적 설계
CoRT3	Interaction	'상호작용', 두 사람 이상이 상호작용할 때 사고를 다룸
CoRT4	Creativity	'창의성', 생각해 보지 아니한 아이디어들을 생성해 내는 전략을 제시하고, 아이디어의 평가 및 편집에 주목
CoRT5	Information & Feeling	'정보와 감정', 장면속에 포함되어있는 정보와 감정의 내용을 지각하도록 유도하는 것
CoRT6	Action	'행위', 문제를 공략해 가는 일반적인 틀을 제시하고 있음 사고를 가르치고 연습하는 앞의 단원과 달리 문제를 생각해 가는 단계별 계획을 다루고 CoRT1~CoRT5의 여러 사고기술들을 통합시킴

여기서 제시한 사고기법은 필요에 따라 각각 사용이 가능하다. 그러나 어떤 계획을 세우거나 결정을 내려야 할 때는 몇 가지를 함께 사용할 수도 있다. 예를 들어, 어떤 심각한 결정을 내려야 한다면, 장 · 단점(PMI), 관련되어 있는 요인(CAF), 목표(AGO), 결말(C&S), 대안(APC), 타인의 견해(OPV) 그리고 우선순위 등에 대하여 먼저 분명하게 생각해 보는 것이 필요하다.

〈표 7-6〉 CoRT 1 프로그램 아이디어 생성기법 요약

(1) PMI	• P = Plus. 제시된 아이디어의 좋은 점(당신이 좋아하는 이유) • M = Minus. 제시된 아이디어의 나쁜 점(당신이 싫어하는 이유) • I = Interesting. 제시된 아이디어와 관련하여 흥미롭게 생각되는 점. • P M I: 아이디어의 처리(Plus, Minus, Interesting)
(2) CAF	• CAF = 모든 요인들을 고려하기(Consider All Factors)
(3) Rules	• '규칙' 규칙의 유효성 이해하기(문제 상황을 표상화하기)
(4) C&S	• C&S: 결말, 귀추의 고려(Consequence and Sequel)
(5) AGO	• AGO: 목표의 확인(Aims, Goals, Objectives)
(6) Planning	• '계획하기', 계획의 중요성을 이해하고 수립을 위한 기술습득
(7) FIP	• 최우선적인 것 찾기(First important priorities)
(8) APC	• APC: 대안 탐색(Alternative, Possibilities, Choices)
(9) Decisions	• '의사결정'
(10) OPV	• OPV: 타인의 견해(Other People's View)

문제의 장면을 폭넓은 시각으로 접근하도록 하는 드 보노의 CoRT 프로그램의 6가지 사고기법과 창조적 문제해결을 위한 CoRT1과 CoRT4에 포함되는 10가지 레슨을 〈표 7-6〉, 〈표 7-7〉과 같이 정리할 수 있다.

(3) CoRT 프로그램의 진행요령

각 레슨은 대개 30~40분 소요되며 주당 1개씩 습득한 뒤 의도적으로 자주 사용하도록 하는 것이 중요하다. 레슨에서 교육하려는 사고측면의 사례를 통해 연습을 하고 레슨이 무엇을 하기 위함인지 설명을 하며, 필요에 따라 소집단으로 나누어 보기 문제를 연습하도록 한다. 그리고 연습이 끝나면 집단토의를 하고 마지막에는 프로젝트를 통해 지속적인 연습을 하게 한다. CoRT4 프로그램(창의성) 레슨에 있어서 아이디어 생성기법으로 중요한 기법인 Po진술, 디딤돌법, 결점제거법, PMI 기법 등이 〈표

7-6〉과 〈표 7-7〉에 소개되어 있다. 이 중 특히 Po 진술과 디딤돌법 그리고 무작위 투입기법 등에 대해서 설명을 한다.

〈표 7-7〉 CoRT 4(창의성) 프로그램 레슨 10

구분	10 레슨명	실 천 내 용
L1	Yes, No & Po	• 예, 아니오의 '이분적인 판단의 유보'
L2	징검다리	• 기존의 아이디어에서 새로운 아이디어를 얻는 수단 • 디딤돌 역할(Steppins Stone)
L3	무작위 투입	• 문제와 관련이 없는 아이디어를 무작위로 투입(Random Input)
L4	개념 도전	• 아이디어에 대해 의심하고 도전함으로써, 새로운 아이디어 생성하기(Concept Challenge)
L5	지배적 아이디어	• 지배적인 아이디어를 찾아 의도적으로 회피함으로써 새로운 아이디어 생성하기(Dominant Idea)
L6	문제의 정의	• 문제의 상황을 정확하게 규정하기(Define the Problem)
L7	결점제거	• 기존 아이디어의 결점을 찾아내어 그 결점을 제거함으로써 새로운 아이디어 생성하기(Remove Faults)
L8	조합	• 기존 아이디어를 2개 이상 결합시켜 새로운 아이디어 생성하기(Combination)
L9	필수요건	• 필수요건을 규명하여 그 조건을 충족시키는 아이디어 생성하기(Requirements)
L10	평가	• 아이디어의 장점과 단점 그리고 필수적인 요건을 따져 보기(Evaluation)

① Po 진술

드 보노는 '자극과 그 이동 가치'(provocation and for its movement its value) 혹은 '자극활동'(provocation operation)이라는 'Po'(도발적 조작, 자극활동)를 만들어 냈다. Po는 휴전을 알리는 하얀 깃발과 같은 작용을 한다고 그는 말한다. Po라는 말은 가설(hypothesis), 추측(suppose), 가능성(possible) 또는 시(poetry)와 같은 단어들의 철자에서 따온 것이라 생각해도 좋다고 한다. 즉 Po는 어떤 아이디어를 판단하려는 것이 아니라 그것을 창의적으로 조작해 본다는 것을 보여 주기 위하여 사용하는 도구 내지 상징적인 표시이다. 이러한 단어들은 모두 전방효과를 내는 것, 즉 무엇인가를 자극하기 위한 것이라는 의미를 가지고 있다.

우리는 어떤 아이디어를 대하면 무의식적으로 이전의 경험을 기초로 '예-아니오'라고 판단을 하거나 판단이 어려울 때는 '아마', '글쎄요', '그럴지도 모르지' 등과 같은 표현을 사용한다. 어떤 진술은 자신이 이미 가지고 있는 자신의 경험의 패턴 밖에 있는지 아닌지에 따라 판단한다. 즉 지금까지 해오던 경험의 세계로 들어가 편안하게 안주하려는 경향이 있다. 그래서 드 보노는 어떤 진술에 'Po'를 붙이면 '예-아니오'라는 의미에 따라 판단하려는 것이 아니라 판단체제 밖에서 사고해 줄 것을 요구한다.

다시 말하면 'Po'는 그러한 아이디어를 판단하는 것이 아니라 오히려 창의적으로 사용하여 다른 새로운 아이디어 또는 새로운 시각을 생성해 본다는 것을 의미한다. 이 'Po'는 상상적이고, 도발적이고, 사색적이고 또는 황당한 것 같이 보일 수 있다.

제10장에서 소개하는 '육색사고모'에서는 '초록색 모자'를 쓸 경우에 창조적인 아이디어를 생성해 내기 위해 계획적인 의도 하에서 사용된다. 불합리하거나 비논리적인 아이디어는 그 단어의 정의상 일반적으로 경험체제 안에 존재할 수 없다. 기존의 패턴 외부에 있는 것이다. 그런데 자극은 이러한 습관적인 인식패턴의 외부로 나가도록 강요한다. 이것은 바로 창조적 사고를 하는 시발점이 되게 한다.

예를 들면 Po라는 단어는 황당한 아이디어라도 아무런 구애됨이 없이 말할 수 있도록 자극하는 초록색 모자의 역할과 유사한 것이다.

- … Po 도로는 이층도로로 만들어야 한다.
- … Po 자동차는 옆으로도 갈 수 있어야 한다.
- … Po 자동차는 물로도 움직여야 한다.
- … Po 경영인은 자신을 승진시켜야 한다.
- … Po 정부는 무주택자 모두에게 무료로 주택을 공급해야 한다.

이러한 제안은 도심과 도심 외곽을 연결하는 고가도로를 만들어 심각한 교통체증을 해소하도록 유도했고, 한편 정부는 주택난과 더불어 서민들이 얼마나 집에 대한 갈망을 하고 있는지 스스로 부동산 정책에 대한 점검을 하게 만드는 것이다. 또한 에너지의 대외의존도가 높은 우리나라의 경우 자동차를 생산하는 기업이 대체에너지를 통해 움직일 수 있는 운송수단을 만드는데 관심을 갖게 한다.

이러한 Po 진술은 다소 생소하게 받아들여진다. 그러나 무엇보다 Po 진술에서 시작해 새롭고 참신한 창조적 아이디어가 생성될 수 있다. 그리고 Po 진술 자체는 당연히 판단의 대상이 아니다.

② 디딤돌법

'Po 진술'은 어떤 아이디어를 판단하는 것이 아니라 그러한 아이디어를 창조적으로 사용하여 다른 새로운 아이디어, 새로운 이해에 도달하고자 하는 것이다. 따라서 Po 진술은 상상적이고, 황당하며, 도발적이다. 반면 '디딤돌법'(stepping stone)은 Po 진술의 아이디어를 새로운 아이디어로 생성해 나가는 과정이다.

★

✩ 'Po'의 의미

- 도발을 불러일으키는 사고
- 도발적인 사고
- 도발 사고

▶ 고대 폴리네시아인들이나 마리오족에게 'Po'는 모든 사물의 기원인 무형의 혼돈 상태를 뜻한다. 드보노의 'Po'는 어떤 언어에도 존재할 수 없었으며, 어떤 의미에서는 반 언어적인 단어라고 말한다. 가설과 가정, 가능 그리고 시와 같은 단어에서 뽑아내고 '도발'의 상징으로 형상화 한 것이다.

✩ '디딤돌법'의 예

- '시내 고층빌딩의 높이를 측정하는 방법'에 대한 아이디어를 물었다.
  - "건물을 옆으로 눕혀놓고 건물을 따라 걸으면서 걸음 수를 세면된다."
  → 이 아이디어는 '도발'로 받아들인다.

▶ 도발 가능성 예시 1

① "포(Po), 건물을 옆으로 눕힌다."
② 그림자의 길이를 재서 건물의 높이를 추정한다.
③ 자신의 키와 자신의 그림자의 길이를 측정해서 건물의 높이를 추정한다.

▶ 도발 가능성 예시 2

① "포(Po), 건물을 옆으로 눕힌다."
② 건물 사진을 찍어서 옆으로 눕힌다.
③ 사진을 찍기 전에 건물 옆에 18m 길이의 커다란 상자를 세운다. 건물 맨 아래에서 상자 높이까지를 기준으로 건물의 높이를 잰다.

✩ 도발 가능성 연습

①

②

③

출처 : 이구연, 신기호(2004). 드보노의 창의력 사전. 21세기북스. pp.252-268.

디딤돌로 사용하는 아이디어는 의도적으로 황당하고, 도발적인 것으로 한다. 예를 들면, 앞서 밝힌 '자동차의 바퀴를 네모나게 한다'와 같은 것이다. 또는 어떤 것을 생각하다가 '틀린' 아이디어나 '실패'한 아이디어를 방치하거나 버리지 말고 어떤 다른 것에 적용할 수 없는지 생각해 보는 디딤돌로 사용할 수 있다.

만약 자동차 바퀴가 사각형이라면 운전을 어떻게 할 수 있을까? 도로는 어떻게 만들어야 하고 자동차의 모양은 어떻게 변할까? 등의 아이디어가 새로운 아이디어로 생성될 수 있는지 디딤돌을 이용해서 다양한 상상이나 아이디어를 생성해 낸다. 즉 "사각형 바퀴 자동차는 도로가 특별해야 한다. 아마도 시내에 거주하는 사람이 특별한 바퀴를 사용하게 되면 외지인이 출입이 불가능해지고 자동차는 움직일 수 없어 통행을 줄일 수 있을 것이다."와 같이 아이디어는 지속적으로 디딤돌을 이용해서 생성이 된다.

여기에서 중요한 것은 디딤돌이 어떠냐가 아니라 최후에 생성된 아이디어가 얼마나 새롭고 흥미로운 것인가에 관심을 가져야 한다. 그리고 참가자는 '과연 디딤돌로 쓸 수 있는 것은 무엇인지?', '디딤돌에서 나아갈 수 있는 곳은 어디인가?'를 생각한다.

디딤돌을 만드는 방법은 먼저 떠오르는 아이디어가 어떤 것이든지 방치하지 말고 Po를 붙여 사용한다. 그리고 엉뚱하거나 도발적인 생각을 의도적으로 해 보도록 하며 어떤 것을 뒤집어 보기도 한다. 이러한 황당한 아이디어라도 그 자체를 이용하기보다는 새로운 아이디어로 이끌어 나가 디딤돌로 활용할 수 있다.

③ 무작위 투입법

무작위 투입기법(the random input)은 드 보노가 1968년에 개발했다. 신제품개발, 광고기획안 작성, 극작품 기획 등 다양한 분야에서 간단하고도 효과가 매우 높아 활용도가 많은 창의력 기법이다. 새로운 아이디어를 산출하기 위해 상황과 관련이 없는 단어를 골라서 두 가지를 묶어 생각하는 이 기법의 작용원리는 매우 비논리적이지만 'OO -포(Po)-OO'의 병렬구조는 새로운 아이디어 개발에 매우 획기적인 기법이다.

무작위로 선택된 'OO'단어는 모든 주제에 도움이 된다. 인간의 뇌는 연결고리를 만드는 일에 매우 능숙하므로 무작위로 주어진 단어가 아주 무관한 것처럼 보일 때도 초점영역과의 연결고리를 만들어 낸다. 물론 무작위 투입기법이 반드시 단어에만 국한된 것은 아니다. 그림, 물건 그리고 잡지뿐만 아니라 경험하지 않았던 상황과 다른 분야에 이르기까지 활용 가능하다.

왜냐하면 무작위 투입기법의 일반적인 원칙은 연관성이 없는 것을 찾아서 새로운 사고 줄기를 여는데 사용하는 것이기 때문이다. 의자와 책상, 쌈과 된장, 스승과 제자, 책과 도서관 등 연관이 있다고 생각하는 대상들 사이에서 연관성은 쉽게 찾아 낼 수 있다. 일반적으로 우리가 사고하는 방식은 이렇게 상호 관계가 있을 때만 합쳐서 생각한다. 그러나 그림이나 무용 등과 같은 예술분야에서는 아무런 관계가 없어도 조합하여 새로운 것을 창조해 낸다. 바로 상관없는 단어, 물건 그리고 대상을 무작위로 추출하여 함께 연결시킴으로써 새로운 아이디어가 창출되도록 하는 방법이라고 말할 수 있다.

㉮ **도발을 얻기 위한 방법:** '무작위 단어'를 고르는 실용적인 방법으로 드 보노는 다음과 같은 방법을 제시하고 있다.

- 단어 60개로 이루어진 목록을 만들고 무작위 단어가 필요할 경우 시간을 정하고 시간에 맞는 목록을 만든다. 정기적으로 한 번씩 목록을 바꾸어도 좋다.
- 사전을 활용해 본다. 특정 페이지와 어느 지점을 생각하고 단어를 고른다. 그리고 그 단어가 명사가 아닐 경우 명사가 나올 때까지 계속한다.
- 눈을 감고 신문이나 책의 한 페이지를 지적하고 지적한 곳에서 가장 가까운 단어를 선택한다.

㉯ **무작위 단어기법의 유용성:** 무작위 투입(단어)기법은 어떤 논리적 설계나 분석 과정을 통해서도 도출하지 못했던 기발하고 새로운 아이디어의 단서를 만들어 낸다. 무작위 단어기법이 유용하게 활용되는 상황을 정리하면 다음과 같다.

- **정체:** 새로운 아이디어를 찾기 위해 창의력을 발휘해 보지만 언제나 일반적이고 같은 아이디어와 개념에 머무르게 되는 경우에 새로운 아이디어를 찾을 수 있는 통로를 만들어 준다.
- **미개발:** 신규 사업 프로젝트에서 새로운 아이디어 산출에 도움이 된다. 막연한 상황에서 어떤 것을 고민하고 어디서 시작해야 할지 모를 때 창조적인 아이디어를 산출하게 한다.
- **부가적인 아이디어:** 아이디어가 충분히 있지만 조금만 노력하면 새로운 아이디어가 떠오르거나 좀 더 아이디어를 다듬을 때 발전 가능성이 있다 생

각되면 이 방법을 활용한다.

- **막힘:** 도저히 새로운 아이디어를 산출해 낼 수 없는 상황에 마주치면 이 방법을 활용해 보면 효과적이다. 완전한 해결책이 아니라도 새로운 사고 전환의 기회를 만들어 준다.

☆ **'무작위 투입법'의 예] 담배 - 포(Po) - 꽃**

담배 필터에 꽃씨를 넣어서 담배꽁초를 정원이나 공원에 버리면 꽃이 자라게 된다. 어떤 특정 꽃을 선정해서 특정 담배를 광고할 수도 있을 것이다.

▶ **연습 1. 다음 예에 단어를 무작위로 선택해서 의미를 연결시켜보자**

담배 - 포(Po) - (?)

- 어떤 의미가 연결되는가?

▶ **연습 2. 잡지나 책을 무작위로 골라 아무 기사 하나를 선택해서 읽는다. 그리고 그 기사와 주어진 과제와 연관성을 생각한다. 그 연관성에서 새로운 아이디어를 만들어 본다.**

㉰ **활용 시 주의할 점:** 무작위 투입기법을 활용해 보면 사용방법이 아주 간단하다는 사실을 알게 된다. 개인뿐만 아니라 조직에서 그룹별 아이디어를 산출하고 문제를 해결할 때 시간과 장소 등 어떤 제약요인이 없는 것이 특징이다. 그리고 무작위 투입기법을 이용한 다음 바로 다른 기법으로 나아가야 한다. 방법이 간단하지만 몇 가지 주의를 기울여서 사용한다.

- 무작위 단어를 이미 가지고 있는 아이디어에 연결시키는 것을 금한다. 무작위 투입 기법은 새로운 것을 위해 만들어진 기법이지 기존의 것을 구체화하거나 전개시키는 것은 아니기 때문이다.
- 단어를 주어진 그대로 사용해야 한다. 철자를 고치거나 연관된 다른 단어를 사용하지 않는다. 이는 도발효과가 최대한 향상되도록 하기 위해서이다.

- 지나치게 복잡하거나 많은 과정을 거치면 일반적인 해결책에 머무르게 되므로 너무 많은 단계를 거치지 않도록 한다.
- 가급적 처음 떠오르는 단어나 특징을 선택해서 도발효과를 최대화한다. 단어의 특징을 모두 떠올리게 되면 특징 중에 활용이 쉬운 단어를 선택하여 더 이상 발전된 사고를 기대할 수 없기 때문이다.
- 초기에 선택된 단어가 초점과 무관하여 도발효과가 없는 경우를 제외한 선택한 단어를 즉시 바꾸는 일은 피한다. 즉시 다른 단어로 대체한다면 그 과정에서 활용이 쉬운 단어를 선택하는 오류를 범하기 때문이다.

★

▶ 연습 3. 아래의 도형을 하나 선택해서 그 도형에 집중해 본다. 하루 일과에서 마주치는 상황에서도 그 도형에 집중하고 그 물건과 자신에게 주어진 과제 사이에 상호 연관성을 떠올린다.

4) 정성조사기법

(1) 정성적조사기법의 개념

① 의의

'정성조사기법'(concept building process skill directory: CBS)은 브레인스토밍의 '집단극화' 현상을 예방하기 위해 상대의 의견을 배제한 체 자신의 의견을 카드에 정리해 공유하는 방식으로 널리 활용된다. 특히 소비자의 심리를 분석하고 이해하는 마케팅에 주로 사용된다. 즉 소비자의 마음 안으로 들어가 그들을 이해하고 탐색하고 진단하는 조사방법이다. 또한 소비자를 하나의 행동개체인 인간으로서 있는 그대로 바라보는 것이다.

이러한 정성조사가 많이 활용되는 이유는 먼저, 정량조사보다 일반적으로 경제적이다. 두 번째는 소비자의 깊이 숨겨진 동기와 감정을 이해할 수 있도록 하는 유일한 방법이라는 점이다. 마지막으로 정량조사의 효율성을 높일 수 있다는 점이다. 그래서 정량조사와 정성조사가 종종 함께 사용되기도 한다.[3)]

CBS 기법은 마케팅 지향적인 문제를 해결하는데 많은 도움이 된다. 현대의 소비자들은 예전에 비해 수동적이기 보다 능동적이고, 선택적이며, 쉽게 조정되지 않는다. 때문에 소비자 개개인이 어떠한 과정을 거쳐 제품과 서비스를 구매하고 소비하는지에 대한 좀 더 세심한 관찰과 연구가 필요해졌기 때문이다.

② 정성적 조사와 정량적 조사

어떤 대상을 측정하고 분석하는 데는 크게 두 가지 방법이 있다. 하나는 정성적 방법이고 다른 하나는 정량적 방법이다. 이 두 방법 중 정량적 방법을 더 선호하는 경향이 있는데, 그 이유는 정보와 숫자가 전해주는 명확성과 신뢰성 때문이다. 그러나 정량적 방법으로 문제해결이 어려운 경우와 정성적 방법을 반드시 활용해야 하는 경우에 정량적 방법을 고집한다면 문제가 발생한다.

어떠한 방법을 선택 할 것인가는 [그림 7-6]에서 볼 수 있는 두 방법의 특징을 참고로,

그림 7-6 정성조사와 정량조사의 비교

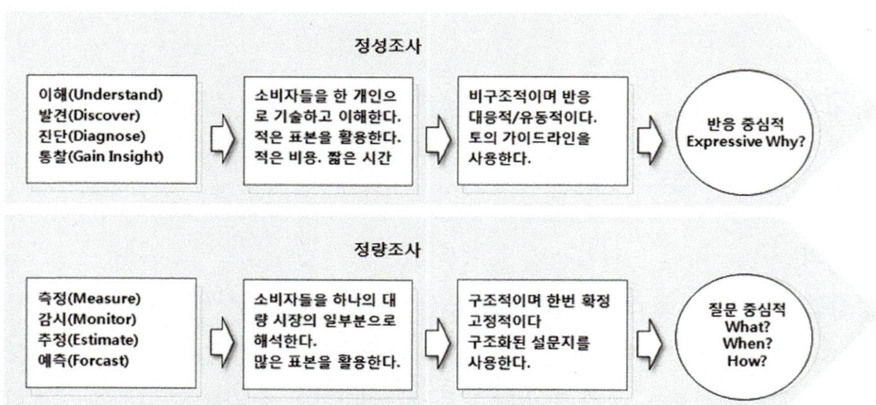

3) http://www.docstoc.com/docs/84265207/cbs.

두 방법이 갖고 있는 특성을 고려하거나 문제에 따라 적합한 것을 선택하거나 혹은 복합적으로 함께 활용되기도 한다.

(2) 정성적 기법의 종류

정성적 기법으로 많이 활용되는 것은 심층적이고 문화적인 소비자들의 경험을 탐색 하는데 도움을 주기위한 '투사법'이 있고, 상표에 대한 태도를 파악하고 커뮤니케이션 전략을 수립하는데 특히 유용한 '인터뷰 방식' 기법이 있다. 먼저, '투사법'으로는 '연상법', '비유법', '만화기법', '의인화법', '그림 그리기', '꿈에 대한 활동', '제품/상표나누기', '콜라주'(collage) 등 다양한 기법이 활용되고, '인터뷰 방식'으로는 '또래 그룹'(Peer Groups), '갈등 그룹'(Conflict Groups), '코만도 그룹'(Commando Groups) 등과 같은 방식이 활용된다. 〈표 7-8〉은 정성적 기법의 투사법의 유형과 특징을, 〈표 7-9〉은 인터뷰 방식의 유형과 특징을 간략히 소개한 것이다.

★

● **예: '카페 벽' 환상**

타일들은 쐐기 모양으로 보이지만, 선들은 정확히 평형을 이루고 있으며, 타일들은 모두 완벽한 직사각형이다. 이 방법을 통해 나온 기발한 아이디어가 바로 '뒤틀림 없는 유리'이다.

킹턴 형제 유리제조회사(Pilkington Brothers, Ltd.)는 수년간 유리의 휘는 현상을 제거할 방법을 찾는데 몰두했다. 당시 제조법은 비용과 효과면에서 매우 비경제적이었고 혁신적인 그라인더와 광택제 개발만이 대안으로 전문가들은 생각했다. 그러던 어느 날 집에서 접시를 닦던 생산부장 알레스테이어 필킹턴은 아이보리 비누가 비눗물위에 둥둥 떠 있는 모습을 보고 공상에 빠졌다. 그는 다른 두 개념 '물위에 떠있는 비누:유리의 뒤틀림'을 연결하여 떠있는 유리를 발명했다. 이 공정에서 유리는 주조된 주석통에 떠있는 용광로 안에서 만들어진다. 유리는 주석보다 먼저 식어서 굳어진다. 그런 뒤 유리는 연마과정이나 광택과정 필요 없이 그리고 겉에 어떤 흠도 없이 특수 냉각실로 미끌어져 들어가 휨 없는 저렴한 유리가 만들어지게 된 것이다.

출처: 박종안 역(2003), 창의적 자유인, 푸른솔, pp.219-221.

〈표 7-8〉 정성적 기법의 투사기법 유형과 특징

유 형		특징 및 내용
투사기법	연상법 (Association)	"OO하면 뭐가 생각나세요?"라는 질문을 통해 최초 상기 응답(Top Awareness)으로, 집단에서 흥미와 에너지를 주기위해 활용된다.
	의인화법 (Personalization)	상표, 제품, 사물 등을 사람으로 전환시켜 설명하도록 하는 방법이다. 진행자는 연령, 성별, 직업, 성격, 취미 등 다양하게 질문을 한다. 예를 들어 '차종'을 사람으로 바꾸어 보라고 할 때 만약 차량의 상태에 따라 '20대의 건강하고 활동력이 뛰어나고 힘이 셀 것 같은 사람'이다는 응답이 나온다.
	비유법 (Analogy)	의인화법과 비슷한 방법으로 상표나 제품 등을 전환시키는 대상을 사람이 아닌 차, 꽃, 동물, 음식점 등으로 바꾸는 것이다. 그리고 대상물을 제공할 때는 의사결정 그룹이 관심이 있어 하는 것을 선정해 준다.
	그림 그리기 (Psycho drawing)	응답자들이 제품이나 상표 그리고 특정 서비스에 대해 어떤 경험을 가지고 있는지 여부를 그림 도구(색연필, 크레파스 등)를 활용하여 그림이나 색으로 표현하는 방법이다. 이 기법은 광고 전략을 수립할 때 이미지나 콘셉트를 표현하는 데 많이 활용된다. 단, 색상과 이미지에 대한 표현이 설명하는 사람에 따라 달라질 수 있기 때문에 그림이 완성된 후에는 원인과 이유를 설명하도록 한다.
	만화기법 (Bubble Cartoon)	만화로 된 자극물을 참가자에게 제공하고 참가자 자신을 만화에 투사하여 표현을 하도록 하는 방법이다. 제품이나 상표를 사용하는 이유나 그렇지 않은 이유 그리고 사용자의 이미지 등을 탐색하는 데 주로 사용된다.
	콜라주 (Collage)	커피, 화장품, 자동차 등의 제품이나 상표의 이미지를 알아내고자 할 때 유용하게 활용된다. 다양한 종류(패션, 여행, 자동차, 인테리어 등)의 최신판 잡지를 참가자에게 나누어 주고 특정제품과 특정 상표에 대해 느끼는 이미지를 나누어 준 잡지에서 오려 붙이고 왜 그 그림이나 이미지를 선택하였는지에 대해 설명하게 한다. (단, 잡지 속에 관련된 기사나 이미지는 삭제하고 배포한다.)

〈표 7-9〉 정성적 기법의 인터뷰 방식 기법 유형과 특징

유 형		특징 및 내용
인터뷰방식	또래그룹 (Peer Group)	가족, 친척, 친구 등 가급적 친밀감이 있는 사람을 짝으로 구성하고 인터뷰를 하는 기법이다. 친밀한 관계는 그룹을 운영할 때 의사표현에 자극을 주거나 답변 시 조언을 해 주는 등의 상호 도움을 줄 수 있다는 장점이 있지만 지나치게 자율적이고 친밀한 분위기는 문제해결 과정을 다소 산만하게 흘러가도록 한다는 단점이 있다.
	갈등그룹 (Conflict Group)	어떤 문제에 대해 서로 다른 경험을 한 사람을 모아서 인터뷰를 진행하는 기법이다. 예를 들어 특정 제품에 대한 사용 후 반응에 대해 서로 다른 소비자를 한 그룹으로 만들어 인터뷰를 진행하면서 소비자의 라이프스타일을 파악하는데 사용한다. 그러나 유의할 점은 사용한 경험이 없는 사람과 경험이 있는 사람이 한 그룹이 될 때 경험자가 진행 주도권을 잡게 되면 해결 방법이 한쪽으로 치우치게 될 수 있다는 점에 유의한다.
	코만도 그룹 (Commando Group)	어떤 특정 상황 하에서 참석자들의 경험을 이야기 하고 실제로 행위도 해 보면서 자료를 수집하는 기법이다. 마켓이나 백화점 등에서 직접 제품을 구입하면서 인터뷰를 진행한다. 단 인터뷰 집단을 관찰 할 수 있는 장치가 부족해 문제해결이 다소 산만해 질 수 있다.

3. 강제연상법

강제연상법은 자유롭게 발상하는 과정에서 아이디어 발산을 돕기 위해 문제해결에 도움이 되는 실마리를 제공해 주는 방법이다. 정보나 제한된 조건 등을 제시하여 강제(통제)된 연상을 하도록 유도한다. 뿐만 아니라 의사결정에 참여하는 사람들이 자신과 별로 상관없어 보이더라도 주요 요소들을 일반화시켜 연상 짓도록 강제하는 방법이다.

해결해야 할 문제가 생소하거나 관계나 관심이 없더라도 강제연상을 하다 보면 독특한 아이디어의 단초가 떠올라 의외의 효과를 거두게 된다. 예를 들어 어떤 사건에 대해 '저 사람은 나와는 무관 해', '나는 해결 방법을 잘 모르겠어', '문제를 어떻게 풀어야 하지' 등이라고 할 때 아이디어는 단절되고 문제 해결은 어려워진다.

이때 [그림 7-7]과 같이 강제연상을 통해 힌트를 제공하고 새로운 관점의 아이디어를 산출하게 한다. 그리고 강제연상법으로 주로 활용되는 기법의 종류와 특징은 〈표 7-10〉과 같다.

그림 7-7 강제연상법의 원리

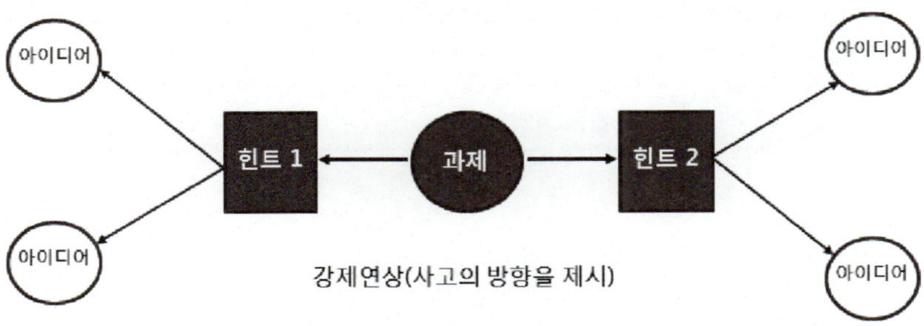

〈표 7-10〉 강제연상법의 종류와 특징

강제연상기법	특 징	적용분야
체크리스트	어떤 일을 할 때 누락되는 것이 없도록 하나씩 체크해 가기 위한 일람표, 기본아이디어를 변화시켜 가면서 새로운 아이디어를 만들어 가는 기법	발명, 신상품 개발 등, 아이디어의 새로운 창출과 연쇄적인 파생효과 등
스캠퍼	SCAMPER 약자를 중심으로 기본 대안들을 변화시켜 가면서 새로운 대안을 찾아가는 기법	영화제작, 제품 개발, 개선, 개량, 응용 등
속성열거법	문제의 대상이나 아이디어의 다양한 속성을 목록으로 작성하여 세분된 각각의 속성에 주의를 돌리는 방법	제품의 기능 개선 및 개량, 신제품 개발 등
결점열거법	토론자가 모여서 제품의 조그마한 흠이라도 열거하면서 가능한 많은 단점을 찾아내는 기법	제품의 기능 개선 및 개량, 신제품 개발 등
입출법과 초점법	초기 단계의 입력 요소들이 목표 상태인 출력 요소까지 도달하는 과정을 분석해서 문제를 분석해 나가는 기법	광고나 상담, 소비자 및 고객 설득, 자동장치 개발 등
형태분석법	달성하고자 하는 목표와 평가기준을 찾은 뒤에 이에 대한 속성을 조합하면서 대안을 만들어 가는 기법	신제품, 신기술 개발, 제품포장 개선 등
엽기법	어떤 문제에 대해 엉뚱함, 괴팍스러움, 익살맞음, 이상함 등의 비정상적일 수 있는 시각과 관점으로 아이디어를 도출하는 기법	신제품, 브랜드 등 판매나 광고 전략 등
카달로그법	카달로그를 임의로 펼쳐, 거기에 제시되어 있는 아이디어, 용어 등을 인용하여 사고하는 기법	제품의 개선/개량 신제품 아이디어 개발 등
강제결합법	어떤 사물이나 아이디어를 전혀 다른 각도에서 생각해 보는 능력을 통해 문제를 해결하는 원격연합 사고 활동 기법	신제품 개발 및 개선 아이디어 등

1) 체크리스트 기법

(1) 의미

체크리스트법(check list)은 이미 1백여 년 전부터 활용된 것으로 기록되어 있다. 이와 같은 방법을 좀 더 구체적으로 고안, 개량한 방법이 미국 BBDO사의 부사장인 오스본(A. F. Osbone)이 개발한 '오스본의 체크리스트'와 ABW(America Business Writing) 협회의 개발 리스트이다. 체크리스트 기법은 어떤 일을 할 때 누락되는 것이 없도록 하나씩 체크해 가기 위한 일람표를 말한다. 즉 어떤 기준을 세워놓고 이에 따라서 생각해보는 것이 곧 체크 리스트법이다. 이 기법은 신문기사 작성, 조직개선, 사무개선, 운영관리, 판매전략 등 수많은 곳에 활용되고 있다. 체크리스트의 응용분야는 넓어서 특히 어느 분야라고 한정짓기가 어렵지만, 일반적으로 오스본의 리스트법이나 속성열거법은 제품발상에 적합하고, ABW협회의 리스트법은 소프트한 기획용에 알맞다. 아이디어 산출을 위한 체크리스트는 사고의 출발점 또는 문제해결의 착안점을 미리 정해 놓고 그에 따라 다각적인 사고를 전개함으로써 능률적으로 아이디어를 얻는 방법이다. 동일한 목적을 달성할 수 있는 또 다른 수단과 방법 등은 없을까? 하는 문제들에 대해 구체적인 방향을 제시하는 방법을 말한다. 이 방법은 발상 아이디어에 대해 넓은 각도로 점검해 나갈 수 있는 방법으로 개인기법으로 아이디어를 창안하는데 널리 이용되고 있다.

(2) 적용방법

체크리스트를 효율적으로 활용하기 위해서는 다음과 같은 형태의 질문내용을 중심으로 진행을 한다. 전체적인 기법의 진행방법은 SCAMPER 기법과 흡사하다. "~하면 어떨까"의 질문을 사용하면 원활한 진행을 유도할 수 있다.

- 다른 용도로 쓴다면?
- 지금 사용하는 곳 외에 다른 곳에 사용한다면?
- 용도를 변형해서 사용할 수 없을까?
- 변형한다면?
- 새롭게 모양을 구성한다면?
- 색, 구조, 냄새 등을 새롭게 변화시킨다면?
- 확대한다면?
- 더 두껍게 한다면? 더 길게 한다면? 두 배로 늘린다면?
- 더 강하게 한다면? 더 자주 한다면 어떨까?
- 축소하면? 더 작게 하면? 더 가볍게 하면? 단순화한다면?
- 제거하면 어떨까?

위와 같이 지속적으로 새로운 아이디어를 생성해 내도록 유도해 나가는 방법이다. 모양을 바꾸고, 크기를 변경하고, 색상을 변경하고 그리고 디자인이나 스타일을 수정하는 등의 다양한 아이디어를 생성하도록 한다. 발명과 신상품 개발 등에 관련된 항목들을 정리하는 체크리스트(checklist)법은 아이디어의 새로운 창출과 연쇄적인 파생 효과를 얻고자 하는 데 그 목적이 있다.

(3) 장점과 단점

체크리스트법은 대단히 적용하기가 쉽다. 그러면서도 너무나 쉬워 간과해 버리는 과오를 범하지 않게 막아주는 기능이 있다. 무엇보다도 이전의 해결책을 현재의 문제에 맞도록 고쳐 나가는데 유용하다. 이러한 주의에도 불구하고 체크리스법에서 발견되는 단점으로는 다음과 같은 것이 있다.

첫째, 체크리스트에 너무 의지하면 새로운 문제에 필요한 것들을 빠뜨릴 우려가 있다.
둘째, 없는 것까지 체크하고 시간을 낭비할 우려가 있다.
셋째, 체크리스트에 너무 의지하면 자기 자신의 생각을 하지 않을 우려가 있다.

따라서 이러한 방법들에 대해 유의할 점은 아이디어를 산출하거나 문제를 해결함에 있어서 사용자가 새로운 아이디어에 대한 접근방법을 다양화하고 폭넓은 접근을 위해 사용한다는 생각을 가지고 아이디어 창출에 임하는 것이 바람직하다. 만약 그것을 발명 아이디어를 얻는 유일한 방법으로 생각하고 활용한다면 여러 가지 장애에 부딪쳐 자유로운 발상을 저해하는 요인이 발생될 수 있다. 체크리스트를 사용하여 질문함으로써 새로운 아이디어를 생성하고자 하는 오스본의 체크리스트를 개조한 스캠퍼(SCAMPER)가 있다.

2) 스캠퍼

(1) 배경 및 의미

밥 버럴(Bob Eberle)에 의해 1971년에 개발된 스캠퍼(SCAMPER)는 대표적인 '체크리스트법' 중의 하나이다. 스캠퍼의 각 내용은 외우기도 쉽고 실생활에 많은 도움을 주기 때문에 창의성 함양에 유용하게 사용된다. 기업에서 기존의 제품을 약간 개조하여 신제품을 발명해 내는데 유용하여 널리 사용되는 기법이다.

스캠퍼기법은 오스본이 아이디어 창출을 위해 만든 '질문 리스트'를 재구성한 것이다. 7가지 질문에 있는 핵심단어들의 첫 글자를 따서 기억하기 편리하게 만든 다음 7단어의 약자로 게임을 하도록 구성되어 있다. 이는 아이디어와 상상력을 동원하도록 도와주는 체크리스트이다. 원래 오스본은 아이디어를 고무시키는 약 75가지의 질문을 제시하고 이들을 9개의 기억코드로 재정리하였다.

스캠퍼의 약자는 각각 〈표 7-11〉과 같은 의미를 나타낸다. 다시 말해서 스캠퍼는 한 문제나 상황에 대한 시각들 중에서, 한 영역에 대하여 집중적으로 생각해 보고 차례로 나머지 부분들은 충분히 생각한 후에 생각한 아이디어를 서로 조합하거나 결합시켜 가장 적절한 상황으로 문제를 해결하고자 하는 것이 목적이다. 즉 주어진 문제를 올바르게 인식하거나 대안 또는 아이디어를 얻기 위해 쓰인다.

〈표 7-11〉 스캠퍼(SCAMPER)의 약어

스캠퍼 항목	적용 방법	예(전화기)[4]
S 대체하기(Substitute) 무엇을 대신 사용할 수 있을까?	- 다른 재료/동력/인력으로 대치 - 다른 방법으로 대치(대체)	무전기/삐삐/핸드폰/이메일
C 결합하기(Combine) 무엇을 결합할 수 있을까?	- 재료의 혼합/ 목적/서비스의 결합 - 상표의 공동적 사용/용도의 결합	TV와 전화기/시계 달린 전화기/스마트폰
A 동화시키기(Adapt) 조건이나 목적에 맞게 조절할 수 있을까?	- 주요 용도에 맞게 조절, 개조 - 기능, 품질, 재질, 색상 등을 조절, 적용해보기	파발/봉화/인편/편지/전보
M 수정하기(Modify) 색, 모양, 형태 등을 어떻게 바꿀 수 있을까?	- 소리, 색상, 규모, 모양 등 변경 - 냄새의 수정 - 위치의 수정(안과 밖, 위와 아래)	야광 전화기/다양한 모양의 전화기/향기나는 전화기
M 확대하기(Magnify) 첨가할 것은 없는가?	- 시간의 연장 - 두께를 두껍게/ 높이를 높게 한다.	자판이 큰 실버 전화기
M 축소하기(Minify) 축소할 것은 없는가?	- 시간의 단축/크기, 모양 등 축소 - 두께를 얇게/ 높이를 낮게 한다.	전화기의 재다이얼 기능/슬림형전화기
P 다르게 활용하기(Put to other uses) 다른 용도로 사용할 수 없을까?	- 현 상태에서 다른 용도는 - 현 상태에서 새로운 용도는 없나? - 현 상태를 개조하면 다르게 활용할 수 있을까?	모닝콜/계산기/인터폰
E 제거하기(Eliminate) 무엇을 삭제, 제거할 수 없을까?	- 핵심 기능만 남기고 제거/단순화 - 부피를 작게/ 농도를 엷게 한다. - 모양이나 형태를 간편하게 한다.	무선전화기/누드전화기
R 재배열하기(Rearrange) 어떻게 형식, 모양, 위치를 바꿀 수 없을까?	- 패턴을 바꾼다. - 레이아웃을 재배열한다. - 부품을 다시 배열한다. - 거꾸로 바꾸기 (Reverse)	다이얼을 수화기에 부착/왼손잡이 전화기

4) 하주현(2006), 눈에 번쩍 띄는 창의력, 시그마프레스, p.138.

이상에서 문제해결을 위한 대안을 선택할 경우 선택된 대안에 대해서는 관심을 두지 않는 것이 일반적이다. 즉 대안을 찾고 나면 더 이상 사고를 하지 않는다는 것이다. 쉽게 잊어버리거나 그 대안을 다른 용도와 다른 곳에 그리고 보다 나은 방법으로 활용하는 고민을 하지 않기 때문에 스캠퍼의 의미는 더욱 커질 수밖에 없다.

(2) 적용방법 및 활용사례

스캠퍼의 적용은 대상이 되는 제품이나 서비스, 그리고 문제를 명시하고, 체크리스트상에 있는 동사를 적용하여 변화의 가능성이 보이면 그 변화의 방법 또는 결과를 기록한다. 더 이상 아이디어가 나오지 않을 때까지 계속하고, 끝나면 기록해놓은 것을 검토하고 그 중 어떤 것들이 미리 정해놓은 기준을 만족시키는지 확인한다. 뿐만 아니라 스캠퍼는 특정한 물건의 용도와 비슷한 다른 물건을 찾아 대신 사용하는 대체 작업을 하는 분야에서 더 많은 효과와 의미를 가질 수 있다.

이 밖에도 상품의 소재를 바꿈으로써 새로운 성격과 용도를 부여하여 변화의 효과를 얻는 방법도 있다. 한 가지의 주제(전화기)를 다양하게 활용하는 스캠퍼의 사례를 작성한 것이 〈표 7-11〉과 같다. 주제를 정하고 하나씩 체크하면서 현재의 물건이나 문제를 개선하여 만들 수 있는 방법을 생각해 본다. 예를 들면, 작은 물건이나 큰 물건을 찾아보거나, 재료를 바꾸어서 다른 용도로 사용할 수 있는지 살펴본다.

작성절차는 다음과 같은 방법을 이용해본다.

① 문제대상(해결)이 되는 것이 어떤 것인지 확인한다.
② 체크리스트상에 각 항목을 적용해서 변화를 기록한다. 즉 변화의 가능성을 파악한다.
③ 계속해서 아이디어를 생성해낸다.
④ 더 이상 아이디어가 생성되지 않으면 검토를 한다.
⑤ 검토된 아이디어 중 목적의 기준에 충족되는 것을 찾아낸다.

그리고 체크리스트는 작성하는 개인이나 집단의 문제성격에 따라 변형하거나 추가할 수도 있다. 〈표 7-12〉를 이용해서 주변의 사물, 제품, 서비스, 생활방식, 작업방법 등 다양한 주제를 항목에 구애받지 말고 스캠퍼를 해 본다.

★ 예를 들어 일상에서 흔히 사용하고 있는 작게 만든 것 중 축소하기의 적용사례는 많다. 즉, 톨게이트의 도착지 요금 수납방식, 수신자 부담(택배 착불), 스마트 폰, 이어폰, 소형 라디오, 접는 우산, 여행용 화장품 등과 같은 것이다. 그리고 영화에서도 스캠퍼 이론 중 확대하거나 축소하는 방법을 사용한 것이 있다. 이렇게 창조적으로 생각하는 방법을 이용하면 과학, 영화, 교육 등 다양한 분야에서 새롭고 흥미로운 결과물을 얻을 수 있다.

〈표 7-12〉 오스본의 질문리스트와 스캠퍼(SCAMPER)의 사례 및 연습

주제 : 주제와 관계없이 자유롭게 아이디어를 산출하라.

구분	체크 항목	내 용(아이디어)
1 (S)	무엇을 대신 사용할 수 있을까? (Substitute)	다른 것(사람, 프로세스, 에너지 등)을 사용하면 어떨까?
		- 나무젓가락: 비녀 - 자동차: 전기자동차
2 (C)	무엇을 결합할 수 있을까? (Combine)	아이디어, 조립, 단위, 개념, 목적을, 유닛을 결합하면 어떨까?
		- 휠리스: 롤러스케이트와 신발의 결합 - 복합기: 프린트+팩스+스캔기능 프린트기
3 (A)	조건이나 목적에 맞게 조절할 수 있을까? (Adapt)	유사품과 기존의 다른 것에서 아이디어를 벤치마킹할 수는 없나?
		- 물뿌리개: 주전자의 원리를 이용 - 장미넝쿨: 철조망
4 (M)	색, 모양, 형태 등을 어떻게 바꿀 수 있을까? (Modify)	새롭게 생각을 한다면 어떤 형태(향기, 순서, 움직임)로 바꿀 수 있을까?
		- 물파스: 꼬부라진 물파스 - 신호등: 세로신호등, 숫자+소리신호등
5 (M)	첨가할 것은 없는가? (Magnify)	무언가 첨가(연장, 늘임, 강하게, 무겁게, 높게, 과장 등)하면 어떨까?
		- 풍차 : 바람개비의 확대 - 화장지: 엠보싱 화장지
6 (M)	축소하면 어떨까? (Minify)	무언가 축소(작게, 압축, 얇게, 짧게, 가볍게, 분할 등)하면 어떨까?
		- 디지털 카메라: 필름 없는 카메라 - 스피커: 부루트스 무선스피커
7 (P)	다른 용도로 사용할 수 없을까? (Put to other uses)	현재의 상태에서 약간, 부분적으로, 수정, 달리 쓸 방법은 없을까?
		- 쌀과자: 주식인 쌀을 과자로 대체 - 유모차: 노인용 지팡이
8 (E)	삭제 및 제거할 수 없을까? (Eliminate)	핵심기능만 남기고 제거하거나 삭제(제거/간결)하는 방법은 없을까?
		- 스마트 폰: 실버 폰 - 수박: 씨 없는 수박
8 (R)	거꾸로 하면 어떨까? (Reverse)	긍정과 부정을, 전후, 상하를 뒤집어 생각, 시도하면 어떨까?
		- 화장품용기 : 병뚜껑이 아래에 있는 용기 - 판매: 겨울상품 여름에 세일
9 (R)	어떻게 형식, 모양을 바꿀 수 없을까? (Rearrange)	요소, 순서, 배치, 생각, 역할, 인과관계를 재배열하면 어떨까?
		- 양말 : 벙어리장갑, 발가락양말 - 냉장고: 냉동실이 아래

3) 속성열거 기법

(1) 개념과 특징

'속성열거법'(attribute listing) 혹은 '특성열거법'이란 문제의 대상이나 아이디어의 다양한 속성을 목록으로 작성하여 세분된 각각의 속성에 주의를 돌리는 방법이다. 이는 미국 네브라스카 대학의 크로포드(B. P. Crawford) 교수가 고안한 것으로 문제점 발견을 촉진하는 기법으로 활용되고 있다.

일반적으로 제품이나 기계 등을 개선해 나갈 경우 그 사물을 구성하고 있는 부분이나 요소, 또는 성질과 기능의 특성을 계속 열거해 나가면서 아이디어를 찾는다. 각각의 속성을 분석하면서 그 속성에 대한 집중적인 생각을 통하여 개선, 수정, 발전의 탐색을 구한다. 각 속성들에 관한 아이디어를 산출할 때는 브레인스토밍 방법이 적용된다.

특성을 표현하는 방식에 있어서는 명사적 특성, 형용사적 특성, 동사적 특성의 표현법을 쓴다. 그러나 이 기법의 단점은 실제로는 본질적이지 않는 속성에 지나치게 집착해 버리기 쉽다는 것이다. 본질적이지 않은 속성에 집착할 경우 제품의 기본적인 기능과 관련이 있는 속성을 간과할 수 있으므로 주의를 해야 한다.

제품의 문제를 분석하는데 적용하는 것으로서 이 기법의 속성에는 크게 세 가지가 있다.

① **명사적 속성:** 전체, 부분, 재료, 제조방법 등 상품에는 반드시 그것을 구성하는 부분과 요소가 있다. 구성하는 부분과 요소는 명사적 속성을 가지고 있다.

② **형용사적 속성:** 성질, 형태, 모양 등 상품이 둥글다, 넓다, 가볍다, 크다, 작다 등과 같은 성질을 가지고 있다.

③ **동사적 속성:** 기능 예를 들면 자전거가 '잘 굴러간다', '작동이 쉽다', '달린다', '바람을 일으킨다', '기어를 변속한다' 등과 같이 제품이 지닌 형용사적 속성의 성질이나 형태 등이 기능을 발휘하는 동사형태의 것을 의미한다.

일반적으로 쉽게 도출할 수 있고 흔히 사용되는 속성은 앞서 열거한 명사적, 형용사적, 동사적 속성의 세 가지이지만 겉으로는 잘 보이지 않는 속성도 있다. 그러나 위의 세 가지 속성을 물리적 속성이라고 한다면, 서비스 혹은 기타 다른 문제에 적용할 수 있는 〈표 7-13〉와 같은 다른 종류의 속성도 있다.

〈표 7-13〉 속성열거법의 일반적인 속성

속 성	예 시
사회적 속성	• 규범, 금기, 책임감, 정치, 리더십, 커뮤니케이션
심리적 속성	• 인지, 동기부여, 인상, 상징성, 자아상, 필요성
프로세스에 따른 속성	• 마케팅, 제조, 판매, 기능, 시간
가격에 따른 속성	• 제조단가, 도매가격, 소매가격, 소비자가격
생태학적 속성	• 환경에 대한 부정적/긍정적 영향

이 기법은 제품과 서비스의 개선 및 향상을 위한 대안개발에 많이 활용된다. 특히 제품의 기능을 개선하는 방법으로써 아이디어를 산출해 내려고 할 때 효과적이며, 고객서비스를 개선하고 직원들의 사기 진작과 업무프로세스의 향상을 위해 활용되기도 한다.

(2) 적용방법 및 활용사례

① 적용방법

해결하고자 하는 문제에 대해 속성열거법의 적용과정은 다음과 같다.

㉮ **1단계-대상 및 주제선정:** 해결하고자 하는 문제(제품 및 서비스)의 대상과 주제를 선정한다.

㉯ **2단계-목표(대상 및 주제)의 속성 나열:** 현재 모델(상태)이 가진 속성을 나열한다. 속성을 나열할 때는 7개 이상의 속성을 고려하지 않는 것이 바람직하다. 속성이 많아지면 여러 가지 속성관계를 통제하기가 어려워진다. 그리고 생성해낸 아이디어가 원래의 속성에서 생성된 것이기 때문에 독창성이 결여될 우려도 있다는 점에 주의해야 한다.

㉰ **3단계-속성의 관찰 및 개선:** 2단계에서 목표를 달성하는 데 필요한 속성들을 차례대로 관찰하고, 어떻게 어떤 방식으로 향상시킬 수 있는지를 고려한다.

㉱ **4단계-아이디어 평가:** 속성을 달성하기 위해 보다 향상되었거나 좋아 보이는 아이디어를 개발하고 평가한다.

② 활용사례

코리아 자전거에서는 최근 소비자들이 건강에 대한 관심이 커지면서 자전거에 대한 수요가 늘어날 것으로 예상하고 수요계층에 적합한 신제품 개발 및 기존 제품의 개선을 위해 아이디어 회의에 들어갔다. 코리아자전거에서 현재 판매되고 있는 [그림 7-8]의 주력 상품 모델에 대해 자전거의 속성을 참고로 개선할 사항이 무엇인지 〈표 7-14〉와 같이 '속성열거법'을 통해 아이디어를 발굴했다.

★

✰ 예를 들어 자전거는 1816년 조정핸들이 앞에 달린 자전거가 나온 이래로 많은 개선이 이루어졌다. 오랜 전에 자전거 제작자들은 자전거를 구성하는 다양한 속성들을 검토하여 개선을 하였다. 만약 속성을 구분해서 찾기 어렵다면 대상이 지닌 다양한 형태, 기능, 용도 등을 나열 한 후 그것이 지닌 속성으로 분류해도 된다. 만약 자전거 속성을 찾는다면 차체, 손잡이, 페달, 브레이크, 타이어, 체인, 톱니바퀴 등과 같이 부품을 나열한 후 부품과 연관성이 있는 달린다, 멈춘다, 편안하다, 힘이든다, 무겁다 등과 같이 확장해 나가면 된다. 결국 이러한 속성을 이용해 페달을 밟을 때 발이 미끄러지는 속성을 파악해 발을 고정시키는 페달로 개선을 했고, 타이거가 펑크가 잘 나거나 바람이 잘 빠져 불편한 속성을 개선해 튜브가 없는 가벼운 타이어를 만들어 낸 것과 같다.

그림 7-8 속성열거법의 사례 예시

〈표 7-14〉 제품의 속성과 개선 아이디어

구분	명사적 속성 (전체/부분/재료)	형용사적 속성 (성질)	동사적 속성 (기능)
속성	몸체/ 핸들/ 바퀴/ 안장/ 체인 등	둥글다/ 무겁다/ 승차감	움직인다/ 속도를 낸다/ 기아를 변속한다
개선	✓ 자전거의 바퀴가 무겁고 이동하기 불편하다 등	✓ 휴대를 간편히 하면 어떨까? ✓ 무게를 줄일 수는 없을까? 등	✓ 조립식으로 바꾸면 어떨까? ✓ 바퀴를 알루미늄으로 하면 어떨까? 등

4) 결점열거법과 희망열거법

(1) 개념 및 특징

결점열거법(bug list)은 미국의 제너랄 일렉트릭사(GE)의 자회사인 호로포인트사에서 나온 이론으로 구성원들이 모여서 제품의 조그마한 흠이라도 열거하면서 가능한 많은 단점을 찾아내는 기법이다. 문제가 있다는 것은 본질적으로 어떤 단점이나 결함이 있다는 것을 의미한다. '결점열거법'은 바로 어떻게 하면 결점을 없앨 수 있을까를 생각하는 것이다.

창조적 사고를 가진 사람들은 그들 주위에서 보이는 것들에 만족하지 못하는 경향이 있으며, 보다 나은 상태를 만들기 위해 적극적으로 그것을 고치기 위한 방법을 찾는다. 결점열거법은 주로 제품이나 서비스의 개선을 위한 아이디어를 얻기 위해 사용한다. 따라서 불만이나 단점을 발견했을 때 그 불만에 대해 포기하거나 간단한 응답으로 끝마치지 말고 결점을 모두 나열해 보는 습관을 갖게 되면 현상(사물)을 개선하거나 새로운 것을 발명하는 기회를 갖게 된다.

결점열거법은 적용절차가 매우 간단하고 문제해결을 위한 초기단계에 유용한 기법이다. 특히 결점을 잘 찾아내는 성향을 지닌 사람에게 효과적인 방법이며 기존 제품이나 서비스의 문제를 찾아내어 개선하고 향상시키고자 할 때 유용한 기법이다. 이와 반대로 목표하는 대상과 주제로부터 원하고 바라는 희망을 찾아보는 희망열거법이 있다. 즉 제품이나 서비스 등의 상태에 대해 좀 더 희망하는, 즉 바람직한 관점으로 희망사항을 나열해 아이디어를 이끌어 내는 방법이다. 희망열거법의 진행방법이나 활용도는 결점열거법과 거의 같다.

(2) 적용방법

결점열거법과 희망열거법의 진행방법은 같다. 두 기법의 적용 절차는 [그림 7-9]와 같다.

그림 7-9 결점열거법과 희망열거법의 적용 절차

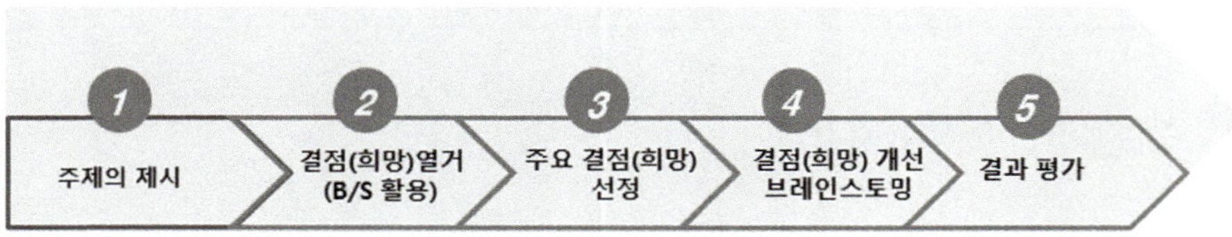

① 1단계-문제의 대상 및 주제선정

의사결정자는 참가자들에게 제품, 서비스, 문제점을 갖고 있는 대상의 결점(희망점)이나 문제점을 찾아보게 한다. 이때 아이디어 흐름을 촉진시키거나 진행자가 약간의 힌트를 줄 수도 있으며, 1인당 5~10개의 결점(희망점)을 찾아내라고 요청한다.

② 2단계-결점(희망점)의 열거

문제해결에 참가한 사람들은 브레인스토밍을 통해 주제에 대한 결점(희망점)을 최대한 많이 도출해 낸 후 찾아낸 그것들을 모아서 정리한 다음 공통적인 것들을 찾아내어 목록을 작성한다.

③ 3단계-주요 결점(희망점) 선정

참가자 전원이 개선해야 할 주요 결점(희망점)을 찾기 위해 그 목록을 검토한 후 투표를 한다.

④ 4단계-결점(희망점)개선을 위한 브레인스토밍

참가자들은 주요 결점(희망점)을 찾는데 그치지 않고 목록에서 상위에 랭크된 것들부터 검토하며 해결할 방법을 찾는다. 즉 그것을 보완하기 위해 어떻게 개선되었으면 좋은지 브레인스토밍을 통하여 아이디어를 찾는다.

⑤ 5단계-아이디어의 평가(개선 아이디어 도출)

개선된 아이디어를 평가한 후 활용한다.

〈표 7-16〉 강제결합법 목록표 작성 활동 표

과 제	• 한국전자는 컴퓨터를 생산 판매하는 회사이다. 전국에 서비스센터를 운영하고 있는데 최근 방문 고객의 서비스 처리 대기시간이 길어져 불만사항이 증가하고 있어 고객만족을 위한 대안을 마련하고자 한다. • "고객만족을 증대 시키려면 어떻게 해야 하나?"
목 록 표	• [그림 7-10]과 같이 목록표 준비 • 예시: 신문/지갑/과자/물/의자/초인종/망치

과제와 목록표의 단어를 강제 결합

목 록	아이디어	평가 (실행여부)
신문	불만을 참아주는 고객에게 신문 구독권을 준다.	+
지갑	불만사항이 있을 때 마다 지갑에 영화 관람권을 넣어준다.	+
과자	대기 시 과자를 먹게 한다.	+
물	불친절한 직원에게 물을 붇는다.	−
의자	대기시간을 편안히 보내도록 의자에 마사지기를 설치한다.	+
초인종	대기시간이 길어질 때마다 5분 간격으로 초인종을 누르게 한다.	+
망치	불만사항이 있을 때 마다 망치로 물건을 부수게 한다.	+

① 단어, 아이디어 등이 적힌 목록표나 카탈로그를 준비하고, 주어진 목록표나 카탈로그로부터 단어나 문제, 정보, 이미지를 무작위로 선정한다.

② 해결해야 할 문제를 제시한다.

③ 문제해결을 위하여 아이디어와 문제를 강제 결합해 본다. 선정된 단어, 문제, 정보, 이미지들 간의 유사점, 차이점, 인과관계, 비유 등의 관계를 조직화된 방식으로 발견한다.

④ 일정한 패턴을 발견하기 위하여 기록한 관계들을 분석한 후 패턴으로부터 새로운 아이디어를 발전시킨다.

⑤ 관계를 지은 아이디어를 평가한다. 평가의 관점은 문제해결을 위하여 실행할 수 있을지의 여부, 그 아이디어를 개선 및 수정이 가능한지 등을 확인하여 +, −로 표시한다.

(3) 활용사례

강제결합법을 활용할 때는 진행자(팀장)가 몇 개의 단어나 이미지를 선택해서 제시

그림 7-10 강제결합법 활용 사례 및 연습

목록표	바퀴, 시계, 수첩, 다이어리, 운동화, 자동차, 달력, 만년필, 핸드폰, 가방

목록선정	순번	항목	특성
	1	핸드폰	• 다양한 기능이 있다. • • 오래 쓰면 충전해야 한다. •
	2	자동차	• 연료가 있어야 움직인다. • • 빠르고 편리하다. •
	3	운동화	• 발을 보호한다. • • 착용하면 활동이 편하다 •
	4	바퀴	• 둥글다. • • 잘 굴러간다. •
	5	만년필	• 잉크를 자주 갈아야 한다. • • 남은 잉크를 자주 확인 한다. •

결합	결합항목	특성	결합 아이디어
	운동화+바퀴	▶ 착용하면 잘 굴러 가서 멀리 편하게 갈 수 있다.	▶ 롤러블레이드, 힐리스

■ 예시: 신발과 바퀴의 강제결합법

 +  = 

\+ =

하기보다는 많은 단어나 이미지가 있는 목록표를 먼저 참가자에게 제시하고 그 중에서 참가자 스스로 무작위로 선정하도록 한다. 미리 문제를 제시하고 단어 목록표를 제시하면 관련된 정보나 아이디어만을 선정하기 때문에 강제결합의 의의가 없어진다.

강제결합법은 학업성취도를 향상시키기 위해서 적용하여 관심과 흥미를 유발시키기도 하고, 실생활에서 발생되는 문제해결을 위해서도 유용하게 적용할 수 있다. 사물이나 아이디어 등 목록표(미리 정해도 되고 팀별 논의를 거쳐 작성해도 된다.)를 작성한 후 서로 전혀 관계가 없어도 목록표에 제시된 사물의 특징을 작성한 후 서로 다른 사물의 특성과 강제결합하여 아이디어를 끌어내는 연습을 [그림 7-10]에 작성해 본다.

★

✰ 예를 들어 최근 지속되는 경기 불황과 치열한 경쟁 환경에서 생존하기 위해 많은 판매 및 서비스업체들이 수익성 창출을 위한 판매 및 서비스 전략과 새로운 사업 모델을 찾고 있다. 패스트푸드 점안에 스티커 사진 자판기를 설치하거나 커피숍 안에 의류매장이나 서점 등 서로 다른 제품이나 서비스를 결합하는 형태의 사업 모델이 확산되고 있다. 즉 매장 안에 또 다른 매장을 만들어 상품을 판매하는 새로운 매장형태인 '숍인숍'(shop in shop)의 경우도 강제결합의 한 형태라 볼 수 있다. 인터넷과 모바일뱅킹에 고객방문이 감소하는 은행이 점차 지점을 줄여갔으나 새로운 대안으로 폐점 대신 강제결합을 통해 새로운 수익모델을 창출하고 있다. 우리은행은 도넛매장과 하나은행은 전시공간과 결합했다. 그리고 지난 25년간 피자를 판매해 온 미스터 피자가 매장 내에 화장품과 생활용품을 판매하는 '라이프 숍'으로 사업모델을 변화시키는 것도 대표적인 강제결합법의 사례로 볼 수 있다.

6) 기타 강제연상법

(1) 입출법과 초점법

입출법은 제너랄 일렉트릭사(GE)가 자동장치 설계를 위해 개발한 강제연상을 활용하는 발상법이다. GE가 오토매틱 시스템(자동장치)설계의 아이디어를 구하기 위해 사용한 방법으로서 제한조건의 범위 안에서 최초의 상태(in-put)를 전개하여 최후의 상태(out-put)에 도달하려는 기법이다. 즉 최초의 조건(入) 최후의 결과(出)를 미리 산정한 후 연상과 판단의 반복적인 과정을 통해 과제를 해결하는 발상기법이다.

입출법은 인풋(in-put)의 상태에서 해결목적인 아웃풋(out-put) 상태까지의 공백을 강제적 연상으로 연결시켜 나가는 것이다. 가령 문 앞에 사람이 서면 거실의 거울에 얼굴이 비친다고 할 때 입과 출 사이의 과제를 연상해 보는 방법이다.

초점법도 강제연상을 이용하는 발상법으로 입출법과 비슷하다. 다만 입출법은 강제 연상의 출발점과 도달점이 처음부터 정해져 있는데 비해, 이 초점법은 도달점만이 정해져 있다. 초점법은 최후에 도달한 결론(out-put)이 정해져 있어서 어떤 선택이든 최후의 지점(출)에 초점을 맞추기 때문에 초점법이라고 한다. 가령 소리 안 나는 자동차의 개발을 도달점으로 하는 경우 출발점은 무슨 내용으로부터 시작하던 상관없다. 오직 소리 안 나는 자동차에만 연결되면 된다. 이 기법은 광고나 상담 그리고 소비자 및 고객을 설득하는 데에 유용한 기법으로 할용할 수 있다.

(2) 형태분석법

형태분석법(morphological analysis method)은 요소분석형 강제연상법의 대표적인 기법으로 알려져 있다. 형태분석이란 원래 형태적으로 파악시킨다는 것이지만, 아이디어를 형태적으로 정리하면서 보충하여 취합 정리해가는 기법이다. 이 기법은 미국의 캘리포니아대학의 프리츠 즈윗키(Fritz Zwicky) 교수가 에어로제트사 재직 중 제안한 것으로 시장조사, 신제품, 신기술의 개발이나 제품포장의 개선 등 사용범위가 굉장히 넓다. 즈윗키 교수가 제안한 형태분석법의 절차는 [그림 7-11]과 같다.

그림 7-11 형태분석법의 절차

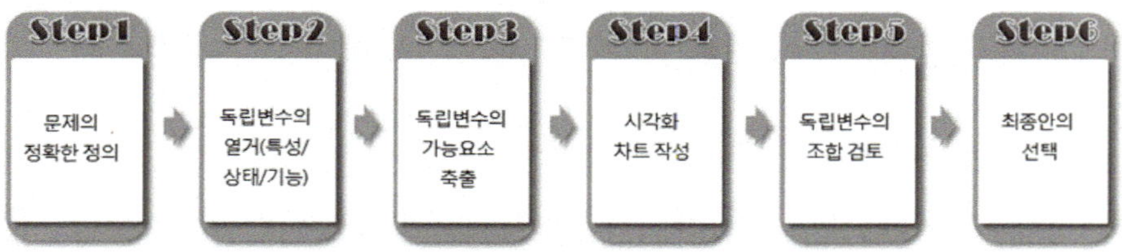

이 기법에서는 [그림 7-12]와 같이 어떤 물건의 요인(독립변수…)을 파악하고 그 변수의 가능성을 정렬하여 형태분석차트에 배열하여 가능한 조합을 고려하는 것이다. 결국 형태분석법에서는 해결해야 할 문제를 모든 구성 요소(독립변수)의 조합으로 보고, 그것을 차트화한다. 만약, 독립변수가 n개가 있다면, 차트 역시 n개가 필요하다. 따라서 다양한 변수의 조합은 새로운 문제해결 방식을 제공하는 다양한 실마리를 제공해 준다. 즈위키 박사는 이러한 원리를 이용해 화학적 에너지에 의해서 동작이 가능한 제트엔진 연구에서 제트엔진을 6개(제트엔진의 작동현장의 상태, 제트엔진의 작동유형, 추진연료의 물리적 상태, 추진장치타입, 점화식타입, 작동의 연속성)의 요인(독립변수)으로 분해하고, 그것을 위한 가능한 조합을 찾아 나갔다. 당시에는 고정추진연료 로케트 등 단지 5개의 조합밖에 존재하지 않았지만 독립된 요인 6개로부터 가능한 방법으로서 18개(4+4+3+3+2+2)가 나왔고 다시 18개의 방법을 결합시켜 576개(4×4×3× 3×2×2)의 조합을 도출해 냈다.

그림 7-12 형태분석법 분석 차트

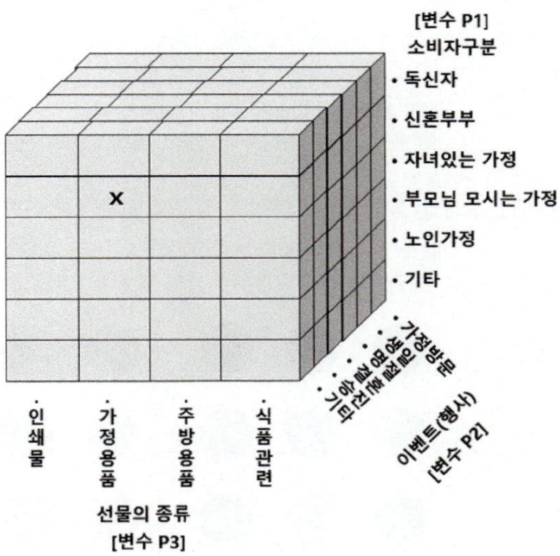

❑ 창의적이고 융합적인 사고 연습(7)

★ 잘못된 가정에서 벗어나기

■ 관념의 탈피 예

위의 선분과 아래의 선분 중 어느 것이 더 길어 보이는가?

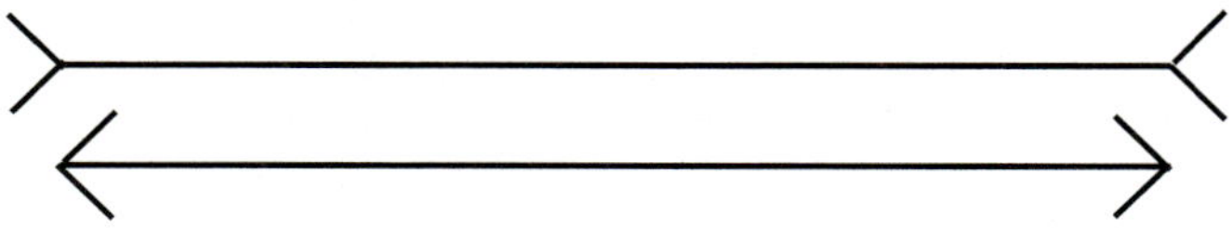

대부분의 사람들은 윗선분이 더 길어 보인다고 답한다. 그러나 실제 길이를 재어보면 선분의 길이는 똑같다. 우리는 때때로 너무나 쉽고 일반적인 질문에 대해서는 의문을 제기하지 않고 경험과 관념에 의해 자신이 문제를 가정한다. 이러한 경우 잘못된 가정으로부터 출발한 문제는 오답을 제시할 수밖에 없는 것이다.

출처: 뮐러와 라이어(Muller & Lyer)의 착시

(선분의 끝점을 표시하지 않고 나타내면 위의 선분이 아래의 선분보다 더 길어 보인다.)

문제 1] 아래에는 9개의 점이 있다. 아래의 질문에 답을 그려 보자.

1-1] 종이에서 펜을 떼는 일 없이 4개의 직선만을 그어서 이들 9개점을 모두 통과하게 해 보라.

1-2] 4개의 직선으로 해답을 구한 독자는 3개의 직선을 이용해 연결해 보라.

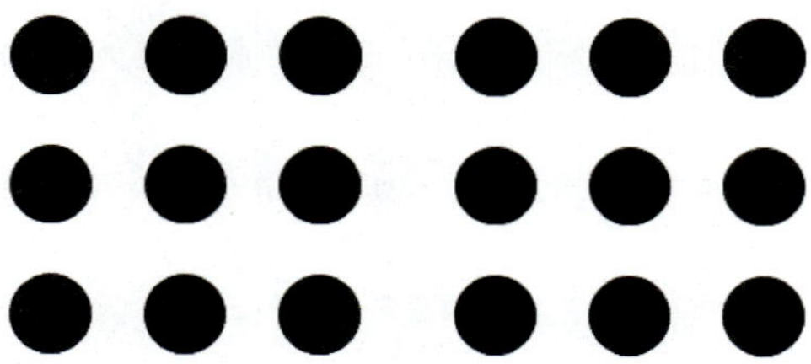

[문제 1의 답]

문제 1의 문제는 '심리학 개론'에서 인용한 것이다.

실마리는 역시 '가정'의 문제이다. 자신이 문제 속에 명시하지 않은 '가정'을 하지 말아야 한다. 반드시 점의 중앙을 통과 하려는 생각과 선이 정방형(9개의 점을 구성하는 사각형)내에서 연결해야 한다는 생각을 떨쳐 버리면 해결 방안이 보일 것이다.

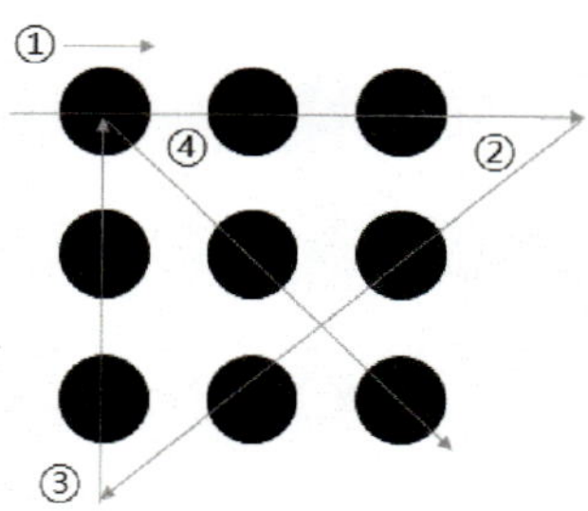

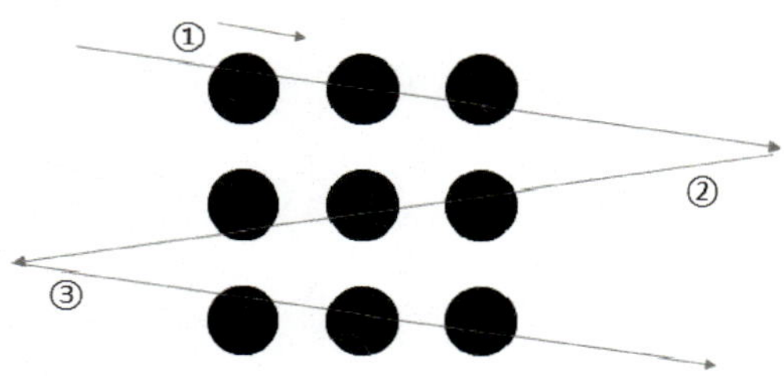

❑ 창의력 향상을 위한 우뇌 계발 방법(7)

7. 특정 부분 기억과 자유연상하기(free association)

논리적인 연결 없이 일련의 생각들을 써 내려가는 활동으로서, 좌뇌를 이완시키고 우뇌가 활동하게 되어 무의식이 표현되며, 그 내용 중에서 건설적으로 활용할 내용을 찾게 한다.

그리고 특정한 부분을 기억하는 연습을 한다. 사람은 수많은 다른 사람들을 접하며 살아간다. 그 중에는 얼굴이 완전히 익은 사람도 있지만, 잘 기억이 나지 않는 사람도 있다. 사람의 얼굴을 기억하는 것은 얼굴의 모든 부분을 기억하는 것이 아니고, 특징을 잡아 조합하여 기억하는 것이다. 이것이 바로 패턴인식이다. 패턴 인식력은 문제의 핵심을 파악하고 집중력, 기억력, 직관력, 종합력 등을 증진시킬 수 있기 때문에 문제 해결력을 향상시킨다. 이것은 형태를 기억하는 장기나 바둑, 오목을 통해 키울 수 있다.

창의적 문제해결과 전략적 의사결정 과정 및 기법

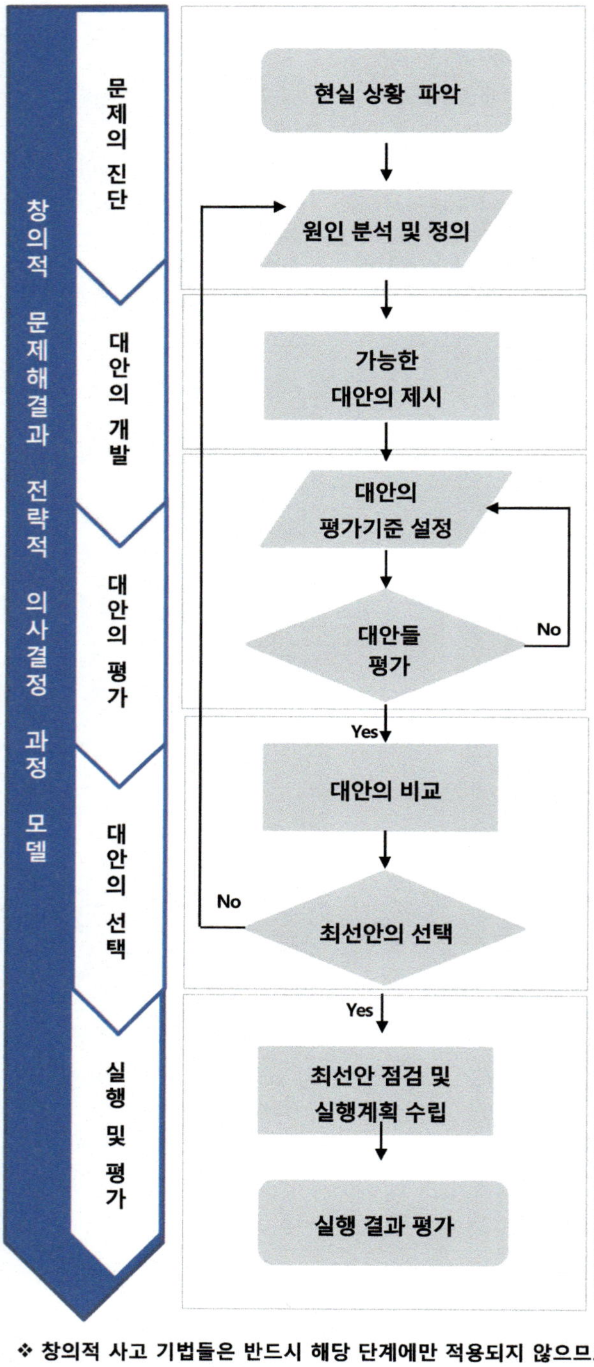

- **문제의 탐색기법**
  PEST모형/5 F's/레이더스크린/STP/SWOT/고객3불분석/KPI/3C(4C)/VRIO/7S 모형 등
- **문제의 원인 분석기법**
  Pareto/KT/5W1H/드릴다운/특성요인/인지기법/시스템다이어그램/Why-Why기법 등
- **문제의 정의기법**
  문제우선순위/Why-Method/가치나무/문제의 재정의/Duncker/목표지향법 등

- **대안 개발 자유연상법**
  브레인스토밍/브레인라이팅/수평적사고/인터뷰/CBS 등
- **대안 개발 강제연상법**
  체크리스트/스캠퍼/속성열거/결점열거(희망점열거)/형태분석/입출법/강제결합법 등
- **대안 개발 유추발상법**
  시네틱스법/NM법/고든법/페르미추정법 등
- **대안 개발 B/S & B/W 기타응용기법**
  역발상/만다라트/역설사고/겔러리기법 등

- **문제우선순위 및 민감도 분석 및 평가**
  심각성/투입시간 및 자원/투입인력 등
- **개별대안의 비교기법**
  하이라이팅/ALU&PMI/동인요소/장단점대조/2안비교/가중대조(그리드)/스티커투표/매트릭스(L, T, X형)기법/KJ기법/연과도법 등
- **최적안의 선택기법**
  비용편익분석/의사 결정모형(매트릭스-의사결정나무)/가정표면화기/2차원 그리드법 등

- **최선안 점검기법**
  What-If/목표 탐색/시나리오 분석/CATWOE/리스크 매트릭스/목표탐색/델파이/패널 동의/시뮬레이션/잠재적 문제분석/여섯 색깔 사고모자분석기법 등
- **실행계획 수립기법**
  간트 차트 /PERT&CPM/실행 체크 리스트/애로우다이어그램기법 등

- **실행결과 평가기법**
  정성적평가:고객만족도/성장/브랜드가치 등
  정량적평가: 재무제표/비율분석/BSC모형 등
- **실행능력 향상 및 피드백**
  창의적 팀 활동 및 대안의 실행 결과 개선
- **보고서 작성(프레임워크사고)**
  MECE/매트릭스/Logic Tree/ 피라미드법 등

❖ 창의적 사고 기법들은 반드시 해당 단계에만 적용되지 않으므로 의사결정 단계와 상황에 맞춰 적절히 활용

제8장 창조적 대안의 개발 Ⅱ

1. 유추발상법
2. 기타 응용기법

문제를 창의적으로 해결하기 위한 방법으로 제7장 '창조적 대안의 개발 Ⅰ'에서는 떠오르는 생각과 아이디어를 비판과 수정을 하지 않고 자유롭게 발산하는 '자유연상법'과 문제 해결을 위한 실마리를 통해 다양한 아이디어를 확산해 나가는 '강제연상법'에 대해 소개를 했다. 이러한 발상법과 함께 창의적인 문제해결에 유용한 방법으로 문제의 본질을 파악하고 이해를 돕는 효과적인 '유출발상법'이 있고, 이 밖에도 자유연상법의 하나인 브레인스토밍을 응용한 다양한 창의력 기법이 문제 해결을 위한 대안 개발 기법으로 활용되고 있다.

특히 '유추발상법'은 본질적으로는 닮지 않았지만 관계 속에서 유사성을 찾고 비교해 나가면서 문제를 해결하는 '유추'와 두 개의 상이한 사고영역이 특정한 유사점에 의한 연계를 파악하여 문제를 해결하는 '은유'를 기본 토대로 문제의 대안을 찾도록 돕는다.

따라서 제8장 '창조적 대안의 개발 Ⅱ'에서는 유추와 은유에 기초한 '유추발상법'의 종류와 특징을 간단히 살펴보고 현장에서 가장 많이 활용되는 '시네틱스법', '고든법', 'NM법' 그리고 페르미 추정기법' 등의 의미와 활용방법에 대해 소개한다. 또한 이 밖에도 브레인스토밍과 브레인라이팅기법을 응용한 다양한 창의력 기법의 종류와 특징에 대해서도 간단히 소개한다.

학습 목표

1. 유추발상법의 원리를 이해한다.
2. 유추발상에 활용되는 창조적 기법의 종류와 특징을 이해한다.
3. 유추발상법과 기타 응용기법의 종류와 의미를 이해하고 일상에 적용해 본다.

1. 유추발상법

유추발상법은 발상의 근간이 되는 유추(analogy)와 은유(metaphor)는 문제의 본질을 정확히 파악하고 이해를 돕는 효과적인 수단이며 문제를 명쾌하게 해결해 줄 대안을 찾는 데도 아주 유용하다. 유추는 본질적으로는 닮지 않았으나 어떤 유사성을 지닌 두 사물 사이를 비교해 나가는 과정을 통해 문제를 해결하고, 은유는 두 개의 상이한 사고영역이 어떤 유사점에 의해 연계되는 표현을 통해 문제를 해결한다.

유추와 은유의 활용은 문제를 정의하는데도 유용하고 문제해결에서 창조성을 발휘하는데 도움이 된다. 아인슈타인은 때때로 문제를 시각화하고 해결하는 방법으로 이 기법을 사용했다. 유추발상법은 [그림 8-1]과 같이 다른 문제의 해를 찾아서 문제에 적용함으로써 창의적이고 혁신적인 아이디어를 개발하려는 발산적 사고기법이다.

그림 8-1 유추발상법의 원리

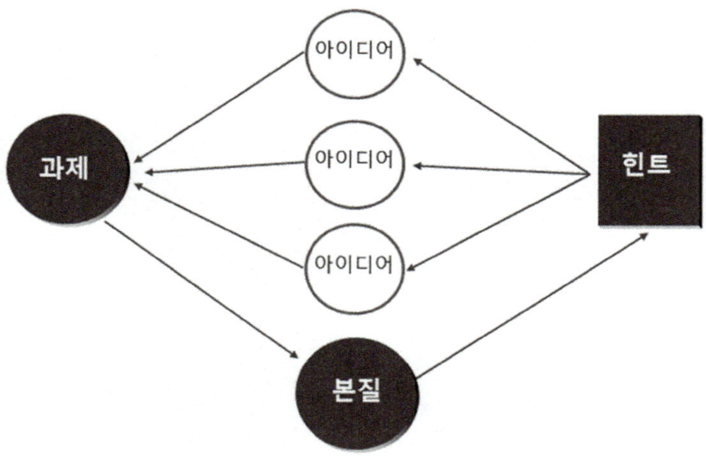

유추발상법의 대표적인 기법에는 시네틱스법(창조적공학기법), 고든법, NM법, 페르미 추정 기법 등이 있다. 이 기법들의 특징과 적용사례는 〈표 8-1〉과 같다.

〈표 8-1〉 유추발상법의 종류와 특징

유추발상기법	특 징	적용분야
시네틱스법	분석하는 대상과 본질적으로 유사한 다른 문제의 상황을 현재 문제의 상황에 적용함으로써 혁신적인 방법을 찾는 기법	신제품 아이디어 , 기능 개선, 고객만족도 직접유추, 대안개발 등
고든법	가능한 현실적인 문제에만 사고를 국한시키지 않고 분석하는 대상의 상위개념을 바탕으로 발상할 수 있게 사고의 구속을 제거하는 방법	신제품 개발 및 아이디어개발 등
NM법	대상과 비슷한 것을 찾아내어 그것을 힌트로 새로운 아이디어를 생각하는데 사람들의 태도를 보다 적극적으로 끌어들여 문제를 해결하고자하는 방법	신제품 개발 및 아이디어, 고객만족도, 대안 개발 등
등가변환론	이미 알고 있는 사물 또는 그것의 원리나 법칙과 해결해야 할 문제나 개선하여야 할 물건 사이에 등가 관계를 발견하고 이를 변환함으로써 문제를 해결하는 기법	신제품 및 기술 개발, 아이디어 개발, 문제점 개선 등
가설설정법	과거의 경험을 바탕으로 유비에 의한 직관적 아이디어를 도출하고 이를 분석하는 과정에서 문제해결의 실마리를 찾는 기법	신제품 개발 및 아이디어개발, 시장조사 등
페르미 추정법	문제에 대해 기초적인 지식과 논리적 추론만으로 짧은 시간 안에 대략적인 근사치를 추정하는 방법	신제품 판매 및 시장점유율, 예상매출, 고객만족도 예측 등

1) 시네틱스 기법

(1) 개념 및 특징

'시네틱스'(synectics)라는 말은 서로 관련이 없는 혹은 얼핏 보면 관계가 없다고 여겨지는 '요소들의 결합'을 의미하는 희랍어의 'synecticos'에서 유래한다. 즉 '관계가 없는 것들을 결부시키다'라는 의미이다. 이 발상법은 시네틱스사를 창립한 고든(W. J. Gordon)이 개발한 기법으로 여러 가지 유추(analogy)로부터 아이디어나 힌트를 얻는 방법이기 때문에 '결부법'이라고도 한다.

'유추사고'라는 것은 대상이 되는 것과 유사한 것을 생각해 내는 발상법이다. 따라서 이 방법은 유사한 것에서 발상하는 것으로 의인적 유추, 상징적 유추, 공상적 유추, 직접적 유추 등과 같은 4가지 방법으로 쓰여 진다.

시네틱스는 먼저, '친숙한 것을 친숙하지 않은 것처럼 만드는 것'이다. 예컨대 사람은 일상에서 낯익은 것을 대할 때 무엇인가 새로운 것을 발견하려면 늘 익숙해서 다른 것을 찾기 어렵기 때문에 그러한 상황에서 벗어나도록 해야 한다는 것이다. 그리고 '친숙하지 않은 것을 친숙한 것처럼 만드는 과정'이다. 이는 일상에서 대하는 낯익지 않은 상황도 가능한 수용할 수 있도록 하는 것으로서 사람은 낯익지 않은 것을 대하면 대상에 대한 탐색 과정에서 기존의 인지 구조가 이를 무관심의 영역으로 밀어내는 경우가 많기 때문이다.

그러므로 2개 이상의 것을 결합하고 합성하는 과정에서 '이질순화'(처음으로 보는 것을 친숙한 것으로 : 異→馴)와 '순질이화'(친숙한 것을 알지 못하는 것처럼 : 馴→異)의 과정이라 할 수 있다.

이질순화는 테마의 분석과 파악, 다시 말해서 잘 알지 못하는 테마를 분석하여 그 핵심을 파악하는 것이다. 그리고 순질이화된 테마에 의해서 유추, 테마를 다른 것에 유추하여 새로운 시점을 구하는 것이다.

예를 들어 처음 보는 'C'모양을 우리에게 친숙한 '귀'로 생각하거나 반대로 친숙한 '타원 안의 동그라미가 있는 그림'을 '눈'이 아닌 낯설은 것, 즉 보트에 사람이 등을 구부리고 있는 것을 위에서 본 모습으로 미루어 생각하는 것이다.

고든은 이 기법을 산업체 또는 경영학 분야에서의 문제해결 방법으로 활용했으며, 오늘날에는 다양한 곳에서 창의적인 문제해결의 기법으로 활용되고 있다. 이 기법을 개발한 고든은 "창의성은 모든 사람의 내면에 어느 정도 잠재되어 있고, 창의성은 지적이고 합리적인 것 보다는 정서적이고 비합리적인 것과 더 긴하게 연결되어 있다"고 주장하였다.

시네틱스법은 브레인스토밍의 한 형태로 상상력을 동원하여 아이디어를 산출하여 두 대상의 관계를 밝혀가지만 브레인스토밍과 다른 점은 비판이 허용된다는 점이다. 브레인스토밍을 활용할 때 가장 주의해야 할 부분 중 하나가 '비판을 하지 말라'이지만 시네틱스에서는 참여자들은 비판을 하도록 고무되고 심지어 비꼬기도 한다. 물론 진행자가 비판으로 인해 문제해결 과정 분위기가 흐려지지 않도록 비판을 제어하고 필요할 때만 사용하도록 통제해야 한다.

따라서 시네틱스법은 해결하고자 하는 문제에 대한 새로운 시각을 마련하는 것에 중점을 두고 의사결정자가 문제를 해결하고자 할 때 아이디어발견 단계에서 아이디어에 대한 새로운 시각을 경험하도록 제시할 때 적합한 기법이다

(2) 시네틱스 유추발상 방법

시네틱스에서 이러한 '이질순화'와 '순질이화'의 접근방식을 기본적인 사고방법으로 하여 실제로 아이디어의 발상과정에서 은유와 유추를 토대로 네 가지 유추방법을 구체적으로 활용하고 있다. 네 가지 유추법을 토대로 시네틱스틱법의 진행과정은 [그림 8-2]와 같다.

그림 8-2 시네틱스법 적용 절차

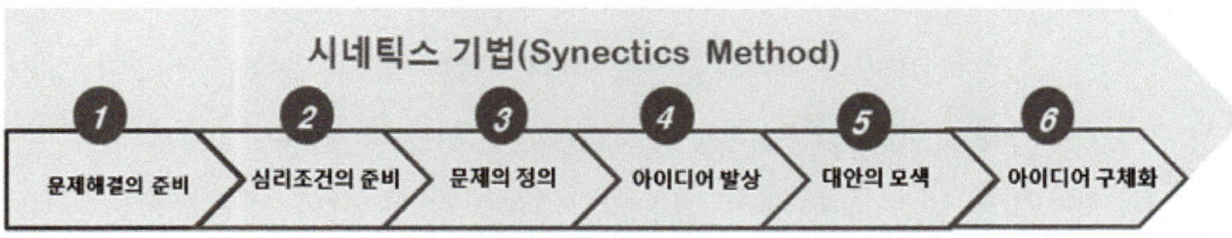

① **1단계-문제해결을 위한 준비**

문제해결을 위한 팀을 구성한다. 시네틱스 그룹의 적정 인원은 5~7명이다. 문제 소유자와 촉진자 각 1명, 참여 팀원 5명 정도로 구성하여 진행한다.

② **2단계-심리조건의 준비**

인식, 유보, 몰입, 유추 등 4가지를 준비한다. 먼저 왜곡하지 말고 객관적으로 문제를 인식한다. 해결을 서두르지 않고 구속되지 않는다. 감정적으로 문제에만 몰입하고 다시 문제를 살펴보고 반복한다. 마지막으로 별로 관계없는 것을 새로운 시각에서 연관 짓고 유추한다.

③ **3단계-문제의 정의**

문제를 정확히 인식하고 정의한다.

④ **4단계-아이디어 발상**

네 가지 유추법을 활용해서 아이디어를 산출한다. 창의적인 아이디어 발상을 위해 도입되는 유추(유비: 類比)의 핵심 메카니즘의 네 가지는 다음과 같다.

- **직접유추(직접적으로 유사한 것을 찾는 것)**

  우리들 주변에 존재하는 사상과 사물을 과제와 연결시키는 것으로서 창조·개발하려는 물건과 다른 한 대상을 선택하여 두 대상을 직접 비교·검토하는 것을 의미한다. 실제로 서로 닮지 않은 두 개의 이념을 객관적으로 비교하는 유추방법이다. 예를 들면, '~과 같이'라고 이질순화를 통해 문제를 해결하는 것이다. 즉 옷에 달라붙는 엉컹퀴 열매로부터 매직 파스너(Magic Fastener)[1]의 아이디어를 찾고, 우산을 통하여 낙하산의 원리를 알아내고, 벌레의 유충으로부터 캐터필러와 탱크가 생겨나는 것처럼 과제의 힌트가 될 만한 것을 모두 관찰하여 획기적인 아이디어를 발견하게 되는 것이다.

- **의인유추(문제에 완전히 변모)**

  해결하려는 문제나 현상에 대하여 해결하려는 사람 자신, 즉 참가자가 그 문제나 현상에 완전히 일치하거나 융합해버리는 상태로 되어 문제를 해결하는 것으로 이미지 속에서 발상을 한다. 예를 들어 새로운 기계나 장치를 개발하거나 기계나 장치의 문제점을 해결하기 위해서 기계나 장치의 입장에서 생각한다. 가장 넓은 의미에서 일종의 '역할연기'와 같다. 여기서는 문제에 심신을 모두 동일화하여, 객관을 주관화하고 새로운 관점을 찾아가는 것이다(순질이화). 예를 들면, 남성참가자가 해결해야 할 문제가 '양성평등'이라면 남성참가자는 여성의 입장이 되어 여성이 조직이나 사회 속에서 받게 되 는 고충을 직접 생각해 보면서 문제를 해결해 나가는 방법이다. 즉 교육발전의 민주화 과정에서 여성의 교육수준은 높아지고 그와 더불어 사회의 진출도 다양화되고 있는 반면 실제 사회 속에서 냉대나 불평등을 생각해 보는 것이다.

- **상징적 유추(두 대상물 간의 관계를 기술하는 과정에서 상징을 활용)**

  동화나 상징인물, 그리고 사건에서 힌트를 얻어 발상하는 경우가 많다. 문제를 간소화함으로써 포인트를 압축하고 새로운 관점을 찾는다(순질이화). 예를 들면, 대지는 어머니다, '신데렐라 콤플렉스'는 '타인의존증후군'에서 유추하거나 '파랑새 증후군'은 메테를 링크의 동화 '파랑새'로부터 나온 발상이다. 또한 '백설공주 콤플렉스'는 '피학대아증후군' 또는 현실 속에서 자신을 직시하려 하지 않는 인간을 표현한다. 그리고 '피터팬 신드롬'은 어른이 되지 않는 청년 남자의 심적 상태를 의미한다.

- **공상적 유추(환상적 신화적 의미)**

  최근에는 잘 이용되지 않지만 현실적인 유추를 통해서는 해결할 수 없을 때 활용

---

1) 시계밴드, 허리띠, 운동화 끈, 주머니 덮개, 기차의 좌석 커버, 우주복에 이르기까지 폭넓게 사용되는 매직 파스너. (사냥광이었던 스위스 사람 조르주 도메스탈은 이 작은 발명으로 세계적인 기업 '벨크로사'를 키워냈다).

하는 환상적이고 신화적인 유추를 의미한다. 하늘을 나는 양탄자나 자동차, 그리고 요술지팡이처럼 현실에서 불가능한 일을 공상하여 유추하는 것을 말한다.

⑤ 5단계-대안의 모색

도출된 유추(유비) 중 어느 것을 사용할지 검토하고 적당한 것을 선택한다.

⑥ 6단계-아이디어 구체화

사용할 수 있는 아이디어를 나누고 해결책을 수립한다.

(3) 활용사례

유추는 가장 단순하게는 유사하지 않은 두 실체간의 비유이다. 그러나 대부분은 고도로 발달된 비유의 방법을 사용하고 은유나 직유보다 훨씬 더 복잡하고 구체적이다.[2] 예를 들어, 영국의 두 연구자가 '다윈의 진화설'을 이용해서 피해자가 범인의 얼굴을 판별할 수 있게 하는 소프트웨어 프로그램을 만들었다. 예전에는 범인확인 작업을 위해 얼굴의 조각사진을 하나씩 이어 붙였지만 이제는 범인과 비슷한 전체 얼굴 사진이 제공된다. 전체 얼굴 사진에 프로그램을 통해 유전적인 선택요소들이 더하면서 최고의 선택안을 고르게 된다.

일상에서도 활용하는 방법이 많이 있다. 예컨대 주변에 있는 제품이나 서비스 등을 하나 정해서 그것이 자신의 손에 들어와 사용되기까지 어떠한 과정을 거쳤는가에 대해 살펴본다. 또한 선택한 사물의 입장이 되는 상상을 통해 사물의 입장에서 겪은 일을 떠올리며 아이디어를 도출해 나간다.

★

☆ 콜로라도주 골든시에 위치한 광업장비 회사 아틀라스(Atlas Copco Roc Tee)의 제품 개발팀이 광석을 채굴하여 컨베이어 벨트 위에 실을 기계를 개발할 때 '유추기법'을 활용했다. 문제해결에 참여한 곤충학자 출신 팀원 한 명이 대안을 찾기 위해 고심하던 중 '사마귀'를 떠올렸다. 사마귀는 먹이를 자기의 앞다리 사이로 꽉 붙잡고는 천천히 입 안으로 밀어 넣는다. 이러한 유추로 만들어진 결과물이 바로 'ROC 302'라는 대형 트랙터이다. 이 트랙터는 양쪽에 삽을 내장하고 있어서(마치 사마귀의 앞다리처럼) 기계의 한가운데를 관통하는 컨베이어 벨트 위로 광석을 실어 얹을 수 있다.

2) 박수규, 박혜영 역(2012), MBA에서도 가르쳐 주지 않는 창의력 노트, 비즈니스북스, pp.110-113.

3) 고든법

(1) 개념 및 특징

'고든법'(Gordon method)은 유추발상법의 하나로서 시네틱스의 창시한 미국의 윌리암 고든(William J. J. Gordon)이 아서 D. 리터(Arthur D. Litter) 컨설팅회사에 근무하면서 전통적인 브레인스토밍기법을 새롭게 수정해서 만든 기법이다. 고든은 아이디어를 발상할 때 주로 브레인스토밍을 이용하여 브레인스토밍의 4가지 규칙을 중심으로 아이디어를 끌어냈다. 그래서 리틀 브레인스토밍(gorden little brainstorming)이라고도 불린다.

그러나 그는 브레인스토밍을 이용하는 과정에서는 해결해야 할 주제에 대해 참가자들이 알게 될 경우 가능한 문제를 좁혀가면서 아이디어를 발상하기 때문에 한 차례의 아이디어가 나온 뒤에는 새로운 아이디어가 창출되는 것이 매우 어렵다는 것을 깨닫고 가능한 현실적인 문제에만 사고를 국한시키지 않고 아이디어를 발상할 수 있는 방법에 대해 고민을 하기 시작했다.

어떻게 해서 이러한 현상이 발생하는 것인지, 무엇 때문에 아이디어의 발상이 제한을 받고 있는 것인지 등에 대한 고민을 한 결과 고든은 다음과 같은 결론을 얻었다. "기발한 아이디어를 만들어 내기 위해서는 현재의 제품에 구애를 받으면 어렵다.", "최신의 테마를 알고 있으면 단락적으로 아이디어를 찾아 넘기는데 관심이 집중되어 버린다." 즉, 고정관념에 의한 '테마에 대한 구속'이라고 생각했다.

고든은 이러한 제한요인을 제거하기 위해서 테마를 구체적으로 명시하지 않았다. 브레인스토밍은 주제가 구체적으로 제시되고 참가자들의 발상을 유도하지만 고든법은 해결해야 할 과제에 대해 진행자만 알고 실시하며 키워드(짧은 말)만 제시한다. 즉 사회자는 논의 주제에 대한 추상적인 힌트만을 주고 그 속에서 근본적이고 핵심적인 아이디어들을 모은 다음 어느 정도 문제 해결점에 다다르면 실질적인 주제를 공개하고 아이디어를 보충하는 형식으로 진행한다.

그리고 추상적 테마만을 주어 가능한 한 광범위한 곳에서 아이디어를 끌어내기 위해 연구를 하였다. 그래서 고든법은 '사고의 구속'을 제거하는 발상법이라고도 한다.

고든법의 특징을 요약하면 다음과 같다.

① 문제를 구상화시켜서 무엇이 진정한 문제인가를 모르는 상태에서 출발하며 참가자들에게 그것에 관련된 정보를 탐색하게 한다.

② 주제와 전혀 관계없는 사실로부터 발상을 시작해서 문제해결로 몰입하게 만든다. 이 과정에서 아주 기발한 아이디어가 떠오르게 되는 것을 경험할 수 있다.

③ 추상의 폭을 넓혀 주제를 내면 생각하는 사람의 사고는 폭넓게 펴져 구체적인 문제를 생각할 경우에는 상상하지 못했던 다양한 아이디어가 나온다.

④ 주제가 추상적이기 때문에 나오는 아이디어들이 예측과 빗나가는 경우도 있지만 진행자는 그것들을 실제 주제와 결합시켜, 회의 중이라도 항상 검토하고 있어야 한다.

⑤ 진행자는 회의를 진행하는 중에 주제를 좁히고, 회의가 끝날 무렵에 주제를 말한다.

(2) 원리와 적용방법

고든법은 주제를 진행자만 알고 아이디어 산출에 참가한 사람들은 주제를 모른 채로 진행자의 진행에 따라 자유롭게 산출하면서 문제해결에 몰입하도록 유도하고 있다. 일반적으로 참가자들은 아이디어를 발전시킬 때 관념적이고 습관적인 틀에 얽매여 문제를 해결하려는 경향이 있다. 그러나 이 방법으로 진행하면 고정관념에서 벗어나 새롭고 다양한 아이디어가 나올 수 있다.

고든법을 사용하는 절차와 원리는 [그림 8-3]을 참고로 보다 구체화하면 다음과 같다.

그림 8-3 고든법의 원리

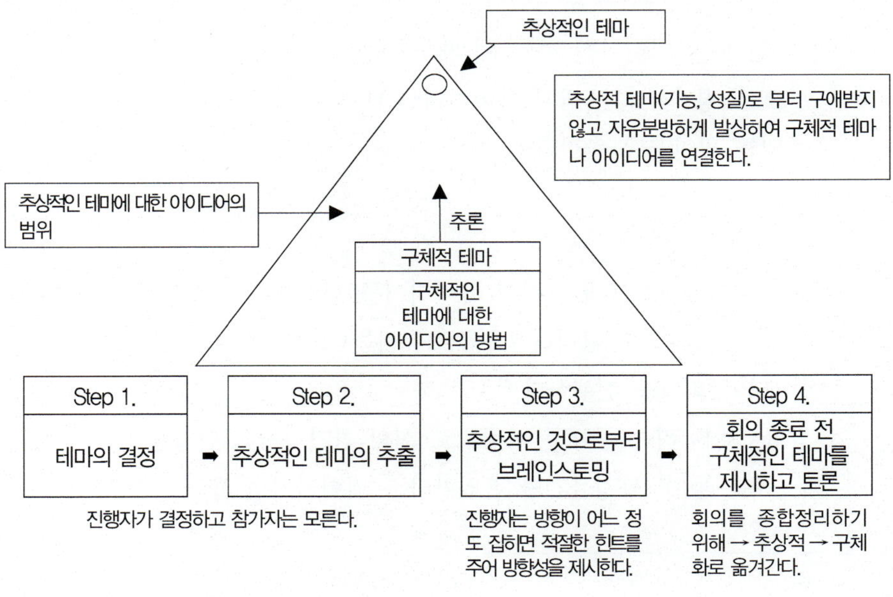

① **1단계:** 진행자는 테마를 정하고 추상적인 테마를 추출한다. 이때 테마는 진행자가 결정하고 참가자는 모른다. 예를 들어 해결해야 할 주제가 '드릴링 머신 개발'이라고 할 때 참가자들에게는 주제를 알리지 않고 추상적인 테마(key word) '뚫는다'만을 알려주고 자유롭게 아이디어를 산출한다.

② **2단계:** 참가자들은 추상적 테마(key word)만으로 브레인스토밍을 통해 자유롭게 아이디어를 산출한다. 주제를 모른 체 아이디어를 산출하는 것은 제품이나 특정 주제에 얽매여 경직될 수 있는 사고를 확장시키지 위함이다. 만약 신제품 개발에 대한 아이디어를 산출한다고 하면 참가자들은 먼저 그 제품(사물)에 집착하거나 사고가 사로잡혀 근본적인 아이디어 산출이 어려워진다.

③ **3단계:** 진행자는 참가자들이 어느 정도 문제해결에 가까워 질 때 적절한 힌트를 참가자에게 제공하고 방향성을 제시한다. 자유로운 발상을 유도하며 아이디어를 산출하고, 시간이 길어지면 '팀 빌딩게임'[3]과 같은 방법으로 팀 활동을 이끌어 나간다.

④ **4단계:** 참가자들은 진행자가 제시한 테마를 참고로 추상적으로 제시한 아이디어를 토대로 구체적이고 유용한 아이디어를 산출해 나간다. 어느 정도 주제와 관련된 해결책이 산출되면 팀원들에게 구체적으로 주제를 알려주고 더욱 유용한 아이디어를 산출하도록 유도한다.

⑤ **5단계:** 아이디어를 종합 채택하여 문제를 해결한다. 산출된 아이디어들을 개략적으로 평가하고 채택된 아이디어에 대한 실현 가능성 등을 평가한 후 구체화할 수 있는 방안을 도출한다.

(3) 활용사례

만약 진공청소기에 관련된 아이디어를 회의한다고 가정한다면 아이디어 회의 주제를 '진공청소기'가 아니라 '흡입한다'라는 진공청소기의 가장 큰 특징을 주제로 놓고 아이디어 회의를 진행한다.[4]

'흡입한다'라는 주제를 바탕으로 회의 참가자들은 다양한 아이디어를 도출할 수 있다. 예를 들어 '특정물건만 흡입한다', '거머리처럼 흡입을 통해 더 좋은 결과를 창출

3) 문제해결을 비롯한 팀 활동 시 조직 활성화를 위해 활용하는 일종의 게임(어깨 주무르기, 보드게임 등)

4) 박윤호(2009), 아이디어 특허로 재테크하기, 영진닷컴.

한다', '흡입 시 종류별로 분류한다' 등의 다양한 의견이 나오게 된다. 그런 다음 다시 회의주제를 '진공청소기'로 주고 나서 지금까지 나온 흡입에 관련한 아이디어와 진공청소기와 접목할 수 있는 아이디어를 형성해나간다. 예를 들면 '머리카락만 흡입하는 청소기', '먼지, 쓰레기 등 크기와 종류별로 분류되어 제거할 수 있는 청소기' 등의 아이디어를 형성할 수 있다. 이렇게 다양하게 형성된 아이디어를 바탕으로 특정 문제를 해결해나가면 된다.

★

✰ 금연과 관련된 문제라면 금연 또는 담배와 관련된 주제를 진행자만 알고 있고 진행자는 금연-흡연-담배-질병-건강-행복-사람 등으로 거슬러 올라가 사람을 주제로 간략한 키워드를 제시할 수 있어야 한다. 그리고 참가자들은 문제가 금연이라는 것을 모른 채 인간이라는 보다 광범위하게 연관성을 추상적으로 유도한 주제를 가지고 아이디어를 도출시킨다. 따라서 참가자들은 문제를 추상적으로 잘 제시해야만 하고 사물의 기능과 특성에 맞게 그 주제를 한 단계씩 확대해 나갈 수 있어야 한다.

3) NM 기법

(1) 의의

NM법은 고든법을 더욱 구체적으로 체계화한 유추발상법이다. 이 발상법은 일본의 나카야마 마사가즈(中山正和)가 자신의 경험을 바탕으로 1965년경에 창안한 것으로 그의 이름을 따서 NM법 이라고 명명했다. 그는 여러 가지 '전신관계' 개발의 기술자로 근무했다. 어느 날 교환기의 접점이 과도한 사용에 의해 교환기의 사용이 어려울 정도로 마모가 되는 문제가 발생하였다. 그는 이 문제를 해결하고 싶은 욕망이 생겼다. 그런데 당시 미국의 벨(Bell)사도 이와 유사한 문제를 해결하기 위해 많은 인력과 비용을 들여 아이디어를 산출하고 대안을 찾으려 하였다. 그러나 이렇다 할 실마리를 찾지 못하고 있던 터에 그는 문제해결을 위해 먼저 문제의 발생원인을 규명하고자 했고, 그래서 8mm 촬영기로 접점불량이 발생하는 과정을 모두 기록할 수 있었다. 그 결과 접점불량이 발생할 때 접점의 표면이 문드러져 진창과 같이 된다는 사실을 발견하였다.

그는 '이럴 때 여기에 모래를 뿌렸으면~' 하는 생각을 하게 되었고 그 생각을 보다 구체적으로 발전시켜 문제의 원인인 진창에 빠지지 않고 진창을 건너가는 어떤 방법이 있을 것이라는 고민을 하기 시작했다. 그 결과 진창에 빠지지 않기 위해 '모래'를 뿌리고 '건너간다'는 이미지를 차례로 탐색하게 되었고 보다 과학적이고 전문적인 방법을 시도해 문제를 해결하게 되었다. 그는 이러한 문제해결을 통해 자신의 문제해결 방법을 보다 구체적이고 효과적인 새로운 유추발상법으로 체계화시켰다. 그것이 바로 NM법의 시초이다.

(2) 적용방법

NM법의 본질은 유추(analogy)이다. 사람들은 흔히 생각을 해도 방법이 없거나 찾기 어려운 문제는 고려하지 않는다고 한다. 고든은 이러한 사람들의 태도를 보다 적극적으로 끌어들여 문제를 해결하고자 하는 방법을 제시하였다.

나카야마는 그의 저서 「창조공학 입문」에서 이렇게 말한다. "창조성이라는 말이 입에 오르내린지 오랜 기간이 흘렀으므로, 이제 '무슨 무슨 법'이라는 아이디어 기법에 좌우되는 시대는 지났다고 생각한다. 어떤 기법이라도 좋지만 그것이 무엇을 의미하고 있는지를 확인하고, 필요시에 필요한 기법을 자유로이 사용할 수 있어야 한다. '무슨 무슨 법'이라는 이름은 일체 해소해야 한다. 특히 우리에게 중요한 것은 자신이 깨닫지 못하고 있는 고정관념의 틀 속에서 뛰쳐나와 무엇을 해야 될까를 사고해야 하는 것이라고 생각한다."

NM법이 실효를 거두기 위해서는 다음과 같은 실행절차를 거친다. 〈표 8-2〉와 [그림 8-4]를 참고로 구체적인 실행순서는 다음과 같다.

〈표 8-2〉 NM법의 실행 절차

단 계	실행 내용
① 문제의 설정 문제의 분석 및 명확화	• 과제의 설명을 구체적으로 명확히 한다.
② 핵심어의 결정 문제의 본질(기능/성질)의 추출 및 제시	• 키워드를 정한다(KW : Key Word). 즉 연상을 위한 첫 단계이다. 따라서 문제 그 자체와는 직결되지 않는다. 이것은 어디까지나 사고의 방향을 제시하기 위한 것이다.
③ 유추발상(QA) 연상유추 (~와 같이)로 이미지 탐색	• 키워드로부터 연상유추를 도출한다(QA: Question Analogy). 키워드를 통해 연상되는 것을 계속 적어 나간다. 유추사례를 계속 질문으로 찾아나간다.
④ 배경의 탐색(QB) 구조나 요소의 탐색	• QA에서는 무엇이 일어나고 있는가? • 그것은 어떻게 되어있는가? • 배경을 탐구한다(QB : Question Background). 즉 표현된 유추사례에 대해 그 구조나 요소를 알아본다.
⑤ 콘셉트와 아이디어 창출(QC) 구체적인 아이디어 제시	• 콘셉트와 아이디어를 창출한다(QC : Question Concept) • 배경에서 발견한 구조나 요소 등을 테마에 연결시켜 해결을 위한 콘셉트를 구해 나간다. • 문제에 도움이 되는 것을 구한다.
⑥ 종합정리	• 문제해결방법을 체계적인 시나리오로 작성하여 정리한다.

그림 8-4 NM법의 활용표

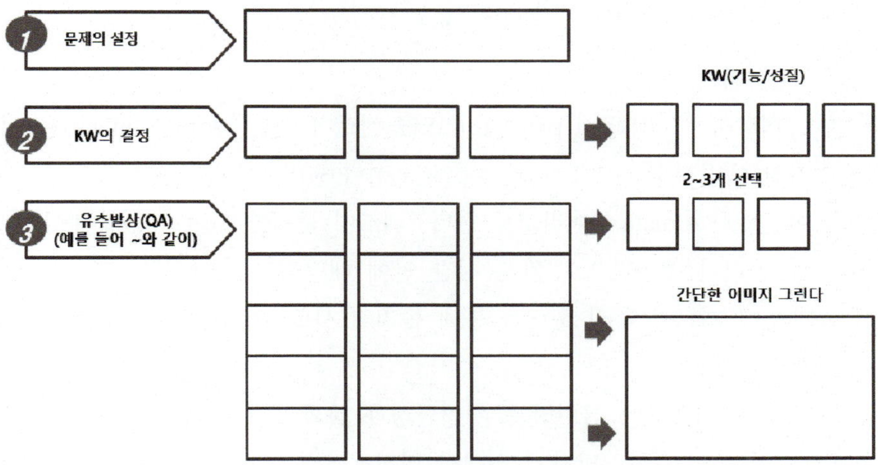

★

☆ 1858년 깡통 따개가 발명되면서 캔 제품이 보편화 되었으나 별도 휴대해야 하는 불편함 때문에 사용에 불편을 겪어야 했다. 그러나 1959년 미국의 프레이즈(Ernie Fraze, 1960) 자동차 범퍼에서 지레의 원리를 착안하여 고리형 뚜껑이 달린 캔을 발명했다. 프레이즈의 창의적 사고는 여기서 멈추지 않고 캔 뚜껑을 따지 않고 안으로 밀어 넣어 개봉하는 방식으로 진화해 그의 발명은 환경문제 해소에도 일조했다.

☆ **예를 들어 콘비프 캔을 개봉하는 방법을 생각한다.**

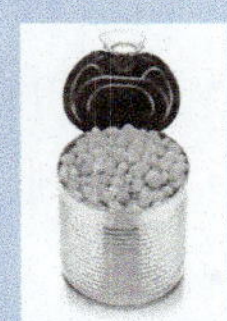

1. 문제의 설정: 간단하게 열 수 있는 방법이 있는가 생각
2. 핵심어 결정: 열다
3. 유추발상: '꼬투리 완두콩처럼 열리다'
4. 배경 탐색: 완두콩은 상을 이루는 꼬투리 접합부위에 손잡이 같은 것을 잡으면 열린다.
5. QB 연결 QC 창출: 꼬투리의 접합부위는 캔의 알루미늄 이음새에 해당한다. 이곳에 손잡이를 달아 당기면 쉽게 열리지 않을까?
6. 종합정리: 문제해결 방법을 체계적으로 시나리오를 작성

4) 페르미 추정법

(1) 의의 및 기본 체계

① 의의

페르미 문제(Fermi problem) 또는 페르미 추정(Fermi estimate)은 이탈리아 물리학자인 엔리코 페르미(Enrico Fermi, 1901~1954)의 이름을 따서 만든 방법으로 게스티메이션(guesstimation)이라고도 한다. 페르미 문제는 주어진 문제에 대해 기초적인 지식과 논리적 추론만으로 짧은 시간 안에 대략적인 근사치를 추정하는 방법을 말한다. 때문에 페르미 추정 훈련을 통해 논리적 사고, 가설 사고, 모델화, 정량화 등 창의적 사고과정을 습득하게 된다.

최근 기업들이 급변하는 경영환경과 불확실한 미래에 유연하고 신속하게 대응할 수 있는 인재를 선발하기 위해서 면접에서 정답이 없고 다소 황당하기까지 한 '페르미 추정 문제' 활용하고 있는 것도 페르미 추정의 효과 때문이다.

페르미 추정 문제는 실제 기업의 면접에서 출제된 예시에서 알 수 있듯이 단번에 대답하기 어렵고 더러 황당하기까지 한 문제들이다.

- 서울 시내 중국집 음식 판매량은 어느 정도 될까?(LG생활건강)
- 서울 시내 영화관 수는 몇 개인가? (CJ그룹)
- 아이스링크장의 얼음으로 빙수를 몇 그릇 만들 수 있을까?(굿 네이버스)
- 우리나라 국군 장병 수는 몇 명인가?(효성그룹)
- 미국에는 주유소가 몇 개 있는가?(마이크로소프트)
- 서울 시내 10층 이상 건물은 몇 개인가?(SK그룹)
- 남산을 옮기려면 며칠이 걸리겠는가?(두산그룹)
- 골프공 표면의 작은 구멍은 몇 개인가?(구글)
- 30층 이상 고층 건물의 엘리베이터를 이용해 15층까지 가장 빨리 가는 방법은?(P&G 모의 면접) 등

② 기본 체계

페르미 추정 문제의 기본 체계는 [그림 8-5]와 같이 '저량문제'와 '유량문제'로 나뉜다. 구체적인 내용은 다음과 같다.

그림 8-5 페르미 추정 문제의 기본 체계 및 예시

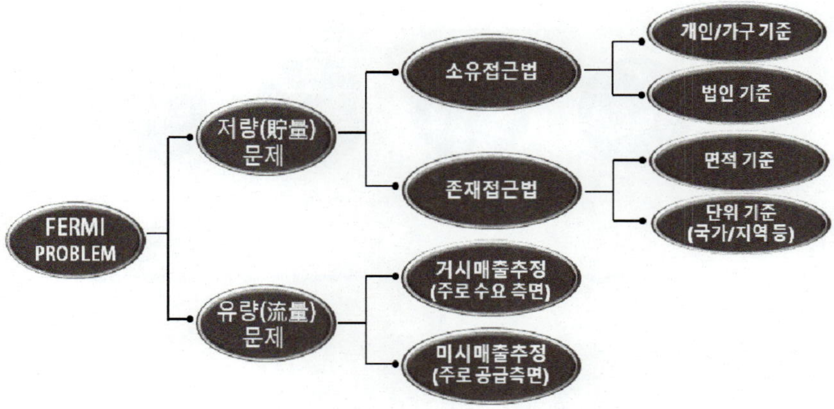

㉮ **저량(stock)문제:** '특정 시점에 존재하는 경제제량(經濟諸量)의 크기를 나타내는 개념'(특정시점에서 존재량)을 말한다.

㉯ **유량(flow)문제:** '일정 기간 동안 경제제량의 변화 또는 생성 규모를 나타내는 개념'(어떤 물건의 일정 기간 동안의 변화량)을 말한다.

예를 들면, '우리나라는 전국에 자동차가 몇 대 있을까?'라는 문제의 경우 '자동차의 수'는 현재 '저량문제'이다. 이 문제는 영업용이나 관용차를 제외한 도시의 자동차 보유수와 지방의 자동차 보유수를 계산한다는 가정을 세우고 추정을 시작한다. 만약 '자동차 시장 규모'를 묻는 질문은 '유량문제이다.

(2) 적용방법[5)]

페르미 추정 문제의 적용방법은 [그림 8-6]과 같다. 그리고 예시('한국대학교 학생회관 커피 판매점의 하루 매출은 얼마인가?')의 페르미 추정 문제를 참고로 세부 적용 절차를 소개하면 다음과 같다.

5) 도쿄대학 케이스스터디연구회(2011), 페르미 추정 두뇌 활용법, 에이지 21, pp.97-101. 참고.

그림 8-6 페르미 추정 문제의 적용방법

① 전제 인식

기본 개념들을 정의하고 범위를 한정한다. 자신의 경험, 혹은 기초적인 지식들을 활용하여 개념을 정의할 수 있다. 이용자는 한국대학교의 방문자를 제외 한 학생과 교직원으로 전제하고 소비방식과 판매 상품 그리고 이용 시간대를 고려해 접근한다.

- 학생회관 커피 판매점 특정 점포의 1일 매출에 대한 질문
- 매출은 매장 고객과 테이크아웃 고객 두 부류로 계산

② 접근방법 설정

문제를 해결하기 위해 접근하는 방향을 설정한다. '무엇을 기준으로 할 것인가?'를 고려해 최종 결과 값을 구하기 위한 식을 세우고 다음 단계에서 숫자를 구체화한다.

- 고객별 단가×고객 수
- 고객 수 = 최대 수용 인원×가동률×회전율×영업시간 공식 활용
  - 매장 고객과 테이크아웃 고객을 구분해서 계산
  - 매장 고객은 회전율 고려, 테이크 아웃 고객은 회전율을 고려하지 않음
  - 매장 고객 = 최대 수용 인원×고객별 단가×회전율×영업시간
  - 테이크 아웃 고객 = 시간 당 고객 수×고객별 단가×영업시간

③ 모델화

필요한 수치에 들어가는 요소들을 세분화하여 정리한 후 각 요소별 가설을 세우고 구체적인 수치를 추정한다.

- 커피 매장은 시간대에 따라 혼잡도, 구입 품목이 다름
- 음료와 빵, 케이크나 쿠키 판매 고려

시간대	판매 시간	고객별 단가	매장 내 고객 수	회전율	테이크 아웃 고객(시간당)	매출
8시~11시	3H	3,000원				
11시~1시	2H	5,000원				
1시~5시	4H	4,000원				
5시~8시	3H	3,000원				

④ 계산 실행

2단계에서 세운 식에 3단계에서 만든 수치를 대입하여 계산한다. 한국대학교 학생회관 커피 판매점의 일 매출은 고객별 단가, 매장 내 고객 수, 회전율, 테이크 아웃 고객/시간당 매출 자료를 활용하면 된다.

- ▶ 고객별 단가 = 아침, 저녁은 음료만(3천원), 점심은 음료와 빵(5천원), 오후는 음료와 쿠키(케이크)(4천원) 판매
- ▶ 매장 고객 = 매장 전체 좌석 수
  - 60석(실감 기준), 아침(30%), 점심(80%), 오후(50%)
- ▶ 회전율 = 고객이 머무는 시간의 역수: 회전율 0.5인 시간대는 머무는 시간이 평균 1시간
  - 아침 30분(회전율 2), 점심 60분(회전율 1), 오후 2시간(회전율 0.5)
- ▶ 테이크 아웃 고객 수 = 회전율 없으므로 머무는 고객의 일정 비율로 계산
  - 아침 20×1 = 20명의 20%로 4명
  - 점심 50×1 = 50명의 20% 10명
  - 오후 30×1 = 30명의 20%로 6명

⑤ 현실성 검증

마지막으로 자신이 설정한 계산식이 올바른지, 결과적으로 나온 수치가 납득 가능한지 확인하는 과정이다. 만약 자신이 추정한 값이 터무니없는 숫자가 나오면 다시 점검한다.

- 표에 나온 소계를 더하면 학생회관 커피숍의 1일 매출이 계산된다. 이 자료를 참고로 대상을 정하고 실제 매출과 비교한다.

★

☆ 페르미 추정 문제로 널리 소개된 시카고 대학교의 학생들에게 출제한 '시카고의 피아노 조율사의 수' 페르미 추정 문제에서 학생들이 도출한 예측치가 100명이였고, 실제 당시 전화번호부에 등록된 피아노 조율사수는 81명이다.

☆ 예를 들어, 2012년8월8일 우리나라 방송에서 소개된 바 있는 페르미 추정 문제로 '현재 저녁 7시 서울에서 자장면을 먹고 있는 사람은 몇 명인가?'는 다음과 같이 해결할 수 있다.

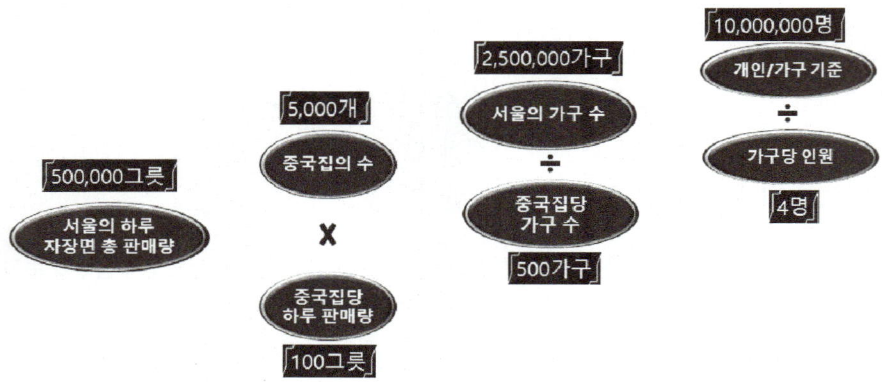

2. 기타 응용기법

전통적 브레인스토밍을 새롭게 수정한 기법은 앞서 소개한 리틀 브레인스토밍기법(고든법) 외에도 기존의 방식을 벗어나 문제를 역으로 뒤집어서 창의적인 대안을 개발하는 역브레인스토밍 기법이 있다. 그리고 브레인라이팅기법을 응용한 BW게시기법, 아이디어풀기법, 갤러리기법 등도 기존의 대안 개발을 위한 발산적 사고기법을 응용해 만들어진 기법들이다.

1) 브레인스토밍 응용기법

(1) 역브레인스토밍

① 의의

브레인스토밍에 대한 변이기법으로서 '역브레인스토밍기법'(reverse brainsterming: RBS)은 GE(gerneral electric)의 자회사인 핫 포인트사에서 브레인스트밍을 수정해서 발전시킨 것이다. 즉 역브레인스토밍기법은 브레인스토밍의 규칙과 비슷하다. 그러나 아이디어를 가급적 많이 생성해 내는 BS와 달리 RBS는 생성된 아이디어에 대해 가급적 많은 양의 비판을 생성하는 기법이다.

특히 역브레인스토밍은 아이디어의 약점을 가급적 많이 찾아내고 그 아이디어가 선택되고 실행되었을 때 발생될 문제가 무엇인지 예상하고 최선의 방법을 찾는다. 즉 정반대의 자료들로부터 원리들을 추출해낼 수 있으며, 현재 부정확하게 행해지는 것은 재빨리 지적해 내며 은연중에 특수한 해결책을 제안하는 것으로 이용되고 있다.

② 적용방법

역브레인스토밍기법은 가장 명확하게 이익이 될 만한 방향을 선택함으로써 집단의 목표를 이탈하지 않도록 지켜주는 중요한 역할을 수행하기도 한다. RBS의 진행절차는 다음과 같다.

㉠ 해결해야 할 목표와 문제를 정의한다. BS을 통해 생성된 아이디어의 목록과 목표 및 문제를 제시한다.

㉡ 생성된 아이디어를 비판한다. 〈표 8-3〉과 같이 아이디어 리스트에 아이디어가 선택되었을 때 발생될 문제점 또는 비판을 제시한다.

㉢ 해결방안을 선정한다. 비판된 아이디어를 검토하고 수정하는 과정을 거쳐 최선의 해결책을 찾는다.

㉣ 실행계획을 수립한다. 해결책의 실행을 위한 행동계획을 세운다.

〈표 8-3〉 역브레인스토밍 아이디어 비판 및 해결책

목표 및 문제: 폐차가 대안인 중고자동차를 어떻게 놀이기구로 활용할 것인가?			
순번	아이디어	아이디어 비판	문제 해결
1			
2			
3			
:			
해결책			

(2) 역발상

① 의미와 특징

'역발상'이란 개념은 학술적으로는 명확하고 체계적인 연구가 미비한 상태이지만 다양한 분야에 접목되어 그 성과를 거두고 있다. 고정관념 깨기, 상식 파괴하기, 단점을 장점으로 극복하기 등은 기존의 규범과 질서 그리고 관행을 파괴하고 거꾸로 생각하면서 소비자에게 다가가고 새로움을 창조해내는 것이다. '역발상'이란 말이 처음 세상에 소개가 된 것은 1990년대 초의 일이다. 당시 'contrarian'이란 단어로 수십권의 단행본 주제로 사용되면서 일반인에게도 인식되기 시작했다. 그러나 '역발상'에 대한 본격적이고 체계적인 연구는 딤케(Dan Lee Dimke)박사에 의해서이다.

딤케는 1995년 그의 저서 「역발상 관점」(*Contrarian Perspective: Unconventional Views and Exceptional Results*)에서 '역발상'을 'unconventional views'라는 문장으로 집약하며 '관습을 좇지 않는, 인습에 사로잡히지 않는, 판에 박히지 않는 시각'이라 정의했다. 한편 스탠퍼드 대학 경영학과 교수 로버트 서튼(Robert I. Sutton)은 휴렛팩커드, IBM, 3M 등의 최고경영자나 간부사원들을 대상으로 실시한 워크숍을 통해 기존 아이디어를 해체하고 조립하는 방법으로 현장에서 작동 가능한 '역발상의 법칙' 12가지를 제시했다.

'기업 코드에 적응하지 못하는 고문관을 고용하라', '당신을 불편하게 하는 사람, 당신이 싫어하는 사람을 고용하라', '필요 없는(혹은 필요 없을지도 모르는) 사람을 고용하라', '면접에서는 사람을 보지 말고 아이디어를 보라', '상사나 동료를 무시하고 자신의 주장을 굽히지 마라', '잘 지내고 있는 사람들을 찾아 그들이 싸우게 하라', '성공하든 실패하든 상을 주어라. 나태한 사람은 처벌하라', '실패할지도 모르는 결정을 내린 후 모두에게 분명히 성공한다는 확신을 주어라', '말도 안 되는 것을 생각해 내고 실행 계획을 세워라', '돈에만 신경 쓰는 사람은 피하든지 딴청을 부려 지루하게 만들어라', '당신이 직면한 문제를 이미 해결한 사람에게서는 아무것도 배우려 하지 마라', 그리고 '과거는 잊어라. 특히 과거의 성공을 잊어라' 등이다.

② 적용방법 및 활용사례

여섯 가지의 '역발상하는 방법'으로 성공한 사례를 함께 소개하면 다음과 같다.

㉮ **단점에서 오는 장점의 생각:** 진 랜드럼(Gene N Landrum) 교수는 그의 저서 「기업의 천재들」(*Entrepreneurial Genius*, 2004)에서 천재 기업가들의 12가지 성공법칙을 소개하고 있다. 그 중 2번째 법칙인 '약점을 공략하여 성공으로 만들라'에서 그는 천재 기업인들은 '약점을 공략하고 장점은 무제한 계발한다'고 한다. 그리고 스스로의 약점과 당당히 맞설 때, 더욱 강하게 부상할 수 있다고 한다. 외형을 중시하는 우리나라 사람들에겐 집과 차는 큰 것일수록 더욱 선호한다. 자동차를 구입하는데 있어서도 소형차는 중형차에 비해 승차감과 디자인 내구성 등 다양한 점에서 뒤 떨어진다는 것이 소비자들의 인식이다. 때문에 국내 소형차의 판매는 특별한 상황이 아닌 다음엔 중형차의 매출을 따라잡지 못한다. 이러한 요인을 극복하고 성공한 소형차가 바로 '엘란트라'이다. '소형차도 중형차가 될 수 있다.'는 역발상, '경차도 예쁠 수 있다.'는 마티즈의 디자인 역발상이 그 예이다.

㉯ **'금기사항'과 '불문율'의 타파:** 한국 델몬트의 '액땜 마케팅'은 세상의 이목을 집중시키기에 충분한 '역발상'이었다. 수험생에게 있어 '탈락', '미끄러짐'을 연상시킨다는 '미역국'과 '바나나'는 절대 금기시하는 품목이다. 그럼에도 불구하고 델몬트의 PR 담당부서는 대학수학능력시험 전 신세대들이 즉석 미역국이나 바나나 등을 실전에서 부정을 예방하는 '액땜'으로 여긴다는 것에 착안하여 '역발상'을 했다. '미리 미끄러지면 착~붙습니다.'라는 슬로건으로 학교 앞에서 바나나를 나눠주는 이벤트에 아이들은 열광적인 호응을 보냈고, 바나나 선물이 일대 유행이 됐다.

㉰ **상식의 파괴:** 상식과 과거의 관행에 얽매여 고정관념에 발목이 잡혀있는 경우 새로운 발상을 기대하기 어렵다. 상식을 깨는 것은 일종에 위험을 감수해야 하

기 때문에 기업이나 조직 그리고 개인조차도 꺼리는 것이 이 때문이다. 그러나 정공법으로 승부가 나지 않는다면 고정관념을 뒤집어 상식을 파괴하라고 권한다. 시키는 일마다 거꾸로 했다가 어머니가 돌아가시자 평생을 후회하며 비만 오면 냇가에서 운다는 '청개구리'식의 역발상은 기업을 성공으로 이끄는 상식을 깨는 발상으로 소비자의 틈새시장을 공략하는 전략을 선택하라는 것이다. 2000년 롯데제과의 '자이리톨껌'은 정체상태에 있던 국내 껌 시장에 활기를 불어 넣는 계기가 되었다. '얘야, 껌 씹고 자는 거 잊지 마라.'란 상식을 깬 파격적인 광고로 성공을 거두었다. 그리고 삼양식품의 '수타면'은 기존의 상식을 깨고 성공한 제품이다. 라면의 승부수는 '국물 맛'이라는 고정관념을 깨고 면발로 승부하여 성공하였다. 그리고 '냉장칸과 냉동칸을 뒤바꾼 냉장고', '발에 바르는 화장품', '순한 소주가 참맛이다.'는 참나무통의 소프트 역발상, '김밥이 삼각형이다.'는 삼각김밥의 삼각형 디자인 역발상, 그리고 애니메이션 영화 속 캐릭터의 이미지를 정반대의 모습을 보여줌으로써 성공한 영화 '슈렉', 슈렉에 나오는 캐릭터는 일반인들이 가지고 있는 고정관념을 깨고 있다.

㉣ **선택과 집중의 활용(적과의 동침):** '선택과 집중'은 기업의 마케팅 전략의 기본이다. 스타벅스는 사람들이 모이고 장사가 되는 곳에 집중적으로 개업하는 전략을 구사해 성공했고, 도미노피자의 경우 기존 시장에서 배달판매전문점으로 도미노피자에 가면 테이블이 없다. 샌드위치와 갓 구운 프랑스 빵 그리고 크라상 등으로 유명한 카페체인으로 전 세계 300여개의 카페를 가지고 있는 보스톤의 '오봉펭'은 기존에 널리 이용되지 않던 입지 전략을 택해 사람들이 애초부터 찾아가려는 곳이 아니라 지나치다 들르는 곳에 착안하여 많은 점포들을 가깝게 입지하여 사업을 전개하였다. 오봉펭의 입지 결정에 있어 최악의 입지 조건을 역이용하여 시도한 전략이 매출에 악영향을 주는 것이 아니라 장점이 단점을 능가하여 광고비가 절감되고, 관리가 용이하여 많은 고객을 확보할 수 있게 되었다.

㉤ **상호연관성 만들기:** 창조적인 사람에게서 나타나는 특별함은 일반인이 생각하지 못하는 것을 만들어내는 능력이다. 그 능력 중 하나가 관련 없는 것을 관련짓는 것이다. 창조적인 사람들은 관련이 없는 것들, 즉 자극물들을 사용해서 자신의 문제와 관련지음으로써 상상력을 작용시킨다. 특히 관련성이 희박한 것을 연결시킬 수 있다면 창의력은 확실히 전혀 다른 체계 사이를 유추하여 놀랄

만한 아이디어의 창출을 유도할 것이다. 마이클 미칼코는 음식포장에 유효기간을 적는 새로운 방식을 찾는 생각의 문제에서 '스마트 라벨'(smart labels)이라는 아이디어 창출과정을 예로 들고 있다. 음식포장의 유효기간과 '가을'을 연관지어 가을의 나뭇잎을 생각하고 나뭇잎은 색이 변한다는 것에 착안하여 '색이 변한다'와 유효기간 간의 관계를 통해 음식이 냉동상태가 아닌 곳에서 오래 방치될 경우 색이 변한다는 새로운 '스마트 라벨'이라는 아이디어가 창출되었다. 그리고 국내 맥주 브랜드인 하이트 맥주의 라벨 역시 이러한 방법을 응용한 것이라 생각된다.

㉥ **중의적인 상황을 이용하기:** 일반적으로 혼란스러워지고, 의사소통에 문제가 발생할 수 있다는 이유에서 '중의적인 상황'(한 가지 이상으로 해석될 수 있다)을 피하도록 교육을 시키고 있다. 그러나 중의성은 우리로 하여금 다르게 생각하는 계기를 만들고, 창조적 아이디어를 얻을 수 있도록 도와준다. 그러므로 너무 정확하고 상세한 표현에 얽매이기 보다는 중의성에 관심을 갖고 보다 다양한 사고를 바탕으로 독창적인 아이디어를 끌어내는 연습을 한다면 문제해결에 도움을 받을 수 있게 된다.

☆ 제임스 웹 영의 떨어진 사과
미국 뉴멕시코 고원지대에서 사과를 재배하던 농부의 발상

수확을 며칠 앞두고 우박이 쏟아져 우박 자국이 시커먼 점박이 사과가 되었다. 실망한 농부는 맨 땅에 주저앉아 울음을 터트리고 말았다. 무심코 그는 사과를 깨물어 보니 맛은 좋았다. 몇 날을 고민하던 농부의 머리를 번쩍 스치는 아이디어가 있었고 이를 실행하여 그는 낙과 한 개도 남김 없이 판매하여 많은 수익을 올렸다.

그는 곰보사과를 정성껏 포장해서 우송하면서 다음과 같은 편지 한 장을 사과 위에 올려놓았던 것이다.

> 보내드리는 사과의 표면에 있는 까만 점들을 잘 보십시오.
> 이것은 우박을 맞은 자국입니다.
> 이 사과가 뉴멕시코 고원지대에서 생산되었다는 확실한 증거입니다.
> 높은 산에는 종종 결정적인 순간에 기온이 급강하고 그 때문에 사과의 속살이 꽉 조여져서 고랭지 특유의 놀라운 맛과 향을 만들어 내는 것입니다. 아무쪼록 이 단단하게 조여진 고랭지 사과의 신선한 맛과 향을 즐기시기 바랍니다.
>
> -제임스 웹 영

아무튼 이 편지 한 장, 짐승먹이 사료나 잼 원료로 처분될 수밖에 없었을 싸구려 사과에 높은 가치를 부여하고 재고 없는 전량매진의 기록을 만들 수 있게 했는데, 이 농부가 바로 세계 최초로 '통신판매'를 생각해 낸 사람이며, '광고의 아버지' 제임스 웹 영(James W. Young)으로서, 오늘날 전자상거래의 시조인 셈이다.

자료: 이호철(2008), 창의력 아이디어, 북오션. pp.112-114.

"아이디어란 낡은 요소들의 새로운 집합입니다"
-제임스 웹 영-

(3) 역설적 사고법

① 의미와 특징

'역설적 사고법'(Paradoxical thinking)은 사람들이 문제를 해결함에 있어서 단계적으로 해결해 나가는 '직선적 사고법'(liner thinking)과 달리 반대의 논리를 적용시켜 문제를 해결하는 방식이다. 이 기법은 아이디어를 얻기 위해 반대로 발상하는 방법으로 역발상의 방법 중 하나이다.

제나라의 명재상 관중의 말 "빼앗으려거든 우선 주어라. 이것이 정치의 요체이다"는 역설적 사고법을 쉽게 이해하는데 도움이 된다. 다시 말해서 논쟁을 벌일 때도 해답을 찾기 어렵다면 상대의 입장을 역으로 이용하면 설득할 수 있다. 또한 엉킨 실타래를 풀기 위해서는 억지로 잡아당겨 풀려고 하지 말라는 것이다. 그렇게 되면 실타래는 더욱 엉키게 되는 법이기 때문이다. 기업이 시장을 개척할 때에도 국내시장에서의 위험요소와 장애가 많아 불안하다 생각되면 신시장 개척에 정면 돌파 보다는 차라리 우회적인 방법을 활용해 외국시장을 먼저 공략하고 인지도를 높인 다음 그것을 토대로 국내시장에 역으로 진입하는 방법이 바로 역설법의 활용이다.

이 기법은 일본의 가야노 겐이 창조적인 착상을 얻기 위한 사고기법으로 고안을 했다. 가야노 겐은 창조적 사고를 하기 위해서는 그것을 위한 정석을 완벽히 이해하고 연구함으로써 창조성이 향상된다고 생각했다. 그 방법 중의 하나가 바로 역설사고법이다. 역설사고법을 크게 7가지로 분류하여 소개하고 있으며 이 사고기법의 활용이 창조성을 유발한다고 말하고 있다.

② 적용방법

'역설적 사고법'의 7단계 절차를 간략히 소개하면 다음과 같다.

㉮ **1단계-반대방향으로 나아가는 법:** 아이디어를 생성하는 과정에서 목적과 반대되는 방향으로 진행하면 의외의 방법이 산출되는 경우가 있다고 한다.

㉯ **2단계-화(花)의 산(山)법:** 사람이 가는 뒤쪽에 길이 있는 꽃산의 의미로 이 발상은 '지금 당연하게 생각되는 방법이 반드시 최고는 아니다. 그것이나 다른 경우를 좀 더 찾아본다면…'하고 생각하는 역설법으로 이는 발산적 사고에서 요구하는 아이디어 생성방법 중 하나이다.

㉰ **3단계-반대방법:** 논리적으로 옳다고 인정되는 것에 대해 과감히 반대의 아이디어를 제시하는 것의 역설법을 의미한다.

㉱ **4단계-형식적 반대법:** 아이디어를 생각할 때 형식적으로 반대로 생각하는 것에 의해 힌트가 나오기 쉽다고 한다.

㉲ **5단계-스위치백법:** 천연재료에서 인공적인 것, 자연식품에서 인스턴트식품, 무거운 것에서 가벼운 것 등 반전하고 역행하면서 자유롭게 발상하는 고정에서 아이디어를 얻게 되는 방법을 의미한다.

㉳ **6단계-현장 확인법:** 문제에 부딪혀 아무리 노력해도 돌파구가 열릴 것 같지 않은 경우 일보 후퇴해서 문제를 확인해 보면 의외의 아이디어가 생성된다. 어떤 문제에 직면했을 때 그 문제의 영역 내에 있는 경우 그 문제의 핵심이 보이지 않을 때가 있다. 때문에 한 발 뒤로 물러서서 그 문제를 바라보면 자신이 원하는 바가 보일 수 있다.

㉴ **7단계-뒤집기법:** 어떤 현상의 평가를 뒤집어 보는 것, 즉 최대의 단점이라고 생각하고 있던 문제를 반대로 깊이 생각하는 것을 통해 실마리를 찾는 것이다.

✩ 자신의 입장만 생각하지 마라

1980년대 초 비용절감을 위해 '현금자동입출금기'를 처음 도입한 시티은행은 고객이 기계와 거래하는 것을 꺼리다고 생각해 고액(5천 달러 이상)거래를 하는 고객은 직접 출납직원에게 직접 거래를 하도록 하고 그 외 고객은 자동화기기를 사용하도록 했으나 고객들의 무관심으로 1983년 사용을 중단했다. 그러나 몇 개월 후 다른 은행이 이를 도입해 성공을 거두었다. 시티은행의 경우 소액거래자들이 차별을 받는다고 생각하는 것을 생각하지 못했기 때문이다. 결국 후발로 도입한 은행은 고객차별을 없이 이용하도록 조치를 해 거래의 절반 이상이 기계로 대체되고 있다. 물론 최근 신용카드와 현금카드 그 밖의 신기술 발달로 기계를 이용하는 고객이 줄어들 것으로 예상하고 은행들과 현금지급기 서비스업체들은 불안해했지만 예상과는 달리 현재까지도 현금지급기 매출이 꾸준히 상승하고 있는 것도 은행과 서비스업체가 고객들의 생각을 고려하지 않고 내린 가정에서 온 기우일 뿐이다.

2) 브레인라이팅 응용기법

(1) 브레인라이팅 게시기법

① 의의

브레인라이팅 게시기법(BW post-it)은 브레인라이팅 기법이지만 이를 다시 조금 변형시킨 것으로 브레인라이팅 게시법이다. 브레인라이팅을 하다보면 집단 멤버들이 대안들을 매우 빠른 속도로 생성해 내는 경우가 많다. 브레인라이팅의 문제점에서도 지적되었지만 아이디어 생성의 속도가 느린 사람 때문에 아이디어를 기록하는데 시간이 지체되는 경우가 빈번히 발생한다. 이때 진행의 흐름이 지체되지 않고 효과적으로 사용되게 할 필요가 있다.

이러한 문제점을 극복하기 위한 방법에는 몇 가지가 있다. 기록자가 기록하는 동안 자기의 아이디어를 적어 두었다가 자신의 차례가 되었을 때 발표하게 할 수도 있으며 기록 보조원을 두어 아이디어 기록을 빠르게 할 수도 있다. 그러나 브레인라이팅 게시기법은 집단이 하나의 전체로 기능하기보다 오히려 개별 성원들이 개별적으로 기능하도록 하는데 그 특징이 있다.

이렇게 함으로써 생성된 아이디어는 빠르고 효과적으로 사용함으로써 가치있는 아이디어 상실을 막을 수 있다. 이 기법에서는 집단 성원들로 하여금 게시용 용지를 사용하여 각자의 아이디어를 기록하게 한다.

② 적용방법

㉠ 게시용 용지(post-it)를 준비하게 한다. 사용용지는 다른 사람이 적은 내용을 볼 수 있을 만큼 큰 것이면 효과적이다.

㉡ 집단 성원들은 용지에다 자신의 반응을 읽기 쉽고, 간결하고, 명확하게 적는다. 한 장에 한 개의 아이디어만 적는다.

㉢ 각자가 한 개의 아이디어를 적었다면 그것을 다른 집단에 방해되지 않게 소리 내어 말하고 그런 다음 그것을 진행자에게 넘긴다.

㉣ 진행자는 수집한 용지를 모든 집단 성원들이 보고 읽을 수 있도록 큰 게시판에 게시하거나 벽면에 붙이기도 한다. 또한 게시하는 방법은 일정하게 정해진 바가 없으므로 창의적으로 게시하기도 하고 집단에서 미리 협의하거나, 집단의 상징 등으로 게시할 수도 있다.

③ 브레인라이팅 게시법의 장점

첫째, 아이디어 생성흐름을 촉진시킨다.

둘째, 집단의 참여도와 열기가 높을 뿐만 아니라 서로 남의 아이디어에서 힌트를 받아 새로운 아이디어를 만들 수 있는 가능성이 커진다.

셋째, 각 대안이 게시용 용지에 적혀 있기 때문에 효과적으로 돌려보고, 범주별로 모으기가 용이하므로 쉽게 분류하고 평가할 수 있다.

넷째, 생성되는 아이디어의 시각적 게시는 동적이어서 참여자가 적극적으로 참여할 수 있는 의지를 키워준다.

(2) 명목진단법

① 의의와 특징

'명목진단법'(nominal group technique)은 1968년 델버그(Andre delbecq)와 반데반(Andrew H. Van de Ven)에 의해서 사회심리학의 연구에 필요한 의사결정기법을 도출하는 과정에서 개발되었다. 참가자들이 상대방의 의견에 방해를 받지 않고 다양한 의견을 소신껏 발산하도록 유도하는 방법으로서, 참가자들이 서로 토론과정 없이 빈 용지에 자신의 생각을 작성하고 제출한 뒤 아이디어를 취합해 수렴해 나가는 방법을 말한다. 의견 도출과 수렴과정에서 참가자들이 토론이나 의사소통을 제한하기 때문에 '명목'이라는 용어를 사용한다. 그리고 아이디어를 수렴하는 과정에서 비밀 투표를 통해 우선순위를 정해 최종 아이디어를 채택한다.

그리고 이 기법은 무엇보다 브레인스토밍에서 제기된 소수의 아이디어의 독점이나 진행관련 문제점을 극복하는 방식의 브레인라이팅과 유사한 기법으로 타인의 영향을 받지 않고 자유롭게 자신의 의사를 개진한다는 특징을 가지고 있다.

그러므로 이 기법은 정해진 시간 내에 다양하고 많은 아이디어를 도출해 낼 수 있으므로 문제 해결을 위한 새로운 사실을 발견하거나 다양한 의견에 대한 정보를 취합할 때 주로 사용한다. 예를 들면 다른 아이디어 발산 기법이 대안을 찾기 위한 활동 전 단계에서 사전 아이디어 점검으로 유용하다.

② 적용방법

㉮ **1단계-해결해야 할 문제를 공지:** 진행자는 참가자들에게 주제를 알려준 뒤 아이디어를 작성 할 용지(포스트잇, 메모지 등)를 배포한다. 그리고 아이디어 도출 시간

을 알려주고 참가자들이 의사소통을 하지 않고 자유롭게 참여하도록 유도를 한다.

㉯ **2단계-아이디어 목록 만들기:** 참가자들은 용지에 자신의 생각이나 아이디어를 작성한다.

㉰ **3단계-아이디어 발표 및 고지:** 참가자들은 자신의 아이디어를 간략히 소개하고 진행자는 참가자 전체의 아이디어를 참가자들이 확인이 가능하도록 차트에 붙인다. 물론 이때도 참가자들은 아이디어에 대한 상호 토론이나 소통을 하지 않는다.

㉱ **4단계-아이디어의 결정:** 참가자들은 모든 아이디어 목록을 확인한 뒤 비밀투표를 통해 가장 좋은 아이디어에 투표를 한다. 투표 방식은 참가자들이 사전에 정한 방식을 따르되 반드시 비밀투표 방식을 고집할 필요는 없다.

(3) 아이디어 풀기법

아이디어 풀기법(brain writing pool)은 브레인라이팅(6-3-5 기법)의 엄격한 룰에 거부 반응을 보이는 참가자를 위해 개발되었다. 기본적인 방법은 참가자에게 색인카드에 아이디어를 조용히 작성하고 이를 오른쪽 사람에게 넘기지 말고 테이블 중앙에 자신들의 카드를 모아두도록 지시를 한다. 먼저 나온 여러 개의 아이디어를 테이블 중간에 놓아 pool을 형성하고 각 참가자들이 아이디어를 계속 적다가 생각이 잘 나지 않거나 아이디어의 자극을 위해 pool에 있는 종이 한 장을 자신의 것과 바꾸어서 바꾼 종이의 아이디어를 수정・보완 해가는 기법이다. 참가자는 자신의 아이디어 제출 간격을 조절할 수 있고 다른 아이디어와의 관계 및 간격정도를 조절할 수 있다.

(4) 갤러리 기법

보통 아이디어를 작성해 카드를 돌리지만 갤러리 기법(gallery method)은 사람들이 움직인다. 참가자는 각자가 칠판에 자신의 아이디어를 적거나 주변에 아이디어를 써서 붙인다. 그런 다음 참가자는 조용하게 일어나 자신들의 아이디어를 약 10~15분 동안 종이(1인당 1장)에 쓴다. 그리고 갤러리 주변을 걸으며 다른 아이디어를 둘러보거나 다른 사람의 칠판으로 가서 의견을 읽은 다음 자극을 받아 다시 자신의 칠판이나 자신의 종이 위에 의견을 수정・보완하는 기법이다. 마지막으로 10분정도 아이디어를 첨가한 후에 모든 아이디어를 검토하고 최선의 것을 선택한다.

다른 사람의 아이디어를 통해 아이디어를 다듬고 발전시키는 점도 장점이며 소극적이거나 발표를 꺼리는 참가자에게 좋은 방법이다. 이렇게 해서 모든 과정이 끝나면 다른 팀이 와서 평가한다. 이러한 갤러리 기법의 다른 형태로 참가자에게 아이디어를 목록으로 작성하는 대신 그림으로 그리거나 다이어그램으로 만들게 한다. 그림과 다이어그램은 다른 방식으로 접근이 어려울 때 불가능한 정보를 끌어내는 장점이 있다.

(5) 기타 응용기법

① 노트 기법(collective notebook method)

문제에 관한 브리핑을 받고(서류로 받음) 몇 일~몇 주동안 브레인스토밍하여 아이디어를 노트에 기록하여 제출하는 기법이다. 이 방법은 그룹 활동을 꺼려하는 사람이나 문제에 관해 심사숙고하여 아이디어를 내고자 하는 경우에 유용하게 활용이 된다.

② cranford slip writing

이 기법은 참가자에게 전표를 나누어 주고 주어진 시간동안 아이디어를 쓰게 하여 신속히 회수한다. 전표를 회수한 후 수정이나 삭제시간을 주지 않는다. 회수된 전표는 카테고리별로 묶어서 평가하는 방법이다. 많은 참가자들이 참가하는 경우에는 유용하나 아이디어의 개선이나 결합을 위해서는 별도의 시간이 소요되고 소규모의 집단토의에서는 부적합하다.

③ ringii process(**일본에서 개발**)

문서로 제공된 한 사람의 아이디어를 참가자들이 수정・첨가하여 다시 그 사람에게 feedback하는 방법이다. 이 과정을 몇 차례 거치면, 논쟁 없이도 참가자 모두를 만족시키는 해법을 찾을 수도 있다.

④ 비행기 기법

참가자들에게 각자 비행기를 만들도록 한다. 각각의 참가자는 종이에 아이디어를 쓰고 이것을 비행기로 접어서 다른 참가자에게 날려 보낸다. 비행기를 받은 참가자는 비행기에 무엇이 적혀 있는지 읽자마자 이 아이디어를 수정하고 발전된 내용이나 완전히 새로운 아이디어를 적은 다음 다시 다른 참가자에게 날려 보낸다. 이러한 방법을 몇 차례(20분정도) 계속 진행하다가 아이디어를 영역별로 분류하여 평가를 통해 적용하는 방법이다.

3) 마인드 맵과 응용기법

(1) 마인드 맵

① 마인드 맵의 의미와 특징

'마인드 맵'(mind map)은 1970년대 초 영국의 심리학자 토니 부잔(Tony Buzan)이 개발한 학습과 기억의 새로운 방법으로 '생각의 지도' 또는 '머리의 지도' 등을 의미한다. 이는 무순서, 다차원적인 특성을 가진 사람의 생각을 종이 한가운데에 이미지로 표현해 두고 가지를 쳐서 핵심어, 이미지, 컬러, 기호, 심볼 등으로 방사형으로 펼침으로써 사고력, 창의력 및 기억력을 높이는 두뇌개발기법(두뇌사용기법)이다.

토니 부잔은 학교에서 수년간 공부를 하여온 학생들의 학습 경험이 졸업 후에는 1%밖에 기억하지 못하게 하는 것으로 보고 이것을 인간 두뇌의 종합적 사고와 효과적인 활용을 가로막고 있는 교육방법적인 문제로 판단하였다. 그리하여 한 줄씩 차례대로 써 내려가는 전통적인 '직선적 노트하기'나 '개요 만들기'(outlining)에 대한 대안적 방법으로 마인드 맵을 만들었다. 이 방법은 비직선적인 노트정리 방법이며[물론 비직선적인 노트 방법에는 '거미줄식 작문'(spider writing), '브레인 웹'(brain web) 등이 있다.] 이 방법을 통하여 요점을 더 잘 기록하고, 전체를 효과적으로 조직화하고 창조적인 사고의 기능을 촉진시키고자 하였다.

이와 같이, 마인드 맵핑을 사용하여 만들어 낸 노트(그림)를 '마인드 맵(mind map)'이라 부른다. 이상의 마인드 맵은 학습과 사고를 분명하게 그리고 창의적으로 표현하는 데 효과적인 기법이다.

토니 부잔의 마인드 맵은 다음과 같이 요약해서 정의할 수 있다.

㉮ **방사사고(Radiant Thinking)의 표현:** 방사사고는 마인드 맵의 핵심적인 논리적 근거이다. 대뇌는 '방사적 사고'의 모습을 보인다는 것과 주의집중할 수 있는 시간이 제한적이어서 자세히 노트하는 데는 한계가 있다는 것이다. 그리고 창조적 사고는 좌뇌와 우뇌의 효과적인 상호작용을 요구한다는 것에 근거한다. 즉 마인드 맵이란 '중심체로부터 사방으로 뻗어나간다'는 의미를 지닌 방사사고의 표현이다. 그러므로 두뇌의 자연적인 기능이므로 두뇌의 잠재력으로 들어갈 수 있는 좌뇌와 우뇌의 역할을 동시에 활용하는 전뇌계발 기술이다.

㉯ **사고력 중심 두뇌 계발 프로그램:** 이미지와 핵심단어, 그리고 색과 부호를 사용하여 좌우 뇌의 기능을 유기적으로 연결함으로써 두뇌의 기능을 최대한 발휘할 수 있도록 유도하는 사고력 중심의 두뇌계발 프로그램이다.

㉰ **주의집중력을 통한 새로운 학습기법:** 주의는 선택성과 집중을 특징으로 한다. 인간은 한번에 한 가지만 선택하고 그 이상은 집중하지 못한다. 주의집중할 수 있는 시간은 재료와 흥미에 따라 다소 차이는 있지만 보통 5분 내지 7분 정도 밖에 되지 않는다. 마인드 맵은 길고 자세하게 기록하는 것보다 '핵심단어'를 이용하여 학습 기법, 정보관리를 폭발적으로 활용하는 기법이라고 말할 수 있다. 마인드 맵은 [그림 8-7]과 같이 마음속의 지도를 그리듯 글자와 기호 및 그림을 사용하며 생각을 표현하고 인식하는 방법이다.

㉱ **창의성, 기억력 증진 필기법:** 마인드 맵을 활용하는 필기는 단순히 받아 적기만 하는 것이 아니라 머릿속으로 생각하면서 학습하는 것을 의미한다. 마인드 맵은 상상(이미지)과 언어의 연상작용에 의한 시각적 노트 작성법이다. 좌뇌의 주기능인 단어나 숫자 그리고 우뇌의 주기능인 도형, 이미지, 그래프 등을 모두 사용함으로써 연상작용이 효율적으로 전개되는 방법이다. 결국 마인드 맵은 인간의 논리적인 사고능력과 기억력을 향상시켜주는 방법으로서 읽고 생각하고 분석하고 기억하는 그 모든 것을 마음속에 지도를 그리듯이 한다. 유사한 기법에는 강조기법, 연상결합기법, 명료화기법 등이 있는데 인간은 개개인마다 매우 독특한 개성을 가지고 있어 자신에게 알맞는 스타일을 개발해야 한다.

② 적용방법

두뇌 속에 얼마나 많은 정보가 저장될 수 있고, 그 저장된 정보를 직관적으로 회상해 내어 통합하는 창의적 활동을 이끌어내기 위해서 마인드 맵에서는 우뇌의 기능적인 특성(색상, 이미지, 심볼, 핵심단어)과 좌뇌의 논리, 조직화(주가지, 부가지, 세부가지)를 언어로 사용하고 있다.

그림 8-7 마인드 맵 작성 사례

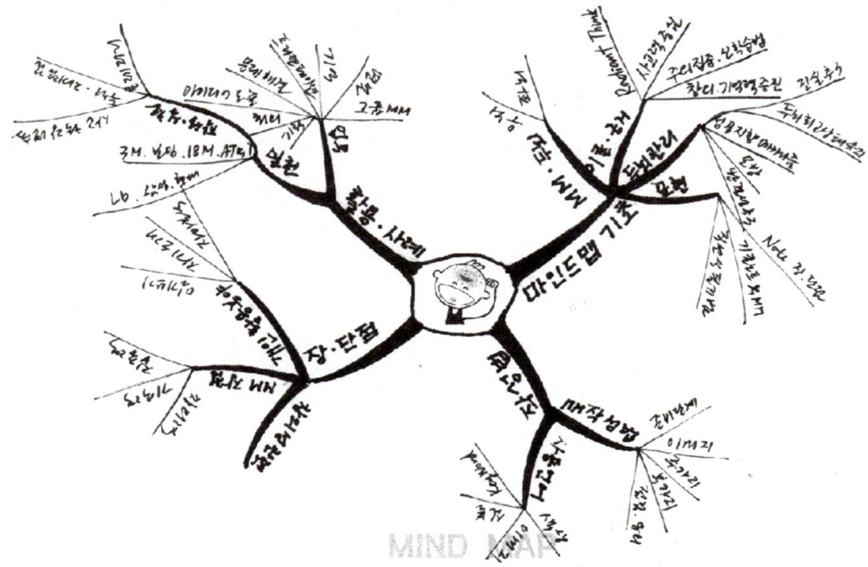

- 색상의 사용은 기억을 선명하게 하는 결과를 가져오고 정보저장에 있어 계열성을 이용할 수 있다.
- 이미지는 강력한 기억효과를 갖게 하고 그 관계를 잘 회상해 내도록 한다.
- 심볼은 복잡하고 다중적인 의미를 함축할 수 있어 짧은 시간 안에 강한 느낌으로 많은 정보를 저장하게 한다.
- 핵심어는 자신에게 최선의 정보를 줄 수 있는 단어로, 통상적으로 2단어 이내에서 자신의 생각을 정리하게 할 수 있다.
- 두뇌는 기억하고 있는 모든 자료에 주관적인 조직화를 부여한다. 자료가 완전히 무작위일지라도 주관적인 조직화는 회상하는 데 도움이 된다.

마인드 맵의 기본적인 작성방법은 크게 준비 단계에서부터 시작해 5단계를 거쳐 기초완성이 되며 작성과정을 소개하면 다음과 같다.

㉮ **1단계- 마인드 맵 작성 준비:** 종이를 360도 전면을 자유롭게 활용할 수 있고 백지 표면의 전체 공간을 풍경화를 그릴 때처럼 자유롭게 사용하도록 한다. 주제의 핵심이 되는 짧은 단어 또는 이미지를 그리고 동그라미 또는 도형으로

표시한다. 색펜은 일반적으로 색상감각을 활용하여 집중력과 기억력 등 두뇌의 기억능력을 향상시키기 위해 주가지의 수만큼 준비한다(보통 5색). 그리고, 가지별로 다른 색상을 사용한다.

㉯ **2단계–중심 이미지 작성:** 먼저, 나타내고자 하는 주제를 종이의 중앙에 함축적(함축적인 단어, 상징화한 그림이나 기호, 약화, 일러스트, 만화, 사진 등)으로 나타낸다. '두뇌' 세포마다 중심에 핵이 놓여 있는 상태를 응용하여 중심에서 시작하는 것이 효과적이기 때문이며 중앙에서 시작해서 백지의 전 부분을 효율적으로 사용할 수 있다.

㉰ **3단계–주가지 작성:** 중심 이미지로부터 연결된 가지가 '주가지'이며, 확산되는 아이디어의 출발점이다. 중심 이미지가 그림이므로 주가지에서 그림이 다시 나오면 사고의 폭이 너무 넓어져서 생각의 혼란을 초래할 수 있기 때문에 단어(명사, 동사, 형용사, 부사 등)로 표시한다. 그리고 중심 이미지 쪽 가지는 굵고, 그 반대 쪽 가지는 가늘어지게 곡선을 유지하도록 한다. 단어의 길이와 가지의 길이를 거의 동일하게 하고 글씨체는 굵게 한다.

㉱ **4단계–부가지 작성 단계:** '부가지'와 '주가지'의 핵심단어를 연결한다. 부가지에서는 핵심단어로 문자나 그림 모두가 허용되며, 생각의 우선순위대로 주가지보다 선과 글씨는 가늘고 작게 작성하되 부가지의 수는 제한이 없다.

㉲ **5단계: 점검 및 유의사항:** 작성 시 몇 가지 주의를 한다. 가지별로 다른 색상을 활용, 중심 이미지에서 첫 주가지를 표시, 생각이 단절되면 빈 가지를 먼저 연결하고 다시 돌아가 점검, 상호 관련 있는 핵심단어가 다른 가지에서 나오면 화살표로 연결, 가지를 연결하다 그 자체로 남겨두고 싶은 부분은 문장을 상자에 넣어 표시, 같은 가지에서는 핵심단어의 반복을 피하는 것 등이다.

③ 활용사례

세계 경제 전문지 포츈지 선정 500대 기업중 300대 기업이 사원교육 항목으로 마인드 맵을 채택하고 있다고 한다. 특히 마인드 맵을 활용하여 비용절감이나 업무를 개선한 사례는 많다.

- 보잉 항공사: 항공사 디자인 교본을 마인드 맵으로 요약하여 엔지니어 교육에 활용, 연수기간을 수 년에서 수 주일로 절감(연수비용 연간 약 1천만 달러 절감)
- EDS/DEC(미국): 사원연수 코스에 마인드 맵 이용(총 연수비용의 80% 절감)

- 인터폴리스 보험사(미국): 비지니스 리엔지니어링에 사용(성공적인 조직 개편)
- 템플마케팅사(영국): 마케팅 매트릭스 마인드 맵 개발(마케팅 요구 충족으로 고객 만족)
- 국제경영협회(독일): 시간관리에 마인드 맵 기법 도입(당초 목표의 수 배 초과 달성)
- LG, 삼성, 현대, 효성 등 대기업 연수원에서 정규 과정으로 다년간 교육을 실시한바 있다.

예를 들어 기업의 '매출이 전년 대비 지속적으로 감소'할 경우기업이 문제를 해결하기 위한 방법을 마인드 맵을 활용해 해결할 수 있다. 즉 기업의 문제는 '매출의 지속적인 감소'로 중심이미지로 선정해서 출발한다. 그 다음 주가지에는 원인이 되는 것들을 하나 둘 작성해 본다. 그리고 다음 단계에서 주가지의 문제의 원인을 제공하는 근거를 부가지에 나열하고 세부가지에 보다 구체적인 원인을 작성해 나간다. 그리고 세부가지에서 관련된 것을 묶고 대안을 제시하도록 한다.

(2) 만다라트기법

① 의미와 특징

'만다라트 기법'(mandrlart)은 manda(본질, 깨달음)+la(목적을 달성한다)+art(기술)의 결합된 용어로 '목적을 달성한다'는 뜻과 '목적을 달성하는 기술'의 의미를 갖고 있다. 이 기법은 일본의 디자이너 이마이지미 히로야키(今泉浩晃)가 개발해 하나의 주제에 대해 여러 가지 아이디어를 떠올리고 구체화하는데 널리 활용되고 있다. 이 기법은 목표를 관리하고 목적에 따라 업무나 학업 그리고 일상에서 다양하게 사용할 수 있다는 장점이 있다.

만다라트는 하나의 핵심목표를 중심으로 그것을 달성하기 위한 8가지 세부 목표를 세우고, 다시 8가지 세부 목표에 대해 각각 8가지 세부 실천계획을 세워서총 64가지의 실행계획 아이디어를 도출하는 기법이다.

② 적용방법 및 활용사례

[그림 8-8]과 같이 가장 큰 주제를 만다라트(매트릭스) 내 중앙에 정해두고 이에 대한 해결방안, 아이디어를 5W1H(who, why, what, where, when, how)를 통해 2차, 3차 만다라트를 그려 빈칸에 아이디어를 확산해 나간다. 구체적인 적용방법은 다음과 같다.

그림 8-8 만다라트 작성 사례

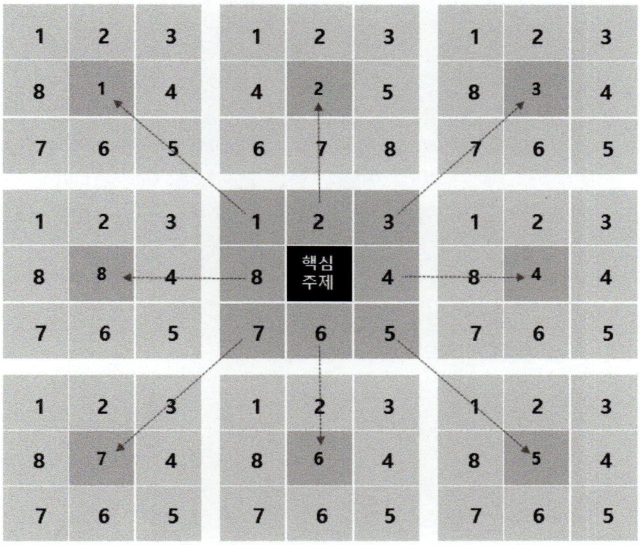

㉮ **1단계-메인 만다라트를 그린다:** 정사각형 9개로 나누어진 만다라트(매트릭스)를 그린다.

㉯ **2단계-핵심 키워드를 작성한다:** 만다라트 정 가운데 칸에 핵심주제를 작성하고 나머지 칸에 핵심어의 단서가 되는 단어를 작성한다. 빈칸을 다 채우지 않아도 되지만 가급적 빈칸에 아이디어를 채운다고 생각하고 강제적으로 작성을 한다.

㉰ **3단계-단서를 작성하는 2차 만다라트를 그린다:** 메인 만다라트의 8개의 단서와 연관시킬 부수적인 9칸의 작은 만다라트를 메인 만다라트 둘레에 그린 후 2차 매트릭스 가운데 8개의 단서를 작성한다. 주제어와 연관시켜 아이디어를 확산해 나간다.

㉱ **4단계-2차 만다라트의 빈칸을 채운다:** 2차 만다라트의 가운데 위치한 단서(주제)와 관련된 아이디어를 나머지 칸에 작성한다. 2차 만다라트는 실행 중심의 아이디어를 작성하는 것이 좋다. 의사결정자의 필요에 의해 실행 내용 단서를 계량화(시간, 금액, 무게, 점수 등)로 표현할 수 있다.

㉲ **5단계-만다라트 완성 및 점검:** 메인 만다라트와 2차 만다라트를 완성한 후 작성된 내용을 검토하여 완성을 한다.

★

- ☆ 아이디어를 산출하는 과정에서 문제의 원인을 찾거나 분석하는 도구로 사용되며, 대안을 개발할 때도 자유연상법과 강제연상법을 동시에 활용하는 방법으로도 사용이 가능하다. 예를 들어 브레인스토밍을 통해 해결해야 할 문제의 아이디어를 자유롭게 발산한 후 비슷한 그룹으로 그룹핑(grouping)해서 분류하는 방법으로 정리할 수 있고 아니면 문제에 대한 주요 원인을 작성한 후(강제) 주요원인과 관련된 아이디어를 자유롭게 연상해서 작성한다.
- ☆ 새로운 프로젝트나 문제해결을 위한 추진조직(팀)이 구성되면 팀 활동계획을 어떻게 수립할지 고민을 한다. 이때 팀을 구성하는 이유는 무엇인지 명확히 이해하고 팀을 어떻게 구성할지 고민한다. 그리고 팀 활동계획과 함께 팀원들의 역할을 배분하게 된다. 이러한 일련의 과정을 일관성있게 파악하기 위해서 [그림 8-9]와 같은 그림을 활용하면 매우 유용하다.

그림 8-9 마인드 맵과 만다라트의 응용 작성 사례

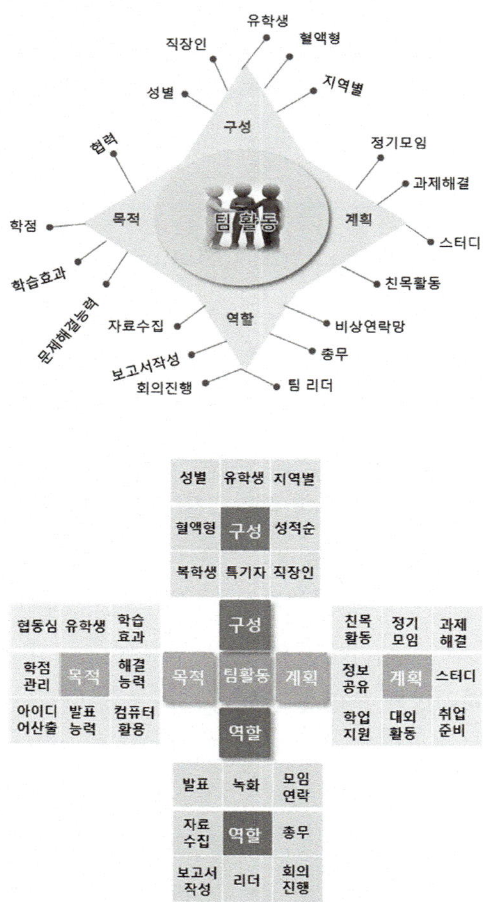

❑ 창의적이고 융합적인 사고 연습(8)

❖ 문제해결의 장애 요인을 극복하라.

■ 문제를 해결할 때 장애요인은 많다. 개인에 따라 학업습관, 일하는 방식, 생활태도 그리고 교육환경이나 시스템 나아가 사회의 구조적인 문제까지 매우 다양하다. 그러나 여기에서는 의사결정자 개인과 관련한 가장 기본적으로 장애가 되는 세 가지 요인에 대해 소개한다.

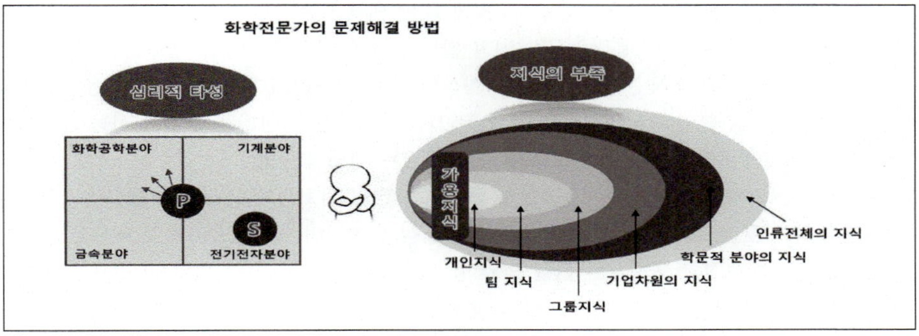

① 심리적 타성

· 자신의 영역(분야)에 갇혀서 문제를 해결하려는 태도이다. 화학분야의 최고전문가라 하더라도 전기공학분야에서 접근해서 풀어야 할 문제를 자신의 분야 화학공학측면에서만 접근하려는 태도 때문이다.

· 즉 자신의 관점에서만 문제를 해결하려는 심리적 타성(인간은 근본적으로 옳고 그름을 떠나 과거에 습득했던 행동양식을 미래에도 지속적으로 답습하려고 하는 '관성'을 의미 : 그림에서처럼 팔장을 낄 때도 늘 하던 자세가 편하게 느껴지기 때문에 그 자세만 고집하게 된다. 반드시 그 자세가 항상 옳고 편한 것이 아님에도 불구하고 바꿔서 팔장을 끼려고 하지 않는다.) 때문에 장애가 된다.

② 가용지식의 부족

· 문제해결에 필요한 정보나 지식이 부족하기 때문이다. 예를 들어 기업에서 문제를 해결할 때 해당 업무에 대한 지식과 경험이 부족한 경우이다.

· 그러나 지식과 경험이 부족하더라도 문제해결 기법(방법)에 대한 지식이 있다면 이 부분은 해소가 되지만 대부분 대학교육에서 '문제해결을 위한 사고기법'을 체계적으로 배우는 경우가 드물어 입사 후 많은 예산을 투입해 재교육을 하는 것도 이 때문이다.

③ 표상의 활용능력 부족

· 문제해결능력이 뛰어난 사람은 사고력이 뛰어나다. 사고력이 뛰어난 사람은 표상(정보, 지식, 사물, 문자, 도형, 이미지, 경험 등)을 활용하는 능력이 뛰어난 사람이다. 다시 말해서 의사결정자가 표상을 활용하는 능력을 향상시키는 가장 좋은 방법은 경험이지만 물리적 공간적 여러 제약이 따르므로 독서를 통해 표상활용능력을 향상시켜야 한다.

출처: 박봉수(2008), 문제해결의 노하우, 피앤아이컨설팅, pp.47-50. 요약 및 수정.

□ 창의력 향상을 위한 우뇌 계발 방법(8)

8. 의욕적인 자극과 자기긍정하기(self-affirmations)

긍정적인 생각과 느낌을 제공하는 활동이다. 각 코스마다 그 내용이 다른 자기 긍정문 3개가 주어진다. 각 긍정문의 빈 칸에 자기 이름을 적은 후, 그 내용을 마음속으로 다짐하며 읽고 쓰게 됨으로써 시각적 상상을 통해 긍정적인 자기 확신을 갖는 활동이다.

그리고 의욕으로 자신에게 자극을 준다. 무엇에 대한 의욕을 갖는다는 것은 전두엽에 자극을 주고 전두엽을 사용하는 기회가 많아지면 뇌가 발달한다. 그러므로 대상에 흥미를 가지고 그것을 성취하고자 하는 의욕을 갖는 것은 뇌기능 향상에 훌륭한 원천이 된다.

이밖에도, 음악으로 활기를 불어넣는다. 음악은 사람의 마음을 편안하게 하고 정신을 안정시키기 때문이다. 클래식 음악은 우뇌적인데 반해 대중가요는 좌뇌적이다.

뇌기능 활성 음식을 섭취한다. 뇌에 필요한 영양소는 여러 가지가 있는데 미네랄과 비타민, 단백질이 풍부하게 포함되어 있는 현미를 비롯해 식물성 단백질이 들어 있는 콩과 우유를 들 수 있다. 또한 뇌의 활성화를 위해서는 몸을 약알카리성으로 유지하는 것이 좋다. 따라서 고기보다는 야채를 많이 먹는 것이 좋다. 그리고 가장 중요한 것은 균형 있는 식사를 하는 것이다. 그리고 유머감각을 키우면 독창적인 아이디어들이 자신도 모르는 사이에 개발되고, 비언어적 매체를 이용하여 유창성과 융통성을 발휘하게 되며 제스처, 'body language' 등 표현력이 높아지고, 비형식적 언어에 있어서 사고하는 이미지가 풍부해진다.

❖ 피그말리온 효과

간절히 바라는 것은 자기 긍정 효과가 크다.

피그말리온은 자신이 만든 조각상 여인상과 사랑에 빠져버린, 그리스 신화 속 조각의 이름이다. 생명이 없는 자신의 조각상을 사랑한 피그말리온은 아프로디테 신전 제전에서 자신이 사랑하는 여인상에게 생명을 불어 넣어 달라는 소원을 빌었다. 아름다운 얼굴처럼 마음씨도 고운 여인이 되어 자신의 사랑을 이루게 해 달라는 피그말리온의 간절한 기도에 감동한 신은 여인상에게 생명을 불어 넣어 주었고 결국 그 여인과 결혼하여 행복하게 잘 살았다는 이야기이다.

'피그말리온 효과'는 심리 상태 뿐만 아니라 몸 까지도 영향을 받는다는 연구결과가 있다. 시한부생명 선고를 받은 환자들에게 심리학자가 환자에 대한 질병은 오진에 의한 것으로 가벼운 증상에 불과하다는 말과 효능이 있는 약이 개발되어 복용하면 고칠 수 있다고 했다. 결국 새 약을 복용한 후 몇 개월 뒤 암 진전 속도가 둔화되는 것으로 나타났다.(실제 가짜 약임)

[연습] 자신만의 피그말리온 효과를 경험했다면 적어보자.

____

____

____

____

____

____

'늘 하던 대로 자신에게 편한 방식을 고수하면 실패'

- 새로운 것을 찾기 보다는 늘 하던 대로 자기에게 편한 방식을 고수하는 경우이다. 이러한 함정은 장기간 동안 어느 한 분야에만 몸담았던 사람들에게서 자주 발생한다.
- 이들은 다양한 주장이나 관점을 받아들이기 보다는 자신이 이미 머리 속에 가지고 있던 생각이나 틀에 맞는 자료나 정보만 선별하여 흡수하며, 새로운 결정을 하는 것을 두려워하고 참신한 것의 도입을 꺼려 한다. 이러한 함정에 빠지는 경영진은 모든 데이터에 의심의 눈초리를 보내며, 특히 자신의 가치관/세계관에 반하는 정보에는 강한 거부감을 가지게 된다.
- Polaroid사는 탁월한 사진기술을 기반으로 한 전통적인 R&D 회사이었다. 그러나 너무 강한 R&D 회사라는 가치관은 기업 전체의 의사결정에 오히려 부정적인 영향을 미쳤다. 개발된 제품을 효과적으로 생산, 판매하기 위해서는 마케팅이나 자금조달 등과 같이 다른 부문도 충분히 고려하여 의사결정을 내려야 했음에도 불구하고, 항상 R&D를 투자의 우선순위로 삼았다. 시장, 경쟁사, 고객의 변화나 추세는 그다지 중요한 점이 아니었다. 그 결과, 점차 매출이 감소하고 자금이 원활히 흐르지 않게 되어 서서히 기업이 위축되는 결과를 초래하였다.

출처: 주간경제 742호. 2003년 8월 27일

창의적 문제해결과 전략적 의사결정 과정 및 기법

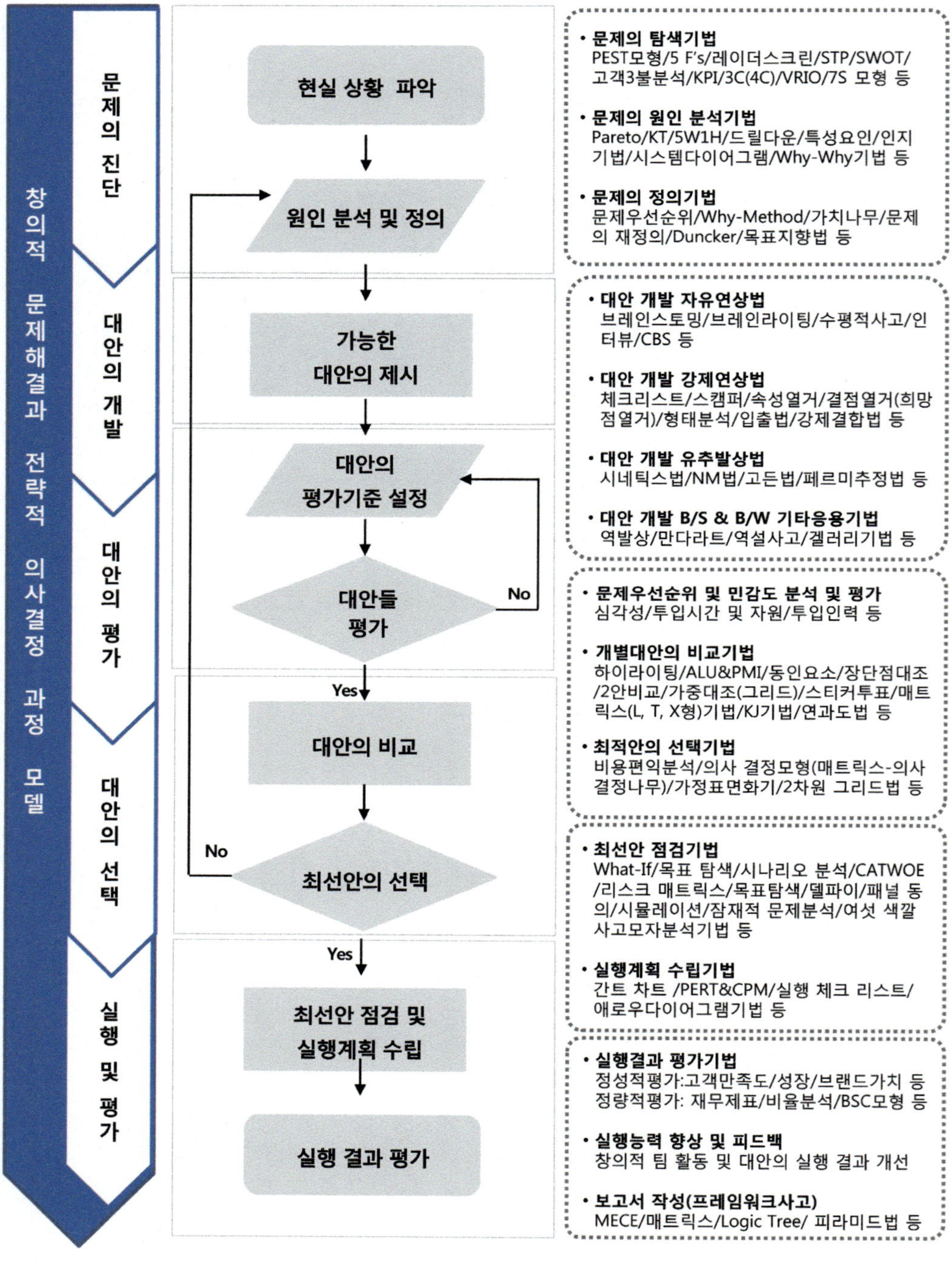

❖ 창의적 사고 기법들은 반드시 해당 단계에만 적용되지 않으므로 의사결정 단계와 상황에 맞춰 적절히 활용

제9장 대안의 평가 및 최선안 선택

1. 대안의 평가기준 수립
2. 개별대안의 비교와 평가 기법
3. 최선안의 선택 기법

창의적인 아이디어의 개발 과정을 통해 얻어진 대안은 하나가 아니라 여러 개인 경우가 많다. 만약 하나의 대안이 마련되면 최선안으로 선택하고 이 안을 실행했을 경우 최적의 효과를 창출할 수 있는 지 여부를 점검하는 단계로 넘어간다. 그러나 여러 개의 대안이 도출되면 대안들에 대한 대략적인 사업평가를 통해 최선안으로 압축하는 과정을 거쳐야 한다. 왜냐하면 문제해결에 필요한 대안은 환경이 복잡하고 예측하기 어려울수록, 그리고 기업의 규모가 클수록 문제 역시 다양하고 복잡하기 때문에 대안으로 제시되는 아이디어가 많을 수밖에 없다. 더구나 모든 대안을 실행에 옮기기 어려워 선택이 불가피하므로 대안을 비교하고 평가하여 최적의 대안을 선택하거나 압축하는 과정을 거쳐야만 한다.

그러므로 대안을 비교하고 최선안을 선택하는 과정은 먼저 여러 개의 대안을 최선안으로 선택하기 위한 압축과정을 거쳐 걸러진 대안에 대안 심층적 평가를 통해 최선안으로 선택한다. 물론 대략적인 사업성 평가는 양적인 개념보다 질적인 개념에 의해 주로 이루어지고, 좀 더 구체적으로 대안으로서 요건을 갖추었을 때 깊이 있는 최선안 선택과 점검 과정에서 최선안으로서의 판단을 위해 양적 평가를 활용한다. 그리고 대안 비교와 최선안 선택을 위해 적용하는 다양한 창의력 기법들은 이러한 판단 기준들을 적용해 개발된 것이므로 유용하게 활용할 수 있어야 한다.

따라서 제9장 '대안의 비교 및 최선안의 선택'에서는 여러 개의 대안을 최선안의 후보로 걸러내는 압축과정과 최선안 선택 과정에서 기본적으로 고려해야 할 요소, 즉 대략적인 사업성 평가(실행가능성, 조직의 목표 달성관련 만족도, 자원의 수행능력 등)에 대해서 기술하고, 최선안으로서 타당성을 지니기 위한 '우선순위 결정', 즉 민감도 분석(계량적인 요소가 평가요소로 포함)에 대해 기술하고 있다. 또한 이러한 요소를 토대로 개발된 대안 비교 창의력 기법과 최선안 선택기법에 대해 구체적으로 소개한다.

학습 목표

1. 여러 개의 대안 비교 시 고려해야 할 요소를 이해한다.
2. 여러 개의 대안 비교 시 활용하는 창의력 기법(ALU & PMI, 장 · 단점분석법, KJ 기법, 연관도법 등)을 습득하고 활용해 본다.
3. 최선안 선택 시 고려해야 할 민감도분석에 대해 이해한다.
4. 최선안 선택 시 활용하는 창의력 기법(이안 비교법, 비용편익분석, 가중대조법 등)을 습득하고 활용해 본다.

1. 대안의 평가기준 수립

창의적인 아이디어의 개발 과정을 통해 얻어진 대안은 하나가 아니라 여러 개인 경우가 많다. 어떠한 아이디어가 본격적으로 실행에 옮겨졌을 때 최적의 결과를 도출할 지는 아무도 알 수 없다. 왜냐하면 문제해결에 필요한 대안은 환경이 복잡하고 예측하기 어려울수록, 그리고 기업의 규모가 클수록 문제 역시 다양하고 복잡하기 때문에 대안으로 제시되는 아이디어가 많을 수밖에 없다. 그러나 개인과 조직은 보유한 자원, 실행능력 등 각기 상황이 다르기 때문에 모든 대안을 실행에 옮기면서 만족한 결과를 얻는 데는 많은 문제가 따른다.

그러므로 최적의 대안 선택은 불가피하고, 이에 대안을 비교하고 평가하여 최적의 대안을 선택하거나 압축하는 과정을 거쳐야만 한다. 만약 하나의 대안이 마련되면 최선안으로 선택하고 이 안을 실행했을 경우 최적의 효과를 창출할 수 있는 지 여부를 점검하는 단계로 넘어간다. 그러나 여러 개의 대안이 도출되면 대안들에 대안 대략적인 사업평가를 통해 최선안으로 압축하는 과정을 거쳐야 한다.

그러므로 대안을 비교하고 최선안을 선택하는 과정에서 문제해결을 통해 고객에게 가치를 창출해 줄 수 있고, 나아가 목표를 달성할 수 있는 대안 선정을 위한 대략적인 평가기준이 수립되어야 한다. 물론 대략적인 사업성 평가는 양적인 개념보다 질적인 개념에 의해 주로 이루어지고, 좀 더 구체적으로 대안으로서 요건을 갖추었을 때 깊이 있는 최선안 선택과 점검 과정에서 최선안으로서의 판단을 위해 양적 평가를 활용한다. 그리고 대안 비교와 최선안 선택을 위해 적용하는 다양한 창의력 기법들은 이러한 판단 기준들을 적용해 개발된 것이므로 유용하게 활용할 수 있어야 한다. 그리고 대안의 비교와 최선안의 선택 시 적용하는 기법을 구분은 했으나 필요에 의해 선택을 해서 활용해도 아무런 문제가 없다.

1) 평가기준 수립의 의의와 고려 요소

(1) 평가기준 수립 의의

의사결정과정에서 평가는 생성된 대안들을 검증하는 과정이다. 대안의 검증을 위해서는 의사결정 상황에 맞추어 평가할 수 있는 기준이 필요하며 그 기준은 대안을 비교하고 최선안을 선택하는 창의적 기법의 특징을 반영하고 있다. 그리고 대안을 비교하는 기법과 최선안 선택 기법은 후보대안으로 적절한지 파악하는 평가기준 역할을 도와준다. 최선안 선택 목적을 달성하기 위해 전 단계(제7장, 제8장)에서 도출된 대안들 간의 우위를 비교하기 위한 평가 검증은 2 단계를 거쳐서 진행된다.

[그림 9-1]에서처럼 먼저, 아이디어 자체(개별적)를 검증하는 것, 그리고 압축된 아이디어 간 비교 검증하는 것이다. 전자의 경우 대안으로 도출된 아이디어가 많을 경우 실행 가능한 아이디어의 수를 줄이고자 할 때 유용하다. 그리고 후자의 경우엔 2~3개로 압축된 아이디어를 집중적으로 비교하거나 판단하기 어려울 때 주로 활용하며 최선안을 선택하기 위한 평가기법으로 활용된다.

제9장에서 소개하는 대부분의 기법들은 언급한 바와 같이 대안의 평가 기준 요소들을 반영하고 있는 것들이다. 대안을 비교하는 과정에서 매우 구체적인 평가 기준을 요구하지는 않는다. 때문에 대안 실행 시 의사결정자가 요구하는 목표 달성 가능성을 대략적으로 파악을 하는 수준에 그치는 경우가 많다. 평가 기준에 반영하는 '전략적 적합도 및 만족도', '대안의 실행 가능성', '실행과정과 결과예측'은 대부분 질적인 평가 기준을 활용하고 일부 양적 자료를 활용하기도 한다. 그러나 전략적 적합도와 실행결과 예측은 사실상 정확히 파악하기 어려운 부분이다.

물론 최선안 선택 시에는 좀 더 구체적인 평가 기준이 마련된다. 즉, 계량화된 양적 평가 기준으로 매출액, 수익성, 판매량 등과 같이 '민감도 분석'을 통해 평가한다. 물론 이러한 '민감도 분석'은 '최선안 점검' 단계에서 활용하기도 하므로 깊이 있게 다루지 않아도 관계없다.

그림 9-1 대안의 평가기준과 검증 프로세스

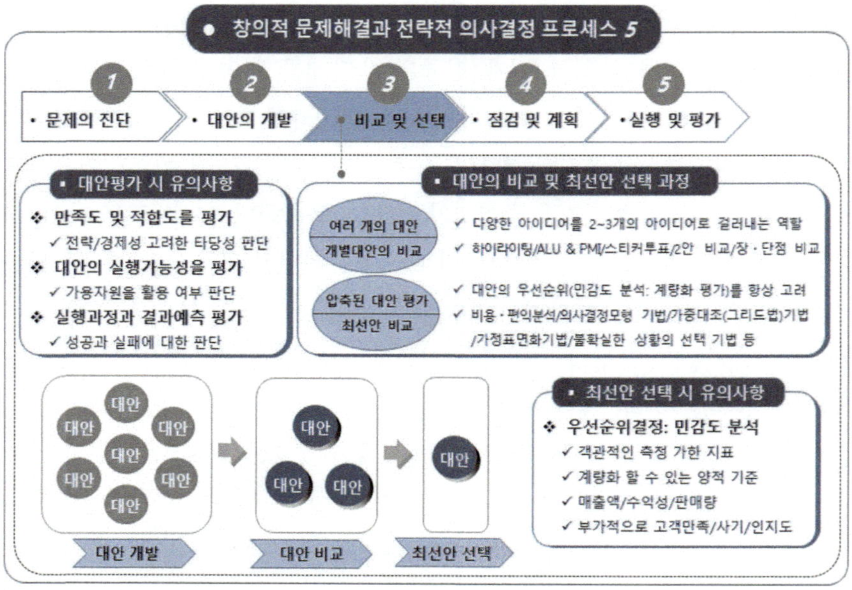

그러므로 전 단계(창조적 대안의 개발)에서 가능한 많은 아이디어를 창출하고 판단을 보류한 것은 아이디어를 많이 도출해 실현 가능한 대안가능성을 유도하기 위함이다. 따라서 평가기준을 수립해 아이디어를 검증하는 과정은 발산적 사고를 통해 생성된 다양한 아이디어는 걸러지는 과정을 통해 최선의 대안이 선택되도록 하는 여과장치(과정)인 셈이다.

(2) 대안의 평가기준 마련 시 고려요소

언급한 바와 같이 대안의 평가기준은 '대안의 평가 기법과 최선안 선택 기법'에서 적용하는 기준에 따른다. 활용 기법마다 그 기준에 의해 대안을 평가하고 선택하기 때문이다. 이때 대안을 비교하는 평가기준은 기업의 입장에서 전략적 방향의 설정이 어떻게 설정되었느냐에 따라 다르고 대안의 비교 기법에 따라 차이가 있다. 그러나 대부분의 기법들이 대안을 평가하기 위한 기준으로는 도출된 아이디어와 보류된 아이디어의 평가를 통해 실용성을 검증하는데 초점을 맞추고 있다. 물론 모든 전제조건을 충족시킨 평가기준을 마련하기란 쉬운 일이 아니지만 대부분 전통적으로 실용성 검증(아이디어의 가치)을 위한 대안의 평가(evaluating alternatives)기준으로 '실행가능성', '만족성', '실행결과의 예측' 등을 주로 반영하고 있다.

① 대안의 전략적 적합도 및 만족도

대안의 전략적 적합도는 개인과 조직이 추구하는 전략적 목적에 대안이 부합하는가를 판단하는 것이다. 대안의 전략적 적합도는 명확히 판단하기 어렵지만 대략적으로 실행 시 효율성과 효과성을 추구할 수 있는가에 대한 판단을 하는 것이다. 적합도는 다른 평가 고려요소에 대한 내용을 통해서도 판단이 가능하다.

그리고 대안의 만족도란 대안이 의사결정의 상황을 만족시키는 정도를 말한다. 문제를 해결하기 위해 투입되는 시간과 노력 등에 비해 만족도가 떨어질 경우도 고려해야 한다. 예를 들어, 어떤 경영자가 30%의 생산능력을 증가시키고자 한다고 하자. 이를 해결하기 위해서 다른 기업의 공장을 인수할 수 있는 대안이 있다고 했을 때, 다른 공장을 인수해도 20%밖에 생산능력을 증가시킬 수 없다면 이 대안은 만족도가 적은 대안이다. 그러므로 대안을 추진해서 얻을 수 있는 이익과 대안을 추진하는데 발생되는 비용을 평가기준으로 삼는 경제성의 고려와 대안의 좋은 점과 나쁜 점을 찾아내어 대안의 타당성을 평가한다.

② 대안의 실행가능성을 평가

아무리 좋은 대안이라 하여도 조직의 인적, 물적, 재무적 및 정보자원이 이를 지원할 수 없다면 실행이 불가능하다. 또한 법적인 장벽에 의해서도 실행이 불가능하거나 기술개발이 의미가 없는 경우 등의 이유 때문에 의사결정자는 "정의된 문제를 해결하기 위해 우리가 지원하고 활용할 수 있는 자원이 무엇인가?"와 "우리는 어떤 변수에 영향을 받는가?"에 대해 질문을 하고 답해야 한다. 따라서 대안 실행에 필요한 인력, 기술, 정보 등의 자원을 투입하고 활용할 수 있는가를 살펴보고 당장 해결해야 할 문제인지 여부(문제해결의 시급함 정도)와 대안 수행 시 소요되는 시간을 파악한다.

③ 실행과정과 결과예측

대안을 추진했을 때 발생하는 성공과 실패에 대한 확률을 고려해 대안의 타당성을 살펴본다. 그러므로 문제해결 과정 및 결과에서 발생할 수 있는 실수, 위험, 부작용 등을 발견하여 불확실성을 제거해야 한다. 그리고 제시된 아이디어나 해결방안, 설계,

생산품이 가지고 있는 결점, 위험 등을 발견하고 그 개선을 위한 제안, 검토과정에서 비판적 사고를 가져야 한다. 또한 판단에 영향을 미치는 편견, 편향된 가치관, 선입견 등을 인식하여 제거하는 현실인식이 필요하다.

그리고 대안의 타당성과 실용성을 보다 체계적으로 검증하는 것은 의사결정자가 선택된 대안이 추구하는 목표 달성에 어느 정도 기여하는 지를 전제로 한다. 위와 같은 내용을 토대로 의사결정 과정에 오류를 범하지 않도록 확인되지 않은 것은 분명하게 확인하여 불확실한 상황에 철저히 대비하도록 한다.

2) 개별대안의 평가와 최선안의 평가 의의와 방법

아이디어의 수가 많거나 선택하고, 좁혀가야 할 대안이 많으면 '히트 기법'이 가장 적절하고, 대안들의 의미를 분류해 나름대로 아이디어를 좁혀가고 싶을 때에는 '하이라이팅 기법'과 'KJ 기법'도 적절하다.

그리고 대안들 중 한 개 또는 몇 개의 대안이 모두 선택할 수 있는 가능성이 크거나 문제 해결에 도움을 준다는 결론을 얻게 되면 좀 더 깊이 있는 분석을 통한 대안 탐색에 나서야 하는 데 이때 필요한 기법이 바로 'ALU', 'PMI' 또는 '역 브레인스토밍 기법'이다. 한편 'ALU 기법'과 'PMI 기법'을 대화에 적용하여 만든 'P-P-C 기법'도 효과적이다.

대안의 수는 많이 있지만 이들 모두를 일련의 준거에 의거해 체계적인 분석을 원할 때에는 '평가행렬 기법'(evaluation matrix)을 활용하기도 한다. 그리고 몇 개의 대안에서 확률과 성과 또는 기대이익을 통해 평가를 하고 싶을 때는 최선안 선택시 적용하는 '의사결정모형기법'을 적용하면 효과적이다.

(1) 개별대안의 평가 의의와 방법

대안의 평가방법은 다양하고 각 기법이 가진 특성에 따라 평가방법도 달라진다. ALU & PMI 기법, 하이라이팅기법, 의사결정모형 기법, 델파이법 등은 다양한 아이디어를 2~3개의 아이디어로 걸러내는 역할을 한다. 하이라이팅기법은 여러 가지 대안들 중 몇 개의 집단으로 압축해 분류하고, 의사결정모형 기법은 환경, 시간, 자원 등에 대한 제약을 극복하는 아이디어를 찾아준다. 이 밖에도 많은 기법들은 효과, 가능성, 결과에 대한 변수 등을 기준으로 삼고 평가한다. 물론 이를 토대로 의사결정자가 선택한 대안이 실제 최적의 대안이라는 것은 누구도 장담하기 어렵다. 그러나 이들 기법은 공통적으로 다양한 변수와 아이디어(대안)를 정리하고 압축하는 특성을 지니고 있다.

그렇기 때문에 훌륭한 평가는 가능한 많은 위험요인과 불확실성을 미리 발견하고 제거하여 다음 단계에서 최적의 해결방안을 도출하도록 돕는 것이다. 따라서 대안의 평가과정은 아이디어 다듬기 과정을 거친 아이디어들 중 실행 가능성이 높은 아이디어로 축소해 나가는 과정이며, 때로는 최상의 아이디어를 선택하는 과정이기도 하다.

여기에서 소개하는 기법은 대안평가에서 뿐만 아니라 최선안을 선택하는 과정에서도 활용되기도 한다. 대안의 평가에 자주 활용되는 기법과 그 특징을 요약하면 〈표 9-1〉과 같다.

〈표 9-1〉 개별 대안의 비교 기법 종류와 특징

대안 평가 기법	특 징	적용분야
하이라이팅기법	여러 가지 대안들 중에서 기본적인 몇 개의 집단으로 압축하여 분류하는 평가 기법	대안의 의미 분류,아이디어의 축소, 평가 등
ALU & PMI 기법	대안의 좋은 점과 나쁜점 그리고 관심사를 찾아내어 점수화 한 후 대안의 타당성을 평가하는 방법	입지, 인수합병, 신규사업진출 등의 장점과 단점, 타당성 분석 등
KJ 기법 (친화도법)	개개의 사실이나 정보를 보고 직감적으로 서로 어떤 관계가 있다고 느끼는 것끼리 만들어 나아가는 기법	연구, 교육 및 개인, 집단, 조직의 활성화 방안 등
연관도법	풀어야 할 문제는 결정되어 있지만 그 문제에 영향을 미치는 원인이 서로 복잡하게 얽혀있는 경우에 이들 복잡한 원인들을 언어데이터로 포착하여 그 문제점을 원인으로 전개함으로써 주요 원인을 파악하는 방법	시장 클레임대책, 제조공정에서의 품질개선, 분임조 활동에서의 원인분석, QA방침의 전개 및 결정 등
스티커 투표 기법	의사결정 참가자들에게 자신이 선호하는 대안에 스티커를 붙이게 하여 가장 많은 지지를 받은 대안을 선택하는 기법	제품 디자인, 책임자 후보 선택, 광고시안 선택, 고객서비스 강화 방법 등
2안 비교법	객관적 자료가 부족할 때 대안을 짝으로 비교해 나가면서 상대적으로 많은 지지를 받은 대안을 선택하는 기법	제품 디자인, 책임자 후보 선택, 광고시안 선택 등
장 · 단점 평가 기법	각 대안을 평가기준에 따라 좋은 점과 나쁜 점을 찾아서 그 수에 따라 타당성 여부를 평가하는 기법	제품 디자인, 책임자 후보 선택, 광고시안 선택 등

(2) 최선안의 평가 의의와 방법

① 최선안의 비교와 결정

대안의 평가는 최선안 선택을 위한 일련의 예비단계이다. 전 단계에서는 가급적 개별대안에 대한 평가가 이루어졌고, 그 과정에서 걸러진 대안을 위주로 대안의 선택 폭을 좁혀 나갔다. 그리고 이번 단계(최선안의 선택 단계)에서는 대안으로서 가능성이 있는 것들만 선별하여 우선적으로 실행할 대안으로 압축한다. 그러므로 가능성 있는 대안들 중 실행할 대안을 선택하도록 먼저 '최선안의 비교'가 진행되어야 한다. 최선안의 비교는 '우선순위의 결정' 원칙에 근거하여 비교 평가한다.

만약 우선순위에 의한 결정에 어려움을 겪을 때는 제10장 '최선안의 점검' 시 검토하는 두 가지 방법을 활용해도 된다. 예컨대 가능성이 높은 '대안의 민감도 분석'과 대안의 '정확도와 신뢰도 검증'이다.

그 이유는 대안의 순위를 정할 때 우선순위가 높은 2~3개 정도를 선정해 이들 대안을 심층적으로 분석을 해야 하나 모든 대안을 심층적으로 분석하기 어렵기 때문에 순위가 높은 일부 대안을 중심으로 심층분석을 해야 하며, 이때 가장 많이 사용하는 방법이 '민감도 분석'이다. 이러한 요건을 고려해 적절한 비교기법을 활용한다.

② 대안의 우선순위 결정

각 대안의 평가가 이루어지고 나면 어떤 대안을 우선 선택하는 것이 가장 바람직한 지 '대안의 추진순위를 결정'(대안의 비교) 해야 한다. 문제해결과 의사결정에는 경제적, 시간적, 심적 등의 문제가 항상 뒤따르고 있기 때문에 모든 대안을 선택할 수 없다. 따라서 대안의 우선순위를 결정하여야 한다. 대안의 우선순위를 결정할 때 유의해야 할 사항은 제약조건, 대안의 장·단점, 의사결정자의 선호도, 의사결정 상황 등이다. 대안의 우선순위를 정할 때 유의할 사항[1]은 다음과 같다.

㉠ 평가기준이 하나이고 대안의 결과를 객관적으로 측정 가능하다면 우선순위를 결정하기는 쉽다.

㉡ 평가기준이 여러 개이고, 대안의 결과를 계량화할 수 있다면 평가점수(가중치)가 높은 것을 선택한다.

㉢ 평가기준이 여러 개이고, 순위결정이 어려우면 핵심 평가기준(매출액, 수익성, 판매

1) 정덕화(2011), 기업경영과 문제해결, 현우사, pp.315-316.

량 등)에 초점을 두고 평가한다.

㉣ 평가기준이 고객만족도, 인지도, 직원의 사기 등과 같이 계량화하기 어렵다면 대체할 수 있는 기준(5점 또는 7첨 척도)을 마련해서 평가순위를 정한다.

㉤ 평가기준이 여러 개이고, 평가기준 간에 상충관계(trade-off)가 발생하면 평가기준을 교환(swap)할 필요가 있다.

③ 최선안의 선택 기법 종류와 특징

최선안을 선택하기 위해 대안을 비교할 때는 대안의 우선순위와 민감도 그리고 정확도 및 신뢰도를 평가할 수 있는 다양한 방법을 적용한다. 최선안 선택방법으로는 내용・편익분석, 의사결정모형기법, 가중대조기법(그리드법 : gride analysis), 창의적 평가기법(creative evaluation), 2차원 그리드 기법(two dimensional gride), 가정표면화 기법(assumption surfacing), 불확실한 상황의 선택 기법(decision criteria under uncertainty) 등이 있다(〈표 9-2〉 참고).

〈표 9-2〉 최선안의 비교 기법 종류와 특징

비교 기법	특 징	적용분야
비용・편익분석 기법	대안을 추진했을 경우 얻게 되는 이익과 비용을 비교해서 대안을 평가하는 방법	생산능력, 제품 개발, 경제성 등의 이익, 비용, 타당성분석 등
의사결정모형 기법	미래에 대한 상황이 불확실할 때 각 대안에 대한 예상수익과 손실 등의 비용을 참고로 대안을 평가하는 방법(매트릭스 활용)	창업, 신제품개발, 인수합병, 신시장 개척 등 개발 성과, 기대이익 분석 등
	대안을 추진할 때 발생하는 확률과 성과를 측정해서 대안의 기대이익을 평가하는 방법(의사결정 트리 활용)	신제품개발, 인수 합병,신시장 개척, 성공확률, 개발 성과, 기대이익분석 등
가중대조법(그리드법)	평가 요소가 여러 개인 경우 각 평가 요소에 가중치를 부여해서 최종 값을 비교해서 대안을 선택하는 기법	제품 디자인, 책임자 후보 선택, 광고 시안 선택, 경쟁전략 선택 등
가정표면화 기법	각각의 대안이 가지고 있는 가정을 분석해서 가정의 관점에서 대안을 비교 평가하는 기법	신시장 진출, 신제품 개발, 정보시스템 도입 등

2. 개별대안의 비교와 평가 기법

1) 하이라이팅 기법

(1) 개념

'하이라이팅 기법'(highlighting)은 여러 가지 대안들 중에서 기본적인 몇 개의 집단으로 압축하여 분류하는 수렴적 기법이다. 비슷한 범주의 대안으로 압축해 나가는 동안 사용자는 직관을 이용하거나 관심을 끌고 있는 유망한 대안들을 확인하고 이들 대안들 간의 관계를 기초로 공통적인 주제영역으로 조직화하는 것이다. 그런 다음 조직화된 집단에 명칭을 붙이고 대안을 선택해 나간다. 이 방법은 KJ 기법과도 유사하지만, KJ 기법이 좀 더 구체적으로 대안을 분류해 나간다. 하이라이팅 기법은 발산적 사고기법을 사용하여 생성된 아이디어들 중 괜찮다고 느껴지는 아이디어들을 선택한다. 선택된 이 아이디어를 히트(hit)라고 하며, 이들을 공통적인 측면이나 요소에 따라 묶게 된다. 이렇게 묶는 것을 결집(cluster)이라 하고 결집을 만드는 절차를 적중영역(hot spots)이라 한다. 하이라이팅은 이러한 적중영역을 문제해결에 적합한 형태로 수정하고 발전시켜서 더 나은 대안으로 만들어가는 기법이다.

(2) 적용방법

'하이라이팅 기법'의 적용절차의 단계별 내용은 다음과 같다.

① **1단계-히트(hit) 발견:** 생성된 아이디어들을 나열하고 히트를 찾는다. 대안들 가운데 가장 신뢰감이나 가능성이 있는 대안을 히트라 하고 그 히트 대안에 번호를 붙인다. 히트자료를 찾기 위해서는 브레인스토밍과 '6하 원칙의 질문기법'을 많이 활용한다.

② **2단계-관계있는 히트(hit)의 결집(cluster):** 서로 관련 있는 집단을 분류해서 다시 묶는다. 아이디어를 차례로 음미해 보면서 그럴 듯해 보이는 대안을 골라낸다. 아이디어의 실현 가능성은 고려하지 않아도 된다.

③ **3단계-핫 스팟(hot spots)의 발견:** 히트 진술들이 어떻게 유사한 관계에 있는지 분석해 보고 관련된 히트들을 같이 묶는다. 어떤 구체적인 주제나 문제에 대해 집단별로 묶어 이 히트의 결합을 '핫 스팟'(hot spots)이라 한다.

④ **4단계-핫 스팟의 재진술:** 관계있는 대안들의 결집이 끝나면 검토해 보고 그것이 의미하는 것이 무엇인지를 다시 핫 스팟을 문제진술의 형태로 재진술하는 것이 중요하다.

⑤ **5단계-최적안의 선택:** 문제의 요구를 가장 잘 만족시키는 것으로 판단되는 적중영역 하나를 선택한다. 두 개 이상의 적중영역을 조합하여 하나의 해결책을 만들어도 좋다.

하이라이팅 기법에서 '히트'(hits)를 찾는 것은 '6하 질문 원칙'에서 나타난 바와 마찬가지로 '알고 있는 정보'에서 '필요한 정보'(중요한 정보)가 어떤 것인지?, '반드시 주목해야 할 정보'는 무엇인지? 질문을 꼭 해야 한다. 그리고 이러한 질문에 대한 답을 구하기 위해서는 정보가 문제에 적절하고, 분명하고, 흥미롭고, 새롭고 그리고 기발하다는 등의 판단이 명확한 속성을 가진 것을 선택하는 것이 바람직하다.

(3) 활용사례

예를 들어 환경오염 문제를 해결하는 방안에 대해 하이라이팅 기법을 사용하여 〈표 9-3〉에 정리한다고 가정을 한다.

① 팀별 해결해야 할 문제('환경오염문제를 줄이자')를 정하고 문제해결에 대한 아이디어를 브레인스토밍을 통해 산출한다. 만약 팀원이 5명일 때 각자 제출한 아이디어가 대략 50개 이상이라면 산출된 아이디어 중 괜찮다고 느껴지는 아이디어를 선택하여 10~15개의 방법을 '히트'한다.

② 집단별로 영역을 분류(환경오염 해결 아이디어의 관련성을 묶어 보면 교육, 경제, 정책, 사회 등 영역으로 나누고 해당 아이디어를 관련 영역에 정리한다.)해서 히트된 아이디어를 관련 있는 영역에 정리한다.

③ 재진술에 의해 선택된 해결책을 정리한다. 이때 문제의 요구를 가장 잘 충족시키는 것으로 판단되는 영역을 선택하여 재진술을 통한 해결책을 만들고, 두개 이상의 영역을 조합하여 하나의 해결책을 만들어도 좋다. 예를 들면 정책영역의 음식물 종량제에 대한 대안과 교육영역에서 음식물 줄이기 홍보를 반상회를 통해 교육하는 아이디어를 조합하여 해결책으로 재진술한다.

〈표 9-3〉 하이라이팅 기법 활용

문 제	
1차 아이디어	
아이디어 히트	
영역의 분류 (핫 스팟)	
재진술	

2) ALU와 PMI 기법

대안을 평가하는 수렴적 사고기법의 가장 기본적인 것이 바로 'ALU 기법'과 'PMI 기법' 두 가지이다. 특히 'PMI 기법'은 드 보노(E. de Bono)가 개발한 사고기법으로서 드 보노의 CoRT 프로그램에서 가장 먼저 소개되는 레슨 1의 방법이다. 그러나 수렴적 사고가 반드시 아이디어를 걸러내는 것에만 필요하다고 생각하거나 아이디어를 걸러내는 데만 주력하지 말고 아이디어를 더욱 확산 또는 발전시켜 나가는 데 초점을 둔다.

(1) ALU

발산적 사고의 기본이 브레인스토밍이면 수렴적 사고에서는 아이디어를 분류하고 걸러내는 첫 단계로 ALU(advantage limitation and unique qualities : 강점-제한-독특한 특성)가 소개된다. 이 방법은 대안들을 분석하고, 다듬고, 그리고 더욱 발전시켜 나아가기 위한 것이다. 이 기법의 목적은 대안들을 보다 효과적이고 생산적으로 발전시키기 위한 것으로 아무리 하찮은 아이디어라도 소홀하지 않게 관리하는 것을 중요시 여긴다. 진행방법은 수렴적 사고의 절차에 따라 먼저 강점을 고려하고, '제한'이나 개선 영역을 찾은 다음, '독특한 특성'을 발견하고 마침내 '제한'을 극복하는 것으로 진행한다(〈표 9-4〉 참고).

〈표 9-4〉 ALUE 기법의 활용

문 제 (현상)		
단 계	**유의사항**	**아이디어**
강점 (Advantage)	• 아이디어의 강점, 긍정적 측면의 요소를 생각하자.	
제한 (Limitation)	• 아이디어의 약점, 고민, 제한요소를 어떻게 발전시킬 수 있는지 생각하자.	
독특한 특성 (Unique Qualities)	• 아이디어가 다른 아이디어가 갖지 않는 독특한 특성 요소를 생각하자.	

① 강점의 고려

강점을 먼저 고려하는 것은 매우 중요하다. 약점을 먼저 찾거나 강점이 아닌 것을 강점으로 평가하는 것은 물론 바람직하지 못하다. 강점을 찾는 것은 일의 진행에 있어 적극적인 참여와 아이디어의 생성을 유도하기 때문에 사고에 많은 도움을 준다.

② 제한과 개선의 관찰

대안을 걸러내기 위한 절차는 결코 아니니다. 강점을 찾는 것을 통해 완벽한 대안을 찾는 것이 쉽지 않다는 것을 알 수 있다. 즉 대안이 가지고 있는 제한, 약점 또는 문제점들을 신중히 고려하라는 의미이다. 어떻게 하면 보다 더 발전된 대안으로 생성될 것인지를 고민해야 한다.

③ 독특한 특성발견

대안들의 독특한 특성을 파악하는 것은 대안의 강점과 나아가 대안의 유용성을 파악하는 데 많은 도움을 준다. 관찰 중인 대안이 다른 대안에 비해 어떠한 장점과 특성 그리고 문제점을 지니고 있는지 자세히 파악한다면 완벽하고 발전된 대안으로 향상시킬 좋은 기회를 가지게 됨을 의미한다.

④ 제한의 극복

앞의 단계를 잘 활용하면 극복해야 할 중요한 제한을 확인할 수 있다. 일단 제약, 즉 단점을 확인해 내면 그것을 극복하고 강화시킬 수 있는 방법을 개발해야 한다. 그래서 ALU 기법은 보다 새롭고 유용한 결과와 창조적 문제 해결에 좋은 실마리를 제공해준다.

(2) PMI

① PMI의 적용방법

드 보노(de Bono)는 CoRT 프로그램에서 6가지의 CoRT 프로그램과 10가지 레슨을 소개하고 있다. 드 보노는 대안을 찾거나 문제를 해결하기 전에 PMI는 10가지의 레슨 중 첫 번째 소개되는 매우 의미있는 방법이라 보고, 우리가 어떤 계획을 설정하고 결정을 내릴 때 강점, 약점, 흥미로운 점(PMI), 관련 있는 요인들(CAF), 목표들(AGO) 등 10가지에 대해 먼저 고려해야 한다고 말한다. 드 보노는 이 CoRT 프로그램의 10가지 레슨을 따로 사용할 수도 있고 몇 가지를 함께 사용할 수도 있다고 한다.

본서에서는 수렴적 사고에서 가장 중요시 하며 널리 활용되는 PMI 기법(plus-minus-interesting)에 대해 소개한다. PMI의 의미는 주의집중이다. 아이디어나 대안에 대해 세한 관심과 관찰을 하도록 하는 주의집중 도구이다. PMI를 할 때는 주의를 먼저 의도적으로 P(plus: 강점)에 집중시킨다. 그 다음으로 M(minus: 약점)에, 그리고 마지막으로 I(interesting: 흥미롭게 생각하는 점)에 주목하여 생각을 하도록 하고 있다. 이 과정은 의도적으로 진행하지만 심사숙고해서 대안을 관찰한다. 이 과정은 2~3분의 각각 주어진 시간에 세 단계가 모두 이루어지도록 한다([그림 9-2] 참고).

PMI는 문제에 대해서 긍정적인 면, 부정적인 면, 혹은 흥미로운 면 등으로 대안의 모든 측면들을 꼼꼼히 고려해 보고, 발생되는 득과 실을 분석한 후, 그 반대의 결정을 내릴 때 발생되는 득과 실을 놓고 최선의 선택을 한다. PMI를 적용시키는 일은 매우 간단하다. 기존의 감정과 편견을 가지고서는 아이디어를 받아들이기가 어렵다. 참가자들은 이 방법을 시도함에 있어서 생각을 여러 방향으로 확대하려는 의지를 가지고 있어야 한다. '이성'이 감정과 편견에 치우치게 되면 주제를 탐구하고 아이디어를 발산하는데 장애가 되기 때문이다.

그림 9-2 최선안의 비교 기법 종류와 특징

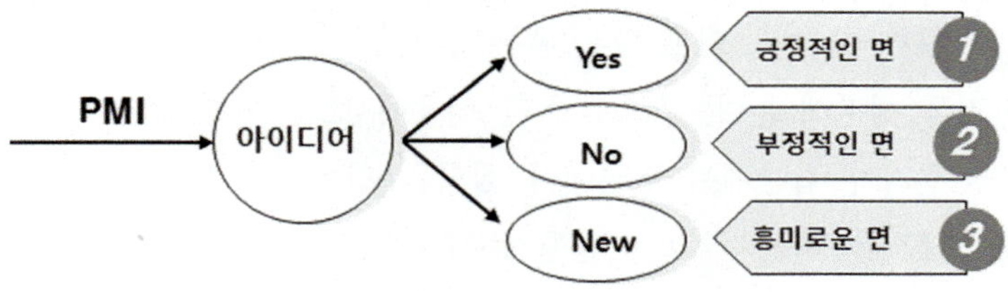

② PMI의 특징과 원리

PMI는 ALU기법과 비슷하다. 그러나 처음에는 바람직하지 못한 대안처럼 보이는 아이디어를 좀 더 신중히 검토했을 때 아주 좋은 아이디어일 수 있으므로 이를 제외시키지 않는다는 데 기본원리를 두고 있다. 그리고 매우 좋은 아이디어처럼 보이는 것도 단점을 생각하게 하여 감정에 의해 판단하는 것을 지양하고 장·단점뿐만 아니라 흥미로운 점까지 고려하게 한다. 또한 미리 아이디어를 탐색한 후에 선호여부를 판단한다는 기본원리를 가지고 있다. 이러한 기본원리를 토대로 PMI의 특성은 다음과 같다.

- **P(plus: 강점)**

  제시된 아이디어의 좋은 점을 찾는다. 관찰자가 왜 좋아하는지 이유를 밝힌다. 즉 생각을 바꾸어 그 아이디어가 괜찮다고 결론을 지을 수 있다.

- **M(minus: 약점)**

  제시된 아이디어의 나쁜 점은 무엇인지 찾는다. 관찰자가 왜 나쁘다고 혹은 싫다고 말하는지 역시 이유를 밝힌다. 불행하게도 그 아이디어에 대해서 여전히 부정적으로 생각할 수 있다.

- **I(interesting: 흥미)**

  제시된 아이디어와 관련하여 흥미롭게 생각되는 점이 무엇인지 찾는다. 다른 아이디어를 새로 생각해 낼 수 있다. 어떤 아이디어의 긍정적이고도 흥미로운 면을 생각해 보다가 다른 아이디어를 떠올릴 수 있다.

③ PMI의 활용 사례

PMI를 통해 우리는 일상의 문제를 자연스럽게 정리해 볼 수 있다. 어떤 아이디어나 문제가 좋거나, 나쁘거나, 혹은 좋지도 나쁘지도 않지만 그냥 흥미롭다고 생각되는 것을 생각해 본다. PMI 방식을 적용해 보면 느낌이 달라질 수 있다. 이 점을 고려해서 우리가 집단에서 토론이나 회의를 진행하는 동안 참가자들이 아이디어에 대해 어떤 생각을 하는지 그 원인을 동시에 파악해 좋은 대안을 탐색할 수 있게 해준다(〈표 9-5〉 참조).

〈표 9-5〉 PMI의 활용

주어진 문제	
Plus	1)
	2)
	3)
Minus	1)
	2)
	3)
Interesting	1)
	2)
	3)

P(장점)	M(단점)	I(흥미있는 점)
• 핸드폰 소리에 수업을 방해받는 일이 없다. • 수업을 더 잘 받을 수 있다.	• 긴급한 전화를 받을 수 없다. • 시간을 모른다. • 친구들과 멀어진다.	• 수업벨 소리에 자동적으로 꺼지는 핸드폰이 있었으면 좋겠다. • 핸드폰이 공부하는데 방해가 되는 사실을 발견하였다.

예를 들어 "수업 중에는 휴대전화를 모두 꺼야 한다."는 주제로 PMI 기법을 활용한 다면 〈표 9-5〉와 같이 아이디어에 대한 긍정적인 면과 부정적인 면을 기록한 다음, 각각에 대한 의사결정자 나름대로의 판단에 의해 이익이 되거나 주목할 필요가 있는 점을 찾아 나간다.

3) 스티커 투표 기법

(1) 개념 및 특징

'스티커 투표 방법'(sticking dots)은 투표자들이 선호하는 아이디어에 스티커를 붙이게 해서 가장 많은 스티커를 받은 대안을 선택하는 방법이다. 이 기법은 투표에 참가한 사람들에게 서로 다른 색깔의 스티커를 나눠주고, 참가자는 민주적으로 선호하는 아이디어에 스티커를 붙인다. 이 기법은 '제품의 디자인 선택', '관리자(대표) 후보의 비교 평가', '고객 서비스 강화 방안 선택' 등과 같이 대안을 비교하는 방법으로 활용된다. 그리고 투표를 할 때 주의할 점은 먼저, 참가자가 배부 받은 스티커를 하나의 대안에 모두 줄 수 없고, 가급적 한 개 이상 넘지 않되, 최대 2개까지만 허용하는 것을 원칙으로 한다. 이는 객관적 판단 외에 주관적인 견해나 주변요인에 영향을 받지 않도록 하기 위함이다. 이를 통해서 각 투표자의 선호도와 그룹의 선호도를 알 수 있다. 두 번째는 '가장 중요한 항목', '가장 혁신적인 아이디어', '가장 경제적인 항목', '시행이 쉬운 항목', '자신(팀) 또는 소비자에게 가장 이득이 되는 항목' 등과 같은 투표기준을 확인하여 팀원들(의사결정자)이 그 기준에서 벗어나지 않게 한다. 즉 객관적이고 동일한 기준을 갖고 투표를 한다.

(2) 적용 방법

스티커 투표를 적용하는 방법은 다음과 같이 5단계로 정리할 수 있다.

① 1단계-투표기준 설정

팀원들이 투표에 객관적으로 참여할 수 있도록 명확하고 동일한 기준을 설정한다. 앞서 소개한 기준의 예를 토대로 투표의 효과를 높인다.

② 2단계-대안의 정리

문제해결에 도움이 되는 아이디어를 나열해서 투표자들이 정확히 인식하도록 한다.

③ 3단계-스티커 배부 및 투표

기준이 명확해지고 아이디어가 정리되면 스티커를 배부하고 참가자(투표권자)들은 대안에 스티커를 붙인다. 이러한 스티커 투표는 '점 스티커 투표'(voting with sticker dots)라고도 하며, 점 스티커를 이용하여 참가자 개인에게 '(n/2)-1'만큼의 스티커를 배부한다. 이때 'n'은 선택의 대상이 되는 '대안의 개수'를 의미한다. 그리고 참가자는 가급적 특정항목에 한 개 이상의 스티커를 붙이지 않도록 주의를 준다.

④ 4단계-평가점수 배분 및 기입

참가자 개인마다 점수(10점 또는 100점을 부여)를 주고 분류할 항목들에 점수를 할당한다. 참가자들이 찬성하는 항목 옆에 점수를 기재하도록 한다. 예를 들어 참가자 중 한 명이 자기점수의 50% 이상을 배부하는 것을 허락하지 않아야 한다.

⑤ 5단계-최적의 대안 선택

대안 중 가장 많은 스티커를 받은 아이디어를 선택하고 집단동조와 같은 문제가 없으면 이 대안을 집중적으로 분석한 후 실행한다.

(3) 활용 사례

주식회사 한국전자의 마케팅팀은 신제품 홍보를 위한 광고시안을 10개 정도 제시했다. 10개의 대안 중에서 최적의 대안 하나를 선택하는 문제를 해결하기 위해 스티커 투표기법을 활용하기로 하였다. 5명의 참가자에게 서로 다른 4개 색깔의 스티커를 배포하였다. 그리고 참가자들은 민주적으로 다른 참가자가 모르게 스티커를 부착(하나의 시안에 두 개 이상 부착은 금한다)한다.

4) 2안 비교법

(1) 개념

'2안 비교법'(pair ranking)은 '짝 비교기법'(paired comparison analysis)이라고 한다. 이 기법은 객관적인 자료가 부족한 상황에서 주어진 대안을 짝으로 비교함으로써 어느 대안이 상대적으로 더 우수한지를 평가하는 방법이다. '제품의 디자인 선택', '관리자선발후보자 평가', '기업의 경쟁전략 방안 수립' 등과 같이 한정된 자원을 동시에 필요로 하는 여러 대안을 비교할 때 유용한 방법으로 활용된다.

(2) 적용방법

A, B, C, D의 4가지 대안이 있을 경우 2안 비교법을 활용하는 방법은 다음과 같다.

① 1단계-가능한 대안의 매트릭스 작성

선택 가능한 대안들을 정리하고 난 후 각 대안들에 대한 식별번호나 문자를 부여하고 선택된 대안들의 숫자에 맞추어 매트릭스를 그린다. 대안이 4개인 경우 4개의 대안을 가로와 세로에 작성한다. 그리고 '4×4 매트릭스'가 만들어 지면 [그림 9-3]과 같이 가로 세로 대안을 구분하는 대각선을 긋고 대각선 아래 칸은 대안을 비교할 때 중복되지 않도록 '×'표를 한다.

왜냐하면 대각선 위의 셀에 있는 대안과 동일하기 때문이다. 그러나 2안 비교방법에 있어서 매트릭스에 대각선을 긋지 않고 비교하는 아이디어 쌍에 대해 순차적으로 우열을 비교하여 점수를 산정하는 방식도 많이 활용한다.

〈표 9-6〉과 같이 가로축과 세로축에 아이디어를 기입한 후 순차적으로 비교하면서 더 좋은 아이디어에 '+1', 아니면 '-1' 그리고 동일한 비교는 '0'을 기입한 후 점수를 합산해서 평가한다.

그림 9-3 2안 비교법 적용방법

순위		대안A	대안B	대안C	대안D
4위	대안A	×	**대안B**	**대안C**	**대안D**
1위	대안B	×		**대안B**	**대안B**
2위	대안C	×	×	×	**대안C**
3위	대안D	×	×	×	×

〈표 9-6〉 2안 비교법 사례

사례 : 2안 비교법(우열 점수 기입형)

문제 : 신학기를 맞아 나진실군은 숙소문제를 해결을 위해 2안 비교법을 활용하였다. 대안은 '집에서 통학(대안 A)', '학교 주변 자취(대안 B)', '교내 기숙사 입주(대안 C)'이다

아이디어	대안 A	대안 B	대안 C	합계	순위
대안 A	0	-1	1	0	2위
대안 B	-1	0	-1	-2	3위
대안 C	1	1	0	2	1위

② 2단계-첫 번째 대안과 나머지 대안의 순차적 비교

먼저 첫 번째 대안인 대안 A와 대안 B, C, D를 차례로 비교하면서 더 좋은 대안에 투표한다. 만약 〈표 9-6〉에서와 같이 대안 A와 대안 B를 비교하여 대안 B가 더 좋으면 대안 B에 투표하고, 대안 A와 대안 C를 비교하여 대안 C가 더 좋으면 대안 C에 투표하고, 대안 A와 대안 D를 비교하여 대안 D가 더 좋으면 대안 D에 투표를 한다.

경우에 따라서는 두 대안을 비교할 때 상대적으로 더 중요한 대안에 대해 0점~3점(0은 차이가 없고, 3은 매우 차이가 크다는 것 의미)을 부여해 평가에 반영하기도 한다. 예를 들어 대안 A보다 대안 B가 더 중요하고 상대적 중요성을 '3'으로 부여해 'B,3'으로 평가하여 셀 단위의 모든 점수를 합하여 최종평가에 반영하기도 한다.

③ 3단계-나머지 대안들의 순차적 비교

대안 A에 대한 비교가 끝난 후 대안 B에 대하여 같은 요령으로 대안 C, D를 비교하여 더 좋은 대안(여기서는 대안 B)에 투표한다. 그리고 대안 C에 대하여 같은 요령으로 대안 D를 비교하여 더 좋은 대안(대안 C)에 투표한다. 대안들이 N개 있을 경우 총 투표수는 N(N-1)/2개이다. 만약 대안이 A, B, C, D인 경우엔 N이 4개 이므로 총 6개의 투표가 이루어진다.

④ 4단계-대안의 순위산정

대안 A, B, C, D가 순차적으로 비교를 했을 때 획득한 투표수에 따라서 얻어진 값을 기준으로 순위를 매긴다. 상대적 중요도에 따라 B, C, D, A순으로 순위가 매겨지게 된다.

(3) 활용사례

대학의 학업성취도 평가방법에 대한 논란이 계속되자 한국대학은 평가방법 개선은 대학강의의 개선이나 대학교육의 질적 향상에 필수적으로 전제되는 작업이라고 판단하고 '2안 비교법'을 활용하여 〈표 9-7〉에 대안으로 선정된 4개의 대안을 평가하기로 하였다.

〈표 9-7〉 2안 비교법 활용

사례: 2안 비교법 활용

문제	
대안	대안 A : 상대평가를 절대평가로 전환 대안 B : 평가요소와 다양화 대안 C : 만족/불만족 학점제도의 운영 대안 D : 국내외 타대학 학점과 연계성

아이디어	대안 A	대안 B	대안 C	대안 D	합계	순위
대안 A						
대안 B						
대안 C						
대안 D						

참고: 위의 문제와 대안은 참고사항이다. 참가자들이 주제 선정과 대안 마련을 유연하게 직접 팀별 활동을 통해 작성해 본다.

5) 장 · 단점 평가 기법

(1) 개념

'장 · 단점 평가 기법'(advantage-disadvantage)은 수렴적 대안평가 기법의 하나로 소개된 ALU(advantage limitation and unique qualities : 강점-제한-독특한 특성) 또는 PMI(plus-minus-interesting) 기법과 유사하다. 즉 이 기법은 아무리 하찮은 아이디어라도 소홀히 다루지 않고 각 대안이 평가기준에 따라서 장점을 가지고 있는지 혹은 단점을 가지고 있는지를 체크하고, 대안이 가지고 있는 장점의 수와 단점의 수를 비교해서 대안을 선택하는 기법이다. 이 기법은 매우 간단하면서 사용하기 편한 장점을 가지고 있지만, 모든 평가기준이 동일하게 적용된다는 문제점이 있다.

(2) 적용방법

장 · 단점 평가 기법을 적용하는 절차는 평가대안들을 정리하고 평가기준을 결정한 후 점수를 부여해 최적대안을 선택하는 것이다. 구체적인 방법은 다음과 같다.

① **1단계-평가 매트릭스의 작성**

선택 가능한 대안들을 정리하고 난 후 선택된 대안들의 숫자에 맞추어 매트릭스를 그린다. 가로와 세로에 유연하게 대안과 평가기준을 작성한다. 예를 들어 대안이 3개인 경우 3개의 대안을 세로에 배치하고 가로에 평가기준을 작성한다.

② **2단계-평가기준을 결정**

선택 가능한 대안들을 평가하기 위한 기준을 결정한다. 대안에 따라 아래의 '사례 1'과 같이 장점과 단점을 서술형으로 작성하는 것을 평가의 기준으로 삼기도 하고 '사례 2'와 같이 대안들과 평가를 할 대상에 대한 장점과 단점을 체크하는 기준으로 삼기도 한다.

③ **3단계-대안의 장 · 단점 평가 및 선택**

매트릭스에 작성된 대안을 평가기준에 맞추어 장점과 단점을 평가한다. 대안별 장점과 단점의 수를 계산하여 장점을 가장 많이 얻은 대안을 최적 대안으로 선택한다.

(3) 활용사례

아래의 '사례 1'과 '사례 2'는 장 · 단점 평가기법을 활용하는 예시이다. 해결해야 할 문제와 대안을 작성하고 평가를 해면 다음과 같다.

① **사례 1: 장 · 단점 평가 기법(서술형)**

신학기를 맞아 나진실 군은 숙소문제를 해결을 위해 어느 대안을 선택하는 것이 합리적인지 〈표 9-8〉과 같이 3개의 대안을 놓고 장 · 단점 평가 기법을 활용하였다.

〈표 9-8〉 장 · 단점 평가 기법(서술형)

아이디어		장 점	단 점
숙소	집에서 통학		
	학교 주변 자취		
	교내 기숙사 입주		

② 사례 2: 장 · 단점 평가 기법(체크형)

부산이 본사인 한국전자 주식회사는 신규 공장건설을 위한 입지 선정문제를 해결하고자 한다. 전략팀에서 입지선정 후보지로 조사한 곳은 네 곳이다. 먼저, 입지선정 시 고려해야 할 항목('토지 매입비용', '공장용수의 가용성', '지방자치단체의 지원 및 혜택', ' 교통의 편이성' 등)을 나열하고 후보지별로 장 · 단점 평가를 〈표 9-9〉와 같이 실시하기로 하였다.

〈표 9-9〉 장 · 단점 평가 기법(체크형)

아이디어	A안 창원		B안 울산		C안 구미		D안 대전	
	장점	단점	장점	단점	장점	단점	장점	단점
1. 교통의 편이성								
2. 토지 매입 비용								
3. 공장 용수의 가용성								
4. 지방자치단체의 지원/혜택								
5. 하청업체와의 근접성								
6. 본사와의 업무 연계성								
합 계(판정)								

6) 가중대조법

(1) 개념

'가중대조법'(weighted check method)은 '그리드 기법'(grid analysis)이라고도 불린다. 이 방법은 평가요소가 여러 개인 상황에서 각 평가요소에 가중치를 부여하고 값을 산정하여 대안을 평가하는 방법이다. 즉 주어진 대안을 목적에 맞추어 우선순위에서 높음, 중간, 낮음으로 정렬하여 사용하기 쉽고 활용방법이 간단하기 때문에 참가자들이 쉽게 이해가 가능한 방법이다. 아이디어의 평가항목에서 아주 좋은 경우 높은 순위 목적으로 평가하여 '3'을, 중간 순위목적을 '2', 나쁘거나 낮은 순위목적을 '1', 그리고 아주 나쁜 경우엔 '0'을 기준으로 나타내기도 한다. 이 기법은 자세한 정의가 부족하고, "결과 조작" 가능성을 배제할 수 없다는 단점이 있지만, 그룹으로서 의사결정을 할 때 구성원 간의 서로 다른 의견을 조정할 수 있는 장점을 가지고 있다. 때문에 '제품 디자인의 선택', '관리자의 선발', '경쟁전략의 선택' 등과 같이 평가기준이 많거나 비교해야 할 대안이 여러 개인 경우에 널리 활용된다.

(2) 적용방법

이겨레 양은 경영학과를 우수한 성적으로 졸업하고 외국계 회사에 취업을 했다. 집과 회사와의 거리가 멀고 업무특성상 자동차 구입이 불가피한 상황이다. 어떤 차량을 구입해야 할지 고민하던 중 '가중대조법'을 활용해 의사결정을 하기로 했다. 먼저, 목적에 부합한 차량구입을 위해 우선 동급대 차량 5대를 후보 차량으로 선정하고 리스트를 작성하기로 했다. 5가지 종류의 차는 국내산 브랜드 H사, K사, G사와 수입차량인 T사, F사로 각각에 대한 순위를 매기고자 한다. 다음 단계는 예시이며, 개인(의사결정자)에 따라 전체단계는 확대 또는 축소(예 : 2~3단계가 통합정리)될 수 있다. 가중대조법의 적용 절차는 다음과 같다.

① 1단계-문제의 인식

어떻게 자신의 바람과 현실 사이의 차이를 채우거나 좁힐 수 있을까? 자동차를 구매해야 하는데 성능도 좋고 가격도 적당한 자동차를 구입해야 한다. 특히 주행거리와 이용횟수가 많은 만큼 자동차의 성능과 연비를 해결할 수 있어야 한다. 문제해결과 의사결정은 개인 또는 집단이 상황에 따라 적용한다.

② 2단계-의사결정 기준 규정과 평가

어떤 대상의 현재상태와 일부 표준들 간에 비교를 할 수 있도록 평가기준을 규정하고 평가요소별로 각 대안에 대한 점수를 부여한다. 자동차를 구입함에 있어서 의사결정과 관련이 있는 요인을 자동차 딜러를 통해 기준을 규정할 수 있다.

예를 들어 〈표 9-10〉의 기준항목과 같이 ① 자동차 구입 가격, ② 주행거리당

〈표 9-10〉 자동차 구매에 따른 기준별 가중치 기준

기준항목	가중치 (1.0)
① 자동차 구입 가격	0.3
② 주행거리 당 연료비	0.3
③ 디자인	0.1
④ 승차감	0.2
⑤ 자동차 제조사 브랜드	0.1
⑥ 자동차 사양(옵션)	.

연료비, ③ 디자인 , ④ 승차감, ⑤ 자동차 제조사 브랜드, ⑥ 자동차 사양(옵션) 등 비교평가할 수 있는 기준을 정한다.

만약 판단기준 대안이 많을 경우엔 판단기준에 대하여 2안 비교 순위 결정(pair ranking) 방법에 의하여 순위를 매겨 걸러낼 수 있다. 그리고 점수를 부여하는 방법은 앞서 밝힌바와 같이 0점~3점(매우 나쁘다~매우 좋다)으로 부여하기도 하고, 5점 척도를 활용하기도 한다. 그러나 다음 단계에서 가중치를 부여할 때 어떠한 방식을 활용할 것인가를 고려해 가중치의 합이 '1'이 되는 기준에서는 5점 척도를 활용해도 된다.

③ 3단계-기준별 가중치를 부여

자신이 또는 일반적으로 의사결정에서 상대적 우선순위를 두기 위하여 2단계의 기준별 각 가중치를 부여한다. 가중치는 상위 몇 개의 판단기준을 선택하여 가중치를 총 합이 '1'이 되도록 할당한다. 만약 2단계에서 정한 기준항목을 모두 대상을 삼는다면 6개 항목 가중치의 합이 '1'이 되도록 한다. 자동차구입을 한 경험이 있는 지인의 조언을 받아 각 항목별 가중치를 부여한다. 〈표 9-10〉에서처럼 연비에 0.3, 차량가격에 0.3 등과 같이 기준항목별 중요도에 따른 가중치를 부여한다.

④ 4단계-대안을 개발

문제해결에 성공적일 수 있는 대안들을 정리한다. 구입가능 선상에 있는 자동차 리스트를 작성한다. H사, K사, G사와 수입차량인 T사, F사 등으로 정리하고 가중치를 부여하지 않은 '자동차 옵션'은 판단기준에서 제외시킨다.

⑤ 5단계-대안을 분석 평가

의사결정자는 어떤 차량을 선택하는 것이 가장 합리적인가를 대조하여 각각의 대안을 분석한다. 2, 3단계의 설정된 기준과 가중치를 참고로 먼저 각 대안별 점수를 평가하고 평가점수에 가중치를 부여해 대안별 총점을 산정한다.

⑥ 6단계-최적의 대안을 검토하고 선택

의사결정 과정에서 고려된 모든 요인을 결정하고 분석한 후 최선의 대안을 선택한 후 실행한다. 물론 의사결정자는 의사결정 과정을 따르지 않고 자신의 직관을 통해 의사결정을 수정할 수 있다.

〈표 9-11〉에서 최선의 대안은 '자동차 구매에 대한 대안별 평가점수×기준별 가중 치'를 통해 얻어진 값의 결과이다. 그리고 여러 단계를 걸쳐 철저히 분석을 했다고 하더라도 판단의 오류가 있을 경우 실행에 실패할 수 있다. 때문에 얻어진 최종순위가 타당한 지, 계산오류(적절히 배분하지 못한 경우) 또는 가중치 오류(지나친 개인적 편견, 자동차에 대한 상식 부족 등) 등은 없었는지를 꼼꼼히 검토한다.

〈표 9-11〉 구매 가능한 자동차 대안 평가 자료(5점 만점/투표 참가자 수)

구분	가격	연비	디자인	승차감	브랜드	총점	순위
	0.3	0.3	0.1	0.2	0.1		
H사	4	4	5	4	4	21	2
K사	4	4	5	3	4	20	3
G사	5	3	3	3	3	17	5
T사	3	5	4	5	5	22	1
F사	4	3	3	4	5	19	4

(3) 활용사례

한국대학교에 재학중인 박하늘 양은 여름방학 기간을 이용해 어학연수를 계획하고 있다. 그런데 연수지로 어느 국가를 선택해야 할지가 가장 큰 고민이다. '어떤 곳을 선택할 것인가?' 하는 문제는 각자 경제적, 시간적 여건과 상황이 달라 차이는 있겠지만, 어학연수가 불가피하다면 주어진 상황에서 과연 어떤 선택이 가장 합리적인 선택이 될지 각자 '가중대조법' 의사결정 모델을 참고로 시나리오를 〈표 9-12〉와 〈표 9-13〉에 작성하기로 하였다.

〈표 9-12〉 연수지 선정에 따른 기준별 가중치 기준

기준항목	가중치 (1.0)
①	
②	
③	
④	
⑤	
⑥	

〈표 9-13〉 연수지 대안 평가 자료(5점 만점/참가자 수)

구분	비용	교육시간	부가 프로그램	시설	교사진	총점	순위
필리핀							
호주							
카나다							
미국							
영국							

7) KJ 기법

(1) 개념과 특징

KJ 기법(친화도법)은 동경공업대학 교수였던 문화인류학자 카와기다 지로(川喜田二)가 고안한 가설발견의 방법이다. 개개의 사실이나 정보를 보고 직감적으로 서로 어떤 관계가 있다고 느끼는 것끼리 무엇인가를 만들어 나가는 것이다. 이 방법은 창안자 이름의 이니셜을 따서 KJ 기법이라고 명명했다.

이 방법의 특징은 하나의 사실, 관찰한 결과 또는 사고한 결과(정보) 등을 각각 작은 카드에 단문화하여 기입해서 활용한 후 친근성이 있는 것을 공간적으로 정리 배열함으로써, 문제발견과 아이디어 발상을 행하는 기법이다. 이 기법에서는 "무엇이든 해보라"라는 적극적인 태도가 전제된다. 이는 창안자 자신의 경험을 통해서 정보는 문제와 직접 관련이 있는 것만이 아니고 조금이라도 관계가 있으면 철저하게 수집하여 보다 나은 발상을 행하기 위해 활용을 한다는 것이다.

이러한 태도로 수집된 정보는 카드에 하나씩 기록하여 그 조합과 배열에 따라 "데이터 처리를 해서 토론하고, 데이터가 가리키는 방향을 향해 새로운 아이디어를 발산시킨다"는 것이다. KJ 기법(친화도법)의 주요 목적은 고려해야 할 변수가 많거나 다양한 아이디어(대안)를 정리하고자 할 때 쓰인다. KJ 기법(친화도법)과 함께 아이디어(대안)를 압축하고자 할 때 '연관도법'(relation diagram)과 '계통도법'(systematic diagram)이 이용되기도 한다.

(2) 적용방법

KJ 기법의 전개순서는 테마의 선택에서 시작하여 '소분류', '중분류' 그리고 '대분류'의 과정을 거쳐 전체 배열이 과제의 해결에 적절한 형태가 되면 스토리를 문장화하는 9단계를 거친다.

KJ 기법의 세부적인 진행과 진행 도중 주의해야 할 사항을 정리하면 다음과 같다.

① **1단계-테마의 선택**

구체적인 테마로 좁힌 후 참가자에게 문제를 제시한다. 명확하지 않으면 이하의 과정이 혼란해지고, 초점이 흐려지기 때문이다. 테마가 결정되면 참가자는 충실히 그 테마에 따른다.

② **2단계-브레인스토밍 또는 브레인라이팅의 적용**

참가자들은 각자 준비한 노트에 테마와 관련해서 사실, 관찰결과, 생각한 것들을 모두 기록한다.

③ **3단계-카드 만들기**

각 정보 내용을 단문화한다. 소재가 되는 사실, 정보, 안건 등을 카드에 1건당 1장씩 만든다. 가급적 한 줄로(10~20문자) 표현하여 정보의 내용이 쉽게 눈에 들어오도록 한다.

④ **4단계-카드의 수집**

아이디어를 기록한 카드를 누구나 쉽게 볼 수 있도록 모두 책상 위에 늘어놓는다. 그리고 내용이 비슷한 것, 관계가 있는 것끼리 2~3매(5매)를 모아 그것을 소그룹으로 분류한다.

(참고: '카드법'은 브레인스토밍과 KJ 기법을 합친 방법이다.)

카드 수집에 있어서 몇 가지 주의할 점은 다음과 같다.

- 주장하고 싶은 것이나 지향하는 방향 그리고 배경요인 등이 비슷한 것을 조금씩 모아 나간다. 성급히 모으려는 태도를 자제한다.
- 카드수집과 분류는 소분류에서 중분류, 대분류로 묶어나간다. 만약 크게 분류하는 것에서 카드분류를 시작하면 사고의 폭이 한정되어 더 이상 확산되지 않기 때문에 소분류에서 시작한다.
- 카드분류는 가능한 5매를 넘기지 않도록 소분류한다.

⑤ 5단계-표찰 만들기

소그룹으로 모인 내용을 다시 분류하여 그 내용을 나타내는 단문카드를 작성한다. 이를 소그룹의 대표카드('표찰'이라고 부른다.)로 한다. 분류된 세트마다 그 유사성, 친밀감 내용 등을 간결하고 구체적으로 '표찰'에 쓴다. 이때 눈에 뜨이는 색이나 글씨체를 이용하여 '표찰'만 보아도 세트에 있는 각 카드의 내용이 연상될 수 있도록 기입한다.

표찰을 만들 때 주의해야 할 점이 몇 가지 있다.

- 카드의 분류를 왜 했는지를 잘 생각한다. 설명할 수 없다면 다시 고쳐 모은다.
- 추상적인 말, 유행어, 그리고 어려운 용어는 가급적 피하는 것이 좋다. 주관적 표현으로 표찰을 보고 이미지를 떠올리는 데 방해가 되지 않게 한다.
- 무리하게 기억시키거나 자극을 주는 표현을 쓸려고 하지 않는다. 카드의 내용에 근거해서 충실한 표현을 쓴다.
- 표찰을 보면 카드의 내용을 일일이 확인하지 않아도 무엇인지 알 수 있도록 한다.
- 소분류의 표찰 외에도 중분류의 표찰에도 신경을 써서 작성한다.

⑥ 6단계-중분류

소분류 표찰을 테이블에 늘어놓고, 연관성이 있는 표찰들을 세트로 하여 친근감을 표시하는 녹색계열의 카드에 중분류의 표찰을 써 넣는다.

⑦ 7단계-대분류

중분류의 표찰을 늘어놓고 카드의 숫자가 많을 때는 이것을 다시 연관성이 있는 것끼리 표찰을 묶어 대분류로 나누어 표찰을 만들어 전체의 설명이나 가설을 찾는다.

⑧ 8단계-공간의 배치

카드 집단별로 알기 쉽게 그리고 가설을 발상하기 쉽게 그림으로 엮어본다. 큰 종이나 게시판에 관계가 있는 카드를 가까이 배치하거나 테두리를 쳐서 [그림 9-4]와 같이 그 위에 표찰을 붙인다. 상관관계가 있는 것끼리 화살표로 연결하여 가설을 쉽게 이해할 수 있도록 한다. 공간의 배치에 몇 가지 주의해야 할 것은

그림 9-4 KJ법 카드법의 카드 공간 배치

상호관계	상반관계	인과관계	관련성있음	조금관련됨
↔	■—■	→	—	----

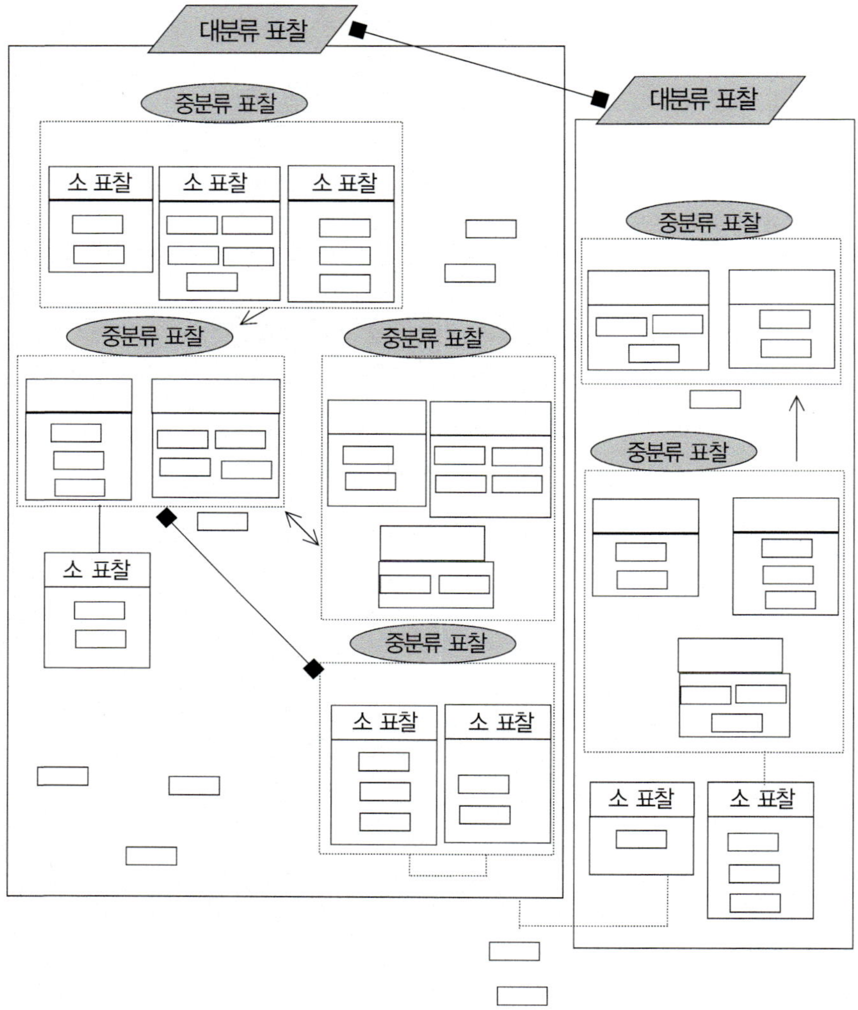

대분류 표찰을 단위로 내용을 신중히 검토하고 관계정도가 클수록 가까이 배치하고 멀수록 멀리 배치해서 대안의 발견에 혼란스럽지 않게 한다. 물론 여러 가지 형태의 배열을 통해 안정된 관계를 형성하는 것이 바람직하다. 이때 소분류, 중분

류, 대분류의 흐름이 원활하게 느껴지면 훌륭한 카드배열이 되어있다고 본다.

⑨ 9단계-문장화

카드의 배열이 끝나면 전체적인 스토리를 연결해서 검토를 한다. 어색한 부분이나 관계형성이 잘 못된 곳을 수정하고 완성된 배열을 다시 문장화할 수 있도록 스토리를 구성한다.

(3) 활용사례

예를 들어 코리아호텔에서는 최근 국내를 찾는 외국인 관광객의 수가 증가함에 따라 고객서비스를 개선한 새로운 서비스 상품 개발을 계획하고 고객들의 요구사항 분석과 개선점 마련을 위해 KJ 기법(친화도법)을 이용하기로 했다.

먼저, 요구사항 파악을 위해 외국인 관광객 100명을 대상으로 설문조사한 결과 〈표 9-14〉와 같이 호텔 서비스에 대한 목록을 파악할 수 있었다. 코리아호텔은 해결해야 할 문제에 대한 원인이나 관련 요인 그리고 아이디어를 도출하기 위해 브레인스토밍을 활용하였다.

〈표 9-14〉 코리아호텔 외국인 관공객의 서비스 요구사항

호텔 서비스 개선을 위한 고객 요구사항
• 온라인 예약시스템이 편리해야 한다. • 시내관광 연계 운송서비스를 제공해야 한다. • 객실 공간이 넓어야 한다. • 공항에서 리무진 무료서비스를 제공해야 한다. • 객실에 제공하는 무료 생수(식수)의 수를 더 늘려야 한다. • 호텔 내에 수영장을 무료로 이용할 수 있어야 한다. • 호텔과 연계한 쇼핑센터가 가까운 곳에 있어야 한다. • 각 층마다 세면도구나 일회용 제품을 구입할 수 있는 자동판매기가 있어야 한다. • TV 채널이 다양하고 이용이 쉬워야 한다. • 객실 냉난방 서비스 작동이 쉬워야 한다. • 욕실 공간이 넓고 안전하게 사용할 수 있어야 한다. • 체크인과 체크아웃 시 대기시간이 짧아야 한다. • 객실 내에서 개인 업무를 볼 수 있는 공간이 있어야 한다. • 호텔 내에 카지노나 바와 같은 부대시설에 대해 선택할 수 있는 폭이 넓어야 한다. • 전화상담 시 다양한 언어에 대해 대응할 수 있어야 한다. • 팁을 지불하는 부담을 줄일 수 있어야 한다.

코리아호텔은 이를 토대로 '친화도'를 [그림 9-5]와 같이 객실서비스, 호텔 내부 시설, 종업원 친절도, 예약서비스, 서비스 속도, 부대시설, 리무진 제공 등과 같은 그룹으로 분류할 수 있었다. 그리고 고려해야 할 변수나 아이디어가 많아 이러한 변수나 아이디어를 정리하기 위해 유사한 것 등을 그룹핑하였다.

그림 9-5 코리아호텔 외국인 관공객의 서비스 요구사항 압축 친화도

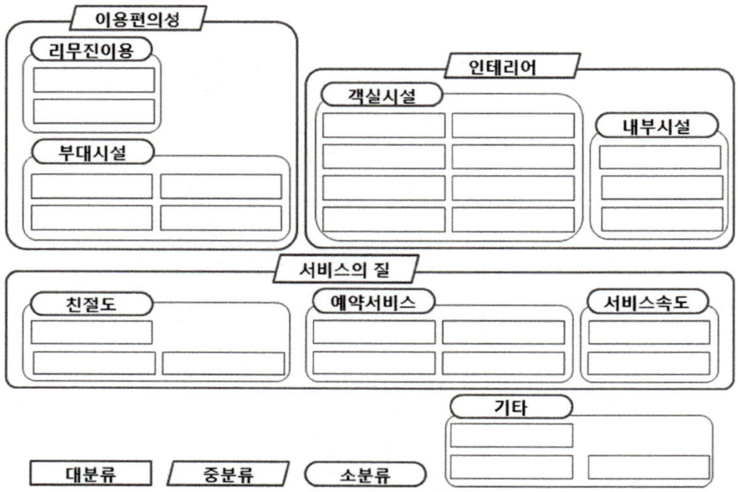

8) 연관도법

(1) 개념과 특징

'연관도법'(relation diagram)[2]은 문제들이 복잡하고 다양한 요인들로 얽혀져 있는 경우, 그 요인들 간의 인과관계(원인과 결과, 목적과 수단 등)를 명확하게 밝혀서 적절한 해결책을 찾아내기 위해 인과관계를 논리적으로 연결한 연관도를 말한다. 문제를 체계적이고 종합적으로 파악하고자 사용한다. 오늘날 기업이 해결해야 할 당면 과제는 매우 많고, 문제의 요인 또한 복잡하게 얽혀있어 요인에 따라 개별적으로 하나 하나

2) 박상범, 길종구(2016), 품질관리 제3판, 탑북스, pp.260-263. 참고. 연과도법은 연관성을 통해 상호 간의 인과관계를 밝히는 데도 유용하게 활용된다. 해결해야 할 과제가 많을 때 문제의 원인 또한 복잡하게 얽혀있으므로 요인에 따라 개별적으로 문제점 또는 원인을 밝혀나갈 수 있기 때문이다.

해결해 나가는 방법에는 한계가 있다. 때문에 문제점과 요인 간 인과관계를 찾아 상호 연관성을 밝혀내는 연관도법은 매우 유용한 기법이다.

그리고 어떤 목적을 달성하기 위한 수단의 전개에 효과적인 방법으로 이는 형식을 자유스럽게 표현할 수 있기 때문에 특성요인도에서 표현하기 복잡한 문제의 인과관계를 정리하는데 널리 사용된다.

연관도법이 적용되는 분야로는 시장 클레임대책, 제조공정에서의 품질개선, 분임조 활동에서의 원인분석, 그리고 QA방침의 전개 및 결정 등이다.

(2) 적용방법 및 활용사례

연관도법을 적용하기 위한 아이디어의 수는 15개~50개가 적당하다. 15개 이하는 연관도가 필요 없고, 50개 이상인 경우엔 복잡하여 다루기 어렵다. 그리고 정해진 틀이나 형식이 없기 때문에 자유롭게 발상전환 및 전개가 가능하다. 일반적인 연관도는 [그림 9-6]과 같고, 연관도법은 추진하는 목적이 여러 개인 다목적형과 제품의 불량 감소나 클레임 대책 등과 같은 단일목적형이 있다.

그림 9-6 연관도법의 개념

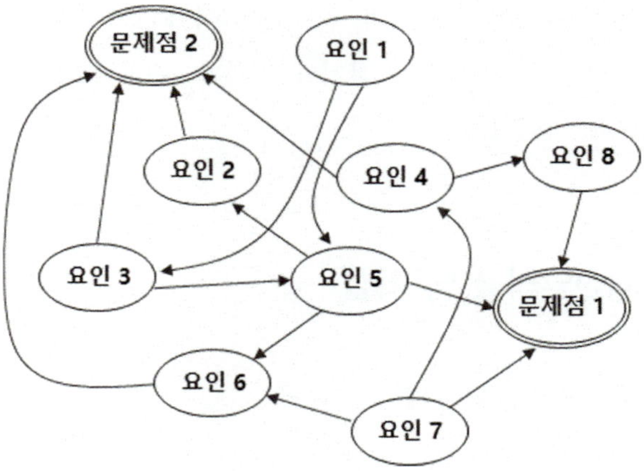

연관도법을 작성하기 위한 구체적인 절차는 다음과 같다.

① 1단계-문제의 정의

[그림 9-6]에서처럼 우선 문제를 해결하는 팀은 문제가 무엇인지, 어떠한 절차로 접근해야 할지 논의한 후 연관도에 조사하고자 하는 문제를 정의한다. 달성해야 할 목표나 해결하고 싶은 정의된 문제는 연관도의 중앙이나 좌·우측에 ◎나 ⊡ 속에 간결하게 표현한다.

② 2단계-문제관련 요인 탐색

이 문제에 대해 브레인스토밍(brain storming : BS)을 실시해 도출된 아이디어를 ◯나 □ 속에 적은 후 이들을 서로 가까이 놓아둔다.

③ 3단계-연관성 파악

문제점과 각 요인과의 인과관계를 검토한 후 각 아이디어 사이에 관계가 있는 것을 찾아 영향이 있는 것을 화살표로 연결한다.

④ 4단계-연관성 발견 및 수정

연결된 그림에서 요인의 새로운 요인과 연관성이 발견되면 수정하고 최종 작성된 연관도에서 화살표 방향과 연결 개수를 검토한다. 이때 화살표가 가장 많은 순으로 나타난 아이디어가 문제를 해결하는데 있어서 주요한 원인이 된다. 나가는 화살표의 수가 많은 아이디어는 문제의 주요 원인이 되고, 들어오는 화살표 수가 많은 아이디어들은 문제가 되는 주요 증상이나 결과가 된다. 그리고 이 아이디어를 중심으로 차례로 개선해 나간다.

3. 최선안의 선택 기법

1) 비용 · 편익분석 기법

(1) 비용 · 편익분석 기법의 개념

① 의의와 특징

비용 · 편익(이익)분석(cost-benefit analysis) 기법은 의사결정을 할 때 대안을 추진해서 얻을 수 있는 이익과 편익을 평가한다. 즉 가능한 모든 사회적 비용과 가능한 모든 사회적 편익을 따져 대안들 중 경제적 최적대안을 선정하는 기법이다. 일반적으로 의사결정자는 대안들 중 비용이 같다면 그 중 이익이 가장 큰 대안을 선택하거나, 반대로 이익이 같다면 그 비용이 가장 적게 드는 대안을 선택한다. 비용·편익분석의 특징은 대안이 가져오는 모든 비용과 편익을 측정하려고 하는데 비용·편익이 화폐가치로 쉽게 측정할 수 없는 여러 가지 무형적 요소(intangible factors)를 포함하며, 전통적인 비용·편익분석의 입장에서는 경제적 합리성을 요약해서 유형적 요소(tangible factors)로 나타낸다.

② 편익과 비용의 측정 시 유의사항

비용·편익분석 기법에서 반드시 고려되어야 할 사항은 연구대상이 화폐단위로 측정되어야 한다는 것(공통된 척도)과 그 화폐의 가치가 시간에 따라 변화한다는 사실(현재 가치, 할인율)이다. 즉 현재와 미래의 이익과 비용을 고려해야 한다. 만약 주어진 조건이 일정할 경우엔 미래의 이익보다는 현재의 이익이 더 크고 중요하다. 그러나 비용의 경우엔 현재의 비용보다 미래의 비용이 더 중요하다. 예를 들어 정부가 추진하는 정기적 공공투자의 경우를 보면, 편익의 경우엔 미래에 발생을 하게 되므로 미래 발생할 이익을 측정하는 것이 옳다. 그러나 비용의 경우엔 연차적으로 발생하므로 현재가치로 환산하여 시간에 대한 선호를 반영하는 이자율을 적용(할인율)하여 의사결정을 내린다.

그리고 유형적 요소와 무형적 요소를 고려해야 한다. 비용과 편익의 계량화하기가 어렵거나 불가능한 경우 의사결정 대안평가가 쉽지 않다. 예를 들어 상습적인 정체구간의 문제점을 해결하기 위해 터널을 개통하려고 할 때 통행시간이 단축된다고 할 때의 편익과 터널공사로 인한 환경파괴가 가져올 비용은 어떻게 측정할지 하는 문제가 된다. 그리고 설령 환경파괴로 인한 손실과 통행시간 단축으로 가져 올 이익을 경제적으로 환산한다고 하더라도 생태계의 파괴나 문화재의 훼손 등과 같이 계량적으로 그 가치를 평가하기 어려울 때는 더 어려워진다.

(2) 비용 · 편익분석의 적용방법

비용·편익분석의 일반적인 절차는 수학공식 같은 불변의 법칙은 아니지만 ① 대안의 식별과 분류, ② 편익과 비용의 추정, ③ 할인율 선택, ④ 효과성 측정방법의 선택, ⑤ 민감도 분석, ⑥ 경제적 가치평가의 순으로 이루어진다.

① 1단계-목표설정과 대안의 분류

대안을 평가하기 앞서 목표의 명확한 설정이 이루어져야 한다. 대부분의 목표는 단순하게 표현하는데 비용과 편익이 유형적일 수록 목표가 명확히 정의된다. 그리고 설정된 목표를 달성하기 위하여 이용 가능한 모든 대안들을 식별하고 적합한 대안을 찾아야 한다. 대안의 식별과 정의는 대안의 분석과 대안의 선택 과정에서 중요한 영향을 미치게 된다. 특히 대안이 투자와 관련될 때에는 어느 한 대안의 선택은 타 정책결정에 있어서의 대안의 평가와 선택에까지 영향을 미칠 수 있기 때문에 더욱 신중을 기하여야 한다. 대안들은 일반적으로 상호 독립된 대안과 상호 의존적인 대안으로 분류될 수 있으며, 특히 투자와 관련된 대안들은 경제적으로 독립된 대안과 경제적으로 의존적인 대안으로 구분된다.

② 2단계-비용과 편익의 추정

대안을 식별하고 분류하면 목표달성을 위한 비교가능한 대체적인 수단 중 몇 개의 대체안을 골라 비용과 편익을 추정한다. 비용이란 대안의 실행에 의해 경제로부터 취하는 재화와 서비스이며, 발생하는 비용은 유형적인 비용과 무형적인 비용으로 나누어서 추정한다. 편익 역시 유형적, 무형적 이익으로 나누고 대안이 실행됨으로써 제공될 추가적인 재화와 서비스를 추정한다.

③ 사업의 기간과 할인율 선택

대안을 선택했을 때 비용과 편익이 발생되는 시점이 달라 대안의 분석이 의미 있는 것이 되기 위해서는 먼저 사업의 수명을 분석해야 한다. 그 대안을 수행으로써 편익이 나오게 될 것으로 기대할 수 있는 기간을 말한다. 이 기간은 비용과 편익이 발생하는 현재와 미래의 경제적 가치를 평가하는 할인율(미래가치가 현재의 얼마만큼을 가치를 가지는가 알아내는데 쓰이는 비율)과 관계가 있기 때문이다. 계획기간 내의 각 사업대안들과 관련된 편익과 부작용들을 화폐가치로 계량화하는 작업은 매우 중요하다. 아무리 비용과 편익이 정확하게 추정되었다고 할지라도 현재 소비되는 비용이 미래시점의 비용 보다 훨씬 더 가치가 있다면 이 할인율의 선택에 따라 사업대안에 대한 평가가 달라지기 때문이다.

④ 4단계-효과성 측정방법의 선택

비용과 편익이 추정되고 대안의 평가에 적용될 할인율이 결정되고 나면 사업의 효과성을 측정할 수 있는 적정한 방법을 선택한다. 효과성을 측정하는 데 널리 쓰이고 있는 일반적인 방법으로서는 순현재가치(NPV), 편익비용비(B/C Ratio), 내부수익률(IRR), 원금회수기간 등을 들 수 있다. 이 중 가장 보편적으로 활용되는 방법은 순현재가치의 방법이다.[3)]

㉮ **순현재가치**(net present value, **순현가 또는** NPV): 편익과 비용이 모두 화폐단위로 측정되었을 경우에는 순현재가치의 방법이 경제적 능률성에 대한 최선의 척도라 할 수 있다. 이 방법은 비용의 현재 동등가치에 대한 편익의 현재동등가치의 초과분의 크기를 측정해준다. 그러므로 만일 적절한 할인율이 적용되고 순현재가치가 0보다 큰 경우에는 그 사업은 일단 받아들여질 수 있는 사업이라 할 수 있다. 왜냐하면 공중이 받는 편익의 현재가치가 공중이 부담하는 비용의 현재가치를 초과하기 때문이다. 물론 비교의 대상이 되는 사업들이 많은 경우에는 이들 중 순현재가치의 값이 가장 큰 사업이 가장 큰 이득을 가져온다는 점에서 가장 바람직한 대안이라 할 수 있다. 여기서 주의해야 할 점은 화폐가치로 측정되거나 환산될 수 없는 편익 또는 비용은 순현재가치의 계산에 포함될 수 없다는 점이다. 그러므로 만일 화폐로 환산되지 않은 편익이나 비용이 중요한 경우에는 이러한 순현재가치의 비교평가기준은 그 자체만으로써는 의사결정의 기준으로서 충분하지 않기 때문에 의사결정과정의 하나의 출발점으로 경제적 측면에서 받아들여질 수 있는 사업인지 여부만을 식별하는 척도로 활용될 수 있다.

㉯ **편익 · 비용비**(benefit cost ratio, B/C ratio): 가장 널리 이용되고 있는 경제적 능률성의 척도이다. 대안의 분석에 적절한 할인율이 적용되었다고 한다면 편익 · 비용비가 1보다 큰 투자사업은 편익의 현재가치가 비용의 현재가치보다 큰 것을 의미하기 때문에 일단 받아들여질 수 있는 사업이다. 편익 · 비용비를 검토하여 사업대안을 선택하는 경우에는 올바른 결정에 이를 수도 있지만 올바르지 못한 결정에 이르게 될 가능성도 배제할 수 없기 때문에 주의를 해야

3) 정책대안을 평가하는 기준은 학자들마다 각기 다르나 대표적인 학자 던(Dunn)은 효과성, 능률성, 충족성, 형평성, 대응성, 적합성 등 여섯 가지 기준을 제시하고 있다. 그 중에 능률성은 산출과 투입간의 비율로 표현되는데 산출/투입 = 효과/비용 = 편익/비용이라는 공식이 성립된다. 따라서 비용 · 편익분석은 정책대안 평가기준에 있어 가장 중요한 능률성을 평가하기 위한 방법이라고 이해하면 될 것이다. 김홍배(2000), 비용편익분석론, 홍문사. 참고.

한다. 예를 들어 5억 원의 투자로 10억 원의 편익을 가져오게 되는 투자사업과 10억 원의 투자로 17억 원의 편익을 가져오게 되는 투자사업, 두 가지의 투자대안이 있다고 가정하자. 첫 번째 대안의 편익·비용비는 2이고, 두 번째 대안의 편익·비용비는 1.7이 된다. 따라서 편익·비용비의 평가기준에 의하면 첫 번째 대안이 더 바람직한 것으로 나타나고 있다. 그런데 첫 번째 대안의 순현재가치는 5억 원이고 두 번째 대안의 순현재가치는 7억 원이다. 만일 투자 예산으로 10억 원이 이용가능하다면 비록 편익·비용비는 첫 번째 대안이 크다 할지라도 두 번째 대안의 순편익의 규모가 더 크기 때문에 두 번째 대안이 더 바람직한 대안이라 할 수도 있다.

㉰ **내부수익률(internal rate of return, IRR):** 순현재가치가 '0'이 되도록 하는 할인율이다. 이러한 내부수익률의 개념은 사업평가에 적용하기에 적절한 할인율이 알려져 있지 않은 경우에 매우 유용하게 활용될 수 있다. 만일 적용할 할인율이 사전에 주어지지 않았다면 정책결정자는 정치적인 고려나 또는 기타 다른 고려사항에 의하여 바람직하다고 생각되는 최저한계선을 미리 설정해 놓고 사업의 평가결과 내부할인율이 이 최저한계선을 넘을 경우 이 사업을 바람직한 것으로 받아들일 수 있다. 그러나 만일 여러 가지 사업대안들 가운데 하나를 선택하여야 하는 경우에는 이들 사업들을 가장 비용이 적게 드는 두 개의 대안들로부터 시작하여 한계내부수익률을 받아들일 수 있는 하한선보다 큰지 여부를 검토해 가는 점증적 접근방법으로 최적대안을 선택할 수도 있다. 이러한 한계내부수익률의 분석이 적절히 수행되어진다면 이를 기초로 선택된 대안은 순현재가치의 방법이나 한계편익비용비의 방법에 의하여 선택된 것과 동일한 대안이 될 것이다.

⑤ 5단계-민감도 분석

비용·편익 분석의 분석모형의 모든 파라미터(parameter)의 값들(계획의 시계, 편익과 비용의 추정, 할인율 등)이 확실히 알려진 것을 전제로 한 것이었다. 즉 민감도 분석이라는 것은 추정된 파라미터 값이 불확실하거나 이 값에 오차가 내포되어 있다고 판단될 때 이와 같은 파라미터 값의 추정오차가 대안의 장점에 미치는 영향을 검토하기 위한 분석이라고 할 수 있다. "만일 ~이라면 어떻게 되겠는가?" 하는 일련의 가상적 의문에 대답하기 위하여 각 파라미터의 값을 원래의 분석에서 사용했던 값들과는 다른 값들로 대치 사용하여 분석한 후 이것이 대안의 평가와 비교에 미치는 영향을 검토하는 데 이러한 분석이 바로 민감도 분석이다.

⑥ 6단계-최적대안의 선택

총이익에서 비용을 뺀 후 경제적인 가치를 측정하는 단순한 방법을 활용하기도 한다. 마지막 단계는 비용과 편익의 경제적 가치를 다양한 측면에서 평가한 후 그 대안을 선택한다.

(3) 활용사례

대학을 졸업한 후 커피 전문점을 창업한 김한국씨는 충성고객 확보와 매출 증대를 위한 전략으로 문화 이벤트와 고객관리 시스템 도입 등 다양한 방법을 생각하고 있다. 김한국씨가 구상하는 전략적 대안으로는 '커피 바리스타 교육 프로그램', '음악교실', '교양강좌 개설', '홈페이지 개설을 통한 고객관리' 등이다. 이 가운데서 사업 아이템과 연관성이 가장 높은 '커피 바리스타 교육 프로그램'을 도입한다고 가정했을 때, [그림 9-7]의 절차를 참고로 대안의 경제성을 평가하기로 한다. 김한국씨는 커피 바리스타 전문교육을 받지 않은 사람으로 '커피 바리스타 교육 프로그램'을 대안으로 선택할 때 투입될 비용과 얻을 수 있는 이익 그리고 투입비용과 이익을 비교한 경제적 가치를 〈표 9-15〉에 비용 · 편익분석을 해본다.

그림 9-7 비용 · 편익분석의 약식 절차

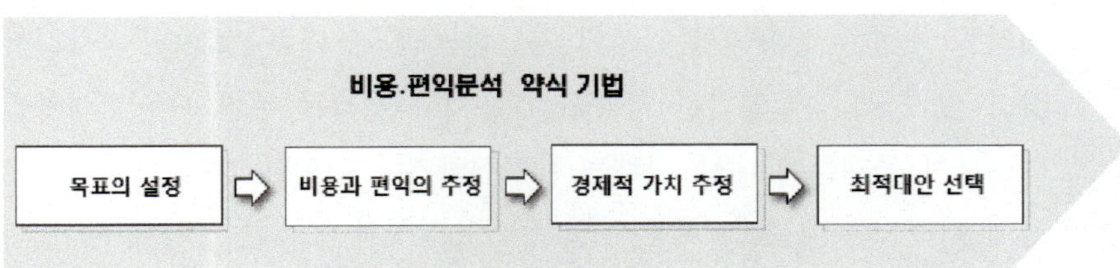

〈표 9-15〉 비용 · 편익분석 활용

<table>
<tr><th>구분</th><th colspan="2">항목</th><th>예상비용</th><th>세부내역</th></tr>
<tr><td rowspan="8">비용</td><td rowspan="4">유형</td><td></td><td></td><td></td></tr>
<tr><td></td><td></td><td></td></tr>
<tr><td></td><td></td><td></td></tr>
<tr><td></td><td></td><td></td></tr>
<tr><td rowspan="4">무형</td><td></td><td></td><td></td></tr>
<tr><td></td><td></td><td></td></tr>
<tr><td></td><td></td><td></td></tr>
<tr><td></td><td></td><td></td></tr>
<tr><td colspan="3">소 계</td><td></td><td></td></tr>
<tr><td rowspan="6">이익</td><td rowspan="3">유형</td><td></td><td></td><td></td></tr>
<tr><td></td><td></td><td></td></tr>
<tr><td></td><td></td><td></td></tr>
<tr><td rowspan="3">무형</td><td></td><td></td><td></td></tr>
<tr><td></td><td></td><td></td></tr>
<tr><td></td><td></td><td></td></tr>
<tr><td colspan="3">소 계</td><td></td><td></td></tr>
<tr><td colspan="3">경제적 가치</td><td></td><td></td></tr>
</table>

2) 의사결정모형 기법

(1) 개념과 구성요소

의사결정모형 방법은 의사결정 상황에 따른 평가방법을 적용한다. 의사결정 상황은 크게 미래가 '확실한 상황', '불확실한 상황, 그리고 '위험한 상황'으로 구분된다. 미래(결과)가 확실한 상황 또는 문제가 명확한 경우엔 목표 설정과 평가가 용이하다. 이러한 확실한 상황에서는 선택 가능한 대안에 대한 정보를 의사결정자가 완전하게 갖고 있기 때문에 정확한 하나의 효용이나 성과를 판단하여 선택하면 된다. 그러나 대부분의 문제들에 대한 결과는 불확실하거나 위험한 상황이어서 대안선택의 의사결정에 어려움이 따른다. 때문에 불확실한 상황과 위험한 상황에 대한 의사결정은 신중해야 하고 이러한 상황에 평가방법으로 서로 다른 방법을 적용해 대안을 평가하는 것이 바람직하다. 그러나 의사결정 상황에 가장 보편적으로 사용되는 평가기준은 수익(보상, 성과, 보수 등)과 위험(손실 등)이다. 보상이 같으면 위험이 낮은 대안을 선택하고, 위험이 같으면 보상이 큰 대안을 선택한다. 만약 두 개가 서로 다른 경우라면 의사결정자의 태도에 따라 선택하기도 한다.

의사결정 상황에 따라 대안을 평가할 때 먼저 의사결정 모형을 만들어야 한다. 의사결정 모형은 〈표 9-16〉과 같이 작성하고 이 모형을 만든 후 각각 의사결정 상황에 따라 다른 평가기법을 적용한다.

확실한 상황과 불확실한 상황은 의사결정 매트릭스(decision matrix)를 활용해 평가를 하고 위험한 상황에서는 의사결정 나무(decision tree)를 활용한다. 물론 위험한 상황하의 문제도 매트릭스를 활용할 수 있지만 의사결정나무를 활용하면 대안 결정 판단이 용이하다.

의사결정 모형의 요소별 내용은 다음과 같다.

① **대안(Alternative)**: 의사결정자가 선택할 수 있는 대안들(전략이나 행동방침)이 있어야 함

② **주어진 상황(Status of Nature)**: 의사결정시 결과에 영향을 미칠 수 있는 발생 가능한 상황이나 사건을 의미함

③ **성과(Payoff)**: 각 의사결정 대안별로 발생 가능한 상황에 따라 얻어질 수 있는 기대성과를 아는 것이 필요함(기대성과는 화폐가치로 표시됨)

〈표 9-16〉 의사결정모형 성과표(Payoff Table, 의사결정표: Decision Table)

상황 / 대안	S_1	S_2	S_3	…	S_j
A_1 A_2 ⋮ A_i	r_{11} r_{21} ⋮ r_{i1}	r_{12} r_{22} ⋮ r_{i2}	r_{13} r_{33} ⋮ r_{i3}	… … ⋮ …	r_{1j} r_{2j} ⋮ r_{ij}
색인	A_i	대안(i)			
	S_j	주어진 상황(j)			
	r_{ij}	대안(i)에서 주어진 상황(j)에 따라 얻어질 수 있는 성과			

(2) 평가 기준 및 분석 방법

다음 예시를 통해 의사결정 상황에 따른 평가방법으로 의사결정모형 기법을 소개한다. P제철의 신임 대표는 2018년 경영전략의 하나로 생산설비 증설문제를 고민하

고 있다. P제철은 A안(300톤 규모 증설), B안(200톤 규모 증설), 그리고 C안(100톤 규모 증설선택)의 가능한 대안을 두고 고심하고 있다. 왜냐하면 2018년에 발생 가능한 상황들은 호황일 경우와 불황일 경우에 기대수익이 달라 의사결정이 달라질 수 있기 때문이다. 대안과 상황을 고려할 때 예상 성과표는 〈표 9-17〉과 같다.

〈표 9-17〉 P제철의 예상 성과표 (단위 : 천만 원)

대안과 상황	호황	불황
300톤 규모 증설	400	-400
200톤 규모 증설	150	-50
100톤 규모 증설	-100	200

① 확실한 상황하의 의사결정 평가방법

의사결정에 필요한 모든 정보가 완전하게 알려져 있는 상황하에서의 의사결정으로 앞의 예에서 본다면 미래상황이 호황이 될 것인지 불황이 될 것인지를 완벽하게 알고 있는 경우를 말한다.

- **의사결정기준:** 확실히 알고 있는 상황하에서 〈표 9-17〉의 의사결정 매트릭스(decision matrix)를 활용해 대안에 따른 이익 또는 비용을 구해 최대이익 또는 최소비용을 가져다주는 대안을 선택한다.

★ **호황:** P제철은 성과가 가장 크게(400천만 원) 나타나는 대안, 즉 300톤 규모 증설을 선택

★ **불황:** P제철은 성과가 가장 크게(200천만 원) 나타나는 대안, 즉 100톤 규모 증설을 선택

② 위험하에서의 의사결정 평가 방법

㉮ **개념:** 위험한 상황의 평가는 '의사결정나무기법'(decision tree)을 활용해 대안을 찾는다. 미래상황이 무엇인지 확실히 알지는 못하지만 각 상황의 발생 가능성을 확률로 나타낼 수 있는 상황하에서의 의사결정을 의미한다. 예를 들어 호황일 확률 0.6, 불황일 확률 0.4와 같이 미래상황의 발생가능성을 확률적으로 표현할 수 있는 경우를 말한다.

그리고 적용되고 있는 의사결정기준은 기대화폐가치(expected monetary value : EMV)이다. 의사결정나무기법의 평가방법은 각 대안의 기대화폐가치를 계산한 후, 가장 큰 값을 갖는 대안을 선정한다. 의사결정나무는 의사결정 규칙을

도표화하여 관심대상이 되는 집단을 몇 개의 소집단으로 분류(classification) 하거나 예측(prediction)을 수행하는 계량적 분석방법이다. 수렴적 기법, 즉 대안을 평가하는 기법에서 의사결정나무기법은 대안을 추진했을 때 발생하는 상황(성공과 실패)에 대한 각각의 확률과 성과를 측정해서 대안의 기대이익(기대값)을 추정하는 기법이다.

분석결과는 조건 A이고 조건 B이면 결과 집단 C라는 형태의 규칙으로 표현되므로 이해가 쉽고, 분류 또는 예측을 목적으로 하는 다른 계량적 분석방법에 비해 객관적으로 분석할 수 있고, 쉽게 이해하고 활용할 수 있다는 장점이 있다. 또한 의사결정나무기법의 활용분야는 매우 넓은 편이다. '신제품 개발 분석', '인수합병 의사결정', '시장 진출 전략수립', '마켓 세분화 조사', '프로모션 또는 광고 효과조사', '신상품 수용도 분석' 그리고 '상표 이미지 테스트' 등의 다양한 분야에서 활용되고 있다. 그러나 확률과 성과에 대한 객관적인 자료나 정보가 부족할 때는 의사결정자 또는 분석하는 사람의 주관이 개입될 수 있어 주의를 해야 한다.

앞의 예에서 각 대안의 EMV를 계산하면 다음과 같다.

- EMV(300톤 규모 증설)=(400)(0.6)+(−400)(0.4)=80
- EMV(200톤 규모 증설)=(150)(0.6)+(−50)(0.4)=70
- EMV(100톤 규모 증설)=(−100)(0.6)+(200)(0.4)=20

따라서 P제철은 EMV 계산에서 가장 큰 값(80천만 원)을 갖는 대안, 즉 300톤 규모증설을 결정한다.

㉯ **의사결정나무 분석기법 적용방식:** 의사결정나무기법은 의사결정에서 고려되는 여러 가지 대안을 나뭇가지(tree)형태 로 나타낸 후 EMV를 계산하고 가장 좋은 기댓값을 선택한다. 이 방법은 확률론을 도입함으로써 모든 대안과 대안의 결과로 기대화폐가치(EMV)를 명확하게 해주는데 장점을 가지고 있다. 의사결정나무 기법을 활용하는 방법은 [그림 9-8]과 같다. 의사결정나무의 맨 왼쪽(위쪽)에 위치하는 마디를 가리켜서 뿌리마디(root node) 혹은 의사결정마디(decision node)라고 부르는데, 분류대상이 되는 모든 개체집단을 의미하게 된다. 하나의 마디가 하부마디로 분화가 되는 마디를 기회마디(chance node)라고 부르며, 특정마디 위쪽에 존재하는 의사결정마디를 부모마디(parent node)[4]라 부르고, 특정마디 아래쪽에 존재하는 마디를 자식마디(child node)라 부르며 더 이상 마디가 분화되지 않는 최종마디를 끝마디(terminal node)라고 부른다. 이와 같은 각 마디들이 분화되어 있는 모습이 나무의 모양을 닮았다고 하여 이를 의사결정나무(decision tree)라 부른다.

그림 9-8 의사결정나무기법의 적용절차

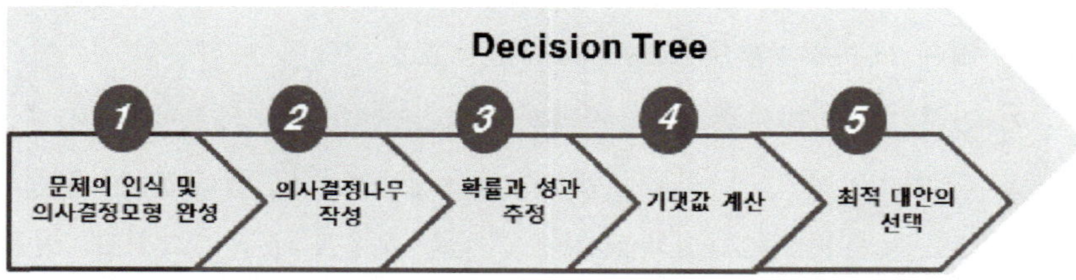

㉠ 1단계-문제의 인식 및 의사결정모형 완성한다.

문제를 정확히 인식하고 의사결정 대안과 상황에서 얻어질 수 있는 성과를 토대로 의사결정모형을 만든다.

㉡ 2단계: 의사결정나무를 그린다.

가장 왼쪽 또는 위쪽에서 '직사각형' 안에 의사결정마디(뿌리노드)를 작성한다. 그리고 문제해결을 위한 모든 대안을 끌어낸다. 의사결정 모형을 참고로 의사결정마디(□로 표시)와 기회마디(○로 표시)로 구성된 그림을 [그림 9-9]와 같이 차례로 그린다.

i. **의사결정마디:** 의사결정자가 의사결정을 내려야 할 시점(결정점)을 의미, 의사결정자가 의사결정 나무의 가지(의사결정시 선택수단)가 어느 방향으로 뻗어 나갈지를 통제할 수 있는 점.

ii. **기회마디:** 의사결정자가 가지의 뻗어 나갈 방향을 통제할 수 없는 점, 향후 상황은 확률적으로 판단

4) 나무형의 데이터 구조에서 어떤 하나의 노드에 대하여 이 노드의 상위에 연결된 노드

그림 9-9 의사결정나무기법 예시

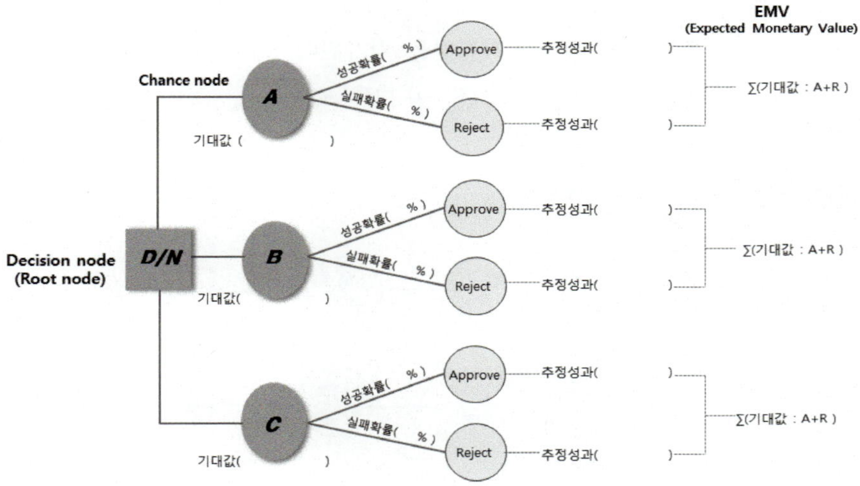

㉢ **3단계: 확률과 성과를 추정한다.**

선택된 대안들이 각각 발생할 수 있는 상황(성공과 실패)을 '기회마디', 즉 부모마디에서 실선으로 연결해 '원' 안에 자식마디(child node)에 작성한 후 각각 발생 확률을 추정해서 '실선' 위에 기입한다. 이때 각 대안에 대한 발생상황이 일어날 확률의 값은 '1'이다. 그리고 그 확률과 선택된 각각의 대안이 발생할 상황(성공 과 실패)에 대한 성과를 추정해서 원(자식마디) 옆에 기입한다.

㉣ **4단계: 대안별 기댓값(EMV)을 계산한다.**

각 대안별 기대할 수 있는 값을 계산해서 왼쪽의 직사각형 의사결정마디 상단 또는 하단에 기입한다. 기댓값(expect value)은 대안별 각각의 상황의 값을 더한 것이다. 즉 A대안의 기댓값은 다음과 같이 구할 수 있다.

- A 기댓값 = (성공확률의 확률×성과)+(실패확률의 확률 ×성과)

㉤ **5단계: 최적대안을 선택한다.**

각 대안별 계산한 기댓값(EMV) 중 가장 큰 대안을 최적안으로 선택하고 최적안을 제외한 나머지 대안(선택되지 않은 대안)의 가지들은 꺾는다("∥" 기호를 표시).

〈표 9-13〉의 예시 모형을 토대로 위험한 상황하에서의 의사결정모형 평가방법을 적용한 결과 EMV 계산에서 가장 큰 값(80천만 원)을 갖는 대안(살아남은 가지), 즉 300톤 규모 증설을 선택이 최적결정을 평가된다. 그 과정을 의사결정나무기법을 활용하여 나타내면 [그림 9-10], [그림 9-11]과 같다.

그림 9-10 의사결정나무기법 예시 1

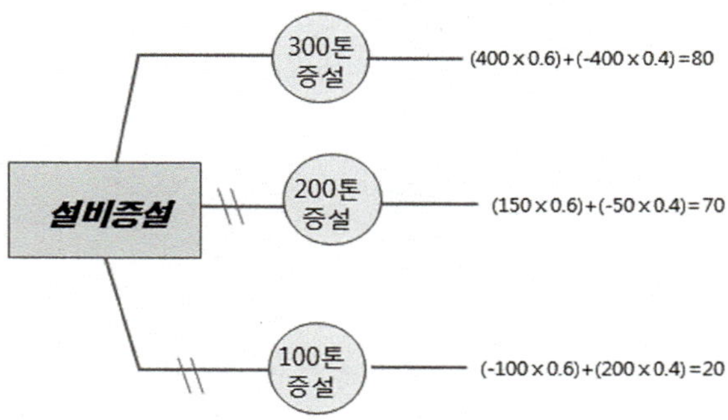

그림 9-11 의사결정나무기법 예시 2

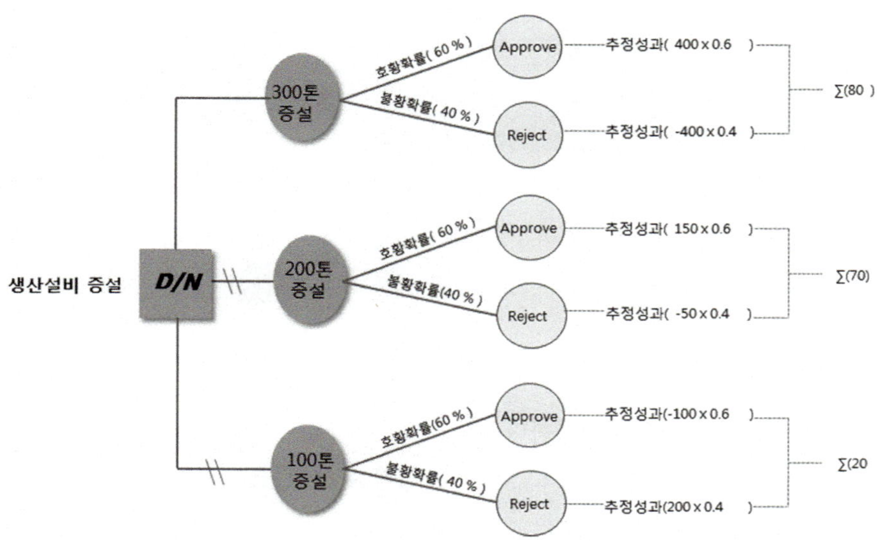

③ 불확실성하에서의 의사결정 평가 방법

㉮ **개념:** 미래의 발생상황에 관해서는 인식하고 있지만 그 상황의 발생확률에 대해서는 추정할 수 없는 경우에 활용된다. 평가대상(대안)들 간의 선호를 비교할 때 각 대안의 기대성과를 이용하는 것이 일반적이다. 그러나 불확실성하의 의사결정문제에서는 선택할 대안들은 있으나, 대안을 선택했을 때 얻게 될 성과의 발생확률에 대한 정보가 없기 때문에 기대성과를 선택기준으로 사용할 수 없으며, 의사결정자의 가치관이나 취향이 중요시 되고 있다. 그러나 이 방법은 의사결정자의 능력, 불확실성에 대한 태도 등에 따라 의사결정의 차이가 발생할 수 있다. 그래서 의사결정자의 불확실성에 대한 태도에 의한 의사결정 기준이라고도 한다.

㉯ **평가방법:** 불확실한 상황에서 어떤 결정을 선택할지 의사결정자가 적용할 수 있는 선택기준에는 '최대-최대값 기준', '최대-최소값 기준', '라플라스 기준', '후르비쯔 기준', '새비지 기준' 등이 있다. 확실성하의 예에서처럼 의사결정 매트릭스(decision matrix)를 활용한다.

- **최대-최대(Maxi-max)기준-낙관주의적인 입장을 취하는 경우**

  각 대안의 성과에 있어 최대값 중에 최대의 대안을 선택하는 최대-최대값 기준(maxi-max criterion)은 의사결정자는 미래에 대해 매우 낙관적인 견해를 갖고 판단하기 때문에 '낙관적 기준'이라고도 한다. 즉 위험이나 있을 수 있는 손실을 고려하지 않고 의사결정자는 예상 가능한 수익 중 낙관적인 입장에서 가능한 한 최대의 수익을 선택하는 방법이다.

  그렇기 때문에 이러한 상황에서 의사결정자는 자신이 어떤 선택을 하든 불확실한 상황은 항상 자신에게 유리한 방향으 로 전개될 것이라고 믿기 때문에 보다 공격적인 기본전략을 선택하게 된다. 앞의 예에서 본다면 각 대안의 최대의 성과(400, 150, 200)를 구해 다시 그 중에서 최대의 성과를 〈표 9-18〉과 같이 구하는 것이므로, P제철은 최대성과(400천만 원)가 가능한 대안(300톤 규모 증설)을 선택하게 된다.

〈표 9-18〉 최대-최대기준 최대성과표

경제상황 / 기본전략	최대성과
300톤 규모 증설	400
200톤 규모 증설	150
100톤 규모 증설	200

- **최대-최소(maximin)기준-비관주의적인 입장**

이 기준은 '왈드기준'(Wald criterion)이라고도 알려져 있는데 최소가능한 수익을 최대화하는 기준으로서 보수주의적(비관주의적 기준: pessimistic criterion)인 입장에서 택하는 방법이다. 의사결정자는 미래에 대해 매우 조심스럽고 비관적인 입장에서 예측을 한다. 의사결정 대안들은 최소한의 수익을 가져오는 상황을 고려해 이 중 가장 큰 값을 선택한다. 이는 최대-최대 기준과 정반대되는 기준이다.

의사결정자는 미래의 상황이 불확실한 경우 최악의 경우를 가정하여 보수적이고 방어적으로 의사결정을 내리게 된다. 따라서 비관주의적 기준은 각 대안의 성과에 있어 최소값 중에 최대의 대안을 선택한다. 만약, 대안들의 성과가 비용(손실)이라면 최대비용 중에 최소(minimax)가 되는 대안을 선택한다. 즉 〈표 9-17〉에서 각 대안의 최소의 성과를 구해 다시 그 중에서도 최대의 성과를 가져오는 대안을 찾는 기준이다. 예시에서 각 대안의 최소의 성과(-400, -50, -100)를 구해 다시 그 중에서 최대의 성과를 구하는 것이므로, 〈표 9-19〉에서처럼 P제철은 최대성과(-50천만 원)가 가능한 대안(200톤 규모 증설)을 선택하게 된다.

〈표 9-19〉 최대-최소기준 최소성과표

경제상황 / 기본전략	최대성과
300톤 규모 증설	-400
200톤 규모 증설	-50
100톤 규모 증설	-100

• **최소-최대후회(minimax regret)기준**

각 대안의 선택에 따른 수익을 기초로 의사결정을 내리는 앞의 세 가지 방법과 달리 '최소-최대후회 기준'은 각 상황에서 최대성과를 가져오는 대안을 선택하지 않고 다른 대안을 선택함으로써 발생하는 차이(손실)를 후회(regret), 기회손실(opportunity loss) 또는 기회비용(opportunity cost)과 같은 기회손실을 최소한으로 줄일 수 있는 대안을 최선의 선택으로 평가 하는 방법이다.

특정대안을 선택함으로써 미래에 느끼는 후회를 기준으로 선택하는 의사결정방법이다. 즉 의사결정자가 어떤 대체안을 선택했다가 그 대안에 적합한 상황이 발생하지 않으면 후회하게 된다. 일반적으로 의사결정자는 의사결정에 따른 성과를 사전에 확실히 알지 못하는 한, 어떤 의사결정에서도 후회를 완전히 회피할 수 없기 때문이다. 이때 의사결정자는 후회를 가능한 최소한으로 줄이기 위해 각 대체안의 최대이익액과 나머지 이익액과의 차액을 계산하여 대안별 성과를 나타내는 성과표를 통해 후회도를 비교함으로써 후회를 최소로 하는 대체안을 선택하는 기준을 새비지(L.J. Savage)가 고안한 것으로 일명 '새비지 기준' 또는 '후회기준'이라고도 한다.

이 방법은 각 상황별로 최대의 성과를 구하고 이와 다른 성과와의 차이(후회 또는 기회손실=상황별 최대성과-실제 대안의 성과)을 계산하고, 후회표(regret table) 또는 기회손실표(opportunity loss table)를 작성하여 각 대안들의 최악의 후회중에서 최소의 후회(기회손실)를 선택한다. 앞의 예를 토대로 후회표를 작성해 본다면 〈표 9-20〉과 같다.

호황의 상황이 발생할 경우 이를 미리 알았더라면 당연히 300톤 규모 증설을 선택하여 400천만 원의 성과를 얻을 것이다(후회가 없음, 즉 0). 만약 200톤 규모 또는 100톤 규모 증설을 하였을 경우에는 달성가능한 성과(400 천만 원)에 비해 각각 250천만 원과 500천만 원의 후회가 발생하게 되고 불황의 상황이 발생할 경우 이를 미리 알았더라면 당연히 100톤 규모 증설을 선택하여 200천만 원의 성과를 얻을 것이다(후회가 없음, 즉 0). 그리고 300톤 규모 또는 200톤 규모 증설을 하였을 경우에는 달성가능한 성과 (200천만 원)에 비해 각각 600천만 원과 250천만 원의 후회가 발생한다.

〈표 9-20〉 후회표 및 최대 후회표

기본전략 \ 경제상황	호황	불황	최대 후회
300톤 규모 증설	400-400=0	200-(-400)=600	600
200톤 규모 증설	400-150=250	200-(-50)=250	250
100톤 규모 증설	400-(-100)=500	200-200=0	500

〈표 9-20〉의 최소최대후회기준은 최대의 후회(기회손실) 중에서 최소의 후회(기회손실)을 갖는 대안을 구하는 방법을 보여준다. 따라서 최대후회(600, 250, 500) 중에서 최소후회(250)인 200톤 규모증설을 선택한다.

- **라플라스(Laplace criterion)기준**

미래에 어떤 상황이 벌어질 것인지를 모르고 있는 경우 각 상황의 발생확률이 동일하다고 가정을 하고 기댓값을 구해 합리적으로 문제를 해결하려는 의사결정기준이다. 왜냐하면 불확실성 하의 의사결정은 미래에 대한 정보가 불충분하고 불확실한 각 상황의 발생확률을 알 수 없는 경우의 문제이므로 각 상황의 발생가능성을 동일하게 보고 판단한다.

이러한 기준을 토대로 각 대안별 기댓값을 계산하여 가장 큰 기댓값을 선택하는 방법이다. 이런 측면에서 불충분이유 기준 발생확률의 분포를 가정하고 있고 이러한 기준을 '불충분이유 기준'(criterion of insufficient reason) 또는 '동일 확률 기준'(equal probability criterion)이라고도 한다.

라플라스 기준에 따르면, 각 대안의 상황별 이익의 산술평균을 구하고 그 중에서 가장 큰 값을 주는 대안을 선택한다. 따라서 〈표 9-21〉에서 평균성과가 가장 큰 값(50천만 원)이 되는 대안(200톤 규모 또는 100톤 규모 증설)을 선택한다.

〈표 9-21〉 라플라스기준 평균 성과표

기본전략 \ 선택	평균성과
300톤 규모 증설	(400-400)/2=0
200톤 규모 증설	(150-50)/2=50
100톤 규모 증설	(-100+200/2=50

- **후르비쯔(Hurwicz ccriterion)기준**

일반적으로 의사결정자가 의사결정을 내릴 때는 미래에 대해 완전히 낙관적이지도 비관적이지도 않다고 본다. 때문에 최대-최대 기준(낙관적 기준)과 최대-최소 기준(비관적 기준)의 중간형태의 상황에서 의사결정을 내린다는 것이다. 그러나 낙관적 기준과 비관적 기준은 의사결정자가 최선의 상황이나 최악의 상황만을 고려한다는 문제점을 갖고 있다. 그리고 의사결정자가 완전히 낙관적이거나 또는 완전히 비관적인 경우는 드물지만, 낙관적 경향이 있다거나 비관적 경향이 있다고는 생각할 수 있다.

이러한 상황을 고려해 레오니드 후르비츠(Leonid Hurwicz)는 낙관계수(coefficient of optimism : α라고 정함, $0 \le \alpha \le 1$)라는 개념을 개발해서 미래에 대한 낙관 여부를 판단하는 기준으로 의사결정에 활용했다. 후르비츠의 기준은 대안들은 최대예상 수익에 'α'를 곱한 것과 최소예상 수익에 '$1-\alpha$'를 곱한 것의 합을 구한 뒤에 합산한 수익 값을 비교하여 가장 큰 수익 값을 대안으로 선택한다. 낙관성 계수(coefficient of optimism, α)를 가중하여 최대의 가중평균(weighted value:)을 실현하는 대안을 선택하는 것이다. 가중평균값(WV)은 다음과 같이 구한다.

- $WV = \alpha \times (\text{최대 이익}) + (1-\alpha) \times (\text{최소 이익})$

여기서 $0 \leqq \alpha \leqq 1$ 인데, $\alpha = 1$ 인 경우 후르비츠 기준은 낙관적 기준과 같아지고, $\alpha = 0$ 이면 비관적 기준과 같아진다. 앞의 예에서 낙관계수를 0.7로 설정하여 최적결정을 해보면 〈표 9-22〉와 같다.

〈표 9-22〉 후르비츠기준 성과표

대안과 상황	호황	불황	가중이익	최대가중이익
300톤 규모 증설	400	-400	0.7(400)+0.3(-400)=160	300톤 규모 160 천만원
200톤 규모 증설	150	-50	0.7(150)+0.3(-50)=135	
100톤 규모 증설	-100	200	0.7(200)+0.3(-100)=110	

- 가중치(300톤 규모 증설)=0.7(400)+0.3(-400)=160
- 가중치(200톤 규모 증설)=0.7(150)+0.3(-50)=135
- 가중치(100톤 규모 증설)=0.7(200)+0.3(-100)=110과 같다.

따라서 P제철은 가중치의 값이 최대(160천만 원)인 300톤 규모 증설을 선택하게 된다.

불확실성하에서의 의사결정에 쓰여 질 수 있는 대표적인 의사결정 기준들 중 어느 것이 우월하다든지 열등하다든지를 말할 수는 없다. 의사결정자의 취향(불확실성에 대한 태도)이나 결과의 심각성, 주위상황(조직의 전통 · 분위기 등) 등에 따라 〈표 9-23〉과 같이 적합한 기준을 선택하면 된다.

〈표 9-23〉 의사결정기준에 따른 대안의 선택

기준 \ 선택	평균성과
최대최대(Maximax)기준	300톤 규모 증설
최대최소(Maximin)기준	200톤 규모 증설
최소최대후회(Minimax Regret)기준	200톤 규모 증설
라플라스(Laplace)기준	200톤 규모 또는 100톤 규모 증설
후르비쯔(Hurwicz)기준	300톤 규모 증설

3) 가정 표면화 기법

(1) 개념

'가정 표면화 기법'(assumption surfacing)은 대안이 가지고 있는 가정을 분석해서 가정의 관점에서 대안을 비교 · 평가하는 기법이다. 이 기법은 각 대안에 관련되어 있는 이해당사자들의 가정을 분석해서 대안의 타당성을 분석하고, 상황에 따라서 새로운 대안을 개발하는 것이 가능하다. 활용분야로는 신시장 진출, 신제품 개발, 인사시스템의 개선, 정보시스템의 도입 등이다.

(2) 적용방법 및 활용 사례

국내 굴지의 L 백화점은 최근 경기침체에 따라 매출이 크게 감소하고 있어 매출 증대를 위한 새로운 전략적 방안으로 '국내 지방에 새로운 매장을 건설'하려는 대안과 '외국에 매장을 건설'하는 대안을 고려중이다. 두 대안을 두고 가정 표면화 기법을 활용하기로 하였다. 가정 표면화 기법의 적용절차와 활용사례를 이해하기 위해 사례를 토대로 절차별 구체적인 실행방법과 사례에 대한 분석내용은 다음과 같다.

① 1단계-팀(그룹)의 분류 및 대안의 할당 결정

해야 할 대안에 맞추어 팀을 나눈 후 팀별 대안을 할당한다. 두 개의 팀으로 나누어 각 팀에 각각 대안(국내와 해외 매장 건설)을 할당한다.

② 2단계-대안관련 이해당사자의 가정 탐색

각 팀은 자신들에게 할당된 대안에 대한 이해당사자를 찾고 그들의 이해와 목표 및 기대수준을 파악한다. 각 팀은 대안에 관련한 이해당사자들을 찾고 그들에 대한 이해와 목표, 기대 수준을 분석한다. ① 국내에 건설(대안 1) : 지방고객들, 기존 지방 백화점 ② 해외에 건설(대안 2) : 해외고객, 영업사원, 기존 해외백화점

③ 3단계-가정의 분류

팀별 대안에서 가장 중요한 이해당사자는 누구이며, 이해당사자들이 회사가 원하는 것을 수용하게 될지 여부를 파악한다. 사례에서 각 대안에서 가장 중요한 이해당사자는 고객이고, 중요한 가정은 고객이 우리 백화점의 제품을 구매해 줄 것이라는 것이다.

④ 4단계-중요한 가정의 분석

대안별 이해당사자들의 생각을 정확히 파악하여야 객관적인 문제해결이 가능해진다. 사례에서 최근 고객들의 구매 패턴이 백화점이 아닌 할인점으로 변하고 있기 때문에 이해당사자인 고객에 대한 가정이 너무 위험한 것으로 분석된다. 의사결정자들은 고객에 대한 분석이 부족하다는 것을 인식하고, 두 대안을 재검토하는 것을 제안한다.

⑤ 5단계-대안의 비교 선택

팀별 각각 이해당사자의 가정 관점에서 분석한 자료를 토대로 비교를 하여 판단한다. 즉 고객의 가정 관점에서 비교·평가해본 결과, 개발한 대안들이 현재상태에서 잘못 될 수 있어 추진하기 어렵다고 판단한다.

❑ 창의적이고 융합적인 사고 연습(9)

❖ 피보나치수열과 도형의 규칙 파악하기

■ 피보나치수열 연습

1. 다음은 일정한 규칙에 따라 배열한 수열이다. 빈칸에 들어갈 알맞은 숫자를 고르시오.

예제 :	5	7	10	14	( )	25	…

① 18 ② 19 ③ 20 ④ 21

연습 1 :	3	8	12	15	17	18	( )	17	15	12

① 16 ② 17 ③ 18 ④ 19

■ 도형의 규칙 연습

1. 아래의 배열 규칙에 따라 ?에 넣을 수 있는 적당한 모양을 고르시오.

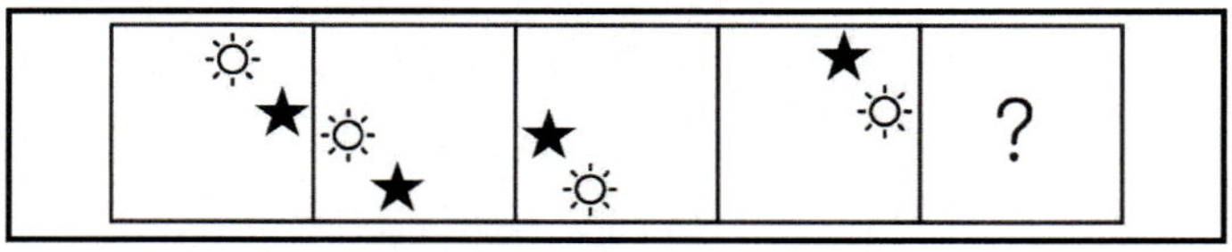

①

②

③

④

2. 아래의 조각을 맞추었을 때 나타나는 모양은?

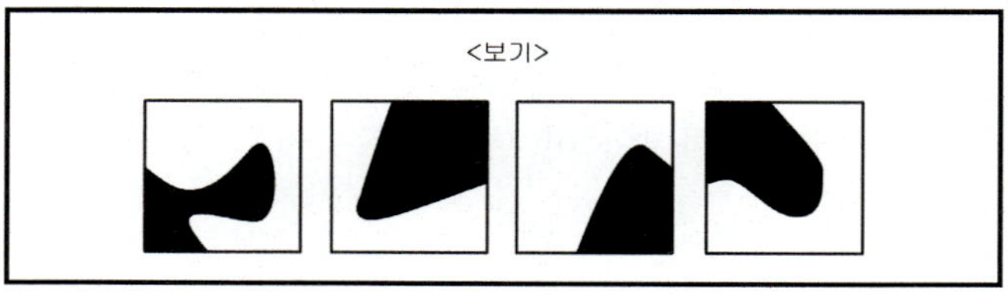

①

②

③

④

▶ 피보나치수열 정답 : ② [+2, +3, +4, +5 ...]
: ③ (18) [+5, +4, +3, +2, +1, 0, -1, -2, -3 진행]

▶ 도형의 규칙 정답 : 1. ③ : 해는 반시계방향으로 90도씩, 검은 별은 시계방향으로 90도씩
: 2. ④

제2부에서 제시한 문제의 발견과 대안개발 및 평가에서 검증단계의 합리적이고 체계적인 방법을 거쳐 의사결정이 이루어지면 의사결정자는 최선안을 어떻게 실행해 나갈 것인지 설명해야 하며, 최선안의 실행은 각 문제 상황의 독특성과 밀접한 관계가 있는 만큼 의사결정자는 신중히 검토하고 평가하여 피드백을 통한 수행단계의 재검토가 이루어지도록 한다. 지금까지 문제해결을 위한 과정을 한번 더 점검하고 어떠한 형태로 실행에 옮길 것인지 그리고 어떻게 실행능력을 끌어올려 수행할 것인지에 대해 계획을 수립하여야 한다. 특히, 실행에 앞서 의사결정자는 최선안의 최적의 결과를 산출해 낼 수 있게 실행 후 발생 가능성이 있는 변수를 사전 차단하는 점검 노력이 필수적으로 이루어져야 한다. 그러므로 최선안의 롤 플레잉, 심리극, ST 등과 같은 '행위계획을 위한 사고기법'을 활용하여 실제 활동이나 적용에서 발생되는 위험과 문제점을 찾아내거나 잠재적 문제를 분석해 위험요소를 제거해 나감으로써 효과적으로 계획하고 관리할 줄 아는 능력과 적극적인 참여를 유도하도록 한다. 이때 계획수립은 책임자를 선정하고 계획 출발시점에서 종료시까지 문제해결의 실행으로 발생될 수 있는 모든 내용을 고려했는지 마지막 점검이 필수적이다.

따라서 제3부 '실행 및 평가 단계'에서는 최선안에 대한 '점검', '실행계획 수립', 그리고 '실행결과에 대한 평가'를 어떻게 할 것이며, 나아가 '실행능력'을 향상시키기 위해 조직을 구성하고 관리하는 방법은 무엇인지에 대해 기술한다. 먼저, 제10장 '최선안의 점검'에서는 잠재된 문제와 실행결과로 발생할 수 있는 결과를 예측하기 위해 잠재적 문제분석 기법(KT PPA), 시나리오 분석기법, 비상상황계획법 등을 소개하고, 제11장 '실행계획 수립'에서는 대안을 추진하는 일정과 경로를 꼼꼼히 체크해 보완하는 실행계획법으로 간트차트, PERT/CPM 등에 대해 소개를 하며, 제12장 '실행 및 실행결과 평가'에서는 실행과 실행능력의 의미를 이해하고 실행결과를 평가할 때 지켜야 할 원칙, 그리고 실행결과 평가절차와 평가방법을 차례로 소개한다. 그리고 제13장 '실행능력 향상'에서는 만족할 만한 결과를 산출하도록 '실행능력'을 최대로 끌어올리기 위해 창의적인 조직문화의 구축 방법, 팀이 형성되는 과정, 팀의 갈등 해소 및 혁신 방법 그리고 창의적인 리더의 역할에 대해 차례로 기술하고 실행능력 향상을 위한 팀 활동 방법을 소개한다. 또한 실행결과 보고서나 사업계획서를 작성하는 방법도 소개를 한다.

제3부 실행 및 평가 단계

창의적 문제해결과 전략적 의사결정 과정 및 기법

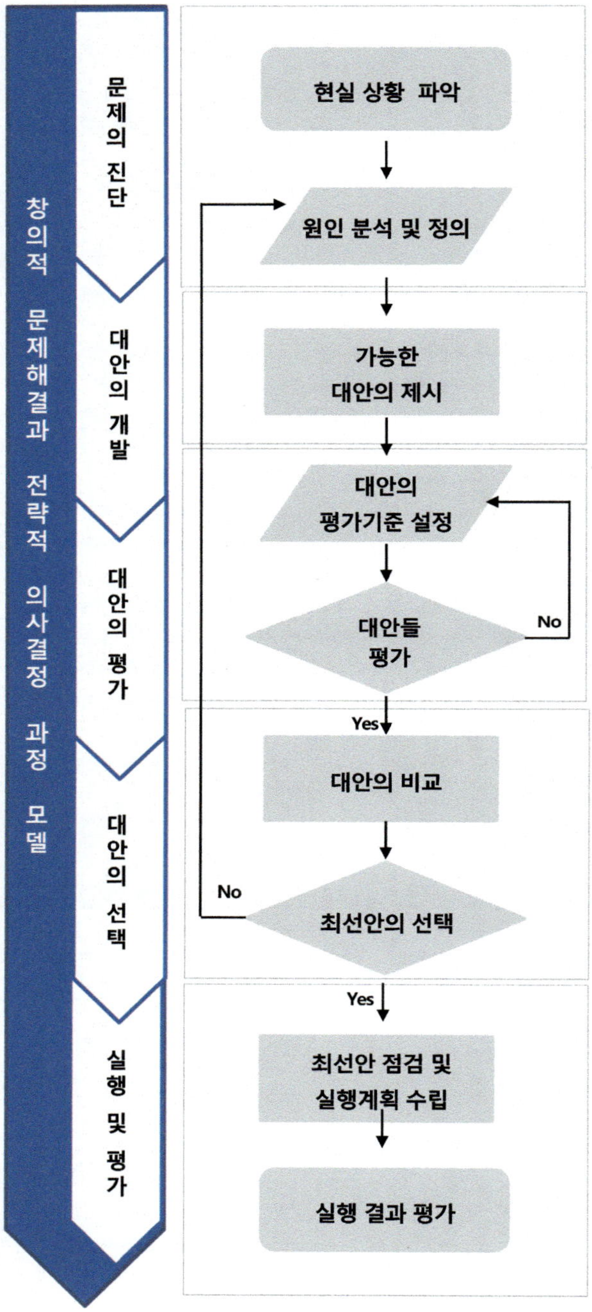

- **문제의 탐색기법**
  PEST모형/5 F's/레이더스크린/STP/SWOT/고객3불분석/KPI/3C(4C)/VRIO/7S 모형 등
- **문제의 원인 분석기법**
  Pareto/KT/5W1H/드릴다운/특성요인/인지기법/시스템다이어그램/Why-Why기법 등
- **문제의 정의기법**
  문제우선순위/Why-Method/가치나무/문제의 재정의/Duncker/목표지향법 등

- **대안 개발 자유연상법**
  브레인스토밍/브레인라이팅/수평적사고/인터뷰/CBS 등
- **대안 개발 강제연상법**
  체크리스트/스캠퍼/속성열거/결점열거(희망점열거)/형태분석/입출법/강제결합법 등
- **대안 개발 유추발상법**
  시네틱스법/NM법/고든법/페르미추정법 등
- **대안 개발 B/S & B/W 기타응용기법**
  역발상/만다라트/역설사고/갤러리기법 등

- **문제우선순위 및 민감도 분석 및 평가**
  심각성/투입시간 및 자원/투입인력 등
- **개별대안의 비교기법**
  하이라이팅/ALU&PMI/동인요소/장단점대조/2안비교/가중대조(그리드)/스티커투표/매트릭스(L, T, X형)기법/KJ기법/연과도법 등
- **최적안의 선택기법**
  비용편익분석/의사 결정모형(매트릭스-의사결정나무)/가정표면화기/2차원 그리드법 등

- **최선안 점검기법**
  What-If/목표 탐색/시나리오 분석/CATWOE/리스크 매트릭스/목표탐색/델파이/패널 동의/시뮬레이션/잠재적 문제분석/여섯 색깔 사고모자분석기법 등
- **실행계획 수립기법**
  간트 차트 /PERT&CPM/실행 체크 리스트/애로우다이어그램기법 등

- **실행결과 평가기법**
  정성적평가:고객만족도/성장/브랜드가치 등
  정량적평가: 재무제표/비율분석/BSC모형 등
- **실행능력 향상 및 피드백**
  창의적 팀 활동 및 대안의 실행 결과 개선
- **보고서 작성(프레임워크사고)**
  MECE/매트릭스/Logic Tree/ 피라미드법 등

❖ 창의적 사고 기법들은 반드시 해당 단계에만 적용되지 않으므로 의사결정 단계와 상황에 맞춰 적절히 활용

제10장 최선안의 점검

1. 최선안의 점검 의의
2. 최선안의 점검 기법

최선의 대안이 결정이 되면 실행에 앞서 결정된 대안을 실행했을 때, 발생할 수 있는 잠재적 문제를 다시 한 번 살핀 후 최종 선택된 대안이 성공적으로 달성될 수 있도록 검토해야 한다. 그러기 위해서는 미래에 발생할 수 있는 문제에 효과적으로 대비하도록 적절한 인력의 배치 그리고 예산 등에 대한 다양한 계획을 수립한다. 무엇이 잘못될 수 있는지, 문제가 발생할 가능성은 없는지, 그리고 성공적인 해결을 위해 시간과 자원을 효과적으로 할당하는 방법은 무엇인지 살펴본다.

특히 최적의 대안이라 하더라도 실행과정에서 나타나는 변수(정치적, 경제적, 기술적 외부환경요인)를 모두 통제하고 관리할 수 있는 것이 아니다. 그리고 경영환경은 예측을 불허하고 동적으로 변화하기 때문에 최선안으로 선택 된 대안에 대해 실행 후 환경변화에 의해 상황이 달라지는 것에 대해 유연하게 대비하는 방법을 찾도록 '민감도 분석'을 적용하고 실행 이 후 예측되는 결과에 대해 미리 철저하게 점검하는 과정이 필요하다.

따라서 제10장에서는 먼저 최선안 점검 시 고려해야 할 '민감도 분석', '신뢰도 검증' 내용에 대해 기술하고 이러한 요소를 반영한 점검기법을 차례로 기술한다. 그리고 잠재된 문제를 예상하고 대안을 추진하는 일정과 경로를 꼼꼼히 체크하는 잠재적 문제분석 기법(K.T PPA), 시나리오분석 기법(scenario planning), 비상상황계획 기법(contingency planning) 등을 소개하고 '민감도 분석'을 적용하는 'What-If 분석', '목표 탐색법', '최적화 분석 기법' 등에 대해 살펴본다.

학습 목표

1. 최선안 점검 시 고려해야 할 요소(민감도분석, 신뢰도 검증)을 이해한다.
2. 최선안 점검 시 활용하는 창의력 기법의 종류와 특징을 이해한다.
3. 최선안 점검 기법으로 많이 활용되는 '잠재적 문제분석기법', '시나리오분석기법, '*What-if* 분석법'을 습득하고 직접 활용해 본다.

1. 최선안의 점검 의의

1) 최선안 점검 시 고려 사항

최선의 대안이 결정이 되면 실행에 앞서 결정된 대안을 실행했을 때, 최종 선택된 대안이 성공적으로 달성될 수 있도록 점검해야 한다. 그러기 위해서는 미래에 발생할 수 있는 잠재적 문제는 무엇인지, 대안의 실행 시 발생 할 문제는 무엇인지, 다양한 변수에 대비해 인력의 배치 그리고 예산 등을 효율적으로 배치 및 운영할 수 있는지 없는지 다양한 요인을 적용해 점검을 수행한다.

따라서 [그림 10-1]과 같이 무엇이 잘못될 수 있는지, 문제가 발생할 가능성은 없는지, 그리고 성공적인 해결을 위해 시간과 자원을 효과적으로 할당하는 방법은 무엇인지 파악할 수 있는 방법으로 활용되는 것이 '민감도 분석'과 '대안의 정확도와 신뢰도'이다.

그림 10-1 최선안 점검 주요 내용 및 프로세스

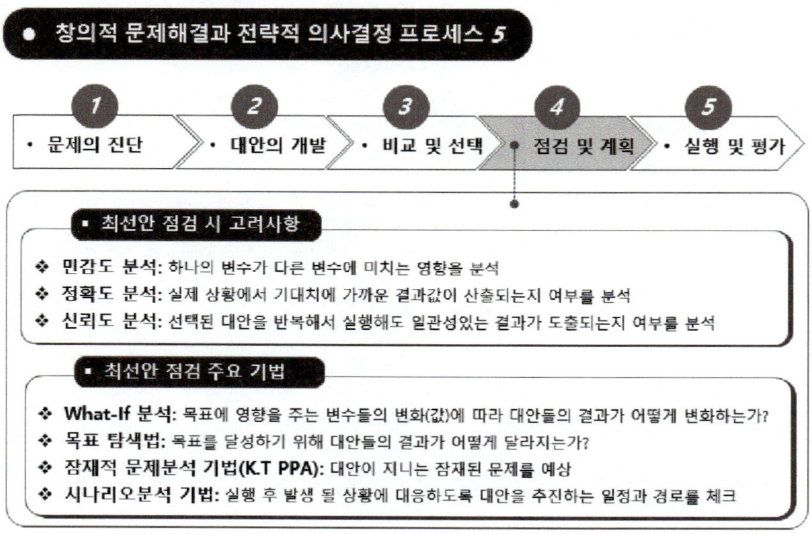

(1) 최선안의 민감도 분석

'민감도 분석'은 일반적으로 하나의 변수값이 지속적으로 변화할 때 다른 변수값에 어떠한 영향을 미치는가를 파악하는 방법이므로 최선안으로 결정된 대안을 점검할 때 유용하다. 예를 들어 what-if 분석의 예에서, 신제품 개발 아이디어로 선택된 상품의 예상이익을 변수로 둘 경우, 선택된 '납품업체 단가'를 지속적으로 변화시켰을 때 변수값에 어떠한 영향을 미치는지 파악하는 것이다.

민감도 분석의 일종으로 'what-if 분석'과 '목표 탐색법'이 있고, 알프레드 마셜(Alfred Marshall, 1842~1924, 영국)이 창안한 '세터리스 패러버스'(ceteris paribus)도 있다. 이 방법은 한 가지 요인을 검토하는 동안 다른 요인들을 '울타리' 속에 모두 가둬 버리고 울타리 속의 요인들을 하나씩 차례로 꺼내 분석하는 것이다. 마셜은 '세터리스 패러버스'(다른 사정이 같다면)로 생각하고 한 가지 요인에 대한 분석이 진행되는 동안 다른 요인에 대한 존재가 부정되는 것이 아니라 일시적으로 무시를 하는 것이다.

그러므로 최적안에 대해 발생할 수 있는 문제의 범위를 좁혀나갈수록 처리는 용이해진다고 보았다. 왜냐하면 복잡한 문제를 한번에 해결하기보다 나누어서 한 가지씩 생각하면서 얻어진 답을 전체적으로 맞추어나가는 방법이 효과적이기 때문이다.

(2) 최선안의 정확도와 신뢰도 검증

선택된 대안이 최선의 방안으로 실행하기 앞서 '민감도'와 함께 '정확도'(model accuracy)나 '신뢰도'(model reliability)를 검증해야 한다. '정확도'는 얼마만 큼 실제 상황에서 기대치에 가까운 결과를 보여줄 수 있는지를 의미하고, '신뢰도'는 주어진 형태의 문제들이 반복적으로 발생될 때, 선택된 대안이 일관성 있게 같은 결과를 주는 정도를 의미한다. 사실 이러한 평가는 전 단계의 대안의 비교 단계에서 설정한 평가준거를 적용하여 가능한 모든 해결책을 평가하는 과정에서 걸러진 바 있다.

왜냐하면 의사결정자가 평가준거의 중요성에 형평성을 지키고 있는지, 평가준거의 의미를 이해하고 있는지 등을 점검했기 때문이다. 이는 대안으로 선택하기 전에 위험성과 불확실성을 최소화시켰는지를 확인함으로써 결정에 확실성을 증대시킨다. 그리고 대안의 비교 및 최선안의 선택 단계에서는 결정과정에서 모든 관련성을 갖고 있는 요소를 정하고 객관적으로 비교하여 실행 가능한 대안들을 확인하며 가장 높은 점수를 받은 대안을 선택하고 최종 점검을 거쳐 실행하면 된다.

2) 최선안의 점검 기법과 특징

의사결정자가 경영환경은 예측을 불허하고 동적으로 변화하기 때문에 최선안으로 선택된 대안에 대해 실행 후 환경변화에 의해 상황이 달라지는 것에 대해 유연하게 대비하는 방법을 찾도록 '민감도 분석'을 적용할 때 'What-If 분석', '목표 탐색법', '최적화 분석 기법' 등을 많이 활용한다. 특히 '민감도 분석'은 대안의 실행과 관련해 발생할 수 있는 요인이나 의사결정자가 중요하게 생각하는 두 요인 간의 영향력 정도, 즉 '민감도'를 분석하는 중요한 기법이다.

그밖에도 일종의 '민감도 분석'이라고 하는 대표적인 방법은 목표에 영향을 주는 요인, 즉 변수들의 변화(값)에 따라 대안들의 결과가 어떻게 변화하는지를 파악하는 'What-If 분석'과 반대로 목표를 달성하기 위해 대안들의 결과가 어떻게 달라지는가를 분석하는 '목표 탐색법'이 널리 활용되고 있다.

그리고 대안이 지니는 잠재된 문제를 예상하는 기법으로는 잠재적 문제분석 기법(K.T PPA)을 활용하고 실행 후 발생될 상황에 적절히 대응할 수 있도록 대안을 추진하는 일정과 경로를 꼼꼼히 체크를 한 뒤 문제가 되거나 부족한 부분을 보완하여 실행에 들어가도록 돕는 기법으로는 '시나리오분석 기법'(scenario planning), '비상상황계획 기법'(contingency planning), '리스크 매트릭스 기법'(risk matrix) 등을 활용한다.

이 가운데 현장에서 가장 많이 활용되고 있는 기법은 〈표 10-1〉과 같다.

2. 최선안의 점검 기법

1) 잠재적 문제 분석 기법

(1) 개념 및 특징

잠재문제 분석(potential problem analysis, PPA) 또는 K.T PPA법이란 의사결정자가 대안을 실행하는 과정에서 발생할 수 있는 문제점을 고려해서 무엇이 잘못될 수 있는지 조사하고 실수를 줄이기 위해 만들어진 기법이다. 즉 전략계획, 프로젝트, 또는 사업 그 자체를 성공적으로 달성하기 위해서는 환경변화 또는 기타 요인에 의해 그 달성을 위태롭게 하는 장애요인(잠재적 문제)을 미리 찾아내고, 예측해서 사전에 제거함으로서 대안을 효율적으로 추진하는 환경을 만들어야 한다. 이 같은 잠재적 문제를

〈표 10-1〉 최선안의 점검 기법

점검 기법	특　징	적용분야
잠재적 문제분석 (K.T PPA)	의사결정자가 대안을 실행하는 과정에서 발생할 수 있는 문제점을 고려해서 무엇이 잘못될 수 있는지 조사하고 실수를 줄이기 위해 만들어진 기법	인수합병, 신제품 개발, 해외시장 진출 등
시나리오분석법 (Scenario Planning)	불확실한 미래에 일어날 수 있는 여러 상황에 대비한 여러 가지 시나리오로 만들어서 예측한 시나리오가 현실화 되었을 때 대안이 어떠한 결과를 가져다주는지를 분석하고, 대체 가능한 결과를 고려하여 향후 대응전략을 수립하는 분석 기법	경영혁신추진계획, 해외사장개척, 신규공장건설, 신제품 개발, M&A 등
리스크 매트릭스 기법 (risk matrix)	산출된 아이디어를 실행에 옮겼을 때 위험요소들의 발생 가능성의 크기를 평가하는 기법	신제품 개발, 입지선정, 투자결정, 인수합병 등
What-If 분석	하나 또는 여러 개의 변수 값을 변화시켰을 때 결과값 또는 다른 변수값에 미치는 영향을 분석하는 기법	생산시설확대, 신규프로젝트 검토, 신제품 개발 등
목표 탐색법	결과값 또는 목표 변수값을 먼저 정해 두고 정해진 값이 얻어 질 때가지 다른 변수값들을 지속적으로 변화시켜 주는 분석 기법	생산시설확대, 신규프로젝트 검토, 신제품 개발 등
CATWOE 기법	문제나 목표 자체를 분석하기 보다는 문제와 대안을 가지고 있는 시스템이나 의사결정자의 특성을 분석해서 대안의 적합 여부를 결정하는 기법	신규사업결정, 인수합병, 프로젝트 검토, 신제품 개발 등
육색사고모자기법	선택된 대안을 일상적인 사고방식에서 벗어나 서로 다른 여섯 가지 색깔의 모자에 부여된 각각의 의미(긍정, 부정, 객관 등)에 따라 대안을 생각하고 분석하는 기법	신규사업결정, 인수합병, 프로젝트 검토, 신제품 개발, 시스템 도입 등
델파이기법 (delphi method)	전문가들이 질문에 대하여 익명으로 회답 한 후 집계된 회답을 다시 참가자에게 피드백하는 과정을 3~6회 반복하여 수렴된 예측을 얻는 기법	생산능력 또는 설비계획을 위한 장기판매예측, 기술혁신의 시점을 알기 위한 기술예측 등
패널동의 기법 (전문적 판단)	패널(전문가)로 구성된 개인 또는 집단의 경험, 직감, 사실을 토대로 의견을 교환하여 결과를 예측하는 기법	총매출, 개별제품 매출의 예측, 수요예측, 인수합병 등

피해 닥쳐올 문제를 예측하고 체계적으로 분석하는 방법을 'PPA'라고 한다. 의사결정자가 잠재적 문제에 대한 계획을 세우는데 도움을 주기 위해, 캐프너와 트래고(Kepner & Tregoe)는 이미 내린 결정의 성공을 확증할 수 있을 뿐만 아니라 안전성

을 고려하여 문제를 분석하는데 적용되는 하나의 순서도를 제시하였다. K.T. 잠재적 문제분석(PPA) 접근은 위험한 결과가 도출될 가능성을 줄여줄 수 있다. 다른 K.T. PPA표는 〈표 10-2〉와 같이 잠재적 문제들의 윤곽을 그리고 가능한 원인, 예방책, 차선책을 제안한다.[1)]

(2) 적용방법

잠재적 문제탐색 기법(PPA)은 의사결정자가 잠재적 문제를 탐색하는 데에서 시작한다. 그리고 각 문제점의 특성을 고려해 가능한 원인을 탐색한 후 그 가능성을 평가하고 중요도에 따라 예방책을 수립하고 마지막으로 차선책을 수립하는 일련의 과정이다. PPA는 예측을 위한 기법이기 보다는 예측되는 어떤 장애요인(잠재적 문제)에 대해 사전에 대책을 강구하여 그 영향을 최소화하기 위해 하는 것이다. 그러므로 환경변화에 대응하면서 결정이나 계획을 올바로 실시해 가기 위해서는 철저한 계획이 요구된다. 상황변화나 환경을 완벽히 예측한다는 것은 불가능하다 하여 단순히 생각나는 대로 장래대책을 수립하는 것은 단편적이 될 확률이 크므로 가급적 전체적인 관점에서 대응책을 수립하는 것이 효과적이다.

〈표 10-2〉 K.T 잠재적 문제 분석

잠재적 문제	가능한 원인	예방책	차선책
A.	1. 2. 3.		
B.	1. 2. 3.		
C.	1. 2. 3.		

① 1단계-잠재적 문제의 탐색

의사결정자는 미래에 발생할 수 있는 상황에 대비하기 위해 발생할 수 있는, 즉 가능성이 있는 문제점을 찾아낸다. 잠재된 문제를 확인하기 위해서는 '브레인스토

1) 김정현 역(2008), 창의적 문제해결전략, Prentice Hall, pp.175-179.

밍'이나 '5W 1H'(who, what, where, when, why, & how)와 같은 기법을 활용한다. 예를 들어 의사결정자가 '중고자동차 구입'을 고려한다고 가정했을 때 잠재된 문제를 '브레인스토밍 기법'을 활용해 탐색해 보면 다양한 문제가 도출된다. '숨겨진 손상', '바퀴의 위치가 다름', '계기판이 부정확함', '엔진 오일의 유출', '주행 시 방음 불량', '트렁크 누수 현상' 등과 같이 많은 문제점을 고려할 수 있다.

② 2단계-원인의 탐색

잠재적 문제분석을 하는 이유가 장래에 일어날 수 있는 바람직하지 못한 일에 대해 미연에 방지하기 위한 대책을 어떻게 세우는 것이므로 1단계에서 탐색한 각 문제의 특성을 고려해 장래에 문제를 일으킬지도 모르는 '원인'을 핵심요소를 고려해 다양하게 탐색한다. 1단계의 '중고자동차 구입' 예에서 '트렁크 누수 현상'의 잠재된 문제의 경우 원인을 탐색해 보면 역시 '사고 난 차량', '사용연한으로 인한 접촉 불량' 등이 있을 수 있다.

③ 3단계-가능성과 중요성의 평가

가능한 원인이 구체적으로 탐색되면 각 문제점이 발생할 수 있는 가능성과 중요성을 고려해 잠재된 문제를 평가한다. 평가하는 방법은 가능성과 중요성을 각각 10점을 기준으로 점수를 부여한 후 두 요인의 값을 곱해서 각 문제의 기대점수를 산출한다. 잠재된 문제분석 자료를 참고로 가능성과 중요성을 평가해 보면 〈표 10-3〉과 같다.

〈표 10-3〉 중고차 구입(불량품이 아님) K.T 잠재적 문제 분석

잠재적 문제	가능한 원인	가능성	중요성	기대점수
A. 숨겨진 손상: 차체의 상태가 이상함	1. 자동차는 홍수에 있었음: 문, 트렁크 누수	3	10	30
	2. 자동차는 사고 난 차임: 녹슬어 있음	9	10	72
B. 앞/뒤 바퀴 정렬 잘못	1. 자동차는 사고 난 차임	9	10	90

출처 : 김정현 역(2008), 창의적 문제해결 전략, Prentice Hall, p.177. 참고 인용.

④ 4단계-예방책의 수립

예방책이란 잠재적 문제의 주요원인을 제거하거나 또는 그 발생을 억제함으로써 잠재적 문제 그 자체의 발생을 예방하는 것을 목적으로 한다. 그러나 예방책을

수립할 때 고려해야 할 점이 있다. 먼저, 모든 원인에 대해 예방책이 존재할 수 없다는 점이다. 그리고 예방책이 현실적인 대책으로 가능한 지 여부이다. 전자의 경우엔 불가항력적인 자연재해와 같은 경우이며 후자인 경우엔 의사결정자가 막대한 자본과 시간을 투자해야만 하는 경우 등이다. 그러므로 이러한 경우에 대비해 의사결정자는 그 영향을 최소한으로 억제하기 위한 방법으로 '차선책' 또는 '예비대책'을 준비한다.

⑤ 5단계-차선책(대안)의 설정

차선책은 긴급대책 또는 예비대책 등과 같이 불린다. 긴급대책은 상황에 맞는 대안으로 '컨틴전시'(contingency)를 말한다. 차선책의 목적은 문제가 발생된 경우의 위험요소를 최소한으로 억제하기 위한 대책이지만 의사결정자는 차선책을 가지고 진행하기보다 예방책에 집중해야 한다. 그리고 3단계에서 조사한 가능성과 중요성을 고려해 예방책의 우선순위를 반영하는 것이 문제해결에 도움이 된다.

(3) 잠재적 문제분석 활용사례

신상품을 판매하기 위한 이슈(문제)를 잠재적 문제분석을 활용해 해결한 과정은 〈표 10-4〉와 같다. Wes Thompson은 패스트푸드 햄버거 전문인 Burgermeister 식당의 지배인이다. 그는 매콤한 Cajun Chicken이라 불리는 새로운 닭고기 샌드위치가 2주 안에 선보일 예정이라는 소식을 조합으로부터 전달받았다. 그러나 회사나 광고로부터 신상품에 대한 정보를 들은 바 없고 전국적인 광고행사는 신상품이 선보인 이후 연기되었다. 설상가상 다음 주 신상품 500개를 받게 되었고 이 샌드위치는 냉동된 상태로 배달되며 3개월 동안 보관이 가능하다. 또한 일부 생닭에 존재하는 살모넬라균에 감염되는 것을 막기 위해 특별한 표시가 있는 집게를 활용하여야 한다는 지시사항도 받았다. 그리고 닭고기와 함께 새로운 샌드위치용 조리기가 배달될 것이며, 5분의 조리시간 동안 고기를 충분히 익히도록 적어도 193° C 이상에서 조리기를 사용해야 한다. 결국 Wes Thompson은 신상품을 2주 후에 메뉴에 올릴 때 메뉴의 전환이 자연스럽게 이루어지는 것이 중요하다고 생각하고 문제를 방지하기 위해 K.T 잠재적 문제분석 기법을 활용하기로 하였다.

〈표 10-4〉 새로운 Cajun Chicken 샌드위치 판매하기 PPA

잠재적 문제	결과	가능한 원인	예방책	차선책
소비자가 샌드위치를 사지 않음	식당의 손실	소비자들은 샌드위치를 모른다	샌드위치 고유의 사인을 만들자	계산원이 닭을 손님에게 소개하도록 제안하자
		너무 비싸다	경쟁사와 가격을 비교하자	특별행사를 실시하자
		너무 맵다	소비자에게 순한 맛을 소개하자	특별행사를 실시하자
음식에 있는 박테리아	질병, 소송	직원들이 생닭을 다루지 못한다	직원들을 훈련시키자	주기적 조사를 실시하자
		그릴의 부적절한 사용	직원들을 훈련시키자	주기적 조사를 실시하자
		닭이 너무 오랫동안 보관 된다	날짜 추적 시스템을 구축하자	필요하면 조사하고 제거하자
		냉동기가 차갑지 않다	온도조사를 실시하자	필요하면 조사하고 제거하자
낮은 품질의 샌드위치	고객 불평: 대응 없음	샌드위치가 잘못된 제품이다	점원들이 이중으로 확인하게 하자	피해를 입은 소비자에게 샌드위치를 무료로 제공하자
		샌드위치가 뜨거운 불빛아래 너무 오래 보관된다	처분시간을 샌드위치에 기록하자	판매 전에 샌드위치를 확인하자
수준이하의 서비스	고객 불평: 대응 없음	샌드위치 준비시간이 너무 길다	닭을 항상 미리 요리해두자	샌드위치를 미리 만들어두자

출처 : 김정현 역(2008), 창의적 문제해결 전략, Prentice Hall, pp.178-180.

Burgermeister 식당은 신제품 판매과정에서 〈표 10-4〉에 나타난 바와 같이 문제의 가능한 원인 10가지 중, 실제 잠재적 문제 4가지가 발생했고 Wes Thompson은 다음과 같은 문제들에 주목했다. 대부분의 손님들은 신상품을 알지 못했고, Wes는 새 샌드위치 광고판을 설치하고 점원들에게 신상품을 권하도록 하였다. 그리고 직원들 교육(특정 집게의 사용과 생닭을 만 진 후 손을 씻기 등)을 통해 음식물 오염은 발생하지 않았고, 조리기의 조작교육과 관찰을 통해 잘못 가열했을 때 발생할 수 있는 폭발을 예방할 수 있었으며 초기 샌드위치 조리과정 문제로 소비자의 항의가 있었으나 점원과 요리사의 의사소통을 통해 해결함으로써 가능한 원인, 즉 잠재적 문제를 해결할 수 있었다.

2) 시나리오 분석 기법

(1) 개념 및 특징

'시나리오 분석'(scenario planning) 또는 '시나리오 작성법'(scenario writing)은 복잡하고 불확실한 미래에 일어날 수 있는 여러 상황에 대비한 여러 가지 시나리오로 만들어서 예측한 시나리오가 현실화되었을 때 대안이 어떠한 결과를 가져다주는지를 분석하고, 대체가능한 결과를 고려하여 향후 대응전략을 수립하는 분석기법이다. 그러나 시나리오 분석에서 미래에 대한 예측은 '어떠한 사건이 일어날까?'라고 생각하는 일반적인 예측(forecasting)이나 과거를 기초로 양적 분석과 확률에 근거한 전통적인 계획(conventional planning)과는 차이가 있다.

시나리오 분석에서는 '그것이 일어난다면 우리는 무엇을 할 것인가?'처럼 가능한 미래세계를 확인하고자 하며, 미래는 현재와 접해있다고 보고 양적 추론에 근거해 가능성을 파악한다. 즉, 시나리오는 미래의 '불확실성'을 해소시켜 원하는 미래상을 명확히 하고 체계적인 계획수립에 기초해야 하기 때문에 훌륭한 시나리오는 신뢰성, 근거, 도전적, 중요성, 그리고 일관성 등을 갖추었을 때 비로소 의미가 있다고 본다.

그러므로 시나리오 분석은 특정한 문제에 대해서 특정한 상황을 가정해서 분석해야 하며, 불확실성이 높은 전략적 의사결정을 분석할 때 유용하다. 특히, 인수합병, 신제품의 개발, 해외시장 진출 등의 문제를 해결하는 데 아주 뛰어난 기법이다.

시나리오는 〈표 10-5〉와 같이 매우 폭넓거나 특정적이며 장기적인 트렌드 및 시계열적인 핵심 변동요인을 강조하는 형태로 구성해야 한다.

〈표 10-5〉 시나리오 구성 특징

5개 특징	주요 내용
다수 견해 (multiple views)	• 미래에 대한 한 가지 이상의 견해를 포함 • 좋은 시나리오는 다양한 논리를 개발
정량적인 변화 (qualitative change)	• 사회적 가치, 기술변화 등 정량적인 동인을 분석
목적성(objective)	• 희망하는 미래가 아닌 발생할 수 있는 것을 서술
주관성(open-ended)	• 시나리오는 구체적인 서술을 제공하지 않음
중요성(relevant)	• 가까운 장래 상황에 의미(의사결정에 중요한 요인분석)

출처: Hassan Masum(2006), Scenario Looking Ahead 2025, 6.; 한국정보사회진흥원(2006), 유비쿼터스 사회 미래 전망과 과제, p.64.

(2) 적용방법

시나리오를 도출하기 위해서는 외부환경의 변화추세와 불확실성 하에서 그 불확실성에 커다란 영향을 주는 '핵심동인'(key drivers)을 파악한다. 그리고 그 동인들이 가져다 줄 수 있는 미래의 상황을 예측하여, 기업이 그와 같은 미래 경영환경에 어떻게 대처해야 하는가를 복수의 전략 시나리오를 도출한 후 시나리오로 정리하여 대응전략을 수립한다. 이러한 시나리오 분석을 위한 실천하는 과정은 〈표 10-6〉과 같이 크게 6단계로 나눈다.

〈표 10-6〉 시나리오 분석의 적용 단계 및 내용

분석단계	검토 내용
1단계: 이슈와 문제정의	결정해야 할 시나리오를 어떤 방향으로 도출할 것인가?
2단계: 핵심동인 파악	미래를 좌우할 만한 핵심동인(환경요인)은 무엇인가?
3단계: 시나리오 구축	최상과 최악의 의미가 있는 시나리오는 무엇인가?
4단계: 시나리오 작성	미래가 어떻게 펼쳐질지 서술할 수 있는가?
5단계: 전략대안 수립	미래에 어떻게 대응해야 하는가?
6단계: 대안의 판단	전략적 대안과 시나리오의 관계의 적합성을 판단할 수 있는가?
7단계: 최적안의 선택	최적 대안을 선택하는 기준은 있는가?

① 1단계-이슈와 문제의 정의

시나리오 분석의 첫 번째 단계는 시나리오의 방향을 설정하는 일이다. 시나리오의 방향은 의사결정자가 결정해야 할 중요한 이슈나 문제를 명확히 정의하는 것이다. 핵심 이슈 파악이란, 시나리오 분석에 의해서 어떠한 문제를 해결할 것인가, 무엇을 의사결정 내려야 하는가를 정하는 것을 말한다. 핵심이슈 파악은 시나리오 분석의 성공 여부를 좌우하는 매우 중요한 과정이라 할 수 있다. 미래는 어떻게 펼쳐질 것인가를 막연하게 그려보는 것은 별 의미가 없다. 해결해야 할 문제를 정해 놓은 다음에 미래가 현재 우리 회사의 문제해결과 의사결정에 어떠한 의미가 있을까를 생각해야 한다.

② **2단계-핵심동인 파악**

시나리오 분석의 두 번째 단계는, 1단계에서 결정한 핵심이슈에 대한 의사결정을 내리기 위하여 의사결정자의 기업과 산업에 영향을 주는 핵심동인(key driving)을 파악해야 한다. 시나리오를 구축하기 위해서는 영향을 미치는 동인, 즉 환경요인을 3~7개 정도 파악하여야 한다. 환경요인 중 의사결정에 영향을 미칠 수 있는 요인이 무엇인지 파악을 위해서는 거시환경 분석[PEST 분석: 정치적(Politics), 경제적(economy), 사회적(society), 기술적(technology) 분석 등]과 산업환경 분석(5 Forces 분석)을 가장 많이 활용한다. 외부환경요인 분석은 기업의 전략수립 시 매우 중요한 부분으로 시간과 노력을 많이 들여야 한다. 예를 들어 산업환경 분석은 기업을 둘러싼 경쟁의 양상은 기존경쟁사, 잠재 진입자, 대체재 위협, 공급자의 교섭력, 구매자의 힘의 균형에 따라 달라진다는 의미이다([그림 4-9] 참고). PEST와 산업환경 분석의 틀에 따른 전략적 질문을 던지면서 관련된 정보를 수집하여 의미 있는 환경요인을 찾아내야 한다. PEST와 산업환경 분석을 통해 모인 정보들은 기업을 둘러싼 세상의 변화가 어떻게 흘러가는지에 대한 큰 그림을 볼 수 있게 하며, 시나리오 도출을 위한 유용한 자료로 활용될 수 있다.

③ **3단계-시나리오 구축**

2단계에서 파악된 핵심동인(환경요인)은 기업과 조직의 미래를 변화시키는 주요 요인이다. 이 핵심동인들은 〈표 10-7〉의 사례와 같이 시나리오를 구축(scenario building)하는데 중요한 단서가 된다. 그리고 시나리오를 도출하기 전에, 불확실성(uncertainties)에 대한 전략적인 질문을 던져야 한다.

첫째, 각 변화 동인별 발생가능성은 어떠하며 불확실한 요소는 무엇인가?
둘째, 각 변화 동인이 상호간에 어떻게 관련되어 있는가?
셋째, 의사결정요소를 결정하는 데에 가장 중요한 변화 동인은 무엇인가?
넷째, 어떤 변화 동인이 미래에 가장 큰 영향력을 행사할 것인가?

④ **4단계-시나리오 쓰기**

시나리오가 의미한 바를 구성원들에게 효과적이면서도 쉽게 이해시킬 수 있도록 정리를 한다. 때로는 경쟁에서 위협이 되는 시나리오를 통해 구성원들에게 경각심을 일깨워 주고 경쟁우위를 위한 역량을 집결시킬 수 있도록 한다.

〈표 10-7〉 시나리오 작성법을 활용한 4가지 시나리오

핵심 동인	시나리오			
	시나리오 A 국가의 장래는 오일과 가스 경제에 좌우된다	시나리오B 오일과 가스 수익은 국가 경제를 재편한다	시나리오C 국가가 세계적인 불경기 속에서 허덕인다	시나리오D 범 세계적인 조직 재편으로 국가가 오일 의존에서 벗어난다
범 세계적인 경제개발	• 영속적인 경제 구조적 문제들 • OECD 성장률: 2% • 인플레이션이 더 높아짐: 변덕스러운 환율변동	• 온건한 성장, 구조 재편을 향한 약간 전진 • OECD 성장률: 2.5% • 인플레이션과 환율에서의 순환변동	• OECD 성장률: 1.5% • 변덕스러운 인플레이션(어떤 경우엔 디플레이션) 및 환율	• 강력한 성장, 이어지는 • 재편과 조정 정치들 • OECD 성장률: 3~3.5% • 비교적 안정적인 인플레이션 및 환율
지정학적 관계들	• 증대되는 보호주의 • 민영화 정책 침체/역전 • 러시아에 의해 이용당하는 미국-서유럽 간의 긴장 관계	• 증대되는 국제 무역과 국제 협력 • OECD에서의 민영화 획득 • 동-서 긴장의 완화: 무역증대	• 변덕스럽고 긴장이 고조된 세계: 보호주의 증대, 민족주의 대두 • 정부 통제의 강화 • 동-서 관계 및 무역의 악화	• 안정적인 정치 관계로 인한 협약 • 시장 지향적인 정책의 번창 • 세계적인 대세에 끌려오는 COMECON
오일 및 가스의 산업구조	• 상류부문 채굴 작업이 강력해짐: 1990년 이후	• 더 많은 전략적 제휴 • 하류부문의 채굴 작업이 더 강화됨	• 기업 합병 및 통합의 증대 • 국가정책에 의해 보호되는 국유 기업들	• 오일에서 가스로 전략적 전환 • 일부 국유사업의 민영화

출처: 박수규, 박혜영 역(2012), 창의력노트, 비즈니스북스, pp.252-253. 일부 내용.

> ☆ 예시: '혹독한 경쟁' 시나리오
> HDD MP3 플레이어를 생산하던 애플이 iPod 셔플이라는 저가의 플래시 제품을 출시함으로서, 플래시 제품에서 쌓아 온 우리의 아성을 넘보기 위한 선전포고를 감행했다. 또한 다른 HDD 업체들도 낮은 가격으로 고객을 유혹하기 시작하여, 고가의 가격정책을 유지해 오던 우리를 압박하고 있다. …

⑤ 5단계-대응전략 수립 및 대안도출

5단계는 '도출된 미래의 시나리오'를 가지고 전략을 수립하는 과정이다. 시나리오별로 가장 적합한 전략을 찾기 위해 먼저 해야 할 일은 가능한 한 모든 전략 대안을 펼쳐 보는 것이다. 시나리오 도출과정의 1단계에서, 시나리오 분석을 통해서 의사결정자가 해결하고자 하는 문제에 대한 정의된 '핵심이슈'를 토대로

설정할 수 있는 모든 전략 대안을 찾는다. 예를 들어 D제철의 신임대표가 2018년 경영전략의 하나로 생산설비를 증설하는 문제를 고민하고 있다. 불확실한 상황에서 외부 환경변화를 분석하고 시나리오 분석 기법을 통한 전략을 [그림 10-2]와 같이 도출하였다.

그림 10-2 D제철의 전략적 대안 도출 방법

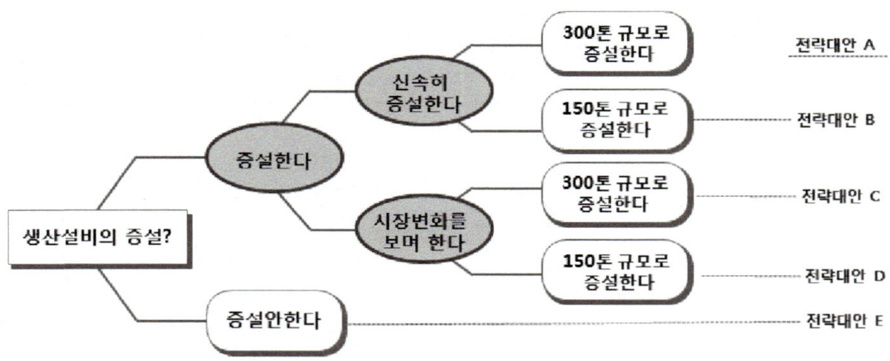

⑥ 6단계-대안의 적합성 판단

전략대안을 도출 한 후 [그림 10-3]과 같이 시나리오별로 가장 최적인 전략대안이 무엇인지를 판단해야 한다. 이때 '적합성'은 특정 시나리오가 미래에 실제로 실현된다고 가정하고 해당 전략대안이 실행됐을 경우에 기업의 입장에서 수익을 극대화할 수 있을 것인지, 아니면 절대로 실행해서는 안 되는지를 정성적으로 평가하여 결정하면 된다. 적합성을 판단하는 기준은 계량화된 3점 척도나 5점 척도를 가지고 평가하기도 하고 기호나 자체 규칙을 정해 평가를 할 수도 있다.

⑦ 7단계-최적대안 선택

시나리오별로 가장 적합한 전략대안을 밝혀 낸 후 최적의 대안을 선택하는 방법은 6단계의 적합성 판단기준을 활용하는 경우가 많다. 왜냐하면 [그림 10-3]의 적합성 판단은 미래에 예상한 상황이 진짜로 일어날 경우에 가장 적합한 전략이 무엇인지에 관한 답을 주는 것이기 때문이다. 그러나 의사결정자는 무엇이 최적대안인지 선택을 해야 하는 시점에서 여러 시나리오 중에서 과연 어떤 시나리오가 현실화될지는 알 수 없기 때문에 불확실한 상황에서 적합성 판단 결과를 토대로 회사가 보유하고 있는 자원과 활용능력을 최대한 고려해서 선택해야 한다. 그리고 최적대안 선택을 위한 전략대안 중에서 의사결정자가 적합성 판단을 활용할 때는 '가장 일어날 확률이 높다고 생각하는 시나리오에 가장 적합한 전략대안을 최적 대안으로 채택'하면 된다. 만약 그것이 어렵다면 적합성 판단에서 모든 시나리오에서 가장 높은 점수를 받은 대안을 선택하면 된다.

그림 10-3 시나리오와 전략대안의 적합성 판단

전략대안		시나리오			
		세계경기호황 정치적 안정	세계경기호황 테러/전쟁위험	세계경기불황 정치적 안정	세계경기불황 테러/전쟁 위험
신속한 증설	대안 1. 300톤 규모 증설	★	☆	○	●
	대안 2. 150톤 규모 증설	★	☆	○	●
시장변화에 따른 증설	대안 3. 300톤 규모 증설	☆	◑	◑	☆
	대안 4. 150톤 규모 증설	☆	○	●	☆
증설 안 함	대안 5. 증설 하지 않음	○	★	●	●

평가기준 3점/5점 척도 또는 기호	5점(★)	4점(☆)	3점(○)	2점(◑)	1점(●)
	매우 적합	적합	보통	부적합	매우 부적합

(3) 시나리오 적용사례

글로벌 에너지 기업인 로열 더치 셸(Royal Duch Shell, 1907년 설립)은 시나리오 분석 기법을 활용하여 동종업계의 판도를 바꾸었다. 1970년대 초만 해도 셸은 에너지산업 분야에서 세계 7위 기업이었다. 그러나 1973년 10월 발발한 중동전쟁과 오일쇼크로 인해 셸은 단숨에 2위로 올라서게 되었다. 그 이유는 1969년 로열 더치 셸이 미래의 불확실한 상황에 대비해 시나리오 분석을 통한 전략을 수립했기 때문이다.

셸의 시나리오는 미국의 석유비축량이 바닥을 보이고 있고, 1967년 중동에서 벌어졌던 6일 전쟁 후 석유수출국가기구(OPEC) 국가들이 서방세계의 이스라엘 지원에 대한 반발로 정치적 결속력을 강화할 것이며, 이의 일환으로 OPEC 국가들이 가까운 시일 내에 유가폭등을 일으킨다는 것이었다. 하지만 당시 유가가 안정되어 있었기 때문에 아무도 이를 믿지 않았고 다른 석유회사들은 설비를 늘리며 공격투자에 나서기도 했다.

그러나 셸은 원유와 값싼 유전을 미리 확보하면서 수세전략을 펼쳤다. 그러던 중 중동전쟁과 오일쇼크가 세계를 덮치면서 유가는 1년 만에 4배 가까이 오르면서 전 세계 경제는 타격을 입게 되었다. 하지만 셸만은 시나리오 분석 기법을 통한 전략수립으로 이 위기에서 살아남을 수 있었고 가장 많은 이익을 내는 기업이 되어 세계 2위의 에너지기업으로 성장하게 되었다.[2)]

3) What-If 분석법

(1) 개념

'목표 값 찾기 분석법'(what-if analysis)은 민감도 분석의 일종으로 여러 개의 변수 값을 변화시켰을 때 결과값 또는 다른 변수에 어떠한 영향을 미치는가를 분석하는 방법이다. 즉 대안과 선택된 대안에 영향을 주는 여러 가지 변수들과 관계를 설정하고 각 변수를 변화시킬 때 관계에 따라 대안의 결과 값이 어떻게 달라질 것인지를 파악하는 것이다.

예를 들어 신제품을 판매했을 때 상품의 판매예상 이익이 5% 상승하면 광고비는 몇% 증감할까, 유가가 3% 증가하면 납품업체 단가가 몇% 상승할까 등과 같이 다양한 변수의 결과가 어떻게 변화하는지 파악하는 것이다. 때문에 이 기법은 복잡한 대안을 유연하게 다양한 각도에서 심층적으로 분석할 수 있다는 특징을 가지고 있다. '목표 값 찾기 분석'(what-if analysis)은 신제품 개발, 신규 프로젝트의 타당성, 생산시설의 확대, 매출 및 수익의 변동요인 분석 등에서 '무엇(what)하면 목표하는 값이 어떻게 될까(if)?'와 같은 문제해결에 활용된다.

따라서 미래에 발생할 수 있는 가정에 대해 의사결정을 내린 최적해가 어떻게 달라지는가를 파악하는 것이므로 'what-if 분석'이라고 한다.

---

2) 김민주(2012), 세계 100대 기업, 미래의 창, pp.22-25. 발췌 요약.

(2) 적용방법

'what-if 분석법'의 목표값을 찾아 나가는 세부적인 적용 방법은 다음의 예를 통해 설명한다. 한국전자가 새로 개발해 출시하고자 하는 제품 A의 매출 100억 달성을 위해 경제성 분석에서 타당성이 있는 '가격을 5% 하락'할 것인지, '광고비를 5% 증가' 시킬 것 인지 두 대안 중 하나를 선택하기 위해 what-if 분석법을 적용해 해결하고자 한다.

① 1단계-제약조건 요인변수 추정

제약조건 요인의 변수를 추정한다.

② 2단계-의사결정변수 분석

아이디어에 영향을 미치는 예산, 인력, 시간 등의 다양한 의사결정 변수를 분석한다. 예를 들어, 가격의 5% 하락, 광고비 예산의 5% 증가, 그리고 노조의 인건비 상승 압박 등과 같이 의사결정 변수를 파악한다.

③ 3단계-환경변수 파악

아이디어에 영향을 미치는 경제, 경쟁사, 정책 등과 같은 환경변수를 파악한다. 제품을 생산하는데 있어서 원자재의 가격이 상승할 것인지, 경쟁사가 새로운 제품을 시장에 출시할 것인지, 하청업체의 납품단가는 유연하게 조정이 가능한지 등과 같은 변수를 파악한다.

④ 4단계-변화에 따른 결과를 추정

의사결정 변수와 환경변수 등이 변화할 때 아이디어 결과가 어떻게 변하는지를 파악한다. 의사결정 변수와 시장환경 변수의 변화에 대한 예측되는 결과를 〈표 10-8〉과 같이 정리하게 된다.

〈표 10-8〉 what-if 분석 결과

프로젝트 대안	L사가 2018년 출시하는 드럼세탁기 신제품 매출 100억 달성을 위해 경제성 분석에서 타당성이 있는 '가격을 5% 하락'할 것인지, '광고비를 5% 증가'시킬 것인지 두 대안 중 하나를 선택하기 위해 What-if 분석을 실시
참가자	

What-If 요인	변화의 위험 요인	결과
의사결정변수	신제품 가격의 5% 하락	생산량 증대 인건비 1억 지출
	광고 예산 5% 지출 증가	홍보비 5% 증가 5억 지출
	인건비 상승 요구	협상결렬 시 생산 차질
시장환경변수	경쟁사의 신제품 출시 예정	공급과잉 가격하락 요구
	하청업체 납품 단가 상승 요구	부품 조달 어려움 생산차질
	원자재 가격 상승	원가상승 0.5%에 2억 추가지출

(3) 활용 사례

한국전자 생산관리팀에서는 빠르게 진행되는 고령화 사회에 대비해 노인을 위한 새로운 저가형 스마트 폰 모델로 선정한 S모델을 개발하였다. 마케팅관리팀에서는 당초 계획보다 여러 가지 변수가 많아 시판을 앞두고 고민을 하고 있다. 따라서 판매상황과 소비자들이 사용하는데 발생할 수 있는 문제점을 예측하고, 그 결과에 따라 초래되는 위험을 평가하기 위해 'what-if 분석법'을 활용하여 정리하였다. 조사결과는 〈표 10-9〉의 예시와 같다.

〈표 10-9〉 what-if 분석 사례

프로젝트	한국전자의 실버용 스마트 폰 모델 S기기 판매에 발생할 수 있는 다양한 문제점과 예측되는 결과 분석
참가자	

What-If 요인	변화의 위험 요인	결과
의사결정변수	가격이 높게 책정	판매부진으로 보조금 지불
	충전지 폭발 위험	PL법 소송 비용 증가
	기능이 복잡함	사용문의 상담 폭주
시장환경변수	경쟁사의 동급 모델 출시	공급과잉으로 수익성 하락
	소비자의 외면	프로모션 전략 도입
	경기의 장기 침체	판매부진으로 매출 하락

4) 목표 탐색법

(1) 개념

'목표 탐색법'(goal-seeking analysis)은 최선안 선택에 대한 결과 값 또는 목표 값을 먼저 정해두고 정해진 값이 구해질 때까지 다른 변수들을 지속적으로 변화시켜 나가는 방법이다. 실제현장에서는 문제를 분석할 때 역으로 설정한 목표를 달성하기 위해 변수들을 어떻게 변화시켜야 할지에 대한 고민을 하는 경우도 많다. 예를 들어, 신제품 매출에 대한 이익을 5억 원이라고 정했다면 목표 값 5억을 얻기 위해 광고비, 납품업체의 단가 등 적정한 비용수준을 결정하는 것이다. 즉 '결과 값 또는 목표 값(goal)을 위해 무엇을 찾아야 할까(seeking)?'에 대한 고민이 목표 탐색법이다.

목표 탐색법은 결과 값을 미리 정하지만 최적화 분석법은 결과 값을 찾을 때까지 분석을 계속하는 것이다. 예를 들면 신제품 매출 이익을 5억 원 수준으로 유지하면서 납품업체 단가 수준을 적정선에서, 즉 최소한의 납품단가를 구하는 것이다. '목표 탐색법'을 활용하기 복잡한 문제는 목표 탐색법을 응용한 '최적화 분석 기법'을 활용한다.

(2) 적용방법

목표 탐색법의 적용절차는 [그림 10-4]와 같이 먼저, 문제를 해결해서 얻고자 하는 목표(결과) 값을 설정한다. 그리고 목표 값을 얻기 위해 아이디어의 의사결정 변수와 환경변수에 대한 변화요인을 추정하고 마지막으로 목표를 달성할 수 있도록 아이디어의 변수들이 어떻게 변화되어야 하는지 관계를 추정해 나간다. 그리고 이러한 결과를 중심으로 목표달성을 위해 어떠한 변화가 있어야 하는지를 구체적으로 파악하게 된다.

그림 10-4 목표 탐색법 적용절차

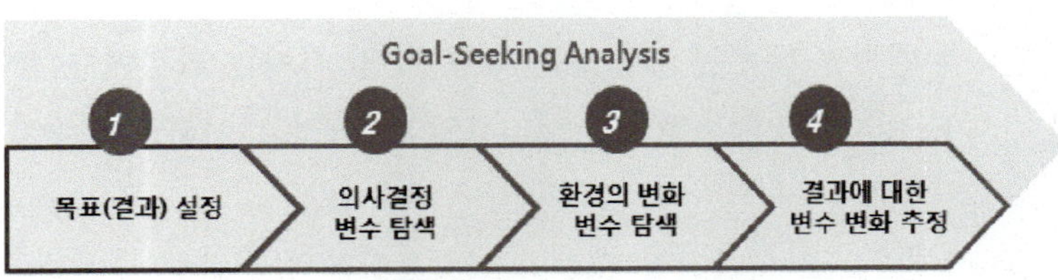

(3) 활용사례

한국자동차는 주 5일 근무제에 따라 레저활동에 참여하고자 하는 욕구가 늘어 날 것을 고려해 캠핑카를 제작 판매에 들어갔다. 그러나 여가에 대한 소비자들의 인식, 새로운 운전면허 취득, 주차공간 확보, 장소 및 인프라 구축 등 해결해야 할 문제들도 많았다. 그럼에도 불구하고 첫 해 매출의 5% 수준의 영업이익을 달성할 수 있었다. 다행히 경쟁사의 제품이 없어 시장에서 독점형태를 유지할 수 있어서 차량 생산과 판매에 따른 비용을 절감한다면 내년 영업이익을 20%까지 끌어 올릴 수 있다고 판단하였다. 생산관리 부서에서는 '목표 탐색법'(goal-seeking analysis)을 통해 아래 〈표 10-10〉과 같이 변수의 조정을 통해 목표 값을 달성해 나갔다.

〈표 10-10〉 목표 탐색법 활용 사례

Goal-Seeking 요인	변화 요인		목표값
의사결정변수	인건비	30%	영업이익을 매출의 20% 유지
	광고 예산 지출	15%	
	하청업체 납품 단가	10%	
	A/S 기간 및 범위 확대	5%	
시장환경변수	은행 금리(이자 지불)	5%	
	유가	5%	
	원자재	10%	

① 먼저 생산관리 부서의 의사결정 팀은 목표를 "캠핑카 판매를 통한 매출액을 전년 대비 20% 상승"으로 잡았다.

② 그리고 목표를 달성하기 위한 의사결정 변수를 파악하였다. 목표를 달성하는데 있어서 영향을 미치는 변수들로 인건비, 광고예산 지출, 하청업체 납품단가, A/S 기간 및 범위 확대 등이 있었고, 이러한 요인이 어떻게 변화가 될 것인가도 분석했다.

③ 세 번째는 목표를 달성하는 데 영향을 미치는 환경변수 요인으로 은행금리, 유가, 원자재 가격 등으로 정리하였다. 그리고 이러한 변수가 어떻게 변화할지도 분석했다.

④ 마지막으로 의사결정 변수의 변화요인과 환경변수의 변화요인이 목표달성을 위해 어떠한 변화가 있어야 하는지를 구체적으로 분석하였다.

5) CATWOE 기법

(1) 개념 및 특징

'CATWOE 기법'(CATWOE analysis)이란 '고객'(C: customers, clients), '실행자'(A: actors), '변환과정'(T: transformation process), '세계관'(W: world view), '문제 소유자'(O: owners), '환경적 제한요인'(E: environmental constraints) 등을 의미하는 약어이다. 이 기법은 문제나 목표 그 자체를 분석하기 보다는 문제와 대안을 가지고 있는 시스템이나 의사결정자의 특성을 분석해서 대안의 적합성 여부를 분석하는 것이다. 이러한 'CATWOE 기법'은 실제문제 상황에서 공식적·명시적으로 표출되는 특정 과제진술(task statement)과 문제상황의 구성원들이 표현하는 주장, 의견 및 관점 등으로 실제상황에서 제도적으로 명시되어 있지 않은 '논제진술'(issues statement)로 구분할 수 있다.

(2) 적용방법

CATWOE 기법은 [그림 10-5]와 같이 6단계에 걸쳐 진행이 된다. 기본 6단계 분석에 앞서 먼저 의사결정을 하려고 하는 의사결정 주체가 개인, 부서 또는 기업 등과 같이 누구인지를 정한다. 그리고 단계별로 분석을 해 나간다.

그림 10-5 CATWOE 기법 적용절차

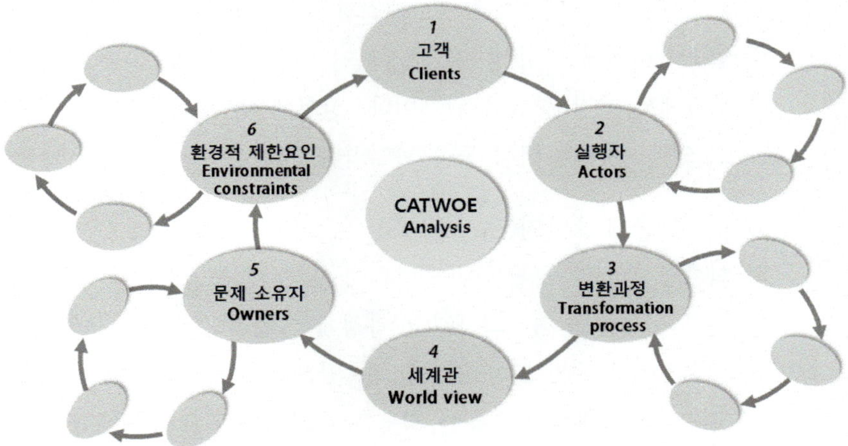

① 1단계-고객(C: customers, clients)

첫 번째 단계는 시스템과 프로세스를 사용하는 고객을 식별하고 이해하는 것이다. 프로세스 또는 시스템이 고객에게 어떠한 영향을 미치는지 이해하는 것이다. 즉 고객(clients)이 누구인지를 분석한다.

② 2단계-실행자(A: actors)

시스템과 프로세스 등 활동을 수행하는 주체가 누구인가 실행자를 파악한다. 이러한 시스템/변경의 변화의 구현에 관련된 사람들을 파악하는 단계이다. 솔루션을 수행하는 일을 할 주체가 누구인지, 그들에 미치는 영향은 무엇인지 분석한다.

③ 3단계-변환과정(T: transformation process)

문제에 연관된 핵심 시스템이나 프로세스에서 입력(in-put), 진행과정(process), 출력(out-put)으로 변환하는 시스템이나 프로세스가 초래하는 사항이다. 이 단계를 분석할 때 유용한 질문은 다음과 같다. '입력에서 출력으로 변환하기 위한 절차는 무엇인지', '입력은 무엇이고, 어디에서 오는 것인지', '출력은 무엇이며, 그것은 어디에서 할 수 있는지' 등의 질문을 통해 파악을 한다.

④ 4단계-세계관(W: weltanschauung, world view)

의사결정에 영향을 받는 객체(세계관)가 누구인지 분석한다. 여기서 '세계관'은 큰 그림과 변형 시스템/프로세스의 넓은 영향이다. 시스템/프로세스는 전체 사업(의사결정)에 긍정적이고 부정적인 영향을 파악하기 위해 분석된다. CATWOE 분석에서 가장 중요한 단계이다. 상황에 맞는 큰 그림과 의사결정자가 분석하고 있는 문제의 핵심 등을 파악한다.

⑤ 5단계-문제 소유자(O: owners)

의사결정 집단의 활동에 영향력이 있는 주체, 즉 문제 소유자(owners)가 누구인지 분석을 한다. 의사결정 과정에서 변화와 함께 진행 여부의 변경사항 및 프로젝트를 중지 또는 결정할 수 있는 권한이 있는 의사결정자를 파악하는 것이다. 이 단계에서 유용한 질문은 변화하는 프로세스 또는 상황의 실제 소유자는 누구인지, 그들은 당신에게 도움을 주거나 진행을 중지할 수 있는지 등이다.

⑥ **6단계-환경적 제한요인(E: environmental constraints)**

마지막으로 의사결정 활동에 영향을 주는 환경적 제한요인을 파악한다. 이러한 분석과정을 거쳐 대안을 결정한다. 이러한 솔루션의 성공에 영향을 미치는 것에는 외부 제약과 제한이 있다. 이러한 윤리적 한계, 규정, 금융제약, 자원제약, 프로젝트 범위의 제한 등에 의해 제약을 받을 수 있다. 그러므로 이 단계에서는 상황과 아이디어에 행동에 제약이 무엇인지 파악하고, 윤리적 한계, 법률, 금융제약, 제한된 자원, 규정 등이 무엇인지도 파악한다. 그리고 이 솔루션을 찾을 때 어떤 제한이 있는지 여부를 파악한다.

(3) 활용사례

다음의 사례는 ㈜한국화장품이 최근 중국시장 침체로 판매부진 타개를 위한 다양한 전략을 개발하는 과정에서 마련한 대안 중 하나인 Bio 시장으로 진출에 대한 타당성을 분석하고자 한다. 새로운 대안에 대한 타당성 여부를 검토하기 위해 'CATWOE 기법'을 적용하기로 하였다. 분석 내용을 아래 〈표 10-11〉를 작성해 보자.

〈표 10-11〉 CATWOE 기법 활용

단 계	분석내용
1. 의사결정주체	
2. 고객 분석	
3. 실행자 분석	
4. 변환과정 분석	
5. 세계관 분석	
6. 문제 소유자 분석	
7. 환경적 제한 요인 분석	
8. 분석결과	

6) 육색사고모자 기법

(1) 개념 및 특징

① 의의

'육색사고모 기법'(six thinking hats) 또는 '여섯 색깔 모자 사고'는 사고양상을 분류해서 의도적으로 한번에 한 가지만을 사고하게 하는 개념이다. 이는 하얀색, 빨간색, 검은색, 노란색, 초록색, 파란색 등 6가지의 색상을 가진 모자에 각각 자기만의 고유한 의미를 부여해 대안을 찾고 선택하는 방법이다. 이 기법을 개발한 드 보노는 "사람들은 모자가 실제 눈앞에 있는 것처럼 시각화하기를 요구하고 있다. 때문에 색깔이 가장 적절한 장치이며 나아가 각각의 색깔이 갖는 의미가 색깔 자기만의 상징을 가지고 있기 때문에 사람들의 연상작용을 불러일으키기에도 적절하다."고 하였고 이를 통해서 감정과 논리를 분리시키고 정보와 독창성을 분리시킬 수 있다고 보았다.

이 개념이 바로 '여섯 색깔 사고 모자'(육색사고모자)이다. 여섯 가지 사고행동의 기본 양식은 각기 다른 색의 모자로 주어지는데, 어떤 순간에 특정한 형태의 사고를 요구할 수 있다. 즉 한 순간에 한 색의 모자만을 씀으로써 한 가지 유형의 사고만 하게 한다. 또한 하나의 양식에서 다른 양식으로 사고를 바꿀 수도 있다. 이 모자들은 특정한 사고와 사고의지를 불러일으키고 일상적인 사고의 틀과는 다른 각도에서 사고할 수 있도록 해주는 구체적인 틀을 제공한다.

② 특징

육색사고모의 특징과 기본적인 의미를 정리해보면 〈표 10-12〉와 같다. 여섯 색깔의 의미와 기능을 상호 대비해서 연관성을 가지고 활용하면 용이한 점이 있다. 즉 빨간색(감정)과 하얀색(객관), 검은색(부정)과 노란색(긍정), 초록색(창의)과 파란색(이성, 정)으로 연관지어 기억한다.

이러한 각각의 색상이 갖는 의미는 새로운 아이디어를 생성하고 문제점을 해결하기 위한 자신의 의견을 모자의 의미를 통해 전달하게 된다. 또한 나아가 자신의 감정과 다른 색깔의 모자를 통해 다양한 생각을 하도록 유도하기 때문에 의미가 있다.

부정적이고 신중한 태도의 사람이 검은색 모자를 쓰고 말을 할 때에도 참가자는 그 사람의 본래 감정을 평가하는 것이 아니라 모자가 갖는 색깔의 의미를 얼마만큼 충실하게 생각하고 표현해 내는지에 관심을 갖는 것이다. 누구나 자신의 감정을 솔직하게 표현하거나 타인의 감정을 직접적으로 판단하기를 꺼려하기 때문에 모자를 쓰고서는 서슴없이 자신의 감정을 표출할 수도 있고 다양한 의미의 감정을 수용하기 때문에 효과적이다.

〈표 10-12〉 집단창의력 향상을 위한 육색사고모의 의미

사고모자	특 징 및 내 용	비 고
하얀색 모자 (White)	• 하얀 종이처럼 하얀색은 더러움이 없는 순수한 색으로 어떤 비판도 해석도 덧붙이지 않은 객관적인 사실과 숫자에 초점을 맞춘 사고를 한다.	사실적/ 객관적/ 중립적 사고
빨간색 모자 (Red)	• 불처럼 따스하고, 빨간색은 피와 정열의 상징으로, 감정을 상징한다. '감정적인 관점', 즉 영감에만 의지한다.	감정/분노/ 노여움
검은색 모자 (Black)	• 검은색은 검정색 법복을 입은 판사를 떠올린다. 암울하고 어두운(진지한) 이미지이지만, 신중하고 조심스럽게 '잠재된 위험'에 대해 논리적으로 비판하거나 부정한다.	암울함/ 논리적 부정
노란색 모자 (Yellow)	• 노란색은 햇빛처럼 밝고 적극적인 이미지로 희망적이고 긍정적인 측면에서 생각한다.	밝음/ 논리적 긍정
초록색 모자 (Green)	• 초록색은 풍부한 자연, 성장하는 식물을 상징하는 풍성함과 성장의 이미지이다. '창조성과 새로운 아이디어'를 발상하는 것을 의미한다.	성장과 풍성/새로운 아이디어
파란색 모자 (Blue)	• 모든 만물 위에 존재하는 푸른 하늘과 전망대를 의미한다. 생각하는 '순서를 짜는 일'과 '다른 모자의 사용을 통제하는 일'과 관련된다.	냉철함/ 이성적 판단

예를 들면, "이젠 그런 신중한 태도는 버리세요"라고 하는 것보다는 "검은 모자를 잠시 동안만 벗어주세요"라고 표현하는 것이 효과적이며, 또 어떤 문제에 대해 참가자가 갖고 있는 감정 그대로를 알고자 할 때에도 "잠시 동안 모두 빨간색 모자를 쓰도록 합시다"와 같은 표현 등을 하는 것이다.

(2) 적용 방법 및 규칙

① 적용방법

육색사고모의 의미를 모르는 사람들과 회의를 진행할 때에는 어려움이 따른다. 육색사고모를 사용할 때는 주어진 상황에 따라 그 순서가 달라질 수 있으므로 색깔의 의미와 회의진행시 모자를 사용하는 방법을 이해해야 한다.

(가) **상황에 맞게 모자를 쓰는 방법**: 상황에 맞추어 모자를 쓰는 방법은 회의를 진행하는 도중 필요에 따라 어떤 특별한 방향의 사고를 요구하기 위한 상징으로써 모자를 사용하는 방법이며, '임기응변적 사용법'이라고도 한다. 어떤 대화나 토론을 하는 도중에 새로운 아이디어를 요구하기 위해서 혹은 객관적으로 현실의 내용을 파악하고 싶을 경우에 제안하는 방식은 '육색사고모'와 일반적인 기존의 회의방식은 다르다.

㉠ 육색사고모 방식

- 우리 이 시점에서 초록색 모자를 쓰고 한 번 생각을 해 보자.
- 자, 이제 하얀색 모자를 쓰고 생각할 필요가 있는 것 같다.

㉡ 일반 회의 방식

- 우리 이제 창조적으로 생각해보자.
- 자, 있는 사실 그대로를 말하라.

즉 ㉠의 방식에서 '모자'라는 인위적인 개념은 상당히 쓸모가 있다. 만약 참가자에게 모자 없이 ㉡과 같이 요구를 한다고 생각하면 회의진행이 상당히 강압적이고 불편하게 느껴질 것이다. 특히 육색사고모에서는 진행자는 지위고하를 불문하고 여섯 색깔 모자를 씌워 모자 각각이 지닌 의미에 충실하도록 유도함으로써 계층 간의 위화감이나 윗사람을 의식해서 발언을 기피하는 현상을 예방할 수 있다. 또한 윗사람이 참가자들에게 회의에 적극적으로 참여하기를 유도하는 조직이라도 회의진행 도중 부정적이거나 현상에 대한 객관적인 의견을 제시할 때에도 참가자들은 윗사람의 감정을 의식하지 않을 수 없기 때문에 육색사고모는 개인의 감정이 배제될 수 없는 불안함을 제거할 수 있게 한다.

(나) **사전계획에 적합한 사용법**: 이 방법은 어떤 중요한 문제를 제기하기 위해서 모자를 쓰는 방법으로 여섯 개의 모자를 특정한 순서에 따라 하나씩 번갈아 쓰면서 활용하는 방법이다. 각각의 모자는 필요한 만큼 자주 사용될 수 있고 전혀 사용되지 않을 수도 있다.

㉠ **상황에 맞춰서 모자를 선택하는 방법**: 처음 쓰게 될 모자는 정해져야 한다. 그 이후에 상황에 따라 그 다음 것을 선택하고, 그 다음, 또 그 다음 것을 차례로 선택해서 모자를 쓰는 방법이다. 그러나 이 방법은 육색사고모에 숙

달되지 않은 참가자들에게는 부적합한 방법이다. 그것은 다음번에 사용할 모자를 결정하는 데 있어서 참가자 중 방법을 잘 모르거나 익숙하지 않으면 아이디어를 생성하는 데 순발력이 떨어지므로 불필요한 시간낭비로 인해 효율성이 떨어진다. 또한 모자의 사용권한을 가진 사람에 의해 의도적으로 자신이 원하는 방향으로 결과를 도출하기 위해 회의를 임의로 조정할 수 있다는 우려도 있기 때문에 신중하게 사용한다.

㉡ **정해진 순서를 따르는 방법:** 이 방법은 미리 정해진 순서에 따라 모자를 바꿔 쓰면서 진행을 하기 때문에 참가자들이 육색사고모에 숙달되지 않아도 진행시 어려움은 따르지 않는다. 단지 진행자는 참가자들이 혼란스럽지 않게 진행순서나 참여도의 향상을 위해 주의를 해야 하고 진행자가 이 기법에 대해 잘 이해하고 있어서 통제를 원활하게 하는 것이 중요하다.

② 육색사고모의 규칙

육색사고모를 활용할 때 반드시 따라야 할 규칙이 있다.

(가) 회의에 참가한 사람들이 정해진 순서에 따라 협조: 자신이 임의대로 모자를 선택해서 발언을 한다면 다른 참가자들과의 논쟁이 시작될 우려가 있기 때문에 원칙적으로 금지시키고 모자의 선택권은 오직 진행자만이 가질 수 있다. 그리고 모자를 참가자 자신이 말하고자 하는 바가 무엇인지 설명하기 위해 사용되는 것도 엄격히 배제된다. 모자는 단지 모자가 가진 각각의 색깔의 의미만을 제대로 전달할 수 있어야 하기 때문이다.

(나) 시간의 활용: 각각의 모자를 쓰고 지나치게 자신의 발언시간을 지체하거나 길게 끌고 간다면 효율적인 진행이 될 수 없다. 가능한 짧게 사용을 하되 일반적으로 1인당 1분 정도의 시간만을 허용하는 것이 바람직하다. 만약 5명이 회의를 하고 있다면 모자당 5분이면 충분하다. 물론 중요한 생각이 도출되면 시간의 경과를 구태여 제어할 필요는 없다.

(다) 회의에 필요한 순서로 진행: 어떤 순서대로 쓰는 것이 가장 좋은가는 정해진 방법이 없다. 그러므로 회의에 적합한 방식을 선택해서 어떤 순서가 문제해결에 도움을 줄지 방법을 찾는 것이 유용하다. 모자의 순서에 따라 분쟁이나 결론을 도출하는 것이 다르기 때문이다.

(3) 육색사고모의 사고 형태 및 활용사례

본서에서 소개하는 육색사고모의 연습 내용은 드 보노(Edward de Bono)의 저서 「여섯 색깔 모자」(Six Think Hats)[3]에서 소개된 'Six Think Hats Summary'와 'Exercise Type One, Two'를 참고로 재구성한 것이다. 다음 내용 〈표 10-13〉과 〈표 10-14〉, 〈표 10-15〉를 참고로 자신의 문제와 혹은 그룹을 구성해 육색사고모를 실천하는데 적용해 볼 수 있다.

① 육색사고모의 요약

육색사고모에 소개된 의미와 회의진행에 필요한 질문을 정리하면 〈표 10-13〉과 같다. 하얀색 모자는 중립적, 빨간색 모자는 감정과 느낌, 검은색 모자는 신중함, 노란색 모자는 긍정적인 가치와 장점, 초록색 모자는 창조적인 아이디어의 발상, 그리고 마지막으로 파란색 모자는 통제와 지휘의 의미를 가진다. 이러한 각각의 모자를 쓰고 회의를 진행하는 동안 모자의 특성에 맞는 발언을 해야 한다.

결국 육색사고모를 잘 활용하기 위해서는 바로 각각의 색깔에 대한 각각의 역할을 깊이 잘 파악하고 습관화되도록 해야 한다. 육색사고모의 목적은 한번에 하나의 사고에 집중시키고 또 사고의 패턴을 바꾸는 역할을 하며 역할연기를 철저하게 행함으로써, 고정되기 쉬운 사고 패턴에 윤활유 역할을 하는데 있다. 사고규칙[4]에 충실히 따름으로써 누구라도 훌륭한 발상을 할 수 있다.

---

3) 정대서(2002), 생각이 솔솔~ 여섯 색깔 모자, 한・언, pp.279-281.

4) '육색사고모기법'은 '브레인스토밍'과 함께 문제해결을 위한 창의력 기법으로 매우 폭 넓게 활용된다. 그러나 브레인스토밍에 비해 개인적인 활동이 어려우며 규칙이 비교적 까다롭고 활용 방법을 사전에 충분히 숙지해야 하는 번거로움이 있다. 그러나 방법을 잘 이해한다면 팀 활동에서 문제해결을 위한 유용한 기법이 된다. 자세한 활용 방법은 "김준・길종구(2008), 창의력 계발과 창조적 경영, 삼영사, pp.260-284"를 참고.

〈표 10-13〉 육색사고모의 요약

사고모자	의미	회의 진행 및 질문
하얀색	중립적/객관적 사실/정보/ 데이터	• "우리가 갖고 있는 정보는 무엇인가?" • "우리는 어떤 정보를 알고 있는가?" • "우리는 어떤 정보를 필요로 하는가?" • "우리는 어떻게 필요한 정보를 얻을 수 있는가?"
빨간색	예감과 직관/감정/느낌/표현	• "이 사람이 이 일에 적합한 사람이라고 느낌이 듭니다." • "이 일은 위험 부담이 있는 모험이라고 느껴집니다." • "이 아이디어는 성공할 것이라는 느낌입니다." • "이것이 이 문제에 대한 나의 느낌입니다."
검은색	신중함/잠재된 위험/비판적 사고	• "우리가 이러한 결정을 내리면 무슨 일이 생길까?" • "무엇이 잘못될 수 있을까?" • "잠재된 문제점은 무엇일까?" • "이 제안이 받아들여질 수 있을까?"
노란색	긍정적인 가치/장점/희망	• "그 제안에 긍정적인 가치는 무엇인가?" • "어떤 상황에서 가치가 있는가?" • "아이디어 실현에 유용성은 무엇인가?" • "또 다른 장점은 없는가?"
초록색	창조적 아이디어/ 새로운 발견과 관점	• "전혀 다른 방법으로 해볼까요?" • "새로운 대안을 찾아봅시다." • "개선 방안은 없을까요?" • "다른 곳에 적용할 수는 없을까요?"
파란색	통제와 지휘 /순서의 결정 /진행	• "지금 단계는 하얀색 모자를 쓰고 의견을 주세요." • "지금 제대로 진행이 되고 있나요?" • "지금까지 한 일들을 같이 요약해 봅시다." • "이것이 우리의 결론인데 모두 동의합니까?"

② 육색사고모의 연습 및 활용

(가) 육색사고모 연습 : 〈표 10-14〉에서 제시한 내용을 읽어보고 각 문항에 제시된 말을 하는 사람들은 어떤 모자를 쓰고 있는지 정리해보자. 육색사고모 연습에 대한 정답은 〈표 10-16〉에 있다.

〈표 10-14〉 육색사고모 연습문제

문항	내 용	사고모자
1	결론은 무엇인가?	
2	여성과 청소년의 흡연자가 증가하는 추세입니다.	
3	문제의 배경은 무엇입니까?	
4	가격을 3배 올리면 그런 위험을 막을 수 있습니다.	
5	그 통계자료는 5년 전의 자료입니다.	
6	그 광고 디자인은 너무 자극적이며 절대 관심을 얻지 못할 것입니다.	
7	어떤 순서로 모자를 쓸 것인가?	
8	신상품을 개발하지 않으면 시장에서 도태가 될 것입니다.	
9	이 아이디어로부터 당신은 어떤 부가가치를 얻을 수 있습니까?	
10	지금의 상황을 어떻게 정의할 것인가?	
11	김한국씨의 발언은 사실이 아니라 가정입니다.	
12	또 다른 정의는 없는가? 어디까지 회의를 진행할 것인가?	
13	A항공사 기종이 경쟁사 기종보다 안락하다는 말이 맞는 것 같습니다.	
14	물 잔의 물은 절반이 비어있다기보다는 절반이 채워져 있습니다.	
15	양자 간에 동의된 사항들을 열거하는 것으로 시작해 봅시다.	
16	우리가 가격을 인하하면 경쟁사들도 가격을 낮출 위험성이 있습니다.	
17	그것이 유일하게 가능한 설명입니다. 하지만 유일한 방법은 아니죠.	
18	왜 우리는 회의를 하는 것일까?	
19	구독률을 올리기 위해서는 사은품을 주는 것이 좋다고 생각합니다.	
20	그는 마케팅능력이 전혀 없습니다.	
21	내 직감에 의하면 이 계획은 성공할 수 없습니다.	
22	이런 식으로 회의가 진행되는 것에 대해 불만입니다.	
23	고객을 만족시킬만한 서비스상품이 없습니다.	
24	나는 홍길동을 좋아하지도 않고 그와는 동업하고 싶지 않습니다.	
25	투명한 경영은 직원들에게 신뢰감을 얻게 됩니다.	
26	다른 방법으로 이 일을 수행할 수 있습니까?	
27	당신의 보고서를 간략히 요약해 주시겠습니까?	
28	우리는 논의에 대해 비판하는데 너무 시간을 많이 허비했습니다.	
29	우리는 새로운 제품이 당장 필요합니다.	
30	낙하산 없이 비행기에서 뛰어 내렸는데도 살아난 사람이 있었습니다.	

출처: 정대서 역(2002), 생각이 솔솔~ 여섯 색깔 모자, 한・언, pp.281-283.

(나) 육색사고모의 실천: 다음 〈표 10-15〉를 활용하여 독자가 직접 문제를 만들고 문제를 해결하기 위해 참가자를 구성하고 그룹을 만들어 회의를 진행해본다. 그것이 여의치 않다면 혼자서 여섯 색깔 모자의 진행순서를 정해 문제를 풀어 나가본다.

〈표 10-15〉 육색사고모의 실천

문 제

순서	회의 진행 내용	비고
1.(모자)		
2.(모자)		
3.(모자)		
4.(모자)		
5.(모자)		
6.(모자)		
7.(모자)		
8.(모자)		

주의할 것은 모자의 활용순서가 명확히 정해진 바는 없지만 '제시된 아이디어에 대한 의사를 결정할 때'와 '새로운 아이디어를 찾는 경우'는 진행순서가 조금씩 다르다. 전자의 경우 빨간색 모자를 시작으로 노란색 모자, 검은색 모자, 초록색 모자, 하얀색

모자 다시 초록색 모자, 검은색 모자, 그리고 빨간색 모자로 진행되는 경우가 있다. 그리고 후자의 경우 하얀색 모자, 노란색 모자, 초록색 모자, 검은색 모자, 초록색 모자, 파란색 모자, 검은색 모자 그리고 빨간색 모자의 진행순서로 모자를 바꿔 쓰고 진행하기도 한다. 그리고 현재의 아이디어를 개선하려는 경우에는 검은색 모자에서 출발해 초록색 모자를 사용하기도 한다. 또한 지금까지의 진행결과를 요약하고 대안을 분명히 결정할 때는 파란색 모자에서 초록색 모자로 이동한다([그림 10-6] 참고).

그림 10-6 육색사고모의 활용 순서

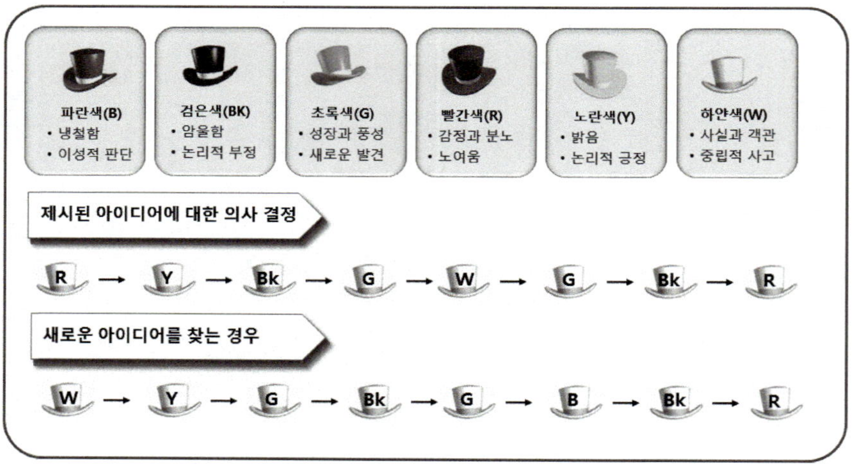

〈표 10-16〉 육색사고모 연습 정답

1	2	3	4	5	6	7	8	9	10
하얀색	빨간색	파란색	노란색	검은색	빨간색	파란색	검은색	초록색	파란색
11	12	13	14	15	16	17	18	19	20
검은색	파란색	빨간색	노란색	파란색	검은색	검은색	파란색	초록색	검은색
21	22	23	24	25	26	27	28	29	30
빨간색	빨간색	검은색	빨간색	노란색	초록색	파란색	파란색	초록색	하얀색

7) 델파이기법

(1) 의의 및 특징

'델파이기법'(delphi method)이란 관련 분야에 전문적인 지식과 능력을 갖춘 다수 전문가들의 결과에 대한 예측치를 종합해 판단하는 방법이다. 즉 익명(anonymity)으로 세 차례 이상 같은 문제를 질문하여 응답한 결과를 통계적으로 분석하여 회신한 후 조직적으로 수렴시켜 참가자들의 일치된 예측을 도출하는 것이다.

이 기법은 1960년대 랜드사(RAND Co.)의 헬머(O. Helmer)에 의해서 개발된 것이며, 고대 그리스의 델파이 신전에서 여러 현자들이 모여 의견을 수집하는 방법에 근원을 두고 있다. 델파이법은 원래 기술예측을 위한 기법으로 개발된 것이지만 예측에 필요한 자료가 부족하거나 장기적 변화, 기업환경예측, 신제품수요 및 기술예측, 문제해결기법 등을 예측할 때 널리 이용되고 있다.

델파이법은 익명으로 전문가의 지식과 경험에 의한 예측이 이루어지기 때문에 대세에 편승하는 경향(bandwagon effect)이나 타인의 영향을 받는 일이 적다. 특히 이용할만한 자료가 없거나 장기적 변화를 예측해야 할 때 전문가의 경험이나 식견을 반영하므로 크게 어긋나지 않는 예측을 얻을 수 있다. 그러므로 전문가들은 소신있게 자신의 의견(예측치)를 제시한다는 장점이 있다. 그리고 전문가들의 일치된 최종결론을 목표로 한다는 특징도 가지고 있다. 그러나 델파이법은 다음과 같은 단점을 가지고 있다.

① 예측에 필요한 설문지를 작성하는데 어려움이 따른다.
② 익명으로 의견이 제시되므로 무책임한 예측을 할 수 있다.
③ 시간과 비용이 많이 소요될 수 있다. 질문에 대한 응답 결과에 대해 피드백 과정을 반복하고 의견을 일치시켜야 하므로 때로는 1년 이상의 기간이 경과된다.
④ 전원 의견일치를 위해 장기간 분석이 진행될 경우 때에 따라서는 담당자나 패널이 바뀌는 경우도 있다.
⑤ '의견일치제'를 채택하고 있기 때문에 전체의견이 대표값으로 강제 수렴되는 경향이 있다.

(2) 적용절차

델파이법은 조정자와 다수의 전문가로서 패널을 구성한 후 적용절차는 [그림 10-7]과 같고 세부 내용은 다음과 같다.

그림 10-7 델파이법의 적용절차

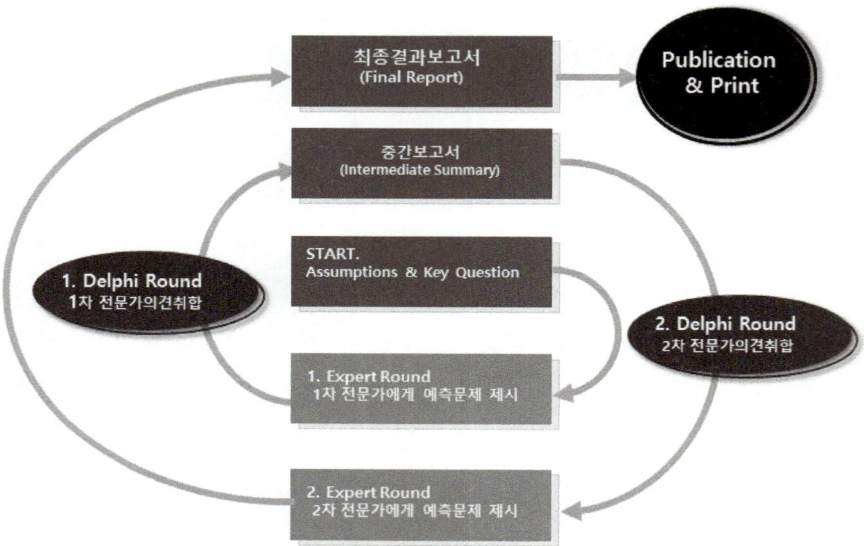

① 1단계-조정자(coordinator)를 선정

조정자는 예측에 필요한 문제의 제시, 전문가 선정, 그리고 전문가(패널)들의 의견을 취합해 분석하고 조율하는 역할을 수행한다.

② 2단계-예측문제 제시

전문가를 선정한 후 조정자는 예측 관련 질문을 전문가들에게 우송한다.

③ 3단계-1차 의견제출

전문가들은 익명으로 자신들의 예측(의견)을 조정자에게 제출한다. 이때 전문가는 자신의 예측에 대한 근거나 설명을 부가할 수 있다.

④ 4단계-의견분석 및 통보

조정자는 전문가들이 응답한 결과(예측내용, 예측근거 등)를 취합해 통계적으로 분석한 후 결과를 전문가들에게 다시 우송한다.

⑤ 5단계-2차 의견제출

전문가들은 조정자로부터 받은 1차 예측결과를 토대로 새로운 예측을 조정자에게 제출한다.

⑥ 6단계-분석 및 예측 과정 반복

전문가들의 의견이 일치할 때까지 ④, ⑤의 과정을 3회 이상 피드백을 반복한다.

❑ 창의적이고 융합적인 사고 연습(10)

❖ 착시와 오해

- 우리가 일상에서 사물을 보거나 의사소통을 할 때, 착시와 오해로 인해 판단을 잘 못하는 경우가 있다. 오해를 줄이고 이해를 넓히는 것은 소통의 핵심지만, 림프만(Lippmann, 1922)에 의하면, 사람들은 **'먼저 판단을 하고 나서 그에 비추어 후속 정보를 왜곡'**하는 경우가 많아 지각적 착시와 인지적 오해가 나타나므로 객관적 시각을 견지할 필요가 있다.
- 그리고 착시는 **'사물의 본질을 왜곡시키는 것'**이다. 우리가 어떤 사물을 볼 때 사물만 보는 것이 아니고, 그 사물이 있는 배경까지 포함하여 보게 됨으로써 나타나는 현상(착각)인데 이는 뇌의 작용이 중요한 요소가 된다.(제3장 착시내용 참고).
  - 착시: 배경의 모양이나 색깔 등에 의해서 물체가 혼동되어, 같은 밝기의 색깔이 다른 밝기로 보이기도 하고 같은 크기인데도 더 짧거나 길게 보이기도 한다. 우리가 기차를 타고 갈 때, 차창 밖의 풍경이 뒤로 달아나는 것처럼 보이는 것도 착시 현상 때문이다. 착시는 오해와 달리 주의 깊게 관찰해도 생기는 현상이므로 비정상적이거나 특수한 것은 아니다.
    - ✓ 같은 크기의 원을 크기가 다르게 보는 것,
    - ✓ 평행인 두 선을 주위의 다른 선들 때문에 평행이 아닌 것처럼 보는 것,
    - ✓ 영화에서 조금씩 다른 정지한 장면들이지만 그것을 잇 따라 보여줄 때 연속적인 운동으로 보이는 것,
    - ✓ 배가 고플 때 어떤 그림이 음식물의 그림으로 보이는 것 등

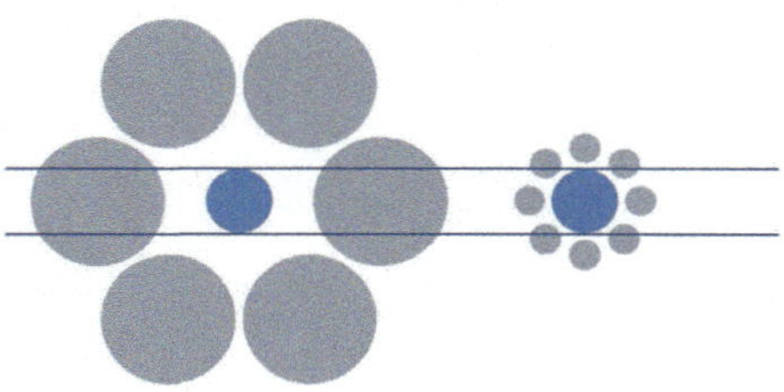

▶ 가운데 원의 크기가 다르게 보인다.

▶ 펜로즈의 불가능한 도형

▶ 가운데 선이 없는 게슈탈트 심리학

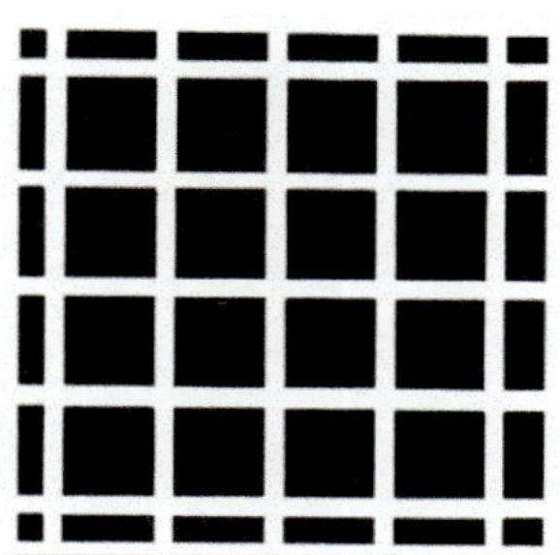

▶ 교차한 부분이 잿빛으로 보인다.

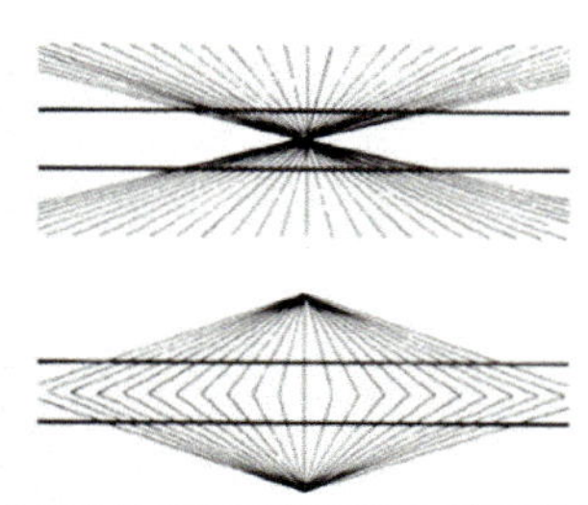

▶ 평행선이 안쪽과 바깥쪽으로 휘어 보인다.

❑ 창의적이고 융합적인 사고 연습(10)

■ 착시현상을 활용한 광고

▶ 2010년 칸느 국제 광고제에서 수상한 페덱스의 지면 광고 와 국내 공익광고

페덱스(FedEx)는 고객과 회사가 신뢰를 바탕(1:10:100)으로 빠른 배송을 원칙으로 한다.

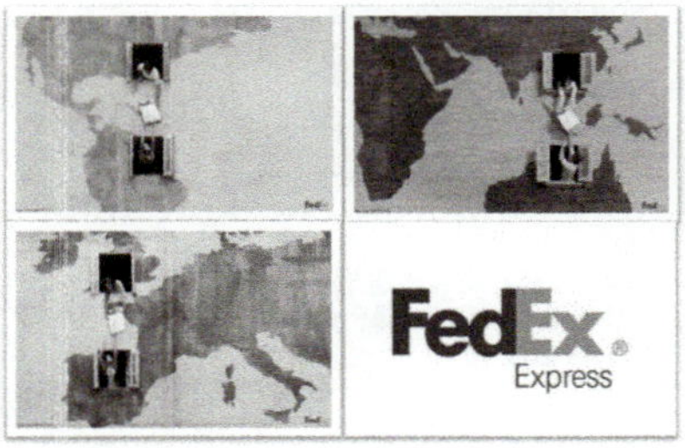

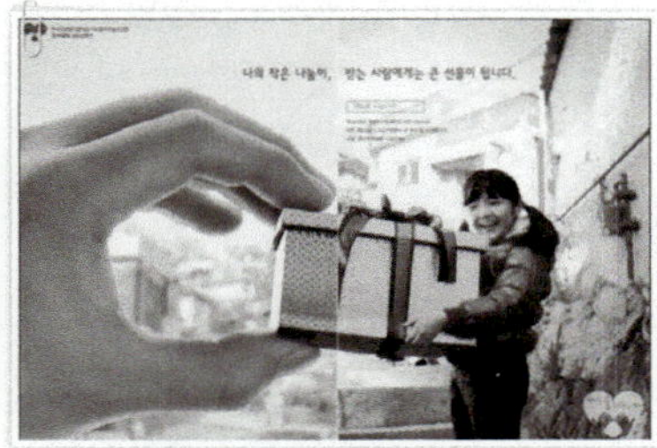

■ 착시현상을 활용한 상품과 광고

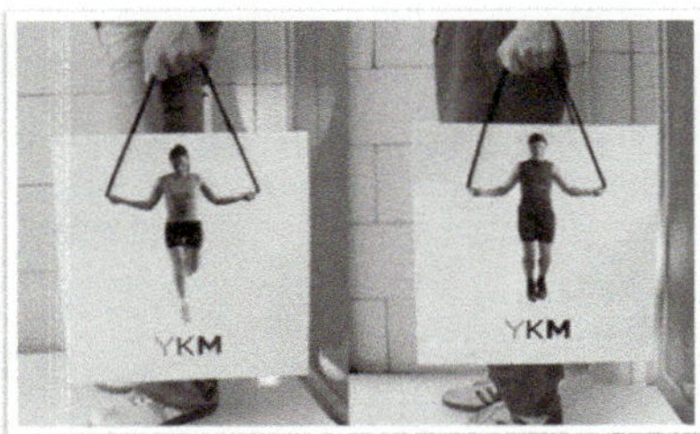

- 전달자가 AB의 의미를 전달하려 했으나, 수신자가 그것을 BC로 받아들였으면, B는 '이해(understanding)'된 부분이고 C는 '오해(misunderstanding)'된 부분이다.

출처: 나은영(2013), 행복 소통의 심리, 커뮤니케이션북스

■ 문제를 어떻게 바라보느냐?

▶ 인식의 문제 1. 어느 것에 집중하느냐?

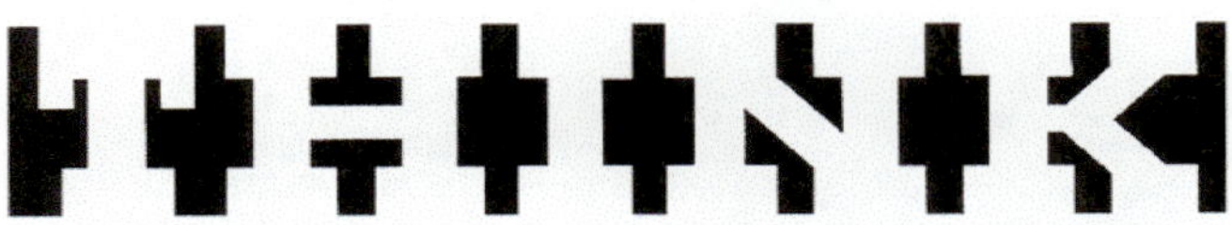

▶ 인식의 문제 2. 90도 회전

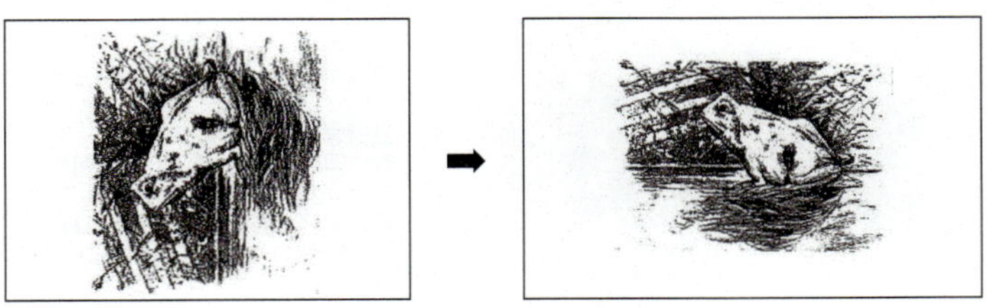

창의적 문제해결과 전략적 의사결정 과정 및 기법

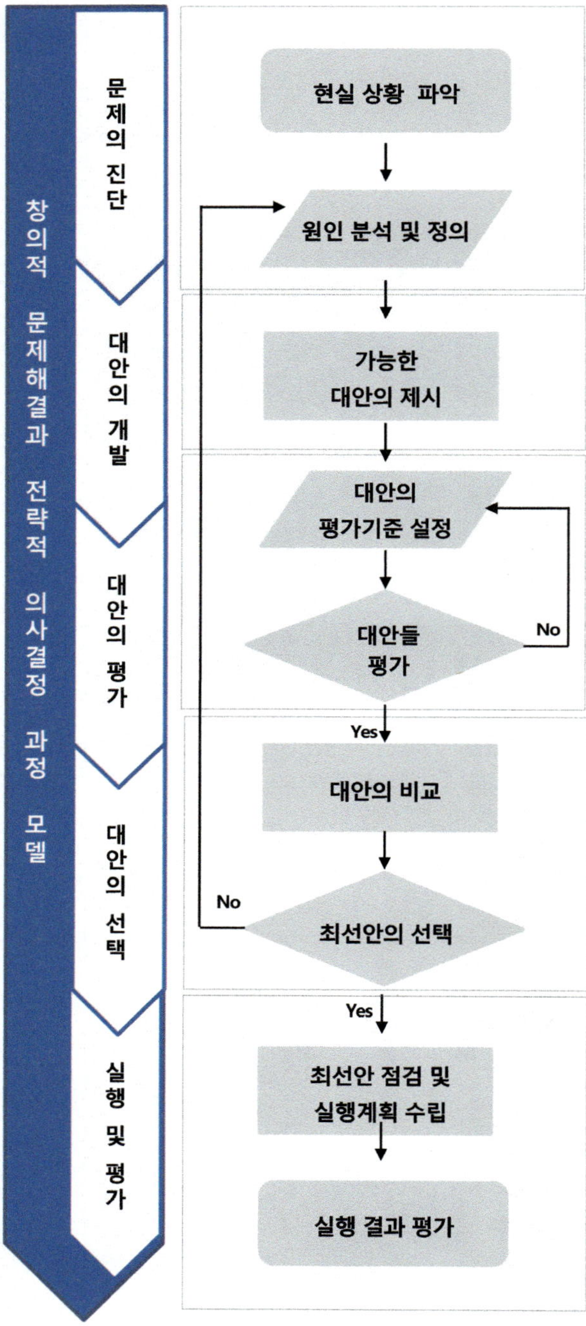

- **문제의 탐색기법**
  PEST모형/5 F's/레이더스크린/STP/SWOT/고객3불분석/KPI/3C(4C)/VRIO/7S 모형 등
- **문제의 원인 분석기법**
  Pareto/KT/5W1H/드릴다운/특성요인/인지기법/시스템다이어그램/Why-Why기법 등
- **문제의 정의기법**
  문제우선순위/Why-Method/가치나무/문제의 재정의/Duncker/목표지향법 등

- **대안 개발 자유연상법**
  브레인스토밍/브레인라이팅/수평적사고/인터뷰/CBS 등
- **대안 개발 강제연상법**
  체크리스트/스캠퍼/속성열거/결점열거(희망점열거)/형태분석/입출법/강제결합법 등
- **대안 개발 유추발상법**
  시네틱스법/NM법/고든법/페르미추정법 등
- **대안 개발 B/S & B/W 기타응용기법**
  역발상/만다라트/역설사고/겔러리기법 등

- **문제우선순위 및 민감도 분석 및 평가**
  심각성/투입시간 및 자원/투입인력 등
- **개별대안의 비교기법**
  하이라이팅/ALU&PMI/동인요소/장단점대조/2안비교/가중대조(그리드)/스티커투표/매트릭스(L, T, X형)기법/KJ기법/연과도법 등
- **최적안의 선택기법**
  비용편익분석/의사 결정모형(매트릭스-의사결정나무)/가정표면화기/2차원 그리드법 등

- **최선안 점검기법**
  What-If/목표 탐색/시나리오 분석/CATWOE/리스크 매트릭스/목표탐색/델파이/패널 동의/시뮬레이션/잠재적 문제분석/여섯 색깔 사고모자분석기법 등
- **실행계획 수립기법**
  간트 차트 /PERT&CPM/실행 체크 리스트/애로우다이어그램기법 등

- **실행결과 평가기법**
  정성적평가:고객만족도/성장/브랜드가치 등
  정량적평가: 재무제표/비율분석/BSC모형 등
- **실행능력 향상 및 피드백**
  창의적 팀 활동 및 대안의 실행 결과 개선
- **보고서 작성(프레임워크사고)**
  MECE/매트릭스/Logic Tree/ 피라미드법 등

❖ 창의적 사고 기법들은 반드시 해당 단계에만 적용되지 않으므로 의사결정 단계와 상황에 맞춰 적절히 활용

제11장 실행계획 수립

1. 최선안의 실행계획 수립 이해
2. 실행계획 수립기법

최적의 대안을 마련해도 아무것도 행동으로 옮기지 못한다면 의미가 없다. 경쟁력은 실행에 옮기는 능력에 좌우될 만큼 '실행능력'은 개인과 조직의 모든 부분과 연관된다. 경쟁자가 모방할 수 없는 기술과 노하우를 확보하고 있어도 이를 실행에 옮길 수 있는 조직이 구축되어 있지 않으면 경쟁우위를 지속시키기 어렵다. 그러므로 최적안에 대한 점검이 완료되면 먼저, 실행의 체계를 구축하고 최적안 실행 범위를 검토해야 한다. 최적안이라고 해서 반드시 결과도 최적의 상태로 도출되는 것은 아니기 때문에 준비를 체계적으로 진행해야 한다. 그리고 의사결정자와 실행에 참여할 추진조직을 구축되면 대안의 실행내용이 상세히 기록된 표(sheet)를 만들고 계획 내용을 검토한다. 추진조직도에는 실행에 참여하는 범위와 참여자의 역할 등을 구체적으로 명시한다.

다시 말해서 아무리 좋은 대안이어도 의사결정을 추진하는 책임자, 팀의 구성, 추진전략(사업계획서) 수립 등 실행을 위한 프로세스의 단계별 계획을 수립해야 한다. 실행계획은 최적안으로 선택된 대안을 '왜', '언제', '어디서', 누가', 그리고 '어떤 방법'으로 실행할 것인지를 구체적으로 계획하지 못하면 아무리 좋은 대안이라도 의미가 크게 퇴색된다.

따라서 제11장에서는 지금까지 문제해결을 위한 과정을 어떠한 형태로 실행에 옮길 것인지 그리고 어떻게 수행할 것인지의 실행계획을 명확히 수립하는 방법의 하나로 간트 차트나 PERT/CPM 등과 같은 기법을 소개한다. 그리고 실행능력을 향상시키는 방법은 제13장에서 자세히 다룬다.

학습 목표

1. 최선안의 실행계획 의미를 이해한다.
2. 실행계획 수립과정과 활용기법의 종류 및 특징을 이해한다.
3. '간트차트', 'PERT/CPM' 기법 등을 습득하고 실제 활용해 본다.

1. 최선안의 실행계획 수립 이해

1) 최선안의 실행계획 의미

'실행계획'은 최적안으로 선택된 대안을 '왜', '언제', '어디서', '누가' 그리고 '어떤 방법'으로 실행할 것인지를 계획하는 것이다. 앞서 제시한 최적안의 검증단계에서 합리적이고 체계적인 방법을 거쳐 최적의 대안이 결정되면, 의사결정자는 최적해를 어떻게 실행해 나갈 것인지 설명해야 한다. 아무리 훌륭한 대안이라도 실행에 옮길 수 있는 '실행능력'이 뒷받침 되지 않으면 무용지물이기 때문이다. 더구나 최적안의 실행은 각 문제 상황의 독특한 성격과 밀접한 관계가 있는 만큼 의사결정자는 신중히 검토하고 평가하여 문제가 발생되면 피드백을 통해 선택안에 대한 재검토가 이루어지도록 해야 한다.

그러므로 실행계획의 수립 시 의사결정자는 [그림 11-1]과 같이 먼저, '실행목표'를 명확히 하고 '실행범위'를 고려하여 기업(조직)이 '보유한 가용자원'(인적자원과 물적자원 등)을 실행 계획에 반영해서 수립해야 한다.

그림 11-1 실행계획 수립 내용 및 프로세스

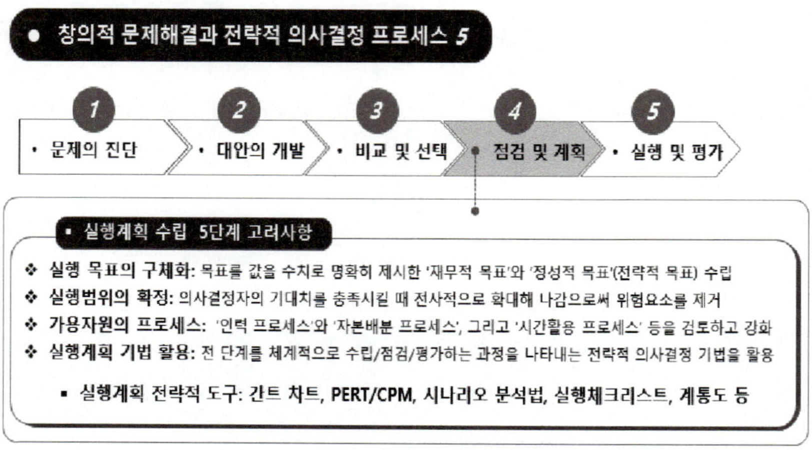

특히 '실행목표'와 '실행범위'를 구체화하고 실행을 위한 철저한 계획과 운영은 실행 능력을 뒷받침하는 중요한 요소이므로 최적안을 실현할 수 있는 조직 내의 가치사슬의 역량을 집결시켜 추진조직의 실행능력이 발휘되도록 책임자(의사결정자)는 리더십을 발휘해야 한다.

2) 실행계획 수립과정

실행계획의 수립은 최적안을 실무 또는 현장에 적용하기 위해 수립과정과 실행체제를 구축하고 평가 및 점검하는 과정인 만큼 계획수립 시 최적의 대안을 실행에 옮길 책임자와 추진조직을 선정하고 계획 출발시점에서 종료 시까지 최선안의 실행 시 발생될 수 있는 모든 내용을 고려했는지 마지막 점검을 해야 한다. 실행계획 수립의 과정은 크게 4단계로 나누어 세우게 된다.

① 1단계-실행목표 점검

최적안으로 결정된 과제를 실행에 옮길 계획을 수립할 때는 우선적으로 '실행목표'를 점검해야 한다. '실행목표'는 보통 전략적 목표와 재무적 목표로 나누어 수립하게 된다. '계량화 목표'(달성해야 할 목표를 값을 수치로 명확히 제시한 '재무적 목표')와 '정성화 목표'(수치로 나타내지는 못하지만 조직원이 달성할 수 있도록 수립하는 '전략적 목표')로 구분해 수립한다.

목표를 구체적으로 나타내는 것은 실행 결과를 평가할 때 역시 달성여부를 두 가지 지표를 기준으로 평가하기 때문이며, 목표가 구체적이어야 실행도 구체적이기 때문이다. 예를 들어 '자사제품의 특정 성능을 경쟁사의 것보다 더 뛰어나게 만들라'는 것처럼 계량화하지는 않았지만 명확한 목표로 구체화된 것들이다. 목표 수립 시 유의할 점은 가능한 목표는 종업원들이 자발적으로 수행하고 달성하는 동기를 부여해야 하므로 전통적인 목표수립 방식의 문제점을 극복하기 위해 개발된 '목표관리'(management by objectives, MBO)와 같은 방식을 적용한다. 따라서 좋은 목표는 측정가능하고 정량적이며, 동기부여를 위한 정성적 표현도 활용하고, 추진 일정이 명확하고 모든 조직원이 인식하고 지속적인 소통을 통해 적극적으로 참여할 수 있게 한다.

② 2단계–실행범위의 결정

다음으로 '실행 범위의 점검'을 통해 최적의 대안을 어디까지 반영할 것(단계적으로 현장에 적용하는 방법)인가를 모색한다. 문제점 개선, 기대이익 및 매출 창출, 고객과의 문제 해결 정도 등 의사결정자가 요구하는 바를 충족시키는 결과를 도출했을 때 전사적으로 확대해 나감으로써 위험요소를 제거한다. 따라서 실행계획 수립 시 가용자원의 배분문제와 실행범위를 분석한 자료가 반영되도록 한다. 예컨대 고객이 서비스센터 방문 시 대기시간이 길어 불만이 급증하는 문제에 대한 대안으로 대기 번호표 기기 설치를 할 경우 기업의 모든 지점에 설치할 것인가, 아니면 부분적으로 선택해 설치할 것인가 등에 대해 신중히 판단하고 결정해야 한다. 최적의 대안이 반드시 최대의 결과를 제공하지도 않고 철저히 점검한 대안이라도 실행 과정에는 예측하기 어려운 변수가 항상 존재하기 때문이다.

③ 3단계–실행 프로세스의 점검(실행 책임자와 추진조직 구성)

실행목표와 실행범위가 결정되면 투입되는 '자원의 가용성'을 검토한다. 기업의 자원 중 투입비용(예산), 가용인력, 시간, 전략 등을 계획 단계에서 철저히 살펴본다. 실행은 이러한 모든 요인과 연관되어 있고 이를 통해 최적의 결과를 도출해 낼 수 있으므로 이러한 자원을 효율적으로 운영하는 프로세스가 바로 '실행능력'이다.

더구나 문제가 복잡하고 클 경우엔 대안을 도출하는 과정도 복잡하고 시간이나 비용 등 자원이 많이 소요되므로 최적안을 실행할 때 역시 신중하게 적용할 필요가 있다. 더구나 최적안이라고 해서 반드시 결과도 최적의 상태로 도출되는 것은 아니기 때문이다. 그러므로 먼저, '가용자원의 활용'에 있어서 '인력 프로세스'와 '자본배분 프로세스', 그리고 '시간활용 프로세스' 등을 검토하고 강화시킨다. 무엇보다 '실행능력'은 추진 인력이 풍부해야 하고 실행문화가 정착되어 있어야만 적극적으로는 참여하기 때문이다. 그리고 현금흐름과 수익 및 매출 등 자본의 배분과 우선순위와 실행시기 및 기간 등을 효율적으로 운영하는 프로세스를 구축해야 한다.

그리고 실행을 책임질 의사결정자와 최적안의 실행을 계획, 관리, 운영하는 추진조직을 구성해야 한다. 제13장 '실행능력 향상'에서도 소개할 내용이지만, 목표달성을 위한 '실행능력'을 배가시키기 위해서는 실행 책임자는 계획수립에서 실행결과 평가까지를 철저하게 관리 감독해야 하므로 실행조직에 대한 리더십을 발휘할 수 있어야 한다.

또한 실행조직의 인력은 목표 달성에 적극적으로 참여하는 의지와 태도를 갖추어야 한다. 물론 최적의 결과물에 대한 보상은 반드시 공지하고 추진 조직 인력이 인지하고 있어야 한다. 실행을 책임질 의사결정자와 실행에 참여할 추진조직이 구축되면 대안의 실행내용이 상세히 기록된 표(sheet)를 만들고 계획 내용을 검토한다. 추진조직도에는 실행에 참여하는 범위와 참여자의 역할 등을 구체적으로 명시한다. 만약 실행업무가 프로젝트의 경우 필요 시 대안별 실행체제를 구축 한다.

④ 4단계-실행계획 기법 활용

1단계에서 3단계까지 점검이 끝나면 앞의 모든 단계를 체계적으로 수립하고 점검하고 평가하는 과정을 잘 나타내는 전략적 의사결정 기법을 활용한다. 실행력을 높이기 위해서는 '실행체제의 구축'에서 '진행과정 점검 및 평가'까지 모든 단계에서 사소한 부분도 놓치지 않도록 구체적으로 기록하고 점검해야 한다. 뿐만 아니라 〈표 11-1〉의 실행계획을 위한 '활동계획표'와 〈표 11-2〉의 '진행과정 점검표'를 만들어 추진조직에 대한 엄격한 통제와 역할 및 권한을 부여해 책임감을 갖도록 유도해야 한다. 실행계획을 위한 전략적 도구로 가장 대표적인 기법으로는 간트 차트, PERT/ CPM, 시나리오 분석법, 실행체크리스트, 계통도 등이다. 그리고 실행계획 수립 시 유의해야 할 사항은 먼저, 추진일정을 시작과 완료일을 명확히 하고 관리하여야 한다. 그리고 실행 초기에는 실행이 쉽고 시급한 것 등 우선순위를 정해 실행에 옮기도록 한다. 실행 여부는 정확히 평가하여 제대로 실행이 되지 않는 부분을 개선하고 원인을 찾아 재발을 방지하는 노력도 해야 한다.

〈표 11-1〉 실행계획 수립표

최적안	활동	담당자	추진일정								비고
			1.1	6	10	15	20	25	30	2.5	
A. 조립라인의 형태 변경	1. 라인 특성 분석 2. 분석 결과 정리 3. 라인의 효율성 관리 및 확인	김한국 차도녀 박겨레	→ →	 →			 →				
B.	1.	나국민									

〈표 11-2〉 실행계획 점검 및 평가계획

최적안	활동	담당자	피드백	점검(Monitoring)						비고
				D10	D20	D30	측정	방법	달성	
A. 조립라인의 형태 변경	1. 라인 특성 분석 2. 분석 결과 정리 3. 라인의 효율성 관리 및 확인	김한국	프로젝트팀	1.10						
B.	1.	나국민								

최종 선택된 대안이 성공적으로 달성될 수 있도록 계획하고 검토하는 역할을 도와주는 기법으로는 간단하고 사용하기 쉬어 생산활동의 일정계획과 통제에 가장 널리 사용되는 간트 차트(Gantt chart), 네트워크(network)가 있다. 그리고 프로젝트 진행 과정을 관리하고 통제하는 PERT/CPM, 실행 체크리스기법(implementation checklist), 비상상황계획 기법(contingency planning), 계통도법 등이 있다.

또는 실행에 앞서 의사결정자는 롤 플래닝, 심리극, ST 등과 같은 '행위계획을 위한 사고기법'을 활용하여 실제 활동이나 적용에서 발생되는 위험과 문제점을 찾아내고 효과적으로 계획하고 관리할 줄 아는 능력과 적극적인 참여를 유도하기도 한다.

이 가운데 현장에서 가장 많이 활용되고 있는 기법은 〈표 11-3〉과 같다.

〈표 11-3〉 최선안의 실행계획 기법 종류와 특징

실행계획 기법	특징	적용분야
간트 차트 (Gantt Chart)	프로젝트 일정계획 및 진척도 평가 툴로서 과제의 수많은 업무에 특별한 시간을 배분하는 가장 일반적인 기법	경영혁신추진계획, 해외시장 개척, 신규공장건설, 신제품 개발, M&A 등
PERT & CPM	네트워크를 활용한 기법 중 가장 대표적인 것으로 프로젝트를 효과적으로 수행할 수 있도록 네트워크를 이용하여 일정, 노력, 비용, 자금 등과 관련시켜 계획하고 관리하는 기법	경영혁신추진계획, 해외시장 개척, 신규공장건설, 신제품 개발, 새로운 시스템의 구축 등
실행체크리스트 (Implementation Checklist)	대안을 실행하는 과정에 영향을 줄 수 있는 요소들을 중심으로 체크리스트를 만든 후, 체크리스트를 이용해서 대안의 타당성을 분석하고, 추진 과정에 발생할 수 있는 위험을 줄이는 기법	경영혁신추진계획, 해외시장 개척, 신규공장건설, 신제품 개발, M&A 등
계통도법	원인 분석 후 해결해야 할 문제가 정의되면 결정된 문제를 해결하거나 목표를 실현하기 위한 최적의 수단과 방법을 추구하는데 이용되는 기법	업무 프로세스 개선, 문제점 개선 방안, 신규 프로그램 적용 및 도입 방법 등

2. 실행계획 수립기법

1) 간트 차트

(1) 개념 및 특징

간트 차트(Gantt chart, 간트 도표)는 미국의 헨리 간트(Henry L. Gantt)에 의해 개발 된 프로젝트 일정관리를 위한 바(bar)형태의 도구이다. 특정업무의 시작에서 완성할 때 까지 소요되는 시간을 막대그래프로 표시하여 전체일정을 한눈에 볼 수 있다. 그러나 각 업무(activities) 사이의 관련성을 명확하게 보여주지는 못하는 단점이 있다.[1] 간트는 공장에서 기계운영계획을 조직화하였던 사람으로서, 그는 생산과정에서 기계들이 가동시간을 높이기 위해 일종의 관리기법을 창안하였다. 이 기법은 공장에

1) 최초의 간트 차트는 카롤 아다미키(Karol Adamiecki)가 하모노그램(Harmonogram)이라는 이름으로 고안하였다. 아다미키는 1931년까지 이것을 발표하지 않았기 때문에 결국 헨리 간트(Henry Gantt)의 이름이 붙게 되었다. 헨리 간트는 자신이 고안한 차트를 1919년 엔지니어링 매거진(The Engineering Magazine)에 "Work, Wages and Profit"이라는 제목으로 발표하였다.

서 뿐만 아니라 다른 조직관리에도 적용될 수 있고, 사용이 간편하기 때문에 가장 오래 동안 널리 사용된 방법이다.

1980년대에 들어서 개인용 컴퓨터를 써서 간트 차트를 쉽게 만들 수 있게 되었고 이러한 응용 프로그램은 프로젝트 일정관리에 주로 사용되었다. 1990년대 후반에서 2000년대까지 간트 차트는 협업 소프트웨어 등 웹 기반에서 가장 흔한 차트가 되었다. 오늘날, 간트 차트는 일반적으로 추적 프로젝트 일정에 많이 사용된다. 이는 작업이 서로 어떻게 진행되고 있는지를 알 수 있게 한다. 예를 들어, 프로젝트의 다양한 작업 또는 단계에 대한 추가정보를 표시할 수 있고, 각 작업이 얼마나 진행되고, 어떻게 지원하는지 등을 알 수 있게 한다.

현재는 간트 차트가 널리 쓰이는 기술이 되었지만, 처음 나왔을 때에는 획기적인 기술이었다. 간트를 기념하기 위해 경영·서비스 분야에 공헌한 이에게 헨리 로런스 간트 메달을 수여한다. 프로젝트 또는 선택된 대안을 언제 시작하고 종료되는지에 대한 일정을 다양한 형태(막대도표나 기호)로 변경하여 사용이 가능하기 때문에 시각적으로 파악할 수 있고, 대안을 실행(진행)하는 동안 목표를 달성하지 못할 때 이유와 기간을 파악할 수 있다.

그리고 진행하는 과제나 사용자 그리고 경로 등에 대해 관리가 가능하다는 점이 특징이다. 반면 간트 차트는 다음과 같은 단점을 가지고 있다. 경로표시가 어려워 상황변화에 대한 변경이 어렵다. 뿐만 아니라 일정계획에 있어서 정확성이 떨어져 처리과정의 문제점이 명확하게 드러나지 않고, 총소요시간을 정확히 예측하기 어려울 뿐만 아니라 프로젝트 세부 항목(작업) 상호간의 유기적인 관계가 명확하지 않다는 점이다.

(2) 구성요소 및 적용방법

간트 차트 요소는 [그림 11-2]와 같이 수평란, 수직란, 결과도이다. 수평란(시간축)에는 적합한 시간의 척도를, 수직란에는 계획에 따른 실제작업량, 수용능력, 필요한 자원 등과 같은 활동의 목록을 그리고 결과도에는 수행되어야 할 일이나 수행된 일들을 막대도표의 형식으로 표시한다. 그리고 위치 및 바 길이는 활동의 시작 날짜, 기간 및 종료 날짜를 반영하여 한 눈에 볼 수 있도록 한다.

[그림 11-2]에서 5월의 말경 ▼ 표시는 검사일을 의미하며, 4. 마케팅전략 수립의 경우는 ⓒ로 표시되어 있는데 이것은 준비를 위한 대기로 인하여 작업을 진행하지 못하고 있음을 의미한다. 이 밖에도 생산현장에서 작업이 진행되지 못하고 있는 이유를

나타내는 부호는 다음과 같은 것이 이용된다.

- ⓜ : 자재가 부족하기 때문에(material)
- ⓔ : 준비를 위한 대기 때문에(ready)
- ⓗ : 노동력이 부족하기 때문에(hand)
- ⓞ : 작업명령서가 없기 때문에(order)
- ⓟ : 동력이 부족하기 때문에(power)
- ⓡ : 수리 때문에(repair)
- ⓣ : 공구가 부족하기 때문에(tool)
- ⓥ : 휴일 때문에(vacation)

그림 11-2 간트 차트 활용도

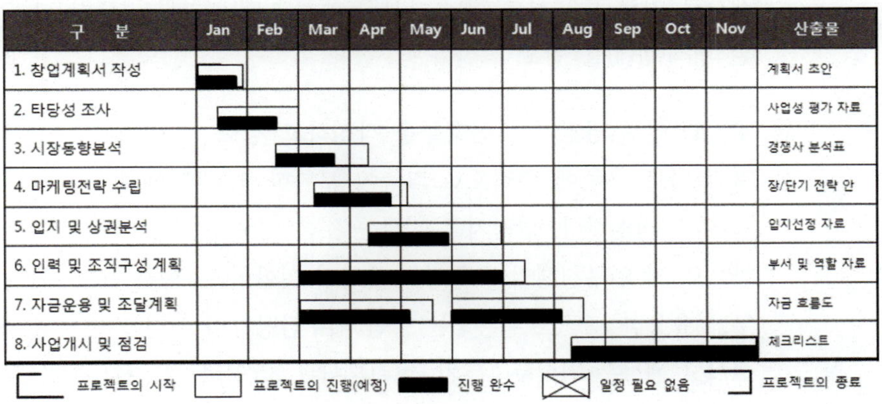

간트 차트는 업무를 단위업무로 분해하고, 일의 진행되는 절차대로 나열한 후, 일정계획을 수립하고, 담당자를 두는 방식으로 작성하게 된다. 간트 차트의 작성 방법은 다음과 같이 4단계를 거친다.

① 1단계-업무를 단위업무로 분해

조직에서 업무는 규모가 클수록 매우 복잡하고 다양한 유형으로 업무가 나누어져 있다. 그러므로 간트 차트를 작성하기 전에 하나의 업무를 여러 가지 단위업무로 분해하는 절차가 이루어져야 한다. 새로운 사업을 추진하는 경우에도 갑작스럽게 의사결정이 내려져서 당장 실행에 옮기지는 않는다. 사업 개시일은 적어도 몇 개월 후가 되므로 이러한 시점에서 앞으로 해야 할 다양한 일들을 나열해 볼 수 있다. '시장조사를 통한 정보수집', '사업을 진행하는 담당자 설정', '사업의 타당성 조사', '제품 및 서비스 전략 수립' 등 다양한 업무로 나열될 수 있다.

② 2단계-일의 진행절차를 순서대로 나열

추진해야 할 업무를 단위로 분해했다면, [그림 11-2]에서처럼 수직란에 일의 순서대로 나열한다. 일을 순서대로 나열하는 것은 일의 중복이나 누락을 사전에 예방하고 업무의 절차를 한 눈에 파악할 수 있게끔 하기 위함이다.

③ 3단계-일정계획을 수립

일의 진행절차를 나열한 후에는 구체적인 일정계획을 수립하고 막대도표의 형식으로 가로로 표시를 한다. 막대도표로 나타낼 때는 [그림 11-2] 하단에 표시된 형식(범례)을 참고로 한다.

④ 4단계-업무 담당자와 산출물을 작성하고 검토

간트 차트 우측에 수직으로 좌측에 분류한 업무에 해당하는 결과물이나 담당자를 미리 작성한다. 담당자를 정하는 것은 업무가 진행되는 동안에 책임을 명확히 함으로 써 업무진행의 효율성을 높이기 위함이다. 특히 간트 차트는 프로젝트 업무에 유용한 도구로 활용되는 만큼 업무담당자의 책임을 명확히 하는 것이 좋다. 그리고 예산을 적어둔다든지, 협력부서를 적어두는 등으로 확장해서 간트 차트를 작성할 수 있다. 예를 들어 간트도에 의한 프로젝트 일정계획은 〈표 11-4〉와 [그림 11-3]과 같이 나타낸다.

〈표 11-4〉 신제품 시생산을 위한 프로젝트 활동 내용

활동	내용	활동일(시간)	직전 선행 활동	산출물
A	제품 설계	3	-	개발팀/김대리
B	중간조립품 X 제작	3	A	생산1/이대리
C	중간조립품 Y 제작	5	A	생산1/이대리
D	중간조립품 X 시험	3	B	검사1/박과장
E	중간조립품 Y 시험	2	C	검사2/최사원
F	최종조립	4	D, E	조립1/이대리
G	시험작동	1	F	생산,조립/우팀장

그림 11-3 신제품 시생산을 위한 프로젝트의 간트 차트

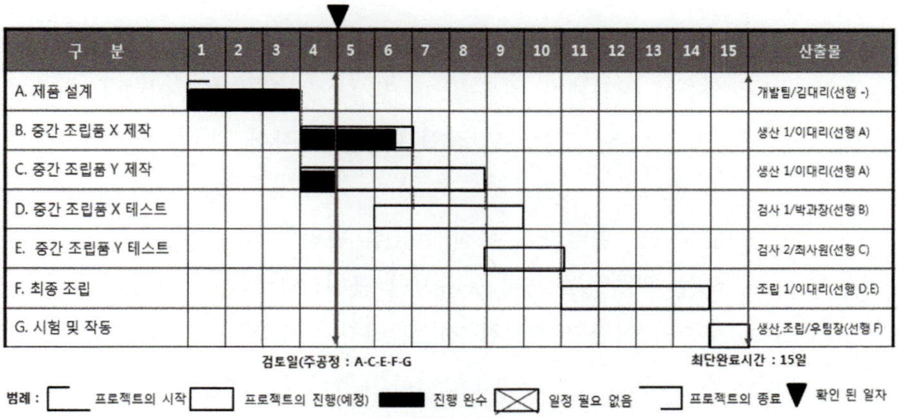

(3) 활용사례 및 장 · 단점

간트 차트를 이용하여 어떤 다양한 활동이 시작하고 끝날 때를 파악한다. 그리고 얼마나 활동이 다른 활동과 중복이 어느 정도이고, 그 중복은 어디에서 나타나는지를 살펴본다. 간트 차트는 업무관리에 있어 매우 실용적인 도구이며 간트 차트의 실용성은 업무 일정계획에 있어서의 효율성과 업무일정 통제의 효용성으로 나누어진다. 즉 일정의 계획과 통제에 있어 매우 유용한 차트이기 때문에 대안을 실행하고 평가할 때 유용한 도구로 활용된다. 간트 차트의 장점과 단점을 정리하면 다음과 같다.

① 간트 차트의 장점

- 자원의 실제 또는 계획된 사용을 '시각에 의한 관리'를 함으로써 개괄적 파악이 용이하다.
- 사용이 간편하고 비용이 적게 든다.
- 작업의 성과를 작업장별로 파악할 수 있고 해결방안에 대한 실행과정을 점검(monitoring)할 수 있다.
- 다수의 일정계획 활동들을 시행착오 일정 수립을 통해 수정 및 보완 등 조정할 수 있다.
- 부하도표(load chart)를 통해 작업장별 할당이나 유휴시간을 파악할 수 있고,

일정계획도표를 통해 전진 및 후진 일정계획을 수립하여 효율적인 작업할당이 가능하다.

② 간트 차트의 단점

- 상황이 변하거나 변동될 때 일정을 수정하기가 어렵다.
- 프로젝트 규모가 크고 작업 활동이 복잡한 경우에는 정성이 떨어져서 적합하지 않다.
- 문제점을 파악하여 사전에 중점 관리할 수 없다.
- 작업 활동 상호간에 유기적인 관련성을 파악하기 힘들다.
- 예측이 어렵고 정확한 진도관리가 어렵다.

2) PERT/CPM

(1) 개념 및 특징

PERT(Project Evaluation and Review Technique)와 CPM(Critical Path Method)은 네트워크를 이용하여 프로젝트와 대안의 실행 및 진척 과정을 통제하는 데 활용되는 가장 대표적인 기법이다. PERT는 미 해군에서 폴라리스 무기시스템(Polaris weapons system)의 종합계획관리를 목적으로 1958년에 개발된 것으로 확률적인 작업소요시간을 기초로 LOB(Line of Balance),[2] 간트 차트 및 마일스톤 차트 등을 보다 발전시킨 시스템이다. PERT 기법은 원래 프로젝트를 시간적으로 관리하는 것을 목적으로 개발되었으나 1962년 미국방성과 NASA(미국항공우주국)가 합동으로 비용의 절감도 동시에 고려하는 기법으로 개량하였다. 그리고 CPM은 1957년 미국 듀퐁 회사에서 공장건설 및 설비보전에 소요되는 자원(자금, 노력, 시간, 비용 등)의 효율성 향상에 주안점을 두고 개발한 것으로 프로젝트를 구성하는 각 작업의 확정적 시간치를 기초로 하여 분석하는 기법이다.

1957년과 1958년에 걸쳐서 개발된 두 기법은 사용 목적이나 모형의 수립과정상 약간의 차이는 있지만 네트워크의 기본 원리는 대체로 같아 이들 양자를 총괄해 PERT/CPM으로 불린다. PERT/CPM은 비반복적인 대규모 공사와 프로젝트, 새로운 시스템의 구축, 공장 및 해외 시장 개척 그리고 신제품 개발 등에 널리 활용된다.[3]

---

2) 공정관리나 일정관리의 계획 및 통제용 기법으로 간트 차트와 PERT/CPM의 중간 형태의 것으로 2차 대전 중 미해군에서 개발되었다.

(2) 적용방법

① 네트워크의 구성요소

PERT/CPM 기법을 활용할 때 프로젝트관리에서 선행되어야 할 업무는 이들 요소 간의 상호관계를 나타내는 네트워크 작성이다. 네트워크는 PERT/CPM 기법의 중심을 이루는 내용으로 단계(event) 및 실행활동(activity)의 상관관계를 보여주는 체계적인 도표이다. 그러므로 PERT/CPM 기법을 이해하기 위해서는 네트워크 구성요소를 인지하고 있어야 한다. 이 기법의 단계와 활동에 대한 구체적인 내용을 살펴보면 다음과 같다.

(가) **단계(event):** 단계는 활동을 수행함에 있어서 그 활동의 개시나 완료를 표시하는 시점을 말하며 그 표시는 ○으로 한다. 또한 활동의 개시나 완료의 시점을 나타내기 때문에 자원의 낭비나 소비를 나타내지 않고 길이도 갖지 않는다. [그림 11-4]에서 ①의 단계에서 ③의 단계까지 활동 X, Y로 연결되어 있으며 이 X,Y 를 중심으로 한 단계 ①-②, ②-③에서 ①은 ②의, ②는 ③의 선행단계(beginning event ; i)가 되며, ②는 ①의, ③은 ②의 후속단계(ending event; j)가 된다. 따라서 [그림 11-5]와 같이 단계는 전체공정에서 최초의 단계(initial event)와 최후의 단계(terminal event)를 제외하고는 선행단계와 후속단계를 겸하게 된다.

그림 11-4 Network에서 단계(Event)

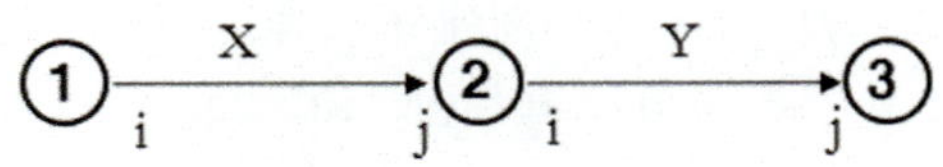

3) PERT/CPM은 '애로우 다이아그램'(arrow diagram), '화살도표', '네트워크도' 등으로도 소개되어 문제해결을 위해 필요한 수단을 시간적인 순서에 따라 종속관계의 형태로 표시한 네트워크로 나타낸 것이다.

그림 11-5 선행단계(Beginning Event)와 후속단계(Ending Event)

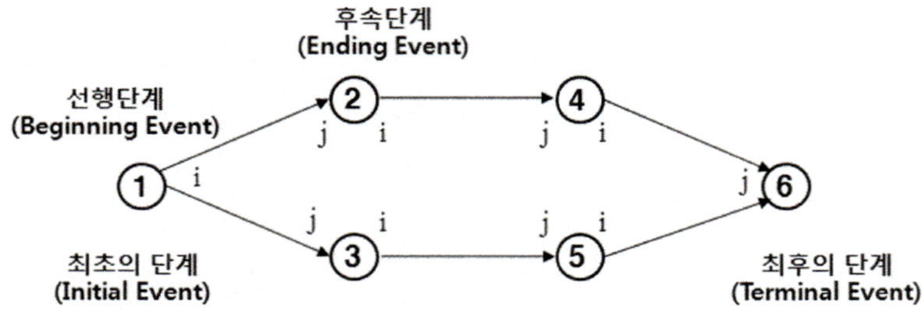

또한 단계에서는 여러 개의 활동이 하나의 단계로 모이는 경우가 발생하며, 하나의 단계에서 여러 개의 활동이 분리되어 나가는 경우가 발생하며 전자의 경우 그 단계를 합병단계(merge event)라 하며 후자를 분기단계(burst event)라고 한다. [그림 11-5]에서 보면 ①의 단계가 분기단계가 되며, ⑥의 단계가 합병단계가 된다. 단계의 특성을 요약하면 다음과 같다.

- 작업이나 활동의 개시나 완료를 의미하는 점이다.
- 시간 · 인력 · 비용 등을 전혀 소비하지 않는 점을 나타낸다.
- 각 활동(activity)은 고유의 선행단계(i)와 후속단계(j)를 가지며 i 〈 j의 관계가 이루어져야 한다. 이 관계가 이루어지지 않는 경우는 혼돈현상(loop)이 발생하게 된다.

(나) **활동(activity):** 하나의 단계에서 다음 단계로 시간, 인력, 자원 등을 소비하며 작업을 수행하는 과정을 말한다. 이 활동은 그림으로 나타낼 때 →로 나타내며 [그림 11-6] (a)에서 보면 단계 ①-②, ①-③, ②-④, ③-⑤, ④-⑥, ⑤-⑥ 사이의 작업을 수행하는 활동 A, B, C, D, E, F에 시간, 자원, 인력의 개념을 도입하는 것이다. 이때 각 요소의 표시는 [그림 11-6] (b)과 같이 투입요소의 필요 소요량을 표시하는 것이다.

그림 11-6 네트워크 활동 요소 표시

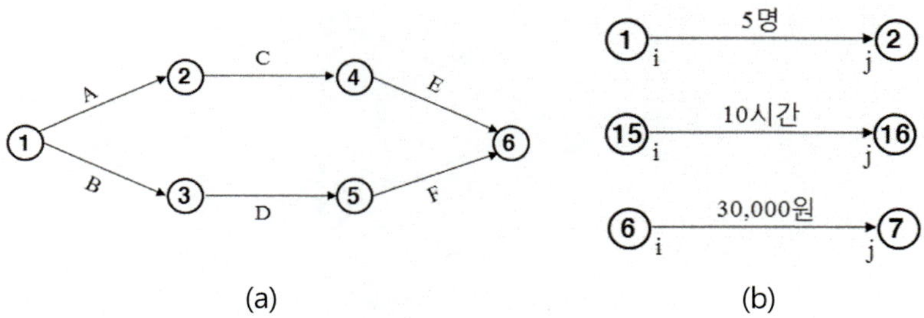

즉 단계 ⓘ-ⓙ의 달성을 위하여서는 소비되는 인력, 시간, 비용이 각각 5명, 10시간, 30,000원임을 의미하는 것이다. 이상과 같은 활동의 내용을 종합하여 요약하면 다음과 같다.

- 각 활동은 항상 선행단계와 후속단계 사이에서 존재한다.
- 활동은 각 단계를 중심으로 하여 완료됨과 동시에 활동의 시작을 의미한다.
- 활동은 한 구간(2개의 단계 사이에)에 1개 이상 존재하지 않는다.

이 같은 활동과 단계를 이용하여 작업의 진행을 원과 화살표로 그려 나가는 네트워크는, 그 작성순서와 방법에 있어서 정확하게 표시되어야 하며, 유의사항은 다음과 같다.

- 전체계획을 보다 효과적으로 전후관계로 표시하여 나타내도록 노력하여야 한다. 즉 합리적으로 표시하여야 한다.
- 수립된 계획을 효율적으로 관리·통제하기 위하여 관리자는 계속적인 관리를 행하여야 한다(계획의 변경을 적절히 수정해 나가는 작업이다).

(다) **명목상 활동(dummy activity):** 앞에서 활동(activity)이란 항상 제자원의 소비를 나타내는 크기를 취한다고 하였으나, 활동 중에는 시간이나 자원을 전혀 소비하지 않는 활동이 있으며 이것이 명목상의 활동인 것이다. 이 명목상의 활동은 점선화살표 ⇢로서 표시 된다. [그림 11-7]에서 보면 단계 ②-③ 사이에는 실제 어떤 일이 이루어지지 않지만 다만 활동 D를 제약하기 위하여 표시되는 활동기호이다.

그림 11-7 명목상의 활동(dummy activity)

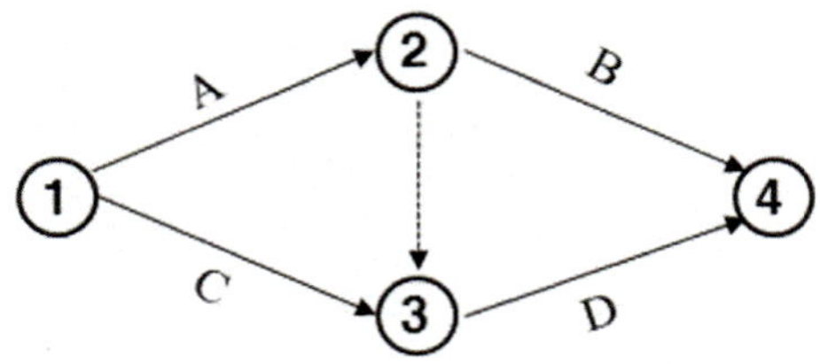

이 명목상의 활동은 두 개의 단계 사이에는 1개 이상의 활동이 존재할 수 없다는 원칙을 보완하고자 할 때에 이용된다. 즉 [그림 11-8] (a)에서는 단계 ①-② 사이에 A, B 2개의 활동이 표시되어 있기 때문에 틀린 경우이며, 이것을 명목상의 활동을 사용하여 나타낸 것이 [그림 11-8] (b) 이다.

그림 11-8 명목상의 활동(dummy activity) 의 원칙

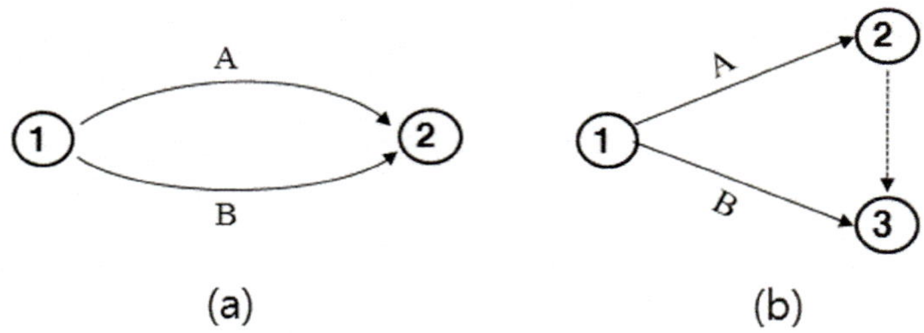

② 네트워크의 작성원리

작업이나 계획된 내용을 네트워크로서 표시하고자 할 때는 업종이나 업무의 내용에 따라서 각기 특색이 있지만 다음과 같은 기본원리에 의거하여 작성된다.

㉠ 계획된 내용의 업무를 정확하고 일목요연하게 구분한다.
㉡ 구분된 작업의 선후관계를 파악하여 작업순으로 활동과 단계로 구분한다.
㉢ 활동과 단계가 구별되면 이에 따라서 네트워크 다이아그램(network diagram)을 그리고 각 활동과 단계의 명칭과 소요값의 크기를 기입한다.

이렇게 작성된 network(계획공정도)는 관리의 전체적인 유효성의 증대를 위하여 작업을 수행함에 관련된 모든 부서의 담당자가 전원 참여하게 작성되고, 계획의 수립에 있어서 관련된 정보를 가급적 정확하게 수집·분석하여 목표를 보다 효율적으로 달성시키도록 노력한다.

③ 네트워크 작성원칙

네트워크 원리를 이용하여 계획된 업무를 도식화할 때 준수해야 할 기본원칙은 다음과 같다.

(개) **연결원칙:** 네트워크에서 모든 단계나 활동은 좌에서 우로 한쪽 방향으로 진행되어야 한다. 활동을 나타내는 화살표가 좌에서 우로 행하여진다면 혼돈현상이 발생하게 된다. 혼돈이 발생되면 네트워크의 작성은 실패하게 되며 [그림 11-9]에서 보면 단계 ②-④, ④-⑤에서 활동을 나타내는 화살표가 우에서 좌로 행하기 때문에 작업의 완성을 이룰 수가 없다. 이 같은 활동 B, C, D, E를 'loop'(혼돈)라 하며 이것은 실제 절대로 발생되어서는 안 된다.

그림 11-9 네트워크 작성 시 연결원칙

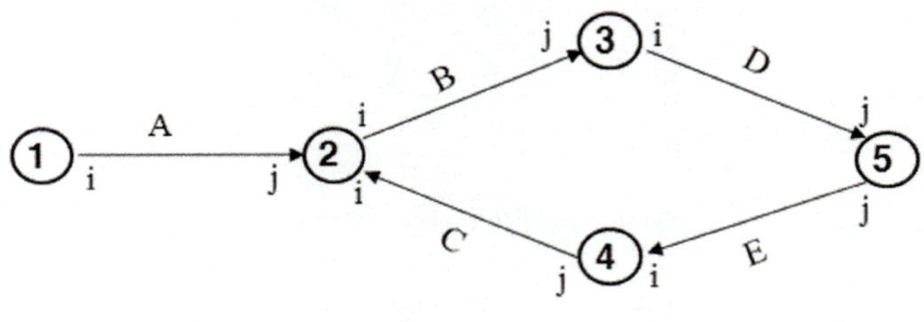

(나) **활동원칙:** 어떤 활동이 개시될 때는 항상 선행의 모든 활동은 완료되어야 한다는 원칙이다. [그림 11-9]에서 활동 F는 활동 D, E가 모두 완료된 후에 이루어져야 함을 뜻한다. 활동의 원칙 중 또 한 가지는 두개의 단계에서는 항상 1개의 활동만이 존재한다는 것이다.

(다) **단계원칙:** 이 원칙은 계획공정표의 작성에 있어서 각 단계는 선행활동과 후속활동의 중간에 위치하게 된다는 점이다. 그러나 이 원칙에서 최초의 단계(initial event)에서는 선행활동이 존재하지 않으며, 최종단계(terminal event)에서는 후속활동이 발생치 않게 된다. [그림 11-10]에서 단계 ③의 선행활동은 B이며, 후속활동은 E가 되며, 단계 ①에서는 선행활동은 없고, 후속활동은 A와 B 2개 된다.

그림 11-10 네트워크 작성 시 활동원칙과 단계원칙

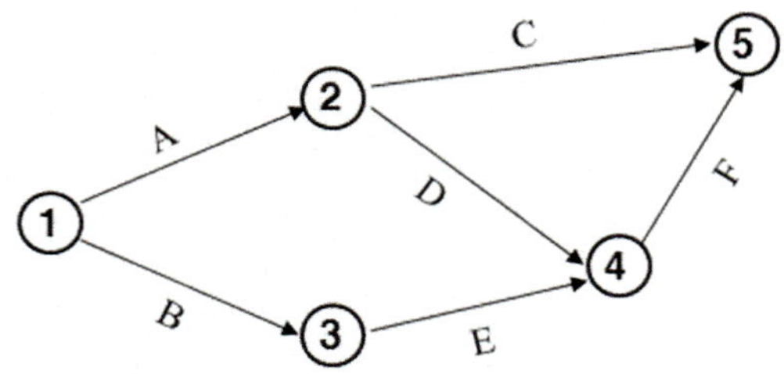

(라) **공정원칙:** 계획공정표의 작성에서 여러 개의 각 공정은 최종단계(terminal event)에 도달할 때 까지 하나의 공정으로 보고 수행하여야 한다는 원칙이다. 또한 이 공정의 원칙에서는 최초의 개시단계에서 출발하여 최종단계까지 화살표, 즉 활동으로 연결되어야 한다.

(3) PERT/CPM의 수행단계

네트워크를 활용하여 PERT/CPM을 수행하는 과정은 4단계를 거친다.

(가) **1단계-프로젝트의 목표 구체화:** 먼저 프로젝트의 목표를 구체적으로 밝히고 이에 따라 업무활동을 구분·선정한다.

(나) **2단계 : 업무(활동) 목록표 작성:** 〈표 11-5〉와 같이 '활동 목록표'를 작성한다. 작성할 때는 프로젝트의 여러 단계와 활동들을 작업 순으로 목록표를 작성함으로써 정확한 네트워크가 작성될 수 있다. 활동을 업무 순으로 나열할 필요는 없지만 선행단계, 후속단계 및 병행활동은 명확히 구분되고 세분화한다.

〈표 11-5〉 업무활동 목록표

활동구분	내용	활동시간(일)	선행 활동
A	프로세스 분석		-
B	보고서 설계		-
C	데이터 베이스 설계		A
D	보고서 코딩		A, B
E	자료입력 코딩		A, B
F	데이터 베이스 코딩		D
G	시스템 테스트		E, F
H	설치와 훈련		C, G

(다) **3단계-선행단계를 기초로 네트워크 작성:** 업무활동표를 참고로 활동과 단계를 서로 연결한 네트워크를 작성하고 활동 및 단계의 명칭 등을 [그림 11-11]과 같이 기입한다.

그림 11-11 시스템 개발 프로젝트 네트워크

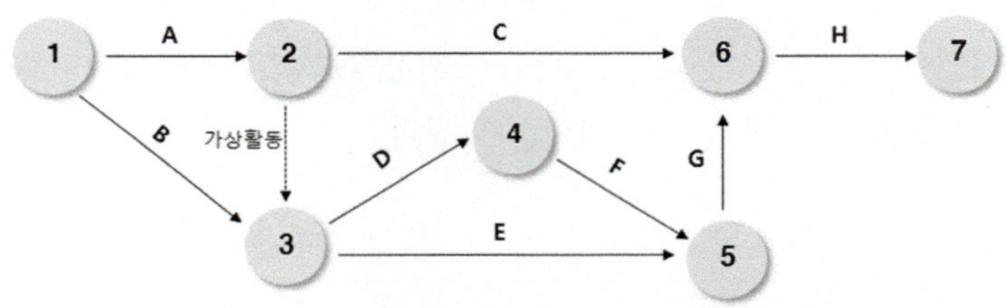

(라) **4단계-활동시간 추정 및 주경로 탐색:** [그림 11-12]와 같이 각 활동별 소요시간을 추정하여 네트워크상에 표시하고 주경로(critical path)를 발견한다. 주경로는 전체 프로젝트에서 소요시간이 가장 긴 작업경로로서 주경로 중 어느 활동 하나라도 지체가 될 경우 프로젝트 전체 완료시간이 지연 되므로 집중적인 통제대상이 되며, 애로경로라고도 한다.

그림 11-12 시스템 개발 프로젝트 네트워크

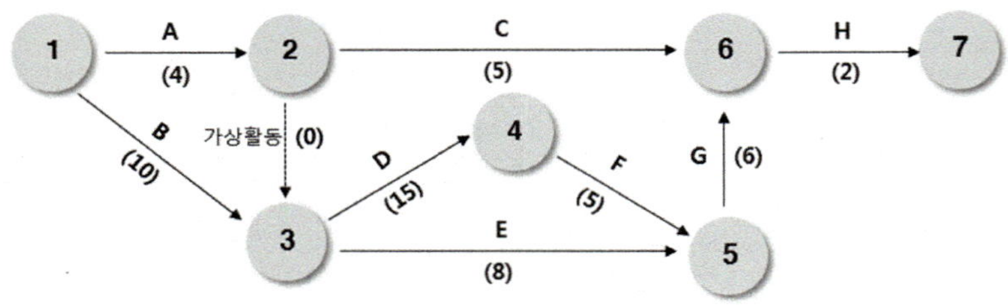

주경로는 두 가지 방식으로 계산한다. 먼저, 시작단계에서 최종단계에 이르는 모든 가능한 작업경로를 열거하여 그 중에서 소요시간이 가장 긴 작업경로를 찾는 방법으로서 '열거법에 의한 주경로 발견'이 있다. 그리고 '일정분석법에 의한 주경로 발견'은 각 단계의 가장 빠른 시간과 가장 늦은 시간과의 정의를 통해 최단완료시간과 주공정을 찾는 '각 단계에 대한 전진후진 계산법'과 각 활동별로 4가지 유형의 시간[4]을 계산한 후 총 여유시간을 구하여 주경로 찾는 방법인 '활동에 대한 전진후진 계산법'이 있다.

본서에서는 경로별 완료시간을 산정하는 '열거법에 의한 주경로 발견'을 소개한다. 열거법은 프로젝트의 최단완료시간=최장경로소요시간의 의미로 최장경로를 주공정이라 한다. 계산방법은 〈표 11-6〉과 같다.

〈표 11-6〉 업무 활동 목록표

활동경로	완료시간(일)
경로 1-2-6-7	4+5+2=11
경로 1-2-3-4-5-6-7	4+0+15+5+6+2=32
경로 1-2-3-5-6-7	4+0+8+6+2=20
경로 1-3-4-5-6-7	10+15+5+6+2=38
경로 1-3-5-6-7	10+15+8+6+2=41

4) ⓐ ES(earliest start time : 가장 빠른 착수시간) : 특정 활동이 선행활동의 요구조건을 충족시키면서 가장 빨리 시작할 수 있는 시간이며, 선행활동들의 EF값 중에서 가장 큰 값(최대값)을 선택함

ⓑ EF(earliest finish time : 가장 빠른 완료시간) : 특정 활동이 선행활동의 요구조건을 충족시키면서 가장 빨리 완료될 수 있는 시간이며, 가장 빠른 착수시간(ES)에 그 활동의 소요시간을 더 하여 구함.

ⓒ LS(latest start time : 가장 늦은 착수시간) : 전체 프로젝트를 지연시키지 않고 특정 활동이 가장 늦게 시작할 수 있는 시간이며, 가장 늦은 완료시간(LF)에서 그 활동의 소요시간을 빼서 구함.

ⓓ LF(latest finish time : 가장 늦은 완료시간) : 전체프로젝트를 지연시키지 않고 특정 활동이 가장 늦게 완료되는 시간이며, 후속활동의 LS값 중에서 가장 작은 값(최소값)을 선택함.

결과적으로 모든 경로를 비교할 때 완료기간이 가장 긴 '1-3-5-6-7' 경로로 소요기간이 41일로 주경로이므로 중점적으로 관리를 해야 한다.

(4) AOA & AON 네트워크 작성과 일정계산

프로젝트를 네트워크로 나타내려면 활동 간의 선후관계를 명시한다. 복잡한 프로젝트에서 선후관계가 누락되거나 오류가 발생하면 문제를 야기시키기 때문에 관계의 명시는 매우 중요하다. 활동 간의 관계를 나타내는 마디와 가지로 구성된 네트워크도표로 선후관계를 표현하는데 그 방법은 두 가지가 있다.

먼저, AOA(activity-on-arc)네트워크는 활동 간의 연결점을 중시하는 사상 지향적 접근법으로 활동을 가지로 표현하고 사상(event)을 마디로 표현한다. 반면 AON (activityon-node)네트워크는 활동 지향적 접근법으로서 마디로 활동을 나타내고 가지로 선후관계를 나타낸다. 두 접근법을 활동 간의 관계를 표현하는 몇 가지 사례로 설명하면 [그림 11-13]과 같고 일반적으로 작성은 AOA(activity-on-arc)네트워크를 많이 활용한다.

그림 11-13 활동 간의 관계를 표현하는 AOA & AON 네트워크 접근법

AOA	AON	활동선후관계
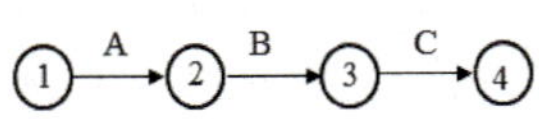	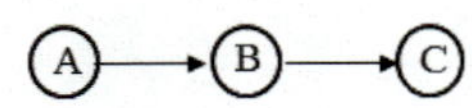	B는 A가 완료됨으로써 비로소 착수할 수 있다.(A는 B의 선행, B는 C에 선행)
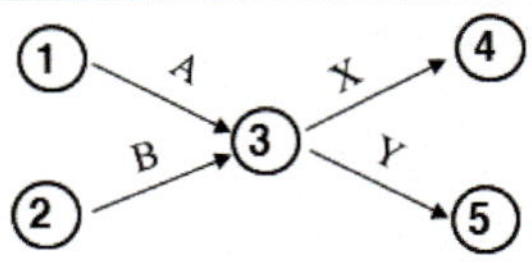	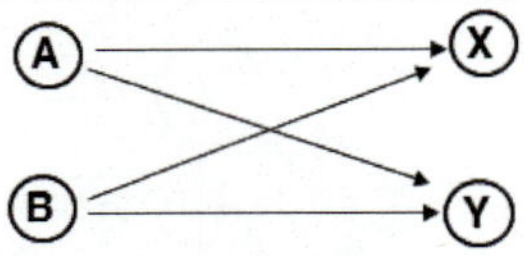	X와 Y는 A와 B가 모두 완료되기 전에는 시작할 수 없다.
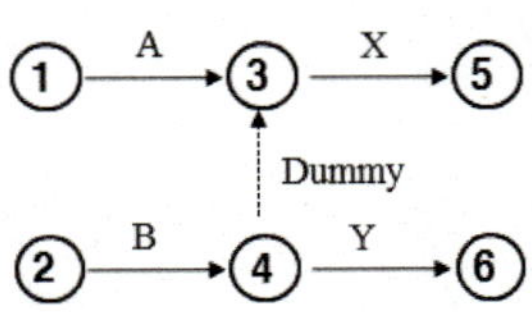	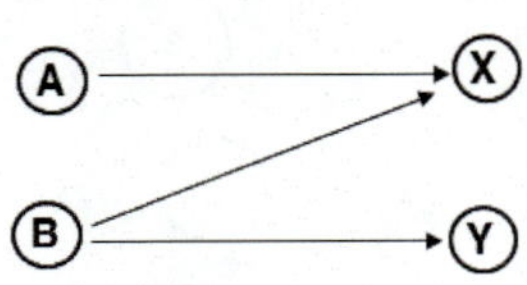	A와 B가 모두 완료하지 않으면 X를 시작할 수 없고 B가 완료되면 Y는 시작할 수 있다.

예를 들어 한국전자는 스마트폰을 비롯한 이동통신기기 시장이 커지면서 고객들의 주문량이 늘어나 신규공장 건설을 계획하였다. 공장입지로 선정된 K시에 신규공장 건설을 계획 중에 있다. 프로젝트에서 11개의 주요 프로젝트 활동을 규정하고 또한 각 활동별 선후관계를 〈표 11-7〉과 같이 명시하였다.

〈표 11-7〉 프로젝트의 AOA 업무 목록표

활동		업무(작업)명
활동	선행단계	
A	-	신규공장 건설 계획구상
B	-	부지조사와 입지의 결정
C	A	설비의 선정
D	B	공장 건설계획 및 설비배치계획
E	B	공장 본 설계
F	A	라인별 구조설계
G	C	설비의 구매
H	D	도면수정
I	A	공장 건축
J	E, G, H	컴퓨터 시스템 구축
K	F, I, J	설비설치

이때 프로젝트의 네트워크를 AOA 기준으로 그리면 [그림 11-14]와 같다. 네트워크를 분석해 보면 ②에서 ③, ⑦, ⑧의 C, I, F는 세 가지 활동 모두 A를 완료한 후에

그림 11-14 PERT/CPM 활용사례

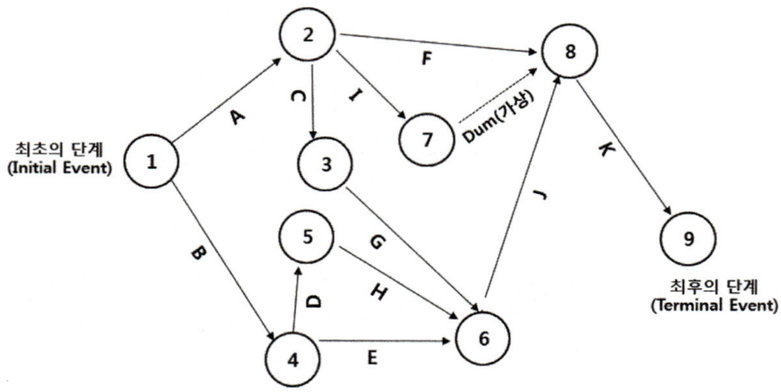

수행이 가능하다. 마찬가지로 D, E를 시작하기 위해서는 B를 완료해야 한다. ①과 ⑨는 실제 활동이 아니다. 시작과 끝을 나타낸다.

간트 차트의 문제점을 극복할 수 있는 네트워크 방법이 PERT/CPM으로서 프로젝트 작업들과 이들 간의 관계들을 표현하는 그래픽 네트워크 모델이다. PERT/ CPM은 활동들을 조정하고 계획하기 위해서 네트워크 개념을 이용하고 있으며, 간트 차트의 단점을 효과적으로 보완하는 특성을 가진다. PERT는 프로젝트를 완료하기 위해서 수행해야 할 활동들의 목록, 각 활동들 간의 선후관계, 각 활동들을 완성하기 위한 비용과 수행기간에 대한 확률분포 등에 대한 자료를 필요로 한다. PERT 기법은 종래의 간트 차트 기법에 비하여 다음과 같은 장점을 가지고 있다.

① 작업(혹은 계획)의 내용을 세분화하고 사전예측을 가능하게 한다.
② 각 계획의 상호관계를 보다 쉽게 파악할 수 있다.
③ 관리방법의 내용에 있어서도 일정・자원・비용의 요소를 보다 철저하게 관리할 수 있다.
④ 각 요소를 보다 효율적으로 관리하여 계획을 최저의 비용으로 집행할 수 있다.
⑤ 각 공정별로 애로공정의 발견으로 사전에 능력을 안배하여 중점관리가 가능하다.

이와 같은 장점에서도 보는 바와 같이 간단하고 단순한 작업에 이용되는 간트 차트보다도 복잡하고 큰 사업에 이 기법을 적용하였을 때 더욱 그 효과를 크게 발휘할 수 있는 기법임을 알 수 있다.

다음 〈표 11-8〉은 간트 차트와 PERT/CPM의 장점과 단점에 대한 비교이다. 따라서 간트 차트와 PERT/CPM에 대한 특성을 살펴보았을 때 간트 차트는 간단한 프로젝트나, 개괄적인 공정관리 또는 시급한 프로젝트에 사용하기 용이하며, PERT/CPM은 큰 프로젝트 내에서 과업과의 관계를 파악하고 일정을 관리할 때, 프로젝트의 다양한 요소(비용, 기간, 불확실성 등)를 예측하고 관리할 때 사용하기 용이하다.

〈표 11-8〉 간트 차트와 PERT/CPM 비교

	간트차트	PERT/CPM
장점	• 작업의 계획과 실적을 명확하고 계속적으로 파악할 수 있다. • 작업의 지연 원인을 규명하여 일정 계획을 쉽게 조정할 수 있다. • 작업자별 작업의 성과를 비교할 수 있다.	• 계획기능과 일정관리 기능을 분리할 수 있다. • 작업사이의 종속 관계가 명확하다. • 복잡하고 세밀한 일정 변경 및 후속 조치가 용이하다.
단점	• 복잡하고 세밀한 일정 계획에 적용하기 힘들며, 작업들 간의 유기적인 관련성을 파악하기 어렵다. • 일정 계획의 변경을 유연하게 수용할 수 없다. • 문제점을 사전에 파악하는 데 적절하지 않으며, 따라서 주요 위험 요소의 중점 관리 및 사전 통제를 효율적으로 할 수 없다.	• 소요시간 및 비용예측이 어렵다. • 초기 새로운 개념에 의한 운영 및 실행시 반발이 심하다. • 정확하고 타당성 있는 네트워크 구성이 힘들다. • 작성에 상당한 노력과 시간이 소요된다. • 복잡한 네트워크가 되면 파악하기 곤란하다.

3) 실행 체크리스트

(1) 개념 및 특징

실행 체크리스트 기법(implementation checklist)은 대안을 실행하는 과정에 영향을 줄 수 있는 요소들을 중심으로 체크리스트를 만든 후, 체크리스트를 이용해서 대안의 타당성을 분석하고, 추진과정에 발생할 수 있는 위험을 줄이는 기법이다. 이 기법의 성공 여부는 타당성 있는 체크리스트를 어떻게 만들어 내느냐에 달려 있기 때문에 그룹으로 함께 찾아내는 것이 바람직하다.

이 기법은 성공요소(key success index)와 실패요소(key failure index)를 찾아내고, 이를 집중관리해서 추진하는 경영혁신 기법과 비슷하다.[5] 실행체크리스트를 만드는 방법은 의사결정자의 문제와 평가방식에 따라 다소 차이가 있다.

실행항목을 단순히 실천 여부를 확인하는 경우 〈표 11-9〉와 같이 '예', '아니오'로 체크한 후 평가내용을 간단히 메모하기도 하고 실행항목에 대한 수준을 평가할 경우엔 점수를 계량화하여 1점에서 5점 또는 10점가지 부여해 평가를 하고 평가내용을 간단히 기록하기도 한다. 실행 체크리스트 기법은 경영혁신을 추진하는 방안을 점검하거나 공장건설, 신제품의 개발 및 평가, 인수합병, 사업내용 점검 등에 활용된다.

5) 김상수(2009), 창의적 사고를 키우는 문제해결 노하우, 고려아카데미컨설팅출판부, p.204.

〈표 11-9〉 실행 체크리스트

OOO 실행 체크리스트

- 체크리스트 ID :
- 체크리스트 담당자 :

번호	실행항목	실행 점검			완료일	확인
		Yes	No	Comments/Notes		
1	• 영속적인 경제 구조적 문제들					
2	• 증대되는 보호주의					
3	• 상류부문 채굴 작업이 강력해짐					
4						
5						
6						
7						
8						
9						

(2) 적용방법 및 활용사례

① 실행 체크리스트 기법의 적용단계

실행 체크리스트 기법을 적용하는 방법은 비교적 간단하다. 의사결정 문제가 무엇인가에 따라 다소 차이는 있지만 크게 3단계의 과정을 거친다.

(가) **1단계:** 대안을 추진할 경우 성공과 실패 또는 중요한 영향을 미치는 주요 요인을 찾아낸다.

(나) **2단계:** 그 속성(자원, 목표, 동기, 위험 등)을 세부항목으로 나누어 리스트를 작성한다.

(다) **3단계:** 추진하고자 하는 대안을 어떻게 평가 또는 점검할 것인지를 정한 후 속성에 대한 평가(체크)를 평가한다.

② 실행 체크리스트 기법의 활용사례

D전자에서 저가의 보급형 스마트 폰을 개발하여 판매하고자 한다. 신제품으로 개발한 스마트 폰(모델명: D -2000)을 전국 대리점에 출시를 앞두고 불량 여부를 점검하

기 위한 실행 체크리스트 기법을 활용해 보았다. 평가항목은 외형과 실행 후 기능에 대한 상태를 평가하는 것이다. 그 중 외형에 대한 실행 체크리스트는 〈표 11-10〉과 같다.

〈표 11-10〉 보급형 스마트 폰 실행 체크리스트

D-2000 스마트 폰 실행 체크리스트

- 체크리스트 ID :
- 체크리스트 담당자 :

번호	실행항목			실행 점검		소요시간	확인
				점수	Notes		
1	외형	로고	스마트 폰 뒷면 로고 및 번호 확인	5		60분	
2		볼륨버튼	버튼의 위치 및 장착 유무 확인	5			
3		전원버튼	장착 및 작동 여부 확인	5			
4		테두리	마모나 파손 여부	4			
5		카메라	뒷면에 카메라 부착 및 상태	4			
6		안테나	모서리 상단에 장착 및 작동 확인	5			
7		액정	파손과 긁힘 등 불량 확인	4			
8		기타	충전기 보호패널 탈부착 확인	3			
9							

평가기준 : 1(매우 불량)~5점(매우 양호)

4) 계통도

(1) 개념과 특징

'계통도'(systematic diagram)법[6]은 문제를 정의하고 상호 간의 인과관계를 밝히고 나면 결정된 문제를 해결하거나 목표를 실현하기 위한 최적의 수단과 방법을 추구하는데 이용되는 기법이다. 앞서 소개한 실행 일정과 자원 관리 문제의 효율성을 점검하는 실행계획 기법과 달리 설정된 목적이나 목표를 달성하기 위한 수단을 찾는데 유용하므로 최적의 대안을 현장에 효율적으로 적용하는 방법으로 활용할 수 있다.

계통도법은 [그림 11-15]와 같이 의사결정자가 추구하는 목적에 대해 첫 번째 수단

6) 박상범, 길종구(2016), 품질관리 제3판, 탑북스, pp.266-269. 참고.

을 전개하고 이어서 첫 번째 수단을 강구하기 위해서 하위 단계의 두 번째 수단이 필요로 하며, 첫 번째 수단은 두 번째 수단의 목표가 된다. 그리고 두 번째 수단이 목표가 되어 다시 세 번째 수단을 계통적으로 전개해나감으로써 대책을 논리적으로 찾아 낼 수가 있다. 따라서 계통도는 문제에 영향을 미치는 원인은 밝혔지만 이 문제를 해결할 계획이나 방법이 아직 개발되지 않았을 때 사용된다.

계통도법은 목적-수단의 관계로 전개하는 방법으로서 체계적 도표(tree diagram)로도 불린다. 상위단계에서 하위단계로 목적과 수단의 연결관계를 찾아나가는 전개과정을 기술한다.

그림 11-15 계통도법의 개념

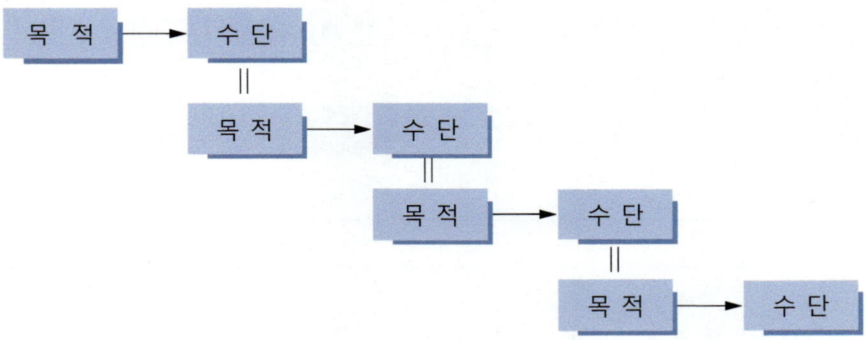

(2) 계통도법의 작성방법

계통도를 전개하는 과정은 요소를 목적-수단의 관계로 전개하는 방법과 문제해결이나 목적·목표를 달성하기 위한 수단·방책을 계통적으로 전개해 나가는 방법으로 2가지 방법이 있다. 본서에서는 [그림 11-16]의 사례를 참고로 방책을 찾는 계통도의 작성방법을 소개한다. 1차, 2차, 3차 수단이 평가, 선정되고 역할과 세부사항을 자세히 기술한다.

그림 11-16 계통도법 표기 예시

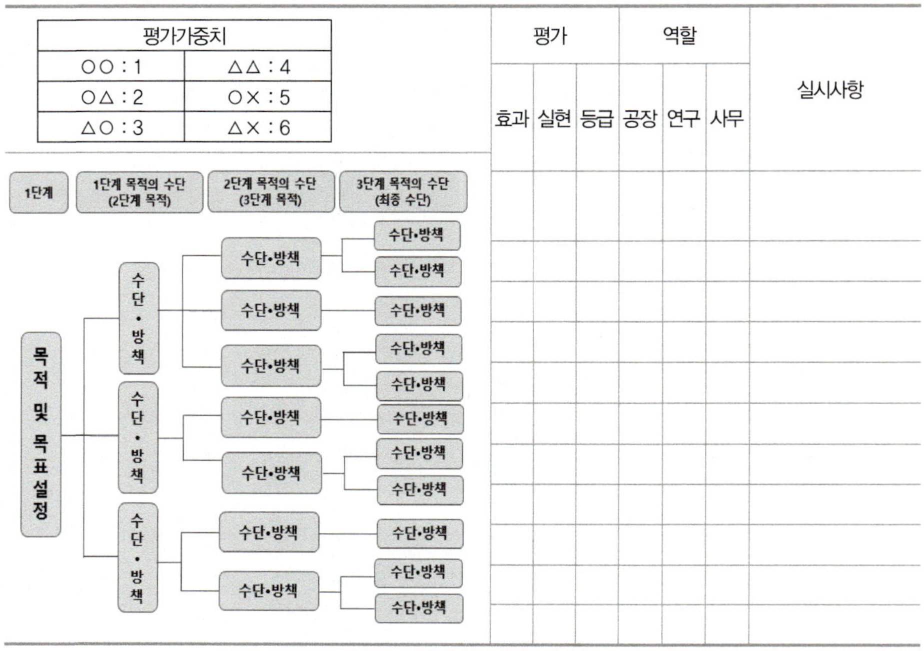

① **1단계-목적 · 목표의 설정**

먼저, 무엇 때문에 이 주제를 다루는지 해결해야 할 문제나 목적을 명확히 한 후 카드에 작성한다. 목적은 간결하고 이해하기 쉽게 "~을 ~함으로써, ~을 하기 위해서는 등"처럼 표현한다.

② **2단계-수단 · 방책의 추출**

어떻게 하면 목적을 달성할 수 있는지 브레인스토밍을 통해 가능한 모든 수단과 방책을 찾아나간다. 추출된 아이디어는 '~을 ~한다'와 같은 형식으로 빈 용지(전지)에 차례로 작성한다.

③ **3단계-수단 · 방책의 평가**

추출된 수단과 방책을 검토하고 목적달성을 위해 적절한지 여부를 평가해 아이디어의 취사선택을 결정한다. 평가방식은 실행 가능함(◯), 가능성 조사(△), 실행 불가능함(×) 등과 같이 평가가 가능한 기호나 점수를 표기한다.

④ 4단계-수단 · 방책의 카드 작성

KJ기법에서 활용한 카드와 유사한 다량(50매~100매)의 카드나 메모지에 추출한 수단이나 방책을 알기 쉽게 작성한다.

⑤ 5단계-수단 · 방책의 계통화

ⅰ. 빈 용지(전지)의 좌측 중앙에 작성한 목적 · 목표 카드를 놓는다.

ⅱ. "목적달성을 위한 어떠한 수단이 필요한가?"라고 질문을 하고 질문에 적합한, 즉 목적달성에 우선적으로 필요한 수단 · 방책 카드를 찾아 목적카드 옆에 배치한다.

iii. ⅱ에서 찾은 수단을 목적이라 생각하고 그 목적을 달성할 수 있는 수단과 방책의 카드를 찾아 그 다음 위치에 나열한다.

iv. 목적과 수단을 2차 3차 ⅱ,iii의 과정을 거쳐 카드를 찾아 다음 위치에 차례로 나열한다. 카드는 [그림 11-16]과 같이 나열한다.

⑥ 6단계-목적의 확인 후 실행

5단계에서 나열한 카드를 목적-수단의 연관성에 따라 선으로 연결한 후 상위수단(목적)과 하위수단(목적)이 타당성을 확인한 후 계통도를 완성시킨다. 그리고 계통도를 보다 체계화시킨 후 계획을 세워 실행에 옮긴다.

❑ 창의적이고 융합적인 사고 연습(11)

❖ 과연 내가 해결하고 싶은 것은 무엇이가? : 트리플래닛(Tree planet)

■ 평소 사회적 문제해결에 관심이 많았던 김형수, 정민철씨에 의해 설립 된 트리플래닛은 2020년까지 전 세계에 1억 그루의 나무를 심으려고 한다. 트리플래닛은 중국 사막화 방지 숲, 네팔 커피나무 농장 숲, 인도네시아 열대우림 복원 숲 등, 전 세계 12개국 116개 숲에 110만 명의 참여자와 함께 총 55만 그루의 나무를 심어왔다. 2010년 9월 법인 설립 이후 사막화 방지 숲을 조성한 공로로 UN사막화방지협약 옵저버로 선정되었으며, 글로벌 사회 혁신 기업 인증인 B Coporation을 획득하였다. 또한 새로운 방식의 숲 조성 커뮤니케이션으로 IF 디자인 어워드 대상, 레드닷 어워드 본상을 수상하였다. 트리플레닛은 지금도 지구 사막화 문제를 해결하기 위해 노력하고 있다. 그리고 무엇보다 트리플레닛은 기업의 수익창출활동 자체가 사회적 공헌활동을 이어질 수 있다는 것을 보여준 좋은 사례이다.

출처: 트리플레닛(tree planet: https://treepla.net/tp_story); Tomorrow Solution 의 자료 및 내용을 필자가 구성한 것임.

창조적인 문제해결과 의사결정
Step 1. 문제의 발견(탐색)

- 나는 무엇에 관심을 갖고 해결해야 하나?
- 내가 해결해야 할 문제를 어떻게 찾나?

1. 문제란 무엇인가?
   - 세상에 존재하는 것에 관심과 호기심
   - “내가할 수 있는 것은 무엇인가?” 고민
2. 김형수대표는 어떻게 문제를 발견했나?
   - 환경문제에 관심-다큐멘터리 제작

창조적인 문제해결과 의사결정
Step 2. 문제의 원인 분석

- 지구 온난화가 심각한 이유는 무엇인가?
- 모든 결과는 원인에 있다.

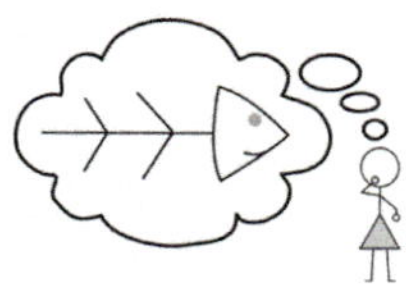

창조적인 문제해결과 의사결정
Step 3. 문제의 정의

- 사람들은 왜 나무를 심지 않는 것일까?
- 정말 해결해야 할 문제는 무엇인가?

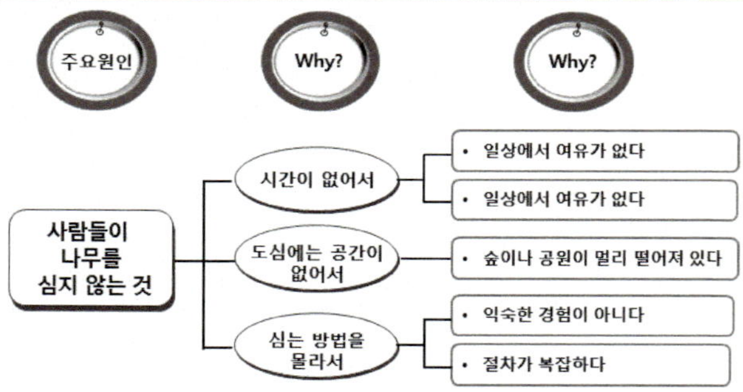

❑ 창의적이고 융합적인 사고 연습(11)

창조적인 문제해결과 의사결정 Step 4. 창조적 대안의 개발	• 사람들에게 나무를 심게 하는 방법은 무엇일까? • 브레인스토밍과 스캠퍼를 통해 아이디어를 산출

1. 아이디어에 대한 비판과 평가는 금물
2. 아이디어는 한 번에 하나씩만 제시
3. 자유분방한 분위기에서 아이디어를 개진
4. 아이디어의 질보다 양이 더 중요
5. 참가자가 생각할 시간을 갖고 적극적 참여
6. 휴식 후 아이디어를 결합하고 조합

구분	체크 항목
S	무엇을 대신 사용할 수 있을까? (Substitute)
C	무엇을 결합할 수 있을까? (Combine)
A	조건이나 목적에 맞게 조절할 수 있을까? (Adapt)
M	색, 모양, 형태 등을 어떻게 바꿀 수 있을까?(Modify)
M	첨가할 것은 없는가? (Minify) 축소하면 어떨까? (Magnify)
P	다른 용도로 사용할 수 없을까?(Put to other uses)
E	제거할 수는 없을까?(Eliminate)
R	거꾸로 하면 어떨까? (Reverse) 바꿀 수 없을까? (Rearrange)

창조적인 문제해결과 의사결정 Step 5. 대안의 비교 평가	• 아이디어를 평가하기 위해 구조화하는 방법은? • 아이디어를 선별하는 방법은 무엇일까?

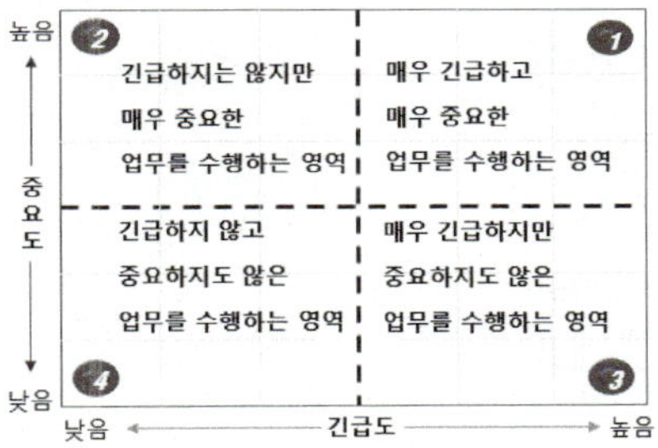

순위		대안A	대안B	대안C	대안D
4위	대안A	x	대안B	대안C	대안D
1위	대안B	x		대안B	대안B
2위	대안C	x	x	x	대안C
3위	대안D	x	x	x	x

창조적인 문제해결과 의사결정 Step 6. 최선안의 선택과 실행	• 최선안의 선택과 최적의 실행은 어떻게 할까? • 최적의 대안이 선택 된 과정을 정리

과제	• 터치 한 번으로 지구살리기
문제 발견	• 생물다양성 감소, 지구 온난화 심각성을 해소하는 것은 전 세계에 나무를 심는 일을 통해서~
원인 분석	• 세계 인구 중에서 실제 나무를 심는 사람은 1%도 안된다. 나무를 심지 안는 이유는 시간이 없어서, ~
대안	• 바쁜 현대인들이 가상의 공간에 나무를 심는다면, 부족한 시간과 장소의 문제를 해소할 수 있다. 가상의 공간에 심어진 나무는 기업의 후원을 받아 실제 나무가 심어지는 스마트 폰 앱을 개발~

출처: https://www.youtube.com/watch?v=I7uVT8xi0UI

창의적 문제해결과 전략적 의사결정 과정 및 기법

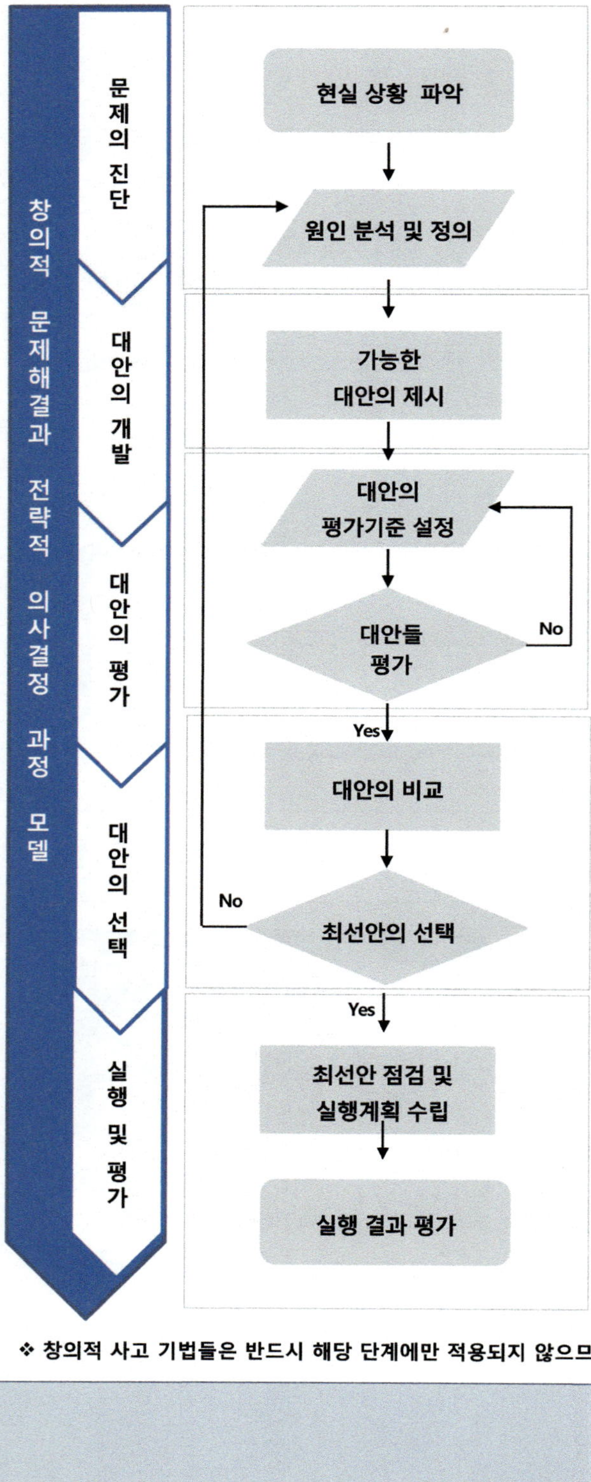

- **문제의 탐색기법**
  PEST모형/5 F's/레이더스크린/STP/SWOT/고객3불분석/KPI/3C(4C)/VRIO/7S 모형 등
- **문제의 원인 분석기법**
  Pareto/KT/5W1H/드릴다운/특성요인/인지기법/시스템다이어그램/Why-Why기법 등
- **문제의 정의기법**
  문제우선순위/Why-Method/가치나무/문제의 재정의/Duncker/목표지향법 등

- **대안 개발 자유연상법**
  브레인스토밍/브레인라이팅/수평적사고/인터뷰/CBS 등
- **대안 개발 강제연상법**
  체크리스트/스캠퍼/속성열거/결점열거(희망점열거)/형태분석/입출법/강제결합법 등
- **대안 개발 유추발상법**
  시네틱스법/NM법/고든법/페르미추정법 등
- **대안 개발 B/S & B/W 기타응용기법**
  역발상/만다라트/역설사고/겔러리기법 등

- **문제우선순위 및 민감도 분석 및 평가**
  심각성/투입시간 및 자원/투입인력 등
- **개별대안의 비교기법**
  하이라이팅/ALU&PMI/동인요소/장단점대조/2안비교/가중대조(그리드)/스티커투표/매트릭스(L, T, X형)기법/KJ기법/연과도법 등
- **최적안의 선택기법**
  비용편익분석/의사 결정모형(매트릭스-의사결정나무)/가정표면화기/2차원 그리드법 등

- **최선안 점검기법**
  What-If/목표 탐색/시나리오 분석/CATWOE/리스크 매트릭스/목표탐색/델파이/패널 동의/시뮬레이션/잠재적 문제분석/여섯 색깔 사고모자분석기법 등
- **실행계획 수립기법**
  간트 차트 /PERT&CPM/실행 체크 리스트/애로우다이어그램기법 등

- **실행결과 평가기법**
  정성적평가:고객만족도/성장/브랜드가치 등
  정량적평가: 재무제표/비율분석/BSC모형 등
- **실행능력 향상 및 피드백**
  창의적 팀 활동 및 대안의 실행 결과 개선
- **보고서 작성(프레임워크사고)**
  MECE/매트릭스/Logic Tree/ 피라미드법 등

❖ 창의적 사고 기법들은 반드시 해당 단계에만 적용되지 않으므로 의사결정 단계와 상황에 맞춰 적절히 활용

제12장 실행 및 실행결과 평가

1. 실행의 의미와 평가 지침
2. 실행결과 평가 방법

"문제들이 얽혀있어도 통제요소가 적으면 의외로 기업의 문제점 발견과 해결방법은 단순해진다. 가장 약한 고리를 찾아 이것의 강도를 높이는 것이 사슬의 장력을 키우는 효과적인 방법"이라고 골드렛 박사(Eliyahu Moshe Goldratt)는 그의 소설 「더 골」(*The Goal, Theory of Constraints : TOC*, 1984)에서 말하고 있다. 즉, 가장 약한 고리가 사슬의 통제점이라는 것이다. 그러므로 최선안이 최적의 효과를 창출해 내기 위해서는 문제의 발견과 창의적 대안의 개발, 그리고 최적의 대안을 선택하고 점검 및 계획을 수립하기까지 목표달성과 직접 연관 있는 환경에서 어떤 변수가 영향을 미칠지, 어떤 것이 해결되지 않았을 때 파생될 문제는 무엇인지 등에 대해 다양한 각도로 면밀히 검토하는 과정을 거쳤다.

그러므로 이 과정은 의사결정의 마지막 단계이며, 실행을 결정하고 나면 더 이상의 의사결정은 의미가 없어지게 된다. 화살이 시위를 떠난 것처럼 이미 과녁을 향해 날아가는 화살을 멈추게 할 수 없는 것과 같다. 결국, 문제를 정의하고 대안을 개발하여 비교 평가하는 과정에서는 다양한 조건과 상황을 면밀히 검토하는 노력이 필요하였듯이, 실행 또한 만족할만한 성과를 얻기 위해 실행능력을 끌어 올리는 방법을 강구해야 하며, 실행 결과에 대한 목표 달성 측정방법 및 평가 피드백도 철저히 수행해야 한다. 더구나 실행할 의지가 없으면 문제해결 자체도 의미가 없어지며, 아무리 좋은 아이디어라도 실행하지 않는 아이디어는 죽은 지식이기 때문이다.

따라서 제12장 '실행 및 실행결과 평가'에서는 실행과 실행능력의 의미를 이해하고 실행결과를 평가할 때 지켜야 할 원칙을 간략히 기술한다. 그리고 실행결과 평가를 위해 검토하는 방법으로 '효율성과 효과성 평가', '공익성과 윤리성 평가', 그리고 '정량적 평가와 정성적 평가'에 대해 소개를 한다.

학습 목표

1. 실행과 실행능력의 의미를 이해한다.
2. 실행의 결과를 평가할 때 지켜야 할 원칙에 대해 이해한다.
3. 실행결과 평가 시 적용하는 '효율성과 효과성 평가', '공익성과 윤리성 평가', 그리고 '정량적 평가와 정성적 평가' 방법에 대해 이해한다.

1. 실행의 의미와 평가 지침

1) 실행의 의미와 중요성

문제를 발견하고 최적의 대안을 도출한 뒤 최적의 대안을 점검하고 실행계획을 세우고 나면 이제 실행만 남게 된다. 그리고 실행을 결정하고 나면 의사결정과정은 모두 끝이 나고 최적의 대안을 실행완료하고 나면 '문제해결'이 종료가 된다. 이로 인해 실행의 전 단계인 제11장 '실행계획 수립'에서 소개한 '실행목표'와 '실행범위'를 구체화하여 실행을 성공적으로 수행하기 위한 철저한 계획과 운영준비는 매우 중요한 과정이다.

예컨대, 활이 시위를 떠나고 나면 궁수는 더 이상 할 수 있는 일이 없게 된다. "활이 시위를 떠났어!"라는 말도 이미 의사결정을 한 상황이어서 더 이상 의사결정자가 손을 쓸 수 있는 길이 없다는 것과 같다. 물론 실제 현장에서 발생하는 문제는 실행과정에서도 검토를 하고 수정작업이 이루어지기는 하나 가용자원의 낭비는 불가피하기 때문에 전 단계에서 충분히 검토가 이루어지고 돌발 상황에 대비하는 것이 자원 낭비를 줄이는 길이다. 때문에 궁수는 기후변화를 예측해야 하고 예측을 기반으로 바람의 정도를 가늠하고 대비하여 활을 당겨야 한다.

그러므로 과녁에 정조준 하는 문제를 해결하기 까지 좋은 활과 화살, 자세, 환경변화 등에 대한 선택과 계획을 구체적으로 점검하고 수립하지 않는다면, 자신이 원하는 목표를 달성하기 어렵다. 그러기 위해서는 궁수의 자질과 궁수와 협력하는 구성원들의 팀워크가 매우 중요한 역할을 한다. 좋은 활을 선택하는 것, 환경변화를 예측하고 점검하는 것 등 모든 것이 궁수의 역할이기 때문에 최적의 조건을 갖추었다 하더라도 궁수와 협력하는 사람들의 조직 시스템이 체계적으로 운영되지 않는다면 '실행능력'은 떨어질 수밖에 없다.

따라서 제2부의 모든 과정은 문제해결 능력을 뒷받침하는 중요한 요소이고, 제3부의 내용은 최적안을 실현할 수 있는 완벽한 준비와 평가 과정이다. 그렇기 때문에 제13장에서 소개 할 '실행능력 향상'은 조직 내의 가치사슬의 역량을 집결시켜 추진조직의 '실행능력'이 발휘되도록 책임자(의사결정자)는 리더십을 발휘해 추진조직을 이끌어 나가는 방법을 소개한다.

특히 바니(Jay B. Barney)는 'VRIO 모형'에서 "기업이 보유한 자원과 능력이 가치가 있고, 희소성이 있으며, 경쟁자가 쉽게 모방할 수 없어도 기업이 보유한 잠재력을 충분히 실현할 수 있는 프로세스를 구축하고 있지 못한다면 경쟁우위를 지속시키기 어렵다"고 말한다. 실제 현장에서 계획이 계획에 그치는 경우가 많다. 문제점을 개선하고 목표를 달성하는 실행계획을 수립하는데 만 그치거나 관심을 갖지 않는다면 최적의 결과를 기대하기 어렵다.

뿐만 아니라 데이비드 내들러와 마이클 투시먼(David A. Nadler & Michael L. Tushman) 역시 그들의 저서 「강한 조직을 설계한다(*Competing by Design: The Power of Organizational Architecture*」(1997)에서 가치있고, 희소성이 있으며 모방하기 어려운 자본과 기술력 등의 자원을 보유한 두 기업이 경쟁사에 비해 지속적인 수익창출로 경쟁우위를 점하느냐 여부는 경쟁기업과 다른 강력하고 모방하기 어려운 조직의 역량에 있다고 주장한다.[1)]

래리 보시디와 램 차란(Larry Bossidy & Ram Charan)은 공저 「실행에 집중하라」(*Execution*, 2002)에서 제록스가 IBM의 CFO 출신 저명인사 리처드 토먼(Richard C. Thoman)을 COO(최고운영책임자)로 영입한 후 토먼이 추진한 다양한 원가절감 프로그램(관리조직의 통합으로 비용절감과 효율성 극대화 추구) 도입과 소프트웨어와 하드웨어 서비스를 통합해 고객만족도를 향상시키는 새로운 전략의 수립이 투자자들의 기대에 반해 실패로 돌아간 이유를 제록스의 '실행능력 부재'로 들고 있다. 즉 조직의 역량에 비해 감당하기 어려운 프로그램의 도입, 의사결정 책임자인 토먼과 실행조직과의 소통부재라고 했다. 뿐만 아니라 토먼에게 경영진 선임 권한도 부여하지 않아 적재적소의 인력의 배치나 대안을 실행할 수 있는 방향으로 핵심 프로세스가 운영되지 않는 제록스의 배타적인 기업문화도 꼽았다.

반면, 중소철강회사에서 출발한 뉴코(Nucor)는 전기로제철회사 중 세계 최대회사로 경영전략, 마케팅, 공장 및 설비운영, 조직운영, 혁신과 노하우 등 다방면에서 업종에 관계없이 전세계 기업들의 벤치마킹 대상이 되고 있다. 뉴코는 한 때 수렁에 빠지기도 했지만, 몰락에서 회복한 것은 뉴코만의 '조직구조'를 갖추고 있기 때문이다. 뉴코는 경쟁사들과 동일한 자원을 보유하고 있음에도 불구하고 낮은 비용으로 철강을 생산해

---

1) 이은종 역, 「강한 조직을 설계한다」, 주영사, 2007. David A. Nadler & Michael L. Tushman., 「*Competing by Design : The Power of Organizational Architecture*(2nd ed)」, Oxford University Press, 1997.; 박상범, 김종구(2017), 전략경영 제2판, 탑북스, p.218. 재인용.

냈다. 즉 뉴코는 이미 하고 있던 일을 회사 내의 모든 계층에서 효율성을 촉진시켜 생산적인 방법으로 자원을 관리할 수 있는 조직구조와 통제시스템, 그리고 기업문화 등의 핵심역량을 구축하였다.

따라서 문제해결을 성공적으로 수행하는 조직은 최적의 대안을 성공적으로 실행할 수 있는 '실행능력'이 뛰어난 조직을 갖추고 있어야 한다. 실행을 총괄하는 책임자의 능력과 실행에 참여하는 조직의 팀워크는 최적의 대안을 실행함에 있어서 변수가 발생하거나 돌발 상황에서도 유연히 대처하면서 최선의 결과를 도출하게 된다. 그리고 최적의 결과를 도출할 수 있는 실행능력은 '효율성과 효과성', '공익성과 윤리성'의 수준에서 파악할 수 있고 이를 파악하는 방법으로는 보통 '정량적 평가와 정성적 평가'를 통해 이루어진다.

2) 실행결과의 일반적인 평가 지침

(1) 평가의 의미

문제해결에 있어서 '결과의 평가'는 문제해결 과정의 마지막 단계이다. '평가단계'는 일상적으로 조직의 목적을 달성하기 위하여 수행하는 구체적이고 실질적인 경영활동 과정의 하나이기도 하다. 즉 계획화, 조직화, 지휘, 통제 등의 과정활동을 수행하는 경영관리 활동은 조직에 의하여 유기적으로 활동하게 되는데, 이때 '통제과정'은 '사전통제', '동시통제', '사후통제'로 이루어지므로 '통제과정'은 평가의 광의의 의미로 생각할 수 있고, 여기에서 최적의 대안 실행 결과에 대한 '평가'는 대부분 결과 도출 후 목표와 결과를 비교하는 과정에서 이루어지는 경우가 많기 때문에 협의의 의미로 '사후통제'라 생각할 수 있다.

통제(controlling)란 설정된 표준과 실제의 결과를 비교하는 과정으로서 그 결과를 토대로 계획을 수정하여야 할 부분이 있다면 이를 개선하는 것이다. 즉 경영관리의 일반적 순환과정인 계획화-조직화-지휘화-통제화의 마지막 단계에 해당된다. 다시 말해서 경영에서의 집행결과인 성과를 미리 설정된 경영계획과 일치하도록 조정 혹은 감독하는 기능을 말한다.

따라서 통제활동의 책임자는 문제의 근원을 발견하고, 조직의 목표달성을 가로막는 요인들을 밝힐 수 있는 계획된 통제시스템을 구축하여야 한다.

조직에 있어서 통제의 기능이 필요한 이유는 ① 경영환경의 변화와 환경의 불확실성, ② 기업규모의 증대로 인한 조직의 복잡성, ③ 조직구성원들의 능력한계, ④ 권한위양의 증대와 분권화와 같은 직무환경의 특성 때문에 더욱 중요하게 평가된다.[2]

(2) 평가의 원칙과 유형

실행 결과에 대한 바람직한 평가 또는 통제가 이루어지기 위해서는 '평가의 일반지침'을 고려하여 ① 목적확실성의 원칙, ② 능률의 원칙, ③ 책임의 원칙, ④ 직접통제의 원칙, ⑤ 계획반영의 원칙, ⑥ 조직적합성의 원칙, ⑦ 개별성의 원칙, ⑧ 객관적 표준의 원칙, ⑨ 중요한 문제에 대한 주의의 원칙, ⑩ 예외에 대한 주의의 원칙, ⑪ 탄력성있는 통제의 원칙, ⑫ 수정활동의 원칙 등이 준수되어야 한다.

통제의 유형은 [그림 12-1]과 같이 최적안을 실행하는 과정별 결과시점을 기준으로 사전적 통제, 동시통제, 사후적 통제로 구분할 수 있다.

그림 12-1 실행결과 평가과정 별 유형

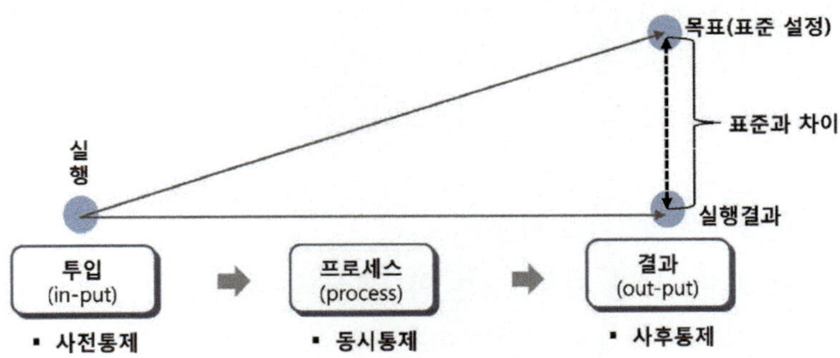

① 사전적 통제(feedforward control)

통제의 유형 중 가장 바람직한 통제의 하나로 실제 최적의 대안이 실행되기 전 '최적안의 점검 단계'(제10장 '최선안의 점검')에서 문제점을 개선시키는 통제방법이다. 즉 발생할 문제를 미리 예측하고 문제가 발생하기 전에 사전적 관리 및 조치를 취함으로써 사후 발생할 소지가 있는 문제를 차단하는 것이다.

2) 박상범, 길종구(2015), 기업과 사회, 탑북스, pp.363-365.

② **동시통제(concurrent control)**

최적안이 실행되는 과정 중에 발생하는 문제를 점검하여 그를 해결하는 조치를 수시로 행하는 통제방법이다. 문제해결을 위해 대안을 실행하는 모든 과정을 포함한다. 생산현장이나 업무현장에 관리감독자나 업무담당자가 장비의 문제, 공정상의 문제, 품질검사, 고객 클레임 등을 수시로 점검하고, 문제점이 발생할 때마다 현장에서 즉시 조치하는 통제를 의미한다.

③ **사후적 통제(feedback control)**

이는 문제해결과정에서 가장 일반적으로 많이 활용하는 통제유형이다. 최적안을 실행에 옮긴 뒤 결과에 대한 평가를 토대로 통제하는 방법이다. 문제해결자는 정량적 평가와 정성적 평가를 통해 결과를 분석한다. 가장 많이 활용되는 것은 재무제표와 같은 통제기법을 통해 결과를 분석하고, 그 결과를 토대로 계획을 검토하고, 목표달성 여부를 판단한다.

그러므로 평가는 문제해결의 전반적인 부분에 걸쳐 이루어지도록 한다. 왜냐하면 문제해결을 위한 단계 별 진행 및 결과가 목표한 바와 비교해 만족할만한 성과를 검토해야만 마지막까지의 과정이 신뢰를 얻을 수 있기 때문이다.

(3) 평가의 일반적인 지침

문제해결에 대한 평가과정은 의사결정 과정의 마지막 단계이다. 평가는 문제해결의 전반적인 부분에 걸쳐 이루어지도록 한다. 왜냐하면 문제해결을 위한 단계 별 진행 및 결과가 목표한 바와 비교해 만족할만한 성과를 검토해야만 마지막까지의 과정이 신뢰를 얻을 수 있기 때문이다. 그러므로 의사결정자는 원하는 목표와 일치여부를 판단하는 표준(시간, 원가 및 자본, 수익, 생산성, 인력 등 자원)과 성과를 비교 측정하는 평가 점검표를 만든 후 정성적, 정량적 평가기준을 마련하여 평가를 진행한다. 스캇 포글러와 르블란크(H. Scott Fogler & Stven E. LeBlanc)는 평가 점검표[3]로 활용할 수 있는 내용들로 다음과 같은 내용을 제시하고 있다.

---

3) 김정현 역(2008), 창의적 문제해결 전략, Prentice Hall, p.216.

① 해결책이 논리적인가?
② 해결책은 실제문제를 풀었는가?
③ 문제가 영구히 해결되었는가? 아니면 미봉책인가?
④ 모든 기준과 제약이 만족되었는가?
⑤ 해결책은 바람직한 영향력을 가졌는가?
⑥ 해결책은 경제적, 환경적, 정치적, 윤리적 책임을 가졌는가?
⑦ 당신은 아홉 가지 형태의 소크라테스적 질문을 사용했는가. 예를 들면 제공된 정보와 가정에 도전했는가?
⑧ 해결책의 모든 결과들이 조사하였는가. 예를 들면 그것은 다른 더 심각한 문제를 발생시키는가?
⑨ 긍정적-부정적 면 모두를 논의하였는가?
⑩ 해결책이 그것이 할 수 있는 모든 것을 달성하였는가?
⑪ 해결책은 실수가 없는가?
⑫ 논쟁의 절차와 논리를 확인하였는가?

모든 항목을 실행평가에 적용할 수는 없다. 그러나 성과에 대한 평가는 실행계획에서 수립한 목표와 표준이 평가지표의 통제시스템을 통해 실행결과 성과가 계획 당시 목표와 표준에 부합한지를 판단할 수 있어야 한다.

그러므로 실행결과에 대한 평가는 [그림 12-2]와 같이 다양한 판단기준을 활용하되 기본적으로 의사결정자가 문제해결을 '효율성'과 '효과성'을 모두 충족시켰는지가 중요하다. 효율성을 점검할 때 기본이 되는 것은 시간, 비용, 인력 등 자원의 투입에 대한 운영방식을 검토해야 하며, 효과성은 목표한 바와 해결책 실행 결과와의 간격을 '0'으로 만들었는가? 하는 점이다.

그리고 실행 결과가 '공익성'과 '윤리적인 측면'을 고려하였는지도 중요하다. 아무리 효율성과 효과성이 뛰어나도 공익성과 윤리성이 전제되지 않을 경우 의사결정자가 자신의 이익만을 전제로 문제를 해결하는 것이어서 최적의 결과를 산출했다 보기 어렵다.

더구나 현대사회에서 기업이 도덕윤리성과 사회적 책임을 강조하는 노력은 바로 기업에 대한 평판이나 이미지 향상으로 이어져 곧 기업경쟁력을 결정하는 중요한 기준이 되고 있기 때문이다. 결국 윤리경영과 사회적 책임을 성실하게 수행하는 기업은 그렇지 않는 기업에 비하여 더 높은 기업의 성과를 기대할 수 있게 된다.

그러므로 윤리수준이 높고 투명하고 공공성(이해관계자집단과의 상호호혜적인 관계)을 추구하는 개인과 조직이 많은 이익을 기대할 수 있는 시대가 되었다. 그러나 공익성과 윤리성을 잘 수행했다 하더라도 효율성과 효과성이 전제되지 않을 경우도 전자와 마찬가지로 최적의 성과를 도출했다 보기 어렵다. 공익과 윤리수준만 고려하고 개인과 조직의 이익 수준이 낮다면 장기적으로 생존이 어렵기 때문이다.

그리고 이러한 요소들의 수행 여부는 의사결정자가 마련한 '정량적 성과 지표와 정성적 성과 지표'를 활용해 판단할 수 있다.

그림 12-2 실행결과 평가 과정

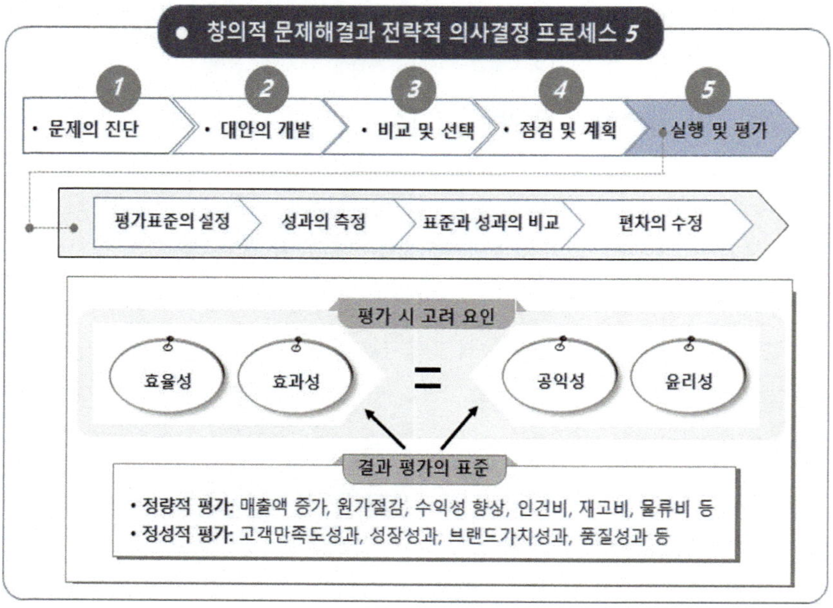

3) 평가의 절차[4)]

(1) 표준의 설정

표준(standard)이란 원하는 목표를 사전에 정한 후에 달성한 성과를 그 기준과 비교하여 측정하는 지침이다. 표준은 조직목표를 근거로 설정되어야 하며, 평가에 적용되는 목표나 기준 간의 관계가 명확해질수록 평가도 신뢰할 수 있다.

따라서 명확한 목표는 기준을 설정할 때 매우 중요하게 작용된다. 특히 정량적 평가 기준은 계수화된 표준들로서 대안을 실행하는 데 더 효과적이다. 표준의 일반적인 유형에는 ① 시간 표준, ② 생산성 표준, ③ 원가표준, ④ 질적 표준, ⑤ 물리적 표준, ⑥ 자본적 표준, ⑦ 수익표준, ⑧ 프로그램 표준, ⑨ 무형적 표준과 같은 것이 있다.

(2) 성과의 측정

표준은 대안을 실행하는 구성원들의 성과를 측정하는 기준으로서, 그 측정의 결과는 객관적으로 활용되고 있음을 모든 구성원에게 공개하는 것이 바람직하다. 또한 통제가 효과적이기 위해서는 성과측정이 활동과정의 각 단계별로 타당성을 갖고 이루어져야 한다.

(3) 표준과 성과의 비교

통제과정의 세 번째 단계는 결과를 첫 번째 단계에서 설정한 표준과 비교하는 것이다. 이러한 비교결과는 표준과 일치할 수도 있고 높거나 낮을 수도 있다. 또한 표준과 성과가 허용오차(limited tolerance) 안에 존재하고 있는지를 파악하는 것도 중요하기 때문에 허용오차의 폭을 상황에 맞게 설정하는 것도 필요하다.

(4) 편차의 수정

편차의 수정이란 결과가 표준으로부터 어느 정도 이탈했는지를 점검하며, 통제허용오차의 원인이나 크기를 발견하여 수정조치를 취하는 것이다. 이 과정에서는 즉각적인 수정을 필요로 하는 편차와 지속적으로 수정을 요하는 편차를 구분하여 조치를 취하는 것이 효과적이다.

---

4) 박상범, 길종구(2015), 기업과 사회, 탑북스, pp.364-365.

2. 실행결과 평가 방법

1) 효율성과 효과성 평가[5)]

(1) 효율성과 효과성의 의미

경영목표가 성공적으로 달성되었는지 여부를 판단하는 기준(지표)으로 사용되는 개념에는 효율성(능률성)과 효과성(유효성)이 있다. [그림 12-3]에 나타난 바와 같이 효율성과 효과성은 조직과 경영을 논함에 있어서 매우 중요한 개념 중의 하나이다. 경영이 조직의 목표를 달성하고자 하는 제반 활동이라면 효율성과 효과성 개념은 목표를 달성하고자 하는 조직의 성과를 평가하는 것과 연관되어 있다.

'효율성'(efficiency)은 투입(input)과 산출(output)을 대비시킨 것으로 최소한의 투입으로 최대한의 산출을 얻는 것에 관한 것인 반면 '효과성'(effectiveness)은 올바른 목표의 선택과 달성 여부에 관한 것이다.

그림 12-3 효율성과 효과성

구분	효율성	효과성
평가대상	자원의 사용 정도	목표의 달성 정도
의미	일을 올바르게 함	옳은 일을 함
지향하는 바	최소 자원 투입치 대 산출 지향	목표의 최대한 달성
목표달성과의 관계	목표달성 수단 효율성 높아야 함	목표달성여부 효과성 높아야 함
성공적인 조직의 프로세스는 효율성과 효과성이 높음		

출처 : 이광로 외 2인(2008), 경영학개론, 신영사, p.20.

5) 박상범, 길종구(2015), 기업과 사회, 탑북스, pp.327-329. 요약.

전자가 자원의 사용을 최소화 하는 능력, 즉 '일을 바르게 함'(do things right)이라면 후자는 조직의 목표달성에 도움이 되는 활동을 하는 능력, 즉 '올바른 일을 함'(do right things)을 의미한다.

(2) 효과적 경영과 효율적 경영

'효과적 경영'이란 말은 소기의 목표를 달성한 것을 의미한다. 다시 말하면 의도한 목표를 양적 · 질적으로 달성했는지의 여부이다. 예를 들면 공장장이 목표생산량을 기대한 수준의 품질을 유지하면서 계획기간 내에 달성한 것과 같다. 그러나 이 말은 목표달성을 위해 사용된 자원의 크기는 고려하지 않고 있다. 자원을 낭비하더라도 목표만 달성하면 일단은 효과적이라고 볼 수 있다. 즉, 구체적으로 측정할 수 있는 목표의 완수 여부를 두고 산출측면에서 하는 표현이다.

반면에 '효율적 경영'이란 그 동안 들인 노력에 비해 얼마만한 결과를 얻었느냐의 문제이다. 이것은 경제학자들이 이야기하는 생산성의 개념과 유사하며 목표달성에 들어간 비용을 고려하는 개념이다. 즉, 투입량에 대한 산출량의 비율로서 표현되며 이 비율이 커질수록 효율적인 경영이라고 할 수 있다.

예를 들어 적지의 교량폭파 임무를 부여받은 부대 중대장의 경우 적지의 교량폭파 임무를 100% 완수했다 하더라도 부하들이 많이 전사했다면 인명손실 없이 목표를 달성한 경우와는 경영성과에서 차이가 난다고 보아야 할 것이다. 기업의 예에서도 생산목표를 달성할 때 인건비가 너무 많이 들었다든지 안전사고가 많이 발생했다면 그 경영은 효율적이었다고 볼 수는 없다.

효과적인 경영이 반드시 효율적인 경영이 되는 것은 아니다. 판매목표를 달성하기 위해 마케팅비용을 엄청나게 지출했다면 효율적인 경영을 하였다고 할 수 없다.

유능한 의사결정자는 의사결정 과정과 최적의 대안을 실행함에 있어서 '효과성'과 '효율성'의 균형을 잃지 않는 것이다. 왜냐하면 효과와 효율은 어느 한 쪽으로만 치우치게 될 경우 바람직하지 못한 상황이 벌어질 수 있기 때문이다.

일을 제대로 할 것인가(Doing things right)와 올바른 일을 할 것인가(Doing the tight thing)를 논할 때 일을 효율적으로 할 수 있는 능력도 중요하지만 더 어려운 것은 정작 해야 할 일을 찾는 것이다.

피터 드러커는 이것을 두고 '일을 잘하는 것과 해야 할 일을 하는 것'으로 구분하면서, 타당하지 못한 과업을 100% 완수하는 것보다 올바른 과업을 60% 해결하는 것이 더 낫다고 역설하였다. 결국 경영자는 올바른 일을 완벽하게, 즉 효과적이면서도 효율적인 경영이 되도록 노력해야 한다.[6)]

2) 공익성과 윤리성 평가

(1) 공익성과 윤리성의 의미

인간이 바라는 사회는 윤리수준이 높은 사회이며, 사회가 요구하는 조직의 윤리수준도 갈수록 높아지고 있다. 그러나 많은 조직의 윤리수준은 높다고 할 수 없다. 물론 조직에 따라서는 최소한의 규정만을 지키려는 자기중심수준의 윤리수준으로 조직을 경영하는 경우도 있으며, 보편적인 정의에 따라 윤리원칙을 실천하는 높은 윤리수준의 조직도 있다.

그러나 문제해결과 의사결정 과정에서의 공익성과 윤리성은 과거와 다른 시각과 기준으로 강조되고 있다. 왜냐하면 개인과 기업은 진공관 속에서 혼자 존재하며 성장하는 것이 아니라 이해관계자와의 상호관계를 맺으며 존속하고 발전해 나가기 때문이다. 더구나 윤리란 기업과 관계를 맺고 있는 모든 이해관계자 집단에게 당연하게 제공하여야 하는 필수적인 행동으로 보기 때문이다.

즉 사회시스템을 구성하고 있는 주체들이 인간이기 때문에 인간으로서 행해야 할 도리(道理), 봉사(奉仕), 관행(慣行), 질서(秩序), 제도(制度), 법률(法律) 등을 수용하는 것은 당연하며 이해관계자들이 이러한 행위에 대해 기대하는 수준을 '윤리적 기대'(ethical expectation)라 할 수 있다.

그러므로 의사결정자는 대안을 실행함에 있어서 제도적으로 마련된 규정이나 법률 등을 준수하는 것은 물론이고 이를 초월한 상(商) 도덕적, 이성적인 판단에 의한 의사결정을 수행해야 한다. 그리고 실행의 결과물은 사회적인 활동영역, 정치적인 이해관계, 문화적인 가치영역 등에 대해서도 기업의 활동을 포괄하고 있다.

그러나 공익성과 윤리성은 강제성을 띠고 있지 않고 있으며, 간략하게 설명하거나 정의하기가 쉽지만은 않다. 기업의 입장에서 볼 때, 이는 사회가 용납하고 기대하는 기업행동에 관한 불문율에 불과하다. 그리고 조직에서 '윤리'는 일반적인 사회윤리를 조직에 적용한 것에 불과하기 때문에 조직행동에 대해 판단할 수 있는 구체적인 윤리기준 내지 지침을 제공하기가 어렵다. 또한 일반적인 기준·규칙·규범만을 제공할

6) 윤종훈 외 3인(2008), 경영학원론, 학현사, pp.12-13.

뿐이다.

그러므로 이러한 윤리적 기대는 경제적 · 제도적 기대보다 상위개념의 기대가치이지만, 의사결정자는 이해관계자와의 관계에서 적어도 대등한 가치를 공유해야 한다. 특히, 윤리적 기대수준은 법적인 강제에 의한 것이 아니기 때문에 기대(期待)라기보다는 희망하는 수준이고, 행위자 자체적인 수행노력이 요구된다.

따라서 개인이나 기업은 사회적으로 마련된 관행 · 규범 · 제도 등을 바탕으로 경영활동을 하고, 소비자 · 정부 · 지역사회 등의 이해관계자가 기대하는 요구에 따라 활발한 경제활동을 수행함으로써 생존하고 질적인 성장을 하게 된다.

(2) 공익성과 윤리성의 실현

의사결정을 할 때 윤리문제를 먼저 고려하는 것은 문제해결과정에서 공익성과 윤리성 수준을 높이는데 매우 효과적이다. 조직이 높은 윤리수준으로 운영되기 위해서는 모든 의사결정이 윤리적인 기준을 먼저 고려하여야 한다.

그러나 다양한 조직적 및 환경적 요소가 개인과 조직의 윤리적 의사결정에 영향을 미치지 때문에 '윤리적 의사결정', 나아가서는 '공익적 의사결정'이 쉽지만 않다.

그러므로 개인과 조직이 문제해결과정에서 공익성과 윤리성을 실천하기 위해서는 먼저 최고결정권자의 몰입이 중요하다. 이러한 최고결정권자의 윤리에의 몰입은 문제해결을 총괄하는 책임자와 추진조직 구성원 모두에게 도덕적 분위기 강화와 제도 및 절차로 구체화될 수 있기 때문이다. 더구나 핵심역량은 한 개인의 성공뿐만 아니라 사회에도 기여할 수 있는 지식이나 기술 그리고 태도를 포함하는 종합적인 능력이므로 최적안의 실행이 공익에 기여한다는 것은 매우 의미 있는 일이다.

물론 의사결정자가 '공익성과 윤리성'만을 최우선적으로 지나치게 강조함으로써 '효율성과 효과성'을 무시하여 목표 달성이 어려운 상태가 된다면, 현실적으로 많은 문제점이 발생할 수도 있다. '효율성과 효과성'을 목표로 최적안을 수행하지만 이는 목표 달성을 가능하게 하는 이윤을 추구하되 공익성과 윤리성을 고려하여야 한다.

그러므로 공익성과 윤리수준은 문제해결 과정에서 이해당사자들의 이익을 우선 고려하는 범위에서 조화롭게 설정되어야 한다. 즉 윤리성을 강조하되 윤리의 수준을 조직의 수준에 맞게 잘 설정하고 이윤과 조화시켜야 사회로부터 존경받으면서 발전할 수 있다. 즉 윤리를 등한시하거나 오직 윤리만을 강조하여서는 안 된다는 의미이다.

따라서 윤리수준이 높은 조직이란 윤리수준과 이익을 잘 조화시킨 조직으로서 의사결정이 이해관계자들의 이익과 기업의 이익을 함께 고려하면서 문제해결 과정을 수행하는 것을 의미한다.

3) 정량적 평가와 정성적 평가

(1) 정량적 평가와 정성적 평가의 의미

'정량적 평가'는 과거의 실행결과 평가에서 보편적으로 사용되었던 계량화할 수 있는 효과로 원가성과, 수익성, 성장성, 투자성과 등으로 재무성과라고 하기도 하며, '정성적 평가'는 계량화하기 어려운 질적인 효과로 프로세스 혁신 차원에서 고객만족도 성과, 성장성과, 브랜드가치성과, 품질성과, 시간성과, 경제적 부가가치 등으로 비재무성과라고 하기도 한다.

그러나 일반적으로 성과를 평가할 때 가장 많이 활용하는 기준은 '매출액'(매출액, 판매액, 판매변동 등), '재료비'(불량품, 재활용, 재고, loss 등), '인건비'(재작업, 대기시간, 여유인력, LOB 불균형 등), '품질비용'(예방비용, 평가비용, 실패비용 등), '설비효율'(가동률, 수율, 편성효율, 재작업 등), '재고비용'(재고회전수, 재고위험율, 재고금액, 이자율 등), '물류비용'(통관비용, 창고 및 하역비용, 운송비용, 포장비용 등) 등을 분석한다.

(2) 전통적 평가와 현대적 평가

가. 전통적인 평가기법

① 재무제표(financial statement)

재무제표는 회계기간 동안 특정기업의 실체에 관련된 회계상의 측정・기록・분류・요약한 회계보고서로서, 대차대조표와 손익계산서가 대표적이다. 이는 기업체의 일정시점의 재무상태와 일정기간의 경영성과를 요약한 표로서 기업의 불특정다수의 이해관계자, 즉 투자자・채권자・국가・경영자・소비자・종업원 등에게 기업의 재무적 정보를 제공하는 기능을 한다.

② 비율분석(ratio analysis)

비율분석은 재무제표상의 항목들을 활용하여 여러 가지 비율을 산출하여 재무적인 통제를 하고자 하는 것으로, 이는 시간을 기준으로 비교하는 방법과 비교해야 하는 두 조직을 비교하는 두 가지 방법이 있다. 비율분석은 재무제표상의 항목들 간의 비율을 분석하고 평가하는 과정으로 이러한 비율은 특정항목에 대한 당해 항목의 비율, 즉 백분율로 측정된다. 비율분석에서 사용되는 지표는 다양하지만 주로 사용되는 것으로는 유동성 비율, 활동성 비율, 레버리지 비율, 수익성 비율 등이 있다.

③ 재무감사(financial audit)

조직 내의 재무기록이 정확하고 기준에 맞게 적용되었는가를 내부 또는 외부전문가에 의해 평가하는 재무통제방식이다. 내부감사(internal audit)는 조직 내의 감사실이나 재무부서의 전문 스탭 등에 의해서 경영을 자체적으로 평가하는 통제방법이고, 외부감사(external audit)는 외부의 회계 전문가에 의해서 이루어지는 방법이다.

④ 개인적 관찰법

통계적 자료이용법과 같은 체계적이고 확률적인 통제기법이 매우 유용한 것은 사실이지만, 이러한 기법에만 의존하여 완전한 경영통제를 달성하기 어려운 경우가 많다. 계량적인 기법은 계획이 경영자의 의도대로 잘 실행되는가를 확인하는데 도움을 주는 것은 사실이지만, 통제에서 가장 어렵고 중요한 것은 인간행동을 측정하는데 있다. 즉 계획의 달성은 인적 자원의 능력에 의해서 좌우되는 것이기 때문에 인간의 행동을 이해하고 측정하는 문제도 매우 중요하다. 이러한 과정에 계량적인 통제방법을 적용하는 것은 무리가 따를 수 있다.

나. 현대적인 평가기법

오늘날 성과를 평가하는 기법에는 전통적으로 사용해 온 기법의 한계점을 보완하거나 개선한 기법들이 많이 사용되고 있다. 즉 투자수익률이나 자본수익률만을 측정하여 회사 전체의 상황이나 성과를 추정할 수 없기 때문에 더 많은 요소들을 동원하고 더 넓은 영역을 고려해 가면서 동태적으로 성과를 측정할 수 있는 기법이 최근에 이용되고 있다.

그 중 대표적인 것은 고정비와 간접비의 배분을 제품모델마다 정확하게 배분하는 '활동원가 계산방식'(ABC : Activity Based Costing)과 실행에 대한 평가의 효율성을 높이기 위해 언급한 내용을 반영한 1996년 하버드 경영대학원 로버트 카플란(Robert S. Kaplan)교수와 놀턴연구소의 데이비드 노턴(David Norton)에 의해 제시된 'BSC'

(Balance Score Card) 등이 있다.

이 중 BSC는 매출액, 순익 등 재무지표에만 의존해 왔던 기업성과 측정에 반해 미래의 경쟁력 향상을 위한 지표이다. 즉 계획 및 목표를 설정하고, 목표를 추적하기 위한 측정지표의 확인, 목표와 전략 달성을 위한 방법에 이르기 위해 4가지 과제를 비전과 전략적 계획의 모형으로 [그림 12-4]와 같이 제시한 것이다.7)

그림 12-4 균형성과 평가지표(BSC) 4대 과제

물론 BSC에서 제기하는 모든 과제를 의사결정자가 채택할 필요는 없다. 실행에 대한 평가 신뢰도를 높이기 위해 언급한 '효율성과 효과성', '공익과 윤리성', 그리고 '재무성과와 전력성과'를 고려해 조직의 특성과 필요에 의해 조정해도 된다.

① 고객관점(customer perspective)

가치사슬(value chain) 상의 모든 부서의 목표는 고객이 원하는 제품과 서비스를 제공하는 활동을 중심으로 업무가 진행되어야 한다.

② 내부업무프로세스관점(internal business process perspective)

전략은 라이벌과의 경쟁에서 우위를 점할 때 의미가 있으므로 조직이 보유한 자

7) Kaplan, R. S. and D. P. Norton(1996), *The Balanced Scorecard: Translating Strategy into Action*, Harvard Business School Press, p.197.

원(역량)을 효율적으로 내부프로세스를 관리하고 운영해야 한다.

③ **재무성과관점**(financial perspective)

달성해야 할 목표를 재무목표를 기준으로 성과를 표시하며, 각 목표의 달성여부 측정치표는 최종적으로 재무성과지표와 연결되어야 한다.

④ **학습과 성장관점**(learning and growth perspective)

고객관점, 내부업무프로세스, 그리고 재무성과에 대한 목표가 효율적으로 달성하기 위해 조직 및 구성원 및 시스템의 역량을 강화하기 위해 투자해야 한다.

❑ 목표 달성을 위한 경영자원의 관리순환(management cycle)

❖ 메니지먼트(management)로서의 관리란 일을 하게끔 하는 기법을 뜻하는데, 조직의 목적달성을 위해 계획을 수립하고 다수인의 활동을 합리적 또는 효율적으로 조직하며 지휘, 통제하는 인간활동이라 할 수 있다. 페이욜(H. Fayol)을 중심으로 한 관리과정학파에 의해서 주도된 경영관리기능은 연구의 관점과 관리과정의 기능적 역할에 대한 견해의 차이에 따라 관리기능을 다양하게 구분하고 있지만, 계획화(planning), 조직화(organizing), 지휘(directing), 통제(controlling)의 네 가지 직능의 순환적인 주기(cycle)로써 파악하는 것이 일반적이다. 중요한 것은 [그림 12-5]에서 보는 바와 같이 여러 경영관리기능들이 서로 연관되어 작용하는 하나의 과정을 이루고 있다는 사실이다.

[그림 12-5] 경영관리 사이클

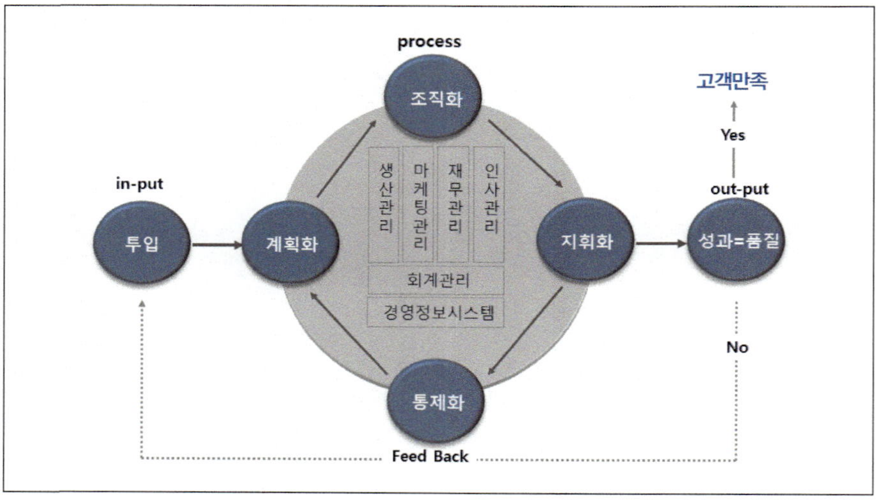

즉 서로 연관되어 작용하는 하나의 과정으로 각 기능의 상호관련은 경영자원을 중심으로 미리 고정되어 있지 않을 뿐만 아니라 동태적인 기능을 수행하면서 모든 기능이 일체적 또는 통일적 관련을 이루어 계속 반복과정을 가지게 되는데, 이와 같은 관리기능의 성격을 가리켜 관리순환(management cycle)이라고 한다.

- **계획기능**: 기업활동의 기본목표, 방침, 계획을 수립 설정함으로써, 각종 업무수행자에게 경영목적을 위해 집행되는 지침을 부여하는 기능
- **조직기능**: 구성원이 담당하는 역할을 결정하고, 목표달성에 필요한 과업을 설정한 후, 과업의 성공을 위해 구성원에게 계획적으로 할당하는 관리기능
- **지휘기능**: 구성원이 맡은 임무를 효과적으로 수행하여 조직의 목표에 기여하도록 리더십을 발휘하고, 동기를 부여하고, 지속적으로 의사소통하며 지도・감독하는 관리자의 기능
- **통제기능**: 설정된 표준과 실제의 결과를 비교하여 수정하여 할 부분이 있다면 이를 시정하는 기능

❑ 창의적이고 융합적인 사고 연습(12)

❖ 빠르고 깊게 생각하는 기술: 사고의 패턴

■ 사고의 패턴 이해

① 자신이 문제를 해결하는 경우에는,
a. 논리적으로 접근하려 한다. b. 육감이나 영감에 의지하려 한다.
② 다음 직업 중 어느 쪽인가를 반드시 선택해야 한다면,
a. 수학자를 선택한다. b. 카피라이터가 된다.
③ 문제 해결책으로 좋다고 생각하는 쪽은?
a. 주의 깊게 분석한다(세세한 곳도 놓치지 않는다.).
b. 가능한 한 많은 해결안을 생각해 본다(하나 정도는 잘될 것이 틀림없다.).
④ 낯선 도시에서 주소를 찾을 때 내가 취하는 태도는,
a. 시가 지도를 찾아본다. b. 누군가에게 길을 묻는다.
⑤ 대체로 문제는,
a. 소거법(消去法)으로 한 걸음씩 접근해 가면 풀린다.
b. 두뇌에 떠오르는 해결안을 닥치는 대로 보면 답을 얻을 수 있다.
⑥ 자신의 물건을 둔 곳을 잊어버렸을 때 나는 대게,
a. 잊어버렸다 생각되는 장소 전부 순서를 정확히 지켜서 나올 때까지 찾는다.
b. 부랴부랴 잃은 물건이 있을 듯한 장소를 몇 번이고 생각해 그곳을 조사한다.
⑦ 자신에게 충고를 요청 받으면,
a. 잘 생각해 확실히 도움이 된다고 생각되는 두세 가지의 충고를 해 준다.
b. 도움이 될지 어떨지는 별개이며, 많은 충고를 제안한다.
⑧ 어떤 문제에 대해서 해답을 찾을 때,
a. 자기 자신의 생각으로 해 보는 편이 잘 풀린다.
b. 팀의 일원으로서 모두의 의견을 교환하는 편이 잘 풀린다.
⑨ 어떤 장치가 고장이 났을 때 그것을 수리하는 가장 좋은 방법은?
a. 고장난 곳을 알 때까지 부품을 하나하나 분해해 간다.
b. 어디에 고장이 났을까, 대강 예상하고 난 뒤에 수리에 착수한다.

▶ **사고 패턴 응답표**

응 답 표									사고패턴	
①	②	③	④	⑤	⑥	⑦	⑧	⑨	a	b

a : 5개 이상이면 ‘지상 답사형’ / b : 5개 이상이면 ‘헬리콥터 수색형’

컵에 물이 반이나 있다고 생각하는 이들이 있는가 하면,
컵에 물이 반밖에 안 된다고 생각하는 이들도 있다.
하지만 나는 컵이 너무 크다고 생각한다.
-조지 칼린-

✓ 긍정적이냐, 부정적이냐 아니면 또 다른 발상을 하느냐는 물이 반쯤 담긴 컵을 보고 갖게 되는 사고방식의 차이가 먼 훗날의 인생 자체에 큰 차이를 만든다.

❖ 빠르고 깊게 생각하는 기술: 사고력 훈련

■ **최단거리를 찾아라.**

- 나사고양은 코리아기업 취업 후 영업부에 배치가 되었다. 그녀는 세 사람의 중요한 고객과의 거래를 오늘 중으로 성사시켜야 하는 첫 과업을 부여받고 고민에 빠졌다. 세 고객과 만나야 하는 도시가 다 달라 한 번에 세 사람의 고객을 만나 거래를 성사시키고 싶어 한다. [그림 12-6]과 같이 나사고양이 근무하는 도시를 A라고 할 때 B, C, D 도시에 있는 세 고객을 A지점을 떠나 B, C, D도시를 한 번만 방문하고 돌아오는 동선을 찾아야 한다. 신입사원 연수 시 영업의 생명은 '동선'이라는 것을 알고 있어서 어떤 순서가 좋은 지 방안을 모색했다. 도시 간 거리 정보는 다음과 같다.
  - ✓ A→B: 80km, A→C: 180km, A→D: 60km
  - ✓ B→C: 120km, B→D:100km, C→D: 160km

[그림 12-6] 나사고양의 영업 동선

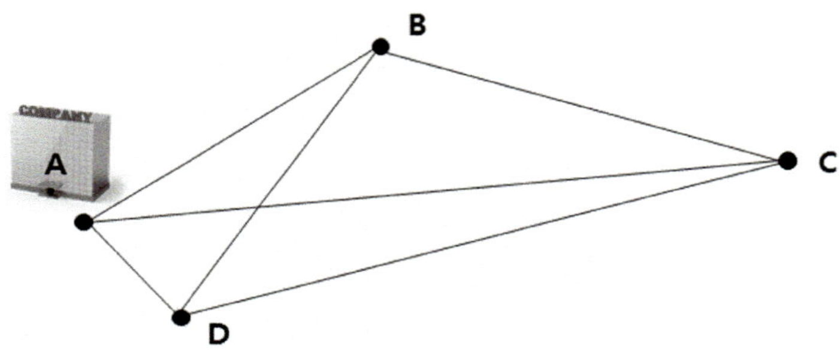

출처: 고영희 역(1992), 창조형 인간의 두뇌전략, 태학당, 재편집.

❖ 고정관념과 습관의 파괴

■ **입사시험:**

카네기가 채용시험에서 밧줄로 단단히 묶어 포장한 물건(풀기 어려운)을 푸는 것을 문제로 출제하였다.

- 고르디우스의 전차에 얽힌 매듭을 푸는 자만이 아시아를 정복할 수 있다는 말에 옆에 있던 "알렉산더"가 칼로 한 번에 매듭을 끊었다는 고사가 있다.
- 급할수록 돌아가라
- 스피드 시대에 적응

■ 캐나다인이 태국에서 반대편에서 중앙선을 침범한 태국인차와 충돌을 했다. 캐나다인은 태국인에게 책임을 추궁했으나 태국인은 오히려 캐나다인에게 주의를 살피지 않고 감속하지 않았다고 책임을 추궁했다. 합의가 되지 않아 경찰이 왔다. 그는 경찰에게 중앙선의 의미를 묻자, 경찰은 피해자가 그 지점으로부터 얼마나 떨어졌는지 입증하기 위한 선이라고 했다.

- **불문율:** 어떤 환경에서의 문화적 해석을 반영한다. 태국에서 교통규칙 중 정지신호나 횡단보도에서 3대 이상의 차가 멈추었을 때는 새로운 줄을 만들라는 것이 불문율로 되어 있다.

■ 세조의 구정승과 신정승 이야기

- 조선 세조 집권 때 새로운 정승에 "구치관"을 임명했다. 그러나 구정승이었던 "신숙주"와는 사이가 좋지 않아 원만한 업무 협조가 이루어지지 않았다. 이에 세조는 두 사람을 불러 질문을 하여 틀린 사람에게 벌주를 한 잔씩 내리기로 하였다. 처음 세조가 "신정승"하고 부르자 신숙주는 "예"하고 대답했고 세조는 내가 신(新)정승을 불렀지 신(申)정승을 부른 게 아니라며, 신숙주에게 벌주를 내렸다. 계속 시간이 흘러 두 정승은 벌주를 많이 마시고 그동안 서로 이해하지 못하고 서운했던 감정을 정리하고 정승임무를 잘 수행했다.

■ **최단거리를 찾아라.**

[그림 12-7] 네 도시 간의 최단거리를 나타내는 트리

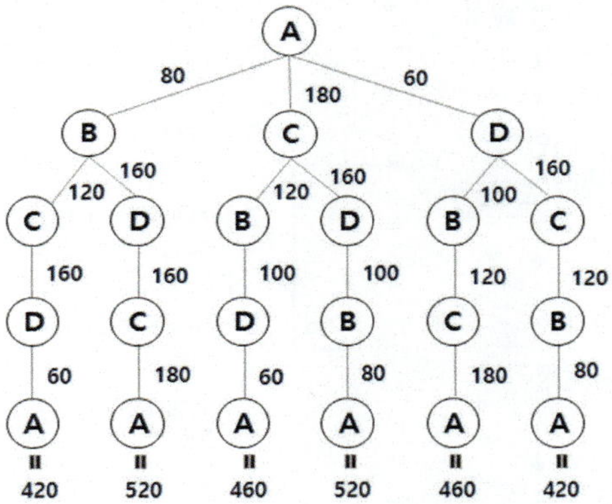

❖ 역설

- 내가 조금 아는 것은 나의 무지 때문이다.(오빌리 마르스)
- 생각이 전혀 없는 상태가 아니라면 생각만큼 생각할 수 없는 것은 없다. (사무엘 버틀러)
- 바바라 고만은 탈의실에 건의함이 하나 있었으면 좋겠다는 제안을 써 넣으려고 했기 때문에 건의함이 없다는 사실을 발견했다.(다이앤 캠벨)
- 덧없는 것만이 살아남을 가치가 있다.(유진 이오네스코)
- 물리학자가 원자에 관해 아는 것은 티끌 만큼이다.(조지 왈드)
- 당신이 60년대를 기억할 수 있다는 것은, 당신이 더 이상 그곳에 있지 않다는 것이다.(티모시 레리)
- 우리는 우연을 우연에 맡길 수 없다.(N. F. 심슨)
- 구걸하는 사람들이 나에게 말을 걸어 올 때마다 나는 작은 카드를 건넨다. 그 카드에는 "미안합니다만 이 카드 값으로 잔돈을 다 썼습니다."라고 쓰여 있다.(밥 비더)
- 세상에 변하지 않는 것은 없다. 변하지 않는 것이 있다면 세상은 변한다는 것이다.(저자)
- 모르는 것은 부끄러운 게 아니다. 알려고 하지 않는 것이 부끄러운 것이다. 진짜 부끄러운 것은 알고도 행하지 않는 것이다.(?+저자)
- 가난은 부끄러운 게 아니다. 가난에서 벗어나려고 하지 않는 것이 부끄러운 것이다.(아스파샤)

창의적 문제해결과 전략적 의사결정 과정 및 기법

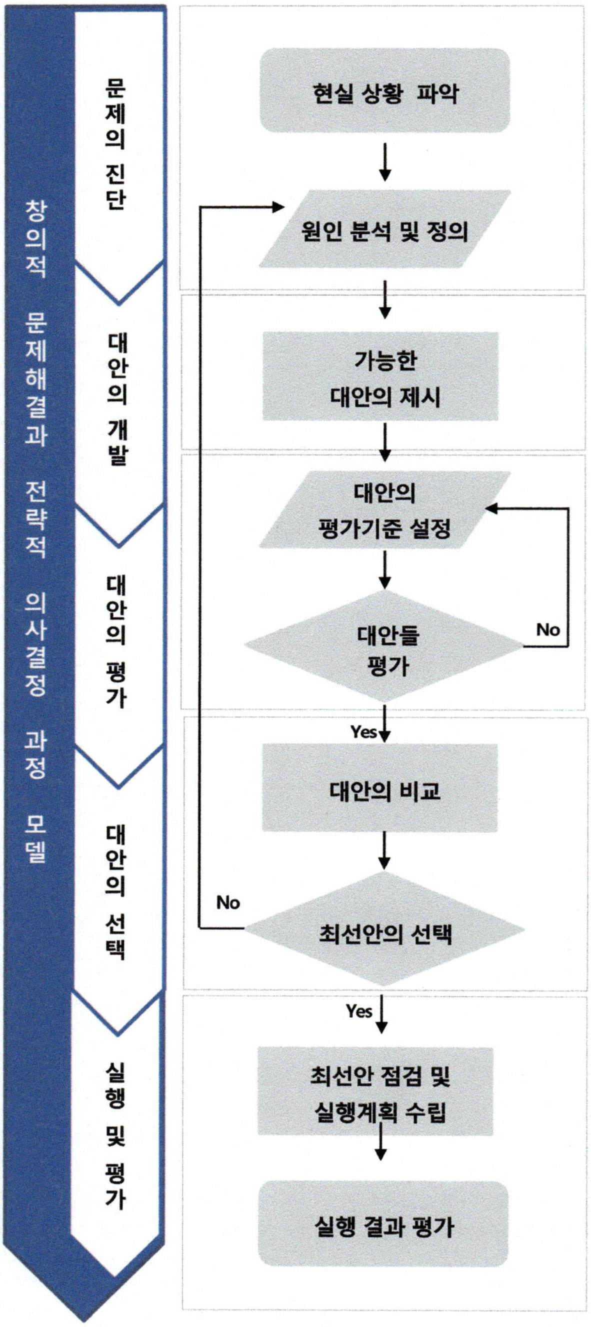

- **문제의 탐색기법**
  PEST모형/5 F's/레이더스크린/STP/SWOT/고객3불분석/KPI/3C(4C)/VRIO/7S 모형 등
- **문제의 원인 분석기법**
  Pareto/KT/5W1H/드릴다운/특성요인/인지기법/시스템다이어그램/Why-Why기법 등
- **문제의 정의기법**
  문제우선순위/Why-Method/가치나무/문제의 재정의/Duncker/목표지향법 등

- **대안 개발 자유연상법**
  브레인스토밍/브레인라이팅/수평적사고/인터뷰/CBS 등
- **대안 개발 강제연상법**
  체크리스트/스캠퍼/속성열거/결점열거(희망점열거)/형태분석/입출법/강제결합법 등
- **대안 개발 유추발상법**
  시네틱스법/NM법/고든법/페르미추정법 등
- **대안 개발 B/S & B/W 기타응용기법**
  역발상/만다라트/역설사고/겔러리기법 등

- **문제우선순위 및 민감도 분석 및 평가**
  심각성/투입시간 및 자원/투입인력 등
- **개별대안의 비교기법**
  하이라이팅/ALU&PMI/동인요소/장단점대조/2안비교/가중대조(그리드)/스티커투표/매트릭스(L, T, X형)기법/KJ기법/연과도법 등
- **최적안의 선택기법**
  비용편익분석/의사 결정모형(매트릭스-의사결정나무)/가정표면화기/2차원 그리드법 등

- **최선안 점검기법**
  What-If/목표 탐색/시나리오 분석/CATWOE/리스크 매트릭스/목표탐색/델파이/패널 동의/시뮬레이션/잠재적 문제분석/여섯 색깔 사고모자분석기법 등
- **실행계획 수립기법**
  간트 차트 /PERT&CPM/실행 체크 리스트/애로우다이어그램기법 등

- **실행결과 평가기법**
  정성적평가:고객만족도/성장/브랜드가치 등
  정량적평가: 재무제표/비율분석/BSC모형 등
- **실행능력 향상 및 피드백**
  창의적 팀 활동 및 대안의 실행 결과 개선
- **보고서 작성(프레임워크사고)**
  MECE/매트릭스/Logic Tree/ 피라미드법 등

❖ 창의적 사고 기법들은 반드시 해당 단계에만 적용되지 않으므로 의사결정 단계와 상황에 맞춰 적절히 활용

제13장 실행능력 향상

1. 창의적인 실행조직의 구축
2. 창의적인 실행능력의 향상 방법
3. 기획서 작성 방법

조직의 의사결정자들은 급변하는 환경과 도전으로부터 위기감이 더 커지고 있다. 더구나 기술의 발전 속도는 과거와 달리 더 빨라지고 있고, 산업환경 또한 지식을 기반으로 한 경쟁은 더욱 치열해 지고 있어 생존을 위한 방법을 모색해야만 한다. 이에 개인과 조직은 불안정한 글로벌 환경 속에서 생존과 지속적인 경쟁우위를 확보하기 위해서 혁신을 통해 새로움을 창조하는 창의적 문제해결 능력을 이끌어 내는 노력을 강구하고 있다.

더구나 우리나라는 주어진 업무에 대한 처리능력(수행역량)은 뛰어나지만 새로운 것을 창출해 내는 '개념설계역량'이 매우 낮은 수준이다. 새로운 것을 창조해내는 능력은 단시간에 만들어지는 것이 아니라 실패와 경험을 통해 노하우가 축적되고 그 과정에서 만들어지는 것이다. 매일 수십만 개가 넘는 독창적인 아이디어가 개념화되고 있지만 대부분 새로운 혁신제품이나 서비스로 평가받지 못하기 때문에 창조적 혁신으로 연결되지 못한다. 그러나 이러한 과정에서 실패와 경험이 반복되면 새롭고 가치 있는 창조로 평가받게 되는 것이다.

그러므로 개인과 조직의 억눌린 창의성을 끌어내고 경쟁우위를 확보할 수 있는 차별화된 실행능력을 향상시키는 방법은 먼저, 개개인이 가진 다양한 창의적인 능력을 파악하고, 이러한 타고난 직관력과 창조적 능력을 활용하는 창의력 기법을 습득하고, 나아가 조직의 목표에 효율적이고 효과적으로 연결시켜 나가는 프로세스를 구축하여 창의적 조직문화를 정착시켜 나가야 한다. 창의성은 개인의 머리에서 나오지만 '혁신'은 팀 워크를 통해 가능하기 때문이다.

따라서 13장 '실행능력 키우기'에서는 창의적인 실행능력을 향상시키기 위해 조직의 역량이 왜 중요한지, 조직 구성원들이 서로 협력하며 과업을 실행함에 있어서 장애가 되는 갈등을 해소하고 창의적인 조직문화를 구축하는 방법은 무엇인지, 그리고 팀의 구성 과정과 구성원들의 실행능력을 향상시키기 위한 리더의 역할, 그리고 창의적 실행능력을 향상시키는 방법에 대해 소개한다. 그리고 업무 결과에 대한 보고서나 신규사업을 제안하는 사업계획서의 의미와 체계적 기획서 작성 방법에 대해 소개한다.

학습 목표

1. 창의적인 조직문화를 구축할 때 유의사항을 이해한다.
2. 창의적인 실행조직이 형성되는 과정을 이해한다.
3. 팀워크 혁신 방법과 갈등을 해소하는 방법에 대해 검토한다.
4. 창의적인 리더의 자질에 대해 이해한다.
5. 창의적 실행능력을 향상시키는 방법을 숙지하고 활용해 본다.
6. 매력적인 기획서 작성 방법을 숙지하고 적용해 본다.

1. 창의적인 실행조직의 구축

1) 창의적 실행조직의 중요성과 조직문화 구축

(1) 창의적 실행조직의 중요성

20세기까지 기업의 가치는 유형자원에 치중되어 있었다. 즉 우수한 인재, 지하자원, 우수한 장비, 자본 등이 중요한 자원이었다. 그러나 21세기에는 유형자원의 가치보다 무형자원, 즉 노하우, 특허권, 브랜드 가치, 기술력, 정보력, 지식 등의 자원이 높은 부가가치를 창출하고 있다. 이에 의사결정자가 필요로 하는 최적의 자원을 효율적으로 활용하고, 최적의 의사결정을 위해 정보기술시스템을 사용하고 있으나 불확실한 경영환경 속에서 자원 활용의 최적화를 꾀하기란 결코 쉬운 것이 아니다.

그러므로 한정된 자원으로 최적화를 창출하기 위해서는 의사결정 과정을 단계별로 수행할 사람을 선발하고 추진 조직을 결성하는 것은 매우 중요하다. 피터 드러커(Peter F. Drucker, 2001)는 "의사결정을 수행할 때 사람들의 행동, 습관, 태도의 변화까지 예측해야 할 경우 두 배의 노력이 들고, 경영자는 최적의 대안을 실행할 책임자를 정하는 동시에 책임자가 실행 능력을 갖추고 있는가를 확인할 필요가 있다"[1]고 말했다. 뿐만 아니라 목표 달성에 대한 평가와 결과에 대한 피드백도 수행할 수 있는 능력이 있어야 한다. 특히 실행할 책임자는 함께 수행할 팀 구성원들을 조직하고 조직구성과 실행과정에서 발생하는 구성원들 간 갈등을 최소화하며 개개인의 능력을 끌어내어 팀워크를 발휘하도록 해야 한다.

왜냐하면 팀워크에 의한 집단사고는 개인의 사고 능력의 총합 그 이상이 될 수 있기 때문이다. 물론 창의력은 개인의 머릿속에서 이루어지기 때문에 대부분 논의가 '개인'에 한정되고 있지만, 우리가 접하는 대부분의 문제는 조직이나 기업의 그리고 관계를 맺고 있는 집단적인 것이 많기 때문에 조직 구성원의 '집단사고', 즉 '팀워크'(team work)를 요구하게 된다. 팀워크의 창의적인 실행능력을 끌어 올리는 것은 결국 구성원 개개인이 가진 각기 다른 영재성(창의성)을 결합시키는 일이므로 문제해결 책임자의 리더십은 매우 중요하다. 만약, 개인의 사고들이 충돌하고 비판적인 논쟁에 내 몰릴 경우 창의성을 기대하기 어렵기 때문이다.

---

1) 심영우 역(2009), 의사결정의 순간, 21세기북스, pp.31-34.

따라서 최적안을 실행하는 책임자를 선정하는 경영자나 당사자가 의사결정 책임자라면 그리고 실행을 위한 구성원으로 참여할 경우엔 팀을 구성한 뒤, 팀의 능력을 혁신하도록 팀 구성원 개개인이 가진 능력을 합리적으로 조율해 나가야 한다. 그리고 팀 활동에 있어서 장애요소가 되는 내용에 대해 이해한다면 문제해결을 보다 창의적으로 실행에 나갈 수 있을 것이다.

더구나 의사결정자는 개인과 조직이 보유한 한정된 유형자원(tangible resource)과 무형자원(intangible resource)으로 주어진 환경 아래에서 유효한 자원(resource)을 가장 유리한 최적의 수준에서 확보하고 활용하여야만 경쟁력을 키워 나갈 수 있기 때문에 추진조직을 형성하는 과정을 잘 이해하고 '실행능력'을 향상시키는 노력을 해야 한다.

(2) 창의적인 조직문화 구축하기

창의력은 앞서 밝힌바와 같이 개인의 유전적인 소질과 개인적 경험과 교육 등 다양한 노력의 산물이다. 그리고 개인의 경험과 생활환경이 다르기 때문에 각자 독특한 시각을 가지고 있으며, 이를 통해 다른 재능과 경험을 개발하고 표현한다.

그렇기 때문에 조직이나 기업 또는 집단에서는 이러한 자신의 독특한 사고나 태도는 부담으로 작용하기도 한다. 집단 속에서는 다른 구성원과 다르고 독특한 자신의 태도나 사고가 자칫 개인주의로 비춰지거나 엉뚱한 사람으로 소외될 수도 있고, 집단은 개인을 집단에 동조하기를 바라는 압력을 행사하기 때문에 안전하게 집단에 동조하기 위해 스스로의 태도나 사고를 억제하게 된다.

더구나 이러한 행동들은 팀 구성원들이 상호 협력하며 과업을 실행하는 데 장애요소가 되는 갈등을 유발할 수 있기 때문에 서로 다른 관점을 존중하고 개방적으로 의사소통할 수 있어야 한다. 그리고 무엇보다도 개인의 창의성은 팀워크를 통한 집단에 의해 '혁신'을 창조하게 된다는 점이다.

그러므로 창의적인 조직문화를 만들기 위해서는 구성원 개개인이 '집단사고'(group-think)에 동조하도록 압력을 행사하기 보다는 개개인의 독특함을 끌어내고 신뢰를 기반으로 소통하도록 돕고 격려해야 한다.

따라서 팀워크는 공동의 문제를 창의적으로 해결하는데 필수적이므로 개인적인 창의성이 시너지효과를 거두기 위해서는 다음 세 단계의 실천이 전제되어야 한다.

첫째, 창의성은 특정 인물에 한정된 것이 아니라 개개인은 각기 다양한 재능(영재성)을 가지고 있으므로 개개인의 능력을 파악하고 끌어내도록 돕는다.

둘째, 개인의 창의력이 지속적으로 발휘되고 성장하도록 창조적 능력을 최대한 활용하도록 도와주는 창의력 기법을 교육하고 훈련한다.

셋째, 이러한 개개인의 능력이 조직 전체 목표와 조화를 이루는 프로세스(지식저장창고 구축, 보상, 동기부여 등)를 구축하도록 창의적 조직문화를 조성한다.

결국, 이러한 창의적 조직문화를 조성하기 위해서 다음과 같은 구체적인 노력이 뒤따라야 한다.

① 구성원 개개인의 창의력을 끌어내는 환경을 조성해야 한다.

창의력에 대한 중요성을 인식하고 있다면 창의력은 어디에서부터 나오는지와 어디에 존재하는지를 정확히 알아야 한다. 창의력 계발을 통한 창조적 혁신은 개인, 현장, 그리고 영역으로부터 복합적인 조화가 이루어질 때 나타난다. 조직 내에 창의력이 뛰어나고 창조적 사고를 지닌 인재를 아무리 많이 확보하고 있어도 그들의 창의력은 창조적 사고를 자유롭게 발산할 수 있는 기업 환경이 조성되어 있지 않으면 결코 발휘될 수 없다.

예컨대 오늘날 생물사학의 가장 훌륭한 업적의 하나로써 인류에 지대한 공헌을 한 '멘델의 법칙'은 그레고리 멘델(G. Mendel)이 1856년부터 7년 동안 완두로 유전실험을 하여 각고의 연구결과 얻은 산출물이다. 그의 연구는 1865년 당시 브륀의 자연과학협회에서의 '식물의 잡종에 관한 연구'로 발표되었으나 제대로 평가받지 못했다. 당시 학계의 반응은 냉담했기 때문에 이 위대한 발견은 20세기까지 햇빛을 보지 못했고 멘델 사후에나 그의 업적이 재평가되었다. 만약 멘델의 창의력이 학계(field : 분야, 현장)에서 평가되고 선택되어 영역(domain)으로 편입되었다면 새로운 양식으로 발전되어 문화로부터 더 한층 발전된 정보가 인류에게 보다 많은 공헌을 하게 되었을 것이다.

다시 말해서 미하이 칙센트미하이(Mihaly Csikszentmihalyi) 교수가 제시한 창의력의 형성과정을 참고로 기업이 창의력의 본질을 이해하고 창의적인 조직문화를 구축하기 위한 적용 모델을 [그림 13-1]과 같이 제시할 수 있다([그림 3-2] 칙센트미하이의 창의력 형성 과정 참고).

조직원은 기업에서 제공하는 동기부여와 인센티브, 즉 정신적・물질적 보상과 자율성이 보장되면 자신의 잠재능력을 마음껏 발휘한다. 이러한 과정에서 창조된 아이디어는 때로는 현장(지식창고)이라는 곳을 통해 걸러지고 모든 조직원에게 공유되어 발전된 아이디어로 창조되기도 한다. 기업은 인사채용에서부터 다양한 인재를 받아들이고 최대한 자발적인 행동을 보장하거나 지원해주고 나아가 비공식적 활동을 인정해 인재 스스로 영민하고 독창적인 사고를 유발할 수 있는 동기부여를 할 수 있도록 방침이나 창조적 사고를 장려하는 기업문화가 정착되어야 한다([그림 13-2] 참고).

그림 13-1 창의력 형성 과정과 기업의 적용방법

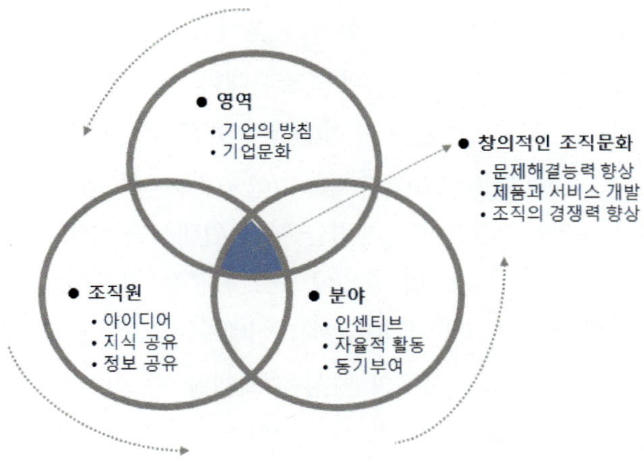

② 창조적 문제해결을 위해 창의력에 대한 본질적 의미를 이해한다.

단 한번의 사고로 만족할 만한 아이디어가 창출되는 것은 쉬운 일이 아니다. 아이디어는 갈고 다듬고 정성을 기울여 비로소 옥석이 된다. 그리고 기업에서 이러한 과정은 기업의 환경과 여건이 조성되어 있을 때 가능하다. 특히 문제해결 과정은 대안을 찾기 위해 다양한 아이디어를 생성하는 발산적 사고를 기본으로 기업의 현실과 문제의 우선순위나 경중에 따라 아이디어를 다듬고, 수정하고, 보다 정교하게 만들어가는 수렴적 사고가 함께 수반되어야 합리적이고 훌륭한 대안으로서 가치를 발휘하게 된다. 때로는 창출된 아이디어가 조직원에게 공유되어 보다 발전된 아이디어로 창조되는 것도 이러한 과정에서 얻어진다.

문제해결과 아이디어 생성을 위해서는 '수렴적 사고기법'과 '발산적 사고기법'이 적절하게 활용되어 의사결정 과정을 거칠 수 있어야 한다. 그러나 지나치게 기업이 '발산적 사고기법'을 활용하는데 치중해서 문제해결이 단순히 '해답'만을 구하는 데 그칠 오류를 범하고 있다. 기업은 이 점에 유의하여 아이디어를 산출하고 문제해결 대안을 찾는데 있어 [그림 4-3]의 모델을 적절히 활용할 수 있어야 한다.

혁신과 개선은 실제로 어떻게 일어나는지 기업의 자기반성이 필요하다. 조직원들이 지시나 교육이 없이도 무엇인가 새롭고 잠재적인 유용한 아이디어를 생성하고 창조적으로 문제를 해결해 나가는지를 점검해 볼 필요가 있다. 그리고 창조적 경영을 이룩하기 위한 문제해결 방법을 이해하고 기업현장에서 실제 가능한 만큼의 창조적 잠재력이 충분히 발휘될 수 있도록 환경이 조성되어야 한다.

이러한 사실은 미국 메사추세츠 공과대학 경영과학과 교수인 알란 로빈슨(Alan G. Robinson)과 미국 오리건주 주립대학 교육학 교수인 샘 스턴(Sam Stern)의 「기업의 창의력」(*Corporate Creativity: How Improvement and Innovation Actually Happen,* 1997)에서 주장한 "기업이 경쟁력을 갖기 위해서는 다양한 요건을 갖추어야 하지만 무엇보다도 창의력의 계발 및 활용이 중요하다"는 견해에도 잘 나타난다. 기업이 당면한 문제는 창의력에 대한 본질적 문제를 이해하는 것에서 해소가 될 것이며, 기업이 지닌 잠재적 능력의 활용과 업무의 향상을 기대할 수 있다고 본다. 특히 기업이 도입하여 실시하고 있는 다양한 창의력 사고 기법은 아이디어 생성과 제품개발 그리고 마케팅 전략에 일부 활용하고 있지만 수십 가지가 넘는 다양한 기법을 적절하게 활용하지 못하고 있는 데에서 기업의 잠재적 능력이 효율성을 거두고 있지 못하다. '문제는 어떻게 해야 하는지에 대해서 전혀 모른다는 점'이고 그 문제의 출발은 기업이 창의력의 본질을 제대로 파악하지 못하고 있는데서 출발한다는 것이다. 결국 기업은 창의력에 대해서 지금까지 잘못 알고 있는 사실에 대해서 재검토해 볼 필요가 있음을 시사한다.

결론적으로 기업의 창조적인 경영활동을 통한 경쟁력의 확보는 창의력에 대한 본질적인 개념과 활용방법에 대한 이해가 선결되지 않고서는 불가능하다. 그리고 나아가 창조적 문제해결은 여러 학자들의 이론에서도 나타난 바와 같이 문제를 해결하는 창조적 아이디어는 결점 없이 완벽한 대안이 한번에 떠오르는 것이 아니기 때문에 문제해결 단계를 거치면서 여러 가지의 생성된 아이디어를 수정하고, 다듬고, 발전시켜 나가면서 종합화된 대안으로 문제를 해결할 수 있도록 기업환경과 여건을 마련하도록 리더의 인식전환이 필요하다.

③ 구성원 개개인의 창조적 사고를 억누르는 '집단사고'를 경계한다.

톰 램버트(Tom Lambert)는 그의 저서 「*Key Management Solution*」에서 "미래를 예측하는 유일하고 정확한 방법은 미래를 만들어 내는 것이다. 그리고 계속해서 만들어 내는 것이다."고 말하고 있다. 그가 미래를 예측하는 정확한 방법으로 '미래의 창조'를 강조한 것은 정보가 지식으로 대체되는 21세기에서 창조적 사고로 지식창출을 추구하는 창조적 인간경영에서 가능하다고 보았기 때문이다. 이는 톰 램버트가 "변화하는 세계에서 승리가 곧 미래의 창조"라고 주장하듯이 복잡하고 다양한 현상을 단순화시키고, 명료화하고 이해해야 할 필요성을 창조적 사고에서 찾을 수 있다.

문제의 해결은 단순한 해답이나 결과를 도출하기 위한 일련의 과정이 아니라 문제해결 속에는 창의력을 내포하고 있고 창조적 사고를 통해 창의적인 의사결정이 이루어진다는 의미이다. 다시 말해서 수렴적 사고를 통해 정제된 하나의 해답(대안)을 습득하고 이해하는 데 익숙해진 기업관행이 창조적 인재들의 다양하고 독창성있는 잠재적 발상을 차단하지 않도록 주의해야 한다. 앞서 밝힌바와 같이 개인의 창의적 사고와 태도를 배제하고 '집단사고'만을 강조하는 조직의 압력은 개선해야 한다. 뿐만 아니라 모든 문제해결에는 반드시 하나의 대안만이 존재하거나 필요하다고 생각하는 관리자의 태도도 변해야 하며, 그러한 기업환경에 동질화되어 조직원은 하나의 대안을 찾아내면 더 이상의 발전적 아이디어나 그 대안을 발전시키려는 의지가 없는 안이한 태도도 버려야 한다.

④ 아이디어 창출을 장려하고 보상하는 조직문화를 만들어야 한다.

아이디어는 머릿속에만 머물고 있을 때는 아무것도 만들지 못한다. '혁신'을 창조하기 위해서는 구성원들 개개인의 머릿속에 있는 아이디어를 밖으로 끌어내고 공유함으로서 보다 진화된 아이디어로 발전할 때 혁신이 창조된다.

이쿠지로 노나카(野中郁次郎, Nonaka) 교수는 "새로운 지식은 언제나 개인에서 시작되고, 그 개인의 지식이 조직 전체에 있어서 귀중한 지식으로 변환되어야 한다."고 주장했다. 개인의 자발적 행동과 조직차원에서의 상호작용이 없는 한, 조직 그 자체로서는 지식을 만들 수 없음을 강조한 것이다. 조직차원에서는 지식이 대화, 토론, 체험 공유, 관찰 등에 의해 증폭되고, 구체적인 것으로 결정화되므로 새로운 지식은 개인이 창출하더라도 조직적인 지식으로 증폭되는 과정을 계속 반복해야 한다고 주장하고 있다.

노나카 교수의 말처럼 아이디어가 공유되고 창출되는 체계를 보면 [그림 13-2]와 같다. 원천적으로 지식은 개인이 소유하고 자발적으로 계발하는 노력에 최선을 다해야 하지만 반면에 개인이 창조한 지식은 또 다른 향상된 지식으로 증폭될 수 있도록 조직은 지식창조를 위한 보다 좋은 환경을 만들어 개인을 지원해야 한다. 조직의 지식 창출은 엄히 선형적으로 단계를 따르는 것은 아니지만, 지식을 공유함으로써 새로운 지식을 창조하고 그 창조된 지식은 다시 하나의 정제된 정의로 구축이 되어 타인에게 전이되어 활용되도록 한다. 이러한 과정을 거치는 동안 지속적으로 순환과정은 되풀이되고 지식은 새롭게 창출되는 것이다.[2)]

[그림 13-2]에서 보는 바와 같이 구성원 한 사람이 아이디어를 지식창고에 제공하면, 창고관리자는 아이디어를 선별해 정리한 후 구성원들이 공유하도록 돕는다. 그러면 다른 구성원들은 그 아이디어를 보다 발전된 형태로 개선해 다시 창고에 등록한다. 이러한 과정을 거쳐 완성된 아이디어는 혁신을 창조하게 되고 조직은 아이디어 창출과 공유를 통해 개선에 참여한 조직원들에 대해 적절한 평가 및 보상시스템을 만들어 보상해야 한다.

그림 13-2 지식공유와 가치창출 및 보상

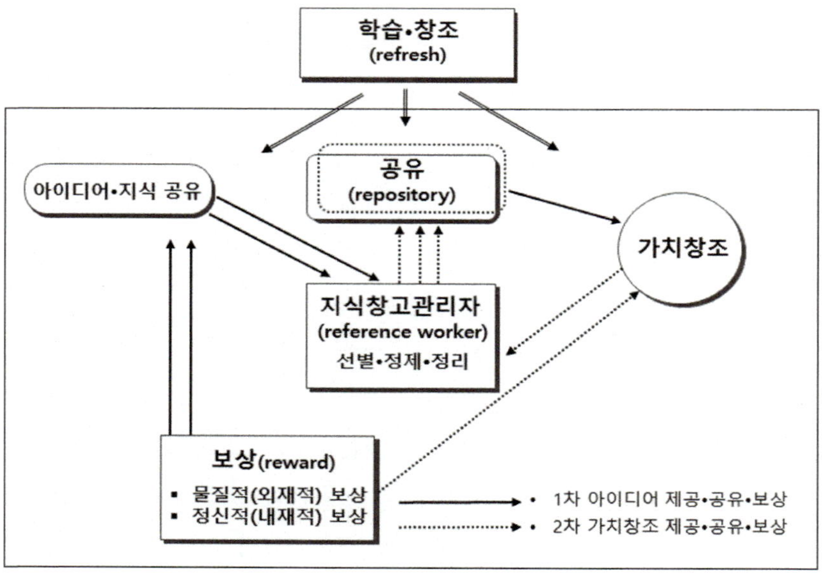

2) 김준, 길종구(2009), 창의력 계발과 창조적 경영 제12판, 삼영사.

이러한 아이디어 관리 시스템은 일본기업들이 활용하는 '캐치볼'(catchball)과 유사하다. 캐치볼은 팀워크를 향상시키고, 아이디어의 지속적인 향상 및 개선과 참가자 사이의 아이디어 구매라는 두 가지 목표를 수행하기 위한 교차 기능적(cross-functional) 방법이다. 즉 구성원 한 사람이 초기 아이디어를 팀원에게 공을 던지듯 넘긴다. 아이디어를 전달받은 사람은 보다 정확한 진술로 다듬어서 개선을 할 책임이 있다. 그리고 개선된 아이디어를 다시 팀 구성원에게 던지고 아이디어를 캐치한 구성원은 다시 개선을 해 나가는 과정이다.[3)]

다시 말해서 지식의 공유과정인 공동화를 통해 개인의 정보와 지식은 조직의 조직원이 공동화해야 한다. 개인이 갖고 있는 풍부한 아이디어가 먼저 조직 안에서 증폭되어야 하기 때문이다. 그리고 공동화가 발생하기 위해서는 조직의 성취도를 인식하도록 인센티브제도를 더욱 활성화해야 한다.

개개인이 맡은 업무를 탁월하게 수행하는 것도 중요하지만 기업의 성취도를 높일 수 있도록 '창조적인 사고의 장'을 만들어 주는 것은 더욱 중요하다. 제안제도와 같은 형태를 이용할 수 있지만 이런 문화에 익숙하지 않은 조직원을 위해서는 더 적극적인 방식으로 문제해결을 위한 창조적 사고기법을 교육시키고 훈련하여 참여를 유도하는 것이 창조적 조직문화를 추구하고 발전시켜 나가는 리더의 태도이다.

2) 창의적 실행조직의 구축과 팀워크

(1) 창의적 실행조직의 형성과정

한 팀이 목표를 달성하고 높은 성과를 내는 실행능력을 향상시키기 위해서 상호 신뢰와 책임감을 가지고 팀워크를 발휘하기 까지 일정한 단계를 거치게 된다. 미국의 심리학자 블루스 터크만(Bruce Wayne Tuckman: 1938~)은 팀의 형성과정에 대한 연구 "Developmental Sequence in Small Groups(NCBI, 1965)"에 "집단 내 관계설정 모델"을 발표한 바 있다. 그는 팀의 형성 과정을 설명하면서 사람과의 관계는 [그림 13-3]과 같이 forming → storming → norming → performing의 네 단계를 거친다고 한다.

3) 현대경제연구원 역(2004), 창의와 혁신의 핵심전략, 청림출판, pp.85-87. 참고.

그림 13-3 팀 형성과정

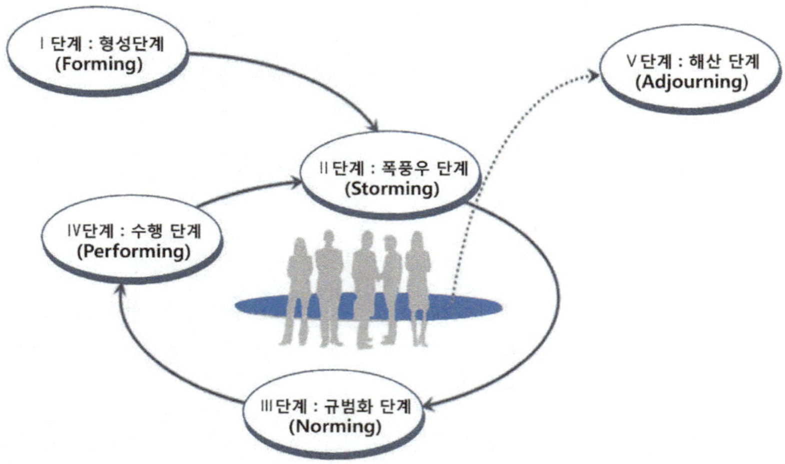

그리고 1977년에 마지막 해산단계(adjourning)를 추가해 5단계로 나누었다. 그러나 모든 그룹이 항상 아래의 5단계를 거치지는 않는다. 4단계(performing stage)에서 반드시 최고의 성과를 내놓기보다 때에 따라 2단계의 내부적 갈등과 경쟁이 더 좋은 결과를 내기도 한다. 그리고 반드시 한 단계 한 단계 명확히 진행되지도 않는다. 'storming'과 'performing'이 함께 진행되기도 한다.

또한 각 멤버 각자의 'organization contest'가 제대로 고려되지 않았다는 점이 문제이다. 만약 서로 다른 조직과 기능을 가지고 있으면 각자의 역할, 이해해야 할 작업, 규칙 정보 등을 깊이 이해하지 못하기 때문에 복잡한 단계를 거쳐야 한다. 그러나 동일 기능의 멤버는 그룹이 형성되면(high performing group) 곧장 공동작업에 들어간다.

① **I 단계-형성단계(forming)**

집단 내 상호 탐색단계로 팀원들이 서로 서로 소개하고 알게 된다. 집단의 목적, 구조, 리더십 등에 있어서 불확실성이 높은 단계로 구성원들이 어떤 행위가 수용될 수 있는가를 저울질하는 그룹 형성 초기단계이며 팀원들은 팀에 대한 기대와 흥분을 갖게 된다. 그러므로 팀 형성 초기에는 자신의 역할과 방향을 잘 모르기 때문에 동료의 개념보다는 상호 팀원으로서 이해하는 과정이므로 팀원들은 다른 구성원과 리더에게 의존하게 된다. 따라서 리더는 구성원들과 협의하여 팀 구성원이 결속할 수 있는 사명서를 만들어 조직의 목표에 자발적으로 협력하는 동기를 부여해야 한다.

② II단계-폭풍우 단계(storming)

구성원들은 집단 내 자신들이 수행해야 할 업무를 알아가기 시작하면서 상호 '갈등과 견제'를 하는 단계이다. 구성원들은 집단의 존재를 인정하지만 집단이 개인들에게 부과하는 규제와 속박에 대해서는 부담스러워 하고 방어적으로 행동하게 된다. 더구나 집단의 통제권과 주도권을 둘러싸고 갈등이 존재한다. 갈등은 어느 조직이나 인간관계에서 생기기 마련이지만 이 갈등이 끝나면 모임 내 계층관계가 명확해 진다. 의견 불일치도 발생하지만 팀원들이 겪어야 하는 하나의 과정이며 좌절하지 말아야 한다. 갈등을 슬기롭게 극복하면 팀의 결속력을 더욱 탄탄하게 하고 목표 달성을 위한 실행능력도 향상된다. 그러므로 팀은 발전적인 반대의견도 격려하고 의견 차이를 존중해야 한다. 특히 팀 활동에 대한 불신이 생기면 자발적으로 팀 활동에 참여하지 못하고 상호 의존이나 협력을 거부하게 되므로 리더는 팀 구성원 간의 소통을 통해 개인적인 견해를 존중하고 팀의 목표와 일치하도록 개인과 집단 간의 활동을 적절히 조율해 나가야 한다.

③ III단계-규범화 단계(norming)

팀은 공통의 비전을 개발하고 다져 나가면서 서로의 차이를 조화시키면서 모임 내 갈등이 적어지고 집단 내 상호 조정과 단결을 통한 친밀감이 형성되는 단계이다. 이러한 친밀한 관계의 형성과 집단의 응집성을 통해 팀 구성원을 받아들이고, 자신의 수행업무에 대한 책임감과 기대감을 표출하게 된다. 이로 인해 집단에 대한 저항감은 줄어들고 경쟁관계 보다는 집단에 대한 자부심이나 동료애 등과 같은 것을 강하게 느끼게 된다. 따라서 팀 내에 강한 집단의식이 존재하게 되면서 좀 더 협력하는 관계로 발전하게 되고 행동과 규칙을 공감하게 된다. 그러므로 리더는 팀 구성원들이 강한 '결속감과 일체감'을 갖도록 팀의 목표에 대한 의식을 강화시켜 나가야 한다.

④ IV단계-수행단계(performing)

팀 구성원들은 전 단계의 갈등을 극복하고 상호 간의 차이를 이해하게 되면서 팀 목표 달성을 위해 조화를 이루게 된다. 특히 개인은 다른 구성원들의 특성에 대해 합리적으로 대처하게 되고 이를 통해 점차 개인의 능력은 집단의 목표에 일치하면서 팀은 진보를 해 나간다. 그러므로 집단구조가 안정적으로 자리를 잡고 기능들이 원활하게 수행하는 단계이다. 이 단계에서는 집단의 에너지가 서로를 알고 이해하는 데에서 과업을 직접 수행하는 데로 옮겨지면서 팀원에게 문제가 발생하면 팀 전체의 문제로 인식하고 서로 더 깊이 이해하는 분위기가 조성된다. 그러나 '상호 의존성'이 강해지거나 개인의 문제를 팀 전체의 문제로 미뤄버리는 '도덕적 해이'가 발생할 수 있으므로 리더는 개별적 수행업무에 대한 강한 책임감을 갖는 조직문화를 지켜나가야 한다.

⑤ V단계-해산단계(adjourning)

팀 구성 목적에 따라 목표 달성 후 해산과정에 다소 차이가 있다. 기능그룹의 경우엔 전 단계(수행단계)에서 끝이 나지만 한시적 위원회, 팀, 프로젝트팀, 테스크 포스(task force: TF) 등은 해산단계까지 거치게 된다. 이 단계는 해산을 준비하고 작업수행 보다는 정리에 치중한다. 그간 모임을 통해 이루어 낸 성과에 만족하기도 하고 그동안 활동을 통해 인연을 맺은 사람을 잃게 되는 것에 의기소침해지기도 한다.

따라서 '팀 형성과정'에 대한 이해는 팀의 실행능력 향상을 위해 반드시 필요하다. 어느 팀이든 처음부터 완벽하고 높은 실행능력을 갖추지는 못하기 때문에 팀의 리더뿐만 아니라 구성원으로서 팀의 형성과정을 이해함으로써 자신의 역할과 다른 구성원들의 생각과 태도에 대해 적절한 기대를 하기 때문에 갈등의 소지를 줄일 수 있다.

(2) 팀워크 혁신방법

존 맥스웰(John C. Maxwell)은 가장 작고 사소한 것에서부터 시작하는 팀워크 혁신의 비법을 공개하며, 기억하고 실천하기 쉬운 훈련과정을 수록해 좀 더 원활하게 팀워크를 구축할 수 있는 방법을 제시하였다. 즉, 혼란스럽고 모호했던 팀워크를 분명하게 이해할 수 있는 17가지 법칙을 소개하였다. 이를 통해 리더와 팀원 모두가 각각의 위치에서 자신의 역할을 충분히 인지하고 수행할 수 있도록 한다.

특히 이 법칙은 스스로 팀워크 향상의 답을 찾아낼 수 있게 하므로 이 팀워크의 법칙들이 조직 내에서 보다 우수한 팀을 개발하는데 도움이 된다.

"팀워크를 혁신하는 17가지 명백한 법칙"(Embrace Them and Empower Your Team)[4]은 다음과 같다.

① **중요성의 법칙:** 당신의 꿈은 무엇인가? 릴리 타티코프의 꿈은 암을 치료하는 것이다. 그녀는 과학자가 아니다. 또한 과학자가 될 필요도 없다. 그녀가 알아야 하는 것은 오직 중요성의 법칙이다. 그녀는 자신의 꿈을 이루기 위해서 여러 사람과 협력했다. 당신의 꿈이 중요한 것이라면 이 꿈을 이루기 위해서 팀을 구성해야 한다. 하나는 큰일을 이루기 위해서는 너무 작은 수다. 실제로 어떤 개인도 혼자서 가치 있는 일을 해내지는 않았다. 하나가 아니라 팀이 결과를 도출했다. 그것이 중요성의 법칙이다.

② **큰 그림의 법칙:** 모든 사람이 비전으로 시작한다. 목표를 가질 필요가 있다. 목표가 없이는 진정한 팀을 만들어낼 수 없다. 만약 당신이 팀의 리더라면 당신이 해야 하는 역할은 큰 그림을 갖는 것이며 팀원들을 위한 큰 그림을 그려주는 것이다. 한 그룹에 속한 모든 사람들이 큰 그림을 이루기 위한 같은 비전을 갖는다면, 그 사람들을 매우 효과적인 팀을 이룰 가능성을 갖게 되는 것이다. 팀이 공유할 수 있는 목표는 역할보다 더 중요하다.

③ **적소의 법칙:** 당신이 자유세계에 사는 리더라면 당신을 포함해서 당신의 사람들에게 어떻게 일자리를 주어야 할지를 결정해야 한다. 모든 사람들이 승리하기를 원한다면, 적소의 법칙을 사용해야 한다. 사람들은 각기 다른 능력과 창의력을 가지고 태어나거나 계발되기 때문에 만약 팀의 멤버들이 자기가 처할 자리에서 일하지 않는다면, 자기가 잘 할 수 있는 곳에서 일을 하지 않고 있기 때문에 사기가 떨어져 그 사람의 마음에 분노가 생긴다.

④ **에베레스트 산의 법칙:** 높은 곳에 오르기 위해서 팀워크를 필요로 한다. 이런 팀을 만들기 위해서 리더는 팀 멤버들을 개발하고, 팀 멤버들을 추가시키며, 팀 리더십을 변화시켜야 한다. 자신이 팀에 공헌할 준비가 되어있다면 팀의 실행능력은 훨씬 더 빨리 향상된다. 만약 좋은 팀을 형성하지 않으면 가공할 도전이 발생할 때, 그것을 헤쳐 나가지 못하게 된다. 우리의 도전이 커질 때에 팀워크에

---

4) 채천석 역(2008), 팀워크를 혁신하는 17가지 명백한 법칙, 청우. 요약.

대한 필요도 더욱 더 커진다.

⑤ **사슬의 법칙:** 조직의 많은 사람들이 일을 훌륭하게 해내고 있지만 단 한 사람의 잘못으로 인해 심각한 문제에 봉착할 수 있다. 팀 구성원으로 보다 혼자서 일하는 것이 훨씬 더 능률적이고 팀 구성원으로 인해 자신의 과업을 망친다고 생각하는 사람의 이기심과 같은 한 고리의 빈약함으로 인해 같은 사슬에 얽혀 있는 사람들이 그 대가를 치르고 약한 팀 멤버는 팀의 시간을 항상 더 잡아먹는다. 강한 멤버들을 찾아 팀 활동에 동참시킨다. 또한 팀에 약한 고리를 발견했다면, 그 고리를 방치하지 말고, 개선하고 튼튼하게 해야 한다. 팀의 강점은 가장 약한 고리에 의해 영향을 받기 때문이다.

⑥ **촉매자의 법칙:** 대부분의 팀들은 그냥 내버려두면 팀은 성장하지도 향상되지도 않기 때문에 가능성에 도달하는 팀은 항상 촉매자(뭔가 일이 일어나게 해주는 사람)를 가질 필요가 있다. 힘든 시간이 닥칠 때, 팀 구성원이 서로 격려하고 협력하는 자세도 중요하고 리더의 역할은 촉매자로서 매우 중요하게 된다.

⑦ **나침반의 법칙:** 그룹은 어느 곳으로도 가지 못하고 있다면, 비전이 부족하기 때문일 가능성이 높다. 훌륭한 비전이 훌륭한 성취보다 앞선다. 모든 팀은 방향을 제시해줄 비전이 필요하다. 비전은 흔들리는 팀 구성원의 의지를 강한 결속력으로 묶어준다. 비전을 품은 팀은 초점이 있고, 힘이 있고, 확신이 있다. 그러한 팀은 어디로 가고 있는지, 왜 가고 있는지를 알기 때문이다. 나침반이 되는 비전은 팀 멤버들에게 방향과 확신을 준다.

⑧ **나쁜 사과의 법칙:** 재능만으로는 안 되고 좋은 태도를 가져야 한다. 창의적인 사람의 특성 중 정직성은 매우 중요한 요소이다. 자신의 생각과 태도가 주변사람에게 기여한다는 마음자세를 가져야 한다. 좋은 태도가 팀의 성공을 반드시 보증하지는 않지만, 나쁜 태도는 반드시 팀의 실패를 보증한다. 태도는 팀을 흥하게도 하고 망하게도 하는 힘을 갖고 있고 나쁜 태도는 좋은 태도보다 더 빨리 영향을 미친다. 그리고 태도는 주관적이어서 나쁜 태도를 분간하기가 어려울 수 있고 썩은 태도를 그냥 내버려두면 팀을 망친다. 여기서 사과는 태도를 말하며 나쁜 사과를 좋은 사과로 바꿔야 한다. 왜냐하면 썩은 사과가 팀을 망치기 때문이다.

⑨ **책임의 법칙:** 책임에 대한 공식(인격 + 능력 + 헌신 + 끈기 + 단결)이 있다고 믿어야 한다. 그것은 단순하지만 그 영향력은 강력하다. 팀 동료들은 중요한 순간에 서로를 의지할 수 있어야 하고, 의지는 서로 책임을 다할 때에 오며 팀워크는 책임성을 필요로 한다. 자신에게 주어진 과업을 수행할 책임, 팀 구성원과 협력할 책임, 팀 구성원의 실수나 실패를 격려하고 진지하게 조언해주는 책임 등 팀의 목표 달성을 위해 최선을 다해야 한다.

⑩ **대가의 법칙:** 팀이 가능성에 도달하기 위해서 대가를 지불하지 못하는 이유 중의 하나는 대가의 법칙을 잘못 이해하고 있거나 그 법칙이 작용하는 방법을 정직하게 알지 못하기 때문이다. 대가의 법칙은 모든 사람이 대가를 지불해야 하며 항상 대가를 지불해야 하고 팀이 성장과 변화를 원하고 승리를 지키기 원한다면 대가는 더 커지고 대가는 절대로 감소하지 않는다. 점점 더 커지는 대가를 지불할 용의가 있을 때 승리할 수 있다.

⑪ **점수판의 법칙:** 모든 게임은 규칙이 있고, 이기는 것이 무엇을 의미하는지에 관한 정의를 갖고 있다. 어떤 팀들은 자신들의 성공을 기록된 점수로 측정하고 또 어떤 팀들은 이윤으로 성공을 측정한다. 그 게임이 무엇이든 간에 점수판이 있다. 만약 어떤 팀이 그 목적을 이루려면 자신이 어디쯤 있는지를 알아야 한다.

⑫ **벤치(대기선수)의 법칙:** 모든 사람들이 가치를 갖고 있고, 팀에 가치를 더해주지만 중요한 것은 벤치 선수를 개발하고 발전시켜야 한다. 이유는 벤치 선수들이 내일의 스타가 될 수 있고 후보선수의 성공이 주전의 성공을 증폭시킬 수 있다. 그리고 주전보다는 조용히 뒤에서 일하는 경우가 많으며 적절히 자리잡은 벤치 선수는 어떤 때에 주전보다 더 가치가 있다. 또한 강한 벤치는 리더에게 더 많은 선택을 할 수 있게 해주고, 벤치 선수는 팀을 위한 중요한 순간에 대체선수가 들어가서 종종 일을 낸다.

⑬ **정체성의 법칙:** 팀은 공통된 목적을 갖고 있지만 공통된 가치를 갖지 못한 팀에 있는 사람들은 무엇이 중요한지에 대한 서로 다른 개념을 갖기 때문에 혼란이 생긴다. 모두 각자가 생각한 대로 일하려고 고집하게 되면 결국 팀은 무너지기 때문에 멤버들이 공통된 페이지를 가져야 한다. 공유된 가치는 조직의 사람들에게 영향을 준다. 팀의 정체성을 분명히 해야 한다.

⑭ **커뮤니케이션의 법칙:** 팀이 가족이든, 기업이든, 효과적인 팀은 상호 끊임없이 대화를 나누는 동료들을 갖고 있어 대화가 행동에 불을 지핀다. 당신의 팀을 가장 높은 수준으로 일을 수행하는 팀이 되기를 원한다면, 사람들이 서로 말하고 들을 수 있도록 만들어야 한다. 멤버들이 서로 소통하는 방식에 근거해서 실패도 하고 성공도 한다.

⑮ **차이의 법칙:** 모든 것이 리더십에 따라 흥하기도 하고 망하기도 한다. 팀이 훌륭한 리더십을 갖고 있다면, 팀이 가장 높은 수준의 단계로 올라가는 데 필요한 다른 것들을 얻을 수 있다. 큰 성공을 거둔 팀은 모두 강력한 리더십을 갖고 있다.

⑯ **높은 사기의 법칙:** 높은 사기가 팀에 발생할 수 있는 모든 긍정적인 것들을 확대시켜준다. '높은 사기'는 팀을 훌륭하게 포장을 해주고 훌륭한 지렛대 역할을 한다. 그리고 팀에 에너지를 공급해주며 훌륭한 해결자가 된다. 거대한 장애가 가로막고 거의 앞으로 나아가게 할 수 없는 때에도 앞을 향해 계속 나아가고 팀이 창조적이게 된다.

⑰ **배당금의 법칙:** 팀 멤버들을 발전시키기 위해서는 시간과 노력이 요구된다. 하룻밤 사이에 팀이 변화되지 않는다. 하지만 지속적으로 팀을 발전시키면, 그 변화는 나중에 보상을 가져다준다. 미래를 위한 팀을 세우는 것은 둥지에 알을 낳아 부화시키는 것과 같다. 그것은 천천히 시작되지만 투자한 것은 높은 보상을 가져온다. 배당금의 법칙은 팀에 투자하면 시간이 흐를수록 많은 이득을 남기게 된다.

(3) 팀 활동 시 갈등해결 방법

개인의 창의성과 능력은 독특하고 다양하지만, 팀 활동 시 다양한 이해관계와 맞물려 '갈등'을 유발하고 충돌이 일어나는 경우가 많다. 이러한 '갈등'을 해결하기 위해서는 구성원 상호 간에 이해가 전제가 되어야 하나 이 또한 개인의 합리성이 항상 우선하기 때문에 팀 구성원이 공유하고 납득할 수 있는 팀 내 규범이 필요하다.

팀 구성원이 지켜야 할 규범은 우선적으로 다른 구성원의 사고나 태도를 이해하고 존중하도록 하는 것을 전제로 한다. 그래야만 상대방의 견해나 비판을 사적인 감정이 없이 귀 기울이고, 스스로 발전의 기회로 삼을 수 있다. 그리고 실수나 실패에 대해서도 격려하며, 교훈으로 삼아야 하고 성공에 대해서는 함께 공유하고 칭찬을 해야 한다.

한편, 팀워크 활동과정에서 나타나는 문제, 즉 분쟁은 크게 10가지로 나누어 볼 수 있다. 발생유형 문제와 그 해결책을 간단히 살펴보면 〈표 13-1〉과 같다.[5)]

〈표 13-1〉 팀워크 시 나타나는 문제유형과 해결전략

문제유형	문제를 최소화하는 전략
갈팡질팡	• 임무를 명확히 하고 모든 사람이 앞으로 나아가기 위해 요구되는 것을 이해하라.
위협적 전문가	• 팀 구성원들 간 동의를 구하고 모든 구성원은 모든 영역의 문제를 탐구할 권리가 있다. • 구성원이 어떻게 행동하든 서로에게 겸손하라.
우월적 참가자	• 목적으로서 '참가의 균형'을 잡고 규칙적으로 이점을 고찰하라. • 우월적 참가자를 제한하기 위해 '통제하는 것'을 연습하라.
마지못해 하는 참가자	• 모든 사람이 참여하도록 격려하라. • 조용한 구성원들의 의견을 묻고 그들의 유효성을 격려하라. • 개인에게 할당된 숙제와 보고서를 요구하라.
의견을 의문 없이 받아 들이는 경우	• 악마의 역할을 하라. 보조자료와 이유를 물어라. • 대립되는 개념을 받아들이고 격려하라. • 비평에 주의하라. 사람이 아닌 아이디어를 비판하라.
성과를 서두르는 사람	• 서두름에 직면하고 최선의 해결책에 동의하지 못한다. • 심지어는 모든 팀원들의 동의를 얻는 것조차 불가능하지만, 일반적인 합의에 도달한다. • 모든 사람이 팀의 결정으로부터 그들이 원하는 것을 얻을 수 없지만 팀 방침에 내부적으로 심각한 반대가 없어야 한다.
다른 사람에게 동기를 전가함	• 진술을 지지할 자료를 요청하라. 전가하는 것이 정확한지를 증명하라. 예, "존은 영업부와 마찰 때문이라고 이렇게 말한다."
구성원의 의견을 무시함	• 효과적 청취는 모두가 반드시 해야 한다. 효과적 청취를 위한 훈련을 하라. • 반대편 사람을 지지하라. • 다름 팀원의 의견과 공헌을 무시하는 사람과 별도로 이야기하라.
방랑자 (탈선과 접선)	• 시간계획을 포함한 절차를 따라라. • 팀 전원이 모인 자리에서 주제를 공유하고 대화를 주제 속으로 이끌어라
구성원과의 불화	• 개성이 아닌 아이디어에 집중하라. • 사건을 별도로 토론할 상대편을 찾거나 모임에서 행동의 표준에 동의하도록 하라.

5) 김정현 역(2008), 창의적 문제해결 전략, Prentice Hall, pp.29-31.; H. Scott Fogler & Steven E. LeBlanc : Strategies for Creative Problem Solving, 2nd Edition, Prentice Hall, 2008.

3) 창의적인 리더란

창의적인 조직이나 기업문화가 정착되기 위해서는 리더의 역할이 매우 중요하다. 리더는 문제해결뿐만 아니라 구성원과의 관계에서도 변화와 혁신을 주도하는 리더십을 발휘해야 한다. 리더십(leadership)은 조직의 목표를 수행하기 위하여 권력을 사용하여 타인의 과업과 관련된 행동을 지도하는 과정을 말한다. 결국 리더십의 핵심은 조직원들을 지도함으로써 목표를 달성하는 것이므로 끊임없이 조직원들에게 어떻게 임무를 위임할지, 동기부여를 하고 의사소통을 할지, 그리고 어떻게 임무를 수행하는가에 대해 관리해야 할지 등 다양한 노력을 해야 한다.

그러므로 리더는 집단목표를 위하여 집단구성원인 부하들이 창의적인 사고를 계발하도록 격려하고, 실패에 대한 부담이나 두려움을 극복하도록 돕고, 자발적으로 참여하고 노력하도록 영향력을 발휘해야 한다.

무엇보다 집단에서 함께 문제를 해결하거나 업무를 수행할 때 보다 개인이 혼자서 일을 할 때 훨씬 더 생산적이고 아이디어가 많이 생성된다는 구성원에 대해서 단순히 개인적인 업무스타일이나 문제해결 성향으로 간과해서는 안 된다. 구성원 개인이 그러한 생각을 한다는 것은 조직문화가 '집단사고'에 지나치게 매몰되어 개인의 창의적 사고를 억압하고 있지는 않은지, 동조하지 않는 개인적인 행위에 대해 책임을 추궁하고 있지는 않은지, 혹은 집단에 동조하는 구성원도 자발적 의지가 아닌 쉽고 안전한 선택을 하려는 것은 아닌지 등에 대해 살펴보고 문제가 있다면 개선해 나가도록 리더십을 발휘해야 한다.

물론 '집단사고'를 배제하라는 의미는 아니다. 창의적 조직문화 속에서 '집단사고'는 개인의 사고 총합 보다 훨씬 더 뛰어나기 때문이다. 이 때문에 구성원들이 목표를 달성하기 위해 대안을 실행하는 과정에서 수행해야 할 자신의 책무에 대해 제대로 인지해야 한다. 만약 자신이 수행해야 할 책무에 소홀하게 되면 다른 구성원에게 미칠 불이익과 팀 전체의 목표 달성 실패에 대한 책임감을 가져야만 한다.

그런 이유로 만약, 개개인의 사고나 태도가 집단에 동조하는 것은 순전히 자발적이어야 하는데 만약 기피하거나, 구성원 개개인이 집단의 문제를 자신의 문제로 인식하지 못한다면, 리더는 개개인의 사고와 집단의 공동사고 활동이 각각 기회를 갖고 두 과정이 순환적으로 이루어지도록 하는 것도 방법이다.

예컨대, 개인적으로 깊이 생각해 볼 수 있는 시간을 가지게 한 뒤 개개인의 아이디어를 기초로 팀워크를 발휘해 집단사고에 참여하도록 유도하는 것이다. 그리고 구성원이 협력을 해 나가되, 먼저 한 사람이 개별적으로 창의적 사고 시간을 가진 다음 일정시간 동안 자신이 생성해 낸 아이디어를 두 번째 사람에게 전달하고 다시 마지막 구성원에게 까지 전달해 최종의 구성원이 마무리해 아이디어를 만들어 내는 '릴레이 사고'를 활용할 수도 있다.[6)]

무엇보다 본서의 제4장 말미에 소개한 [그림 4-17] '테일러의 재능 토템기둥'(Taylor's talent totem poles)에서도 잘 나타나 있지만, 인간의 능력은 매우 복합적이고 다양하기 때문에 개개인이 가진 재능을 끌어내는 것도 리더의 역량이며, 개개인이 어떻게 창의적인가를 파악하여 재능을 결합시키는 능력도 리더의 역할이다. 이러한 역량은 리더의 리더십 형태에 따라 다소 다르게 나타날 수 있다.

물론 다음에 소개하는 리더십 유형 중 어느 특정한 리더십이 더 창의적 리더라고 단정하기는 어렵지만, 구성원의 자율성과 참여를 존중하고 문제해결에 있어서 모든 의사결정 과정이 투명한 '민주형 리더십'의 소유자가 창의적 리더일 가능성이 높다.

리더십에 대한 유형은 학자들마다 다양하게 구분하고 있으나 리커트(R. Likert)는 많은 조직을 대상으로 행동과학적 연구를 분석한 결과 「경영 관리의 새로운 형태(행동과학)」(1961)라는 저서를 통해 관리시스템 이론을 제시하였다. 한편 리피트와 화이트(Lippitt & White, 1943)는 의사결정과정에서 나타나는 리더의 행동을 관찰하여 리더십의 유형을 전제형(authoritarian), 민주형(democratic), 자유방임형(laisser-faire)으로 구분했다. 또한 리더를 '인간에 대한 관심적 측면'과 '생산에 대한 관심적 측면'의 '2차원적 접근법'으로 소개한 블레이크와 머튼(Robort R. Blake & Jane S. Mouton)의 관리격자(managerial grid, 1964) 등이 있다.

리피트가 제시한 '리더십 스타일'의 의미와 특징은 다음과 같다.[7)]

- **전제(독재)적 리더십:** 리더의 개인능력을 조직에 강요하려고 하는 리더십의 유형으로 조직목표와 그 운영방침 등에 관련된 의사결정을 리더가 독단으로 결정하는 리더십이다. 전제형 리더십은 부하들의 적극적 참여와 협동 및 창의적인 아이디어를 발휘할 수 있는 기회가 박탈되기 때문에 구성원의 사기와 생산성은 낮아진다. 그러나 짧은 시간에 반드시 수행해야 할 목표를 달성하기 위해서는

---

6) 김영채(1999), 창의적 문제 해결: 창의력의 이론, 개발과 수업, 교육과학사, pp.70-71. 참고.
7) 박상범, 길종구(2017), 전략경영 제2판, pp.105-106.

긍정적인 면도 있으나, 이 경우에는 리더의 능력과 역량이 뛰어난 경우를 가정하여야 한다.

- **민주적 리더십:** 조직의 계획과 운영방침 등의 의사결정을 할 때 구성원의 참여와 자율성을 존중하면서 의사결정을 하는 것이 민주적인 리더십이다. 모든 구성원의 의견을 반영하여 의사결정을 하는 것이며, 의사결정의 모든 과정은 투명하고 객관적이다.
- **자유방임적 리더십:** 리더로서 조직의 계획이나 운영방침의 결정에 관여하지 않고, 수동적 입장에서 행동하며, 부하를 자유롭게 방임해 버리는 리더십 유형을 말한다. 자유방임형 리더십은 민주적 리더십과 혼돈되는 경우가 있는데, 자유방임형 리더십에서의 위임은 리더가 전문지식이 없고 무능하기 때문에 방임하는 것으로, 리더십의 유형 중 가장 나쁜 형태이다.

그러나 구성원들은 리더를 통해 자신들이 팀 활동에 필요한 사고나 행동을 배우기 때문에 창의적인 조직문화를 이끄는 리더가 되기 위해서는 다음과 같은 점에 유의해야 한다.

- 리더는 혼자서 의사결정을 하기보다 팀 구성원들과 지속적으로 소통하면서 팀 구성원들로부터 문제해결을 위한 방안을 찾는 노력을 해야 한다.
- 리더 또한 팀의 일원이므로 구체적인 업무를 가지고 자신의 역할에 솔선해야 한다. 그러므로 관료주의적 사고로 구성원을 통제하는 것은 경계해야 한다.
- 리더는 팀 구성원 개개인의 능력을 파악하고 그들의 태도와 잠재능력이 목표달성에 기여하도록 수행활동을 규정하고 효율적으로 관리해 나간다.
- 리더는 목표 달성을 위해 업무를 실행함에 있어서 실패에 대한 책임이나 성과에 대한 보상을 팀 구성원들과 공유해야 한다.
- 리더는 팀 자체의 목표에만 초점을 맞추지 말고, 개개인이 다른 팀 구성원들과 협력하여 목표를 달성할 수 있도록 팀 활동에 적극적이고 자발적으로 참여하게 격려한다.
- 리더는 팀 구성원들에게 비전을 제시하여 팀의 실행능력이 조직의 목표달성에 기여하는 바에 대한 강한 동기부여를 한다.
- 팀 형성 초기에는 문제가 발생했을 때 개인의 탓으로 돌리지 말고, 경험을 통해

문제점을 개선해 나가도록 격려한다.

- 팀 형성과정에서 팀 구성원 간 갈등으로 다른 구성원들의 협력을 방해하거나 문제가 생겼을 때는 팀 협력을 최우선으로 객관적이고 편견이 없이 조정할 수 있어야 한다.

❖ 조직의 실행능력을 평가하는 방법: 7's 모형과 VRIO 모형

■ 조직이 자원을 많이 확보하고 있다고 해서 조직의 경쟁력으로 바로 이어지는 것은 아니다. 자원은 경쟁사와 비교했을 때 그 가치가 시장요인과의 상호작용으로 나타나기 때문에 경쟁우위를 확보하기 위해서는 자원을 효과적으로 활용하는 능력, 즉 핵심역량이 있어야 한다. '핵심역량'(core competence)이란 조직이 보유하고 있는 자원을 효율적으로 결합하여 이를 생산적으로 활용할 수 있는 조직능력을 의미한다. 이러한 역량을 갖추어야 만 조직이 당면한 문제해결능력과 실행능력으로 이어질 수 있다. 조직 내부의 실행능력을 평가하는 방법으로 대표적인 기법이 7's 모형과 VRIO 모형이 있다.

■ **7'Ss 모형: 창의적인 조직의 혁신 및 실행능력을 판단**

- 본 서 제4장의 '문제의 진단 및 탐색'에서 조직 내부의 역량을 파악하는 기법으로 소개한 바 있다. 창의적인 조직을 구축하기 위해 리더는 조직을 성공적으로 이끄는 7가지 핵심 요소, 즉 전략, 구조, 시스템, 스타일, 기술, 직원, 공유가치에 대한 분석이 필요하다([그림 4-16] 참고).
- 조직 내부의 상황변화를 평가하고 모니터링할 수 있는 도구로서 조직이 목표를 잘 수행하기 위해서는 이 일곱 요소를 관리하고 상호 연결해가면서 공유하여야 한다는 것에 기반을 둔다. 7-S모델을 효율적으로 운영하기 위해서는 [그림 4-16]의 7-S 프레임워크의 관점에서 체크리스트를 만들고 각 요소별 특징과 상황을 이해해야 한다. 7-S모델 조직을 하드요소(hard elements, 변화하는데 시간이 많이 걸리는 어려운 부분)와 소프트요소(soft elements, 변화가 상대적으로 쉬운 부분)로 나누고 있다. 하드요소는 전략, 구조, 시스템을 의미하고, 소프트요소는 공유가치 외에 인적자원, 운영방식, 관리능력을 말한다.
- 7-S모델의 핵심은 가치를 공유하는 것이다. 즉, 경영에 직접적인 영향을 주는 3S(전략, 구조, 시스템)와 간접적이지만 중요한 영향을 미치는 3S(인적자원, 관리능력, 운영방식)를 조직 구성원이 공유하는 것이 중요하다는 것이다. 그러므로 7-S모델을 적용할 때 가장 중요한 것은 공유가치(shared values)이다. 왜냐하면 공유가치가 '기업의 설립 및 존속의 목적'과 '기업이 고객의 만족을 어떻게 충족할 것인가' 그리고 '기업이 사회에 어떻게 공헌할 것인가' 등과 같이 기업경영에 원동력이 되는 가장 기본적인 요소이기 때문이다.

■ **VRIO 모형: 조직의 핵심역량 수준을 판단**

바니(Jay B. Barney)는 기업이 보유한 핵심역량을 분석하기 위한 전략적 기법으로 자원기반 관점의 이론적인 바탕으로 [그림 13-4]와 같이 VRIO모형을 개발했다. 자원기반 관점론(Resource Based View : RBV)이란 기업내부의 강점분야를 명확히 설정하고, 그러한 강점을 발휘할 수 있는 경영자원(인력, 장비, 자본, 정보 등)에 중점을 두고 강화하거나 확장해 나감으로써 시장(고객)을 확보해 나가는 전략적 접근방식이다.

[그림 13-4] 바니의 VRIO 모형 분석

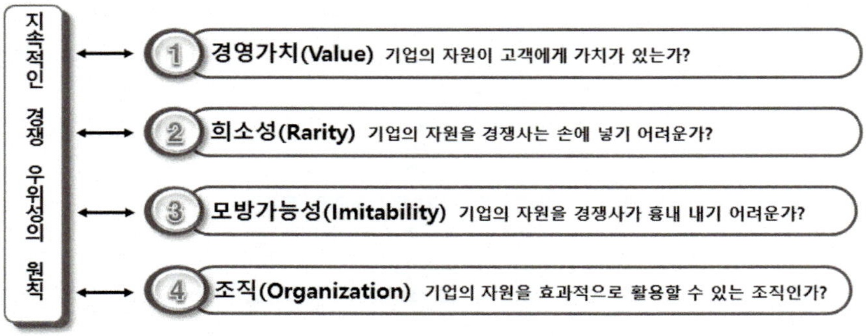

- **가치의 문제**: 조직이 보유한 자원과 능력이 환경의 위협과 기회를 이용하거나 환경적 위협에 긍정적으로 대응할 수 있는지?
- **희소성의 문제**: 얼마나 많은 경쟁자들이 가치 있는 특정의 자원과 능력을 소유하고 있는지?
- **모방 가능성의 문제**: 조직이 보유한 이러한 자원과 능력에 대한 경쟁자의 모방 가능성은 낮은지?
- **조직구조의 문제**: 조직이 보유한 다양한 자원과 능력을 경쟁 잠재력을 활용할 수 있도록 조직화되어 있는지? 등이다.

  특히 조직구조의 문제는 '실행능력'을 강화하는 중요한 경쟁 요인으로서 보유한 가치 있고, 희소하며 모방하기 어려운 자원을 효율적으로 활용이 가능한 창의적인 조직이어야 한다.

2. 창의적인 실행능력의 향상 방법

우리나라는 '수행역량'이 뛰어나지만 '개념설계역량'(conceptual design)이 선진국에 비해 매우 낮은 편이다. '수행역량'이 높다는 것은 주어진 업무에 대한 처리능력은 신속하고 정확하게 처리하기 때문에 그간 우리 산업발전의 동력이 된 것은 사실이다. 그러나 이는 부가가치가 낮고, 제4차 산업혁명 시대의 급변하는 환경에 대응하는 능력이 낮아 장기적으로 경쟁력이 떨어진다. 그러나 제품과 서비스의 개념을 최초로 정의하고 새로운 것을 창출해 내는 역량, 즉 '개념설계역량'은 부가가치가 높아 개인과 조직에 있어서 경쟁력을 강화할 수 있는 '핵심역량'의 하나로 볼 수 있고 개인과 국가의 경쟁력을 강화하는 중요한 요인이 된다.

서울대 이정동 교수는 '개념설계역량'을 "반짝이는 아이디어가 아니라 세상의 모든 기술과 과학의 발전은 경험의 축적, 기술의 누적된 시행착오와 실험의 반복을 통해 오랫동안 쌓여온 연구 결과"가 스케일-업(scale-up)된 것으로 보았다.

그러므로 개인과 조직이 새로운 것을 창조하고 이를 실행하는 과정에서 실패와 경험을 반복함으로써 자신들의 역량을 지속적으로 업그레이드시켜 경쟁력을 강화할 수 있게 된다.

따라서 팀워크를 통한 조직의 창의적인 실행능력을 강화하기 위해서는 앞서 밝힌 바와 같이 구성원 개개인의 잠재된 능력을 파악하고 창의적인 사고와 문제해결을 위한 교육 및 훈련을 통해 조직 내에 융화되도록 창의적인 조직문화를 만들어야 한다.

1) 브레인스토밍과 코이노니아 문제해결[8]

(1) 브레인스토밍과 코이노니아 이해

다음에 소개하는 문제해결 방법은 기존의 창의력기법을 활용한 간단한 문제해결 방법이다. 특히 누구나 손쉽게 배우고 활용할 수 있는 브레인스토밍 기법과 인과관계도표 기법, 스캠퍼 기법 그리고 개방적이고 진솔한 대화를 통해 아이디어를 구성하는 코이노니아 정신은 평소 당면한 과제해결과 아이디어를 떠올리는 데 도움이 된다.

이러한 몇 몇 창의력 계발 도구를 적절히 활용해 얻어진 창조적 지식은 경쟁자나 경쟁기업과 차별화하고 기업의 성패를 좌우하는 결정적인 무기가 된다. 그러나 그러한 무기는 쉽게 계발되지 않는다. 그리고 자기 나름대로의 새로운 경쟁력 있는 지식이 계발되더라도 공유되고 활용될 때 의미가 있는 것이지 혼자만 보유하고 있는 아이디어는 효용가치가 없다.

지식과 정보공유의 중요성을 나타내는 연구자료가 있다. 물리학자 데이비드 봄(David Joseph Bohm : 1917~1992, 미국)은 아인슈타인과 하이젠베르크, 파울러, 그리고 보어의 삶을 연구하면서 다음과 같은 결론을 얻었다. 데이비드 봄은 이들의 창조적인 발견들이 단순하고 개방적이고 솔직한 대화를 통해 이루어졌다는 것이다. 그들은 동료들과 수년간 자유롭게 만나고 대화하면서 많은 시간을 보냈고, 이런 상호작용을 하는 동안 서로 아이디어를 교환하여 오늘날 현대 물리학의 기초가 되는 아이디어를 창출했다고 한다. 더구나 타인의 아이디어를 바꾸기 위한 노력이나 치열한 논쟁도 없었다고 한다. 단지 아이디어에 대한 자유로운 토론을 한 것이다. 이들은 항상 타인의 견해에 주의를 기울였고 지적 연대감으로 자신들의 창조적 아이디어를 유감없이 이끌어

8) 김준, 길종구(2009), 창의력 계발과 창조적 경영 제2판, 삼영사, pp.485-497.

냈다. 이는 당시 자신의 연구나 아이디어를 개방적으로 공유하는 것을 꺼려했던 다른 과학자들과는 대조적인 태도였다.

이러한 결과로 아인슈타인과 그의 친구들은 정보공유를 통해 인류에 공헌하는 창조적 가치를 산출한 것이다. 〈표 13-2〉에 나타난 바와 같이 이러한 정보의 공유를 통한 가치 창조를 '코이노니아(koinonia)정신'이라고 한다.

'코이노니아'는 고대 그리스인의 자유로운 토론방식의 하나이다. 결국, 코이노니아 정신을 활용한 고대 그리스인은 이러한 대화의 원칙을 통해 참여자들의 사고가 창조적으로 발견될 수 있다고 믿었다. 바로 코이노니아는 집단으로 하여금 개인적으로 도달하기 어려운 공동의 사고에 접근할 수 있도록 만들었다. 대화참여를 통해서 그들은 아이디어와 정보를 마음껏 공유하고 발전시켜 나갔던 것이다. 그렇기 때문에 팀 활동에서 정보와 지식의 공유는 무엇보다도 조직원들의 자발적인 참여의식이 필요하다. 물론 기업의 경우엔 조직차원에서 반대급부(보상) 제공을 통한 참여를 유도해야 한다.

〈표 13-2〉 코이노니아(Koinonia) 정신과 원칙

코이노니아 정신

- 소크라테스는 그의 친구들과 그룹화의 개념을 너무나 신봉하여, 평등정신을 유지하기 위해 구축한 토론의 원칙을 '코이노니아'라 불렀으며 이는 '친교(親交)'를 의미한다.
- '코이노니아 정신'에서 제시하는 다음 원칙은 그룹회의와 아이디어 발상을 유도할 때 중요한 역할을 한다. 특히 정보의 공유를 통한 가치창조의 해결과 아이디어의 창출을 위한 브레인스토밍의 문제점을 슬기롭게 극복해준다.

코이노니아 원칙	
1. 대화의 구축	• 그리스어로 'dialogue'는 '전체적으로 이야기하는 것'을 의미한다. 대화구축의 핵심은 타인의 생각을 바꾸려는 것이 아니라 아이디어의 교환에 있다. 대화의 기본원칙은 '논쟁하지 마라', '끼어들지 마라', '주의 깊게 들어라' 등이다
2. 사고의 명확성	• 생각을 명확하게 하기 위해 검증되지 않은 가정에 대해 판단을 유보한다. 이는 생각을 자유롭게 하고 편향된 사고를 방지해 준다.
3. 정직성	• 대화가 논쟁으로 흘러도 생각하는 바를 솔직하게 표현한다.

(2) 브레인스토밍과 코이노니아의 활용

앞서 밝힌 '코이노니아 방식'은 참가자들의 다양성과 참가자 개인이 가진 잠재적 창의력을 존중하고 인정하는 형태의 회의(대화)기법이다. 전통적인 브레인스토밍에서 발견된 문제점은 '코이노니아'의 원칙에서 대부분 해소할 수 있다. 여기에서 가장 큰 의미는 '정보의 공유'를 들 수 있다. 이는 아이디어를 공유한다는 차원을 벗어나 참가자들의 참여의식을 고취시키고 자유스럽게 자신의 창의력을 발휘하도록 유도한다는 회의진행의 질적 수준을 높게 평가해야 한다. 이런 점에서 기업에서도 발생된 문제를 효율적으로 해결하기 위해서는 브레인스토밍기법을 도입해서 최대한 브레인스토밍이 지닌 단점을 극복할 수 있는 '브레인라이팅'이나 '코이노니아'를 활용할 수 있어야 한다.

가. 브레인스토밍과 코이노니아 활용의 의미

먼저, 브레인스토밍의 창안자 오스본의 생각은 상상력이 풍부한 아이디어와 생각을 고무시키는 자유로운 환경을 만드는 것이다. 이러한 점에서 브레인스토밍의 핵심은 '자유로운 아이디어의 발산'이라고 이해할 수 있다. 그리고 고대 그리스의 '코이노니아'를 이용한 문제해결을 위한 방법의 핵심은 '지식과 정보의 공유'로 설명할 수 있다. 어떤 사람이건 아이디어의 수준과 그 사람의 지위고하를 막론하고 존중하여 정보와 아이디어를 공유하는 것이 그 정신의 핵심이다.

우리나라의 조직과 기업의 정서는 서열위주의 위계질서가 강해 팀 간 문제를 해결하고자 할 때 윗사람의 눈치를 살피느라 자신의 아이디어를 자유롭게 제시하지 못한다. 또한 윗사람의 아이디어를 지나치게 과대평가하기도 하고 나아가 신입사원이 엉뚱한 아이디어를 제시했을 때 주변으로부터 따가운 눈총을 받는 경우를 두려워 해 자유롭게 아이디어를 발산하지 못한다. 이러한 문제점을 극복하기 위해 타인의 아이디어를 존중하고 공유하라는 원칙에서 브레인스토밍의 "자유분방한 분위기에서 아이디어를 발산하라"는 것을 더욱 강하게 요구하고 있다. 이러한 정신은 브레인스토밍의 규칙이 단순히 분위기를 조성하는 것에 그칠 때 발생될 문제점을 보완하기 위함이다.

따라서 '브레인스토밍'의 규칙이 '코이노니아' 정신과 접목될 때 문제의 해결을 위한 아이디어 발산은 매우 활발하게 전개될 수 있다는 것을 참가자의 의식에 심어준다. 브레인스토밍의 규칙을 엄수하면서 코이노니아의 정신을 브레인스토밍에 접목한다면 보다 좋은 아이디어들을 많이 산출하게 된다.

나. 브레인스토밍과 코이노니아의 접목 방법

문제를 해결하기 위해서는 아이디어가 많을수록 유리하다. 그러나 극소수의 아이디어만이 결실을 맺거나 대안으로 채택되어 활용된다. 매년 떡갈나무 한그루는 그 자체만으로도 숲을 이룰 만큼 많은 도토리들을 생산해내지만 그 많은 도토리들 중에서 나무로 성장하는 것은 한 두 개 밖에 안 된다. 왜냐하면 다람쥐가 도토리의 대부분을 먹어치우고 나머지 도토리들도 단단한 땅 때문에 나무가 될 기회를 누리지 못 하기 때문이다.

아이디어가 대안으로 채택되기까지는 많은 노력과 인내가 필요하다는 의미이다. 즉, 수없이 많이 생산되는 도토리(아이디어) 가운데 쓸모 있는 몇 개의 도토리(아이디어)를 건져내기 위해서는 팀 간 부정적인 사고나 창의력을 제한하는 환경은 도토리가 나무가 될 기회를 막듯이 문제의 대안을 찾는데 걸림돌이 될 것이 분명하기 때문에 공동의 노력이 필요하다. 가급적 많은 아이디어를 끌어내기 위해 브레인스토밍과 코이노니아를 접목하여 문제를 해결해야 한다.

이를 실천하기 위해서는 다음과 같은 내용을 엄격히 따라야 한다(〈표 13-3〉 참고).

〈표 13-3〉 브레인스토밍의 규칙과 '코이노니아' 정신의 접목

규칙	내용		세부 사항
규칙 1	아이디어에 대한 비판이나 평가는 금물이다	➡	• 타인의 발언을 비판하지 마라 • 어느 것이 좋은지도 평가하지 마라 • 발상과 수렴을 동시에 하지마라 • 평가는 나중으로 미루라
규칙 2	자유분방한 분위기의 조성이 필요하다	➡	• 서로의 차이를 인정하고 즐겨라 • 적극적으로 모임에 참여하고 주도하라 • 타인의 반응을 의식하지 마라 • 어떤 평가도 두려워하지 마라
규칙 3	아이디어는 질보다 양을 추구한다	➡	• 훈런을 의식하지마라 • 하찮은 아이디어도 소중히 생각하라 • 사소한 아이디어와 의견도 칭찬하라 • 다다익선 아이디어는 많을수록 좋다
규칙 4	아이디어의 결합과 조합을 통해 개선한다	➡	• 타인의 아이디어를 소중히 생각하라 • 타인의 발언과 아이디어에 편승하라 • 모방은 창조의 시작임을 명심하라 • 아이디어를 공유하며 개선해 나가라

① **다양성의 존중:** 다양한 분야의 사람을 참여시키는 것이 바람직하다. 같은 분야의 조직원들의 아이디어 생성 회의는 사고의 한계를 극복하지 못한다. 전문가와 비전문가 조직 내의 다른 영역에 있는 사람을 참여시켜 네트워크를 구축하면서 아이디어를 생성하도록 한다.

② **동등한 대우:** 모든 참가자에 대해 그들이 공통분모가 없더라도 서로를 대등하게 대하는 것은 매우 중요하다. 그것은 참가자 가운데 동등하지 않다고 느낀다면 이 참가자는 그 회의의 초점이 되고 집단 창의력의 장애가 된다. 직위를 이용해서 자신의 견해를 강조한다면 먼저 그는 스스로 권위를 포기해야 한다. 직위가 낮다는 이유로 아이디어 발표에 소극적인 태도를 보인다면 '침묵을 지키는 것'의 안정성 또한 포기해야 한다.

③ **판단의 보류:** 브레인스토밍이나 대부분의 발산적 기법과 수렴적 사고기법에서 고려하는 부분이다. 이것의 의미는 어느 정도의 아이디어 발상단계를 지날 때까지는 모든 참가자는 모든 비판과 판단을 보류하는 것이 필요하다. 아이디어를 제안할 때마다 참가자가 아이디어에 대한 비판과 판단이 이루어진다면 창조적인 아이디어의 발산을 가로막게 된다. 참가자는 판단에 대한 걱정을 하지 않아도 되므로 자유스러운 아이디어 생성을 시도한다. 특히 발산적 사고의 의미는 '대량 아이디어의 생성'을 유도하는 것이므로 가능한 비판이나 판단의 보류를 보장받는 환경 속에서 자유롭게 많은 아이디어를 참가자들이 제안할 수 있도록 해야 한다.

④ **쾌활한 분위기를 형성:** 쾌활한 분위기는 그룹 내의 긴장감과 어색함을 완화시킨다. 쾌활하고 유머가 있는 환경은 창의력이 발휘되는 데도 전도력이 높다. 정신적 이완상태에서 참가자들의 사고는 고정관념과 경직성이 감소하고, 상이한 개념과 아이디어를 결합하고 숨겨진 유사성을 찾는데 방해인자가 없기 때문에 창의력이 향상된다.

⑤ **진행자의 노련미가 필요:** 진행자는 다양한 기법의 규칙이나 방법 그리고 절차에 대해 잘 숙지하고 활용할 수 있어야 한다. 그리고 참가자들은 습관적으로 사고가 비판과 판단 쪽으로 끌려가기 때문에 생각이 생산적이고 창조적인 사고에서 멀어진다. 진행자는 참가자가 이러한 오류를 범하지 않도록 견제하고 장애요인들을 발견하는 즉시 제거할 수 있도록 한다. 진행자는 창조자라기보다는 전체 팀의 보조자로서 참가자의 사고를 자유롭게 하도록 도움을 주어야 한다.

앞서 제시한 규칙을 정확히 숙지하였다면 브레인스토밍 방법을 이용하여 아이디어를 1차적으로 끌어내는 연습을 하고 구성된 팀의 팀원이 제시한 아이디어를 업그레이드시키는 노력을 한다. 물론 아이디어를 산출하는 과정과 팀원의 아이디어에 편승하여 그 아이디어를 더욱 발전적인 방향으로 개선할 뿐만 아니라 주어진 문제 외의 다른 곳에 활용할 수 있는 방법 등으로 진화시키는 연습도 한다. 이때 가장 중요한 것은 긍정적인 참여와 칭찬이다. 자신뿐만 아니라 동료에 대한 긍정적인 평가와 관계가 되도록 한다(〈표 13-4〉 참고).

〈표 13-4〉 브레인스토밍과 코이노니아 회의록

<table>
<tr><th colspan="4">Brainstorming & Koinonia</th><th>년 월 일</th></tr>
<tr><td colspan="2">사 회 자</td><td></td><td>기 록 자</td><td></td></tr>
<tr><td colspan="2" rowspan="3">참 가 자</td><td></td><td></td><td></td></tr>
<tr><td></td><td></td><td></td></tr>
<tr><td></td><td></td><td></td></tr>
<tr><td colspan="2">활동주제</td><td colspan="3"></td></tr>
<tr><th>회</th><th>발표자</th><th>아이디어</th><th>2차 발표자</th><th>진화된 아이디어</th></tr>
<tr><td rowspan="4">1
단계</td><td></td><td></td><td></td><td></td></tr>
<tr><td></td><td></td><td></td><td></td></tr>
<tr><td></td><td></td><td></td><td></td></tr>
<tr><td></td><td></td><td></td><td></td></tr>
<tr><td rowspan="4">2
단계</td><td></td><td></td><td></td><td></td></tr>
<tr><td></td><td></td><td></td><td></td></tr>
<tr><td></td><td></td><td></td><td></td></tr>
<tr><td></td><td></td><td></td><td></td></tr>
<tr><td rowspan="4">3
단계</td><td></td><td></td><td></td><td></td></tr>
<tr><td></td><td></td><td></td><td></td></tr>
<tr><td></td><td></td><td></td><td></td></tr>
<tr><td></td><td></td><td></td><td></td></tr>
<tr><td colspan="2">종합평가</td><td colspan="3"></td></tr>
</table>

※ 브레인스토밍에서는 발표자의 이름을 기재하지 않도록 하고 있지만 여기에서는 반드시 발표자의 이름을 기재하고 그 아이디어를 진화시키는 연습을 한다. 이름을 기재함으로써 아이디어를 산출하는 동안 긍정적인 사고방식으로 상대의 아이디어를 평가하고 팀원과의 관계를 유지하도록 진행자는 의도적으로 주지시킬 필요가 있다. 그렇게 1,2단계를 거치면서 문제를 해결해 나가거나 진화된 아이디어를 통해 새로운 문제(초기 고려 대상이 아니었던)를 해결하는 과정을 거친다.

(3) 인과관계도표 기법과 브레인스토밍 기법 및 스캠퍼의 활용

인과관계도표와 브레인스토밍을 활용해서 문제를 해결하기 위해서는 먼저 물고기 머리에 해당하는 우측의 사각형안에 결과, 즉 문제가 되는 특성을 쓰고 좌측의 부분(물고기의 뼈)에 중요원인을 보통 4개의 중요항목으로 선정하여 작성하여 각 항목별로 영향을 주는 요소들을 브레인스토밍하여 아이디어를 끌어내고 평가하는 방법이다. 본 교재 제5장에서 소개한 전통적인 인과관계도표의 활용방법을 토대로 이 기법으로 문제해결을 위한 활용방법을 브레인스토밍과 스캠퍼를 연결한다. 그리고 〈표 13-5〉에 작성해 아이디어를 산출하고 산출된 아이디어를 통해 합리적 대안을 찾기 위한 평가하는 방법을 활용해 본다. 단, 원인(아이디어)의 분류나 산출은 HECE의 원리를 반영해 누락이나 중복이 없게 한다.

〈표 13-5〉 인과관계도표와 스캠퍼의 상세 아이디어 노트(브레인스토밍 활용)

원인(Key Word)		상 세 정 의 (체크 사항)	SCAMPER						
주원인	부원인		S	C	A	M	P	E	R
제품	진부한 디자인								
	잦은 고장								
소비자	까다로운 구매								
	높은 정보력								
경쟁사	가격의 파괴								
	공격적 MKT								
마케팅 방법	타깃 선정								
	광고콘셉트								

(4) 아이디어 뱅크 만들기

문제를 해결하는 방법은 사람마다 다르다. 때문에 같은 문제가 주어져도 각자 경험과 지식을 통해 가장 손쉬운 방법으로 문제를 해결하고자 한다. 평소 무심코 지나친 방법도 앞서 소개한 많은 창의력기법과 접목할 수 있다면 문제해결에 유용하게 활용할 수 있다. 자신만의 경험에서 얻어진 노하우를 썩히지 말고 문제를 해결하는 데 적절히 활용할 수 있도록 자신의 생각에 날개를 달아주는 습관이 필요하다. 이러한 습관으로 길러진 생각과 문제해결 습관의 차이는 타인과의 경쟁력의 차이가 될 것이다. 경쟁력을 길러줄 자신만의 아이디어뱅크를 만드는 과정은 〈표 13-6〉과 같다.

〈표 13-6〉 창의력 계발을 위한 아이디어 뱅크

4 단계	자신의 아이디어를 실행하고 공유	❖ **다듬어진 아이디어를 구체화하고 실행방법을 찾아 실천한다.** • 두려워하지 말고 자신의 아이디어를 공개하고 공유한다. • 자신의 아이디어를 교류하며 평가받고 관점을 넓혀 나간다. • 정리된 아이디어를 방치하지 말고 확대/축소/변용/응용/대용/역전/치환하는 스캠퍼 기법을 활용한다.
3 단계	나만의 생각의 도구를 이용	❖ **더 좋은 방법은 없는가?** • 자신만의 간단하고 활용하기 쉬운 방법을 찾아내어 개발한다. • B/S, 스캠퍼, 피시본 차트 등 창의력 기법을 응용 또는 활용한다. • 아이디어가 막히면 자신의 아이디어 뱅크에 저장된 정보나 아이디어를 다양한 기법으로 활용한다. • 더 이상 아이디어가 떠오르지 않으면 문제에서 벗어나 사고를 이완시킨다.
2 단계	왜? 끊임없이 질문	❖ **과연 이것이 최선인가?** • 당면한 현상에 대해 의구심을 갖고 질문을 던진다. • 기존의 질서(표준)에 대해 최선인지 질문해 본다. • 제품, 서비스, 방법, 기능 등에 대해 불편하다 생각되면 고민을 해본다.
1 단계	자신만의 아이디어 뱅크를 준비	❖ **자존감을 높이고 아이디어 노트를 준비한다.** • 자신의 창의적 능력을 믿고 자존감을 높인다. 그리고 사소한 아이디어라도 아이디어 노트에 메모하는 습관을 갖는다. • 평소 창의적이고 융합적인 사고에 관심을 갖고 생활화한다. • 다양한 문자, 수식, 도형 등 자신만의 기호로 만든다. • 아이디어노트는 항상 소지한다. 포스트잇과 작은 수첩을 활용해 번뜩이는 아이디어를 기록한다.

출처: 김준, 길종구(2009), 위의 책, pp.494-497.

① 자신만의 아이디어 뱅크를 만든다.

창의력은 누구에게나 있고 계발될 수 있다. 단, 스스로의 잠재된 능력을 믿고 새로운 표준을 만들어 내기 위해 사고하는 습관을 갖고 도전을 시작하는 사람에게만 가능하다. 현대인은 '사고'를 하지 않는다. 르네상스 이후 과학기술문명은 상상을 초월할 정도로 발전했지만 인간의 '사고능력'은 정지된 것이나 다름없다고 말한다. 매일 30분만이라도 자신의 미래와 자신이 해결하고자 하는 것에 대해 '깊은 사고'를 한다면 창의력이 향상될 것이다. 그리고 아이디어 노트를 만들고 매일 당면하는 현상과 떠오르는 생각을 노트에 기록하는 습관을 갖는다. 이때 번뜩이는 아이디어 혹은 하찮은 아이디어라도 아이디어 노트에 기록을 한다. 기록방법은 자신만의 언어와 다양한 문자, 수식, 도형 등의 기호로 표현하여 사소한 것도 모두 기록을 한다. 그리고 아이디어노트는 항상 소지한다. 포스트잇과 작은 수첩을 활용해 번뜩이는 아이디어를 기록한다.

② '왜?'라고 끊임없이 주어진 현상에 대해 질문한다.

자신에게 주어진 문제이든 일상에서 접하는 문제에 대해 '과연 이것이 최선'인지 의구심을 갖고 질문을 하는 습관을 가져야 한다. 자신이 사용하는 제품과 제공받는 서비스 심지어 의사결정이나 인간관계 주어진 모든 문제에 대해 더 좋은 방법은 없는지 질문한다. 이미 잘 만들어진 표준이라 하더라도 한번쯤은 의구심을 갖고 더 좋은 방법은 없는지 계속 질문하는 습관이 필요하다. 평소 자신이 문제를 해결할 때 자주 활용하던 자신만의 방법이 있다. 그 방법을 찾아내어 간단하고 적용이 쉬운 창의력기법과 접목시켜 자신만의 창의력기법을 활용하도록 한다.

③ 나만의 생각의 도구를 활용해 방법을 찾는다.

자신만의 간단하고 활용하기 쉬운 방법을 찾아내어 개발한다. 브레인스토밍, 체크리스트, 스캠퍼, 피시본 차트 등의 창의력 기법들은 배우기도 쉽고 일상에서 널리 쓰이는 도구이므로 익혀두고 문제해결에 활용한다. 더 좋은 방법은 없는지, '나라면 이렇게 할 텐데'라고 생각하고 기존의 표준보다 더 좋은 표준을 만들기를 바라거나 당면한 문제를 해결할 때 익혀둔 창의력 기법을 활용해 더 좋은 방법을 찾아낸다. 만약 해결 방법을 모른다면 자신의 아이디어 뱅크에 저장된 정보나 다양한 기법을 활용해 해결한다. 그리고 더 이상 아이디어가 떠오르지 않으면 문제에서 벗어나 사고를 이완시킨다.

④ 아이디어를 실행하고 공유한다.

아무리 좋은 아이디어라도 실행에 옮기지 않으면 의미가 없다. 그리고 그 아이디어는 다른 사람을 이롭게 하는 것이어야 하므로 공유해야 한다. 공유의 의미는 자신의 아이디어를 공유하고 더 좋은 아이디어로 만들기 위한 것과 아이디어를 통해 만들어진 것을 많은 사람이 활용하고 혜택을 보도록 하는 것이다. 동료들과 공유를 통해 아이디어에 대한 평가를 받고 자신이 대수롭지 않게 생각했던 아이디어가 다른 사람에겐 유용하게 활용될 수 있고 다른 사람을 통해 보다 나은 아이디어로 업그레이드 될 수 있다. 그리고 개인적인 아이디어일 경우엔 스스로 평가를 통해 다시 한번 아이디어의 활용에 대한 사고를 하도록 한다.

⑤ 끊임없이 질문하고 다듬는다.

보통 한번 산출된 아이디어는 그대로 방치하는 경우가 많기 때문에 사장되는 것을 막아야 한다. 또한 정리된 아이디어를 방치하지 말고 확대/축소/변용/응용/대용/역전/치환하는 스캠퍼 기법을 활용해 지속적으로 다듬는 연습을 한다. 아이디어가 막히거나 정체상태면 항상 질문을 해야 한다. 1단계에서 4단계 과정을 다시 거치면서 '왜?'라고 질문하고 '이렇게 하면 좋을 텐데'하고 반복해서 고민하고 질문을 하는 습관이 필요하다. 좋은 아이디어가 떠올라도 멈추지 말고 끊임없이 다듬고 다양한 관점에서 활용방안을 고민해야 한다. 만약 아이디어가 더 이상 떠오르지 않는다면 포기하지 말고 잠시 뇌를 이완시키고 다른 환경을 접한 후 그 곳에서 다른 관점으로 사고하여 아이디어를 끌어내는 연습을 한다.

3. 기획서 작성 방법

1) 기획서 작성의 목적과 원칙

(1) 기획서 작성의 의미와 목적

최적의 대안을 찾은 후 실행계획을 수립할 때와 실행결과를 평가할 때 실행을 총괄하는 책임자는 반드시 사업계획서와 결과 보고서를 작성해야 한다. 그러므로 보고서 또는 기획서는 기획자의 목적을 실현시키기 위해 자신이 주장하고자 하는 바에 대한 강력한 메시지를 정리해서 상대(결정권자)에게 전달해야 한다. 기획서와 보고서는 첫 인상이 중요하기 때문에 기획서를 작성하기 전까지 리서치를 위해 오랜 기간이 소요될 수 있으나 사업계획서와 결과 보고서는 가급적 간결해야 한다. 물론 결정권자가 누구이며, 용도가 무엇인가에 따라 기획서의 형식과 작성 방법이 달라질 수 있다.

새로운 사업의 투자자를 찾을 때, 프로젝트 수행 결과물을 제출할 때, 진행업무나 사내 과제수행계획이나 결과물을 제출할 때, 그리고 구직 시, 어떤 분야에 전문가에게 제출할 때 등 의사결정자의 상황이 매우 다양하기 때문에 상대에 따라 간결하고 핵심만 전달하는 '단 1장의 프로포잘'(proposal)을 원할 수 있고, 구체적이고 정확한 분석 내용을 담은 계획서나 보고서일 수 있다. 예컨대 최고 경영자는 문제해결에 대한 대안과 대안의 실행 그리고 결과의 효율성과 효과성만을 요구하므로 모든 과정이 상세히 기록된 기획서는 실무영역 등에서 참고 자료로 활용한다.

일반적으로 내부 보고용인 경우엔 '보고서', 외부에 제안할 경우는 '제안서'로 표현하고 용도에 따라 작성 방법에 다소 차이는 있다. 그러나 본서에서는 보고서와 기획서 용어를 혼용해서 사용하고 있으며, 가급적 기획서로 통일해 사용함을 원칙으로 한다. 어떤 목적이든 기획서를 작성할 때 유의할 점은 기획서를 누가 작성하는지, 누구에게 전달할 것인지, 그리고 어떠한 형식을 갖추고 있는지에 대해 명확해야 한다.

① 기획자 의도와 태도

자신의 바라는 바가 상대에게 정확히 전달되도록 누구에게 전달할 것이며, 왜 작성하는지, 무엇을 말하고 싶은지, 상대가 무엇을 궁금해 할지 등에 대해 정확히 인지하고 있어야 한다. 그러므로 기획서를 작성할 때는 목표를 설정하고, 객관적인 자료를 수집해야 하며 대상을 분석한 후 보고서의 로드맵을 그린다.

② 구조화된 기획서의 형식

기획서의 형식이 명확히 정해진 바는 없으나 분량은 작성 의도에 따라 다르다. 기획서의 형식은 일반적으로 논리적인 형식에 근거해 [그림 13-5]와 같이 기획목적, 효과, 실행방법, 요구사항 등이 포함되어야 한다. 예를 들면, 제목, 부제, 목표(2차 목표) 및 기대효과, 논리적인 근거, 자원의 운영 상황, 현재 상태, 실행계획 등이다.

그림 13-5 기획서 작성 형식

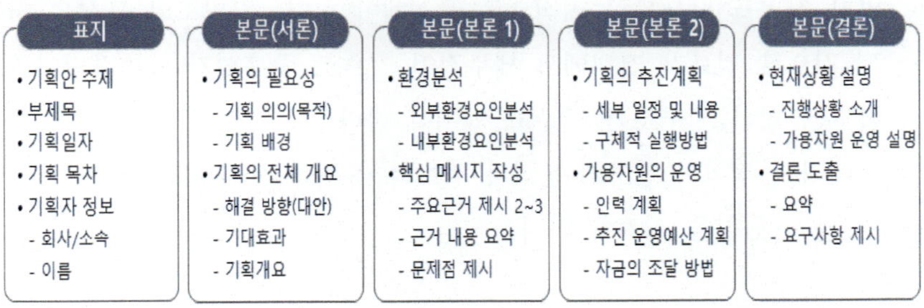

③ 의사결정권자의 생각

의사결정권자는 자신이 할애한 시간에 원하는 것을 얻기를 바라기 때문에 가급적 간결하고 명확한 보고서를 원한다. 기획자는 의사결정권자의 의도를 잘 파악하고 형식을 갖추되, 핵심적인 내용만 전달되도록 정리해야 한다. 그리고 별도의 구체적인 내용을 담은 보고서를 준비하고 의사결정권자가 던지는 질문에 명확하게 답변할 준비가 되어있어야 한다.

따라서 기획서는 개인 또는 조직이 새로운 사업을 준비하거나, 당면한 문제를 어떻게 해결할 것인가에 대한 방안을 수립하거나, 실행 결과에 대한 내용을 담고 있는 등이 대부분이다. 의도가 무엇이든 기획서는 기획자뿐만 아니라 조직에 미치는 영향은 매우 크기 때문에 결정권자를 설득할 수 있어야 하고 또 '설득'이 기획의 목적이기도 하다.

'설득'은 ① Attention(주의: 주의를 집중시킨다), ② Desire(욕구: 더 알고 싶은 욕구를 일으킨다), ③ Acceptance(수용: 기획을 받아들이게 한다), ④ Memory(기억: 기획을 기억하게 한다)의 'ADAM의 법칙'을 활용하여 설득의 순서에 따라 어떤 메시지를 전할지 연구해야 한다.

(2) 기획서 작성 원칙

보고서, 제안서, 그리고 사업계획서 등을 작성할 때는 '정보수집의 체계화 원칙'과 '내용의 구조화 원칙' 두 가지 원칙을 지킨다. 먼저, 기획서는 당면한 문제를 해결하기 위한 방법을 찾아 제시하는 것이므로 대안에 대한 명확한 근거를 담고 있어야 한다. 그러므로 기획서의 생명은 정확한 정보이며, 정확한 정보를 분석하는 능력이 뒷받침되어야 한다. 그리고 기획서의 작성 활동은 정보 분석을 토대로 기획자가 의도하는 바가 잘 드러나도록 논리적으로 구성해야 한다. 기획서의 구성은 전략적으로 구조화된 것으로 정보가 전체에서 세부적인 것으로 중복되거나 누락되지 않고 객관적 근거를 뒷받침하는 구조를 갖추고 있어야 한다.

따라서 정확한 정보의 분석과 정보의 내용을 논리적으로 전개하는 전략적 구조화의 두 가지 원칙을 지켜야 한다.

가. 정보수집의 체계화 원칙

본서의 제3장 3. '창조적 문제해결자의 자세'에서 소개한 환경을 분석하는 방식에서 '깔때기 방식'(funnel method)은 주제와 관련한 상황 전체를 파악하고 문제해결의 핵심에 집중하도록 돕는 프레임워크 사고방식이다. 저자가 소개한 '깔때기 방식'([그림 3-16] 참고)은 피라미드를 비롯한 도구와 유사하고, 전개방식은 '맥킨지 문제 해결 기술'

에서 소개한 '프로세스로 환경을 이해'하는 방식과 비슷하다. 즉 맥킨지식 문제 해결에서 거시적 동향에서 시장의 상황 그리고 자사로 연결하는 방식으로 소개를 하고 있다.

따라서 기획서의 내용을 전략적으로 구조화하기 위해서는 정보를 수집하고 분석하는 활동을 체계적으로 수행해야만 한다. 정보는 외부환경요인(정치, 경제, 사회·문화, 기술 등)에 대한 자료를 수집하고 분석한 후 산업환경(시장과 경쟁사) 분석을 진행하고 이어 소비자의 욕구와 자사의 역량에 대한 분석을 단계적으로 수행한다.

이러한 정보 분석 과정을 통해 외부요인이 내부요인에 어떻게 적합시켜 나갈 것인가를 파악하여 문제점을 해결하는 데 필요한 정보를 도출해 낸다. 또한 이러한 과정을 통해 얻어진 정보는 기획서 내용을 작성할 때 구조화할 수 있도록 도와주기 때문에 유용하다.

나. 내용의 전략적 구조화의 원칙

매력있는 계획서가 되기 위해서는 실행하는 계획 내용과 실행결과에 대한 평가 관련 정보를 프레임워크 사고에 기반해 구조화할 수 있어야 한다. 프레임워크에 기반한 사고를 필요로 하는 것은 문제를 발견할 때, 대안을 정리하고자 할 때, 그리고 문제해결을 마무리할 때 등에서 객관적으로 정보를 가공하고 분석 결과를 논리적으로 정리하는 유용한 도구이기 때문이다.[9)]

따라서 프레임워크에 기반한 사고 능력을 향상시키는 방법은 매우 다양하며, 본서에서도 소개한 여러 가지의 창의력 기법 중 수렴적 사고 기법들이 대부분 이에 해당한다. 그리고 피라미드, 매트릭스, 로직 트리, 시스템적 사고 등은 프레임워크 사고를 기반으로 정보를 구조화하는 유용한 도구이다.

그러나 대부분의 프레임워크 사고 도구들은 문제해결 과정에서 아이디어의 '중복'과 '누락'을 방지하는 것을 원칙으로 한다. 왜냐하면 문제해결 시 성급하게 결론을 내려 최적의 대안이 누락되는 것을 막아주고 깊이 있게 탐색하지 않아 비슷한 대안이 중복되는 것을 예방할 수 있기 때문이다.

내용을 구조화하는 방법 역시 본서 제3장 3. '창조적 문제해결자의 자세'의 내용 중 '논리적 사고 프레임워크'에 구체적으로 소개를 하고 있다. 즉 본서에서는 가장 기본적인 활용도구로 '미씨'(MECE)와 '매트릭스', '피라미드', 그리고 '로직트리'(logic tree)

---

9) 김영철 역(2005), 맥킨지 문제해결의 기술, 일빛, pp.217-243. 참고.

방식 등을 소개하고 있다. 그리고 아래의 '시니피앙'과 '시니피에' 사고도 논리적 프레임 워크 구축에 도움이 된다.

❖ 사물을 '논리적 프레임워크'에 활용하는 방법

■ **시니피앙과 시니피에 활용 논리적 사고**

언어학에서는 언어학자 소쉬르(Ferdinand de Saussure, 1857~1913)가 제안한 "시니피앙(Signifiant)"과 "시니피에(Signifie')"라는 개념이 있다. 시니피앙은 '사물에 붙여진 이름'이고 시니피에는 '이름이 붙여진 사물'이라는 뜻이다. 소쉬르가 제안한 개념 시니피앙과 시니피에를 분류함으로써 정형화된 프레임워크 사고를 할 수 있다. 시니피앙과 시니피에는 미씨(MECE)의 원리에 기반하여 누락과 중복을 차단하는 도구로 활용할 수 있다.

★ 사과의 경우 사과 자체(시니피에)에 '사과'라는 이름(시니피앙)을 붙였다. 유인원시절에는 무조건 사과를 통째로 먹어치웠지만 인간은 사과를 좀 더 맛있게 먹고 싶다는 욕심에 사과를 맛있는 부분과 맛없는 부분으로 구분하였다. 그리고 [그림 13-6]과 같이 맛있는 부분으로 '과육', 맛없는 부분으로 '껍질', '씨', '심', '꼭지'라고 이름(시니피앙)을 붙였다.[10)]

[그림 13-6] 시니피에와 시니피앙의 MECE 사고

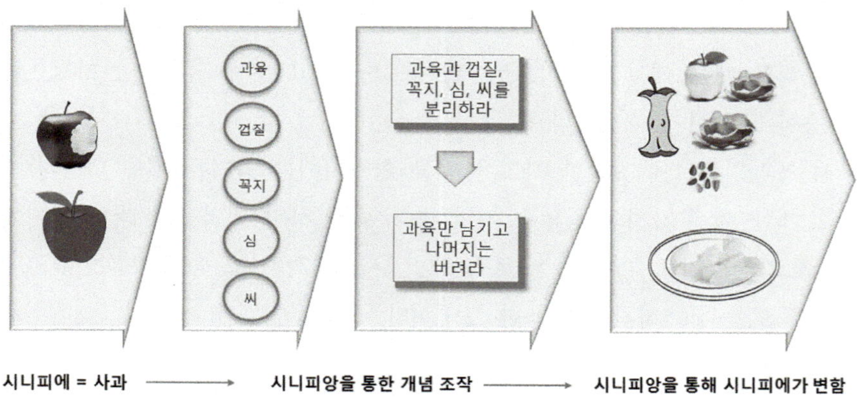

결국 맛없는 부분을 잘라내면 맛있는 사과를 먹을 수 있게 된다. 그래서 "엄마, 껍질 깎아줘."라고 말하는 것이다. 시니피앙 덕분에 시니피에를 맛있게 먹는 조작방법을 알게 되었다. 세상을 나누어 바라보고 사물을 분류(시니피앙을 분해해 조립)하는 방법을 통해 프레임워크에 기반 한 사고하는 능력을 향상시켰다.

창의적인 사람들은 MECE의 원리와 같은 '시니피에'와 '시니피앙'의 개념을 통해 창의적으로 외부를 조작하는 힘을 가지게 된다. 즉 생각하는 대상(사물, 방법, 기능, 목적 등)을 분해해 틀에 맞추기 위한 '프레임워크'를 활용하면 고도의 조작(분석, 해결)이 가능해 진다.

10) 김정환 역(2012), 문제해결기술, 스펙트럼북스, pp.112-117. 요약 수정.

2) 기획서 작성의 형식과 내용

기획서 작성 시 유의해야 할 점(기획자의 의도와 태도, 구조화된 형식, 의사결정권자의 생각)과 두 가지 원칙(정보수집의 체계화 원칙, 내용의 전략적 구조화 원칙)을 전제로 [그림 13-5]와 같은 순서에 의해 보고서를 작성한다.

① 1단계-문제의 인식

기획자가 기획 내용 및 문제점을 명확히 파악하는 '문제의 인식'은 기획서의 출발이다. 기획자가 육하원칙에 의해 기획 의도와 문제점은 무엇이며, 누구에게 제출하며, 정보는 어디서 수집하고, 해결해야 하는 것은 어떤 것인지 등 기획의 목표와 내용을 명확히 인지하고 있어야 한다.

② 2단계-기획서 작성의 방향 결정

기획서는 의사결정권자를 설득하기 위해 작성하는 것이므로 기획서를 받아보는 대상이 어떠한 점에 관심이 있는지, 어떤 문제의식을 가지고 있는 지, 무엇을 원하는지 등에 대한 파악을 명확히 한 후 기획서의 방향이 결정되어야 한다. 보고서나 기획서는 기획 의도에 따라 정보수집과 작성법이 다르기 때문에 기획서 작성 방향의 결정은 중요하다.

③ 3단계-정보의 수집 및 분석

훌륭한 기획서는 정확한 정보를 근거로 한다. 해결해야 할 문제가 복잡할수록 관련한 정보 수집도 매우 복잡하다. 그러나 대부분의 보고서나 기획서의 정보는 앞서 소개한 '정보수집의 체계화 원칙'을 지킨다면 기획서의 큰 그림을 바탕으로 더욱 세부적인 기획내용을 파악할 수 있도록 정보수집이 가능해진다. 따라서 정보 수집은 '깔때기 방식' (funnel method)을 활용해 일차적으로 보편적이고 포괄적인 외부환경 요인과 관련한 자료를 시작으로 시장, 경쟁사, 소비자, 자사의 방향으로 점차 자세하고 세밀한 자료를 찾는 방식으로 진행하는 것이 좋다. 이러한 방식으로 정보를 수집하면 외부의 요인을 내부의 요인에 적합시켜 분석할 수 있도록 도와줄 뿐만 아니라 기획 초기에 생각하지 못했던 새로운 자료와 아이디어를 얻게 되거나 문제점을 발견하는 계기가 되기도 한다.

④ 4단계-기획서 형식 구상

글쓰기에서 개요를 짜는 것과 같다. 서론, 본론, 결론의 개요를 구성하고 주제에 맞는 글감(정보)을 개요에 간략히 정리해 글의 방향을 결정하게 되는데, 기획서 역시 수집・분석한 정보를 토대로 기획서의 방향, 즉 콘셉트를 잡아야 한다. 기획서의 형식은 초기 기획자가 생각한 의도가 잘 반영되었는지, 의사결정권자가 원하는 바가 나타나는지, 기획서의 핵심 내용이 전달되는지, 논리적인 전개로 구조화되었는지 등에 대해 어느 정도 파악이 가능해야 한다.

⑤ 5단계-기획서의 초안 작성

기획서의 기본 형식에 맞추어 내용을 정리했다면, 기본 구조에 따라 수집된 정보를 기획서에 작성한다. 한번에 완벽한 기획서를 작성한다는 것은 쉬운 일이 아니므로 몇 차례의 검토와 수정 작업을 거쳐 완성도를 높이도록 한다. 그러므로 가급적 정보수집과 기획서 형식 구상은 병행해서 진행하고 정해진 일정에 맞추어 초안을 작성한 후 수정 및 보완작업을 진행하는 것이 좋다.

⑥ 6단계-기획서의 검토 및 수정

기획서의 형식에 맞추어 초안이 완성되었으면 기획서 내용 및 전개의 완성도를 높이기 위한 검토 및 수정작업을 진행해야 한다. 보고서나 기획서 작성 시 내용과 전개 방식에 있어서 기획자들이 오류를 범하기 쉬운 부분에 대한 검토를 한다.

- 표지의 목차와 본문 내용이 일치하는가?
- 오자나 탈자, 잘못 쓴 단어, 이상한 문장은 없는가?
- 누락된 정보나 중복된 정보는 없는가?
- 대안이나 요구사항이 명확히 제시되고 있는가?
- 기획서 형식에 맞게 내용이 정리되었는가?
- 불필요한 내용(표, 그림 등)이나 틀린 정보는 없는가?
- 주장이 과장되거나 객관적이지 못한 부분은 없는가?
- 정보의 출처는 분명한가?
- 읽는 사람의 관점에서 내용이 쉽게 정리되었는가?

⑦ 7단계-제안서의 제출

검토 및 수정단계를 거쳐 기획서가 완성되면 마지막 제출을 앞두고 기획자는 상대가 기획서를 접할 때 막힘없이 기획의도를 정확히 파악하도록 부가적인 작업을 수행한다. 예컨대, 이미지를 활용해 시각적으로 내용을 잘 파악하도록 도와주고, 긴 문장은 단문으로 고치고, 단문으로 표현이 어렵다면 키워드나 이미지로 표현해 상대가 오감을 통해 정보를 쉽고 명확하게 받아들이도록 한다. 보고서, 제안서, 심지어 일일업무일지에 이르기까지 최종 제출을 앞두고 완성도를 높이는 작업 시간을 반드시 갖도록 한다.

❖ 문서 작성의 PERP법 & Whole Part법, 그리고 Logic Tree

■ PERP법: 결론-이유-사례-결론

- Point: ~의 결론은 ~입니다.
- Reason: 왜냐하면 ~이기 때문입니다.
- Example: 구체적으로 ~입니다.
- Point: 따라서 ~라는 결론에 이르게 됩니다.

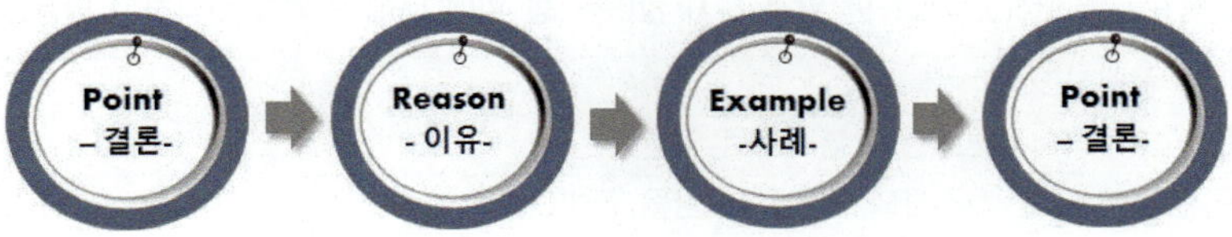

❖ Whole Part법: 결론-상세 결론-최종 결론

- Whole(결론): ~에 대한 결론은 세 가지입니다.
  - ✓ 첫 번째 결론은 ~입니다.
  - ✓ 두 번째 결론은 ~입니다.
  - ✓ 그리고 세 번째 결론은 ~입니다.
  - Part(상세결론): 그 이유는 다음과 같습니다.
  - ✓ 첫 번째 결론은 ~이기 때문입니다.
  - ✓ 두 번째 결론은 ~이기 때문입니다.
  - ✓ 그리고 세 번째 결론은 ~이기 때문입니다(~을 분석해서 얻어진 것입니다).
- Whole(최종결론): 그러므로(따라서)
- 이상의 세 가지 결론에 대해서 ~가 됩니다.

❖ 정보의 구조화는 MECE와 Logic Tree기법을 활용: 중복이나 누락을 방지

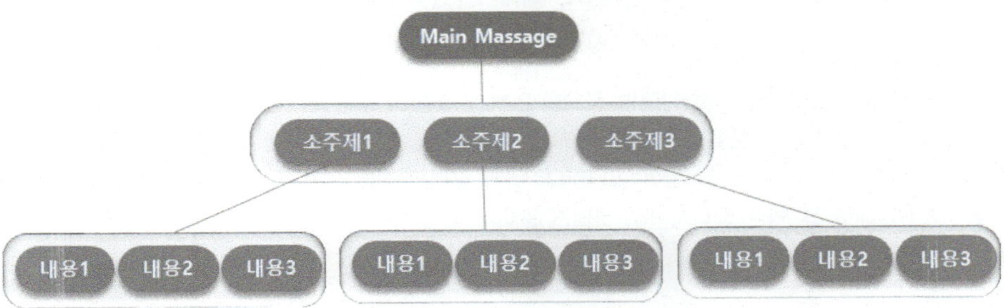

❑ 창의적이고 융합적인 사고 연습(13)

❖ 작고 소중한 것에 집중하자. (합리적 경제원칙)[11]

[예] 목표설정과 시간 관리의 중요성

일에 대해	생각	생각	생각	생각	생각	생각	생각	집중	집중
얼마나	80% 생각만 하는 시간 그러나 집중은 하지 않음							20% 집중시간	
성과는	80% 생각이 얻어내는 20	20% 집중으로 얻어내는 효과 80 (집중 시간을 늘려야 한다)							

▶ 만약, 20% 집중으로 자신이 원하는 것을 100% 달성할 경우엔 남은 80%의 시간을 유용하게 활용할 수 있다. 그러나 80%밖에 달성하지 못한다면 100% 달성에 필요한 집중 시간을 10~20% 더 확보하고 남은 시간을 다른 일에 몰두한다.

1. 자신의 목표가 뚜렷하고 해야 할 일과 하지 않아도 될 일에 대해 명확히 파악하고 있는가?

① 목표를 설정한다.

② 목표는 추상적이기보다는 구체적으로 정한다.

③ 목표 완성에 대한 최소한의 범위와 기한을 정한다.

④ 목표달성에 필요한 것과 장애요소를 생각한다.

2. Work-Hard에서 Think-Hard로 집중한다.

다른 관점, 독창적인 아이디어, 문제를 해결하고자 하는 고민과 기획을 할 수 있는 생각과 그 생각에 바탕을 둔 행동이다. 우리가 하는 일 중에 상당 부분이 아무런 가치 없이 에너지를 소비시킨다. 대표적인 것이 '걱정' 이다. 옷장에서 옷을 고를 때 늘 옷이 없다고 불평한다. 옷장에는 옷이 가득한데도 말이다. 해야 할 목록 보다 하지 않아야 할 것의 목록이 더 중요하다. 시간 관리를 하면 할수록 점점 더 많은 일을 하고 쉬는 시간은 점점 줄어든다. 그러나 시간 관리를 효율적으로 하면 우리는 시간을 충분히 가지게 된다. 해야 할 것의 목록 보다는 하지 않아야 할 것의 목록을 만들면 자신이 해야 할 일의 목록이 줄어들고 단순한 삶을 위해서라도 불필요한 행동이나 할 일들을 덜어낼 수 있게 된다.

- 내가 하는 업무에 방해가 되는 것은 무엇인지?
- 똑 같이 반복되는 일에 대해 비능률적으로 행하고 있지는 않는지?
- 무엇을 해야 할 지 정리가 되지 않는지?

3. 만약 내가 모든 일을 다 하려 한다면 중요한 20%에 충분히 집중할 수 없다.

레이건처럼 게으른 사람은 한두 가지 중요한 사안에 집중해서 놀라운 성과를 내고 카터처럼 진짜 열심히 일하는 대통령은 목표가 너무 많아 실패한다. 다시 말해서 작은 것을 가지고 큰 결과를 내는 것은 가능하나 투입해야 할 핵심 에너지가 무엇인지 알아야 한다.

11) 김형일, 길종구(2008), 3주 나를 바꾸는 힘, 아이미코리아, pp.72-74. 참고.

게으른 사람은 가능하면 적게 일하고 싶어 하고 핵심적인 일에 집중한다. 진정 생산적인 사람은 게으른 사람이다. 그들은 새로운 생각을 하고 실행하는 데 집중한다. 독일의 육군원수 폰 만슈타인은 '게으르고 멍청한 장교(혼자 두면 해가 없다), 열심히 일하는 지혜로운 장교(업무처리능력이 뛰어난 우수한 장교), 열심히 일하면서 멍청한 장교(당장 잘라야 한다), 똑똑하고 게으른 친구(장군으로 승진 할 자격이 있다.)'로 장교를 4종류로 나누어 평가했다. 열심히 일하는 사람은 너무 바빠 무엇이 중요한 일인지 잘 구분하지 못할 때가 많다.

4. 우리 몸과 마음이 새로운 상황에 익숙해지는 데 3주의 시간이 필요하다.

더 좋은 보상을 받을 수 있는 습관을 가급적 빨리 몸에 익숙하게 해야 한다. 더 적은 에너지를 들여 더 큰 결과를 낼 수 있다. 주어진 천성 가운데 좋은 것을 선택한다. 그리고 자신의 습관에서 좋은 것과 나쁜 것을 메모하고 제거해 나가는 방법을 생각한다. 스스로를 행복하게 하는 몇 가지 습관을 선택해야 한다. 즉 능력을 인정받기 위해 자신의 재능을 발휘하는 데 장애요소가 되는 습관이 무엇인지 메모하고 반드시 나쁜 습관은 버려야 한다. 그리고 자신이 달성하고자 하는 것이 있다면 하늘이 무너져도 3주는 처음 계획한 것을 지켜야 자신의 뇌가 무의식적으로 기억하고 행동하도록 돕는다.

5. 실천하지 않는 지식은 쓸모없다. 그리고 모르더라도 일단 행동한다.

올바른 답을 알면서 행동하지 않는 것은 답을 모르더라도 일단 행동하는 게 현명하다. 행동하고 부딪혀 실수하더라도 알고 움직이지 않는 것보다 현명하다. 혼자서 문제를 해결하려 하지 말고, 다른 사람이 알고 있는 방법을 응용하는 습관을 갖는다. 그렇다고 행동하지도 않고 다른 사람이 알고 있는 것부터 알아내려는 태도를 버려야 한다.

성공하는 사람과 실패하는 사람의 차이는 '실천'이다. 게으른 사람은 자신은 변하지 않으면서 결과만 바뀌기를 바라지만, 성공하는 사람은 목표를 이루기 위해 습관을 바꾸고, 생활 태도나 방식을 바꾼다.

찾아보기

저자약력

▸ 길종구(吉鍾具)

동국대학교 경영학과를 졸업하고 동대학원에서 경영학석사과정을 거쳐 동의대학교에서 경영학박사학위를 취득하였다. 미국 현지법인 PNJ INC에서 생산관리 매니저로 재직하였고, 귀국 후 동부산대학교 경영학과 교수를 거쳐 ㈜메킨드 대표이사 및 동의대학교 경영학과 겸임교수로 재직하였다. 그리고 SCM 전문가과정을 수료하고 한국SCM학회 정회원과 한국물류학회 신학협력위원과 이사로 활동 중이며, 현재 동국대학교 경영학과 교수로 재직하고 있다.

주요저서로는 창조적 사고와 의사결정(동아플랜, 2003), 품질관리(삼영사, 2003, 공저), 전공적성검사(박문각, 2005, 2006, 공저), 3주 나를 바꾸는 힘(아이미코리아, 2008, 공저), 창의력 계발과 창조적 경영(삼영사, 2004, 2009, 공저), 현대경영학원론(탑북스, 2012, 공저), 기업과 사회(탑북스, 2015, 공저), 경영의사결정론(탑북스, 2015), 품질관리(탑북스, 2012, 2014, 2016, 공저), 전략경영(탑북스, 2014, 2017, 공저) 등이 있다.

저자와의
협의하에
인지생략

경영의사결정론[제2판]

2015년 1월 30일 1판 1쇄 발행
2018년 3월 20일 2판 1쇄 발행
2020년 2월 28일 2판 2쇄 발행

저 자 길 종 구
발행인 김 학 민
조 판 아 람 기 획

07285
발행처 서울특별시 영등포구 선유로3길 10, 617호
도서출판 **탑 북 스**
등 록 2009.12.21 제 2016-000101 호

전 화 02)365-2223 팩스 02)365-2224

ⓒ 2018, 길종구

정가 28,000 원

ISBN 979-11-87343-85-1-93320

불법복사는 지적재산을 훔치는 범죄행위입니다.
이 책의 무단전재 또는 복제행위는 著作權法 제136조에 의거,
5년 이하의 징역 또는 5,000만원 이하의 벌금에 처하게 됩니다.